U1075280

中国平板显示年鉴
2013

中国光学光电子行业协会液晶分会　编

電子工業出版社
Publishing House of Electronics Industry
北京·BEIJING

未经许可，不得以任何方式复制或抄袭本书之部分或全部内容。
版权所有，侵权必究。

图书在版编目（CIP）数据

中国平板显示年鉴. 2013/中国光学光电子行业协会液晶分会编. 一北京：电子工业出版社，2014.9
ISBN 978-7-121-24375-2

Ⅰ. ①中… Ⅱ. ①中… Ⅲ. ①平板显示器件—电子工业—中国—2013—年鉴 Ⅳ. ①F426.63-54

中国版本图书馆 CIP 数据核字（2014）第 215629 号

责任编辑：徐蔷薇
特约编辑：劳嫦娟
印　　刷：涿州市京南印刷厂
装　　订：涿州市京南印刷厂
出版发行：电子工业出版社
　　　　　北京市海淀区万寿路 173 信箱　邮编 100036
开　　本：880×1 230　1/16　印　张：39.25　字　数：1169 千字
版　　次：2014 年 9 月第 1 版
印　　次：2014 年 9 月第 1 次印刷
定　　价：980.00 元

ISBN 978-7-121-24375-2

凡所购买电子工业出版社图书有缺损问题，请向购买书店调换。若书店售缺，请与本社发行部联系，联系及邮购电话：（010）88254888。

质量投诉请发邮件至 zlts@phei.com.cn，盗版侵权举报请发邮件至 dbqq@phei.com.cn。

服务热线：（010）88258888。

《中国平板显示年鉴 2013》编辑委员会

主任委员

丁文武　中华人民共和国工业和信息化部电子信息司司长

副主任委员

欧阳钟灿　中科院院士

中科院理论物理所原所长

彭红兵　中华人民共和国工业和信息化部电子信息司副司长

乔跃山　中华人民共和国工业和信息化部电子信息司电子基础处处长

王东升　中国光学光电子行业协会液晶分会理事长

京东方科技集团股份有限公司董事长

高鸿锦　中国光学光电子行业协会液晶分会名誉理事长

清华大学教授

刘静瑜　天马微电子股份有限公司总裁

李绍宗　中国光学光电子行业协会液晶分会常务副理事长

深圳莱宝高科技股份有限公司总经理

李　军　中国光学光电子行业协会液晶分会常务副理事长

北京清华液晶技术工程研究中心主任

编委（按姓氏笔画排列）

丁文武　中华人民共和国工业和信息化部电子信息司司长

王东升　中国光学光电子行业协会液晶分会理事长

京东方科技集团股份有限公司董事长

乔跃山　中华人民共和国工业和信息化部电子信息司电子基础处处长

关积珍　中国光学光电子行业协会 LED 显示应用分会理事长

北京四通智能交通系统集成有限公司总经理

刘纯亮　西安交通大学教授

西安交通大学电子物理与器件教育部重点实验室主任

刘静瑜　天马微电子股份有限公司总裁

李　超　　中国光学光电子行业协会液晶分会副理事长
　　　　　深圳晶华显示器材有限公司总经理
李绍宗　　中国光学光电子行业协会液晶分会常务副理事长
　　　　　深圳莱宝高科技股份有限公司总经理
李　军　　中国光学光电子行业协会液晶分会常务副理事长
　　　　　北京清华液晶技术工程研究中心主任
邱　勇　　清华大学教授
　　　　　北京维信诺科技有限公司首席科学家
　　　　　昆山维信诺显示技术有限公司首席科学家
陈向真　　中国光学光电子行业协会液晶分会副理事长
　　　　　中国电子科技集团公司第五十五研究所平板显示工程研究中心主任
欧阳钟灿　中科院院士
　　　　　中科院理论物理所原所长
柯汉奇　　中国光学光电子行业协会液晶分会副理事长
　　　　　中国南玻集团股份有限公司副总裁
高鸿锦　　中国光学光电子行业协会液晶分会名誉理事长
　　　　　清华大学教授
贾英杰　　中国光学光电子行业协会液晶分会副理事长
　　　　　河北冀雅电子有限公司董事长
彭红兵　　中华人民共和国工业和信息化部电子信息司副司长
梁新清　　中国光学光电子行业协会液晶分会秘书长
董友梅　　京东方科技集团股份有限公司高级执行副总裁
董绪旺　　中国光学光电子行业协会液晶分会名誉理事长

《中国平板显示年鉴 2013》编辑部

主　编：高鸿锦

副主编：向　阳

编　委：李雷广　陈颖路　姚　红　胡春明

蔺晓霞　张明明

编 辑 说 明

平板显示是世界显示行业发展的趋势，平板显示行业近年来无论在东亚还是在中国都得到了突飞猛进的发展。编辑出版一部全面展示中国平板显示产业发展全貌的年鉴具有十分重要的意义。《中国平板显示年鉴》是由中国光学光电子行业协会液晶分会主办、北京迪斯泰信息咨询有限公司具体组织编纂的一部每年正式印刷发行的综合性出版物。

北京清华液晶技术工程研究中心从 2000 年开始编纂中国光学光电子行业协会液晶分会年鉴，先后出版了 13 期。2013 年 1 月开始，《中国平板显示年鉴》编纂工作从北京清华液晶技术工程研究中心剥离出来，由北京迪斯泰信息咨询有限公司承担。2013 版《中国平板显示年鉴》全面、客观地反映了我国 2012 年平板显示产业各领域的发展现状；集中展示了产业年度成就的全貌和发展趋势；全面介绍了政府主管领导、专家学者对我国平板显示产业发展的思考和建议；介绍了国家新近出台的政策法规；提供了行业和相关市场的最新信息，为国家宏观调控和企业经营管理决策提供了客观依据。我们将不遗余力，不断改进编纂工作，使其真正成为一部具有权威性和指导性的大型工具书。

2013 版《中国平板显示年鉴》内容包括平板行业综述、主管领导讲话（专文）、分专业报告（产业链上下游产业状况）、各省市产业发展状况、专家论文（专题研究）、国家及省/市产业政策法规汇编、企业名录等方面。平板显示技术一般涵盖液晶显示（LCD）、等离子体显示（PDP）、有机电致发光显示（OLED/PLED）、发光二极管显示（LED）、场发射平板显示（FED）、电致发光显示（ELD）、真空荧光显示（VFD）、投影显示等。年鉴不仅涉及平板显示器件，还尽可能涵盖所有相关材料和设备，以及为它们配套服务的相关产业。2013 版《中国平板显示年鉴》受各种条件限制，还未能覆盖平板显示技术的所有领域，这需要我们在今后的年鉴编纂工作中力争做得更加完善、全面。

本年鉴中所列的中国数据，除特别说明外，均指中国大陆地区数据，不含中国港、澳、台地区数据。

2013 版《中国平板显示年鉴》在编辑过程中，得到了国家工业和信息化部电子信息司和许多省（市）产业主管部门领导，以及行业专家们的大力支持，在此一并表示感谢。

由于我们水平有限，年鉴中一定存在不少错误和不足之处，所以诚恳欢迎广大读者提出宝贵意见和建议，以利改进，使《中国平板显示年鉴》越办越好。

如有任何意见及建议请与我们联系：
《中国平板显示年鉴》编辑部
地址：北京清华大学东门同方大厦 A 座 6 层　　邮编：100084
联系电话：010-62771794　62785753
传真：010-62788710
E-mail：chinafpd@163.com

《中国平板显示年鉴》编辑部

目 录

第1章 专文

六项措施推动电子信息产业标准化工作

工业和信息化部总经济师 周子学

近年来，我国电子信息产业标准化工作取得了丰硕成果，数字家庭、平板显示、汽车电子、锂离子电池、太阳能光伏、电子文档等领域一批重要的标准制定完成，并已开始发挥积极的作用，初步形成了一支包括研究所、协会、技术组织、骨干企业等在内的多层次、高水平的标准化工作队伍，参与国际标准化的能力明显提高，主导制定的国际标准数量显著上升，中国专家当选为 ISO/IEC 分技术委员会主席，并先后荣获国际标准化先进个人称号。

我国电子信息标准化工作的六点建议：

一是在战略重点上，要以科学发展观和“十二五”规划为指导，紧紧围绕促进我国电子信息产业由大变强这一中心任务，突出重点，通过技术创新、模式创新、服务创新、组织创新、管理创新等，积极动员行业中各方力量参与标准化工作。以市场需求为带动，以产品应用为基础，提高电子信息产业标准化能力和实力，改变核心技术受制于人的局面。

二是在标准体系上，要根据电子信息技术的发展趋势，紧紧围绕国民经济各个领域的应用需求，做好顶层设计，不断完善电子信息技术各重点领域的标准体系。同时，要根据电子信息产业发展变化快、技术融合程度高、绿色环保日趋严格、新的应用业态不断出现等特征，及时调整电子信息技术标准体系，始终保持标准化工作与市场需求、产业发展的衔接协调。

三是在关键标准上，要加快核心自主标准制定，夯实行业发展基础。结合国家重大科技专项实施，重点做好以物联网、云计算、基础软件、三网融合、WAPI（无线局域网安全机制）等为代表的新一代信息技术标准的制定，抢占制高点。加大医疗电子、汽车电子、半导体照明、平板显示、绿色能源等重点领域标准制定力度，推进信息技术与传统工业技术间的融合创新，推动绿色发展、提高资源利用率。

四是在标准制定上，要重视借鉴国际标准化工作先进经验，充分听取各方意见，使标准在符合国家利益和产业发展需求的同时，成为各方技术成果的载体。要通过规范制度、严格程序、广泛参与、公开公正等手段，取得各方共识、形成标准推动合力，切实提升电子信息标准化工作的质量。

五是在资源整合上，要充分发挥社团作用，以企业为主体，大胆探索、创新产业联盟、联盟标准等新型标准化工作模式，积极做好协会、联盟等社团组织在政府和产业之间的桥梁纽带作用，务实、高效地推动标准化工作。

六是在国际标准化上，要积极开展与国外标准化机构的交流与合作，跟踪掌握国际标准化发展动态，做好国内企业参与国际标准化活动的组织协调。以国际标准提案为核心，以战略性新兴产业为突破口，积极支持国内骨干企业同步参与国际标准制定，积极推动光伏、平板显示、数字电视、信息安全等领域自主技术成为国际标准，加大我国自主标准的海外市场推广力度。

（资料来源：信息技术与标准化）

基础研究与战略性新兴产业发展

2008 年全球金融危机爆发，美国虚拟经济导致的产业空心化弊端给世界各国经济发展模式敲响了警钟，各国纷纷调整科技发展规划，抢占创新制高点，选择发展各自优势新兴产业。例如，奥巴马政府颁布《重整美国制造业框架》，欧盟发展绿色经济的《第七框架计划》。党中央、国务院对世界经济发展新形势高度重视。2009 年 9 月，温家宝总理连续召开 3 次专家座谈会，研讨培育我国战略性新兴产业；同年 11 月 3 日，温总理发表“让科技引领中国可持续发展”讲话，指出近代中国错过 4 次科技发展机遇，不能再错过这次金融危机带来的变革机遇，要高度重视基础研究、战略高技术研究、科学选择战略性新兴产业以及相关人才的培养。2010 年 2 月，在省部级主要领导研讨班上，胡锦涛总书记强调：要把发展战略性新兴产业作为产业优化升级的重点，要找准国际发展的新方向，科学制定规划，明确发展重点，强化政策支持，加大资金投入。

培育和发展战略性新兴产业既是党中央、国务院应对国际金融危机挑战的应急之举，更是我国加快经济结构调整、促进发展方式转变的长远之策。2009 年，中科院学部设立了“基础研究与新兴产业发展”重大咨询项目，在学习领会党中央、国务院培育和发展战略性新兴产业决策部署精神的基础上，组织院士专家、“千人计划”学者，从分析世界发展高科技产业的历史、经验和教训入手，选取若干具有代表性和紧迫性且基础研究与产业化进程关系极为紧密的新兴产业生长点，进行系统研究，提出加强基础研究、促进新兴产业发展的建议，经两年多深入研究，完成了《基础研究与战略性新兴产业发展》咨询报告。

一、日美高科技产业发展经验教训：正确选择关键核心技术

科技产业兴起依赖产业导向的基础研究突破。例如，多年致力于半导体应用的探索使美国贝尔实验室于 1947 年发明了点触式晶体管，开启了半导体产业；德州仪器公司对于器件微型化的不懈追求促成了基尔比在 1958 年发明了第一块集成电路，开启了 IT 产业时代。我国基础研究长期薄弱，对产业发展贡献甚少，只有加大有产业背景的基础研究的支持，才能保证我国战略性新兴产业具有原创活力以及持续发展的前景。改革开放 30 多年来，我国依靠巨大的国内市场、低廉的劳动力成本和相对宽松的出口环境，成为名副其实的制造大国。随着 2008 年金融海啸、2010 年欧债危机、2011 年美国标普降级，国际市场萎缩，这些优势将逐渐削弱，我国现阶段面临的问题与日本的发展历程惊人相似，其经验和教训尤为值得借鉴。

（一）日本半导体产业成功和信息产业惨败的启示

第二次世界大战后，日本以“贸易立国”，发展加工贸易，进口原材料和能源，出口制成品和设备，培育了钢铁、汽车、造船等支柱产业，迅速提高了国力。20 世纪 70 年代，第一次石油危机爆发，这种资源型经济弊端毕露，促使日本在 80 年代转向资源节约型经济，以“技术立国”发展知识密集型产业，在汽车、石化、重型机械、电子等行业建立了国际优势，其中尤以半导体产业独占世界鳌头。

日本半导体产业从跟踪、模仿起家，自晶体管问世后，大量引进欧美技术，依靠民用产品（如计算器、收音机、电视机等）进入技术和市场储备阶段。1976—1979 年，日本抓住集成电路迅猛发展的机遇，组织了官产研结合的超大规模集成电路的自主创新，由日本电气、日立、富士通、三菱电机和东芝 5 家大公司和官办的电子综合研究所组成产业联盟，耗资 7 370 亿日元（政府出资占 41.6%，产业界出资占 58.4%），实施面向产业需求的基础研究，使日本 CMOS 技术取得原创性突破，一举击败半导体的发明国美国，迅速称霸世界半导体市场。

20世纪90年代后，日本对计算机用途判断失误，超前研制超越冯•诺依曼体系结构的第五代智能计算机，计算机偏重大型化、高速化和芯片大容量化、微型化等硬件技术而忽视软件技术研发。期间，日本政府给研制企业补贴达1 000亿日元，加上企业匹配投入，耗费空前。由于缺乏市场需求，研究计划遭受重创，日本错过了个人电脑时代最好的10年。相反，美国在失去半导体市场后，转向计算机软硬件技术密集研发。Intel的CPU开发成功，IBM率先推出个人电脑，随后微软推出了主宰市场的视窗操作系统，三者领跑世界，使美国占据全球信息产业霸主地位。这也是温总理近两年来讲话多次指出的，“选择关键核心技术，确定新兴战略性产业直接关系我国经济社会发展全局和国家安全。选对了就能跨越发展，选错了就会贻误时机”。

（二）美国经济过度虚拟化的教训及新能源战略的启示

第二次世界大战以来，美国依靠航空航天、半导体电子、计算机、互联网称霸世界科技与经济。但自1980年，产业开始空心化，制造业（如钢铁、船舶）大量转移海外，不劳而获的金融业成为经济核心。金融海啸发生前，服务业竟占美国国民经济的80%左右，终致泡沫破裂、经济全面衰退，打破了美国“后工业时代”的幻梦。2009年奥巴马执政后将新能源产业上升至关乎国家安全和民族未来的战略高度的新兴产业的核心，任命诺贝尔物理学奖得主朱棣文为能源部部长，表明了政府依靠科技创新推进能源产业发展的决心。根据《2009年美国振兴与再投资法案》（以下简称《法案》），美国政府将斥巨资联合高校、研究所和产业界，从基础研究（如光化学转化）、技术升级和集成（如建筑节能）、人才培养等多方面入手，全力打造新能源产业。在整个《法案》中，新能源相关的基础研究获得了高达16亿美元的资助。为保障新能源的基础研究与技术研发，能源部组建了3类创新机构，即能源前沿研究中心（46个）、能源高级研究计划署以及能源创新中心（8个）。近年来，我国新能源表面上轰轰烈烈，但实际占比很小。2010年非化石能源占全部能源的8.3%，但除去水、核能，风电、太阳能、生物质能等新能源只占1%左右。关键是我国联网、储能的基础研究还未突破，也少有投入。

二、我国战略性新兴产业研发投入需要

进行“结构调整”以加强基础研究。党中央、国务院十分重视基础研究，近年来中央财政投入快速增加。但由于管理体制和评价导向的原因，许多科技人员过分追求论文、样品、报奖、评职、晋级，科技资源投入重复、分散，产出实效低，削弱了国家在战略性和关键共性领域集中资金和研究力量的重点突破。如果不对科研经费投入进行大刀阔斧的“结构调整”，经费的增长很难用于以企业为主体、市场为导向、产学研相结合的技术创新体系建设。对比产业化发达的国家，我国科研经费存在如下须进行结构调整的问题。

（一）基础研究经费总量投入比例失调

我国基础研究经费占R&D总经费比例多年来维持在5%以内，远低于创新型国家16%的平均水平。基础研究、应用研究和试验发展三者在经费投入上的比例远偏离创新型国家的成功经验，如2008年，美国为1∶1.2∶3，法国为1∶1.6∶1.6，日本为1∶1.7∶5，韩国为1∶1.3∶4.3，而我国是1∶2.6∶17.3。

（二）R&D经费强度不足且存在结构性缺陷

2008年，我国企业九大行业R&D经费投入强度（与主营业务收入之比）都未超过2%，在发达国家，一般为3%～5%，高新技术企业达10%～20%。我国高技术产业的R&D经费比重偏低，如2007年，我国高技术产业只占25.8%，英国、美国、法国均超过40%，韩国为53.8%，我国台湾为72.3%。

当前我国企业的 R&D 经费主要为技术引进和改造的试验开发，对基础研究投入极少。发达国家基础研究的经费很大程度上由企业投入，1995 年，美国基础研究经费中，企业投入 25.3%，韩国接近 50%，据此或许能揭示三星、LG、现代、浦项制铁崛起之谜。

三、从基础研究走向产业化的关键：市场导向、瞄准新产业

如何促进基础研究成果转化为应用型成果进而商品化、产业化，对世界各国来说都是一道难题。长期以来，我国主要依靠国家统筹规划来达到这一目的，但效果并不明显，科技创业常常沦为“代工”。最近 10 多年，随着基础研究领域投入的加大，科技政策、市场环境等软硬件条件逐步改善，出现了一些瞄准新兴产业的基础科研团队成功创业的案例。例如，我国大陆第一条 OLED 大规模生产线的建立，创建人清华大学化学系邱勇教授是我国自己培养的“土博士”。他于 1996 年启动了有机电致发光显示（OLED）基础研究，一开始就定位于开发自主知识产权的核心技术并实现产业化。1998 年邱勇组建了涵盖化学、材料、电子等多种专业背景的交叉研发团队，绕开论文羁绊直追 OLED 器件试制。2001 年创立了北京维信诺公司，以企业机制推进基础研究产业化进程。2002 年建成了大陆第一条 OLED 中试线。2006 年吸收地方资金支持，成立昆山维信诺公司，2008 年大陆第一条 OLED 大规模生产线建成投产，2009 年第四季度 PM-OLED 出货量全球前四，邱勇也荣获首届“周光召基金会应用科学奖”。

清华-富士康纳米科技研究中心的创建和发展也是近期科技人员成功创业的典范。2002 年台湾富士康捐赠 3 亿元人民币，与清华大学范守善院士纳米研究团队合作建立了纳米科研中心。中心固定研发人员只有十几名，他们只要把成果实验报告交由富士康派驻中心的专利申请职员，该职员熟练的专利书写、申报经验便能很快将成果上升为国内外专利。中心底层，富士康建有台北团队提供设备的中试线，成百的合同技工，随时对基础研究成果进行工艺试验、产品开发，成功的中试结果迅速转移到企业量产。2002 年中心在 Nature 上发表了碳纳米管线/膜制备的工作，以此为基础，2009 年建立了碳纳米管触摸屏量产线，碳纳米管触摸屏的手机达到正式量产的水平。

四、根治科技、经济“两张皮”：建立产业园，助推基础研究成果产业化

科技、经济“两张皮”是我国长期以来难以突破的困局，特别是从自主创新的基础研究成果走向拥有完全自主知识产权的产业化更是难上加难。要想彻底根治这一痼疾，必须从国家、政府层面上给予更强有力的推动和保障。建立产业园区，促成基础研究、应用研究与产业孵化、育成紧密结合，是一种较好的尝试和实践。美、德、日等科技强国都设立了大量的科技产业基地。我国也在全国范围内设立了不少科技园区，但在理念设计、制度建设、配套服务等方面都远未完善。在这方面，拥有相同文化背景的我国台湾地区尤其值得我们学习和借鉴。近 40 年来，我国台湾科技产业（如半导体与平板显示）的发展历程及成就令世界震惊，而这些都归因于其发源地台湾“工业技术研究院”及新竹科技园。

（一）台湾“工业技术研究院”（简称“工研院”）

1973 年设立，针对中小企业研发资源有限、创新不足、无法承受创新风险，主动开发前瞻性、关键性和共性技术转移给产业界。从技术引进、人才培育到信息提供、衍生公司、育成中心再到技术服务与技术转移，“工研院”起着“台湾总经理制造机”的作用，由“工研院”转进企业界员工已超过 1.5 万名，不少成为台湾经济的掌舵者。“工研院”的 3 项核心业务（研发服务、产业化服务、技术转移与创业育成）使台湾新兴科技产业从无到有、到在世界上举足轻重。

2007 年，在经济和产业发展的新形势下，“工研院”提出了新的定位，针对尚未出现的产业进行前瞻性开发，其发展步入了转型阶段。原来扶植的企业已发展壮大，对“工研院”的依赖性逐渐减小，“工

研院”开始寻找新的商业机会，以整合优质资源，加强自身孵化器的功能。随着定位的转变，“工研院”正努力跟各相关单位接触，希望结合政府部门、学术界、产业界和海外资源，形成创新模式，开辟创新科技产业。

（二）台湾新竹科学工业园区

1980年成立的新竹工业园，选址贴近科研机构（“交大”、“清华”、“工研院”），得到资金、政策扶持，从外国引进技术、人才到自我创新，以便捷的交通和生活设施、完善的服务体系、独特的园区文化吸引高科技厂商投资扎根，已引领台湾高新技术产业走向世界，形成了集成电路、计算机及外围设备、通信、光电、精密机械、生物科技六大支柱产业。许多产品不仅是岛内首创，还是世界领先，被誉为世界上最为成功的科技园区之一。

五、关于促进若干优先发展的新兴产业及相关基础研究的建议

《国务院关于加快培育和发展战略性新兴产业的决定》，明确了现阶段以节能环保、新一代信息技术、生物技术、高端装备制造、新能源、新材料和新能源汽车作为七大战略性新兴产业。咨询项目组选取了集成电路、平板显示、生物技术、网络信息以及建筑节能等国内外研发投入最大、对国民经济发展具有巨大拉动作用的重点新兴产业，开展了充分的调研并完成了相应的咨询报告。在此基础上，就如何推动这些重点新兴产业及相关基础研究提出如下建议。

（一）兴建产业研究院，推动基础研究服务于新兴产业发展

政府主导，依托高校院所、由科研机构与产业界共建若干产业技术研究院，聚焦产业发展中的“共性技术”和“关键技术”，致力于产业技术创新，强化对产业的技术服务；关注未来新兴产业和战略产业的前瞻性研究，抢占新兴产业技术制高点。针对集成电路、平板显示、生物技术、网络信息以及建筑节能等新兴产业，咨询组建议具体关注如下的基础技术或关键环节。

集成电路：支持研制突破CMOS器件物理极限后摩尔时代的新信息器件；发展超越摩尔定律的功能多样化的芯片技术；发展基于SIP/SOP（System-in-Package/System-on-Package）异质系统的集成技术。

平板显示：重点支持第6代以上高世代TFT-LCD面板的生产，支持关键原材料与专用设备配套发展，积极跟踪低温多晶硅、金属氧化物等高性能TFT技术发展；适度支持等离子显示（PDP）；培育有机电致发光显示（OLED）产业链，建设具备国际竞争力的中小尺寸PM-OLED与AM-OLED企业。

生物技术：加快发展基于合成生物学的新兴工业生物技术，重点服务于农业菌种研究与改造、重大药物设计、生物燃料及生物材料的改造利用以及食品工业相关微生物的改造；大力发展生物制药，重点突破蛋白靶点和抗体工具的国产化；实现生物仿制药国产化，解决生产技术难度大、临床剂量大的生物仿制药关键技术瓶颈；在单克隆抗体、重组蛋白药物、新型疫苗等重点领域快速取得阶段性突破。

网络信息：重点关注下一代互联网、“三网”融合、物联网、云计算、网络安全五大方向。从国家层面规划现行IPv4网向IPv6网平滑过渡；积极推进“三网”融合，加快融合技术业务标准制定和产业化；开展物联网战略研究，加强人才引进和培养；加强云计算产业化研发力度；促进网络安全技术的应用；推动新一代移动通信、下一代互联网核心设备和智能终端的研发及产业化。

建筑节能：重点关注绿色建筑，研发低碳住宅，同时开展对既有建筑的节能改造和品质提升；建议把建筑领域列入国家科技发展的重点领域，加大投入，增设国家重点实验室。

（二）加大知识产权保护力度，强化对到期专利的掌握和应用

自主知识产权与自主标准是新兴产业国际竞争力的核心。建议尽早着手进行新兴产业的主控式技术布局，加强相关的专利申请力度；加强对拥有自主知识产权尤其是拥有自主标准的优势企业的保护，加大知识产权保护的执法力度。对于生物制药等大量专利并不被我国掌握的产业，应抓住当前一大批专利到期的历史机遇，尽快实施相关知识成果向产业的转化，建议生物仿制药与创新药并重，促成我国生物制药产业走向成熟。

（三）全力推进新兴产业教育，加快人才培养

目前，我国在生物技术、集成电路、平板显示、网络信息、建筑节能等新兴产业，从基础研究到工艺研发的各个环节，人才储备都极度匮乏。在积极引进海外高端技术和产业人才的同时，对各类高等院校中已有的相关专业，建议加大人才招收和培养的力度；对高等院校课程规划中尚未涉及的专业方向，如合成生物学、平板显示、节能建筑等，建议尽快开展国家层面的学科规划，在高校开设相关专业及课程，建成可持续的人才培养基地。

（四）大力加强新兴产业的情报工作

产业信息情报是把握产业方向、支持科学决策、增强竞争优势、提升创新能力、科学选择战略性新兴产业的排头兵。改革开放以前，我国有多个工业部门，每个部委都有相应的产业情报单位。改革开放后，尤其大部制后，产业情报工作有所削弱。建议国家加大对产业情报研究的投入力度，对基础情报研究进行统筹规划，推动制定情报行业的规范，加强情报咨询机构的资质管理。

作者：欧阳钟灿，甘子钊，林惠民，吴硕贤，李衍达，张杰，王占国，王阳元，吴德馨，屠海令，陈涌海，黄如，叶甜春，刘明，谢常青，陈大鹏，王文武，夏洋，李超波，常青，肖清华，谢良志，邵荣光，杜杰，马宁宁，王阳，邱勇，黎明，戴陆如，郑木清，安晖，任爱光，高宏玲，李树翀，宋宇，颜贤权，丁滨，林宏侠

（资料来源：《中国科学院院刊》）

我国平板显示产业面临的迫切科学技术问题

中国科学院院士 甘子钊 欧阳钟灿 范守善 王恩哥
中国工程院院士 金国藩

平板显示产业面临重大转变

平板显示技术在当代人生活与工作中变得越来越重要，“大屏小屏人人有”这句话充分表述了这种状况。我国是世界上人口最多的大国，平板显示产业的发展在我国产业发展中的重要性是毋庸置疑的。平板显示技术目前的主流是液晶显示技术。我国已是世界上液晶产业规模最大的国家，20年来我国在液晶显示技术上的进步是有目共睹的。但是，由于我国一直未能自主掌握相关产业的核心技术，所以在这个重大产业的国际竞争中，我国一直处于被动的“挨整”地位，尽管有很大的发展，但经济上的损失还是相当巨大的。这个经验教训是业内都承认的。

目前，平板显示技术又一次处在发生重大转变的前夜。我国又一次处在相对被动而且缺乏应有准备的状况。如果不及时采取强有力的措施，适当集中力量，努力争取避免重蹈过去20年的覆辙，而是继续在国际竞争中处在被动的“引进”状态，不能自主掌握核心技术，今后我国国民经济和科学技术的发展将会面临严重的损失。

平板显示产业技术将要面临两个重大的带有本质性的转变

（1）电视屏技术（“大屏”技术）将要从以液晶（LC）显示屏为主转变到以有机电致发光显示（OLED）为主。

（2）手机、笔记本电脑等“小屏”技术将要转向以“杂化”的全息激光投影（Holographic Laser Projection，HLP）技术为主。

从国际发展的局面来预测，在3～5年内前者将会大规模地出现在市场上，后者也许要慢一些，但在3～5年内也会有一定规模的出现。因此，摆在我们面前的任务是极端迫切的。

基于氧化物电子学的TFT技术事关全局

经过20多年的发展，OLED作为平板显示的基础元件已经成熟了。从亮度、色彩、寿命、工艺等方面看，尽管还会不断有所改进，但是用OLED屏代替LCD屏在技术上已经成熟了。OLED屏较之LCD屏，从耗能、色彩、视感方面看，优势太大了，这也已经为实践所证实。那么，为什么这个代替还没有被普遍接受呢？问题出在驱动OLED显示屏工作的电路系统上。在显示系统中，LCD屏实质上是起光开关作用的，它的运行本质上是电压驱动的。目前使用用于液晶显示的非晶硅（a-硅）技术制备的TFT电路，是能够满足TFT-LCD规模生产的需求的。对OLED屏系统来说，OLED器件本身就是光源，它们的运作需要较大的电流。但由于目前用于液晶TFT的非晶硅（a-硅）薄膜的载流子迁移率很低，所以电路系统无法提供给OLED器件足够的电流。为了提高a-硅薄膜的迁移率，发展了基于晶粒再结晶效应的低温多晶硅（LTPS）技术。利用这种改进的LTPS技术，可以制备OLED显示屏。于是，数年前市场上开始出现了使用OLED屏的手机、笔记本电脑以及小型的彩色电视。但是估计由于成品率在面积较大时难以做到较高的水平，所以除手机屏外，其他都没有真正形成较有规模的市场。

事实上，在光电子学技术中广泛使用的氧化物导电材料，它们的载流子迁移率不难做到多晶硅薄膜的几倍到几十倍。因此，发展适用于 OLED 显示屏的基于氧化物材料的 TFT 电路技术也在国际上得到重视。在三年前我们写的一份关于 OLED 屏的咨询意见中，我们建议，做好平板显示产业从 LCD 屏转移到以 OLED 屏为主的科学技术工作的关键是发展相应的 TFT 电路技术。但是报告中强调的当前重点还是放在发展改进了的 LTPS 技术，争取进一步提高其均匀性和大面积的成品率上。同时也提出应重视氧化物 TFT 电路技术的发展，加强研究力量。可是近期的国际动态表明，我们原来的这个估计太保守了。毫无疑问，建立在基于氧化物的 TFT 电路技术上的 OLED 屏显示技术，现在已经处在成熟和规模化地实现产业化的前夜，已经开始有产品出售。毫无疑问，3～5 年内，在电视产业中，OLED 屏的显示技术将要代替 LCD 屏的显示技术成为主流，而 OLED 屏显示技术用的将是基于氧化物电子学的 TFT 电路技术。我们认为这正是做好准备实现这个重大转变的科学技术关键。

近 20 多年来，围绕氧化物的物理、化学、材料科学以及它们在电子学和光电子学等方面的应用，国际上进行了大量的工作，我国也有相当数量的各方面研究工作，应该说已经有了一定的基础。氧化物电子学（Oxide Electronic）在国际、国内也逐渐成为一个常用的词。如果我们以发展自主的基于氧化物的大面积 TFT 电路技术，为我国的 OLED 屏显示技术产业的自主发展提供基础为奋斗目标，结合国内原有的较好基础的 OLED 材料和器件技术的力量，结合国内企业界引进平板显示技术的积极性，精心组织物理、化学、材料科学、材料工艺学和集成电子学的科技力量，大力协同，力求在 3～5 年内掌握有关的科学技术关键，包括在工艺装备的研制上有自主的能力，从而在这场高新产业的竞争中，为我国争到一定意义上的主动，将是很有意义，也是值得去努力的。

这场竞争，不仅对 OLED 产业的发展有帮助，也将为我国在氧化物电子学上争到较前沿的位置。估计氧化物电子学在信息存储、光电子学、磁电子学、超导电子学等方面还会有较大的应用前景，这也是值得去努力的。

应重视基于全息激光投影技术的显示屏技术

近几年，把网络、摄影、电视等功能都综合在移动通信（手机）上的发展趋势非常引人注目，但也暴露出电子学的巨大进步受限于最后需要一个显示屏作为人机界面的局限性。如果我们考察一下以 iPhone 和 iPad 为代表的这一类电子产品的发展，就很容易理解这个问题了。有没有可能基于激光投影来解决这个问题?如果发展出一种利用激光投影，用虚拟键盘和投影屏来代替平板显示屏作为人机界面，就能把笔记本电脑（文字处理）、通信、摄影、电视等全都综合在可以放在上衣口袋中的手机上!这是多么诱人的设想。由于半导体激光器和微机械技术的发展，这种设想已经完全可能，而且经济上也不是很昂贵。例如，这样的手机投影仪已经在市场上出现了。问题出在利用传统的像素到像素的投影方式，光的利用效率较低，屏的亮度不够。再加上激光由于相干性产生的“闪斑”效应，对人眼有损害，为了避免这个损害的措施又进一步降低了光的利用效率，因此上述设想的激光投影显示技术一直难以成为规模化的产业。

最近国际上发展出一种全新的激光投影技术，这种技术是基于全息激光投影的概念，把传播来的图像信息通过数值技术处理，将图像的长波部分转变成相位调制的全息图（全息光栅），利用衍射光学的方法来实现投影，这是投影光能的大部分。短波部分则还是通过像素到像素的方式扫描投影，来提供图像的“细节”，它只是投影光能的小部分。这样做的结果是可以大大提高光能利用的效率，因而提高了图像的亮度，同时也把“闪斑”问题解决了。不仅是理论计算，而且实验也证明了利用这种可以称为“杂化”的 HLP 技术，确实可把手机改造成一台笔记本电脑，使得上网、通信、照相、电视、文字处理等功能综合在可以放入上衣口袋的手机上，随时随地都可以使用。这将是一个平板显示的全新时代!更不用说，HLP 技术本身就含着三维显示的可能，预示着 3D 图像技术的未来。

衍射光学，特别是全息光学是现代光学的重要部分，我国在自适应光学技术、图像数据处理和传输技术等学科方面也已经有一定基础。半导体激光器和微机械技术在我国也已经有一定基础。目前应该抓紧时间，组织国内有关力量，从发展杂化的 HLP 显示技术的角度，把微机械技术、半导体紫外和蓝绿红激光技术、衍射光学和计算全息学技术等学科协同发展起来，力争在 3～5 年内，我国在这个剧烈竞争的产业中，有一定意义上的自主发展位置。

这样做的结果也会推进我国在微机械技术、现代光学技术和激光技术的进步，而这些技术在推进高技术产业、国防技术方面的意义也是很大的。

上述两个方面的研发工作，和当代材料科学、现代光学、纳米科学、激光科学都有密切联系，会对这些学科发展有大的推动作用，可以认为这是学科发展的一个机会。由于产业部门对这两个方面的发展都有强烈的兴趣，这也是中国科学院、研究型大学与产业部门协同发展的一个好机会。

（资料来源：《中国电子报》）

第2章

综　述

2012年中国平板显示行业发展概况

中国光学光电子行业协会液晶分会 胡春明 高鸿锦

一、全球平板显示产业发展概况

根据我们的统计，2012年全球显示产值累计达到了1 214.8亿美元，同比上涨了9.5%（见表1）。

在全球显示产值中，中小尺寸的产值约为351亿美元，占比为28.9%，同比增幅为17.8%；大尺寸的产值为863.8亿美元，占比为71.1%，同比增幅为6.5%。从中可以看出，虽然到目前为止，中小尺寸面板的产值占比还不到3成，但其增长速度相当可观，已经成为全球显示产值增长的主力。相对而言，大尺寸的产值增幅则已低于平均水平，渐趋缓慢。

表1 2010—2014年全球显示产值情况

（单位：亿美元）

	2010年	2011年	2012年	2013年（F）	2014年（F）
TFT-LCD	1 059.3	993.4	1 077.0	1 261.8	1 298.3
AM-OLED	12.5	33.6	68.0	127.9	171.8
PDP	49.0	43.3	34.8	23.9	15.3
PM-LCD	16.8	12.5	9.7	8.1	7.3
CRT	10.9	7.1	4.0	1.5	0.5
AM-EPD	6.8	9.7	8.4	8.5	9.0
PM-OLED	3.2	3.4	2.9	2.7	2.5
其他	4.6	6.0	10.1	3.9	3.7
合计	1 163.0	1 109.2	1 214.8	1 438.3	1 511.3

总结2012年全球显示产业的发展特点，可以归纳为三点：一是TFT-LCD技术今后一段时间内仍将占据主导地位；二是以AM-OLED为代表的新兴显示技术快速成长；三是传统以CRT为代表的真空显示技术基本退出历史舞台。

如以技术类别来说，TFT-LCD产值仍然在全球显示中占有主要地位，2012年TFT-LCD的产值继2010年后再次突破1 000亿美元，达到1 077亿美元，同比增长了8.4%。其渗透率则下降到了88.7%，与2010年高达91.1%的渗透率相比略有回落。预计起码到2015年前，TFT-LCD的产值渗透率都将会在85%以上。

2012年全球TFT-LCD面板的供给面积约为1.41亿平方米，同比增长了7.6%，增幅低于产值的增幅，说明与2011年相比，TFT-LCD面板的平均单位面积价格有所回升。具体到出货量上，2012年大尺寸TFT-LCD面板的出货数量约为7.44亿片，同比增长约6%；中小尺寸TFT-LCD面板的出货数量约为20.52亿片，同比增长约20%。

除TFT-LCD技术之外，AM-OLED技术2012年的产值已经达到了约68亿美元，比2011年翻了一番，超过了PDP成为全球第二大显示技术。出货方面，2012年AM-OLED面板的出货量为1.42亿片，同比增长了约60%，产能接近270万平方米，也比2011年翻了一番多。根据2012年的数据，AM-OLED面板的主要应用领域为：95%用于智能手机，3%用于游戏机，2%用于数码相机。虽然2012年AM-OLED技术在整个显示技术中的产值渗透率只接近6%，但其成长前景还是为业界所看好。

而作为真空技术的代表 CRT，其 2012 年的产值降到了约 4 亿美元，降幅高达 43.7%。此外，PDP、PM-OLED 等技术 2012 年基本也呈逐年下降趋势。

展望未来，我们判断：全球显示产业的需求今后一段时间还将保持一定的增长势头，产业规模随之也会进入稳定增长期。供需方面，全球基本平衡，尤其是 TFT-LCD 面板的供需，未来 3 年，预计都将保持在供给大于需求 3%～5%。产业格局方面，全球显示产业随着 TFT-LCD 的四次技术转移浪潮，如今“三国四地”的局面业已成型，今后 3 年中国大陆的产业规模将不断扩大。

二、中国平板显示产业发展概况

（一）2012 年中国平板显示市场

1. LCD 市场

1）液晶电视

根据 NPD DisplaySearch 的统计，2012 年全球液晶电视的市场规模为 2.032 亿台，同比减少 1%。液晶电视的市场渗透率为 87.3%，同比增加约 4 个百分点。

根据我国工业和信息化部运行监测协调局的统计，2012 年，我国共生产各类彩电约 1.28 亿台，其中，液晶电视的产量约为 1.14 亿台。以上数据表明：2012 年，全球液晶电视约有 56%产自中国。

根据中国电子视像行业协会和奥维咨询（AVC）联合发布的数据：2012 年我国内销彩电的零售规模为 4 262.8 万台，同比增加 1.8%。其中，液晶电视的销量为 3 927.5 万台，同比增加 5.9%，市场渗透率约为 92%，同比增加约 4 个百分点。

从全球市场来看，2012 年中国再次成为全球最大的电视市场。其中，液晶电视的零售规模在全球的占比近几年始终保持在 20%左右。从中国市场自身来看，2012 年中国液晶电视市场之所以还能保持相对较高的增长，其主要原因是受惠于下半年出台的节能补贴政策的拉动。

在节能补贴政策出台前，节能电视因为价格较高，一直面临着“叫好不叫座”的尴尬局面。据奥维咨询（AVC）监测数据显示，节能补贴实施前，2012 年 1～5 月内销彩电零售规模 1 470 万台，同比下降 12.9%，其中，液晶电视销量为 1 331.9 万台，同比下降 9.5%。节能补贴政策正式实施后，2012 年 7～9 月内销彩电零售规模 1 093 万台，同比上升 10.8%。其中，液晶电视销量为 1 013 万台，同比上升 15%。补贴政策的出台，成功助力国内行业触底反弹，逆势回升。

2012 年，我国液晶电视市场的价格竞争日趋白热化，全年累计降价幅度超过了 30%。受其影响，我国液晶电视市场的销售额同比下降了 2.9%，只有 1 353.1 亿元。国产品牌在激烈的市场竞争中顶住了来自外资品牌的降价压力，市场份额进一步扩大，从 2011 年的 75%增加到了 80%。同时，农村市场在 2012 年首次以 51%的市场份额占比超越了城市市场，成为我国电视市场成长的主力。另外，我国液晶电视市场新产品的渗透率也普遍高于全球平均水平。例如，我国 3D 电视的渗透率业已达到 33%，智能电视的渗透率也达到了 32%。而这两款电视在全球市场的渗透率都不足 30%。

2）微型计算机

微型计算机的种类主要包括三种，分别是台式计算机、笔记本电脑和平板电脑。根据统计，2012 年全球台式计算机的出货量为 1.56 亿台，同比下滑 6.3%；笔记本电脑的出货量约为 1.92 亿台，同比增长 28.9%；平板电脑的出货量约为 1.46 亿台，同比增长 112.3%。三者累计出货量合计为 4.94 亿台。根据工业和信息化部的统计，2012 年我国共生产微型计算机 35 411 万台，同比增长 10.5%。也就是说，全球约有接近 72%的微型计算机产于中国。

2012 年，受全球经济低迷的影响，我国微型计算机各类产品的市场表现均低于 2011 年年底的预期。全年整体销量约为 6 458 万台，同比增长 25.3%。其中，台式计算机增长缓慢，全年销量约为 2 557 万台，同比增长仅为3.4%；笔记本电脑全年销量约为2 984万台，同比增长10.6%；平板电脑在经历了2011年的爆发式增长之后，2012年仍保持较高的市场增速，全年销量约为918万台，同比增长86.3%。

2012年国内台式计算机市场主要呈现三个特点：一是受平板电脑的侵袭市场增长乏力。二是产品结构发生明显变化，主要表现在产品平均尺寸开始扩大、LED背光逐渐取代CCFL背光、3D产品备受关注。2012年，19英寸以上的产品销量占比超过了50%，达到54.2%，开始占据主导地位。同时，LED背光产品的渗透率迅速从2011年43.8%上升到2012年的71.2%。此外，随着资源的丰富、技术的进步和成本的下降，3D产品的关注度从2012年开始日益提升。三是我国液晶显示器的同质化现象比较严重，因此价格竞争成为主要手段，厂商利润空间日益缩小，从而限制了厂商的创新积极性和资金投入，使得竞争陷入恶性循环。

我国的笔记本电脑市场虽然近几年的增速始终高于全球市场平均水平，但未来笔记本电脑市场受到以平板电脑和智能手机为代表的移动互联终端的挑战，其需求增速日益放缓的趋势从2012年开始将日益明显。预计2013—2015年，全球市场的增速将维持在3%，国内市场的增速不过比全球市场略高1个百分点。其次，笔记本的产品结构也由于超极本上市的推动发生了改变，13英寸的占比在2012年达到了16.4%。再次，与显示器市场一样，中国的笔记本电脑市场也陷入了“价格战”泥沼，企业的利润空间不断收窄，这种局面估计会随着2012年整个产业西迁得到一定程度的缓解，但难以从根本上改变整体趋势。

2012年我国的平板电脑市场虽然保持较高的增速，但与全球市场相比，我国市场的增速还比较低。此外，我国平板电脑市场的规模在全球的占比不足6%，与台式计算机21.6%和笔记本电脑15.5%的市场份额相比，我国的市场规模还具备很大的发展潜力。此外，平板电脑的尺寸结构在2012年也开始发生明显的变化，随着苹果 iPad mini 的推出，7英寸平板电脑的市场份额逐渐扩大，2012年达到了19.8%。

3）手机

2012年全球手机出货17.46亿部，同比增长1.5%，为2009年以来最低增速的一年。其主要原因是手机市场结构调整加快，功能手机出货量下滑，市场竞争重心逐渐从功能手机向智能手机转移。2012年，功能手机的出货量仅为12.01亿部，同比下滑了5.3%，而智能手机的出货量为5.45亿部，同比上升了20.6%。

根据工业和信息化部发布的数据，2012年我国手机产量为11.8亿部，全球占比为67.6%，同比增长4.3%，略高于全球平均水平。总结2012年我国手机市场的运行特点，主要表现在两个方面，首先是手机产品的智能化与低价化趋势进一步凸显，其次是国产品牌市场份额不断提升。

2012年我国智能手机的销量是1.69亿部，同比增长130.7%，远高于全球市场20.6%的增速。我国的智能手机市场占全球市场的31%，已经一跃成为全球智能手机出货量最大的市场。在智能手机市场快速发展的同时，产品硬件的成本也在快速下降。调查显示：低端智能手机硬件成本控制在60美元以内（约合人民币380元）已经成为行业共识。成本的不断下降将进一步刺激市场需求，我国的智能手机市场发展前景广阔。

此外，中国的智能手机市场品牌日益多样化，2012年，三星的销量占比为22.5%（最高），之后的排名分别是联想、华为、酷派、中兴和苹果。其中，国产品牌的销量占比接近一半，合计为46.8%。国产品牌市场份额的不断提升所带来的影响是双重的，一方面预示着国产品牌将与国外品牌一起拥有更多争夺移动互联商机的机会，另一方面也预示着产业未来的竞争局面将更加激烈。

由于国内手机生产企业发展时间较短，技术积累不足，与众多的外资企业相比，总体技术水平仍远远落后，核心技术几乎全部掌握在外资手机厂商手中，国内企业更多的是扮演着组装厂的角色，这种模式虽然可以在短期内给企业带来规模扩大和微薄利润，但缺乏长期持续发展的能力。此外，国内过多企业纷纷投入手机拼装、贴牌、出口代工等生产，也给竞争秩序带来一定的混乱。国内手机生产企业为满足市场对新款式手机样式的需求，极力缩短研发到上市的时间，也导致了部分产品质量不稳定、返修率高等质量问题。

2. PDP 电视市场

根据 NPD DisplaySearch 的统计，2012 年全球 PDP 电视的市场规模为 1 335 万台，同比减少 23%。PDP 电视的市场渗透率降为 5.7%。根据工业和信息化部运行监测协调局的统计，2012 年，我国共生产 PDP 电视 213.9 万台，全球占比为 16%，同比下降 30.7%。

根据中国电子视像行业协会和奥维咨询（AVC）联合发布的数据：2012 年我国 PDP 电视的销量为 251.1 万台，同比下降 3.2%，市场渗透率降为 5.9%，基本与全球平均水平一致。

3. LED 显示屏市场

LED 显示应用是 LED 产业链中发展较为成熟的环节，也是近年来增长最快的环节。随着技术进步和产品的不断完善，LED 显示应用领域逐渐拓宽，呈现出稳定发展的局面。我国已成为全球最主要的 LED 应用产品生产基地，除 LED 大尺寸背光产品以外，2012 年全球 65%以上的 LED 应用产品在中国生产。

LED 下游应用主要分三个方向：LED 背光、LED 显示屏和 LED 照明。2012 年我国 LED 应用的总体行业规模为 1 590 亿元，同比增长 37%。其中，LED 显示屏行业规模为 241 亿元，占比为 15%，同比增长 10%。我国的 LED 显示屏产品多以户外显示屏为主，2012 年户外显示屏的销售额在整体中所占的比重已经达到了 60%左右，而室内显示屏的比重则只有 40%左右。

LED 显示屏在整个 LED 应用中属于增长最慢的应用产品，其增长缓慢的主要原因是竞争进入淘汰期、产品价格大幅下降，因此业内企业的利润增幅普遍低于规模增幅。

4. OLED 显示市场

2012 年，全球 OLED 显示市场继续保持着高速增长的势头，共实现产值 71.88 亿美元，其中，AM-OLED 产值为 69 亿美元，占比为 96%；PMOLED 产值为 2.88 亿美元，占比为 4%。从产值占比上看，AM-OLED 已经超过了 PDP 成为全球第二大显示技术。

我国 OLED 显示市场规模在 2012 年增长较为缓慢，全年的产值约为 4.5 亿元，在全球市场的占比仅有 1%。主要原因是我国 AM-OLED 尚未形成量产能力，仅有几条中试线在运行，出货量非常有限；另外，受全球 PM-OLED 显示市场增速减缓的影响，我国 PM-OLED 的出货量也处于增速减缓的状态，全年 PM-OLED 的出货量约为 3 000 万片，同比增长约 7%。

5. 大屏幕投影机市场

2012 年，中国大屏幕投影机市场销量突破了 200 万台，整体市场规模达到了 100.9 亿元，无论是销量还是销售额都同比增长了约 10%。

中国投影机市场主要有四个应用方向，分别是：商用、教育、大众娱乐和家用娱乐。其中，教育应用方向的市场份额在整个投影机市场的占比超过 60%。这个特性决定了虽然投影机属于小众产品，市场规模不是很大，但与其他产品相比，投影机市场受整体经济环境变化影响相对较小。

2012 年中国投影机市场基本呈现 4 个主要特点：一是“薄弱校”项目成为拉动市场发展的主要动力；二是短焦投影机市场份额进一步扩大；三是 3D 投影机在家用娱乐市场的发展初显端倪；四是微投投影机推广力度加大。

中国政府在“十二五”规划中重点强调要加强全国各地区特别是经济薄弱地区教育现代化的建设。投影机作为重要的教学产品，在传统教育向现代化教育转型的过程中起着至关重要的作用。2012 年，“薄弱校”项目将继续开展，尤其是中西部四六级市、县、农村的中小学的采购空间很大。

短焦投影机在 2011 年得到了迅猛的发展，各大厂商均相继推出性能优异的超短焦和普通短焦投影产品。2011 年，短焦投影机的市场份额已迅速上升至 10.6%，教育行业和企业用户的接受度也日渐提高。2012 年，短焦投影机产品线更加丰富，市场份额已经突破了 15%。

大屏幕投影机市场目前的主要缺点是分布过于集中，发展不够均衡，其主要原因是创新应用不够。在 2012 年 200 万台的销量中，用于家用娱乐的投影机销量只有约 5 万台，占比约为 2.5%，相较于日本、欧洲等国家和地区来说，家用娱乐的投影机还处在导入期，鉴于家电行业庞大的市场需求潜力，投影机今后发展的主要方向还是家用娱乐。但现阶段消费者接受程度低、价格偏高等因素还有待解决，投影机进入家庭看来还有很艰难的一段路要走。此外，制造企业对中国家庭投影机市场的特征、消费者购买习惯了解程度颇低也为市场发掘增添了一定的工作难度。

（二）2012 年中国平板显示产业发展现状

1. LCD 产业发展现状

2012 年，随着京东方北京的第 8.5 代线、华星光电深圳的第 8.5 代线以及中电熊猫南京的第 6 代线先后满产，彻底扭转了我国液晶显示面板完全依赖进口的被动局面，国内平板显示产业的规模和实力明显增强。

国内液晶电视的产业链格局也在发生着巨大的变化。据 NPD DisplaySearch 的统计，2012 年全球总共出货 2.296 亿片液晶电视面板，其中，京东方出货 1 160 万片，占比为 5%；华星光电出货 1 100 万片，占比为 4.8%；中电熊猫出货约 300 万片，占比为 1.3%；中国大陆面板厂商液晶电视面板的出货在全球的累计占比为 11.2%。2012 年出货至中国大陆本土厂商液晶电视面板共计 6 365 万片，其中，我国台湾的两家面板厂商群创和友达占比为 46.2%，韩国的两家面板厂商占比为 30.2%，日本厂商占比为 3.6%，而我国大陆厂商的占比约为 23%。

2012 年，我国平板显示产业的整体规模约为 740 亿元，同比增长 29%。其中，国内液晶器件的产值约为 510 亿元，占比约为 69%；上游材料的产值约为 200 亿元，占比为 27%；装备的产值约为 30 亿元，占比约为 4%。

我国液晶面板的全球市场占有率 2012 年已提升至 11.2%，已经超过日本跃居全球第三。在国内市场方面，我国液晶电视面板的自给率在 2012 年 12 月已大幅提升至 30%，手机面板已能满足境内企业 50%的需求。在技术创新方面，我国平板显示产业的专利申请数量逐年翻番，有机电致发光显示（OLED）等新一代显示技术研发水平也在不断增强，多条有源有机电致发光显示（AM-OLED）项目正在开工建设，我国的平板显示产业整体进入了良性发展阶段。

在固定资产投资方面，我国平板显示产业依然增速不减。从 2003 年到 2012 年年底，全国光液晶显示面板产线的投资就已超过 1 500 亿元，预计到 2015 年，我国平板显示产业的投资规模将超过 3 000 亿元。

随着新增产能陆续达到满产状态，我国平板显示企业的盈利能力普遍改善。京东方 2012 年的出货量已跃居全球第五，全年实现营业收入 258 亿元，同比增长 102%，实现税后净利润 2.58 亿元。华星光电受惠于面板产业整体环境的好转以及企业自身生产和经营能力的快速提升，2012 年全年实现营业收入 72.37 亿元，净利润 3.15 亿元，运营首年即实现盈利。天马凭借其强大的技术研发能力、丰富的客户资源和广泛的营销渠道以及先进的工艺制造和管理能力，2012 年实现营业收入 43.34 亿元，净利润 0.54 亿元。

随着国产面板产能的持续扩大尤其是国产电视面板自给率的不断提升，我国液晶面板的进出口贸易逆差进一步收窄。2012 年，我国共进口液晶面板 35.8 亿片，进口金额为 503 亿美元；出口液晶面板 31.7 亿片，出口金额为 362.5 亿美元；进出口逆差为 140.5 亿美元。相比 2011 年 176.9 亿美元的逆差同比缩减了 20.6%。

国外企业为进一步拓展中国市场，纷纷在国内投资液晶面板产线。三星、LGD 和友达在国内的项目基本都在稳步推进。

2. PDP 产业发展现状

2012 年 11 月，上海松下等离子显示器公司开始关停，将其组装能力转移到山东液晶电视组装厂。此事件随即成为业界的标志性事件，“等离子退出平板显示产业”的说法再度喧嚣尘上。

业界一般认为：PDP 衰退毋庸讳言，PDP 在全球以及中国市场的占有率已经不足 6%。但 PDP 技术本身相比其他，如 TFT-LCD、AM-OLED 等显示技术还是具备一定的优势，比如色彩出众、动态清晰度高以及全数字化过程无信号损耗等。因此，对 PDP 产业来说，现在不是讨论是否“退出”的问题，而是要解决“出路在哪里”的问题。PDP 产业的出路何在？我们认为：只有充分认识优势和不足，寻找和培育高度细分市场，走专业化和差异化的产品路线，就一定会走出一条适合 PDP 发展的道路。

3. OLED 显示产业发展现状

2012 年，全球 OLED 显示产业在 AM-OLED 的推动下主要表现出三个特点。

一是产业规模快速增长。根据有关机构发布的数据，全球 OLED 显示产业规模约为 71.8 亿美元，其中 PM-OLED 的市场规模约为 3.2 亿美元，同比下降约 6%，占比不足 5%；AM-OLED 市场规模约为 68.6 亿美元，同比增长 94%，占比超过 95%。

二是投资力度持续加大。根据统计，截至 2012 年年底，全球仅 AM-OLED 产业的投资规模就已超过 300 亿美元。

三是韩国独占 OLED 显示市场。2012 年，韩国 OLED 显示产业规模为近 65 亿美元，在全球 OLED 显示市场的份额超过 90%，其中 AM-OLED 的市场份额更超过了 95%。韩国之所以能够独占 OLED 显示市场，不仅得益于其率先实现了 AM-OLED 量产，还在于三星凭借其全产业链优势将 AM-OLED 显示屏导入高端智能手机，移动终端的热销带动了韩国 AM-OLED 产业规模快速壮大。

2012 年，我国 OLED 显示产业规模增长较为缓慢，其主要原因是我国 AM-OLED 尚未形成量产能力，仅有几条中试线在运行，出货量非常有限。另外，全球 PMOLED 显示市场规模 2012 年出现小幅缩减。根据中国光学光电子行业协会液晶分会的不完全统计，2012 年我国 OLED 显示产业的市场规模约为 5 亿元。

随着 AM-OLED 市场规模的不断扩大和产业化技术持续突破，我国 AM-OLED 生产线建设步伐开始加快。预计会在 2014 年形成产能，届时的产能估计不会超过 20 万平方米，占比不会超过 3%；到 2015 年时，中国大陆的产能估计会接近 85 万平方米，占比超过 7%。

随着包括清华大学、华南理工、北京大学、吉林大学、上海大学、香港大学和中科院长春光机所和长春应化所等在内的科研院所以及阿格蕾雅、奥来德、苏州纳凯、西安瑞联等企业的双重推动，中国大陆 OLED 材料取得了快速发展，与国外先进水平的差距相对较小。例如，奥来德开发的 OLED 材料已经批量供货给韩国企业并通过了日本企业的认证；西安瑞联 OLED 中间体和终端材料的销售已占公司总销售额的 20%以上；阿格蕾雅的 4 种高纯材料在 2012 年已进入中国大陆 3 条生产线试用。

在装备方面，中国大陆目前的 OLED 设备基本依赖进口，关键设备以及整套设备的系统化技术基本掌握在日本和欧美企业手中。这种局面严重影响了中国大陆 OLED 产业化的发展。中国大陆目前从事 OLED 设备生产的企业只能实现部分物流传送系统、光学检测设备和金属掩膜版的本土化配套，几乎没有涉及蒸镀、封装等关键设备领域。例如，深圳清溢的第 4.5 代掩膜版已达到小批量生产水平，目前已经进入第 5.5 代光掩膜版的基础研究阶段。

4. LED 产业发展现状

2012 年，尽管受到欧债危机和国内经济放缓等因素的影响，我国的 LED 显示应用行业总体规模仍然保持了增长，但整个 LED 产业产能扩张的速度还是远大于规模增长的速度，激烈的价格竞争导致行业内企业利润的增长幅度普遍没有与规模增长保持同步。

总结2012年LED显示应用产业的发展特点，主要有以下三个方面：

第一，科技创新引领和推动了LED显示应用市场的不断拓展。

2012年，高密度小点间距的LED显示应用产品（P2.5及以下）异军突起，在市场上独领风骚，成为年度最具竞争优势的产品。未来，小点间距的LED显示屏还会在广告显示、监控中心等应用中不断深化，将与DLP等传统产品形成竞争，并有望替代安防、指挥调度中心等领域使用的传统显示产品。

另外，随着2012年芯片发光强度及发光效率的不断增强、灰度处理等级的不断提高和微电子组装技术整体水平的不断上升，LED显示屏核心器件和关键部件的技术升级也为LED显示屏的技术进步提供了重要的技术支撑。

科技创新使得产品技术应用领域取得更多突破，2012年，在传统LED大屏幕显示技术和产品的基础上，LED显示应用产品逐年增加，带动了新型市场领域的发展。租赁市场、地产市场、传媒市场等市场应用领域的应用得到了进一步的提升，安防、调度指挥中心、监控中心等成为新的应用目标市场。

管理创新对LED显示应用行业内企业来说，是发展到一定规模后必须面对的重要挑战。2012年，业内的主要上市企业总体发展战略布局日渐清晰，重点骨干企业在市场营销、内部管理、供应链整合、上下游互动等方面创新发展了多种模式，行业内专业化分工、协作的发展也在加强，协同创新发展模式已经初现端倪。

第二，面对激烈的市场竞争，企业积极进取，强化品牌建设。

作为完全市场化的LED显示应用行业，市场竞争本属于正常范围，但是近年的单一价格化竞争也使得业内众多企业受伤不小。2012年，不论是新兴的租赁产品市场，还是传统的显示屏市场，价格战时有出现。新的租赁、合作等市场销售模式对LED显示产品制造企业的资金币风险也带来了挑战。

应对市场竞争，业内的LED显示应用企业在在主业上进行大肆扩张的同时，纷纷不约而同采取积极进取的竞争策略，以上市为有利契机，高举市场开拓与加大研发投入两大利器，以期在日趋激烈的竞争环境中不但能很好地生存下去，而且意图取得长足进步，进而成为行业整合者。

另外，骨干企业的品牌意识也在不断加强。许多企业通过积极修炼内功，加大研发投入和新产品开发力度，优化公司管理和生产流程管理，控制生产成本，加强企业文化建设和人力资源管理，打造核心竞争力，塑造优良品牌，以提升在竞争中的优势。上市公司利用上市募集资金积极扩建生产场地，购买先进设备，改进生产工艺，提升产品质量，新产品发布会、市场营销大会等品牌推介类活动频繁。可以预见，随着上市企业募投产能的逐步释放，行业将会出现新一轮竞争格局。

第三，产业格局发展相对稳定，资本发力行业整合的趋势有所显现。

近年来，我国LED显示应用行业发展中的一个重要特点是规模型企业数量明显增加，中等规模企业数量有所递减，小规模企业数量亦有所增加。产业总体上由以往的“橄榄形”在向“哑铃形”转变。根据中国光学光电子行业协会LED显示应用分会的统计，2012年，全行业有43家LED显示应用企业的销售额超过亿元，比2011年的40家增加了3家。在2012度销售额上亿元的43家企业中，有26家企业的销售额超过2亿元，其中销售额在5亿元左右的企业有7家。统计资料表明，LED显示行业内骨干企业的主导地位在不断提升。从地域上看，华东和华南地区仍然为两大产业聚集区。深圳是LED显示应用企业比较集中的地区，值得注意的是，2012年华南地区的几家骨干企业都把新的生产基地建设在了惠州等深圳以外的地区。地处华东的福建省，LED显示应用企业近年来的发展也比较引人注目，总体上升较快。

登陆资本市场对企业而言是进入了新的起点，借助资本运作的神话故事很多。但在LED显示应用领域，资本对行业整合的态度似乎稍显审慎，对产业格局调整的影响目前尚不太明显。据了解，2012年LED显示应用行业有多家企业在与上市企业探讨并购整合可行性，但落实不多。2012年度，骨干企业和上市企业主导的资源配置、要素重组和市场调整总体表现一般，但趋势显现。

2012 年中国液晶行业发展概况

中国光学光电子行业协会液晶分会　胡春明　高鸿锦

一、2012 年行业总体情况

2012 年，随着京东方北京的第 8.5 代线、华星光电深圳的第 8.5 代线以及中电熊猫南京的第 6 代线先后满产，彻底扭转了我国液晶显示面板完全依赖进口的被动局面，国内平板显示产业的规模和实力明显增强。

2012 年，我国平板显示产业的整体规模已经超过 700 亿元，约为 740 亿元，同比增长 29%（见表 1）。其中，国内液晶器件的产值约为 510 亿元，占比约为 69%；上游材料的产值约为 200 亿元，占比为 27%；装备的产值约为 30 亿元，占比约为 4%。

表 1　2008—2012 年我国液晶行业产值

（单位：亿元）

项目＼年份	2008	2009	2010	2011	2012
TFT-LCD 器件	158.73	151.30	275.00	331.60	470.00
TN/STN 器件	60.68	57.39	55.00	50.00	40.00
液晶显示模组	—	130.00	60.00	70.00	70.00
器件小计	219.41	208.69	330.00	381.60	510.00
液晶材料	12.50	16.02	20.00	18.00	17.00
基板玻璃	0.50	0.49	—	11.00	19.00
ITO 导电玻璃	12.30	10.50	14.00	28.00	30.00
彩膜	6.00	2.49	3.00	5.00	6.00
偏光片	2.57	5.97	10.00	12.00	15.00
背光模组	24.00	25.00	36.00	42.00	50.00
触摸屏	7.50	7.50	15.00	20.00	23.00
其他材料	5.00	—	11.50	30.00	40.00
上游材料小计	70.30	67.97	111.30	166.00	200.00
装备	—	—	20.00	25.00	30.00
总计	299.72	298.27	461.30	572.60	740.00

我国液晶面板的全球市场占有率 2012 年已提升至 11.2%，已经超过日本跃居全球第三。在国内市场方面，我国液晶电视面板的自给率在 2012 年 12 月已大幅提升至 30%，手机面板已能满足境内企业 50%的需求。在技术创新方面，我国平板显示产业的专利申请数量逐年翻番，有机电致发光显示（OLED）等新一代显示技术研发水平也在不断增强，多条有源有机电致发光显示（AM-OLED）项目正在开工建设，我国的平板显示产业整体进入了良性发展阶段。

在固定资产投资方面，我国平板显示产业依然增速不减。从 2003 年到 2012 年年底，全国光液晶显示面板产线的投资就已超过 1 500 亿元，预计到 2015 年，我国平板显示产业的投资规模将超过 3 000 亿元。

随着新增产能陆续达到满产状态，我国平板显示企业的盈利能力普遍改善。京东方2012年的出货量已跃居全球第五，全年实现营业收入258亿元，同比增长102%，实现税后净利润2.58亿元。华星光电受惠于面板产业整体环境的好转以及企业自身生产和经营能力的快速提升，2012年全年实现营业收入72.37亿元，净利润3.15亿元，运营首年即实现盈利。天马凭借其强大的技术研发能力、丰富的客户资源和广泛的营销渠道以及先进的工艺制造和管理能力，2012年实现营业收入43.34亿元，净利润0.54亿元。

随着国产面板产能的持续扩大尤其是国产电视面板自给率的不断提升，我国液晶面板的进出口贸易逆差进一步收窄。2012年，我国共进口液晶面板35.8亿片，进口金额为503亿美元；出口液晶面板31.7亿片，出口金额为362.5亿美元；进出口逆差为140.5亿美元。相比2011年176.9亿美元的逆差同比缩减了20.6%。

国外企业为进一步拓展中国市场，纷纷在国内投资液晶面板产线。三星、LGD和友达在国内的项目基本都在稳步推进。

二、各主要部分的情况

（一）器件

2012年，国内液晶器件企业总计实现销售约510亿元，同比增长33.6%。其中，TFT-LCD企业实现销售470亿元，占比为92.2%，同比增长41.7%，TN/STN企业实现销售40亿元，占比降低到7.8%，同比下降20%。

TFT-LCD器件方面，2012年国内TFT-LCD面板生产线条数与2011年相比没有变化，还是总计14条生产线。其中包括2条第2代线、4条第4.5代线、4条第5代线、2条第6代线、2条第8.5代线（见表2）。

表2 2012年国内第4.5代以上TFT-LCD面板生产线情况

公 司	产 地	生产线规格	技术规格	基板规格（mm×mm）	2012年产能（万片）	2012年产能（万平方米）
天马	上海	4.5	a-Si TFT	730×920	46	30.89
天马	成都	4.5	a-Si TFT	730×920	46	30.89
天马	武汉	4.5	a-Si TFT	730×920	46	30.89
京东方	成都	4.5	a-Si TFT	730×920	54	36.27
小计					192	128.95
天马	上海	5	a-Si TFT	1 100×1 300	108	154.44
京东方	北京	5	a-Si TFT	1 100×1 300	120	171.60
龙腾	昆山	5	a-Si TFT	1 100×1 300	132	188.76
深超	深圳	5	a-Si TFT	1 100×1 300	120	171.60
小计					480	686.40
中电熊猫	南京	6	a-Si TFT	1 500×1 850	96	266.40
京东方	合肥	6	a-Si TFT	1 500×1 850	144	399.60
小计					240	666.00
京东方	北京	8.5	a-Si TFT	2 200×2 500	108	594.00
华星	深圳	8.5	a-Si TFT	2 200×2 500	108	594.00
小计					216	1 188.00
2012年总计					1128	2 669.35

除此之外，国内还规划建设了10条TFT-LCD面板生产线，全部是第5.5代和第8.5代生产线，其中，第5.5代生产线3条，分别是京东方在鄂尔多斯、天马在厦门以及国显在昆山投建的，这3条生产线都将兼容LTPS和AM-OLED，产能分别为54K/月、30K/月和4K/月，预计投资314亿元。第8.5代生产线7条，三星在苏州以及京东方在合肥投建的生产线预计将于2013年年底或2014年年初最先量产，月产能分别为100K和90K，预计投资分别为30亿美元和285亿元。其他5条第8.5代生产线分别为京东方在重庆、LGD在广州、友达在昆山、中电熊猫在南京以及华星在深圳投建，预计投资总额为1300亿元。

2012年，信利和汕头超声这两家企业已逐渐退出TFT-LCD器件的竞争，其主导产品已经转向电容式触控显示模块，液晶器件产品也以TN/STN模组为主，主要应用为车载和工控显示；主攻高端TN/STN市场领域，加大对诸如GDV、ASTN等高端车载显示以及MM双稳态显示等新技术的研发和应用推广，重点开拓车载类、工控类等市场，以规避低端显示市场的激烈竞争。

国内4条第4.5代TFT-LCD面板生产线2012年共实现销售约70亿元，同比增长9.4%，在整个TFT-LCD器件销售中占比为14.9%。其中，天马有3条第4.5代生产线，销售额约为43亿元，与2011年相比，天马第4.5代生产线的销售收入同比下降了约6%，分析原因主要是外销受国际市场需求不振影响较大，天马产品的外销比例很高，2012年达到了47%。成都京东方的第4.5代生产线实现销售约27亿元，同比增长56.3%。在盈利上，天马的毛利率水平约为13.6%，同比增长了近2个百分点。外销产品的平均毛利率要高于内销产品的平均毛利率。成都京东方第4.5代线的营业利润率为1.54%，也较2011年有所增长。

国内4条第5代TFT-LCD面板生产线2012年共实现销售约138亿元，同比增长9.5%，在整个TFT-LCD器件销售中的占比为29.4%。其中，京东方位于北京的第5代线实现销售约44亿元，同比增长8.6%；天马托管的上海中航光电实现销售约21亿元，同比增长36.4%；龙腾和深超两家第5代线合计实现销售约73亿元。在盈利上，京东方第5代线的盈利能力要好于第4.5代线。2012年，京东方第5代线的营业利润率为4.6%。

在中小尺寸TFT-LCD面板的技术开发上，2012年国内各面板厂都逐渐向高分辨率、窄边框、超薄化及平均尺寸扩大的方向迈进，主要应用领域也在向高附加值的智能机转型。

国内2条第6代TFT-LCD面板生产线2012年共实现销售约103亿元，同比增长超过2倍，在整个TFT-LCD器件销售中占比为21.9%。其中，京东方位于合肥的第6代线实现销售约78亿元，中电熊猫位于南京的第6代线实现销售约25亿元。在盈利上，国内第6代TFT-LCD面板生产线在2012年尚未形成整体盈利能力，暂时还处于经营性亏损状态。

国内2条第8.5代TFT-LCD面板生产线2012年全面量产，共实现销售约159亿元，成为我国TFT-LCD器件增长的主力，在整个TFT-LCD器件销售中的占比为33.8%。其中，京东方北京的第8.5代线实现销售约86亿元，华星光电实现销售约73亿元。由于刚开始全面量产，我国的第8.5代线虽然暂时还处于经营性亏损状态，但在政策支持下，华星光电还是在经营首年就实现了净利润为正。

在大尺寸TFT-LCD面板的技术开发上，2012年国内各面板厂大力开发液晶电视面板，取得丰硕成果。仅用1年的时间就使全球和国内的液晶电视产业链格局发生了根本的变化。国内面板厂商液晶电视面板的出货在全球的累计占比为11.2%，国内32英寸液晶电视的本土化配套率也接近22%。另外，其他品种如36.5英寸、46英寸和55英寸的液晶面板也相继开始客户导入，产品尺寸种类不断丰富，产线稼动率不断提高，产品的综合良品率业已达到行业先进水平。

液晶模组方面，根据我们的不完全统计，国内模组厂商2012年扣除加工贸易因素共实现销售约70亿元，基本与2011年持平。考虑到国内模组厂商基本为整机企业投资或直接为整机企业配套，为防止重复统计，从2012年开始我们在统计液晶行业的销售时将不再包含国内模组厂商的销售额。国内TFT-LCD器件企业中，大尺寸TFT-LCD面板尤其是液晶电视面板基本上不再供应整机厂商模组，只有中小尺寸产品还以供应下游客户模组为主，在整个中小尺寸 TFT-LCD 器件企业中，模组销售所占的比例依然与 2011 年一样在 70%左右。

TN/STN 方面，受 TFT-LCD 的侵蚀，市场规模还在缩小，根据我们的不完全统计，2012 年国内 TN/STN 企业的销售规模约为 40 亿元，同比下降 20%。

（二）相关材料及装备

根据我们的不完全统计，2012 年我国液晶行业上游材料的销售规模约为 200 亿元，装备的销售规模约为 30 亿元，都同比增长了 20%。

如今，我国液晶配套产业已经起步，但是仍然存在三大问题制约其快速发展。解决好核心技术问题、规模问题、发展环境问题，中国配套产业才能得到长足发展。

第一，核心技术受制于人。

原材料、元器件和专用设备等本地配套能力不足，存在核心技术缺失的现实问题。这些年我们在平板玻璃、液晶材料、偏光片、彩色滤色膜、光学膜等一系列材料的国产化过程中，做得那么辛苦，几乎都遇到同样的问题，技术储备不足，核心技术受制于人。不少企业长期以来未能从根本上摆脱专利困扰，只能在国际大企业的夹缝中求生存。造成国内许多新产品以低端为主，技术附加值低，市场竞争力和价格竞争力弱，经济效益相对较低等问题。

第二，企业规模过小，生存压力过大，企业缺少积累。

上游配套企业基本上都属于中小企业，多数企业恐怕连中型企业都算不上。虽然这两年我们可喜地看到有些上市公司涉入，但是数量也太少。这些企业一般历史很短，企业规模过小，技术与资产的沉淀都不够，在与实力雄厚、历史悠久的国际大厂的竞争中没有多少优势。而在国内众多同行中，又往往为了生存竞争过度，竞相杀价，两败俱伤。其结果是企业勉强维持简单再生产，缺少积累，更谈不上长远的技术研发的投入。

第三，发展环境不尽如人意。

企业生存环境现在遇到两个方面的问题：一是企业是否能处于合理、公平的环境中竞争，二是产业链上游企业面临融资难的困境。

过去国际大公司不重视中国市场，重要的原材料、关键技术往往采取限制、封锁的办法加以应对。但这不是唯一的，由于监督不力，国外产品大量倾销也不少见。例如，国外的偏光片生产厂家将边角料、B 级品等偏光片垃圾大量倾销到中国，价格不到国内正规偏光片的 1/3，严重冲击国内的偏光片市场。这种问题直到今天依然存在。

现在不同了，中国市场强大起来了，那些原材料国际大公司坐不住了，他们纷纷要在中国建厂。这势必给刚刚起步的内资企业造成压力。对外资企业进来我们一向欢迎，但要营造对中外企业都公平的竞争环境。

此外，我国企业发展历程较短，缺乏足够的市场融资能力，无法在研发和产业化上大量投入，资金短缺成为业内企业存在的普遍问题。

为解决这些实际存在的发展瓶颈，我们提出下列建议：

首先，对配套产业国产化（本地化）的形势要有清醒的整体认识，要有紧迫感。要看到这几年上游配套产业快速发展所取得的成绩，增强国产化的信心；要坚信只要努力，任何困难都将克服，完全能够生产出合格的产品，满足器件企业的需要。但也要看到配套原材料国产化仍有很大不足，不能盲目乐观。要清醒地看到关键原材料、元器件的国产化率还很低。某些所称高国产化率的数据还可能含有不实的水分。解决原材料、元器件国产化不只是上游供方企业的事，更是器件企业的事，他们在这件事上是利益共同体。实力雄厚的器件企业有责任支持上游原材料、设备制造企业，要伸出援手，而不是消极等待。材料要实现量产往往要经过冗长的认证阶段，需要供需双方密切配合，尤其是器件企业的大力支持必不可少。

其次，政府要出台专门针对上游配套企业做强做大的政策。中央和许多地方政府最近几年相继出台了一系列支持平板显示产业的政策，取得了很好的效果，有力地推动了TFT-LCD产业的发展。但是这些政策大都侧重于对大型器件企业的支持，这在产业发展初期无疑是对的。现在TFT-LCD器件产业规模起来了，完善供应链成了主要矛盾。有必要建议政府主管部门推出专门针对上游配套企业做大做强的政策，包括鼓励国产化的财政补贴、税收减免、进出口关税调节等。建议政府出台政策鼓励有实力的大企业、上市公司进入液晶和平板显示上游配套产业。同时鼓励有条件的企业通过兼并、重组等商业手段做大做强。

最后，建议在重点企业设立原材料（专用设备）研发中心，加强基础研究。

上游配套企业的科研投入不足已经成为整个平板显示产业发展的瓶颈，不能不引起各方特别关注。鉴于当前上游配套原材料企业科研力量不足，研发资金投入严重不足，新产品推出速度慢等问题，有必要大力提倡有实力的企业建立单独或联合的研发中心或产品验证试验线，必要时政府给予一定的补贴。

1. 基板玻璃

2012年，全球平板显示玻璃的出货总量为4.07亿平方米，其中基板玻璃出货3.5亿平方米，同比增长8.4%。预计2013年基板玻璃的出货将增长至3.72亿平方米，同比增长6.3%，2014年和2015年的增长率将下降到5%以下。在不再追加投资的基础上，剩余产能将转移生产触控玻璃，尤其是保护玻璃。从应用层面来说，2012年出货的基板玻璃中有约52.3%是用在电视面板上，今后随着电视平均尺寸的不断扩大，用于电视面板的基板玻璃在整个基板玻璃的占比将会有所提高，预计到2015年，这个比例会提高到56.7%。除此之外，2012年用于智能手机的基板玻璃约有700万平方米，占比仅为2%，预计到2015年，智能手机用基板玻璃预计会有1 600万平方米的出货量，占比也会提高到4%。相比电视和智能手机，显示器、笔记本电脑、平板电脑和功能手机的基板玻璃出货都会有小幅的降低，而液晶车载等专业显示领域的应用将会非常可观。

国内市场方面，根据我们的不完全统计，2012年国内基板玻璃企业的销售规模约为19亿元，同比增长73%。我国基板玻璃的产能约为1 200万平方米，仅能满足约30%的国内市场需求。其中，康宁、旭硝子和电气硝子在国内投建的企业的销售规模约为15亿元，占比接近79%，而国内企业的销售规模约为4亿元，占比约为21%。

以彩虹和东旭为代表的我国企业经过不懈努力，在国外垄断企业层层技术封锁的条件下实现零的突破，目前已经实现了第4.5代至第6代TFT-LCD基板玻璃的产业化，具备了一定的自主开发成套产品制造工艺和自主集成设计成套产线的技术实力。目前正在向实现更高世代基板玻璃产品产业化的目标稳步推进。

在TFT-LCD基板玻璃的技术创新方面，彩虹和东旭以“更轻薄、更环保”为主要方向，成功研发了无砷、无锑环保料方，实现了部分关键设备和材料的国产化开发和应用，提升了生产工艺技术水平。

为对应市场日新月异的技术需求，彩虹和东旭正在研发触摸屏用保护玻璃和LTPS、金属氧化物、AM-OLED用基板玻璃并已取得阶段性成果。此外，为保障我国基板玻璃产业的技术创新成果，彩虹和东旭都在坚持自主创新的同时，积极进行专利布局，现已初步具备了较为系统的知识产权体系并在不断成长壮大。

我国基板玻璃产业在技术创新方面虽然取得了一定的成绩，但由于进入时间不长，与国际先进水平还存在着差距，这些差距主要体现在生产工艺技术、装备、材料和配方以及新技术储备等方面。

目前，我国产品的良品率与国际先进水平相比还有一定的差距，其根本原因是我国产业对生产工艺技术的掌控程度还不够成熟，产线的稳定性和可复制性也不强。例如，在窑炉调整工艺技术、玻璃成型工艺技术、玻璃精密加工工艺技术、现场人员操作水平和现场生产运行的工艺调整等方面，我国产业都有待提高。而要提高生产工艺技术水平，则离不开反复不断的产线试验、缺陷分析和改善效果验证。

此外，良品率水平的高低直接关系到产业的成本竞争力，而装备、材料和配方对降低成本和提升良品率都至关重要，同时也体现了生产工艺水平的高低。由于我国平板显示玻璃产业整体起步较晚，国内尚无上游配套企业具备提供关键特种设备和材料的能力，因此我国产业在氧化锡电极、溢流砖、硅碳板、牵引辊等装备精度和材料品质上与国际先进水平相比还有一定的差距，目前只能依靠平板显示玻璃企业自身投入资金进行研发。

随着平板显示技术更新的步伐日益加快，作为基础材料的平板显示玻璃的技术需求也在不断变化。目前，国际先进企业已经推出了适用各种新型显示技术的玻璃产品并已达到量产水平，而我国企业这些产品基本还处在基础研发阶段，与国际先进水平相比差距明显。为紧跟技术演变进程，防止再次落后受制于人，我国企业因此亟须在新技术储备上投入资金、扩大成果。

2. 液晶材料

2012年，全球液晶材料市场的基本格局没有发生大的变化。德国默克的市场占有率依然维持在60%左右，日本智索则占有30%左右的市场，排名第三的是日本DIC，其市场占有率约为7%。而我国国内企业的全球市场占有率约为3%，与2011年水平基本一致。

根据我们的不完全统计，2012年国内液晶材料企业的销售规模约为17亿元，比2011年下降5%（见表3），主要原因是液晶单体和中间体的出口下降所致。

表3 2012年国内液晶材料企业情况

公司名称	成立时间	投资额	2012年销售额	产品
诚志永华（石家庄）	1987	4亿元	2.3亿元	混合液晶（TFT、STN、TN等）
江苏和成	2005	1亿元	1.6亿元	混合液晶（TFT、STN、TN等）
烟台显华	2003	1.6亿元	1.2亿元	混合液晶（STN、TN）、单体出口
北京八亿时空	2004	1亿元	0.7亿元	混合液晶（STN、TN等）
西安瑞联	2001	4亿元	4.3亿元	大量液晶及OLED单体出口
烟台万润	1992	1.5亿元	6.5亿元	大量单体出口
石家庄迈尔斯通	2006	0.5亿元	0.3亿元	混合液晶（STN、TN）
石家庄科润	2001	0.25亿元	0.1亿元	混合液晶（STN、TN）
合计		13.85亿元	17亿元	

在液晶单体市场，根据有关调研机构的统计，2012年全球市场的需求量约为705t，市场规模为45亿美元。预计到2015年前，全球液晶单体的年平均复合增长率将呈个位数增长。我国企业烟台万润公司是国内最大的液晶单体和中间体供应企业，产品几乎全部出口，只有约1%供应国内市场。2012年该公司实现销售约6.5亿元，同比下降近4%。其中，液晶单体的销售约为4.85亿元，毛利率接近40%，同比增长约2个百分点；液晶中间体的销售约为1.65亿元，毛利率约为26%，同比下降约3个百分点。根据出货量估算，烟台万润TFT液晶单体的出货量约占需求总量的15%，预计到2015年将进一步扩大到20%。

在混合液晶市场，根据有关调研机构的统计，2012年全球市场的需求量约为650t。国内以诚志永华、江苏和成、烟台显华以及北京八亿时空等企业为代表，2012年在TN/STN型液晶市场继续保持较高市场份额的同时，不断扩大对TFT型液晶的投入，取得了可喜成绩，全年销售TN/STN型液晶约8.5t，

TFT 型液晶约 4.5t，TFT 液晶在国内市场的占有率由 2011 年的 3%增加到 2012 年的 5%。

我国液晶材料产业的总体规模和技术实力目前与器件产业的发展还不相称，更与国际先进水平差距不小。国内 10 多家液晶材料企业中大多数以生产液晶单体和中间体为主，这些企业的产品除很少部分满足国内需求外，大量出口，在增加国外企业竞争力的同时，也增加了国内环保的压力。而具备为器件企业尤其是 TFT-LCD 面板企业配套 TFT 混晶能力的企业只有少数几家，这些企业面临的共同问题是：规模过小、布局分散、缺乏技术和资金积累，因此很难形成有效竞争力。

3. 偏光片

2012 年，全球主要偏光片企业已经超过 15 家，生产线有 80 余条，主要集中在日本、韩国和我国台湾地区。日本偏光片企业主要有 3 家，分别是日东电工、住友化学和三立子，这 3 家企业的合计市场占有率约为 50%。韩国偏光片企业主要有 2 家，分别是 LG 化学和三星第一毛织，LG 化学目前的市场占有率全球第一，为 30%左右；而三星第一毛织主要为三星配套，全球的市场占有率为 6%左右。我国台湾的偏光片企业主要有达信科技、奇美材料和力特光电 3 家，我国台湾企业虽然在偏光片的生产上有一定规模，但其技术完全依赖日本，实际上是日本企业的加工厂。

2012 年，全球偏光片的出货面积约为 3.3 亿平方米，同比增长 9%，增长速度有所减缓，产值约为 80 亿美元。

随着 TFT-LCD 的投资热潮已开始由日本、韩国、我国台湾逐渐转移到了我国大陆，国外偏光片企业纷纷加大了对我国大陆的投资，根据我们的不完全统计，截至 2012 年年底，国外企业在我国大陆地区偏光片项目的投资约为 48 亿元。相比之下，国内企业的偏光片项目起步艰难，进展缓慢。2012 年国内偏光片企业基本情况如表 4 所示。

表 4　2012 年国内偏光片企业基本情况

企业名称	地　址	尺寸（mm）	产能（万平方米/年）	投资总额（万元）	投产日期	类　别	2012 年产量及产值	备　注
盛波光电	1 号线深圳	500	40	3 000	1998 年 3 月	TN/STN	产量：200 万平方米 产值：2.63 亿元	
	2 号线深圳	500	70	2 000	2006 年 7 月	TN/STN		
	3 号线深圳	500	80	4 000	2009 年	TN/STN		
	4 号线深圳	1 490	600	85 000	2012 年 4 月	TFT		
	5 号线深圳	650	150	7 000	2012 年 4 月	TFT		
三利谱	1 号线深圳松岗	1 330	240	600	2007 年 4 月	TN/STN/TFT 用偏光片	产量：180 万平方米 产值：2.4 亿元	中、后工序
	2 号线福建莆田	500	130	2 000	2009 年 11 月	TN/STN/TFT 用偏光片		2 号线，全制程
	3 号线深圳光明新区	1 490	600	28 000	2011 年 8 月	TFT 用偏光片		全制程
佛山纬达	1 号线佛山三水	500	120	6 000	2005 年	TN/STN	产量：130 万平方米 产值：1.5 亿元	
	2 号线佛山三水	650	150	4 000	2011 年	TN/STN		
温州侨业	温州	600	150	4 000	2002 年 3 月	TN/STN	产量：80 万平方米 产值：1 亿元	

根据我们的不完全统计，2012 年国内偏光片企业共实现销售约 15 亿元，同比增长 25%。其中，我国企业的销售占比约为 50%。我国企业销售的偏光片仍以 TN/STN 型为主，TFT 型偏光片还处于刚刚起步的阶段。

国内 TFT-LCD 器件企业所需要的 TFT 型偏光片在 2012 年前几乎全部被国外企业所垄断。中电熊猫和华星光电基本上使用日东电工的偏光片。天马在 2010 年前主要以采购日东电工的偏光片为主，之后则以采购明基材料的偏光片为主。而京东方的偏光片采购基本以 LG 化学为主。

国内可以生产 TFT 型偏光片的两家企业在 2010 年时只有 2 条窄幅（650mm）生产线，全年的销售数量约为 30 万平方米，仅占国内需求的 3%，全球需求的 0.1%。2011 年，虽然生产线的数量没有增加，但受市场向好的影响，全年的销售数量扩大到约 50 万平方米，仍占国内需求的 3%左右，全球需求占比则扩大到 0.17%。2012 年，新增 2 条宽幅（1 490mm）生产线并相继于第三季度开始小批量生产，增加约 50 万平方米的销量，仅能满足国内需求的 4%，全球需求占比扩大到 0.3%。

4. 彩膜

全球彩膜生产线配制有内置型和外销型两种方式。日本的凸版印刷、大日本油墨（DNP）、东丽公司（TORAY）是全球大尺寸 TFT 彩膜制造的三巨头。他们的产品占外销市场的 2/3。韩国、我国台湾也有很好的彩膜制造商。第 6 代线以上 TFT-LCD 企业几乎都采用内置方式配制彩膜。

2012 年，我国只有第 5 代 TFT-LCD 面板产线、没有内置彩膜生产线的局面没有改变，仍然只有上海广电富士一家企业为国内 4 条第 5 代生产线配套。2012 年实现销售收入约 6 亿元，同比增长 20%；销量 750K，同比增长 50%。其他国内的 TFT-LCD 面板生产线都采用彩膜内置的生产方式，但其生产技术都从国外进口。

目前，国内彩膜的供求关系基本保持平衡，所生产的彩膜尽管企业间也有少量调剂，但很少进入市场，所以基本上不存在价格过分竞争等问题。但生产彩膜的主要原材料，如光刻胶等依然要靠国外进口，其上游材料的国产化进程还有待突破。

5. 背光模组

2012 年，LED 背光在整个背光模组市场的渗透率已经超过 90%，几乎完全占领了全球背光模组市场。全球 LED 背光模组企业仍主要为我国台湾企业，主要分布在我国大陆地区。日韩等国家只有少数企业生产 LED 背光模组。以前，由于 LED 背光封装技术门槛较高，大陆企业介入还有一定难度。特别是大尺寸背光领域，大陆仅有少数企业具备生产能力，但市场份额一直不大。然而，随着大陆企业技术的不断提升，这种态势在 2012 年得到了较大程度的改善，以瑞丰、聚飞、兆驰和东山精密为代表的大陆企业业绩大增，虽然在整体水平上大陆企业仍与台企有一定的差距，但已逐渐得到大陆下游企业的认可，特别是应用于智能手机的小尺寸背光，较高的性价比很受大陆二线厂商甚至一线厂商的青睐。在大尺寸背光领域，从 2012 年第二季度开始，国内电视整机企业开始全面使用大陆产的大尺寸 LED 背光模组，六大电视整机企业中除海信尚未大面积采用外，其他企业都已导入大陆企业生产的 LED 背光模组。未来大陆 LED 背光模组企业逐渐取代台企已成为趋势。

根据有关调研机构的统计，2012 年我国 LED 背光的产值达到了约 218 亿元，同比增长 28%。如扣除加工贸易返销的因素，根据我们的不完全统计，2012 年我国背光模组的销售规模约为 50 亿元，同比增长 19%。

6. 触摸屏

2012 年，触摸屏几乎成为所有小尺寸显示器的标配。其中电容式触摸屏在整体市场的渗透率已经超过 90%。除了外挂式的投射电容屏之外，得益于三星和苹果手机的陆续导入，内嵌式的 On-Cell 触摸屏和 In-Cell 触摸屏也开始取得一定的发展。整个触摸屏产业从 2012 年开始正在经历两个重要的变化：一是传感器结构的演进，二是传感器线路的新一代 ITO 取代材料。

2008—2012 年，我国触摸屏的出货量表现为快速增长态势，四年间的年平均增长率超过 40%。2012 年，我国触摸屏的出货量约为 4.26 亿片，同比增长 71.53%。国内生产触摸屏的企业有几十家（见表 5），与之配套的企业更多，包括 ITO 导电玻璃等，主要的企业包括欧菲光、莱宝、长信等。

表 5　2012 年国内主要触摸屏企业状况

厂　商	厂　址	产　能	投资额	投产时间	备　注
中触实业	深圳、广州	6KK/月		1999 年	电阻屏、电容屏
华睿川	南京	7KK/月	1 800 万美元	2002 年	电阻屏、电容屏
欧菲光	深圳			2001 年	电阻屏、电容屏
航泰光电	深圳	300 万片/月	5 000 多万元		电阻屏、电容屏，3 个厂
深越光电	深圳			2006 年	电阻式、声波式和电容触摸屏
业际光电	深圳	3.5 万平方米/年	1.25 亿元	2008 年	电阻屏、电容屏
力合光电	深圳		超过 3 亿元		ITO Sensor，ITO 导电玻璃，触摸屏
裕成光电	常州			2009 年	电阻屏、电容屏
莱宝高科	深圳			2007 年	ITO 导电玻璃、彩色滤光片、触摸屏
汕头超声	汕头			2010 年	电容屏
昊信光电	上海	25 万片/年	3.87 亿元	2013 年	电容屏
金指科技	浙江长兴	3 000 万片/年			电容屏
合力泰科技	江西泰和、深圳			2009 年	电容屏
中显微电子	深圳			2010 年	电容屏
鑫锐光学	常熟			2010 年	电容屏
华芯富创	济南	100 万片/年	5.5 亿元	2013 年	OGS
富纳源创	天津	150 万片/月		2012 年	碳纳米管触摸屏

国内触摸屏企业在技术研发上从传统的 G+G 型触摸屏逐渐扩展到 G+F、G+F+F、OGS 等市场主流技术。尤其是 OGS 型触摸屏，国内主要企业陆续都在 2012 年实现了量产。国内企业所生产的触摸屏产品在 2012 年陆续成为三星、联想、华为、酷派等全球主要手机企业的重要供应商。在中大尺寸的触摸屏产品上，国内企业也已具备了诸如 7 英寸、13.3 英寸、14.1 英寸、15.1 英寸和 15.6 英寸等平板电脑及超极本用触摸屏的量产能力。

根据有关调研机构的统计，2012 年我国触摸屏的出货金额约为 141 亿元，如扣除加工贸易返销的因素，根据我们的不完全统计，2012 年我国触摸屏包括上游 ITO 导电玻璃的总体销售规模约为 53 亿元，同比增长 10%。

7. 其他材料

2012 年，液晶行业其他上游材料企业，如光学膜、靶材、掩膜版、驱动 IC、特种气体、导电胶、光刻胶等相比 2011 年都有了不同程度的成长。

我国的光学膜产业总体而言尚处于起步阶段，进入的企业不少，前些年主要是台资在我国大陆设立的薄膜拉伸成型加工企业，原料基膜从国外进口。近年来，随着光学膜的需求增加，国内膜加工企业大量涌现，其中比较主要的企业包括乐凯、康得新、凯鑫森等。扩散膜、保护膜是光学膜中技术壁垒相对较低的，国内企业已经开始量产。目前光学基膜的生产国内企业还很少涉足。

根据我们的不完全统计，2012 年国内光学膜、靶材、驱动 IC、特种气体等其他上游材料的合计销售规模约为 40 亿元，同比增长 33%。

8. 装备

2012 年，我国企业为 TFT-LCD 面板企业所能提供的设备范围基本还停留在光学检测、UV 固化、真空退火、超声波清洗、物流传送等外围设备上，在关键设备的国产化上尚未取得重大突破。根据我们的不完全统计，2012 年国内设备企业共实现销售约 30 亿元，同比增长 20%。

2012年电子信息产业统计公报

工业和信息化部运行监测协调局

2012年，国际政治经济形势复杂多变，国内经济发展困难增多，我国电子信息产业发展速度有所放缓，但在党中央、国务院“稳中求进”工作总基调的指引下，在全行业各方的共同努力下，产业发展呈现缓中趋稳态势，生产增速小幅攀升，效益状况不断好转，产业结构调整步伐加快，继续为推动信息化发展和促进两化深度融合发挥积极作用，在国民经济中的重要性进一步提高。

一、综合

（一）产业规模不断壮大

2012年，我国电子信息产业销售收入突破10万亿元大关，达到11.0万亿元，增幅超过15%；其中，规模以上制造业实现收入84 619亿元，同比增长13.0%；软件业实现收入25 022亿元（快报数据），比上年增长28.5%（见图1）。

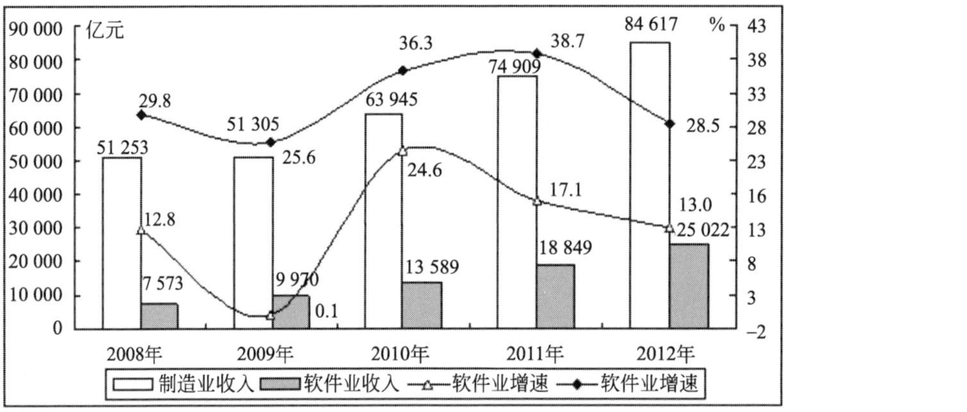

图1 2008—2012年我国电子信息产业收入规模

（二）行业增速保持领先

2012年，我国规模以上电子信息制造业增加值增长12.1%，高于同期工业平均水平2.1个百分点（见图2）；收入、利润及税金增速分别高于工业平均水平2.0个、0.9个和9.9个百分点，在工业经济中的领先和支柱作用进一步凸显。

（三）制造大国地位日益稳固

2012年，我国规模以上电子信息制造业实现销售产值85 044亿元，同比增长12.6%。手机、计算机、彩电、集成电路等主要产品产量分别达到11.8亿部、3.5亿台、1.3亿台和823.1亿块，同比分别增长4.3%、10.5%、4.8%和14.4%；手机、计算机和彩电产量占全球出货量的比重均超过50%，稳固占据世界第一的位置。

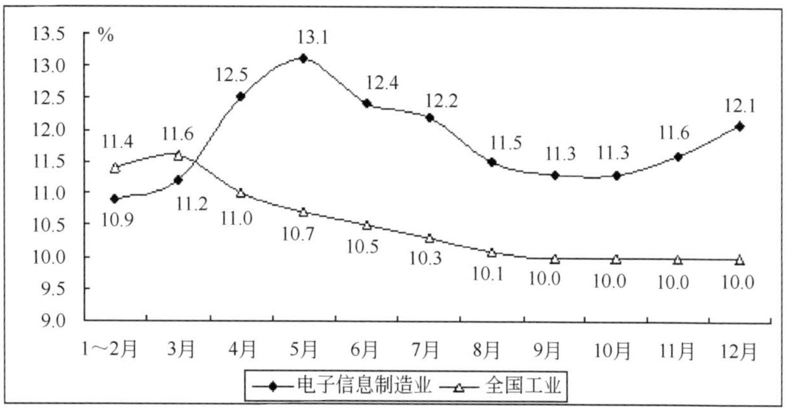

图 2 2012 年电子信息制造业与全国工业增加值累计增速对比

二、投资

（一）投资增速明显放缓

2012 年，我国电子信息产业 500 万元以上项目完成固定资产投资额 9 592 亿元，同比增长 5.7%（见图 3），增速比上年回落 45.8 个百分点，低于同期工业投资 14.3 个百分点。2012 年全年，电子信息产业新开工项目 7 571 个，同比增长 8.8%，增速比上年回落 44.3 个百分点。

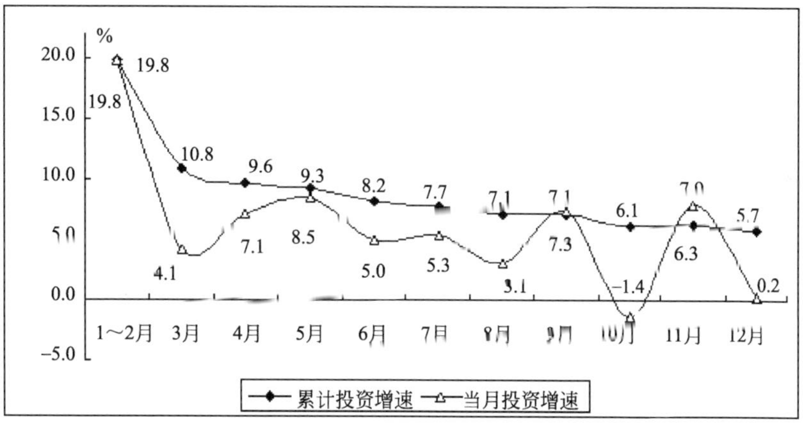

图 3 2012 年电子信息产业固定资产投资增速

（二）投资结构变化加快

分行业看，广播电视设备行业新开工项目数量及投资额增幅均超过 100%，远高于全行业平均水平；分地区看，中西部地区完成投资额 4 128 亿元，同比增长 20.6%，增速高于全国水平 14.9 个百分点，比重（43.0%）比上年提高 5.3 个百分点；从投资主体看，内资企业完成投资 7556 亿元，同比增长 10.9%，增速高于平均水平 5.2 个百分点，比重（78.8%）比上年提高 3.7 个百分点。

三、进出口

（一）外贸总额小幅增长

2012 年，我国电子信息产品进出口呈小幅增长态势，进出口总额 11 868 亿美元，同比增长 5.1%，增速比上年回落 6.4 个百分点，低于全国商品外贸总额增速 1.1 个百分点，占全国外贸总额的 30.7%。其中，出口 6 980 亿美元，同比增长 5.6%（见图 4），增速比上年回落 6.3 个百分点，低于全国外贸出口增速 2.3 个百分点，占全国外贸出口额的 34.1%。进口 4 888 亿美元，同比增长 4.5%，增速比上年回落 6.5 个百分点，高于全国外贸进口增速 0.2 个百分点，占全国外贸进口额的 26.9%。

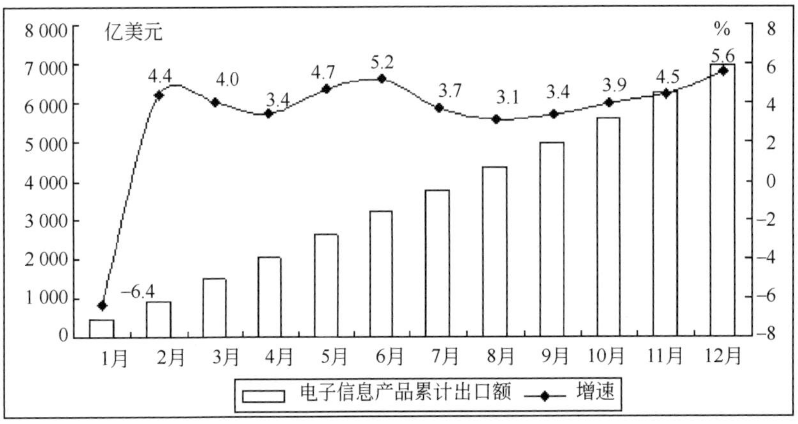

图 4　2012 年我国电子信息产品累计出口额及增速

（二）贸易结构趋于优化

2012 年，我国电子信息产品出口中：一般贸易出口稳步增长，出口额 1 229 亿美元，同比增长 2.8%，增速高于加工贸易 3.4 个百分点；内资企业出口比重提升，出口额 1 550 亿美元，占比为 22.2%，比上年提高 3.5 个百分点；新兴市场快速开拓，如对泰国、印度尼西亚和越南，出口增速分别达到 21.7%、11.7%和 32.3%；部分中西部省市出口增势突出，如四川、河南、重庆和山西等，增速分别达到 50.8%、184.8%、155.7%和 236.7%。

四、经济效益

（一）整体效益逐步好转

2012 年，我国规模以上电子信息制造业实现销售收入 84 619 亿元，同比增长 13.0%，利润总额 3 506 亿元，同比增长 6.2%；销售利润率达到 4.1%，比上年回落 0.3 个百分点。从全年走势看，产业整体效益呈逐步向好态势，第一季度、上半年、前三季度及全年的利润总额逐步扭转下降态势（−22.3%、−14.0%、−6.5%和 6.2%），利润率不断提高（2.5%、3.1%、3.2%和 4.1%），亏损面持续缩小（31.0%、25.6%、23.0%和 19.0%），如图 5 所示。

（二）效益结构有所改善

内资企业效益贡献加大，收入和利润比重分别达到 29.4%和 42.7%，分别比上年提高 1.1 个和 1.8 个百分点，利润率为 6.0%，高于平均水平 1.9 个百分点；小型企业发展活力增强，收入和利润增速分别达到 23.3%和 16.6%，分别高于平均水平 13.8 个和 17.5 个百分点；在政策和市场的双重驱动下，部分行业效益增势突出，通信终端设备、广播电视接收设备、光电子器件、导航仪器、光纤和光缆制造等行业的收入增速均超过 15%。

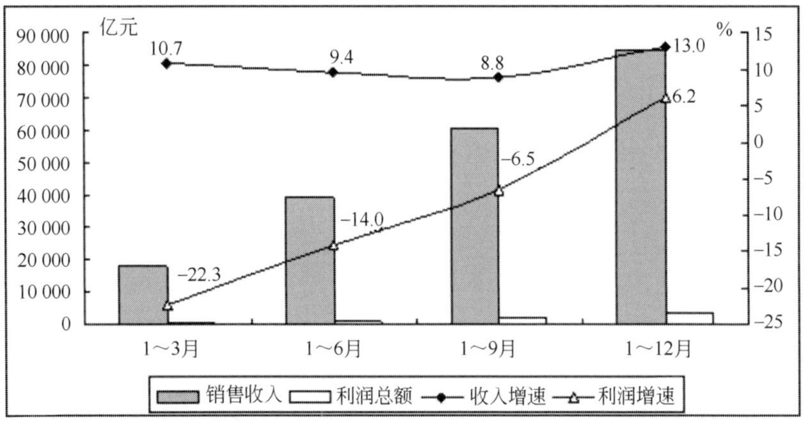

图 5　2012 年我国规模以上电子信息制造业收入及利润情况

五、结构调整

（一）产业软硬件比例日趋合理

2012 年，我国软件产业实现软件业务收入 2.5 万亿元，同比增长 28.5%，增速高于电子信息制造业 15.5 个百分点；占电子信息产业收入比重达到 22.7%，比上年提高 2.6 个百分点，比“十一五”末年提高 4.5 个百分点。

（二）制造业转型发展与产业转移步伐加快

1. 基础领域不断壮大

2012 年，我国规模以上电子信息制造业中，电子元件、电子器件、电子测量仪器及电子专用设备等基础行业销售产值比重达到 39.4%，比上年提高 0.7 个百分点。2012 年电子信息制造业主要行业发展态势对比如图 6 所示。

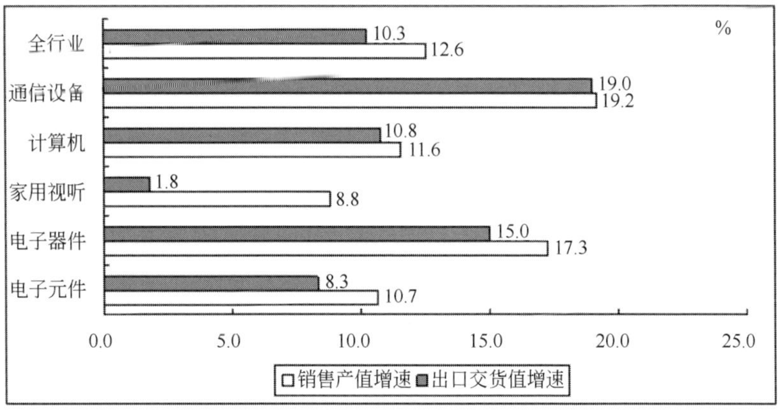

图 6　2012 年电子信息制造业主要行业发展态势对比

2. 内销市场稳步增长

2012 年我国规模以上电子信息制造业实现内销产值 38 263 亿元，同比增长 15.5%，高于平均水平 2.9 个百分点，内销比重比上年提高 1.2 个百分点（见图 7）。

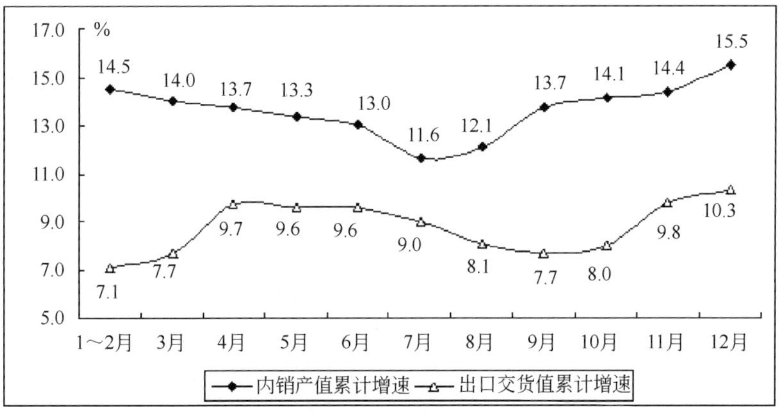

图 7　2012 年电子信息制造业内外销产值累计增速对比

3. 内资企业实力增强

2012 年我国规模以上电子信息制造业中，内资企业销售产值（24 928 亿元）与出口交货值（4 773 亿元）分别增长 18.4%和 13.4%（见图 8），分别高于平均水平 5.8 个和 3.1 个百分点，所占比重分别比上年提高 1.4 个和 0.3 个百分点。

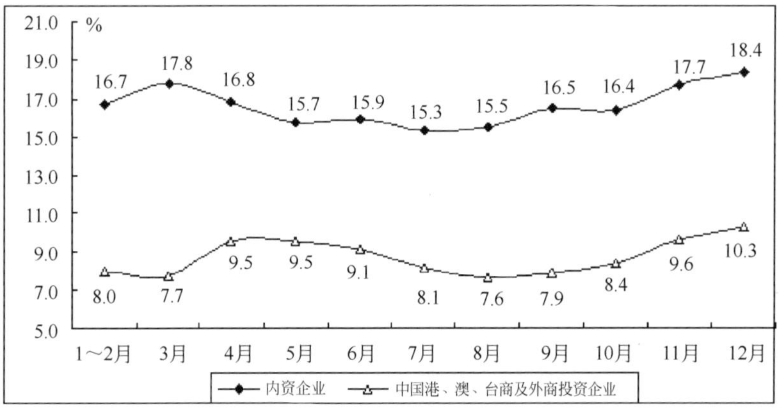

图 8　2012 年电子信息制造业不同性质企业销售产值累计增速对比

4. 产业转移步伐加快

2012 年，我国规模以上电子信息制造业中，中部地区销售产值和出口交货值分别增长 40.9%和 85.4%，分别高于平均水平 28.3 个和 75.1 个百分点；西部地区销售产值和出口交货值分别增长 39.4%和 83.2%，分别高于平均水平 26.8 个和 72.9 个百分点；中西部地区销售产值比重合计达到 16.2%，比上年提高 3.2 个百分点（见图 9）。

（三）软件业服务化、网络化和融合化发展加速

2012 年，我国软件产业中，数据处理和运营服务类业务完成收入 4 285 亿元，同比增长 35.9%，增速高于平均水平 7.4 个百分点，占比 17.1%，比上年提高 0.9 个百分点；软件业与制造业融合化程度加深，在电子制造业企稳向好的带动下，嵌入式系统软件增速加快，实现收入 3 973 亿元，同比增长 31.2%，高于平均水平 2.7 个百分点。

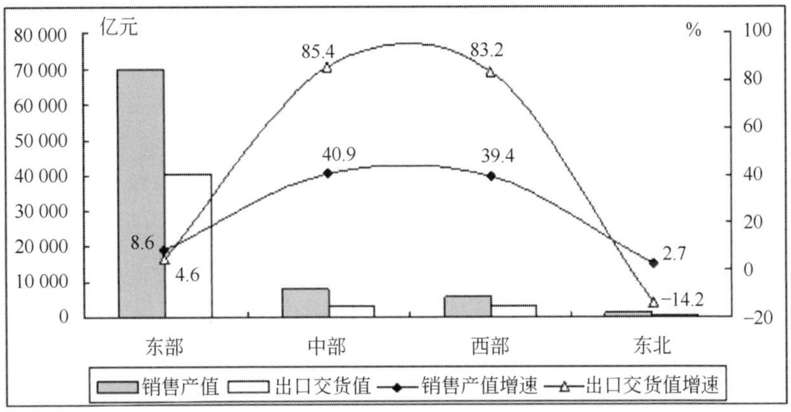

图9 2012年东、中、西、东北部电子信息制造业发展态势对比

六、科研创新

（一）核心技术不断突破

2012年，我国电子信息产业多项核心关键技术取得突破，采用国产处理器和软件的神威蓝光千万亿次计算机技术水平处于国际先进行列，自主开发的8GB DDRII存储器芯片出货量超过430万片，自主研发的智能手机浏览器用户超过3亿，国产智能终端芯片销售超过4 000万颗。

（二）新增长点加快孕育

数字视听领域，产业链各环节实现协调发展和良性互动，广州、杭州等数字家庭应用示范工程用户达到50万户；新型显示领域，生产线、相关材料及设备的研发和产业化步伐加快，液晶面板全球市场占有率超过10%，国内电视面板供应自给率突破20%，国内面板骨干企业采购国产材料的金额比例超过25%；此外，在产业“十二五”规划“基础电子产业跃升工程”相关政策措施的支持下，多晶硅、锂离子电池关键材料及传感器等领域的技术研发和产业化步伐明显加快。

七、社会贡献

（一）经济贡献不断增强

2012年，我国规模以上电子信息制造业从业人员规模突破千万大关，达到1 001万人，比上年增长6.5%，占全国城镇就业人员比重达到2.8%；上缴税金1 513亿元，同比增长21.6%，占全国工业行业税金总额比重接近5%；电子信息产品进出口总额达11 868亿美元，占全国外贸进出口总额的30.7%；电子信息产业在国民经济中的重要性不断提高。

（二）积极支撑信息化建设

2012年，全国光缆线路长度净增267万公里，达到1 481万公里。局用交换机容量净增478万门，达到43 906万门。移动电话交换机容量净增11 234万户，达到182 870万户。截至2012年年末，我国移动电话普及率达到82.6部/百人，比2011年提高9.0部/百人；3G网络用户净增10 438万户，年净增量首次突破1亿户。互联网普及率达到42.1%，比上年提高3.8个百分点；其中手机上网用户占到网民总数的74.5%，比上年提高5.1个百分点。城镇居民的彩电、计算机拥有率超过136台/百户和80台/百户，均比上年有所提高。信息技术的渗透带动作用进一步增强，为改造提升传统产业、推动社会信息化建设和丰富人民群众物质文化生活做出了积极贡献。

2013 年是全面贯彻落实党的十八大精神的开局之年，是实施“十二五”规划承前启后的关键一年。总体来看，我国电子信息产业发展仍具备较好的基本面，依然有较大的发展空间和潜力，但所面临的国内外经济形势仍较为复杂，不确定、不稳定因素不断增加，外需持续萎缩与内需增势放缓相互叠加，长期问题与短期困难相互交织，形势仍不容乐观。我们要全面贯彻落实党的十八大精神和中央经济工作会议部署，以科学发展观为指导，继续坚持稳中求进的工作总基调，围绕走中国特色新型工业化、信息化、城镇化和农业现代化道路，按照形成新的经济发展方式的要求，加快推进产业转型升级，加快构建现代产业体系，加快推动信息化和工业化深度融合，保障产业实现平稳较快发展。

预计，2013 年我国规模以上电子信息制造业增加值将增长 12%左右，软件业增速将在 25%左右。

附表

表 1　2012 年电子信息产业主要指标完成情况

	单　位	绝 对 量	增速（%）
一、规模以上电子信息制造业			
主营业务收入	亿元	84 619	13.0
利润总额	亿元	3 506	6.2
税金总额	亿元	1 513	21.6
从业人员	万人	1 001	6.5
固定资产投资	亿元	9 592	5.7
电子信息产品进出口总额	亿美元	11 868	5.1
其中：出口额	亿美元	6 980	5.6
进口额	亿美元	4 888	4.5
二、软件业			
软件业收入（快报数据）	亿元	25 022	28.5
三、主要产品产量			
手机	万部	11 8154	4.3
微型计算机	万台	35 411	10.5
彩色电视机	万台	12 823	4.8
集成电路	亿块	823	14.4

2012年电子信息产品进出口情况

工业和信息化部运行监测协调局

2012年，我国电子信息产品进出口呈小幅增长态势，进出口总额11 868亿美元，同比增长5.1%，增速比上年回落6.4个百分点，低于全国商品外贸总额增速1.1个百分点，占全国外贸总额的30.7%。其中，出口6 980亿美元，同比增长5.6%，增速比上年回落6.3个百分点，低于全国外贸出口增速2.3个百分点，占全国外贸出口额的34.1%。进口4 888亿美元，同比增长4.5%，增速比上年回落6.5个百分点，高于全国外贸进口增速0.2个百分点，占全国外贸进口额的26.9%。

一、各行业进出口增速差别较大

出口方面，通信设备、广播电视设备及电子器件出口增势突出，出口额分别达到1 493亿美元、119亿美元和891亿美元，同比分别增长14.8%、15.9%和17.7%，增速明显高于平均水平；计算机、电子元件和电子仪器设备出口增势平缓，出口额分别为2 382亿美元、906亿美元和279亿美元，同比分别增长3.8%、2.8%和4.7%；家电与电子材料出口呈下降态势，家电出口857亿美元，同比下降9.5%，电子材料出口53亿美元，同比下降17.1%。出口额前五位的产品分别是：笔记本电脑（1 138亿美元，7.5%）；手机（810亿美元，29.1%）；集成电路（534亿美元，64.1%）；液晶显示板（363亿美元，22.9%）和手持式无线电话用零件（287亿美元，2.8%）。

进口方面，通信设备、广播电视设备、计算机和电子器件进口呈增长态势，且增速高于平均水平，进口额分别为403亿美元、109亿美元、665亿美元和2190亿美元，同比分别增长26.3%、30.2%、10.4%和12.0%；家电、电子元件、电子材料和电子仪器设备进口同比下滑，进口额分别为105亿美元、941亿美元、91亿美元和384亿美元，降幅分别为27.6%、2.0%、18.7%和23.6%。

二、一般贸易出口低速增长，加工贸易出口同比下降

出口方面，电子信息产品一般贸易出口1 229亿美元，同比增长2.8%，增速比平均水平低2.8个百分点；加工贸易出口4 965亿美元，同比下降0.6%，其中，进料加工贸易出口4 565亿美元，同比增长1.6%；来料加工贸易出口400亿美元，同比下降20.0%。保税区仓储转口货物、国家间、国际组织无偿援助和赠送的物资以及其他捐赠物资出口增长较快，增速分别达到121.4%、63.0%和157.4%。

进口方面，电子信息产品一般贸易进口1 034亿美元，同比下降7.2%，增速低于平均水平11.7个百分点；进料加工贸易进口2 224亿美元，同比增长3.5%；来料加工贸易进口356亿美元，同比下降20.1%。保税区仓储转口货物、租赁贸易及免税外汇商品等贸易方式进口增长较快，进口增速分别达到47.6%、156.5%和143.2%。

三、内资企业出口增长较快，三资企业出口相对缓慢

出口方面，内资企业出口1 550亿美元，同比增长25.2%，增速高于平均水平19.6个百分点。其中，民营企业出口增势突出，出口额1 025亿美元，同比增长47.8%，高于平均水平42.2个百分点。三资企业整体出口5 430亿美元，同比增长1.0%，增速低于平均水平4.6个百分点。其中，外商独资

企业出口 4 162 亿美元，同比下降 3.0%；中外合资企业出口 1 209 亿美元，同比增长 18.2%；中外合作企业出口 59 亿美元，同比下降 4.5%。

进口方面，外商独资企业进口占比最高，进口额 2 824 亿美元，同比下降 3.8%，占进口总额的 57.8%；中外合资企业进口 878 亿美元，同比增长 18.4%；民营企业进口增速居于首位，进口额 810 亿美元，同比增长 42.3%，增速高于平均水平 37.8 个百分点。

四、对主要贸易伙伴出口形势不一，对新兴市场出口增长较快

出口方面，对主要贸易伙伴出口增速差别较大，对我国香港出口 1 909 亿美元，同比增长 19.5%；对美国出口 1 307 亿美元，同比增长 3.8%；对日本出口 468 亿美元，同比增长 2.8%；对韩国出口 345 亿美元，同比增长 16.8%；对荷兰出口 343 亿美元，同比下降 1.5%；对我国香港和韩国出口增速明显高于平均水平，对美国、日本和荷兰，出口增长相对缓慢。对新兴市场出口保持较快增长，如泰国、印尼和越南等，增速分别达到 21.7%、11.7%和 32.3%。对欧洲市场出口较为疲软，如对德国、法国和意大利等，出口均呈下降态势，降幅分别为 15.5%、21.7%和 37.9%。

进口方面，国货复进口居首位，进口额 1146 亿美元，同比增长 18.5%；其后五个国家和地区分别为韩国、中国台湾地区、日本、马来西亚和美国，进口额分别为 883 亿美元、863 亿美元、563 亿美元、374 亿美元和 181 亿美元，同比分别增长 7.5%、13.0%、–11.1%、–3.3%和–7.2%。

五、主要省市出口增势缓慢，部分中西部省市增长较快

出口方面，广东、江苏、上海、浙江和天津五省市出口额居前五位，分别达到 2 913 亿美元、1 417 亿美元、959 亿美元、242 亿美元和 211 亿美元，同比分别增长 6.8%、–0.1%、–4.6%、–2.3%和 4.6%，除广东外，其余四省市出口增速均低于平均水平。四川、河南、重庆和山西等省市出口增长较快，增速分别为 50.8%、184.8%、155.7%和 236.7%。

进口方面，广东、江苏、上海、天津和北京五省市进口额居前五位，分别达到 2 003 亿美元、904 亿美元、760 亿美元、187 亿美元和 169 亿美元，同比分别增长 8.7%、–4.1%、–0.1%、10.2%和–21.5%。

附图：

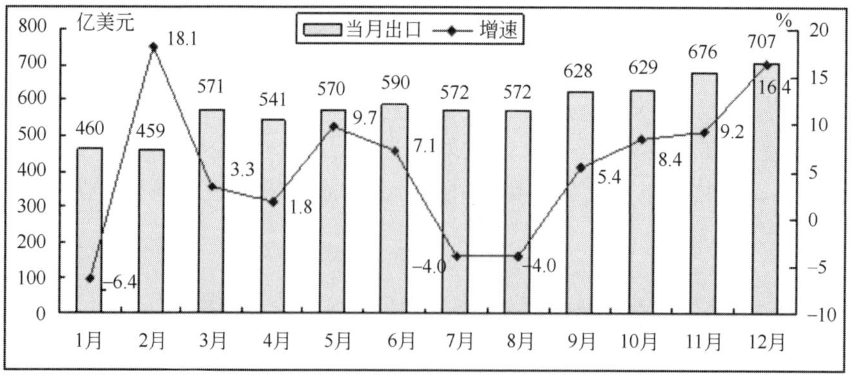

图 1　2012 年以来我国电子信息产品月度出口情况

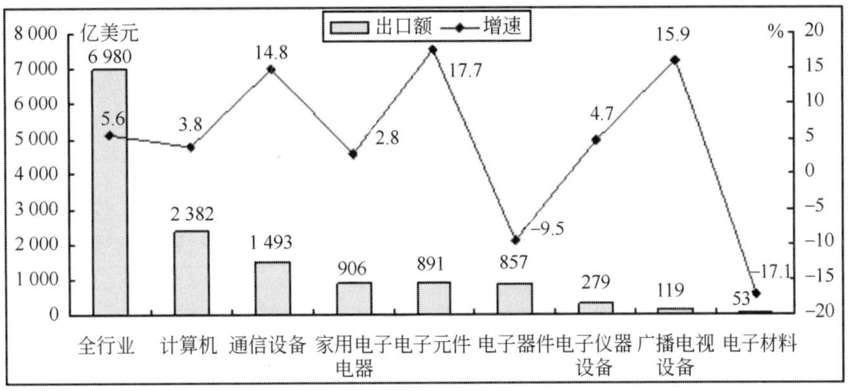

图 2　2012 年各行业出口情况对比

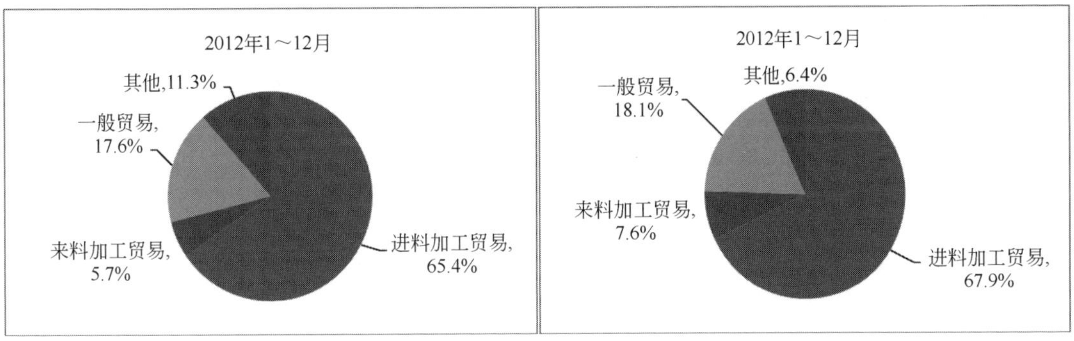

图 3　2012 年与 2011 年电子信息产品出口贸易方式结构对比

2012年1～12月规模以上电子信息制造业主要经济指标完成情况

工业和信息化部运行监测协调局

2012年1～12月规模以上电子信息制造业主要经济指标完成情况（一）

工业和信息化部运行监测协调局系统运行处制表				单位：万元
单位名称	销售产值		出口交货值	
	本月累计	增减（%）	本月累计	增减（%）
全部企业合计	850 439 696	12.6	467 806 980	10.3
其中：通信设备制造业	137 179 750	19.2	71 152 623	19
雷达制造业	3 086 695	23.2	676 513	34.5
广播电视设备制造业	7 935 530	20.3	2 835 846	23.3
电子计算机制造业	227 334 675	11.6	172 438 412	10.8
家用视听设备制造业	53 611 202	8.8	25 328 161	1.8
电子器件制造业	140 064 415	17.3	89 747 863	15
电子元件制造业	147 959 627	10.7	71 534 907	8.3
电子测量仪器制造业	16 743 113	22.6	3 182 471	10.9
电了专用设备制造业	30 470 208	17.7	8 554 896	3.2
电子信息机电制造业	64 892 262	5.6	19 043 687	–12.5
其他电子信息行业	21 162 217	–12.6	3 311 601	–17.3
其中：外商及中国港、澳、台投资企业	601 159 821	10.3	420 073 220	9.9
其中：国有控股企业	69 774 434	19.1	17 299 931	18

注：数据来源于国家统计局。

2012年1～12月规模以上电子信息制造业主要经济指标完成情况（二）

工业和信息化部运行监测协调局系统运行处制表				单位：万元
单 位 名 称	销售产值		出口交货值	
	本月累计	增减（%）	本月累计	增减（%）
全部企业合计	850 439 696	12.6	467 806 980	10.3
北京市	21 922 721	–0.4	10 459 937	–0.6
天津市	28 762 705	24.1	14 622 105	16.3
河北省	5 459 888	0.5	1 037 772	–10.2
山西省	4 566 091	127.8	2 899 647	294.8
内蒙古自治区	1 584 319	39.5	117 805	62.4
辽宁省	13 139 114	4.5	4 773 114	–14.5
吉林省	1 109 010	–10.1	45 782	73.2
黑龙江省	425 928	–11.5	22 831	–21.6
上海市	62 119 742	–4.9	46 063 363	–5.3

续 表

工业和信息化部运行监测协调局系统运行处制表				单位：万元
单位名称	销售产值		出口交货值	
	本月累计	增减（%）	本月累计	增减（%）
江苏省	229 463 274	10	135 934 409	6.1
浙江省	33 577 873	0.4	12 235 596	–5.9
安徽省	10 589 936	37.2	1 609 188	44.8
福建省	30 289 874	13.3	17 447 351	10.6
江西省	16 246 967	4.8	3 724 767	11.7
山东省	50 452 198	16.3	14 739 231	0.2
河南省	20 090 497	115.2	13 215 565	244.4
湖北省	14 694 089	15.2	5 530 384	1.1
湖南省	12 589 406	46.2	2 110 679	75.8
广东省	234 923 206	9.7	151 832 802	6.8
广西壮族自治区	6 774 598	34.6	1 646 742	136.4
海南省	640 311	61.6	227 462	7.6
重庆市	15 625 636	72	11 832 309	131.4
四川省	28 655 281	34.1	15 013 498	61.3
贵州省	614 620	17	17 303	–73.7
云南省	257 917	1.1	10 218	–69.6
陕西省	4 822 642	18	519 670	–13.6
甘肃省	362 664	34.9	70 461	93.9
青海省	166 357	–43.3	0	0
宁夏回族自治区	256 714	–27.3	3 055	423.7
新疆维吾尔自治区	256 117	31	43 936	–15.6

注：数据来源于国家统计局。

第3章

产业概况

2012 年中国 TFT-LCD 基板玻璃产业回顾及前景展望

彩虹集团公司 张渭川 李党会

一、市场继续保持快速增长

受全球宏观经济低迷的影响，近一两年来全球范围内 TFT-LCD 产业呈现了低速增长态势。与此相应的是，2012 年全球液晶基板玻璃的需求面积为 3.6 亿平方米，同比小幅增长 11%，虽然增速并不算高，但比 2011 年的年度增速提高了 6 个百分点，表明全球液晶产业正在逐渐回暖之中。

与海外液晶产业乏善可陈的发展态势相比，中国大陆地区的液晶产业可谓一枝独秀（见表 1）。随着多条高世代面板线的陆续建设与投产，中国大陆正在成为近几年来全球液晶产业新增投资最主要的聚集区域。目前，中国大陆地区的液晶面板投资已经占到了全球年度新增投资的 80%以上，与此同时，中国大陆在全球液晶基板玻璃市场中的地位也越来越重要。

表 1 中国液晶面板高世代线投资项目一览表

厂 家	代 次	地 点	量 产 期	基板尺寸	月 产 能
京东方	第 5 代	北京	2005Q2	1 100×1 300	10 万片
上广电	第 5 代	上海	2004Q4	1 100×1 300	9 万片
龙腾	第 5 代	昆山	2006Q3	1 100×1 300	11 万片
深圳深超	第 5 代	深圳	2008Q4	1 200×1 300	10 万片
深天马	第 5.5 代	厦门	2014Q2	1 300×1 500	3 万片 LTPS+6 万片 CF
京东方	第 6 代	合肥	2010Q4	1 500×1 850	9 万片
CEC 熊猫	第 6 代	南京	2011Q1	1 500×1 800	8 万片
天亿	第 6 代	成都	2014H1	1 500×1 850	项目暂缓
京东方	第 8 代	北京	2011Q3	2 200×2 500	9 万片
华星光电	第 8 代	深圳	2011Q3	2 200×2 500	10 万片
LGD	第 8 代	广州	2014Q2	2 200×2 500	12 万片（一期 6 万片）
三星	第 8 代	苏州	2013Q4	2 200×2 500	5.5 万片
CEC 熊猫	第 8 代	南京	2015H2	2 200×2 500	6 万片，IGZO 面板
京东方	第 8 代	合肥	2014Q2	2 200×2 500	9 万片
京东方	第 8 代	重庆	2015Q3	2 200×2 500	9 万片，IGZO，公布计划
华星光电	第 8 代	深圳	2015Q3	2 200×2 500	10 万片，IGZO，公布计划

资料来源：各厂家相关信息披露。

从目前已经披露的中国大陆地区面板产业投资情况看，2014—2015 年，国内还将有 5～6 条高世代面板线建设投产。受此推动，2015 年中国大陆地区的面板产线投片面积将达到 8 361 万平方米，比 2012 年增长 70%，三年间的年均复合增长率达 20%，其中第 8.5 代基板需求将成为主要增长动力（见表 2）。中国大陆地区占全球基板玻璃市场需求的份额也将提高到 2015 年的 17%以上。

表 2　未来几年国内 TFT-LCD 基板玻璃需求预测

（单位：万平方米）

	2011 年	2012 年	2013 年	2014 年	2015 年
第 5 代以下	193	241	241	241	241
第 5 代	1 315	1 315	1 315	1 368	1 491
第 6 代	1 040	1 118	1 118	1 118	1 118
第 7 代及其以上	593	2 255	2 530	3 421	5 511
合计	3 141	4 929	5 204	6 148	8 361

资料来源：各厂家相关信息披露。

二、基板玻璃的供应格局正在发生深刻变化

（一）目前海外巨头依然占据国内外基板玻璃供应的主要份额

基板玻璃技术难度高，认证时间长，因此目前其供应依然主要被以康宁为代表的四家海外基板玻璃厂家所垄断。但由于上下游行业竞争格局的变迁，基板玻璃企业之间的竞争态势也在发生着深刻的变化，突出表现为：一方面，中国大陆基板厂家不断崛起；另一方面，海外巨头之间的竞争烈度比前几年显著加大，如康宁等陆续将其中低世代基板玻璃生产线改造为高铝防护玻璃生产线（见表 3），同时 Avanstrate（原日本板硝子 NHT，2008 年 12 月更名为 Avanstrate）在海外地区的一些基板玻璃生产线的营业稼动率也逐渐降低，这些都在一定程度上舒缓了基板玻璃供大于求的压力，但是随着基板玻璃薄型化带来的基板供应增加、NEG 在韩国坡州以及 LG 化学基板玻璃产线的投入运营，全球尤其是韩国地区基板玻璃产能还在增加，从而又会在一定程度上给全球基板玻璃的供需关系带来某些不确定性。不过，由于新建基板玻璃产线的产能开出速度以及爬坡期都要比液晶面板线来得慢，所以就中短期而言，全球液晶基板玻璃的供需格局依然总体健康，而且不排除在未来几个季度还会呈现出一定程度的供应偏紧现象（见图 1）。

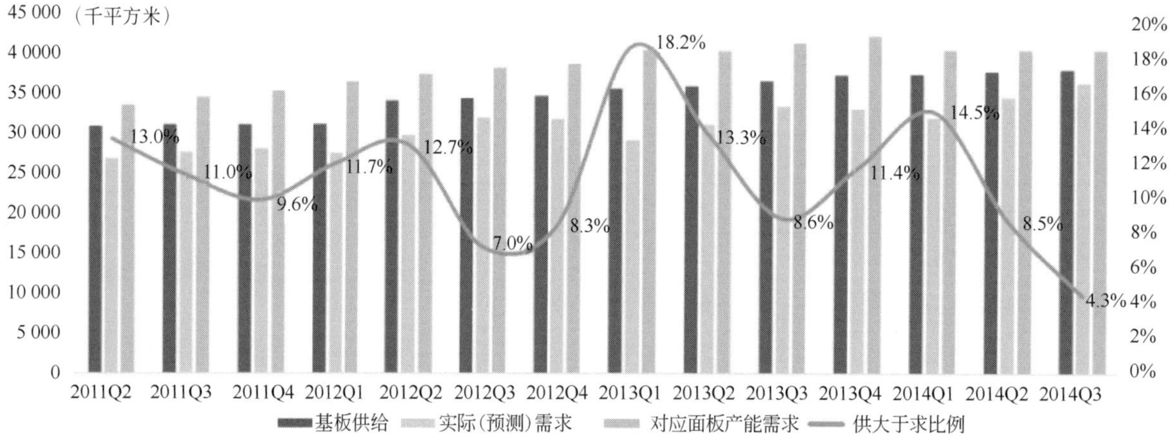

图 1　中短期内全球液晶基板玻璃的供需关系

资料来源：DisplaySearch，2013。

就国内看，目前基板玻璃供应也依然由国外公司所主导。事实上，虽然国内目前已经有近 10 条基板玻璃产线投入运营，但目前国内面板厂家所需的基板玻璃仍然基本上依赖进口。海关资料显示，2012 年，国内进口的液晶基板玻璃（成品）金额高达 13.5 亿美元，数量达 4 000 万平方米，占当年国内液

晶基板玻璃需求量的 87%。

表 3　康宁液晶基板玻璃产线正在陆续转做防护玻璃（以中国台湾地区为例）

产线地址	Q3' 11	Q4' 11	Q1' 12	Q2' 12	Q3' 12	Q4' 12	Q1' 13	Q2' 13	Q3' 13	
台南										
台南										
台南	基板									
台南	基板									
台南	基板									
台南	基板	基板								
台南	基板	基板								
台南	基板	基板	基板							
台中	基板	基板	基板	基板	基板					
台中	基板	基板	基板	基板	基板					

（二）本土基板玻璃厂家的崛起令人瞩目

随着液晶生产线世代的不断增加，基板玻璃的尺寸越来越大，运输与仓储成本越来越高，所以基板玻璃就近配套的必要性越来越突出。与此同时，由于国内液晶面板产能快速增加，一些本土基板玻璃供应厂家也在崛起之中，如彩虹集团、东旭集团等（见表 4）。

表 4　国内液晶基板玻璃生产线一览表

	公　司	地　点	代　数	年产能（万平方米）	备　注
已量产线体	彩虹集团	咸阳	G5	93	目前冷修改造中
		咸阳	G5	93×2	2 条，每条 93 万平方米，以下同
		张家港	G5	93	
		合肥	G6	96×2	
	东旭集团	郑州	G5	86×3	
		石家庄	G5	86	
		芜湖	G6	138×2	2013 年年底投入运营
		成都	G4.5	67	另有一条线在建中
	美国康宁	北京	G8.5	231×2	

续 表

	公　司	地　点	代　数	年产能（万平方米）	备　注
在建或规划线体	彩虹集团	咸阳	G5	93	咸阳地区第四条量产线，2013 年年底点火
		合肥	G6	96×2	
		合肥	G5	93×2	
		张家港	G5	93×2	
	东旭集团	石家庄	G5	86×2	
		营口	G5	86×3	
		郑州	G5	86	
		芜湖	G6	138×8	
	三星康宁	无锡	G8.5	231	规划中

彩虹集团是国内最早从事显示器件用电子玻璃产品开发与生产的企业之一。2007 年，彩虹集团完全依靠自有资源建成了国内首条完整意义上的第 5 代基板玻璃生产线，并实现了产品的量产与销售。此后，经过不断的品质提升和技术改造，彩虹集团又先后实现了第 6 代基板玻璃、0.5mm 薄型化基板等产品的生产。

东旭集团也是目前国内重要的基板玻璃生产供应商之一。目前，东旭集团已经在多地建设了第 5～第 6 代基板玻璃生产线，其中一些生产线已开始运营。

2012 年，无论是彩虹还是东旭的基板玻璃业务都取得了显著进展，其中彩虹的客户已经拓展到 8 家，涵盖中国大陆和台湾地区的主要面板厂家，全年实现销售 62 万片，而 12 月更是单月突破 10 万片。与此同时，东旭的基板玻璃销量也不断攀升，其最初投产的郑州旭飞公司第一条第 5 代基板玻璃产线当年已经实现盈利 4 000 余万元，在此基础上，该公司还推出了非公开发行股票的计划，拟在安徽芜湖投资 76 亿元、建设 10 条第 6 代基板玻璃生产线，这也是迄今为止国内玻璃领域最大的单笔投资金额。

总体而言，伴随着国内面板投资的热度不减，加之本土企业在基板玻璃领域的持续投入和技术积累，基板玻璃已经不再像前几年那样成为国内企业的投资禁区，相反，该领域正在吸引着越来越多的各色资本投资其中，如中建材集团早前宣布在佛山三水拟投资 40 亿元建设 4 条第 6～第 8 代基板玻璃生产线，无论该投资计划最终能否实现，都从一个侧面说明了国内基板玻璃产业的投资热潮。

（三）本土基板玻璃厂家的未来挑战

虽然以彩虹和东旭为代表的本土基板玻璃厂家近年来取得了一系列进展，但它们也都在未来几年面临着不少严峻挑战。

第一，海外公司对中国大陆基板玻璃市场的开拓力度越来越强。随着全球液晶面板和基板玻璃市场的放缓，潜力被看好的中国大陆将成为未来几年全球基板玻璃巨头势在必得的最重要市场之一。因此，海外公司必然加大对国内市场的开发和投资力度。为了寻求更大的竞争优势，海外公司纷纷在国内投资建线，如康宁在北京，三星-康宁在无锡，旭硝子在昆山和深圳，NEG 在广州，这些基板玻璃产线基本上都围绕当地面板工厂而建，无论是在客户响应速度，还是在产品运输成本等方面，都比目前直接进口基板玻璃更具吸引力。与几年前相比，海外厂家对中国大陆基板玻璃市场的开发力度明显强化。

第二，基板玻璃价格下降较快。2011 年下半年后，由于液晶行业放缓导致整个产业链竞争加剧，基板玻璃价格下降明显加快。自此以后，基板玻璃的季度价格跌幅基本上都在 3%以上，甚至会高于 4%（见图 2）。在这种情况下，基板玻璃厂家利润明显缩水，个别厂家甚至出现亏损。

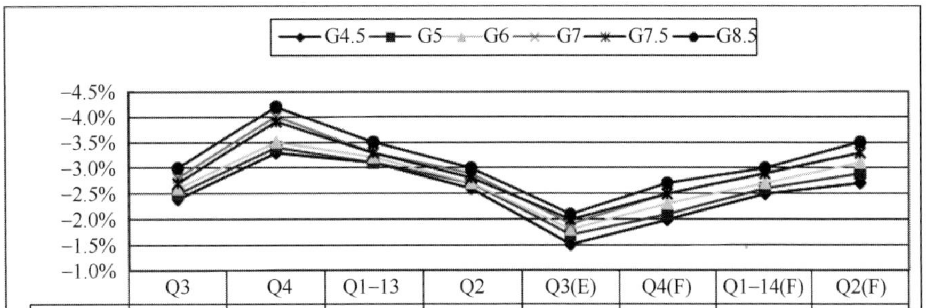

	Q3	Q4	Q1-13	Q2	Q3(E)	Q4(F)	Q1-14(F)	Q2(F)
G4.5	-2.4%	-3.3%	-3.1%	-2.6%	-1.5%	-2.0%	-2.5%	-2.7%
G5	-2.5%	-3.4%	-3.1%	-2.7%	-1.7%	-2.1%	-2.6%	-2.9%
G6	-2.6%	-3.5%	-3.2%	-2.7%	-1.8%	-2.3%	-2.7%	-3.1%
G7	-2.8%	-4.0%	-3.3%	-2.9%	-1.9%	-2.5%	-2.9%	-3.3%
G7.5	-2.7%	-3.9%	-3.3%	-2.8%	-2.0%	-2.5%	-2.9%	-3.3%
G8.5	-3.0%	-4.2%	-3.5%	-3.0%	-2.1%	-2.7%	-3.0%	-3.5%

图 2　2012 年第三季度后基板玻璃价格跌幅情况

价格下跌在相当程度上制约了国内基板玻璃厂家的利润空间。加之本土厂家目前普遍处在扩张期，后续还有很多项目需要持续投资，所以面临的财务压力非常之大。

第三，基板玻璃技术规格的不断提升。由于市场竞争不断强化，基板玻璃的产品规格也水涨船高，例如，基板的超薄化、环保化、低缺陷化趋势越来越突出。在超薄化方面，目前，0.7mm 和 0.63mm 产品的边缘化趋势非常明显，而 0.5mm 产品则成为行业主流，一些厂家甚至开始导入 0.4mm 产品，以满足手机、平板电脑等产品的轻薄化需求（见表 5）。与此同时，产品的低缺陷化也不可逆转，随着产品规格的提升，一些几年前完全合格的产品现在可能就难以被客户接受。这对刚刚处于起步期、技术积累还比较有限的中国大陆基板玻璃厂家而言挑战不小。

表 5　基板玻璃的超薄化趋势

	G5	G6	G7	G8
2012 年前	0.5t/0.63t/0.7t	0.7t	0.7t/0.5t	0.7t/0.5t
2012 年后	0.34t/0.4t/0.5t	0.4～0.5t	0.5t	0.5t

第四，日元汇率的大幅贬值。近一段时间以来，日元汇率大幅贬值，因为基板玻璃产品通常以日元作为计价货币单位，所以日元汇率的下跌使得进口基板玻璃价格下降，从而有利于提高进口产品对客户的吸引力，这对本土以人民币计价的基板玻璃产品会带来较大的价格压力和经营压力。

三、创新技术，贴近客户，实现共赢

虽然本土基板玻璃企业今后还将面临不少严峻挑战，但其发展前景依然值得期待。首先，国内蓬勃发展的液晶面板产业为玻璃厂家提供了强劲的产品需求。众所周知，原材料成本占面板生产总成本的 60%～70%，而基板玻璃又占到 Open Cell 原材料成本的约 20%，或占面板厂商总成本比重的 12%～14%，若基板价格下降 10%，可以提高面板厂商毛利率和净利率 1.2%～1.4%。随着竞争的加剧，目前，即使在行业景气度好时，面板厂的净利润率也只有 4%～5%，所以 10%的基板玻璃价差将提升面板厂商净利润 20%以上。这对面板厂商来说十分具有吸引力，在目前面板行业相对低迷的时候将尤为强烈。本土基板玻璃通过就近配套，可以提供更及时、完善的技术服务，同时缩短运输时间，对客户的响应将更加迅速。更重要的是，在保持必要盈利能力的前提下，中国大陆玻璃厂商成本端的优势使得其定价弹性空间更大，更有竞争力。

技术创新方面，通过前期的技术储备和经验积累，目前本土基板玻璃厂家已经初步掌握了料方组成、窑炉设计、熔解成型、后段加工、品质评价和设备保障等主要环节的量产化技术，初步积累了较为系统的工艺经验和优化方法，但也还存在着一定的局限，如第 8 代基板玻璃开发与量产、0.4mm 甚至 0.3mm 玻璃的量产、下一代显示器件（如 LTPS、氧化物 TFT、AM-OLED）用高应变点玻璃的量产，乃至更前瞻的柔性化、可弯曲基板玻璃产品的开发等。这些技术目前已经成为电子玻璃领域的主要研究热点，具有很高的商业价值和战略意义。例如，服务于下一代显示器件的高应变点玻璃，目前已经有康宁、旭硝子、AVanstrate 等海外公司竞相开发。毕竟就整个显示技术而言，非晶硅 TFT 的增长已经近乎停滞，有预测表明，2012—2020 年的 8 年间，以销售额计，全球 LTPS-LCD 的年均复合增长率为 19%，LTPS-OLED 为 17%，至于氧化物 TFT 的年均增长率则更快，与之形成对比的是，10 英寸以上的非晶硅市场则为–5%。因此，下一代显示技术无疑代表了显示技术的未来。但这些新型显示技术对基板玻璃提出了更高的质量要求，如 LTPS 工艺，由于其工艺温度高，所以如何在这么高的温度下还能保持基板玻璃不翘曲、不收缩就很具挑战性。只有通过不断推进企业技术创新，积极跟踪和消化行业的新技术、新工艺，缩短新技术从实验室走向量产线的时间，本土基板玻璃企业才有可能实现跨越式发展。

总体而言，中国本土的基板玻璃产业尚处于产业化的初期阶段。虽然该产业目前所拥有的资源、规模、影响和社会与经济效益尚不显著，但已经凸显了良好的发展潜力，也出现了一些值得期待的龙头企业。可以预见，在国内液晶面板投资热潮的拉动下，基板玻璃产业将继续保持高速发展势头，从而彻底扭转基板玻璃、盖板玻璃等大宗电子玻璃产品主要依赖进口的状况，这将有力促进中国平板显示产业链的健康运转，实现液晶面板与基板玻璃企业间的长期互利共赢。

中国 TFT-LCD 用背光源产业现状与发展

京东方茶谷电子有限公司　马国恒　杨东升　周振东

一、引言

在全球经济萧条的大背景下，中国的液晶产业逆势成长，多条高世代液晶产线规模化投产，中国的液晶行业已经在世界上占据了非常重要的地位。同时，随着中国老百姓消费能力的提高和工资水平的增长，中国已经在电视、手机等消费类产品方面超越美国，成为全球最大的市场。作为液晶产业重要的组成部分，中国的背光源产业也发生了翻天覆地的巨大变化。

二、背光源发展现状

背光源的发展是依托于液晶显示的发展，而液晶显示的发展则依托于终端设备的兴盛。现今智能手机、平板电脑、超极本、智能电视、云终端都展现了良好的市场发展空间。国内液晶面板行业持续发展，在全球市场的份额不断扩大（见图 1）。有液晶面板就离不开背光源，这样对于背光源是一个巨大的机遇。但是很多原材料后段的加工生产，国内的企业已经开始起步，逐步获得了一定程度的市场认可，虽然一些重要的资源与技术掌握在日本、韩国和我国台湾企业手中，要想有所突破还有一些困难。但是大陆背光源产业要抓住当前市场快速发展的机遇，提升自身实力，把基础的材料生产以及加工能力搞上去，打破原有格局的技术壁垒，才能有充足的机会分享背光源市场这个大蛋糕。

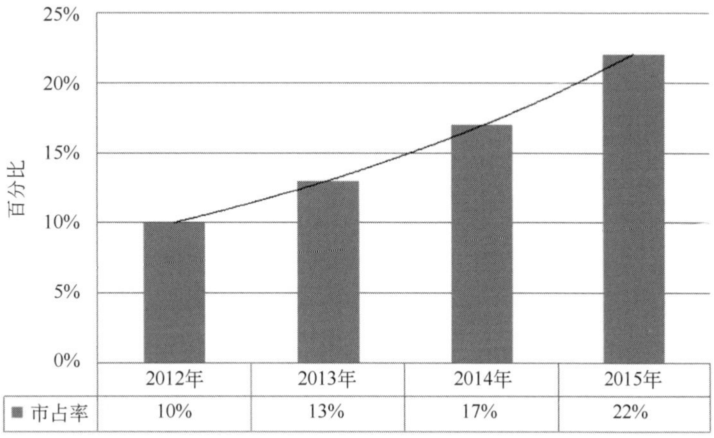

图 1　中国液晶面板市场全球市占率预测

资料来源：拓墣产业研究所。

三、手机用背光源发展

苹果 iPhone 第一代产品的出现，彻底颠覆了传统的手机概念，智能机以前所未有的速度发展（见图 2）。随着诺基亚手机业务被微软收购，曾经叱咤风云的爱立信、摩托罗拉、诺基亚三大手机巨头已被苹果、三星、HTC 等厂家取代。随着智能机业务的迅猛发展，智能手机背光源也大幅增加。调研公司 Canalys 发布报告称，2013 年第二季度，全球智能手机出货量达到了 1.58 亿部，与上年同期的 1.08

亿部相比增长 46.9%。中国智能手机市场增长迅猛，第二季度智能手机出货量为 4 200 万部，同比增长 199%，环比增长 32%。第二季度，中国市场智能手机出货量占全球出货量的 27%，高居榜首；美国位居第二，市场份额为 16%。在中国市场 4 200 万部的智能手机出货量中，其中 81%采用 Android 系统。

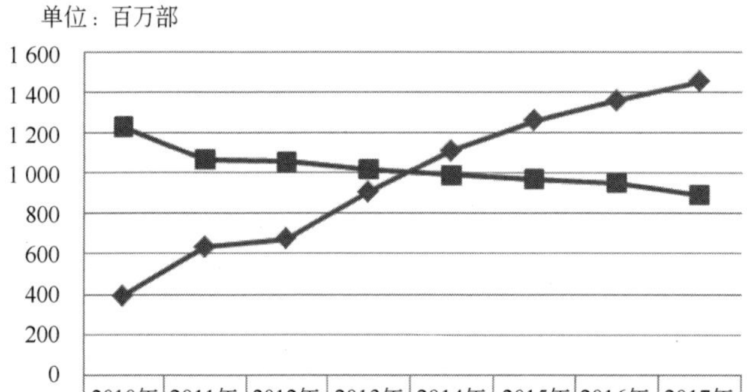

	2010年	2011年	2012年	2013年	2014年	2015年	2016年	2017年
智能手机	393	634	673	907	1 113	1 260	1 358	1 454
功能手机	1 228	1 067	1 056	1 019	990	969	951	891

图 2　2010—2017 年全球手机面板市场预测

资料来源：DisplaySearch。

中国智能手机市场的另一个趋势是，本土厂商与领头羊三星的距离在拉近。从 2013 年第二季度中国智能手机市场销售量来看，三星排名首位，市场份额为 19.4%。排名第二和第三的分别为联想、酷派（见表 1）。三星有一大部分高端机型与诺基亚部分机型采用 AM-OLED 显示屏，其余厂家基本全部采用液晶显示屏。而使用液晶屏就要使用背光源。

表 1　2013 年第二季度中国智能手机市场销售量前 10 名

排　名	国　别	品　牌	销售量（万部）	销售份额
1	韩国	三星	1 530	19.4%
2	中国	联想	969	12.3%
3	中国	酷派	795	10.1%
4	中国	中兴	772	9.8%
5	中国	华为	756	9.6%
6	中国	小米	440	5.5%
7	美国	苹果	340	4.3%
8	中国	OPPO	325	4.1%
9	中国	步步高	298	3.7%
10	芬兰	诺基亚	212	2.6%

注：以上数据仅为智能手机数据，未包含功能手机。

资料来源：Strategy Analytics。

随着国产智能手机市场地位的提高，国内背光源厂家也正在抓住此契机，提高智能手机背光源技术。智能机背光源的发展呈现出以下几个趋势：薄型化、高亮度、窄边框甚至无边框。现在的智能手机越来越向平板电脑靠拢，尺寸从最初的 2.4 英寸不断增加至 6.25 英寸，目前 4～5 英寸仍是市场的主流尺寸（见图 3）。

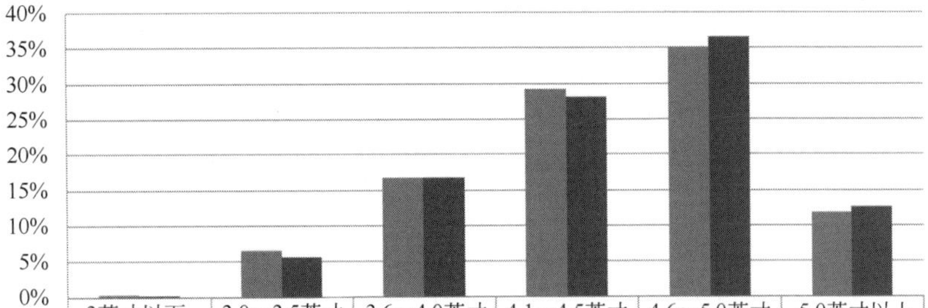

	3英寸以下	3.0～3.5英寸	3.6～4.0英寸	4.1～4.5英寸	4.6～5.0英寸	5.0英寸以上
■7月	0.40%	6.60%	16.80%	29.30%	35.10%	11.80%
■8月	0.20%	5.70%	16.80%	28.10%	36.50%	12.70%

图 3　2013 年 7～8 月中国 3G 手机市场不同屏幕尺寸产品关注对比

资料来源：互联网消费调研中心。

手机背光源的核心部件是导光板（Light Guide Plate，LGP），其加工方式以注塑为主。其网点加工直接加工到模具上，最后成型到导光板上。从市场主流导光板网点加工方式来看，激光、撞点、V-Cut 几种最为常见，并互相搭配使用（见表 2）。蚀刻的方式最早应用，其加工精度较低，且在加工时要用到酸性溶液，存在污染的问题，所以现在已经不再使用。电铸的方式加工周期长，工艺复杂，也未成为市场主流。激光加工方式由于存在火山口形状，所以在导光板成型过程中易脱落而形成导光板不良，且网点的抗刮伤性能也会受到影响，目前这个问题在业界广受诟病。撞点是在模具表面通过加装钻石的撞杆进行撞击，形成网点的机械加工方式。撞点正是由于这种区别于激光网点的优点，大有取而代之的趋势。此技术在日韩中小尺寸背光源领域应用较广泛，国内尚处于起步阶段。

表 2　手机背光源用导光板光学网点（pattern）加工方式

方　法	etching 蚀刻	laser 激光	punch 撞点	LGIA 电铸	V-Cut　V 槽
图示	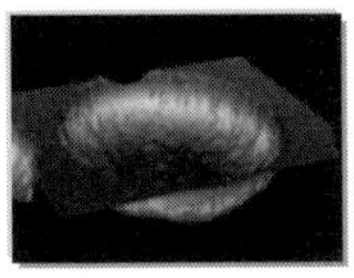		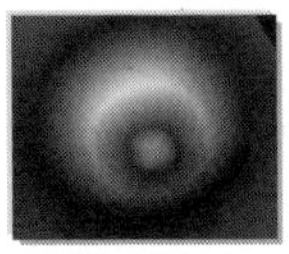	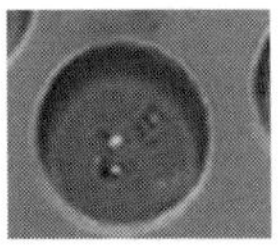	
网点	圆形，表面粗糙	圆形，火山口形状	结构多样	圆形，表面光滑	单一形状，V 形沟槽
精度状况	△	○	○	◎	◎
亮度表现	△	△	○	◎	◎
开发周期	◎	◎	○	△	○
光学稳定性	○	△	◎	◎	◎
注塑良品率	◎	○	◎	◎	○

注：◎ > ○ > △。

手机的薄型化带动着背光源薄型化的发展。国内手机厂家不断挑战其能够达到的极限。现有的手机背光源导光板普遍采用注塑的方式进行制作，其厚度也遇到瓶颈，0.3mm 以下的导光板已难以成型，越来越多的厂家开始关注导光膜。导光膜是在光学级片材上直接加工背光源所需的网点，然后进行裁切加工出来的。这种技术可以有效地避免传统注塑的缺点，使得继续减薄成为可能，最终的结果可能会影响到传统的导光板注塑行业。

四、平板电脑用背光源发展

中国平板电脑市场前景广阔。DisplaySearch 的报告认为，中国将在 2013 年成为世界第二大平板电脑市场。在中国本土小品牌商家的推动下，2013 年中国国产平板电脑的销售量将达到 6 500 万台，市场份额达 27%。另据 DIGITIMES Research 的数据显示，2012 年中国厂商出货的平板电脑接近 6 000 万台，其中白牌平板电脑约占 90%，并有 80%出口，出口地区主要集中在欧洲、中东、东南亚和南美洲。国内市场上，消费者所能见到的大部分都是拥有自主品牌的国产平板电脑。平板电脑的尺寸自苹果推出 9.7 英寸产品后，一直处于主导地位。后来 7 英寸吸引了消费者。从 DisplaySearch 最新数据来看，8 英寸以下产品渐成市场主流，且平板电脑市场拥有良好的增长势头（见图 4）。

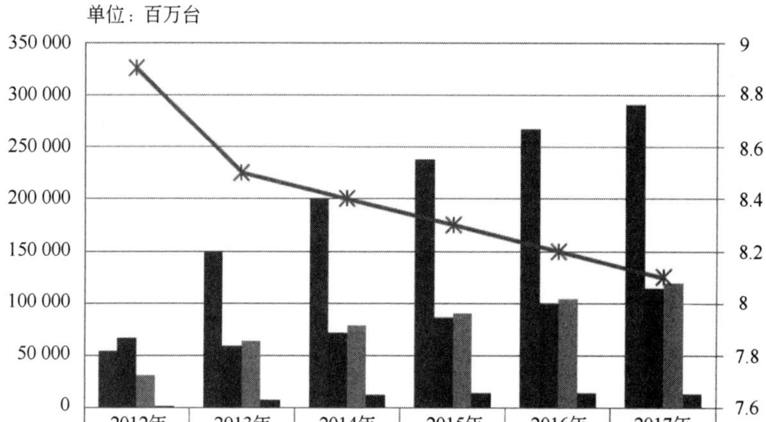

	2012年	2013年	2014年	2015年	2016年	2017年
5～7英寸	54 401	149 587	200 787	237 964	267 155	290 751
8～9英寸	66 817	58 920	71 822	86 647	98 919	1 114 816
10～11英寸	30 521	64 001	78 907	90 193	104 054	119 915
大于12英寸	1 864	7 618	12 439	14 138	14 288	13 565
平均尺寸	8.9	8.5	8.4	8.3	8.2	8.1

图 4　全球不同屏幕的平板电脑预测

资料来源：DisplaySearch。

按照预测，2013 年电脑类产品包括台式电脑、笔记本电脑和平板电脑的出货量持续增加。推动增长的关键是平板电脑。台式电脑与笔记本电脑的出货量比 2012 年将会减少。平板电脑已成为笔记本电脑的强大竞争对手。平板电脑正是由于其价格低廉与功能完备的特点，吸引着越来越多的消费者。

平板电脑的成功得益于它的物美价廉。平板电脑用背光源也在这样的增长中获益。但从目前的情况来看，平板电脑用背光源的技术发展较为缓慢。作为其核心部件的导光板还是以注塑为主，压缩模具的应用有利于实现薄型化。另外，导光膜技术在平板类背光源上应用比较成熟，大多数厂家都是从这类产品入手，实现导光膜技术的产业化。唯一的问题是入光位置与 LED 厚度的匹配与光损问题。若这个问题得以解决，导光膜减薄几乎不受限制。如表 3 所示，导光膜加工方式基本可以分为以下几种。

表 3　导光膜加工方式比较

技术分类	开发速度	加工形状	开发成本	加工稳定性	生产效率
热压技术	○	△	○	○	○
UV 印刷技术	○	◎	△	○	○
全息导光板技术	◎	○	◎	◎	◎

注：◎>○>△。

其中，热压技术与 UV 印刷技术在导光膜加工领域已有市场应用。但其规模始终不能与传统注塑导光板相比。全息导光板技术是一种全新的技术，是通过化学蚀刻进行，其在开发速度、开发成本、生产效率方面有巨大优势，并且可以通过多次加工制作复合结构。随着这个产业规模逐渐扩大，导光膜技术未来或许会在背光源 LGP 市场占有主导地位。

五、笔记本电脑用背光源发展

当今的笔记本电脑正在根据用途分化出不同的趋势，上网本趋于日常办公以及观看电影；商务本趋于稳定、低功耗、获得更长久的续航时间；家用本拥有不错的娱乐性能和很高的性价比；游戏本则是专门为了迎合少数人群外出游戏使用的，发烧级配置，娱乐体验效果好，当然价格不低，续航时间也不理想。便携性绝对是此类笔记本电脑的最大优势，而相对差的性能和不佳的扩展性能，让其处于一种比较尴尬的位置。随着超极本的出现，超便携本在这方面的优势得到凸显。这种以极致效能、极致轻薄、极致响应速度等为标准的全新笔记本电脑从其实际表现来看，非常引人注目。而且从目前的产品来看，平板电脑与笔记本电脑的融合是一大趋势（见图 5）。

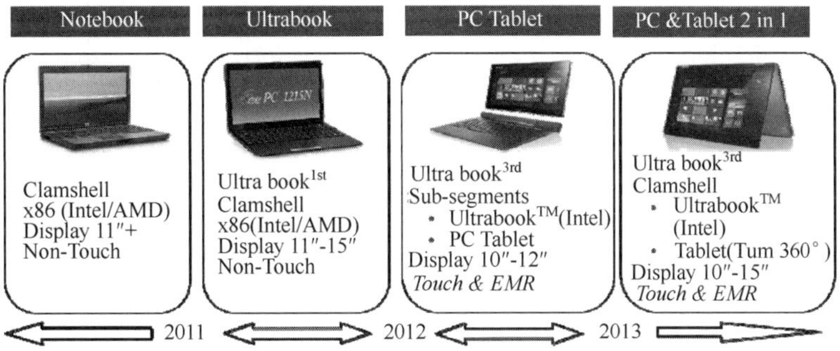

图 5 笔记本电脑市场产品趋势

从市场了解的信息来看，传统的笔记本电脑市场已经越来越小，人们的购买倾向已经转向超极本、平板电脑，这一趋势将日渐明显（见图 6）。

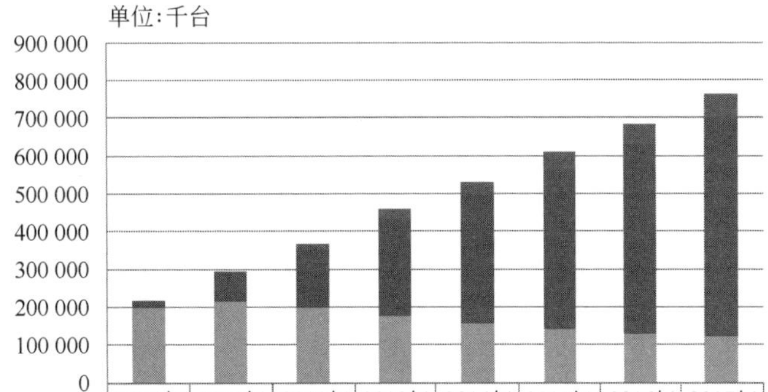

	2010年	2011年	2012年	2013年	2014年	2015年	2016年	2017年
■ 超极本	0	0	15 353	27 482	37 650	46 498	55 379	62 523
■ 平板电脑	20 453	78 377	153 591	256 480	336 739	420 987	498 570	579 397
■ 传统笔记本	198 254	215 417	198 639	175 811	157 104	142 219	129 752	120 757

图 6 全球移动电脑市场趋势

资料来源：DisplaySearch。

对于笔记本电脑用背光源来讲，薄型化、节能、高亮同样是一直追求的目标。导光板从最初的楔形板到如今的平板，LED 也从最初的顶发光产品发展到现在的侧入式产品（见表 4）。目前传统笔记本电脑背光源还是应用楔形导光板，价格较低，市场上仍在大量应用。随着超极本的推出，逐渐开始使用平板导光板。

表 4　笔记本电脑用背光源架构

	高亮型号	普通型号	
	平板导光板（V-Cut 结构）	楔形导光板	平板导光板
背光源结构	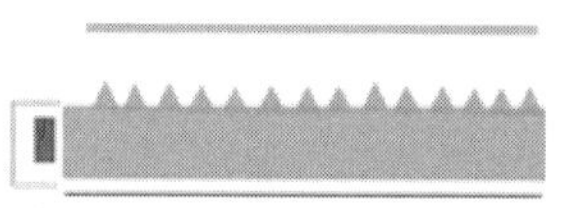		
膜材架构	反射片+导光板+逆棱镜+上扩散片	反射片+导光板+双棱镜片+上扩散片	反射片+导光板+双棱镜片+上扩散片
亮度	◎	○	△
LGP 产能	△	◎	○
厚度	◎	○	◎
价格	△	◎	○
生产量	△	◎	○

资料来源：DisplaySearch。

六、电视用背光源发展

近年来，中国 TV 市场发展迅猛。虽然国外金融危机的阴影还未褪去，但全球市场在 2013 年还是呈现了持续增长的态势。各大面板厂也纷纷上马高世代线项目。如图 7 所示，虽然全球液晶电视市场在 2011 年经历了轻微下滑，但在 2012 年还是扭转了整体下降的趋势，且预计还可持续增长至 2016 年。TV 背光源正可借此东风，抓住发展机遇。

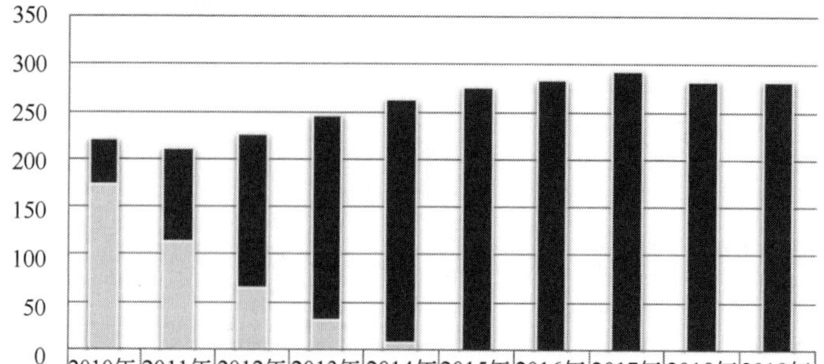

	2010年	2011年	2012年	2013年	2014年	2015年	2016年	2017年	2018年	2019年
■ LED	48.5	97.8	162.1	216.3	256.4	275.2	283.1	292.8	282.8	282.8
CCFL	172.3	112.5	64.5	29.8	6.6	0	0	0	0	0

图 7　全球液晶电视市场预测

数据来源：DisplaySearch。

从液晶电视技术发展方向来看，3D 显示技术、智能电视、超高清屏幕这三个关键要素也提高了民众对于液晶电视的关注度（见图 8），有助于国内家庭电视的升级换代，也有利于背光源事业的进一步发展。

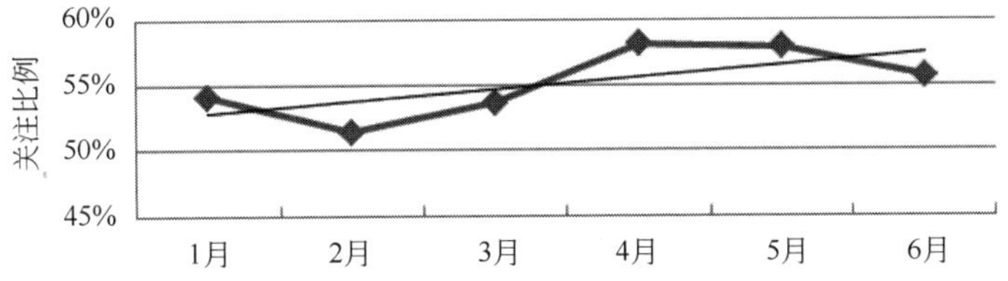

(a) 2013年上半年中国液晶电视市场3D电视关注比例走势

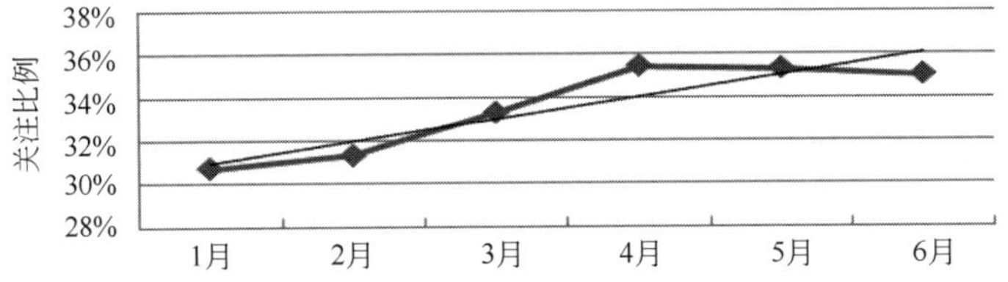

(b) 2013年上半年中国液晶电视市场智能电视关注比例走势

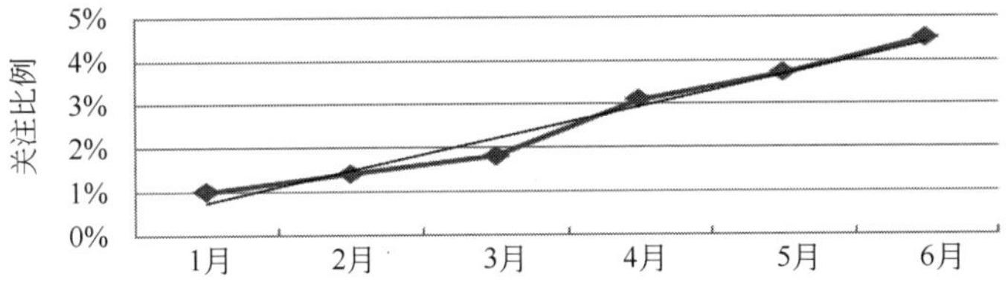

(c) 2013年上半年中国液晶电视市场超高清电视关注比例走势

图 8　2013 年上半年国内液晶电视 3D、智能电视、超高清关注比例

数据来源：ZDC。

目前，市场上 CCFL 背光源逐渐减少。LED 背光源处于直下式背光源与侧入式背光源并存的状态。未来低功耗的产品会越来越受消费者的青睐。直下式 LED 背光源应用动态背光技术，很大程度地降低了背光源的功耗，提高了电视产品的对比度，但是要求 LED 数量比较多，电视产品的厚度比较大，美观度以及灵活性稍差。侧发光式 LED 大尺寸背光源技术，集合了超薄、美观、LED、低功耗的优势（见表 5）。在侧发光式 LED 大尺寸背光源上，引用动态背光技术，能够大大降低背光源的功耗。侧入式 LED 背光源通过 LED 交叉控制，达到区域控制，一定程度上能降低功耗。最重要的是侧入式 LED 背光源可以做得更薄，使整体产品外观更加美观。目前，侧光式 LED 背光源还是各尺寸型号主要的显示方式。

TV 用背光源技术的发展也呈现了较为明显的趋势。直下式 LED 背光源普遍采取在 LED 上增加透镜的方式。通过透镜，可以增大 LED 的发散角度，从而降低混光距离或减少原区域内的 LED 数量（见图 9）。

直下式背光源的透镜技术也逐渐发展，光学形式有三种：折射型、反射型和复合型。随着发散角度逐渐增加，LED 数量与厚度得以进一步降低（见表 6）。

目前侧入式 LED 背光源的发展，以 55 英寸为例，最初为双长边入光，后续逐渐发展为双短边入光，单长边入光，单短边入光，最终发展为角落入光（见表 7）。所用 LED 数量越来越少，也带动了成本的降低与总功率的降低。

表 5　侧入式背光源与直下式背光源比较

项　　目	侧入式 LED 背光源	直下式 LED 背光源	
		高　　端	低　　价
模组厚度	◎	○	△
能耗	○	○	◎
最大亮度	○	◎	△
对比度	○	◎	△
光源数量	○	△	◎
关联费用	○	△	◎

注：◎—优　○—中　△—差。

资料来源：DisplaySearch。

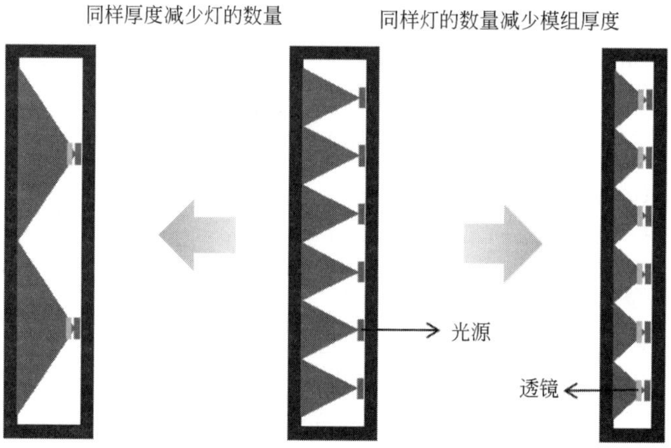

图 9　直下式增加透镜的示意图比较

表 6　直下式透镜发展

形　　式	折 射 型	反 射 型	复 合 型
	顶部发散	侧面发散	顶侧复合发散
图示	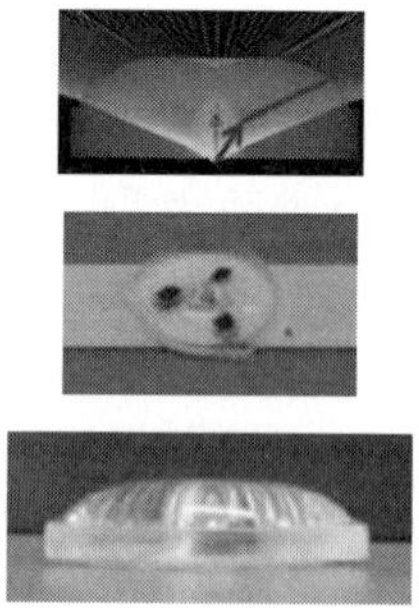	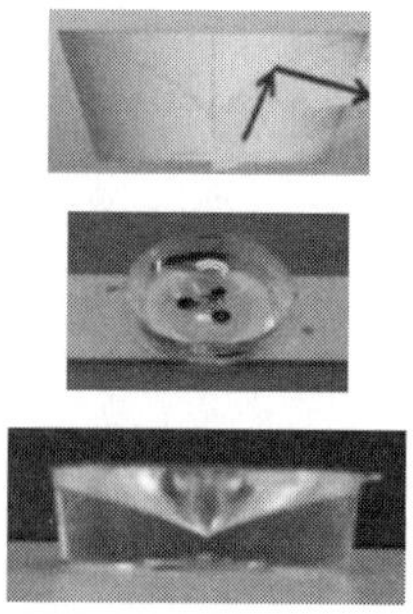	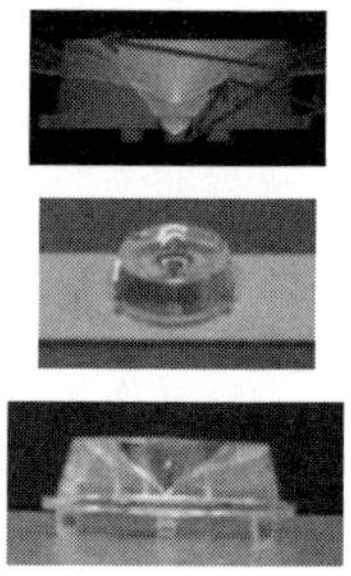
封装数量（以 32 英寸为例）	22～32ea	19ea	23ea
厚度	25～40mm	25mm	15mm
发散角	150°	170°	170°～190°
材质	PMMA	PC	PC

资料来源：DisplaySearch。

表 7　2011—2014 年 LED TV 背光源发展趋势

		2011 年	2012 年	2013 年	2014 年
侧入式	32″ HD 60Hz	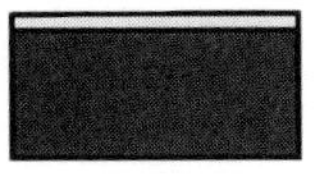			
	46″ FHD 120Hz	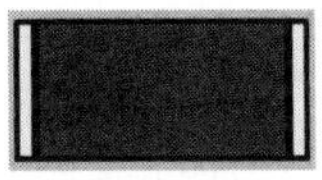			
	55″ FHD 240Hz	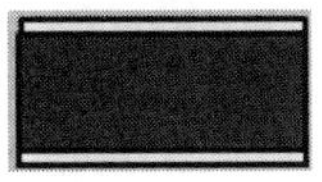			
	封装型号	5630/6030	7030		7030 1 chip or 2chip
直下式	全尺寸	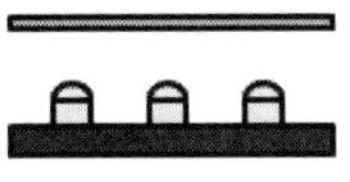	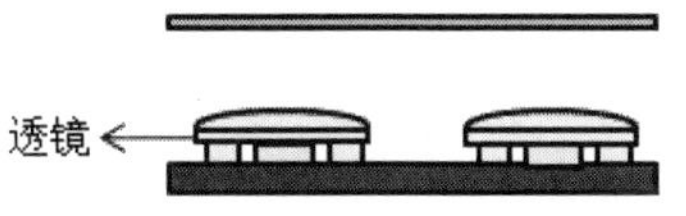		
	封装型号	3838	3228/3528		

TV 用背光源的导光板加工技术一直以来方式比较多样。由于其尺寸及厚度的不同，各种加工方法也互有优劣。例如，印刷方式长期以来占据主导地位，技术成熟，投入设备费用不高，生产效率也较高。激光加工方式则需要前期投入较大，尺寸从小到大都可以采用，但在超大尺寸与薄型板加工方面更具有优势。注塑的方式在 TV 领域也有应用，但是随着印刷良品率的提升，注塑的优势逐渐被淡化。喷墨印刷方式没有得到普及应用，主要原因是其前期设备投入较大，而且油墨的选择范围也小，喷头稳定性低，所以仅在一些日本厂家使用。

七、背光源技术发展展望

目前，小尺寸手机领域背光源导光板的撞点加工技术，薄型化与窄边框是主要趋势。现阶段手机背光源导光板还是以注塑为主，作为导光板网点加工的撞点加工方式极有可能成为未来市场主流。虽然现阶段的撞点技术还存在加工不稳定、效率低等问题，但随着加工工艺与加工设备的日趋进步，必将取代激光加工技术。部分厂家也开始探索半导体工艺来应对超薄导光板网点的开发，对未来导光膜的发展提供了技术保证。薄型化对于背光源来讲考验的则是模具设计及注塑水平的提升，窄边框考验的则是随着边框粘贴面积的缩小而亟待提升的胶带粘结特性。平板电脑、笔记本电脑、显示器等产品的背光源领域，导光膜或许会占有较大的市场份额。电视机背光源的发展趋势是节能、高亮、薄型化。在直下式 TV 领域，扩散印刷技术与透镜技术的发展将有助于厚度进一步降低。LED 则由单一芯片向多芯片发展。芯片的驱动电压进一步降低，而光通量将继续上升，这将有利于耗能降低。

在背光源制造领域，自动化及半自动化的设备也得到越来越多的应用。推动这一变化有两个原因：一个是人力成本越来越高，人员流动性加大；另一个是组装的精度与品质要求提高。国内背光源厂家只是部分应用了部分组装设备，相信随着设备领域技术能力的提升，自动化设备会逐渐普及到整个背光源产业。

国内液晶产业在 2013 年继续壮大。国内背光源中下游产业链虽已逐渐健全，但市场占有率与技术实力相对日韩企业仍有差距。各企业应抓住产业转移的契机，优化产业结构，提高配套本地化程度，强化创新能力，把中国的背光产业做大做强。

2012 年全球液晶材料市场状况简析

清华大学化学系　梁　晓

一、前言

与 2011 年相比，2012 年全球金融危机对消费品市场影响虽然还在，但已经慢慢削弱。平板显示市场呈现了逐步复苏的趋势，包括手机、数码相框、数码相机、GPS、笔记本电脑、液晶电视和液晶显示器等在内的终端产品的产量总体持平并略有上升。韩国、日本、中国台湾地区的各世代的 TFT 面板生产企业的亏损情况与 2011 年相比有了较好的改观。在中国大陆，北京京东方的第 8.5 代线、深圳华星光电的第 8.5 代线顺利达产，并且良品率和品质都顺利达到设计要求，这两条高世代 TFT 面板生产线的顺利投产标志着中国大陆的 TFT 面板技术已经达到了一个可以与世界 TFT 面板生产技术相媲美的高度，对未来中国平板显示技术的发展有着非常重要的意义。此外，中国大陆原有的多条中低世代 TFT 面板生产线，包括京东方的合肥第 6 代线，北京京东方、昆山龙腾光电、中航光电及深圳深超电子在内的 4 条第 5 代线，成都京东方、上海天马、成都天马、武汉天马 4 条第 4.5 线等均运转良好。中国大陆在高世代 TFT 面板的生产中积累了大量的经验，随着时间的推移将获得更多的话语权。

在传统的 TN、STN 面板生产企业中，与 2011 年相比，企业整合已经慢慢形成，深圳天马、汕尾信利、汕头超声、香港精电等这样有规模和技术实力的大企业仍然控制着传统显示的中高端市场，而一些规模小、档次低的企业在中低端市场苦苦挣扎，不断从技术、成本等各个角度对产品进行提升和改善，以求获得一定的生存空间。但由于传统 TN、STN 显示的制造工艺相对 TFT 技术而言非常简单，并且成本较低，因此，这一市场将长时间存在，除了极少数的高端市场目前还被日本或中国台湾企业控制，国外的传统市场将被中国大陆主导。

从应用结构来看，与 2011 年相比，移动通信、液晶电视、笔记本电脑和液晶显示器这几大领域仍将几乎占据整个市场份额；从产品结构来看，大尺寸化、宽屏化、超薄化的发展趋势不会改变；尤其是由于苹果公司的 iPhone 和 iPad 的出现和不停地更新换代，以及韩国三星公司在智能移动市场的突出表现，引领了以触摸屏式中小尺寸 TFT 面板的生产热潮，同样带动了中国台湾地区和中国大陆的小尺寸面板生产企业，并且这一势头还将延续。

总体而言，2012 年对于平板显示行业而言，全球的市场在慢慢复苏，AM-OLED 显示有了一定的发展，但主要是小尺寸快速发展，TFT-LCD 除中国大陆不断发展外，其他国家和地区基本保持原有态势，因此中国大陆在平板显示行业的重要性将越来越受到重视。

二、液晶材料的前沿技术及发展趋势

目前，从显示模式而言，TFT 液晶技术没有太多的突破，主要还是以下几种模式：扭曲向列相型（TN TFT-LCD）、共面转换技术型（IPS TFT-LCD）、边缘场开关（FFS TFT-LCD）和垂直排列型（VA TFT-LCD）。除上述几类 TFT-LCD 显示模式外，还包括光学补偿弯曲排列（OCB）和蓝相（Blue-LCD）等 TFT-LCD 显示模式，但由于种种原因，这两种模式尚未真正实现大规模生产。

（一）垂直排列型（VA）

VA 模式的 TFT 液晶显示视角好，达到 178° 以上，对比度高，生产工艺简单，制盒过程无须摩擦，成品率高，目前是大尺寸液晶电视机和高端中小尺寸产品的主流（约占 80%），包括日本夏普、韩国三星、中国台湾地区的 CMO 和 AUO 以及中国大陆的华星光电等在内的大尺寸电视面板厂商主要采用这类模式。

VA 模式由于液晶分子在盒内为垂直排列，因此要求所使用的液晶介电常数（$\Delta\varepsilon$）为负，即为负性液晶材料。对于 VA 型混合液晶而言，多年来专利一直被德国 Merck 公司所持有，但从 2007 年开始，日本 Chisso 的 VA 型液晶突破了 Merck 的专利壁垒，实现批量销售，从 2009 年开始，日本的 DIC 在 VA 型液晶方面同样取得了突破，尤其是与韩国三星公司进行了充分合作，同样占据了一定的市场份额。中国大陆的石家庄诚志永华显示材料有限公司通过与华星光电的合作，在 VA 型液晶材料方面取得了一定的突破。目前，Merck 垄断 VA 型液晶市场的局面已经被打破，但除了两家日本企业在 VA 型液晶市场取得了突破之外，VA 型液晶的市场准入门槛相当高，其他液晶生产商想进入这块市场的难度是非常大的。

（二）共面转换技术型（IPS）和边缘场开关（FFS）

IPS 模式将细条型正负电极间隔排列在同一基板上，使得液晶分子在平行于玻璃基板的平面内旋转，由于光从不同角度传播的光程相差不大，因此无须补偿膜就可以获得良好的视角特性，达到 170° 以上。FFS 技术通过同一平面内像素间电极产生边缘电场，使电极间以及电极正上方的取向液晶分子都能在（平行于基板）平面方向发生旋转转换，从而提高液晶层的透光效率。FFS 技术克服了常规平面方向转换（In Plane Switching，IPS）技术透光效率低的问题，在宽视角的前提下，实现高的透光效率。包括韩国 LG、日本 Hitachi 和中国的京东方等在内的面板厂商均使用这类模式。在美国苹果公司的 iPhone 和 iPad 没有出现之前，IPS 和 FFS 模式主要应用于大尺寸电视和一些高端显示器。2012 年，平板电脑和智能手机的突破性增长加速了 IPS 显示模式的发展，由于在像素点方面的优势非常明显，小尺寸移动市场和平板电脑方面，IPS 显示屏增长趋势明显。

IPS 和 FFS 模式通常采用正性液晶，并且要求液晶的驱动电压较低（介电常数 $\Delta\varepsilon$ 大）。对于 IPS 和 FFS 型混合液晶而言，目前的专利主要为德国 Merck 和日本 Chissso 公司所持有，市场也被这两家公司垄断，但中国大陆的石家庄诚志永华、江苏和成显示科技股份有限公司以及北京八亿时空液晶科技股份有限公司等企业在这类液晶方面同样进行了大量的研究，目前在专利方面已经取得了一定的突破，并且所生产的液晶材料已经被一些面板企业采用，国外企业在 IPS 用液晶材料方面的垄断正在被慢慢打破。

（三）扭曲向列相型（TN 型）

TN 型 TFT 液晶显示是历史最悠久、发展最成熟的显示模式，TN 模式与 TFT 技术的完美结合是液晶显示发展最重要的契机和原因。其产品包括台式 PC 显示器、便携 PC、掌上 PC、移动通信、车载设备、摄像机和数码相机监视器、PDA、数码相框等，为中小尺寸 TFT-LCD 的主要产品。此外，随着液晶显示技术的不断发展，宽视角补偿膜被应用于 TN 型 TFT 液晶显示，使得中小尺寸的液晶电视也应用该技术。但由于 IPS 技术和 VA 技术的不断成熟以及终端市场对产品要求的不断提升，TN 模式虽然在第 5 代线及以下的 TFT 面板生产线具有较大的占有率，但也只能基本维持目前的状况。

对 TN 型 TFT 液晶而言，德国 Merck 和日本 Chisso 仍然持有较多数量的专利。从 2012 年开始，中国大陆的企业通过多年来对 TFT 液晶的专利进行了大量的研究和探索，在 TN 型液晶材料方面取得了较大突破。例如，石家庄诚志永华通过对混合液晶配方专利的大量分析和研究，不仅开发出具有多元环二氟甲氧桥类单体液晶，还在此基础上，得到了具有企业自主知识产权的混合液晶配方，并且在合成了大量液晶材料的基础上，利用 Merck 和 Chisso 已经到期的液晶单体专利进行组合，设计了多种配方组合，获得了自主知识产权，所生产的混合液晶已经被中华映管、瀚宇彩晶、京东方、上海天马、昆山龙腾光电等企业认可。江苏和成自 2009 年开始，在江苏省科技厅“科技成果转化专项资金”的扶持下，经过 3 年多的努力，先后合成 100 多个全新的液晶化合物，形成了以“茚环”为核心结构的具有自主知识产权的液晶化合物体系，基于“茚环”的化合物及配方体系已申请专利 20 多项，打破了国外垄断。2012 年，江苏和成基于该专利的液晶材料产品已经在京东方、天马集团、中航光电、台湾友达、群创等液晶面板厂通过了认证。北京八亿时空自行设计了各种结构新颖的液晶化合物，如吡喃类含氟化合物、苯并六元环己烷含氟化合物、双氟环己烷类液晶化合物等，一些化合物已应用于目前的配方体系中，配方性能得到了一定的改进和完善，目前专利得到了奇美和中华映管等公司的认可。除上述三家液晶企业外，中国大陆的其他液晶企业，如江苏晶美晟、西安彩晶、西安瑞联、烟台万润、江苏广域化学及浙江永太等企业，也纷纷在液晶材料方面申请了专利。

2012 年，包括日本 DIC，中国大陆的石家庄诚志永华、江苏和成等在内的一些混合液晶生产厂家都在 TN-TFT 液晶材料方面取得了一定的突破。DIC 在韩国和中国台湾的企业取得了一定的销售，诚志永华、江苏和成和北京八亿时空在中国大陆的一些第 5 代线以下面板生产企业和中国台湾地区的第 5 代线以下 TFT 面板生产企业以及大量的切裂灌小尺寸手机用 TFT 显示屏取得了销售。从 TFT 混合液晶的发展可以发现，虽然日本 DIC、诚志永华和江苏和成等企业已经慢慢打破两家巨头的垄断，为今后的发展积累了大量的经验，但想从根本上动摇 Merck 和 Chisso 的地位，可谓任重而道远。尤其是目前面对中国大陆市场高世代 TFT 面板生产线的建设高潮，IPS 型液晶和 VA 型液晶材料必须在专利和品质方面得到重要的提升，才能成为这场盛宴的参与者。

对 TN 型 TFT 液晶材料而言，要求其旋转黏度低，光学各向异性大，清亮点覆盖范围更宽；对 IPS 和 FFS 型 TFT 液晶材料而言，要求其选择黏度低，介电常数更大；对 VA 型 TFT 液晶材料而言，要求其负介电常数更大，旋转黏度低，光学各向异性大。此外，为了降低驱动电压，降低功耗，要求各类液晶材料降低阈值电压，介电各向异性越大越好。

除了上述几种 TFT 液晶技术外，基于蓝相液晶显示技术的 TFT-LCD 显示技术以及 OCB 模式的 TFT-LCD 显示技术由于各种显示缺点的存在，基本处于停滞状态，很难在市场上进行推广。

在显示领域，其他液晶材料，如铁电液晶、PDLC 液晶、多稳态液晶等都有一些需求，但由于种种局限，覆盖面太窄，难以成为主流。例如，北京众智同辉科技有限公司多年来在 PDLC 显示方面进行了大量的研究和技术积累，公司生产的基于 PDLC 液晶技术的调光膜在智能调光膜市场占据了一定的市场份额。北京汉朗科技推出了基于近晶相液晶的多稳态液晶显示，该显示技术具有低功耗、制备工艺简单等特点，在电子标签、电子纸、调光玻璃等领域有一定的应用前景。

在非显示领域，液晶材料仍然处于研究阶段，没有在实际应用方面取得突破，其研究及发展大致包括以下几个方面：

（1）液晶材料的光子学和液晶激光的研究，包括液晶的光子带隙材料、旋转向列相或胆甾相液晶的空间周期性研究、液晶的无镜激射及液晶的蓝相激射等；

（2）弯曲型液晶材料的研究，包括双轴向列相液晶、弯曲芯近晶相液晶等；

（3）液晶弹性体的研究，包括基于液晶弹性体的人工肌肉、聚合物稳定性铁电液晶等；

（4）工作于非可见波段的液晶器件和材料；

（5）新一代硅基液晶技术的非显示应用。

三、全球液晶材料市场状况

目前，在全球液晶材料行业，在 TFT 混合液晶方面，德国 Merck 和日本 Chisso 占据市场主导地位的格局仍然没有被打破，但 2012 年全年，德国 Merck 公司取得了不错的成绩，反观日本 Chisso 公司，受种种因素的影响，2012 年的成绩一般。而日本 DIC、中国大陆的诚志永华和江苏和成在低端 TFT 混合液晶市场上都有所表现，尤其是中国大陆的混合液晶材料公司，受中国大陆多条面板线投产或即将投产的影响及其成本和国产化压力，市场份额具有扩大的趋势。

在传统的 TN、STN 型混合液晶市场方面则呈现了一个完全相反的局面。除了在高端的 STN、宽温液晶及一些特殊用途的液晶方面 Merck 和 DIC 还占有一定的市场份额，其他市场基本被中国大陆的混合液晶厂商垄断。但 2012 年，中国大陆的混合液晶厂商由于受市场的影响，与 2011 年相比，基本持平。

从各种市场信息和数据以及与许多 TFT-LCD 面板厂商的交流来看，笔者对 2012 年 TFT 混合液晶材料的全球市场销量进行了估计，如表 1 所示。

表 1　2012 年 TFT 混合液晶材料全球市场销量（估计值）

公司名称	产品类型	产量（t）	市场份额（%）
Merck	VA	160	70
	IPS	50	50
	TN	120	43
Chisso	VA	50	22
	IPS	50	50
	TN	120	43
DIC	VA	20	8
	TN	30	11
诚志永华	TN	4	1.5
	FFS	1	<1
江苏和成	TN	4	1.5
北京八亿时空	TN	0.5	<1

从上述数据可以看出，在 TFT 液晶材料市场，德国 Merck 公司和日本 Chisso 公司仍然保持领先地位，但其他液晶生产企业已经慢慢进入，尤其是中国大陆的液晶企业，随着中国大陆高世代线的不断建立和完善，其市场份额将会不断增长。

从各种市场信息和数据以及与许多传统的 LCD 生产商及混合液晶材料生产商的交流来看，笔者对 2012 年传统 TN、STN 混合液晶材料的全球市场销量进行了估计，如表 2 所示。

表 2　2012 年传统 TN、STN 混合液晶材料全球市场销量（估计值）

公司名称	产品类型	产量（t）
Merck	高档 STN、宽温 TN、VA 等	~6
DIC	STN、宽温 TN 等	~6
诚志永华	HTN、STN、宽温 TN、第一极小、VA 等	~20
江苏和成	HTN、STN、宽温 TN、第一极小、VA 等	~16
烟台显华	低档 TN、HTN、宽温 TN、STN 等	~15
八亿时空	低档 TN、HTN、宽温、STN 等	~9
迈尔斯通	低档 TN、HTN、宽温、STN 等	~3
其他	低档 TN、HTN、宽温等	~5

由于传统的 TN、STN 混合液晶的种类非常多，因此无法对其进行详细分类和分析，只能通过上表对其进行一个大致的分类。从表 2 可以看出，传统的高端市场仍然被 Merck 和 DIC 占领，高端市场的附加值很高，具有很高的利润，这也是 Merck 为什么还没有完全放弃传统高端市场的原因，也是 DIC 在如此恶劣的竞争环境下仍然能够生存的一个重要原因。而在中国大陆众多的混合液晶材料生产企业中，石家庄诚志永华在 2012 年保持了市场第一的位置，其产品也是覆盖面最广的，但其市场份额正在不断被其他企业蚕食，诚志永华已经逐渐放弃了低端混合液晶市场。在中高端的 STN、宽温、第一极小及 VA 型混合液晶方面，江苏和成的技术优势和市场优势不断扩大，牢牢占据了市场第二的位置；烟台显华则在中低端混合液晶，北京八亿时空则在中高端混合液晶市场方面各自分享了一部分市场份额。

与 2011 年相类似，2012 年，在 TFT-LCD 用液晶材料的中间体和单体生产方面，中国大陆的多家企业基本保持了较好的发展势头，同样为全球的 TFT 液晶材料生产做出了重要的贡献。包括烟台万润精细化工有限责任公司、上海康鹏化学有限公司、西安瑞联近代电子材料有限责任公司、西安彩晶光电科技股份有限公司、浙江永太科技股份有限公司和江苏广域化学有限公司等在内的多家公司，继续为国外几家 TFT 液晶材料生产厂商服务，在生产规模、销售规模等方面取得了较好的业绩。

2012 年全球彩色滤光片产业现状与发展

成都京东方　曹成熙　张智钦　隆清德　杨瑞智　朱凤稚　张　甜

一、市场分析

近年来，光电显示产业中以薄膜晶体管液晶显示器件（TFT-LCD）为首的平板显示（FPD）产业得到了迅猛发展。由于 TFT-LCD 具有一系列突出的优点，其产品几乎涵盖整个信息应用领域，包括电视、个人计算机、笔记本电脑、平板电脑、手机、GPS、仪器仪表和公共显示等方面，应用领域非常广泛，具有巨大的市场潜力。国际著名咨询公司 DisplaySearch 研究表明，全球 FPD 产业 2012 年整体产值达到了 1232 亿美元，2013 年全球 FPD 产业产值将达到 1335 亿美元，FPD 产业仍处于增长期。

从产业链配套来说，彩色滤光片（Color Filter，C/F）是 TFT-LCD 重要的关键配套件之一，也是显示器件真彩色化的必要组件。在 TFT-LCD 显示面板制作工艺中，每块 LCD 显示面板就需要搭配一片 C/F 玻璃基板，以构成一块完整的 LCD 显示面板，可以说两者是一个共同体。近年来，随着国内液晶面板厂商的不断兴建，C/F 生产厂商也不断进行新世代设备的投资。特别是充分利用现代物流业的发展，内置（In-house）方式供应 C/F 已越来越明显。内置的实现可减少产品库存，降低运送风险及材料成本。

根据 DisplaySearch 的报告，目前全球在建 C/F 生产线如表 1 所示。

表 1　在建 C/F 生产线统计

国家和地区	厂　商	工　厂	世　代	生产能力（千片/月）	量产时间
	BOE	BOE Chongqing B8_C/F	8	50	2015 年 4 月
					2015 年 7 月
		BOE Hefei B5_C/F	8	66	2014 年 1 月
		BOE Erdos B6_LTPS_C/F	5.5	44	2014 年 5 月
	CEC Panda	PND Gen6_C/F	6	66	2013 年 11 月
		PND Nanjing G8-1_C/F	8	50	2015 年 3 月
		PND Nanjing G8-2_C/F	8	50	2016 年 7 月
	China Star	CSOT Shenzen 2 C/F	8	50	2015 年 4 月
					2016 年 4 月
		TCL Shenzhen G4 R&D C/F	4	5	2013 年 2 月
	LG Display	LGD Guanzhou 1	8	77	2014 年 7 月
					2016 年 1 月
	Samsung Display	SD Suzhou_C/F	8	33	2015 年 7 月
				60	2013 年 12 月
	Tianma	TNM Xiamen LTPS C/F	5.5	64	2013 年 4 月
日本	JDI	JDI Mobara C/F	6	12	2014 年 10 月
韩国	LG Display	LGD P10 C/F	8	33	2016 年 12 月

续 表

国家和地区	厂　商	工　厂	世　代	生产能力（千片/月）	量产时间
中国台湾	AUO	AUO Taichung L9 C/F	8	70	2016 年 12 月
	Innolux Corp.	CMI Fab_10_C/F	8	35	2016 年 3 月

资料来源：DisplaySearch，2013Q2。

（一）国内外现状

C/F 是 LCD 面板实现彩色化显示的关键原材料，必须与 LCD 面板一对一同样大小搭配使用，因此 C/F 的技术发展与 LCD 面板的技术发展息息相关。日本、韩国是早期制造 C/F 的国家，近几年我国企业奋起直追，已成为行业最新发展的驱动力。随着移动互联时代的来临，全球手机、平板电脑等移动终端的快速增长，以及云电视等创新产品的出现，带动 TFT-LCD 彩色面板市场快速扩张，生产 LCD 面板的关键原材料 C/F 的产量也随之获得大幅增长。韩国、中国台湾地区和中国大陆地区抓住 LCD 行业发展的机遇，推动本地 C/F 产业快速发展。

在 TFT-LCD 用 C/F 方面，韩国和中国台湾的主要液晶面板厂多数选择 C/F 内置（In-house）；目前中国大陆 TFT-LCD 用 C/F 的生产基本也已实现内置（In-house）。其中韩国面板厂由于拥有多条大尺寸面板生产线，因此 C/F 的产量也最多，占全球总产量的 45%左右（见表 2）；日本的专业 C/F 制造商则以生产第 6 代线以下所用的 C/F 为主。

表 2　2012 年全球 C/F 产能分布

国家/地区	厂　商	最大产能（千平方米）
中国大陆	京东方（BOE）	8 534.2
	华星光电（China Star）	5 131.5
	富士康（Foxconn）	1 469.5
	莱宝（Laibao）	1 782.6
	RIFDA	27.7
	广电富士（SVA-FF）	1 630.2
	天马（Tianma）	689.1
日本	AIS	89.5
	大日本印刷（DNP）	18 537.6
	日本显示（JDI）	1 466.5
	京瓷（Kyocera）	120.1
	NLT Technologies	30.1
	夏普（Sharp）	1 296.0
	凸版印刷（Toppan）	9 144.2
	东丽（Toray）	1 120.7
韩国	乐金显示（LG Display）	54 136.9
	三星显示（Samsung Display）	49 552.0
	STI/DSTI	4 118.4
新加坡	友达（AUO）	322.4

续　表

国家/地区	厂　商	最大产能（千平方米）
中国台湾	友达（AUO）	27 072.6
	达虹（Cando）	223.2
	中华映管（CPT）	4 976.5
	瀚宇彩晶（HannStar）	2 433.6
	群创（Innolux Corp.）	37 558.8
	STI/DSTI	114.8
	凸版印刷（Toppan）	4 722.3
	胜华（Wintek）	270.0
总计		236 571.0

资料来源：DisplaySearch，2013Q2。

（二）内置 C/F 是 TFT-LCD 产业发展的趋势

三星、LGD、友达、奇美、京东方等全球领先的液晶面板厂新建的 TFT-LCD 工厂大多选择 C/F 内置（In-house）方式，其中 LGD、奇美、京东方的 C/F 内置率已超过 70%，C/F 内置化是产业发展的趋势。

目前，以京东方为首的国内厂商也开始实现 C/F 内置，京东方成都第 4.5 代 TFT-LCD 生产线，北京第 8.5 代 TFT-LCD 生产线，合肥第 6 代 TFT-LCD 生产线，鄂尔多斯第 5.5 代 LTPS&AM-OLED 生产线；天马武汉第 4.5 代 TFT-LCD 生产线，厦门第 5.5 代 LTPS 生产线；华星深圳第 8.5 代 TFT-LCD 生产线等均已实现或规划 C/F 内置。

TFT-LCD 与 C/F 的同步建设和同步运营，C/F 和 LCD 设计一体化对于降低成本，持续改善 LCD 产品的品质和性能，增强市场竞争力具有非常重要的作用。

二、新技术与新材料

（一）PS（Photo Spacer）技术

间隔粒子的重要作用是控制和保持一定的液晶盒厚，防止出现盒厚不均。常规的制造方法如图 1 所示，是在 CELL 制造工艺中，向 TFT 或 CF 基板上喷撒圆球状氧化硅间隔粒子，黏附在基板表面，然后进行对盒。但是这种工艺存在着间隔粒子漏光，喷散状态不稳定，分布不均匀以及容易发生间隔粒子结块，液晶屏抗压强度不高等缺点，不良率较高。新方法是利用光刻法直接在 CF 基板上制备柱状的树脂间隔粒子，即 PS（见图 2）。它的优点是可以精确控制间隔粒子的位置和分布，提高显示对比度，降低不良率，还能提高液晶屏的抗压强度，为目前具备触摸功能的智能手机显示屏不可或缺的一种技术；缺点是设备投资较大，同时由于液晶注入量的冗余度较小，对于移动显示产品和专用显示产品，技术难度很高。在 PS 的设计方面，常用的设计有 Single PS 和 Dual PS 等，在高分辨率的产品中通常还会采用 HTM 来制作，另外，PS 的大小、密度、排布等，将会根据液晶屏幕尺寸、分辨率等因素，同时考虑液晶屏的抗压强度要求来进行设计。

（二）COA 技术

COA，即 C/F on Array，其技术原理为在下玻璃基板上完成 TFT 制程后，紧跟着进行 C/F 制程，而上玻璃仅单纯做 ITO 涂覆处理，具体结构如图 3 所示。得益于成本方面的优势，COA 技术已经开始用于大尺寸 TV 等用途 TFT-LCD 的批量生产之中。

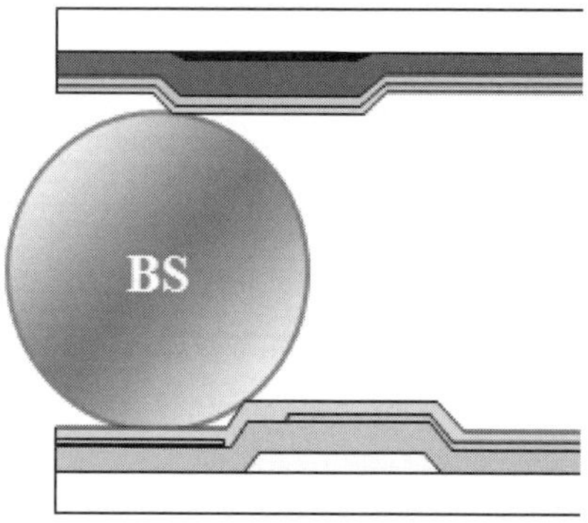

图 1 间隔粒子常规制造方法

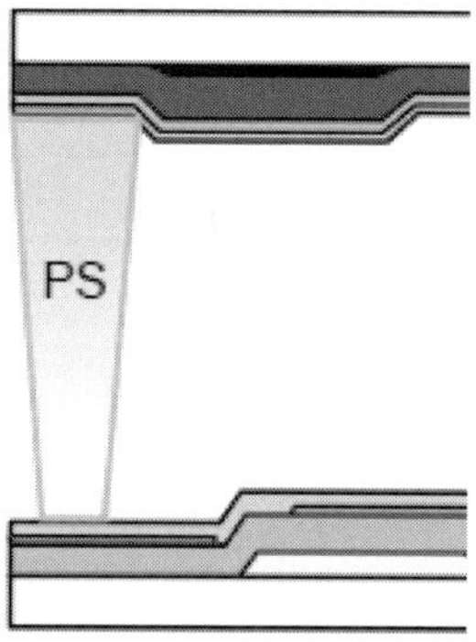

图 2 间隔粒子制造新方法

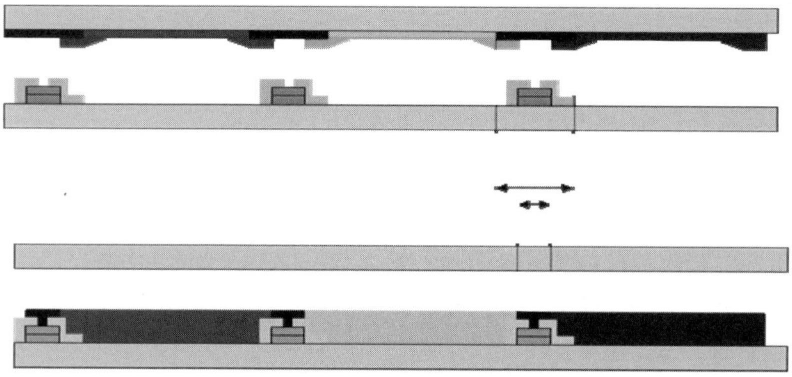

图 3 C/F on Array 结构图

在手机用 TFT-LCD 方面，伴随着近年来苹果等一线手机厂商的拉动，手机用显示屏的尺寸和分辨率都一路高涨。主流手机产品的显示屏尺寸从 2.4 英寸左右增大到了 5 英寸左右乃至 6 英寸以上，显示分辨率也从 2008 年的 QVGA（320×240×RGB）上升到了 HD（1 280×720×RGB）甚至 FHD（1 920×1 080×RGB）。每英寸所拥有的像素数目（Pixel Per Inch，PPI）更是从 160 左右提高到 320 左右甚至 400 以上。像素大小则从 150μm 左右减小到 80μm 甚至 60μm 以下。PPI 的极速飙升也对 LCD 工艺提出了更高的要求，特别是在阵列基板和彩色滤光片的对盒工序中。微米级别的偏差会对 LCD 最终的显示特性造成巨大影响。COA 技术自对准的优势刚好解决了这一工艺难题。

采用 COA 技术的 TFT-LCD 工艺中，需要在彩色光刻胶上形成用于电极相互连接的过孔（VIA）。对于大尺寸 TV 类用途的 TFT-LCD，此过孔一般在 20～30μm，而手机用 TFT-LCD 则要求此过孔至少在 10μm 以下，应用于 300PPI 以上的产品，此过孔更需要减小到 6μm 以下甚至更小。而通常用途的彩色光刻胶是很难达到这一要求的，目前大尺寸 TV 类用途的 COA 专用的彩色光刻胶也无法达到如此高精度的过孔尺寸需求。

作为提高 PPI 的重要技术，Mobile COA 正在得到 LCD 面板商及彩色光刻胶供应商的重视，减小过孔尺寸的工艺、材料和技术都在不断开发中。不过一旦 Mobile COA 技术真正量产，透明绝缘材料的市场也会逐渐被压缩乃至消失。

（三）彩色光刻胶新材料

彩色滤光片是液晶显示能够彩色化的关键部件，其成本占液晶面板总成本的 25%左右。中国大陆刚刚开始进入 LCD 行业时，彩色滤光片基本全部从国外购入。除了彩色滤光片本身的价格，还需要负担昂贵的物流费用。直到 2007 年京东方在成都建设第 4.5 代线，大陆才开始有了真正意义上的自主彩色滤光片生产。大陆地区后续投资的 LCD 面板厂也都开始集成彩色滤光片生产线。

然而作为彩色滤光片工艺中最重要的物料，光刻胶（Photo Resist，PR）直到目前也还是一直要依赖进口。基本上 C/F 工艺所有的光刻胶材料都是来自日本和韩国。目前主流的 RGB 光刻胶是颜料分散法的光阻剂，其成分主要包括：碱可溶性树脂、光固化树脂、光引发剂、颜料、有机溶剂以及其他添加剂。

碱可溶性树脂是为了在显影时便于清洗未被曝光的树脂，所以要求该树脂具有一定的酸值，以便在显影时与碱性显影液发生反应。

光固化树脂决定了光固化后产品的基本性能，包括硬度、柔韧性、附着力、光学性能、耐老化等。光固化树脂主要包括聚酰亚胺树脂、聚乙烯醇树脂、环氧树脂以及丙烯酸树脂等。聚酰亚胺类树脂有最佳的耐化性，但是成本很高；聚乙烯醇类树脂耐热性较差，但是工艺特性佳；丙烯酸类树脂拥有最佳的透光性。颜料分散法一般多采用丙烯酸树脂，因此常用的丙烯酸类光固化树脂包括单体和低聚物。单体一般含多个不饱和双键，且多为小分子。在光引发剂的作用下，C=C 双键发生交联反应，形成密致的膜，保护曝光部分的碱可溶性树脂，防止被显影液洗去。但是不饱和单体所成的膜体积会收缩，从而对整个体系产生收缩应力，导致膜层附着力下降，因此也需要加入少量的低聚物。低聚物的分子量比单体大，具有在光照条件下可进一步反应或聚合的基团，如 C=C 双键、环氧基团等。由于低聚物的分子量相对单体较大，且具有较少的不饱和双键，所以可以减小膜层的收缩率。此外，低聚物的加入使得单体的浓度较低，增加了单体的聚合度。另外，有些低聚物中含有环氧基团，它可与羧酸基团发生反应，在后烘时可与碱可溶性树脂反应交联。

光引发剂是在光照时能快速形成自由基或离子活性基，以便光固化树脂间发生交联反应。按照所产生的活性碎片不同，光引发剂可分为自由基聚合光引发剂与阳离子聚合光引发剂。前面提到的丙烯酸树脂应使用自由基聚合光引发剂，而环氧树脂则应使用阳离子聚合光引发剂。

颜料使光刻胶彩色化，彩色光刻胶的色度由其决定。颜料分散法中常用的颜料为酞菁类、DPP 类等有机颜料。一般颜料的粒径为 2～200μm，且颜料本身并不透光，如果直接使用将导致光阻剂着色力低、透过率低、鲜明度差等问题，因此需要对颜料进行适当的表面细化处理，使粒径达到 10～100nm，这样才能提高光阻的透过率。细化后的颜料容易使光阻表面平整、涂层均匀。颜料的各种性能不仅与分子内在的化学结构有关，还与颜料粒子的粒径、形状、比表面积、表面极性、粒子的聚集状态、化学特性有十分密切的关系，并最终影响色饱和度、色纯度、透过率、耐热性等。

根据加入有机溶剂的量可以调整彩色光刻胶的黏度，使其接近理想牛顿流体，便于彩色光刻胶旋转涂布。在选择有机溶剂时，遵照相似相溶规律，选用与聚合物极性相同或相近的溶剂才能较好地溶解聚合物。常用的溶剂为乙二醇甲醚、丙二醇甲醚醋酸酯、三甘醇甲醚、3-乙氧基丙酸乙酯等。有机溶剂可以单独使用，也可以混合 2 种以上使用。

其他添加剂，如消泡剂，它能加快消除光阻剂中的气泡，改善成膜性能；润湿分散剂，它能保证固体颗粒在光阻剂中较好地分散并保持稳定；流平剂，它能改善涂层的平整性及光泽等。

彩色滤光片光刻胶在配方、工艺方面都有很多重要的技术诀窍，很多韩国厂商的光刻胶材料在某些特性方面与日本厂商的光刻胶材料相比仍然有明显差距。中国台湾地区在 2000 年左右开始了彩色滤光片光阻的研究，目前已经有出货，但仅局限于台湾地区。作为追赶者，京东方自进入 TFT-LCD 这一行业以来也一直在整个产业链的上下游规划布局，在彩色滤光片用光刻胶方面略有斩获，目前已经开始中试项目。

三、新工艺

（一）相位移掩膜补偿技术

近年来，对于平板显示器而言，人们通过提高图案形成精度而使其线宽更为细小，进而可以大幅度提高其图像质量。当光掩膜的线宽精度和被转印到基板上的线宽精度变得更细时，曝光时的光掩模和基板之间的缝隙就会变得更小。由于用在平板显示器中的玻璃基板的宽度在 300mm 以上，所有玻璃基板的弯曲，或是表面粗糙度的问题，都会使图像质量受到影响。彩色滤光片基板的曝光，由于玻璃基板的尺寸较大，所以一般采用等倍率接近式曝光法，在这种方法中使用由不同波长的 g 线（436nm)、h 线（405nm）和 i 线（365nm）组成的复合光。为使其线宽变得更加细小，使用了半色调相位掩膜的方法，从而可以通过设定光强度为零的部位来提高图案形成精度。另外，由于存在光强度为零的部位，所以能设定较大的景深，有利于降低曝光条件或者提高图案形成效率。

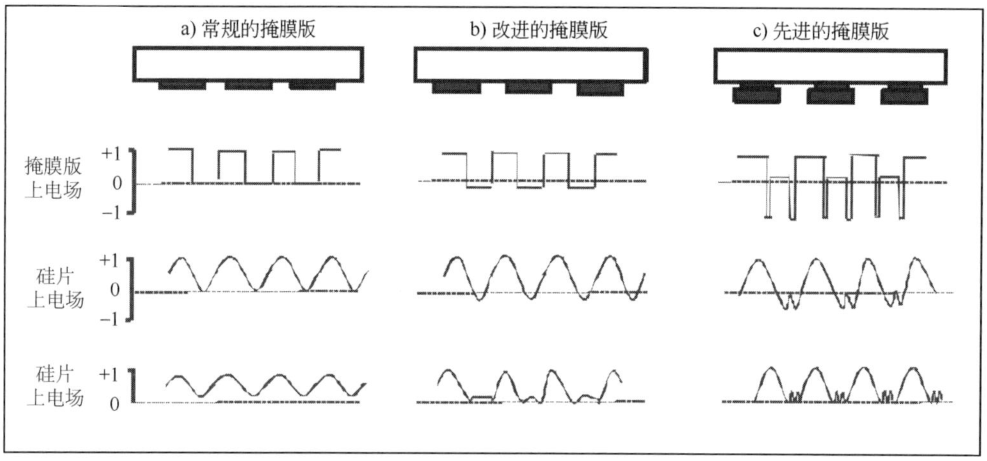

图 4　相位移掩膜版

相位移掩膜技术（PSM）是 1982 年发展起来的方法，用来克服光通过掩膜版上小孔时发生衍射的有关问题。通过相位移掩膜技术，投影掩膜版被一层附加透明层修正，以便改变透光区域，使光相位移 180°（见图 4)。就像异相波的干涉，这里进行的是相消干涉。衍射到左边通常是暗区的光，将与右边透光区域衍射过来的光发生相消干涉，不透明区域下面的光衍射就将减小。投影掩膜版的相位移技术改善了图像对比度，并且已经成为关键尺寸（Critical Dimension，CD)：是 0.18μm 及以下精细光刻的关键因素。有多种实现相位移掩膜技术的方法，均采用相同的基本思想，且都以相消干涉原理为基础（见图 5)。

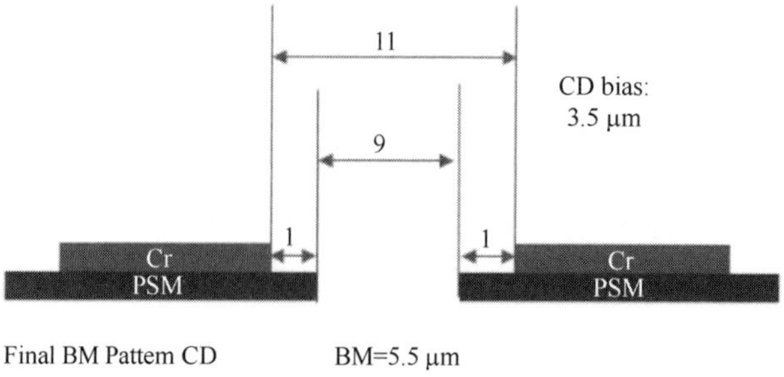

图 5　PSM 图案化技术

相位移掩膜技术克服了光通过普通铬膜 Mask 上的小孔时发生衍射的有关问题。相位移掩膜技术利用相位干涉原理成像，在普通铬膜上附加一层透明层修正，使其上透过的光相位移反转 180°，与旁边透过的非相位移光进行相消干涉。例如，石英玻璃的某些透光区会做一个能实现相位移 180°的涂层（Shifter），使通过这一涂层的光发生反向，进而与它相邻的光发生相消干涉（见图 6）。

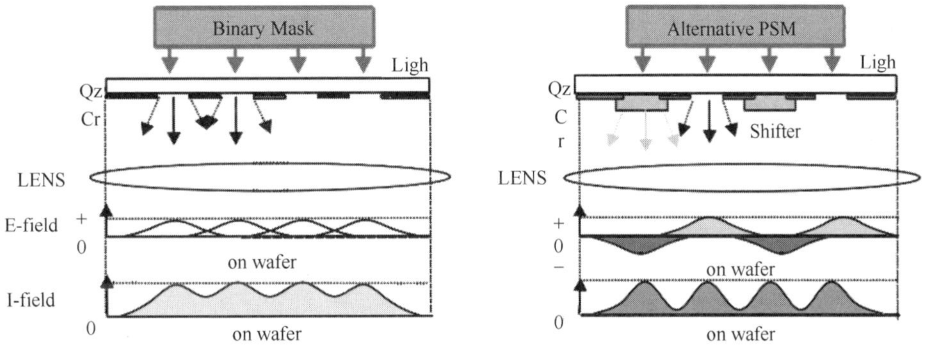

图 6　相位移掩膜技术

主流的相位移掩膜可分为两种：一种是交互式相位移光掩膜（Alternative PSM），另一种是削弱式相位移光掩膜（Attenuated PSM），其中交互式相位移光掩膜又可分为刻蚀型（Etching）和旋涂型（Spin on Glass），生产工艺也有较大不同。图 7～图 9 是这几种相位移掩膜的简单生产工艺流程。

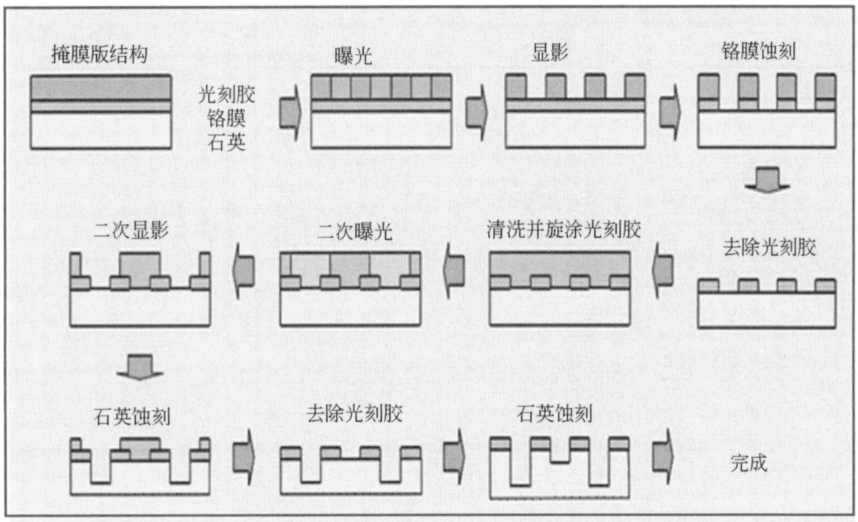

图 7　交互型相位移光掩膜（刻蚀型）生产工艺流程

随着集成电路关键尺寸不断减小，光学中的衍射和散射因素带来的影响越来越明显，它们会阻止 Mask 上图形的有效转移，此时就需要运用有效的光学增强技术，以改善图像质量和提高分辨率。相位移掩膜技术很好地改善了图像对比度，已经成为精细线宽的关键因素之一。

（二）半灰阶掩膜版（Half Tone Mask 或 Gray Tone Mask）

灰阶掩膜版的基本原理示意图如图 10 所示。其将半灰阶掩膜版的半曝光区设计形成曝光数据图，所述曝光数据图具有半曝光设计区，根据具有半透过膜层的掩膜材料在所述半曝光区仅一次曝光所需的光透过量，来设计半曝光设计区的图形形状。通过控制半曝光设计区光透过量，调整半曝光区的光刻胶膜层厚度，从而使曝光后光刻胶膜层厚度明显减薄。与现有技术二次曝光、二次对位流程对比，灰阶曝光技术只需要一次曝光、一次对位，解决了普通制造方法二次对位偏差问题，简化了制造工艺流程，而且掩膜版材料本身具有半透过膜层，不需要进行二次沉积半透过膜层工序，使半灰阶掩膜版的制作工艺流程更加简单。

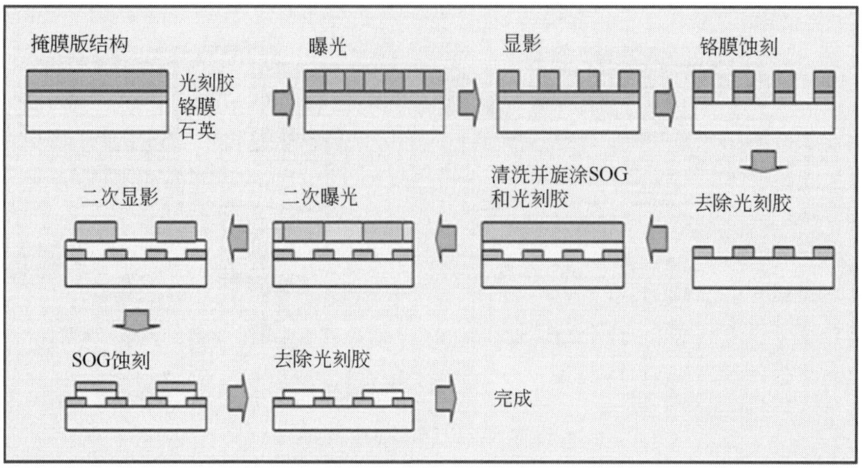

图 8　交互型相位移光掩膜（旋涂型）生产工艺流程

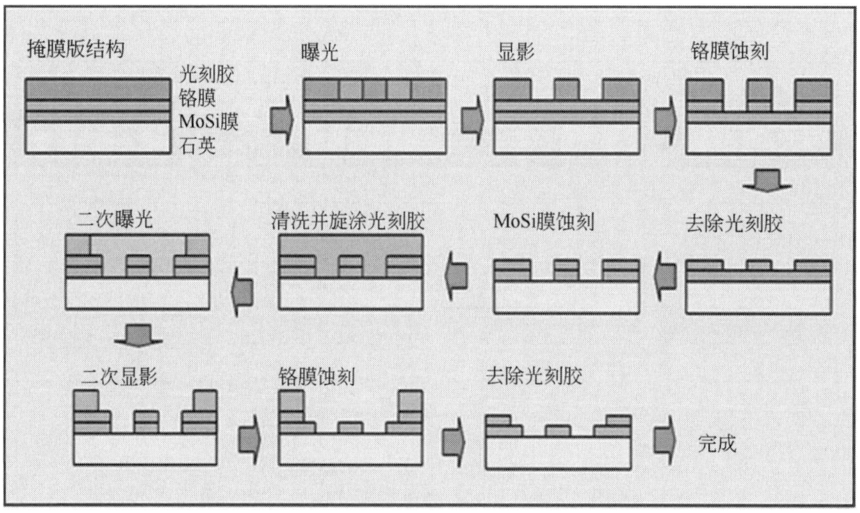

图 9　削弱型相位移光掩膜生产工艺流程

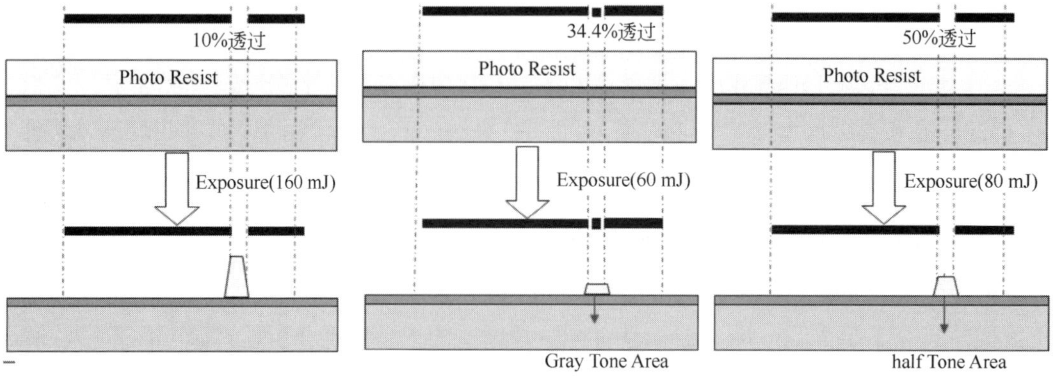

图 10　灰阶掩膜版的基本原理示意图

随着工艺技术的发展，为了提高效率，减少工艺步骤，目前很多 TFT-LCD 公司都从五次光刻转到四次光刻，又从四次光刻简化到三次光刻。相应地，制造过程中使用的掩膜版也从原来的两张掩膜版，转化为使用一张灰阶掩膜版（Gray Tone Mask，GTM）或者半灰阶掩膜版（Half Tone Mask，HTM）。目前，半灰阶掩膜版一般采用的原材料结构如图 11 所示，包括石英玻璃、金属铬及氧化铬薄膜和光刻胶层。

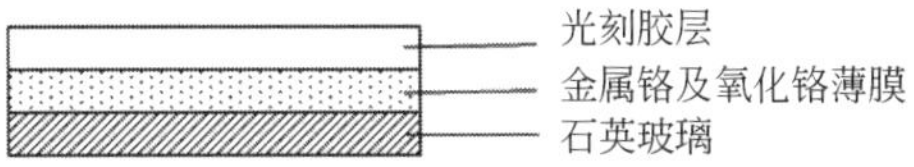

图 11　半灰阶掩膜版一般采用的原材料结构

彩膜基板的曝光掩膜版也借鉴了在 TFT 基板中使用的灰阶曝光技术，从而使线宽降低，提高了形成图案的精细度。即根据曝光所需的光透过量来设计半曝光设计区的形状，以控制设计区的光透过量，以调整半曝光区的光刻胶膜层的关键尺寸。半灰阶掩膜版技术在彩色滤光片制造工艺中主要用于制作精细型的隔垫物层，随着液晶显示屏分辨率的提升，黑矩阵越来越窄（包括 Gate 方向和 Data 方向），制作在其上的隔垫物层的直径也越来越小，尤其是多种隔垫物的制作方面，同时制作的主隔垫物层和次隔垫物层需要一定的高度差，此种高度差通过掩膜版铬孔直径大小来控制的话，高度差很不明显，对液晶层间距离控制不好，容易引起各种 Mura 的出现，在外力的作用下也容易引起隔垫物层被破坏。

应用于彩膜制造过程中的灰阶曝光技术可以很好地解决这一高度差的问题，可以测试调整半透层的厚度和宽度，从而实现主隔垫物层和次隔垫物层稳定而均一的高度差。

（三）ADC Mask

ADC Mask（Advanced Distortion Compensation Mask，高级扭曲补偿掩膜版技术），主要考虑掩膜版在曝光设备中平整度的问题，不同的设备这种平整度之间的差异导致实际曝光显影后制作出来的图形在整体上存在不同的偏差，在彩色滤光片的生产过程中主要是针对制造工艺的黑矩阵和红、绿、蓝曝光（BM Photo、Red Photo、Green Photo、Blue Photo）的曝光机的总距（Total Pitch，TP）不同而造成影响才研发的 Mask。各条 Photo Line 不同的 TP 示意图如图 12 所示。

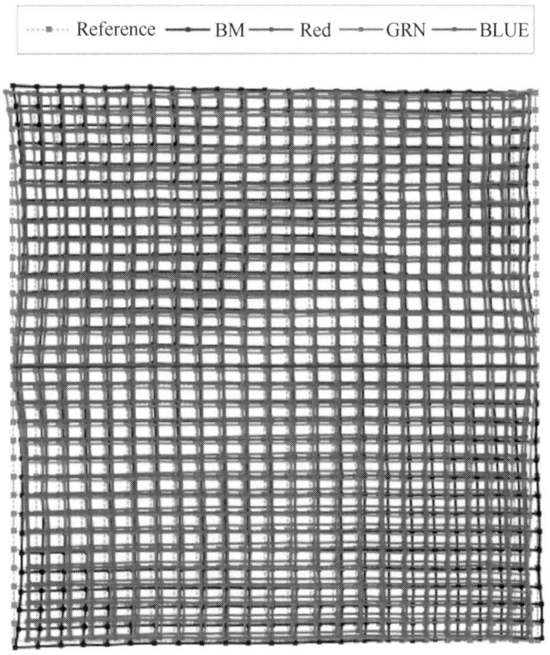

图 12　各条 Photo Line 不同的 TP 示意图

ADC Mask 的雏形是 DCM Mask，其发展过程示意图如图 13 所示。DCM Mask 是从整体的 TP 变化来进行补偿，因此补偿的精度比较低，补偿范围只能达到 Max±2μm。高级扭曲补偿掩膜版技术则是把整体 TP 分成几个区域分别进行补偿，因此补偿的比较完整和精确，补偿范围可以达到 Max±10μm。

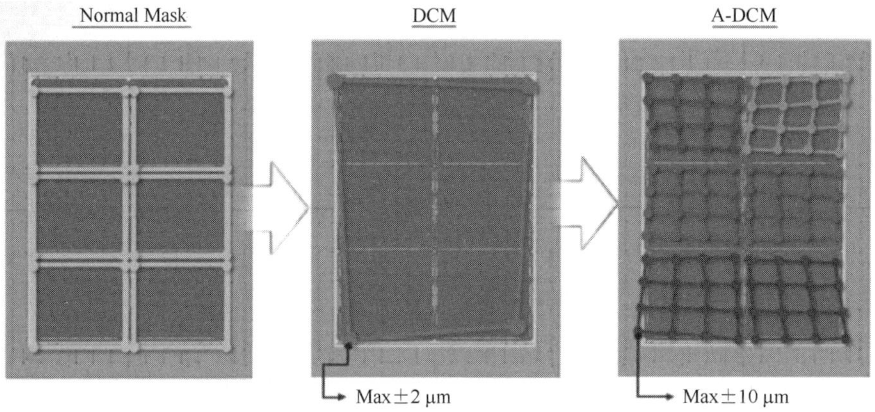

图 13　ADC Mask 发展过程示意图

C/F Total Pitch 由于各个 Photo 工序使用不同的 Photo 线而造成 BM、RGB、OC、PS 的 TP 趋势都是不一样的，而 Mask Control 就是根据各个 Photo Line 不同的 TP 分别制造出不同 TP 补偿值的 Mask，从而达到图像精确控制的目的。Mask Control 的示意图如图 14 所示。

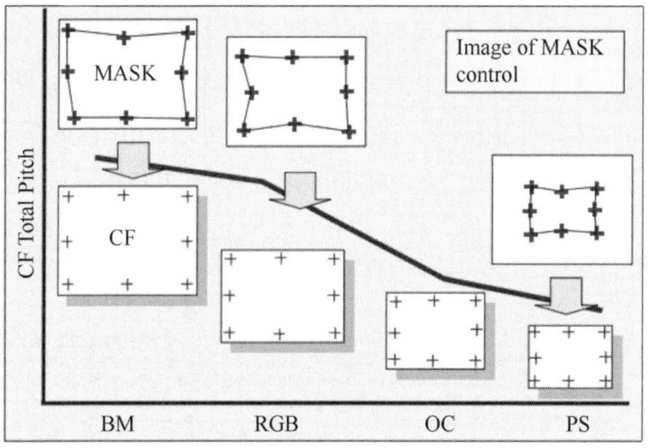

图 14　Mask Control 的示意图

由于各条 Photo Line TP 的差异，可能会导致 BM 与 RGB 膜层在不同位置有不同的偏移量，各层出现不同程度的偏移，严重的话很容易造成漏光等现象。如图 15 所示，BM 后、RGB 后、OC 后、ITO 后的 TP 测量值都与设计值有一定的差异。

这种 TP 的差异通过设备的改进是很难达到统一的水平的。为了使各个 Photo Line 的 TP 尽量达到一致的水平，要先进行各个 Photo Line 的 TP 数据的测试，根据测得的数据了解具体的差异大小，再通过 ADC Mask 进行校正。

为了消除这种影响，在 Mask 设计时就考虑到不同 Photo Line 的 TP，在设计时通过测试数据来进行校正，抵消掉这种 Photo Line 之间 TP 不同的影响，从而达到更精确和更均匀的图案的目的。

需要注意的是，由于 RGB TP 的差异，ADC Mask 技术所制造的 RGB Mask 是存在差异的，并不像普通设计的 Mask——在像素形状一样的情况下 RGB 三块 Mask 是完全一样的。

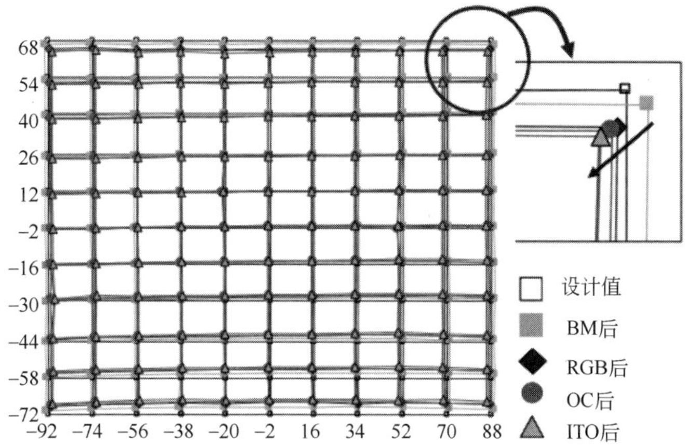

图 15　不同 Photo Line 的 Total Pitch 变化示意图

（四）背面曝光技术

在更精细的黑矩阵图案生产过程中，为了做出更细小的 CD，背面曝光的技术应运而生。

在正常黑矩阵的制作过程中，透过掩膜版的紫外光在到达黑矩阵光刻胶时，由于黑矩阵良好的遮光效果，光刻胶从上往下所接受到的曝光量依次降低，越底层的光刻胶曝光越不充分，因此彩色滤光片光刻胶曝光显影完成后的断面理论图案形状应该为倒梯形，但实际生产后的断面图案为正梯形，此变化应该为显影后进行的固化过程导致的，分析可能的原因是这种高温的固化过程引起倒梯形边沿部分光刻胶的坍塌，从而导致黑矩阵线宽的增加。

因此，背面曝光技术的基本原理是在固化工艺前利用紫外光照射显影完成后的玻璃基板背面，使未充分曝光部分的光刻胶能完全进行紫外光固化，防止在高温完全固化的过程中由于背面部分曝光不透而发生塌陷和沉降。

传统曝光方式和背面曝光的对比示意图如图 16 所示。传统曝光方式下，由于只有正面的紫外 UV 照射，可能会导致底部的光刻胶在显影之后的固化过程中由于曝光不彻底而发生塌陷，这种变形会造成线宽的增大，不能满足精细化图案窄线宽的要求。增加背面曝光，可以使 PR 胶上下表面都有充分的 UV 照射曝光，在烤箱固化的过程中，不会产生 PR 的塌陷变形，从而能满足窄线宽工艺的要求，有利于显示更精细化的图案，提高分辨率。

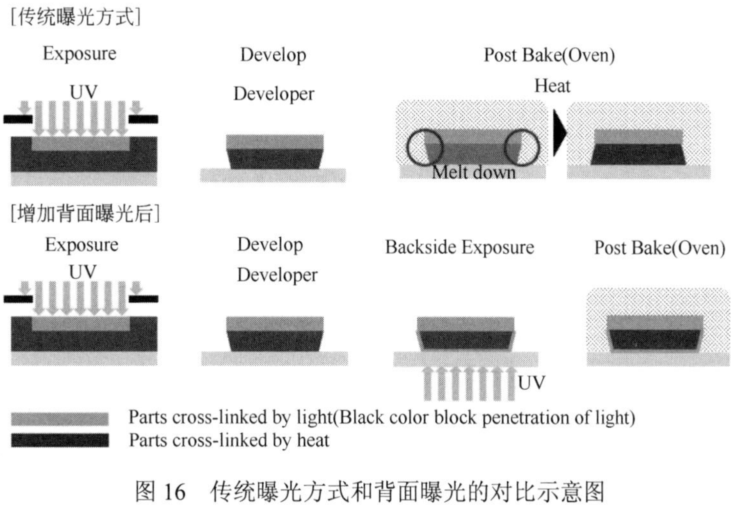

图 16　传统曝光方式和背面曝光的对比示意图

BM 生产工艺中，通过背面曝光技术的引进，根据测试数据的估算，可以使 CD 在原来的基础上再减小 0.5μm 以上，对于精细显示有着一定的积极作用。

四、小结

（1）C/F 在短期内仍然处于快速增长期，在未来一段时间内仍大有可为。

（2）高透过率、高色彩饱和度是 C/F 新材料、新技术开发的重点。

（3）高精度、细线化是 C/F 工艺发展的重要趋势。

（4）应对未来可能发生的 AM-OLED 的产业替代，C/F 厂一方面提升技术实力，使产品拥有更好的显示效果；另一方面积极寻求转型方向，一些 C/F 厂已经积极向触控技术等领域探索与发展。

2012 年 OLED 产业发展概况

维信诺公司

有机电致发光显示器（Organic Light Emitting Display，OLED）是继 LCD（液晶显示器）之后的新一代显示技术。OLED 是一种主动发光的显示器，其结构简单，具有使用功耗低、响应速度快、视角宽、主动发光无须背光源、器件更薄、对比度更高、色彩更鲜艳、高低温性能优越等特点，易于实现柔性显示、透明显示和 3D 显示，被业界称为“梦幻显示器”，是最具发展前景的新型显示技术之一。

应用白光 OLED 技术制成的照明器件，具备光色柔和、能效高、视角广、轻薄、柔软、响应速度快、使用温度范围广、抗震能力强的特点；同时，OLED 是面光源，无须外加灯罩、散热等装置，在照明领域具有得天独厚的优势。

一、2012 年全球 OLED 产业、技术及市场发展状况

（一）全球 OLED 产业发展状况及趋势

2012 年，OLED 成长为全球面板巨头的投资热点。

在 OLED 显示领域，PM-OLED 产业维持平稳发展，各大厂商继续加大面向中大尺寸 AM-OLED 产业的资金倾斜力度。三星、LG 仍是布局 OLED 面板生产最积极，同时量产进程也保持领先的厂商。三星的第 5.5 代 AM-OLED 量产线已于 2011 年 6 月量产，并于 2012 年宣布停止三星显示器旗下韩国天安厂的 L3 生产线（LCD），用以生产手机的 AM-OLED 显示屏。LG 也将业务转向大尺寸 OLED 电视面板，并加快量产线建设，提高 OLED 面板产量。中国台湾、日本和中国大陆面板厂商也陆续在 OLED 领域加以着墨。友达光电 2012 年持续推进 4.3 英寸 AM-OLED 面板量产计划，其位于新加坡的第 4.5 代 AM-OLED 量产线正在建设中。奇美电正在加速 3.4 英寸和 4.3 英寸高分辨率 AM-OLED 面板量产进程。松下与索尼签署协议，共同研发用于电视和大尺寸显示设备的下一代 OLED 面板和模组，并计划于 2013 年年底实现量产。对于第 8 代线或以上代线 AM-OLED 面板的量产计划，LG 和三星计划在 2013 年年底实现量产。

在以三星、LG 为首的显示巨头的推动下，OLED 产业处于稳步发展阶段。2011 年，全球 OLED 产值大约为 33 亿美元，同比增长速度在 200%以上。2012 年，全球 OLED 产值较 2011 年呈大幅攀升态势，根据市场研究公司 DisplaySearch 2012 年的研究数据，2012 年全球 OLED 产值为 67 亿美元，同比增长 102%，预测 2019 年全球显示市场规模将达到 1 770 亿美元，其中 OLED 显示市场将达到 334 亿美元（见图 1 和表 1）。

目前，OLED 照明处于蓄势待发阶段。高工 LED 产业研究所（GLII）2012 年发布调查报告显示，从 2011 年至 2015 年，全球 OLED 照明市场规模将以成倍的速度持续增长，预计到 2015 年年底，全球 OLED 照明市场规模将达到 42 亿美元。

在 OLED 照明产业化方面，住友化学 2012 年 3 月宣布将把 OLED 照明导入商品化，并逐步推进量产计划；三菱化学（Mitsubishi Chemical Holdings Corp.）与 Pioneer 携手于 2012 年 8 月开始测试性量产照明用 OLED 面板，计划于 2013 年正式导入量产；日商 Kaneka 也计划于 2015 年度结束前投资 100 亿日元布建照明用 OLED 面板的量产体制；LG 化学规划于 2013 年量产发光效率达 80 lm/W、2015 年达 135 lm/W 的 OLED 面板，并预计于 2013 年投资第 5.5 代 OLED 照明设备；友达在致力于发展 OLED 照明的同时，亦积极研发设计创新的平面、内嵌式与可挠式灯具，进而提升 OLED 灯具的总体价值，

锁定如室内间接照明、博物馆及医疗等特定照明应用市场。

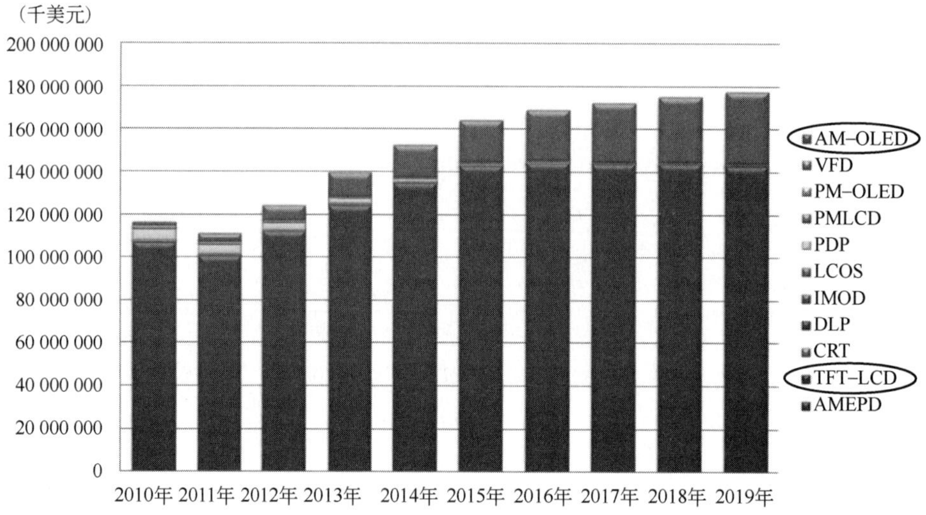

图 1　OLED 显示市场发展趋势图

数据来源：Display Search，2014Q4。

表 1　OLED 显示市场规模预测

（单位：千美元）

应　用	2010 年	2011 年	2012 年	2013 年	2014 年	2015 年	2016 年	2017 年	2018 年	2019 年
娱乐		200 000	171 750	258 875	327 650	341 250	346 200	334 169	319 680	306 732
车载电视					8 042	36 887	71 490	91 443	105 137	115 254
车载显示	47 131	30 431	22 420	18 633	18 246	17 443	16 421	16 084	15 628	15 050
桌面显示器							191 265	208 210	299 200	462 768
数码相机	23 098	78 545	55 750	58 046	67 810	74 688	79 176	79 792	78 988	77 661
电子取景器		33 000	46 200	46 123	55 097	57 744	57 884	57 441	55 757	53 739
家用设备	7 429	19 442	21 352	24 731	27 016	27 178	26 564	25 946	25 250	24 607
移动 PC		24 000	84 300			791 763	1 917 903	2 899 764	3 707 515	4 381 611
手机	1 195 016	3 159 232	6 446 097	10 166 572	12 951 269	14 365 111	15 267 842	15 420 856	15 156 158	14 749 950
手机副屏	123 967	85 460	33 997	17 452	10 040	6 901	5 719	5 037	4 296	3 780
MP3 播放器	20 675	6 765	5 681	3 317	2 803	2 243	1 806	1 484	1 212	1 001
视眼显示	15 180	24 850	44 700	48 284	47 448	47 768	47 665	47 362	47 620	47 211
办公应用	414	2 210	1 341	1 337	1 448	1 507	1 543	1 581	1 620	1 624
OLED 电视	862		610	295 745	1 474 747	3 187 080	4 805 703	7 438 389	10 024 054	12 367 383
便携式媒体播放器	13 014	6 994	1 582	1 275	1 063	887	722	583	459	394
便携式民航设备	60									
其他	121 944	201 623	270 311	326 921	444 065	576 750	679 456	734 390	767 357	779 049
总计	1 568 788	3 872 553	7 206 089	11 267 311	15 436 742	19 535 198	23 517 358	27 362 529	30 609 928	33 387 814

（二）全球 OLED 技术和市场发展状况

1. OLED 显示

OLED 显示屏目前仍以中小尺寸（≤9 英寸）为主，主要应用在手机、MP3 播放器、车载音响、数码相机等领域，尤其在智能手机上的应用使得 AM-OLED 在中小尺寸面板上的渗透率快速提升。从出货量来看，2012 年，全球 OLED 显示面板出货量达到 1.9 亿片，其中手机用 4 英寸面板占比达到 61.7%。AM-OLED 面板已经"侵袭"传统 LCD 技术占主导地位的中小尺寸液晶面板市场，尤其是手机厂商已经越来越多地采用 AM-OLED 面板。

据 DisplaySearch2012 年的调查数据，OLED 显示主流尺寸从 2009 年的 2 英寸，发展到 2010 年的 3 英寸、2011—2012 年的 4 英寸。其中 2012 年 5 英寸显示屏的增速极快（见图 2）。

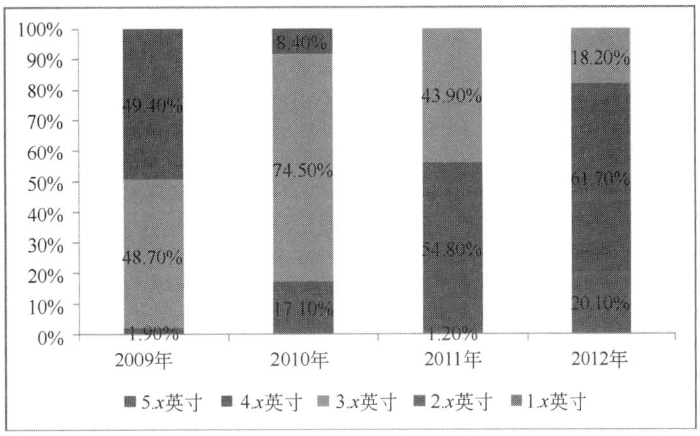

图 2　AM-OLED 显示屏各尺寸出货量比例变化

在大尺寸领域，依旧是三星和 LG 垄断市场。2012 年美国 CES 消费类电子展会上，三星和 LG 分别展出了自己的 55 英寸 OLED 彩色电视机产品（见图 3 和图 4）。LG Display 新发布的 OLED 电视面板采用了氧化物薄膜晶体管技术，这种技术与现存的薄膜晶体管工艺基本相同，其细微的不同之处在于新的技术采用氧化物代替了硅。此外，LG Display 还采用了白色 OLED（WOLED）技术，即白色发光与滤光片结合的技术实现全彩色显示。

图 3　LG 55 英寸 OLED 彩色电视机

图 4　三星 55 英寸 OLED 彩色电视机

三星展示的 55 英寸 OLED 彩色电视机由单一玻璃面板制作而成，应用了三星自有的超级 OLED 技术，采用的是三原色（RGB）独立像素发光全彩色技术。这种技术的特点是色彩表现力、对比度效果都非常出色。

日本半导体能源研究所在日本太平洋横滨国际会展中心举行的“FPD International 2012”上，展示了 13.5 英寸的 OLED 面板（见图 5）。13.5 英寸产品为 3 840 像素×2 160 像素（4K×2K），3.4 英寸产品为 960 像素×540 像素。精细度均高达 326ppi。驱动元件采用氧化物半导体 IGZO（In-Ga-Zn-O）TFT，利用使 IGZO 层沿 c 轴方向结晶生长的“CAAC（C-Axis Aligned Crystal）”构造。采用在白色 OLED 元件上使用 RGB 三色彩色滤光片的方式实现了彩色显示。OLED 元件构造为从 TFT 基板相反一侧提取光的顶部发光型。

图 5　日本半导体能源研究所 13.5 英寸的 OLED 面板

友达光电在 2012 年显示器国际学会“SID 2012”上发表了 32 英寸 OLED 面板的实现技术。该产品与在 2011 年 10 月举行的“FPD International 2011”上展示的产品相同。像素为 1 920×1 080，亮度为 200cd/m^2，对比度为 10^6：1。驱动元件采用氧化物半导体 IGZO（In-Ga-Zn-O）TFT。载流子迁移率为

14.1cm^2/Vs，亚阈值摆幅为 0.38V/dec 以下（见图 6）。

图 6　友达光电 32 英寸的 OLED 电视机

2. 柔性 OLED 显示

OLED 可实现基于塑料基板和金属基板的柔性显示，这一直以来是 OLED 领域的研究热点。

2012 年 6 月，美国亚利桑那州立大学的柔性显示器中心（FDC）宣布，已开发出一款据称是全球最大尺寸的柔性彩色有机发光显示屏（OLED）原型（见图 7）。该显示屏为 7.4 英寸，采用混合氧化物薄膜晶体管（TFT）技术，是由 FDC 与美国陆军研究实验室的科学家共同开发的。

图 7　美国亚利桑那州立大学的柔性显示器中心开发的 7.4 英寸柔性 OLED 显示屏

索尼在 2012 年显示器国际学会“SID 2012”上通过视频展示了一款柔性 OLED 面板（见图 8）。该展示面板尺寸为 9.9 英寸，像素为 960×540，清晰度为 111ppi。索尼使用玻璃基板和薄膜组合来生产这些柔性 OLED 面板，组合使用白色 OLED 材料与 RGB 三色彩色滤光片（CF）实现彩色显示，色彩范围 NTSC 规格比超过 100%。

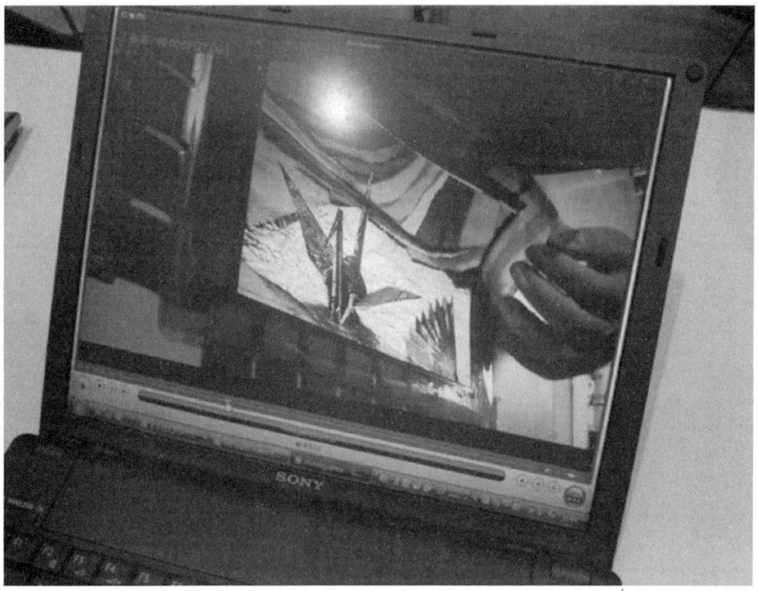

图 8　索尼柔性 OLED 面板

2012 年 4 月，三星将其柔性 AM-OLED 技术正式命名为“Youm”，同时“Youm”命名及 LOGO 已在美国申请了注册商标，并将量产计划提上日程。Youm 技术显示屏由四种材料组成：AM-OLED 显示单元放在两层薄膜中，在它的上面是一个偏光片（可能容纳多点触控传感器）。这种显示屏的设计中没有玻璃，因此能够实现更大的柔性（见图 9）。

图 9　三星 Youm 技术显示屏

2012 年 6 月，东芝开发出 11.7 英寸的柔性 OLED 面板，并在 2012 年显示器国际学会“SID 2012”上发表了相关论文（论文序号：74.2L）。此款产品的像素为 960×540，清晰度为 94ppi，通过氧化物半导体非晶 IGZOTFT 进行驱动。组合使用白色 OLED 材料与 RGB 三色彩色滤光片（CF）实现彩色显示。

OLED元件的构造为从TFT基板提取光的底部发光型。面板的开口率为42%。2012年8月，中国台湾“工研院”成功开发高防水柔性AM-OLED屏，解决了水气与氧气入侵的问题。该屏幕运用新开发的软性封装胶材及软性OLED封装结构，不仅开发出可以置入水中的高阻水柔性AM-OLED屏幕，还具有互动的触控功能，符合未来移动设备轻薄、不易破裂、可卷曲等人性化操作需求，未来将导入智能型手机、移动设备等消费产品。

日本半导体能源研究所在日本太平洋横滨国际会展中心举行的“FPD International 2012”上，展示了3.4英寸的柔性OLED面板（见图10）。该样品将OLED元件的元件构造由从TFT基板提取光的底部发光型变更为顶部发光型，重2g，厚度不到0.1mm。制作方法为首先在玻璃基板上形成驱动元件和OLED元件等，然后再移到树脂基板上，从而实现了柔性化。

图10 日本半导体能源研究所3.4英寸柔性OLED面板

3. 透明OLED显示与3D技术

2012年年初，微软对外展示了一个新的互动式3D电脑桌面（见图11）。这个系统采用了三星的一块透明的OLED屏幕和微软的Kinect传感器来建造一个虚拟的桌面环境，用户可以用自己的双手进行实时操控。其中，Kinect传感器不仅可以捕捉用户的手势提示，也同样可以捕捉用户眼睛和头部的位置信息，同时屏幕会为用户提供一个3D透视图像并且对用户所在位置进行深度定制。3D技术和OLED技术相结合，势必会给观众带来更完美的视觉体验。

图11 微软互动式3D电脑桌面

在透明 OLED 显示应用方面，日本电信大厂 NTT Docomo 2012 年 6 月研发出一款透明手机，采用的是全彩 OLED 屏幕，虽然屏幕亮度和分辨率与目前智能手机尚有一定差距，但实现了双面操控，给予了用户未来感十足的独特体验（见图 12）。

图 12　日本 NTT Docomo 研发的透明 OLED 手机

2012 年 11 月，中国台湾“工研院”发布了最新研发的透明显示器（见图 13），此技术采用电润湿原理，透过施加电压即可控制影像的变化，尤其透明显示器本身无须加上偏光片，因此单色穿透率可高达 40%以上，在无须安装背光源的情况下，便可轻易看见显示器背后的物品，同时它的反应速度快、无视角显示差异，已成功具备透明显示器应有的特性。

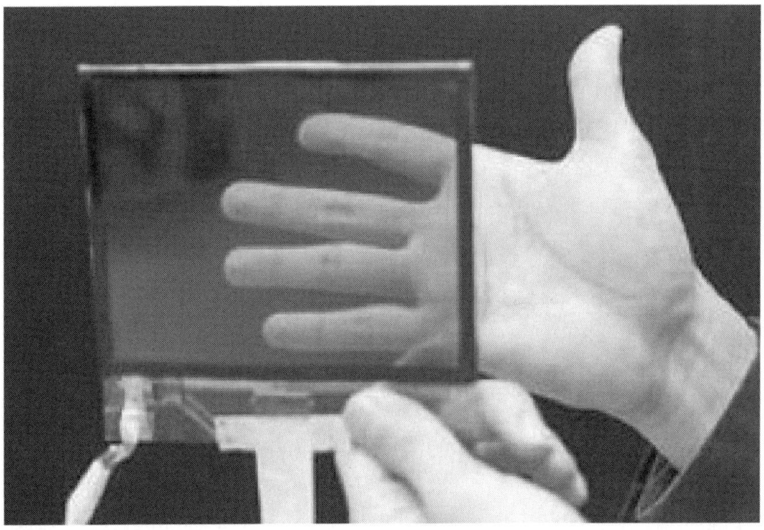

图 13　中国台湾“工研院”研发的透明显示器

4. OLED 照明

随着白光 OLED 技术的不断成熟，OLED 照明发展进程加快。多条针对 OLED 照明产业化技术开发与生产的中试生产线也在陆续建设（见表 2）。

表 2　全球 OLED 照明中试线/研发线情况

厂　商		产　品	研发线/中试线	备　注
欧美厂商	欧司朗	有	小分子蒸镀，研发线	专注 OLED 照明
	飞利浦	有	小分子蒸镀，研发线	专注 OLED 照明
	Blackbody	有	小分子蒸镀，研发线	专注 OLED 照明
日韩厂商	Lumiotec	有	小分子蒸镀，中试线	专注 OLED 照明
	松下出光	有	小分子蒸镀，研发线	OLED 显示、照明
	东芝	无	涂布式，研发线	专注 OLED 照明技术开发
	柯尼卡-美能达	无	研发线	转向柔性 OLED 技术开发
	住友化学	有	高分子涂布式，研发线	材料+照明应用
	三菱化学	无	涂布式，研发线	OLED 技术开发
	LG	有	小分子蒸镀，中试线	OLED 显示、照明
中国大陆厂商	南京第壹有机光电	有	小分子蒸镀，第 2.5 代生产线	专注 OLED 照明
	维信诺	有	小分子蒸镀，中试线+第 2.5 代显示生产线	OLED 显示、照明

在技术进展方面，比利时化学企业Solvay与荷兰研究机构Holst Centre 2012年3月共同开发的柔性照明OLED面板在亮度为1000cd/m^{2}的情况下实现了30lm/W的发光效率。该OLED面板是在帝人杜邦薄膜公司生产的柔性基板上通过印刷技术形成多层后实现的。三菱化学开发出了发光效率提高至50lm/W、可进行全彩颜色调整的OLED照明面板，在德国法兰克福“Light+Building 2012”展上首次公开亮相，并已经开始样品供货。在2012年显示器国际学会“SID 2012”研讨会上，松下与东芝均发布了OLED照明面板的最新技术，其中松下发布了发光效率达到87lm/W（亮度为1000cd/m^2）、尺寸为25cm^{2}的全磷光白色OLED面板技术，亮度减半，寿命为10万小时以上，表示显色性的指数Ra为82；东芝发布了发光效率达到91lm/W（亮度为1000cd/m^2）、尺寸为70mm×80mm的白色OLED面板技术，面板在亮度为3000cd/m^{2}时的发光效率为78lm/W，白色OLED元件层叠了由红色和绿色材料构成的OLED层以及蓝色OLED层，OLED层全部采用磷光材料（见图14和图15）。2012年，LG化学研发出发光效率达60lm/W的OLED照明面板，并取得了美国照明公司Acuity Brands OLED的面板供应合约。

图 14　松下“SID 2012”研讨会展示的 OLED 照明面板

图 15　东芝“SID 2012”研讨会展示的 OLED 照明面板

在应用方面，2012 年年初，飞利浦和巴斯夫宣布合作生产 OLED 透明面板，它可被用于汽车的玻璃天窗，自身可发光并可转换为透明和半透明，也可容纳透明太阳能电池，它具有相当高的能源效率，厚度也仅有 1.8mm，显示技术来源于飞利浦 Lumiblade OLED，而材质则来源于巴斯夫的有机材料。2012 年 12 月，飞利浦宣布成功发明了一种新型 OLED 面板——Lumiblade GL350，这种面板厚度仅为 2mm，面积为 124.5mm^2，可产生 120 lm 的光，可制成窗户，是家庭照明第一代智能光源。

二、2012 年中国大陆 OLED 产业、技术及市场发展状况

（一）产业发展状况

OLED 近几年来在国内得到了广泛的关注，自 2008 年维信诺公司建成中国大陆第一条 OLED 大规模生产线至今，中国大陆已有多家企业启动 OLED 产业化进程，尤其是用于手机、平板电脑等中大尺寸的 AM-OLED。

在中大尺寸 AM-OLED 领域，维信诺公司和昆山工研院等企业联合成立了昆山平板显示中心，于 2010 年建成了国内首条 LTPS TFT 背板驱动的 AM-OLED 中试生产线。2012 年 3 月，维信诺签署了 AM-OLED 量产线项目，正式启动 AM-OLED 大规模产业化项目——第 5.5 代 AM-OLED 大规模生产线，该条生产线建成投产后，维信诺公司将成为全球唯一一家同时拥有 PM-OLED 大规模生产线和 AM-OLED 大规模生产线的企业。

上海天马和佛山彩虹都在建设第 4.5 代 AM-OLED 生产线；京东方及四川虹视等也在积极进行 AM-OLED 项目研发工作。京东方拥有一条第 2.5 代 AM-OLED 中试线；鄂尔多斯第 5.5 代 AM-OLED 项目主要生产中小尺寸产品，计划于 2014 年量产；天马拥有一条第 4.5 代 AM-OLED 中试线，计划首先于 2013 年在厦门第 5.5 代 LTPS 产线量产 LTPS LCD；华星光电投资建设第 4.5 代 AM-OLED 中试线，目前正处于设备安装阶段。

在中小尺寸 OLED 领域，维信诺公司 2008 年依靠自主技术建成的国内首条 OLED 大规模生产线，2010 年虹视、彩虹引进国外二手设备建成了 PM-OLED 生产线。其中，维信诺公司建成的 OLED 大规模生产线，在全球范围内，与同类生产线相比，生产节拍最快，产能最大，工艺技术达到国际领先水平。

在 OLED 照明产业方面，维信诺公司 2009 年就进入 OLED 照明领域，OLED 照明产品已经小批量供应市场，2012 年成功推出维信诺吊灯和台灯产品（见图 16）。南京第壹有机光电于 2011 建成了 2 000m^2 的洁净厂房，拥有 2 条 OLED 照明研发线、1 条中试放大线，推出了多款特色照明灯具（见

图 17），并计划于 2013 年实现小规模量产。京东方、彩虹也都在积极涉足 OLED 照明领域。

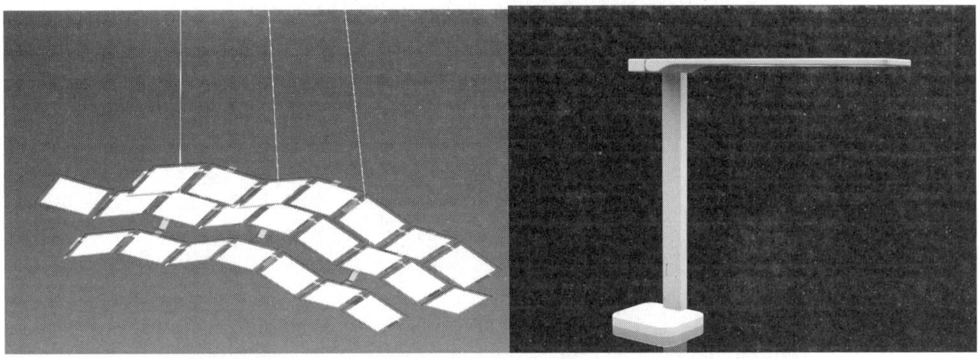

图 16　维信诺公司推出的吊灯及台灯产品

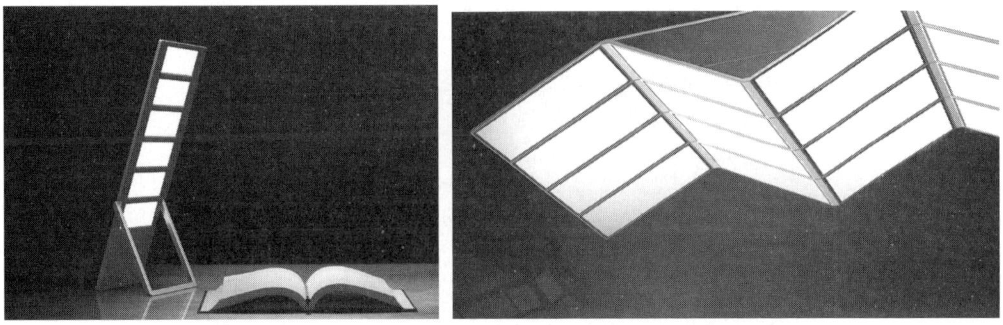

图 17　南京第壹有机光电推出的吊灯和台灯产品

（二）技术和市场发展状况

清华大学和维信诺公司经过十余年的技术开发及产业化工作，系统掌握了 OLED 材料、器件、工艺、驱动等关键技术和产品制备工艺；成功开发出新型高性能电子注入技术，突破了国外专利的限制；发明了高性能电子传输材料，取代了业界常用的传统材料；发明了新型器件结构，性能居国际领先水平；解决了高亮度、高对比度、抗震动、抗电磁干扰等技术问题，成功将 OLED 显示器应用于“神舟七号”舱外航天服上，开创了国际先例。2012 年 2 月，维信诺公司清华大学的 OLED 项目获得 2011 年度我国科学技术奖最高奖——国家技术发明奖一等奖，昆山维信诺于同月荣获江苏省企业科学技术奖。京东方通过公司技术研发中心及国家工程实验室第 2.5 代 LTPS（低温多晶硅）实验线设立相关研发项目组，开展了多个技术方向的 AM-OLED 背板关键技术研发课题，同时，京东方与电子科技大学联手，在成都合作共建了 OLED 联合实验室，着力打造 OLED 新型显示技术创新平台。

在中大尺寸 AM-OLED 研发方面，清华大学和维信诺公司实现了 AM-OLED 制造工艺技术的全线贯通，2011 年先后开发出了 7.6 英寸和 12 英寸的 AM-OLED 显示屏（见图 18），标志着我国 AM-OLED 技术正式进入“大屏”时代。上海天马微电子股份有限公司也于 2011 年开发出了 12 英寸的 AM-OLED 显示屏（见图 19）。京东方 2012 年研发出全球首款融合了氧化物 TFT 背板技术和喷墨打印技术的 17 英寸的 AM-OLED 彩色显示屏，标志着我国在 AM-OLED 新型半导体显示领域达到国际领先水平。

在 OLED 照明研究领域，我国进行白光 OLED 研发的单位包括清华大学、吉林大学、苏州大学、华南理工大学、中科院理化所、长春应用化学研究所、维信诺公司、南京第壹有机光电等。国内 OLED 照明技术与产业化推进程度与国际水平基本同步。

图 18　维信诺和昆山平板显示中心开发的 12 英寸 AM-OLED 显示屏

图 19　上海天马微电子研发的 12 英寸 AM-OLED 显示屏

维信诺和清华大学早在 2009 年开发的白光荧光 OLED 在 1 000cd/m^2 的高亮度下寿命就已经超过 10 万小时；2009 年在中国国际半导体照明展览会暨论坛（SSL2009）会议上，清华大学报道的无光取出结构的荧光磷光复合结构白光器件的发光效率超过 50lm/W；2011 年，华南理工大学采用溶液加工法来制备高分子基的 OLED 照明器件，目前也实现了 40lm/W（总发光效率可达 50 lm/W）的高水平白光；长春应用化学研究所、吉林大学等单位也在白光照明方面取得了很大进展；南京第壹有机光电已相继成功制备出磷荧光混合能效分别为 67.6 lm/W 外光提取 EES-OLED 和 111.7 lm/W 内光提取 IES-OLED 的白光照明器件，颜色坐标及显色指数符合能源之星（EnergyStar）标准。

2012 年，CSA（国家半导体照明工程研发及产业联盟）组织北京维信诺科技有限公司、清华大学、苏州大学、吉林大学、中国科学院长春应用化学研究所等单位共同起草制定了 CSA 014-2012《有机发光二极管照明术语和文字符号》、CSA 015-2012《有机发光二极管照明测试方法》两项联盟标准。

在市场方面，维信诺公司是中国大陆目前唯一一家实现 PM-OLED 产品大规模量产的企业，现开发出 30 多个系列，300 余款 OLED 显示产品，其中小尺寸 OLED 产品出货量 2012 年位列全球第一。其产品遍及欧洲、日本、韩国等国内外市场，广泛应用于 MP3、手机等便携式消费类产品，以及工控仪表、医疗仪器、金融信息、煤矿安全、智能监控系统等领域。广东信利 2003 年建成中试生产线，目前也有小批量产品供应市场。

2012 年中国 LED 显示应用行业发展报告

中国光学光电子行业协会LED显示应用分会理事长　关积珍

一、概述

LED 显示应用是 LED 产业链中发展较为成熟的环节，近年来随着技术进步和产品的不断完善，LED 显示应用领域逐渐拓宽，呈现出稳定发展的局面。

2012 年，尽管受到欧债危机和国内经济放缓等因素影响，我国的 LED 显示应用行业总体规模仍然保持了增长，与往年不同的是，行业内企业利润的增长幅度普遍没有与规模增长保持同步，也从一个侧面反映出行业的市场竞争更加激烈。

2011 年，中国 LED 显示应用市场的销售总额是 220 亿元，较 2010 年的 190 亿元增长了 16%。2012 年，全国 LED 显示应用行业发展整体规模继续保持增长，行业年度市场销售总额达到 253 亿元，比 2011 年的 220 亿元增长了 15%，总体增长幅度与 2011 年基本持平。

二、总体情况

截至 2012 年年底，加入中国光学光电子行业协会 LED 显示应用分会的企业数为 300 余家，基本上包括了中国 LED 显示应用领域的骨干企业和主要生产单位。估计全国具有一定规模的 LED 显示应用企业总数在 500 家左右，全国各种类型和规模的从事 LED 产品的企业总数量在 1 000 家以上。

中国光学光电子行业协会 LED 显示应用分会 2013 年年初对 150 家会员单位 2012 年的生产经营情况进行了例行的年度统计。所统计调查的企业涵盖了行业内的骨干企业和主要代表性企业，这些企业以 LED 显示屏为主导产品，并从事其他 LED 显示应用产品的生产经营。

根据统计，我国的 LED 显示应用产业规模总体稳定，全国范围内大概拥有 60 000 从业人员，其中管理人员占 20%左右，科技人员占将近 25%，生产工人等占 55%左右。

2012 年进行统计的会员单位有 150 家，所统计的销售总额为 157 亿元，据此测算 2012 年全国 LED 显示屏市场销售总额为 253 亿元，比 2011 年增长了 15%（见表 1）。

表 1　近五年全国 LED 显示应用产业总体情况

（单位：亿元）

	2008 年		2009 年		2010 年		2011 年		2012 年	
	协会	全国	协会	全国	协会	全国	协会	全国	协会	全国
销售总额	76.8	100	94.6	140	112	190	147	220	157	253
其中：出口额	14.6		16.28		20.2		26		28.5	
其他 LED 显示应用产品	10		13.5		19.5		23		24.6	

图 1 是我国的 LED 显示应用市场从 1997—2012 年间的市场规模变化情况。

三、产业布局

产业布局上，统计表明，我国 LED 显示应用产业主要还是集中在华东和华南地区，这两个区域的产值占全国总量的 75%左右，特别是华南地区的深圳，是我国 LED 显示应用产业的主要基地，2012 年仅统计企业的产值即达到 56 亿元。华北地区所占比重 2012 年有所增加，东北地区所占比重持续降低。西南、西北及华中地区的比重 2012 年也有所下降。

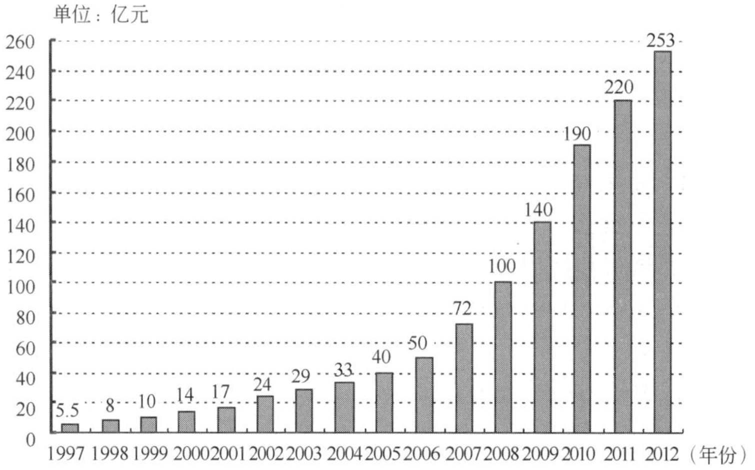

图 1　1997—2012 年全国 LED 显示屏市场规模增长变化

表 2 为近五年行业协会统计的 LED 显示应用产业产值按地区分布情况。

表 2　近五年行业协会统计的 LED 显示应用产业产值按地区分布情况

年　份	地　区	东　北	西南、西北、华中	华　北	华　东	华　南
2008	产值（亿元）	5.9	7.9	11.6	25.1	26.3
	占全国比例	7.7%	10.3%	15.1%	32.7%	34.2%
2009	产值（亿元）	3.2	8.3	15	31.5	36.6
	占全国比例	3.4%	8.8%	15.9%	33.3%	38.7%
2010	产值（亿元）	2.7	11.1	16.3	36.8	45.1
	占全国比例	2.4%	9.9%	14.6%	32.9%	40.2%
2011	产值（亿元）	4.3	15.6	16.5	49.6	61
	占全国比例	2.9%	10.6%	11.2%	33.7%	41.6%
2012	产值（亿元）	3.1	9.9	22.8	55.7	65.5
	占全国比例	2.0%	6.3%	14.5%	35.5%	41.7%

2012 年参加行业协会统计的 LED 显示应用企业地区分布情况如表 3 所示。

表 3　2012 年参加行业协会统计的 LED 显示应用企业地区分布情况

地　区	东　北	西南、西北、华中	华　北	华　东	华　南	合　计
企业数量（家）	7	19	25	67	32	150
销售额（亿元）	3.1	9.9	22.8	55.7	65.5	157

四、产品构成

LED 显示应用行业协会对 2012 年 LED 显示应用产业的市场情况进行统计时，对主要产品销售情况进行了分类统计。

根据 150 家会员单位的统计资料，2012 年的 157 亿元销售总额中，显示屏产品的销售额为 132 亿元，占全部销售额的 84%；LED 照明及其他 LED 显示应用产品的销售额 25 亿元，占全部销售额的 16%。在全部的显示屏产品销售额中，户外显示屏销售额所占比重在 60%左右，室内显示屏的销售额所占比重在 40%左右。

在统计的 150 家企业的 2012 年的销售额中，其他 LED 显示应用的销售额为 24.6 亿元，占全部销售额的 15%左右。其他 LED 显示应用主要是指 LED 商业照明产品、家用照明产品和其他非显示屏形式的 LED 显示应用产品。统计分析表明，2012 年，其他 LED 显示应用产品中，商业照明产品销售占 40%左右，家用照明产品销售占 5%左右，其他产品销售占 55%左右。

产品出口是我国 LED 显示应用行业的重要组成。2012 年，在统计的 150 家企业中，LED 显示屏产品的出口额为 28.5 亿元，占全部销售额的 18%左右。估算全国 2012 年的 LED 显示屏出口总额应该在 40 亿元左右。表 4 是近五年协会统计的主要地区 LED 显示产品出口额对比情况。

表 4　近五年协会统计的主要地区 LED 显示产品出口额对比情况

（单位：亿元）

	2008年	2009年	2010年	2011年	2012年
销售总额	76.80	94.60	112	147	157
出口额	14.60	16.28	20.2	26	28.5
其中：					
华南地区	10.32	10.77	13.44	18.50	19.29
华东地区	1.80	3.80	4.50	5.30	7.05
华北地区	0.46	0.63	0.84	0.74	0.58
西南、西北、华中	1.70	1.07	1.42	1.46	1.50
东北地区	0.32	0.01	0	0.05	0.08

我国的 LED 显示屏出口企业主要集中在华东、华南地区，特别是华南地区的深圳市，集中了我国 LED 显示屏主要的规模企业和出口企业。据统计，2012 年深圳市的艾比森、洲明科技、雷曼光电、联建光电、迈锐光电、奥拓电子、锐拓显示、丽晶光电、利亚德、易事达、大族元亨、科美芯纯、创显光电、齐谱光电、一达通、中电投资 16 家企业的出口销售额达 3.8 亿美元，合人民币 20 多亿元。

五、市场发展

近年来，LED 上游产业发展对显示应用市场的发展促进作用比较明显。LED 产业链上下游之间良性互动、促进发展，新产品、新技术推广应用迅速，基于 LED 芯片材料、驱动 IC、控制等技术的进步，行业内许多企业在 LED 综合应用、半导体照明、灯饰亮化工程等方面的技术更加成熟。在传统 LED 大屏幕显示技术和产品的基础上，各类 LED 显示应用产品在新兴行业市场中的份额逐年增加。近年来 LED 显示应用产品的可靠性总体上有了显著的提升，也推动了产品市场应用领域的扩展。

（一）市场应用拓展

科技创新引领和推动了 LED 显示应用市场的不断拓展。我国 LED 显示应用行业总体技术水平基本与国际同步发展，近年来创新产品推陈出新，行业内技术创新活跃，产品技术开发能力不断增强。

适应特殊应用需求的技术开发、技术支持和技术保证能力得到增强，重点技术和主流产品发展比较迅速，引领和带动了新兴市场，创意性大型 LED 显示应用工程项目不断涌现。例如，2012 年立翔慧科在“法国巴黎购物中心”为客户量身设计、完成的 LED 字母屏，远程视频控制，结构巧妙，与传统箱体式 LED 显示屏相比功耗减少 60%、重量减少 65%。洲明科技完成的 1 945m^2 的西安大唐华清城“玻璃屏”、金立翔的 2013 春晚 LED 视频组合、雷曼实施的深交所 LED 显示系统、世纪澄通完成的迁安奥体中心酒店夜景亮化项目等，都是以创意取胜，从而赢得市场。

LED 显示应用行业在国内一系列重大活动中的优异表现让我们记忆犹新，2012 年，国产 LED 显示屏在国际市场再次展示风采。2012 年 7 月，洲明科技、奥拓电子、光能科技等企业凭借中国制造的优势，为欧洲杯提供了比赛场馆的 LED 显示屏。

2012 年，高密度小点间距的 LED 显示应用产品（P2.5 及以下 P2.5 表示点间距为 2.5mm，下同）异军突起，在市场上独领风骚，成为年度具有竞争优势的新产品。小点间距 LED 显示屏在广告显示、监控中心等的应用还在不断深化之中，有望在未来与 DLP 等传统产品形成竞争，作为替代产品进入传统的安防、指挥调度中心等市场领域。

在传统市场应用领域的基础上，新兴的市场领域发展非常迅速。近年来我国新兴广告媒体高速增长，LED 大屏幕成为主导应用产品，在户外广告媒体领域，LED 显示应用产品的比重日益加大。最早开始布局 LED 显示屏网络的凤凰传媒，过去三年中的年复合增长率达到 200%以上，包括 LED 业务在内的新媒体业务收入所占比重由不到 10%跃升至 40%以上。2012 年，凤凰传媒、郁金香、香榭丽等传媒公司的 LED 媒体网络开始向中小城市辐射，部分有势力的广告传媒公司开始建设覆盖范围更大的 LED 显示屏网络。

（二）专业化服务市场

专业的显示屏控制系统产品在 2012 年的发展成绩引人注目，让业界对专业技术创新所带来的市场细分有了深刻的认识。据了解，诺瓦科技 2011 年的销售量是 8 万张卡，2012 年达到 30 万张，年增长率达 400%，成为控制领域颇具影响力的专业供应商。

LED 显示应用产品的多元化发展也带来了服务和系统工程的专业化，应用需求造就了专业分工的出现，服务市场初现端倪。创意设计、专业勘察、专业化钢结构设计、项目经理制度等更深入的服务形态开始出现。对显示屏施工、安装、运营管理和服务乃至大屏幕清洗等方面的配套服务成就了新的专业市场，以扬州建工显示工程部为例，2012 年，该公司为国内众多实力显示屏企业提供工程专业服务，实现了 4 000 万元的工程服务业绩。

（三）营销模式创新

2012 年，LED 显示应用市场总体上仍然处于比较激烈的竞争状态。传统上 LED 显示应用市场属于完全市场化的领域，市场竞争一直比较激烈，2012 年的租赁市场曾出现较为激烈的以降价为主要手段的几大厂家之间的烽烟大战，对行业影响巨大。受 LED 照明应用吸引，近年来众多进入 LED 行业的资金和新的企业，在 LED 照明主体市场没有完全形成之前，其产能消化和业务转型对 LED 显示应用产品市场形成挤占。2012 年行业的整体利润水平并没有随销售额的增长而同步增长，行业内骨干企业面临规模和利润提升的压力，大量中小企业市场空间和生存发展的环境不容乐观。

应对市场需求的不断变化和日益激烈的市场竞争，LED 显示应用企业在市场营销模式方面也进行了积极的创新和尝试，形成了以外贸销售为主的外向型营销、以终端项目销售为主的终端营销、全国设立代理商和分销商的渠道营销、研发和生产分工协作的 OEM/ODM 营销、专注于特定市场的专业营销以及 BT 或 BOT 营销等多种模式。

六、技术创新、标准化和知识产权

（一）技术创新

LED 显示屏核心器件和关键部件近年来技术不断提升，为 LED 显示屏的技术进步提供了重要的技术支撑。2012 年，LED 显示技术在多方面都有创新发展和提升。

LED 芯片发光强度及发光效率不断上升，反向漏电流得到了更好的控制，抗静电能力进一步增强，长期困扰 LED 显示屏的静电损伤难题得以破解。伴随着 LED 封装工艺、材料的持续改进，以及芯片价格快速下降，LED 器件性能不断提升，户内显示屏用 LED 封装方式扩展使得显示屏的像素中心距不断缩小，户外显示屏 LED 封装将逐步从直插灯方式向表贴方式过渡，上述两种方式的融合即带透镜的表贴 LED 也已出现萌芽。

开关电源是 LED 显示屏的关键组件，随着业内对净化电网及电磁兼容的意识增强，功率因数有源补偿（PFC）已逐步得到普遍应用。高效节能是当今社会的共识，开关电源中应用高转换效率的同步整流技术（SR）也得到部分显示屏制造商和客户的认同，随着今后同步整流技术成本的降低，该技术有望在业内得到普及。

驱动 IC 方面，我国台湾积聚、美国 TI 等相继推出了低压降节能型驱动芯片、支持分时多任务扫描驱动芯片、可减轻虚影的预充电 FET 型驱动芯片等多个产品，大大提高了显示屏的视觉性能，并拓展了显示屏的应用前景。

控制技术方面，①灰度处理：业界一直在不断追求提高灰度处理等级，从 20 世纪 80 年代的 1bit 技术，发展到今天已进入工程应用的 19bit 技术；②亮度均匀性修正：从早期的模块均匀性修正，到 10 年前逐点均匀性修正，再到如今通过图像处理的方法对由于机械拼装不佳造成的亮线条及暗线条进行视觉修正，LED 显示屏各种亮度修正控制技术近乎无所不及；③驱动刷新：随着半导体驱动芯片运行速度的提高以及驱动刷新方式的不断改进，LED 显示屏已可以实现在摄像机下无闪烁、无回扫线、无水波纹。

高密度 LED 显示屏发展迅速。随着我国微电子组装技术整体水平的不断提升，高密度室内 LED 显示屏的像素中心距也不断取得突破，室内 LED 显示屏像素中心距已迈入 1.*X*mm 时代。今后若干年有可能取代投影拼墙成为监控中心大屏幕的主流显示媒介。在室外应用方面，长期以来，10mm 是室外全彩屏像素中心距的桎梏。近年来伴随着室外表贴 LED 封装技术的改进以及室外模块防护水平的提高，室外全彩屏的像素中心距的极限也在不断被刷新，5.*X*mm 的室外全彩色大屏幕已在市场得到应用。

技术创新带来了 LED 显示应用产品形态的不断推陈出新。随着 LED 器件成本的大幅下降，一度兴起的日月屏已逐步淡出市场。传统的钣金箱体式结构正在逐步被铸铝箱体或更简洁的结构形态所取代。模条屏、像素点屏得到规模化应用，市场份额不断提高。室外全彩应用从直插灯正在向表贴灯转换。室外表贴 LED 显示屏很可能成为户外显示屏市场新宠，市场份额逐年提高。异型屏百花齐放，球形、弧形、环形、S 形、圆形、椭圆形、特定物体轮廓，甚至全方位立体屏（以近两年春晚为代表）无所不有。产品形态的推新，使得原有模块与模组的概念遇到挑战，也许业界对像素、密度等概念需要重新认识。

（二）技术交流

2012 年 9 月，中国光学光电子行业协会 LED 显示应用分会在南京组织召开了“2012 全国 LED 显示应用技术产业发展研讨会”，会议由洛普公司承办，共收到论文 70 多篇，并出版了论文集，研讨会上来自全国 LED 显示应用领域的同行 200 余人，就 LED 显示应用技术和产业进行了广泛、深入的交流。

LED 显示应用技术日新月异，在市场竞争日趋激烈的今天，企业如何提升自身产品品质、如何更加合理地设计、如何选用优秀的控制系统，都是企业需要解决的问题，因此LED显示应用分会于2012年4月和10月分别在深圳与上海举办了两期“全国LED显示应用技术培训班”。培训工作为面对面授课形式，直接与产业内工程技术人员交流探讨，答疑释惑，反响良好。

（三）标准化及知识产权

积极推进行业标准发展是LED显示应用行业多年坚持的工作。《LED显示屏通用规范》和《LED显示屏检测方法》两个行业标准在行业内近年来得到全面贯彻并对产业健康发展发挥了重要作用。

2012年，有业内骨干企业和技术专家参加的工业和信息化部平板显示技术标准工作组开展了一系列工作，新推出了SJ/T 11141-2012《LED显示屏通用规范》，已经立项并正在制定《LED显示屏干扰光评价规范》、《LED显示屏干扰光现场测量方法》、《LED显示屏图像质量主观评价方法》等行业标准，正在酝酿制定《LED显示屏能效限定值及能效等级标准》等相关标准。业内许多企业还积极参加了LED器件、半导体照明以及其他行业应用标准的相关制定工作。

行业内的知识产权保护也在逐年加强。据不完全统计，2012年LED显示应用行业协会调查统计的150家企业共申请专利899项，申请软件著作权登记106项。这反映出行业内企业的创新意识和知识产权保护意识在强化。

截至2012年年底，所统计的150家会员单位累计取得的实用新型和外观专利授权达到2 223项，发明专利授权数314项，取得的软件著作权达到414项。这些知识产权成为企业持续发展的重要基础。

七、企业发展

（一）规模企业

2012年，全行业有44家LED显示应用企业的销售额超过亿元，比2011年的40家增加了4家。在2012年销售额超过亿元的44家企业中，有26家企业的销售额超过2亿元，其中销售额在5亿元左右的企业有7家。

统计资料表明，LED显示行业内骨干企业的主导地位在不断提升。根据协会统计，2012年销售额超过亿元的44家企业的销售额合计达到110亿元，占协会所统计的150家企业总销售额157亿元的70%，占全国2012年LED市场总销售额的43.5%。

尽管5亿元级的企业数目在不断增加，但是行业龙头企业的地位还有待进一步提升。2012年销售额超过或在5亿元左右的企业，其销售额合计40亿元，占到超过亿元的44家企业销售额的36.4%，在统计的150家企业销售额中占25.5%，占全国销售额的16%。

规模型骨干企业的分布主要还是集中在华南区域，不过华东地区、华北地区这两年的发展速度也比较快。表5是2012年行业协会统计的销售额亿元以上骨干规模企业在各地区的分布情况。

表6是近五年行业协会统计的销售额亿元以上的骨干规模企业情况。

（二）行业评选

由LED显示应用分会与中国电子报、光电器件分会等共同举办的“中国LED行业年度评选”活动，已经连续举办多年，成为LED行业具有广泛影响力的行业奖项。

2012年年初完成的第四届“中国LED行业年度评选”（2011年度）中，协会成员企业获得多项奖励。北京金立翔艺彩科技股份有限公司、北京世纪澄通电子有限公司、上海信茂新技术有限公司、南京洛普股份有限公司获得“2011 中国LED应用工程优秀奖”；利亚德光电股份有限公司、深圳市立翔慧科光电科技有限公司、浙江中宙光电股份有限公司、石家庄市京华电子实业有限公司获得“2011中

表 5　2012 年行业协会统计的销售额亿元以上骨干规模企业在各地区的分布情况

华北区域（8 家）	利亚德光电股份有限公司
	北京澄通光电股份有限公司
	北京神州科鹰技术有限公司
	北京金立翔艺彩科技股份有限公司
	石家庄京华电子实业有限公司
	北京平安力合科技发展股份有限公司
	北京彩易达科技发展有限公司
	北京彩讯科技股份有限公司
东北区域（2 家）	大连世纪长城光电科技有限公司
	大连路明光电工程有限公司
华东区域（8 家）	上海三思科技发展有限公司
	富顺光电科技股份有限公司
	泉州彩亮电子有限公司
	厦门强力巨彩光电科技有限公司
	海峡彩亮（漳州）光电有限公司
	南京洛普股份有限公司
	南京汉德森科技股份有限公司
	江苏生泽国际集团有限公司
华南区域（22 家）	深圳市联建光电股份有限公司
	深圳雷曼光电股份有限公司
	深圳市洲明科技股份有限公司
	深圳市奥拓电子股份有限公司
	深圳市锐拓显示技术有限公司
	深圳市易世达电子股份有限公司
	深圳联诚发科技有限公司
	深圳市中祥创新电子科技有限公司
	深圳联合聚创科技发展有限公司
	深圳三升高科技股份有限公司
	深圳市齐普光电子有限公司
	深圳市耕创电子有限公司
	深圳市立翔慧科光电科技有限公司
	深圳蓝普科技有限公司
	深圳市联腾科技有限公司
	深圳视爵光旭电子有限公司
	深圳市明微电子股份有限公司
	深圳艾比森光电股份有限公司
	深圳大族元亨光电股份有限公司

续 表

华南区域（22 家）	桂林海威科技有限公司
	惠州市兆光光电科技有限公司
	惠州市德赛智能科技有限公司
西南、西北、华中区域（4 家）	西安青松科技股份有限公司
	湖南新亚胜科技发展有限公司
	湖南明和光电设备有限公司
	郑州汉威光电技术有限公司

表 6　近五年行业协会统计的销售额亿元以上的骨干规模企业情况

（单位：家）

年　份		全　国	华南地区	华东地区	华北地区	西南、西北、华中	东北地区
2008	亿元级企业总数	25	13	4	3	3	2
2009	亿元级企业总数	27	13	5	4	3	2
	其中：2 亿元以上	11	2	5	3	1	0
2010	亿元级企业总数	33	18	7	5	2	1
	其中：2 亿元以上	16	8	5	2	1	0
2011	亿元级企业总数	40	19	10	6	4	1
	其中：2 亿元以上	24	13	7	2	1	1
2012	亿元级企业总数	44	22	8	8	4	2
	其中：2 亿元以上	26	14	8	2	1	1

国 LED 创新产品和技术奖”；福建富顺电子有限公司、深圳三升高科技股份有限公司、北京世纪澄通电子有限公司、深圳市联腾科技有限公司、华灿光电股份有限公司获得“2011 中国 LED 行业最具成长性企业”称号；杭州士兰明芯科技有限公司、深圳雷曼光电科技股份有限公司、深圳市联建光电股份有限公司、深圳市洲明科技股份有限公司、深圳市艾比森光电股份有限公司获得“2011 中国 LED 行业年度影响力企业”称号；四川九洲光电科技股份有限公司、广州中大中鸣科技有限公司获得“2011 中国 LED 行业特别鼓励奖”。

2013 年年初，第五届“中国 LED 行业年度评选”（2012 年度）揭晓，行业会员单位再次获得多项奖励：北京金立翔艺彩科技股份有限公司的“2012 年中央电视台龙年春节联欢晚会 LED 显示屏”、南京洛普股份有限公司的“长沙开福万达广场大商业 LED 显示幕墙”、北京澄通光电股份有限公司的“迁安奥体中心酒店夜景亮化项目”等获得“2012 中国 LED 应用工程优秀奖”。深圳市艾比森光电股份有限公司的“C25 LED 显示屏”、华灿光电股份有限公司的“超高亮度显示屏用蓝绿光 LED 芯片产品”、深圳雷曼光电科技股份有限公司的“非对称节能型户外 346 全彩 LAMP 器件产品”、湖南新亚胜科技发展有限公司的“魔幻舞台系列 LED 显示屏”等获得“2012 中国 LED 创新产品和技术奖”。深圳市立翔慧科光电科技有限公司荣获“2012 中国 LED 行业最具成长性企业”称号。深圳市联建光电股份有限公司、深圳市锐拓显示技术有限公司、 利亚德光电股份有限公司等荣获“2012 中国 LED 行业年度影响力企业”称号。

（三）上市企业

受益于节能环保等新兴产业的概念，近年来 LED 行业得到了各路资本的垂青。作为 LED 显示应用行业协会成员，部分优秀企业不但借助于行业的高速发展机会取得良好业绩，同时把握我国资本市场快速成长机遇，在 2011—2012 年间成功上市。这其中以显示屏为主业上市的有业内熟悉的联建光电（300269）、洲明科技（300232）、利亚德（300296）和奥拓电子（002587）四家企业，以及处于产业链上游的 LED 外延和芯片企业华灿光电（300323）、封装企业雷曼光电（300162）两家企业。另外，协会成员上市企业还有士兰微（600460）子公司士兰明芯以及被德豪润达（002005）收购的显示屏锐拓显示、大族激光收购的大族元亨光电等。还有部分会员企业，如深圳艾比森等也已经过会待发。

截至 2012 年年底，整个 A 股与 LED 相关的概念板块约有 50 家上市公司，其中 LED 业务营业收入占主要比重的约有 20 家。

2012 年宏观经济不景气，以及 LED 整个行业产能过剩、竞争加剧，大部分 LED 企业净利润均出现了明显下滑。LED 产业链相关上市公司大部分盈利下降，总体上，上市企业 2012 年的业绩差强人意。

根据 2012 年数据，处于产业链上游的华灿光电（300323）、士兰微（600460）、乾照光电（300102）和德豪润达（002005）净利润分别下滑了 30.38%、88.07%、39.33%和 57.14%；LED 晶体材料提供商福晶科技（002222）净利润下滑了 34.12%；LED 电源企业茂硕电源（002660）净利润下滑了 9.76%；LED 发光材料企业科恒股份（300340）净利润下滑了 80.62%；LED 封装企业长方照明（300301）、鸿利光电（300219）和国星光电（002449）净利润分别下滑了 27.45%、34.49%和 66.45%。

对于 LED 显示屏上市公司，2012 年的业绩可以说是喜忧参半。表 7 是 2012 年 LED 显示屏上市企业的业绩。

表 7　2012 年 LED 显示屏上市企业的业绩

	年度营业收入（万元）	较上年同期增长	年度净利润（万元）	较上年同期增长
联建光电	53 416.46	4.30%	2 689.54	–47.03%
洲明科技	60 778.98	14.21%	2 269.83	–50.33%
利亚德	56 895.5	13.25%	5 821.38	3.67%
奥拓电子	30 451.0	32.30%	5 185.67	54.50%

从表 7 可以看出，4 家企业营业收入均保持一定程度增长，利润方面两家企业出现较大程度下滑，另外两家企业保持难得的增长态势。

奥拓电子的业绩表现犹如万绿丛中一点红，实现了营业收入和利润的大幅增长，难能可贵。面对复杂的竞争局面，奥拓电子根据公司产品特点以及目标市场的定位，将业务划分为 LED 应用和金融电子两个业务群，并坚持技术驱动和差异化竞争战略，使公司产品综合毛利率保持在令人羡慕的 44.33%。奥拓电子一方面立足于自主创新，新的研发成果使公司新产品不断投放市场，促进了公司业务的发展；另一方面深耕国内外行业市场的开拓，在金融电子产品方面，加强与国内金融、电信行业客户的合作，并在一系列总行和总部招标中中标入围。在 LED 广告应用方面，奥拓电子与中国新华电视签署战略合作协议，加强与国际一流广告公司合作。此外，奥拓电子还在大型国际机场完成了一系列 LED 广告显示系统项目。奥拓电子优秀的表现再次证明坚持聚焦细分行业的策略是大有可为的。

利亚德展示给大家的亮点在于 LED 小间距高密度显示产品。特别是 LED 电视，2012 年投入市场后得到了客户的高度认可，共签订近 2 亿元的订单，承接了上百块 LED 小间距电视项目，综合毛利率可达 36.71%。

洲明科技面对激烈的竞争环境，坚持以终端做渠道，以渠道做终端策略，并积极向照明产品延伸，显示屏产品实现销售收入 50 675 万元，照明产品实现销售收入 5 766 万元。公司针对净利润下降幅度较大给出的解释是：公司坚持加大研发投入及加强营销渠道建设，导致管理费用较去年同期上升 63.5%而影响当期利润。

联建光电继续定位为中高端LED显示应用产品的系统方案提供商，为客户提供包括方案设计、产品制造、工程服务、技术支持和产品租赁在内的“产品+服务”的系统解决方案，主要深耕广告媒体领域，在行业中树立良好口碑并保持较高市场占有率。针对利润下降则予以说明：加大投入完善国内及海外市场服务和销售网络，以及向下游广告传媒行业进行纵向延伸，设立的联动文化（北京）有限公司处于前期投入阶段摊销费用较多等原因。

表8给出了LED显示屏上市企业在2012年的代表性项目/产品及其创新发展的亮点。

表8 LED显示屏上市企业在2012年的代表性项目/产品及其创新发展的亮点

	2012年代表项目/产品	创新发展的亮点
联建光电	西安秦汉唐全球像素数量最多且面积达 3 000m^2 显示屏/宜兴凯宾斯基 50 000 m^2LED 媒体幕墙	全彩屏19款标准化产品； 显示屏高密度突破 、LED电视屏； SMD室内外刷屏机、LED媒体幕墙
洲明科技	成都海洋公园项目“智造”了目前室内全球最大的 LED 显示屏 4 080m^2	高清无缝球形屏； 高密度小间距屏、LED电视屏； 创意显示屏（雷迪奥）
利亚德	LED 小间距电视机，点间距 1.6mm 和 1.9mm ，尺寸包括 92 英寸、110 英寸、144 英寸及 164 英寸	高清无缝拼接屏； 高密度小间距屏、LED电视屏； 旅客服务系统
奥拓电子	欧洲杯 LED 显示系统项目	体育场馆屏； 金融智能排队机系统

雷曼光电是以显示屏用LED期间封装为主，同时也开展LED显示屏业务。2012年，雷曼公司实现营业总收入 31 634.59 万元，比上年同期增长 19.94%；营业利润 1 767.52 万元，比上年同期下降49.31%；利润总额2 486.99万元，比去年同期下降35.98%。

品牌发展战略和科技创新发展是雷曼光电的重要特色。雷曼光电在2012年先后成功中标深交所新大厦证券LED显示屏工程、大亚湾核电站LED路灯项目、广州地铁LED照明项目，并成为人民大会堂节能改造选定LED照明品牌，获得多项荣誉资质。2012年，雷曼光电研发费用总计1 686.4万元，占营业收入的比例达5.33%。该公司在LED封装器件、LED显示屏产品、LED照明产品方面推出了系列新产品，在LED封装器件方面，其推出的全彩器件系列产品在水平方向配光性能和彩色混光效果得到显著提高，并解决了近距离观看时传统的偏色问题。

八、典型工程项目

2012年，LED显示应用行业的众多企业以优良的技术和产品，完成了多项LED显示应用工程项目，典型项目如下。

（一）欧洲杯LED显示屏项目

在与世界顶级LED厂商多年的竞争中，中国LED显示企业的研发、制造、管理、服务能力不断提升，扩大了在国际市场上的影响力和竞争力。在2008年到2012年的短短4年里，从北京奥运会到南非世界杯、从上海世博会再到本次欧洲杯，中国LED显示企业在世界LED显示领域的顶级舞台以科技、优质、稳定赢得了世界的认可。在2012年6月的欧洲杯上，中国LED显示应用领域的深圳洲明科技股份有限公司、深圳市奥拓电子股份有限公司、深圳市光能科技有限公司等集体发力，再次让

LED 显示屏“中国制造”站在了世界舞台的中心，吸引了全球亿万观众的目光（见图 2）。

图 2　欧洲杯开幕式 LED 显示系统（深圳洲明科技股份有限公司等）

（二）2012 中央电视台春晚 LED 显示系统

北京金立翔艺彩科技股份有限公司提供的面积达 6 000m^2 的 LED 显示系统，在 2012 年春晚上为观众呈现了一场视觉盛宴。天花板、背景墙、左右墙壁全都安装了 LED 显示屏，地面舞台是很多块由计算机控制自由升降的机械系统，每块单元的上、前、侧面也都安装了 LED 显示屏，根据表演的需要，错落有致地变化，让舞台呈现出逼真的 3D 效果。仙鹤送福、水墨山水、红梅傲雪、百花争艳……美轮美奂的画面让人仿若置身于如梦如幻的仙境之中（见图 3）。

图 3　春晚 LED 显示屏组成的 360 度梦幻舞台（北京金立翔艺彩科技股份有限公司）

（三）海外高端市场应用项目

2012 年，中国 LED 显示行业继续保持海外销售的高增长，“中国制造”不再是“廉价”的代名词。随着持续创新、核心技术提升，中国 LED 显示企业中的佼佼者以其达到国际先进水平的产品、满足海外用户要求的服务，逐步进入了美国、欧洲、日本等传统国际高端市场。典型项目有：上海三思科技发展有限公司在美国纽约时代广场完成的 416m^2 LED 显示屏项目；深圳市艾比森光电股份有限公司在日本东京完成的 1 000m^2 LED 显示屏；深圳市奥拓电子股份有限公司在法国巴黎戴高乐机场的 LED 显示屏项目等（见图 4～图 6）。

图 4　纽约时代广场 LED 显示屏（上海三思科技发展有限公司）

图 5　东京 LED 显示屏
（深圳市艾比森光电股份有限公司）

图 6　戴高乐机场 LED 显示屏
（深圳市奥拓电子股份有限公司）

（四）室内/外高密度显示项目

室内高密度、小间距 LED 显示屏以其整屏无拼缝、无单元色差、更好的色彩还原度和对比度、成熟的逐点校正技术、更高的动态刷新频率、后期维护方便、更长的使用寿命等优势，正在向传统的 DLP 背投、LCD 等产品所占据的室内中、高端显示市场发起挑战。2012 年，从 P2.5 到 P1.8 再到 P1.5，室内高密度小间距 LED 显示屏已广泛应用于广电、道路交通指挥、公安监控、电力系统、军事、水利、城市管理各行业。例如，深圳蓝普科技有限公司在湖北高速公路应急指挥中心的 LED 显示屏，P2.5 规格，面积为 115m^2（见图 7）。

图 7　湖北高速公路应急指挥中心 LED 显示屏（深圳蓝普科技有限公司）

户外 LED 显示屏市场呈现出面积越来越大、间距越来越小、密度越来越高的趋势，从 P20 到 P16 再到 P10，短短几年，以震撼的显示效果、细腻的高清画面赢得市场青睐。例如，深圳市艾比森光电股份有限公司完成的重庆市解放碑商业街金鹰财富中心 LED 显示屏，P10 规格，显示面积达 353m^2（见图 8）。

图 8　重庆市解放碑商业街金鹰财富中心 LED 显示屏（深圳市艾比森光电股份有限公司）

（五）商业地产、户外传媒等 LED 显示项目

随着技术的不断成熟，LED 显示产品越来越好地与建筑物的主题、功能形成了有机结合，既提升了商业地产的“地标”价值，也成为了商业地产中不可或缺的风格要素。南京洛普股份有限公司成功

实施了江西恒茂梦时代广场 LED 天幕，面积达 2 503m^2。深圳市大族元亨光电股份技有限公司在深圳大中华国际金融中心建造了 1 487m^2 的 LED 显示屏（见图 9、图 10）。

图 9　江西恒茂梦时代广场 LED 天幕（南京洛普股份有限公司）

图 10　深圳大中华国际金融中心 LED 显示屏（深圳市大族元亨光电股份技有限公司）

九、发展态势

（一）创新引领发展，带动新兴市场提升和管理模式变革

不创新就死亡。LED 显示应用行业在技术、应用、管理等方面的创新是行业保持活力和持续发展

的重要基础。

我国 LED 显示应用行业的发展历程中，产品技术的不断创新带动了行业的不断提升，使得我国 LED 显示应用行业总体技术水平基本与国际同步发展，关键技术领域和特殊工程应用方面更是居于国际领先水平。近年来行业内创新产品推陈出新，行业技术创新活跃，产品技术开发能力不断加强。适应特殊应用需求的技术开发、技术支持和技术保证能力得到增强，重点技术和主流产品发展比较迅速，产品技术创新对显示应用产业的发展促进作用愈加明显。2012 年的小点间距高密度 LED 显示屏产品、新型 LED 幕墙显示产品以及专业的控制板卡、控制系统等都是技术创新的新成果。

应用创新在于对产品技术应用领域的不断拓展。在传统 LED 大屏幕显示技术和产品的基础上，LED 显示应用产品逐年增加，带动了新兴市场的发展。2012 年，租赁市场、地产市场、传媒市场等市场的应用得到了进一步提升，也开拓了一些新的市场，如安防、调度指挥中心、监控中心等成为新的应用目标市场。

管理创新对 LED 显示应用行业内企业来说，是发展到一定规模后必须面对的重要挑战。2012 年，行业内的主要上市企业在企业总体发展战略布局上日渐清晰，行业内重点骨干企业在市场营销、内部管理、供应链整合、上下游互动等方面创新发展了多种模式，行业内的专业化分工、协作也在加强，协同创新发展模式已经初现端倪。2012 年成都环球中心 LED 显示系统项目的生产、实施，是业内优势企业协同创新完成大型显示系统项目的良好范例。

（二）市场竞争激烈，个别企业陷入经营危机或遭遇发展“瓶颈”

作为完全市场化的 LED 显示应用行业，市场竞争本属于正常范围，但是近年来的单一价格化竞争也使得业内众多企业受伤不小。2012 年行业总体销售市场规模虽然有所提升，但整体的利润水平并未实现同步增长，不论是新兴的租赁产品市场，还是传统显示屏市场，价格战时有初现。新的租赁、合作等市场销售模式对 LED 显示产品制造企业的资金和风险也带来了挑战。

任何一个行业在其发展过程中，都会在一轮又一轮的洗牌、一拨又一拨的企业淘汰中完成自我进化，优胜劣汰是自然法则，企业当然不会例外。2011 年年底发生在深圳的“钧多立”事件，行业内记忆犹新，反映出在激烈的竞争形势下，个别企业的经营已经陷入了严重的危机，也给行业内的企业敲响了警钟。2012 年 6 月“愿景光”，2012 年年底的“浩博”、“大眼界”等，行业内较有知名度的几家企业相继或倒闭、或债转股，“洗牌论”、“过冬论”，一时甚嚣尘上。实际上，行业内遭遇发展“瓶颈”的企业远不止这几家，但对于 LED 显示应用行业整体来说，几百家企业中有几家问题企业在所难免，关键是行业整体发展的前景和信心。

面对我国 LED 产业整体发展所面临的“美好未来”和“严酷现实”共存的局面，我们对行业发展要有信心。LED 显示应用行业应该说具有多年的发展基础，在产品技术、营销网络、专业团队以及应用市场等方面都有良好的积累，构成了行业发展的重要基石。更为重要的是，我国的 LED 显示应用行业是根植于市场发展起来的，行业内以民营企业为主体，鲜有政府的扶持和优惠，“野生”也许意味着生命力更强。

（三）企业积极拓展市场布局，强化企业品牌建设

应对市场竞争，行业内的 LED 显示屏上市公司在主业上进行大肆扩张，不约而同地采取积极进取的竞争策略，以上市为有利契机，高举市场开拓与加大研发投入两大利器，以期在日趋激烈的竞争环境中不但能很好地生存下去，而且意图取得长足进步，进而成为行业整合者。

表 9 是 4 家 LED 显示屏上市企业 2012 年的研发和销售费用投入情况。数据表明，各企业利用募集资本大力开拓市场，试图实现全国市场覆盖和全球重点区域拓展。

表9 4家LED显示屏上市企业2012年的研发和销售费用投入情况

	2012年研发投入（万元）	营业收入占比	2012年销售费用（万元）	较2011年同比增长
联建光电	1 395	3.62%	3 643	38.76%
洲明科技	3 517	5.79%	5 226	28.04
利亚德	3 382	5.95%	5 645	12.35%
奥拓电子	2 324	7.63%	4 033	20.96%

在市场布局方面，主要的上市公司都采取了积极的扩张策略。

联建光电：国内华南、华东、北方、西北、西南五大销售及服务区已逐步完善；海外市场，2012年年底该公司收购香港联建成为该公司控股子公司后，形成深圳海外部、美国全资子公司、香港控股子公司三管齐下的局面。

利亚德：在国内实行区域市场拓展和行业纵深发展相结合的战略。区域市场方面，与各地合作伙伴共同搭建公司六大LED应用产品的销售平台；行业市场方面，立足于已取得的突出行业业绩和影响力，纵深拓展行业销售，扩大LED 应用产品。在国际市场方面，以北美、欧洲及东南亚市场的开发为重点，以非洲、南美、中东市场为辅。

洲明科技：分别在成都、济南、乌鲁木齐、哈尔滨等省会城市新设立办事处及营销中心，完成了国内12个重点省市的渠道布局；在北美设立子公司，在瑞典、日本、南非等地设立售后服务支持中心，进行海外市场重点国家和区域的渠道拓展。

雷曼光电：该公司着力于产业布局与经营模式创新，在原有的LED封装器件、LED显示屏应用、LED照明产品三大业务的基础上，增加了LED传媒业务以及LED节能服务领域，形成了LED封装、LED显示屏、LED照明、LED传媒和LED节能服务五大业务协同发展、整体提升的业务发展格局。2012年完成了对德国Orion Consult GmbH的控股收购，通过销售服务平台本地化的战略合作模式，加速开拓欧洲市场。

行业内的骨干企业的品牌意识也在不断加强。许多企业通过积极修炼内功，加大研发投入和新产品开发力度，优化公司管理和生产流程管理，控制生产成本，加强企业文化建设和人力资源管理，打造核心竞争力，塑造优良品牌，以提升在竞争中的优势。上市公司利用上市募集资金，积极扩建生产场地，购买先进设备，改进生产工艺，提升产品质量，新产品发布会、市场营销大会等品牌推介类活动频繁。可以预见，随着上市企业募投产能的逐步释放，行业将会出现新一轮的竞争格局。

（四）行业内企业经营以显示屏为主业，业务积极拓展延伸

LED除了应用于显示屏之外，更大的应用市场是以照明为主的其他LED显示应用。在行业协会所统计的150家企业的2012年的销售额中，其他LED显示应用产品的销售额为24.6亿元，占全部销售额的15%左右。其他LED显示应用主要是指LED商业照明产品、家用照明产品和其他LED显示应用产品，统计分析表明，商业照明产品销售占40%左右，家用照明产品销售占5%左右，其他LED显示应用产品销售占55%左右。

行业内众多的企业在牢牢抓住显示屏主业不放松的情况下，积极将产品线向照明产业和其他LED显示应用产品延伸。

洲明科技在照明领域进行了大研发投入和市场布局，并取得一定效果，中标了2012/2013年半导体照明产品财政补贴推广项目，成功中标广深高速公路全线低杆路灯合同能源管理EMC工程等，但因市场放量不如预期，经营业绩未达到预期效果，照明产品仅实现销售收入5 766万元。

利亚德积极开拓LED照明市场，实现销售收入1 044万元。奥拓电子选定LED平板照明产品作为突破口，实现销售收入336万元。

联建光电战略延伸则做出了不同选择。为给公司主营业务提供更多的支撑，该公司向下游传媒行业进行纵向延伸，设立了联动文化（北京）有限公司，致力于打造全国城市地标户外 LED 广告联播网，并成功开发 LED 广告联播平台，于 2013 年 1 月开始试运营。

雷曼光电加大了 LED 照明开发力度，成功中标大亚湾核电站 LED 路灯项目、广州地铁 LED 照明项目，并成为人民大会堂节能改造选定 LED 照明品牌。在 LED 照明产品方面，2012 年推出了高显效 T8 新品系列、LED T 型照明灯管、磁冷路灯、隧道灯等系列产品。

北京澄通公司在保持传统 LED 显示屏业务的同时，新建了 LED 照明生产线，积极通过 EMC 模式推进照明产品市场发展，承接实施了一批商业照明项目，并以原显示屏产品的销售网络为基础，打造照明产品的营销网络，2012 年的销售额中以照明为主的其他 LED 显示应用产品业务接近 30%。

（五）产业格局发展相对稳定，资本发力行业整合的趋势有所显现

近年来我国 LED 显示应用行业发展中的一个重要特点是规模型企业数量明显增加，中等规模企业数量有所递减，小规模企业数量亦有所增加。产业总体上由以往的“橄榄形”在向“哑铃形”转变。从地域上看，华东和华南地区仍然为两大产业聚集区。深圳是 LED 显示应用企业比较集中的地区，值得注意的是，2012 年华南地区的几家骨干企业都把新的生产基地建设在了惠州等深圳以外的地区。地处华东的福建省，LED 显示应用企业近年来的发展也比较引人注目，总体上升较快。

登陆资本市场对企业而言是进入了新的起点。通过资本运作进行行业纵向延伸、横向扩张，加快产业的整合，迅速做大做强确实有很多成功的案例。2008 年三安光电借壳*ST 天颐成功上市，使其从偏安闽南一隅开始了令人瞠目的业务扩张和股市神话。5 年间，三安光电净利润暴增 15 倍，已成为净资产达 60 亿元、总资产超过百亿元的 LED 产业巨头。

几年前，德豪润达、大族激光等上市企业收购了 LED 显示应用行业的知名企业，2011 年以来业内几家企业也相继上市。但在 LED 显示应用领域，资本对行业整合的态度似乎稍显慎审慎，对产业格局调整的影响目前尚不太明显。据了解，2012 年，LED 显示应用行业有多家企业在与上市企业探讨并购整合可行性，但落实不多。2012 年，骨干企业和上市企业主导下的资源配置、要素重组和市场调整总体表现一般，但趋势显现。

一方面，上市企业正在提高自身能力。联建光电、洲明科技、雷曼光电、奥拓电子、利亚德等上市企业，在上市募投中都有产能扩建的资金安排，2012 年处于积极落实中，如雷曼光电的“高亮度 LED 封装器件扩建项目”和“LED 显示屏及 LED 照明节能产品扩建项目”2012 年已建设完毕并顺利投产。洲明科技也建设完成新的产业基地并于 2012 年年底投入使用。

另一方面，并购对象的选择也非易事。洲明科技上市后表示已积极寻找具有优质潜力的公司，并且牛刀小试取得不错效果。2012 年 4 月，洲明科技完成对深圳市雷迪奥光电技术有限公司的增资控股。雷迪奥在创意显示屏领域具有一定优势和竞争力，此次收购对洲明从战略布局层面提升在创意显示屏市场的综合竞争优势上，具有重大意义，雷迪奥 2012 年营业收入 9 564 万元，净利润 1 275 万元。此外，利亚德表示，公司首发上市后，为使主营业务得到快速发展和壮大，公司将加快产业的整合，主动寻求与公司主业发展相关的企业作为收购、兼并对象，但目前尚未具体化。

十、总结与展望

（一）LED 显示应用市场发展进入相对稳定时期

2012 年国内外整体经济环境欠佳，LED 显示屏市场需求增长速度放慢。2013 年新一届政府的宏观经济发展政策尚未完全明朗，经济转型、结构调整的具体政策尚在逐步落实和推进。随着我国城镇化进程的加快，城市景观、广告宣传新媒体、智慧城市、低碳社会等，将使 LED 显示应用领域不断得到

拓展，LED 显示屏市场需求总体会比较平稳。

（二）LED 显示应用产业逐步进入整合期

通常处于行业整合时期，对企业来说，一方面面临行业内竞争的加剧，部分竞争力弱的企业将逐步被淘汰；另一方面面临市场份额扩大的机遇，将出现产业向规模较大的几家企业集中的趋势。未来部分中小规模企业将逐步被淘汰，行业洗牌可能会加速，企业间被动或主动地并购整合是大势所趋。进行合理的整合可以使得行业从散乱经营逐步趋于规范集中，对于整个行业的发展是大有裨益的。总体上，发展逐步回归理性，建立健康、可持续的发展之道成为业内共识。

（三）品牌和专业创新将成为市场竞争优势的重要体现

行业内骨干企业开始重视和加强企业品牌的建设，渠道模式在悄然发生转变，未来的市场竞争，品牌成为不可忽视的重要内容。细分市场和突出核心竞争力，是重要的关注点。在 LED 显示应用专业细分市场的深度研究和经营，将给企业带来新的利润增长点。专业创新的意义在企业价值中会更加明显，以创新拓展应用、培育新兴市场、赢得市场，将是核心竞争力的重要组成。

（四）LED 显示应用技术不断创新提高

总体技术方向继续在高性能、高可靠性、低成本、低功耗方面不断深化和提升。室内 LED 显示屏中的小间距高密度产品应用将不断深化，并拓展更多新的市场领域。表贴式户外显示屏的抗氧化和紫外线等技术难点将得到克服，产品逐步成熟并将会有良好应用前景。产品形态不断丰富，异性 LED 显示产品和特殊项目工程的应用市场规模进一步扩大，广告传媒等市场会有更大提升。高可靠性和高稳定性依然是未来 LED 显示屏的重点发展方向，结构轻薄、安装便捷、工艺良好、控制先进是必然的趋势。

（五）规模型骨干企业稳定发展并成为行业的主力

尽管 2012 年在局部地区出现了个别企业濒临倒闭的情况，但规模型骨干企业的发展总体良好，综合实力不断提升，在重大项目和重点工程的大型显示系统工程实施建设中表现出色。LED 显示应用行业内近年来已经有多家企业直接或间接上市，其在行业内的综合影响力不断加大。竞争优势将向具备技术优势、渠道优势、规模优势的企业倾斜，行业中龙头企业的综合竞争力将进一步提升，将出现强者恒强之势。

（六）行业技术标准不断完善

LED 显示应用行业协会多年来积极推动产品技术交流和标准化工作，通过产品技术标准、产品技术检测等有效促进了行业技术产品的规范化发展。随着新技术、新产品的发展，标准问题日渐突出。一方面，将加强对已有标准的修订，满足行业发展的最新技术趋势和要求；另一方面，通过对 LED 显示屏能效等级、图像质量评价等方面标准的制定，不断完善 LED 显示应用技术标准体系。

（七）构建健康的产业链，协同创新发展

基于专业化分工，LED 显示应用产业链雏形基本形成，为产业不断提升奠定了良好的基础。在竞争的同时，专业化生产、技术开发、工程服务等环节的分工合作在行业内将得到更多的重视，逐步建立支持产业健康、有序发展的产业链。应对国内外重大项目工程的需求，整合行业资源，优势组合、协同创新，将是值得借鉴和推动的创新发展模式。

十一、结语

我国 LED 显示应用产业历经多年发展，形成了稳定的产业规模，产品类型多元，市场覆盖国内外。期待在全行业的共同努力下，抓住机遇，应对挑战，共同推动我国 LED 显示应用行业取得更大发展，迈上新台阶。

特别说明：

（1）本报告撰写中，上海三思科技发展有限公司总经理程德诗、深圳市联建光电股份有限公司董事会秘书姚太平、深圳市洲明科技股份有限公司副总裁马修阁、大屏幕业绩排行榜 CEO 计辉、行业协会秘书处办公室主任张璐，在数据统计、行业分析等方面进行了大量的工作并为报告提供了部分内容和素材。

（2）本报告中的有关数据，除上市公司的具体数据来自年报，其他数据均为行业协会统计、分析所得，所有权和解释权归中国光学光电子行业协会 LED 显示应用分会，有关机构和个人若转载或引用本报告的内容和数据，请注明来源于中国光学光电子行业协会 LED 显示应用分会。

（3）考虑到商业保密，报告中对涉及具体企业的数据不予公开。报告内容和有关数据难免有偏颇之处，敬请理解。

2012 年 PDP 产业现状与发展

四川虹欧显示器件有限公司　严　群　赵海龙　郑　洁

一、PDP 行业现状和发展趋势

PDP（Plasma Display Panel）即等离子显示器（等离子显示屏），是继阴极射线管（CRT）和液晶屏（LCD）之后的一种新颖直视式图像显示器件。近年来，新型的 PDP 电视开始抢占市场并成为时尚电视换代的代言人。现阶段，彩色 AC-PDP 的性能已经达到了较高的水平。其独特的显示技术及扫描方式决定了其在动态视频显示分辨率方面的明显优势，PDP 发光不需要背景光源，没有视角变化，因此色彩偏差和亮度减少，不存在由于背光源的布局造成亮度不均匀性问题。这些优势使得等离子电视色彩饱满真实，色彩偏差小，宽视角范围内保持高对比度，运动图像清晰度高，长期观看不会使人体视觉疲劳。因此，PDP 在竞争激烈的平板市场中占有一席之地。

NPD DisplaySearch 的报告显示，全球 TV 市场规模增长平缓，LCD 延续主导地位年年增长，PDP 市场容量持续走低，2012 年全球出货跌破千万，持续受 LCD 的挤压，处于行业下行通道（见图 1）。

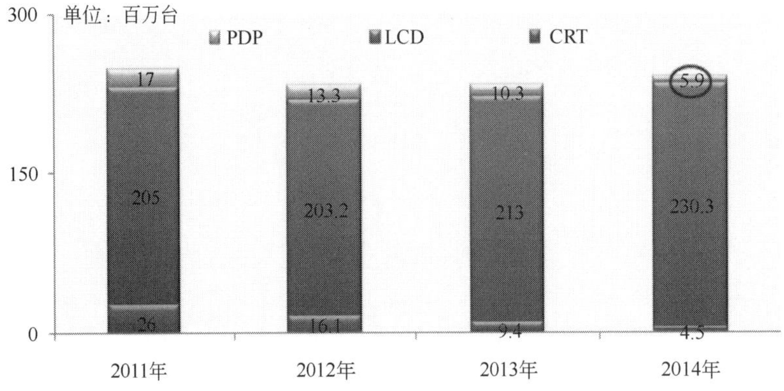

图 1　全球 TV 整机市场规模

2012 年，全球 PDP 市场主要分布在北美、中国、拉美、中东和非洲地区，其中北美占比最大（见图 2）。

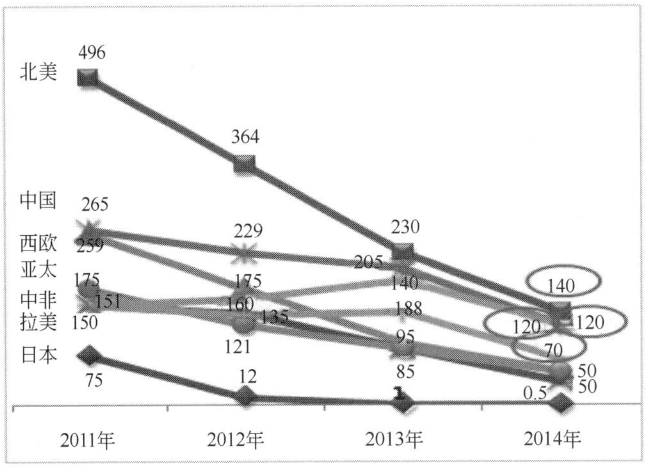

图 2　PDP 电视全球市场分布及规模

全球主要几个 PDP 生产厂家的情况为：三星 2012 年 PDP 产量降低 20%，产品主要考虑降低分辨率和能耗，并考虑 2013 年最大客户长虹多媒体的订单大幅转移到 COC（四川虹欧），或将加大 PDP 模组在中国其他品牌厂家的推广力度；松下公布将关闭 5 个 PDP 工厂中的 4 个，已停止洽谈购买 COC 模组事宜；海信目前仍无窄边框产品立项计划，后续或将彻底退出 PDP 市场；TCL 目前正与 COC 洽谈导入 COC 模组事宜，2012 年 PDP 产值仅约 5 万台。竞争者减少，PDP 产业链面临萎缩。

长虹 PDP 在中国市场占比持续攀升，2012 年销量为 180 万台，在中国 PDP 市场占比为 55.4%。外销同比销售翻番：外销在 2011 年全年的基础上增长 117%，外销占虹欧整体销售份额由 2011 年的 3% 增长到 2012 年的 5.7%。未来 PDP 市场分布及规模预测如图 3 所示。

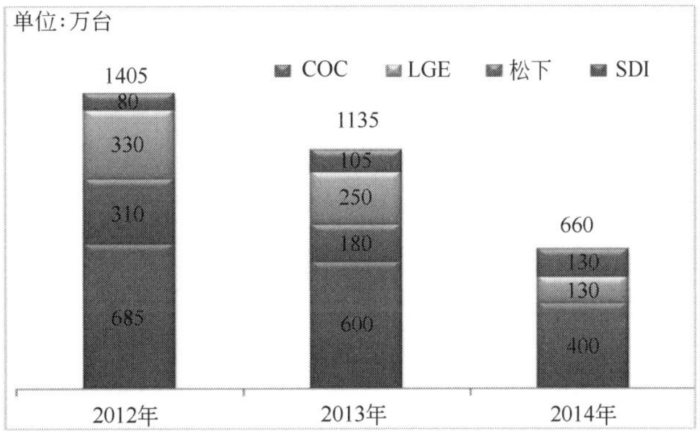

图 3　未来 PDP 市场分布及规模预测

上述因素对 2013 年 PDP 模组整体产量造成影响。从图 4 可以看出，2013 年虽然 PDP 市场竞争激烈，但是长虹 51 英寸 PDP 产量有逆势增长趋势。

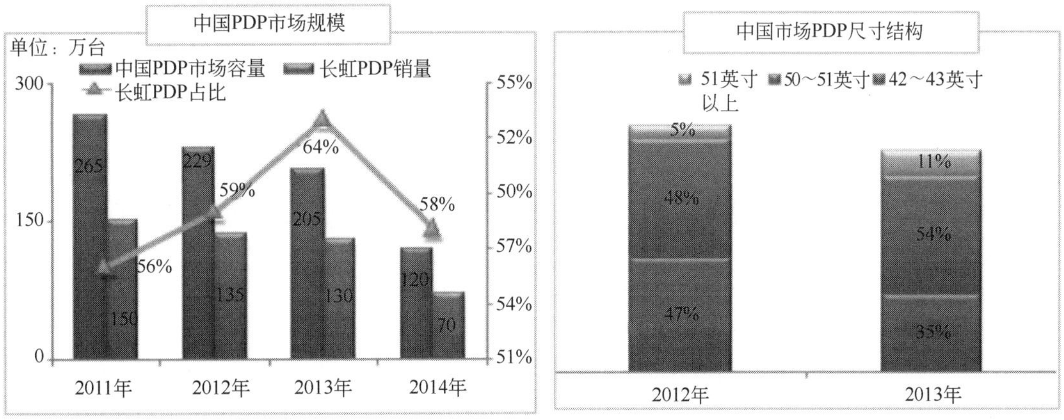

- 长虹PDP在中国市场占比持续攀升，2013年预计销量130万台，在中国PDP市场占比64%，
- 2013年50～51"PDP在国内销售占比较2012年增长6个百分点。

图 4　中国 PDP 市场规模及尺寸结构图示

随着长虹集团一期扩能和二期项目达产，2013 年长虹 PDP 屏计划生产 110 万片，良品率提升至 95%。原来生产 42 英寸和 50 英寸两个型号，2013 年全部生产 51 英寸，既能经济切割，市场需求又大。长虹集团通过调整彩电业务的策略，以智能电视为主线，力求液晶和 PDP 都量利双增。PDP 广阔的海外市场也有待进一步开发。长虹集团经过几年摸索，已基本掌握了 PDP 的技术，具备产品升级、成本挖潜的能力。长虹集团 PDP 的玻璃基板国产化已进入大批量验证阶段。按规划，长虹 PDP 屏 2013 年产量将进一步扩大，并实现盈利。

二、PDP 技术新进展

（一）PDP 技术发展现状综述

为提高 PDP 的竞争力，需要提高发光效率、提高分辨率、改善画质、降低功耗和降低成本。为改善图像质量，业内目前的解决方案是改进图像处理技术，采用新单元结构和电极形状；在降低功耗方面，除考虑上诉因素外，还要考虑提高 Xe 浓度和降低驱动电压；在降低成本方面，主要考虑降低面板和电路成本，技术途径是采用低驱动电压、大尺寸玻璃基板和新的制作工艺和量产技术。以三星、长虹、LG 为代表的厂商，均采用国际上主流的表面放电障壁式 PDP 技术。长虹在收购韩国 Orion 的 PDP 技术和原彩虹的 PDP 技术的基础上，以量产为目标，通过本地化大规模生产降低成本，同时结合自身的优势不断提高显示性能，目前已经基本全面掌握量产技术和模组产品的开发技术，量产良品率达到 95%，与行业内其他厂家相比，产品的良品率已经达到同等以上水平；42 英寸、50 英寸、51 英寸及以上大尺寸高清及全高清系列模组成功规模量产；通过屏研发方面的不断完善和突破，完成了高光效、超窄边框屏的设计，解决了屏介质击穿和屏噪声等问题，并在此基础上掌握了核心设计、生产技术，从而不断提高产品性能。

高光效屏技术方面：重点开展高光效显示单元设计、低介电常数介质、高二次电子释放系数保护层材料技术、低功耗驱动波形和驱动电路技术、单芯片控制技术、低电压保护膜及 N_2 封排技术及高光效控制算法等研究。

驱动电路研究方面：主要集中在以模组驱动整合扫描板和 Y 板、机芯板和逻辑板电路结构、控制电路四层板技术、控制电路两层板技术、电路薄型化技术、模组与整机一体化的低成本技术研究，Y 扫描驱动电路 COF 技术、高速 A 驱动电路数据接口的芯片、行扫描驱动芯片开发等为主的新产品开发方面的研究。

超薄技术方面：主要开展驱动、散热、低功耗、高画质、高强度屏等方面技术研究。

滤光膜研究方面：主要是整体构造方案设计，屏蔽、阻断、减反射等各项功能实现方案的研究，核心材料加工技术研究。

为进一步推动 PDP 本土产业链建设，国内基础技术研发、器件、材料、设备的建设正进一步完善。在国内上游配套产业方面，材料研究主要集中在以滤光膜、感光银浆料、新型荧光粉及 PDP 玻璃基板等为主的低成本技术研究；以无铋低介电常数前板介质低玻粉、高二次电子释放系数保护层材料等为主的高效发光技术研究；国内 PDP 产业上游的材料、器件研究取得了一定进展，部分已经进入试制验证阶段，国产玻璃基板已进入大规模验证阶段。国内 PDP 关键技术的研发布局基本形成，关键器件的本土化配套率达到 90%以上；屏材料本土化配套率达到 90%以上，将实现生产成本的进一步降低。长虹自主开发的逻辑控制芯片，实现了行业内的世界第一：是目前史上技术最完善、性能最稳定、功能最齐全，适合大规模生产的芯片。我国在关键产品技术、基本核心技术的研究方面基本处于跟进状态。

与 TFT-LCD 相比，PDP 技术的主要问题是难以实现高分辨率，因此在高分辨率和中小尺寸上难以和 TFT-LCD 竞争，将主攻 50 英寸以上的显示应用。此外，三星、LG 等国际大厂把远景发展重点逐步转向 OLED，对 PDP 的投入有限，各厂商的技术互换性差，无法形成合力。PDP 先进技术的开发仍需整合国内相关研发、人才资源，共同开展关键技术、共性技术的研究和应用，这也是支撑国内 PDP 产业发展的当务之急。

（二）PDP 产品技术亮点

随着 PDP 量产技术的不断发展，PDP 屏从六面取技术发展到目前的八面和十二面取技术，新的研究方向也不断出现。针对当前的市场现状和消费者对高性能、低功耗的平板电视的市场需求，PDP 技术革新主要集中于以下方面：①极致邃黑技术；②生动、清晰的动态图像技术；③超宽色域显示技术；④超窄、超薄技术；⑤低功耗超高光效方面；⑥ Pentil 技术；⑦大屏 PDP 拼接技术；⑧柔性 PDP 技术等。

极致邃黑技术：通过减少预放电，使图像更清晰，呈现深邃的黑色（见图 5）。

图 5　极致邃黑技术的图像效果

生动、清晰的动态图像技术：荧光粉和驱动技术的运用，完美地表现动态图像，子场驱动的响应速度为 3ms（见图 6）。

图 6　生动、清晰的动态图像展示

超宽色域显示技术：来自超光谱的实际色彩显示超过 DCI 98%世界标准色域（见图 7）和 ITU 122%超广色域。

图 7　DCI 98%　世界标准色域图像展示

超薄、超窄技术：超薄、超窄电视外观展示如图 8 所示。

图 8　超薄、超窄电视外观展示

在低功耗方面，随着市场竞争的愈加激烈，低功耗和高光效是一个持续研究和改进的技术，更高浓度 Xe 可以提升能效。美国能源部准备在 2013 年 6 月采用 IEC 新能效标准规范在美国销售的电视机。功耗计算基于背景光在 3lux、12lux、35lux 及 100lux 状况下测试的功耗平均之和 ：

$$P=0.25\times P@3lux+0.25\times P@12lux+0.25\times P@35lux+0.25\times P@100lux$$

测试光源是 100W 的钨灯，通过变压器调整光亮度，光源距电视上的探头 5 英尺。电视机的家庭模式的亮度设置必须超过卖场亮度的 65%。中国提供的 9 窗口模式没能被 IEC 标准采用。

PDP Pentile 结构开发使 PDP 具有更高的分辨率和更低的功耗。

传统的像素点是由红、绿、蓝三个子像素组成的，而 Pentile 的单个像素点是不一样的，一种是红绿，一种是蓝绿。我们知道，只有三基色才能构成所有的颜色，而两种颜色是不可以构成所有颜色的，所以在实际显示图像时，Pentile 的一个像素点会“借”用与其相邻的像素点的另一种颜色来构成三基色。水平方向，每个像素和相邻的像素共享自己所不具备的那种颜色的子像素，共同达到白色显示。

大屏 PDP 拼接技术（见图 9）：MPDP 比 MLCD 有更窄的分界线：MPDP 近 1mm，MLCD 近 5mm。

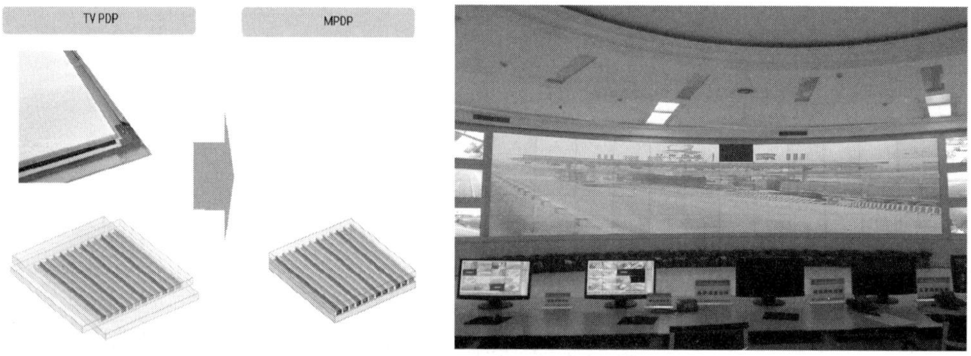

图 9　大屏 PDP 拼接技术

柔性 PDP 显示技术（见图 10）：Shinoda Plasma 公司开发成功无铅透明封接技术，柔性 PDP 屏间隙 300μm。

在 2013 年 5 月 CES 展高端电视的 PK 中，松下和三星的等离子电视以 8.9～9.1 的分值击败具有最新 LED 技术的索尼 LED 背光液晶电视（4K×2K，量子点宽色域技术），PDP 电视在色彩准确度、运动图像分辨率、视频效果、对比度和暗场亮度等方面明显优于 LED 背光液晶电视。专家评选中松下电视胜出，大众评选结果，三星等离子电视由于亮度高而胜出成为 2013 年最佳画质的平板电视。

（三）长虹 PDP 产品技术开发现状

长虹 PDP 开发的核心内容主要包括材料降本、高光效、低功耗、窄边框大一寸及芯片开发等方面。

材料降本方面围绕材料本地化和二元化持续开展研究，完善 PDP 产业链。高光效及低功耗方面重点围绕高光效功能层材料及量产技术的开发，2012 年长虹在等离子显示器材料开发领域取得了骄人成绩，开发了多种新型材料，并成功导入量产，PDP 发光效率提升 15%以上；由于材料良好的晶体结构和纯度，不仅提升了产品放电特性，也使得产品综合良品率得到了提高。通过新材料的开发和量产应用，大幅降低了等离子显示器的功耗。攻克芯片的核心技术提高了长虹自身的技术能力，对降低成本也意义重大，仅一颗芯片就能降低 2.4 美元。

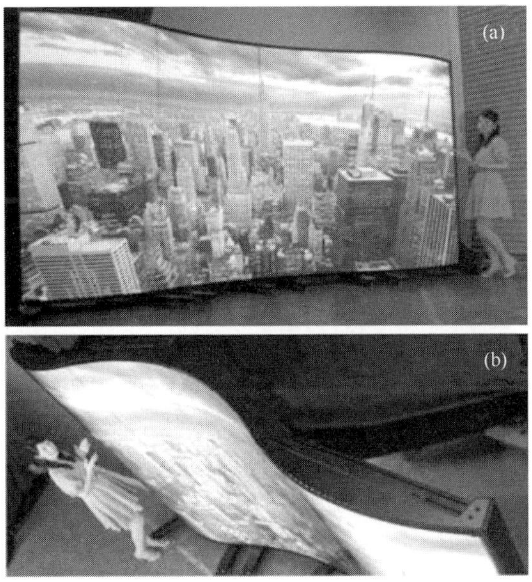

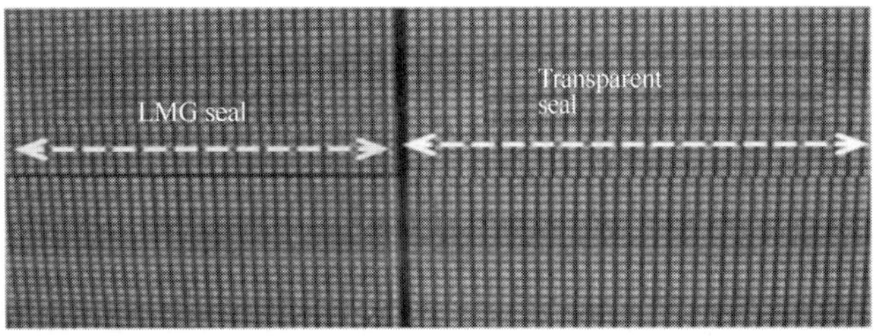

	Transmittance	Flat seal Width	Seam width	Pb
Low-temperature-melting glass 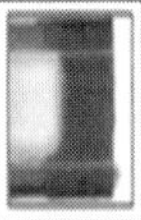	Noen	700～800μm	～800μm	contains
New technique 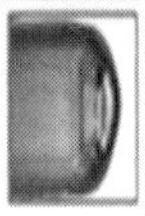	YES	500～600μm	～300μm	Free

图 10 柔性 PDP 显示技术

1. 51HD 产品开发

实现窄边框、大一寸产品开发。窄边框技术的开发，扩大了屏图像显示面积，提升了图像画质效果。长虹开发了新型黑色障壁材料及高透过率及高对比度的滤光膜；整机能效指数达到 2.2，有效降低了成本并具备 USB 升级功能。

2. 高光效功能层材料及量产技术开发

高光效功能层材料开发使用了高纯单晶 MgO 颗粒，几乎不与 H_2O 和 CO_2 发生反应，不易受到污染，使得效率可得到一定的提高；高纯单晶 MgO 颗粒二次电子发射性能更强，二次电子发射系数更高，同时高光效功能层也增大了 MgO 的二次电子发射比表面积，因此同样电压下，放电电流增大 7%～10%，而亮度可增加 15%～20%，结合量产技术开发，综合效果可使整机效率增加 8%左右。

3. CMO 高光效技术研究

长虹围绕 CMO 技术量产导入这一主线，在兼顾光效和量产风险可控的原则下进行技术开发和测试，研究了不同 CaO 含量 CMO 材料及镀膜工艺、高 Xe 工作气体方案、特殊封排工艺、二次 MGO 低下率、CMO 烧结工艺、低成本无铅封接材料、与 CMO 屏相匹配的电路和波形等，并已进行了小批量试制；明确了 CMO 屏材料、工艺以及与之相匹配的电路、波形、经验证相关工艺能在现有量产设备上实现、CMO 样机在相同视频和相同亮度下， CMO 光效与量产屏相比提升 20%～30%，能效指数达到 2.7 以上。

4. HMW8238 ASIC 芯片开发

HMW8238 芯片研制成功之前，国内尚未研发出基于高清 3D 显示的 PDP 显示控制 ASIC 芯片及其配套模组，而国外除 DTC、三星、松下已开发成功外，其他如日立等企业也仍然采用 FPAG 方式。HMW8238 芯片采用了业界主流的 0.13μm 工艺，支持 2D 和 3D 高清 LVDS 视频输入和显示，规模超过 500 万门，并集成了 LVDS、RSDS、DDR 等 IP。另外，HMW8238 还采用了门控时钟、混合门限阈值等技术，并集成了针对 PDP 模组工作状态的检测和异常保护功能，这不仅有效降低了芯片的动态及待机功耗，还增强了应用稳定性。HMW8238 芯片实现模组动态平均功耗降低 5%，画质等多方面提升，完成控制通用平台和技术准备，为后续控制芯片实现通用化和智能化打下基础。

（四）超薄 PDP 技术介绍

通过开发柔性超薄 PDP，最终可实现卷对卷的生产工艺，一旦实现量产，可大幅度降低生产成本。

1. 柔性超薄 PDP 的结构

原有 PDP 屏的结构是以 1.8mm 的玻璃基板作为衬底，然后在其上制作各种结构层，以达到显示的效果，而此工艺拟以超薄玻璃基板直接作为前后介质，即省去了原有的 1.8mm 的玻璃基板，也省掉了制作前、后介质的工艺，其结构如图 11 所示，该种结构不仅可以大大降低 PDP 的成本，同时也可大大减少 PDP 的厚度。

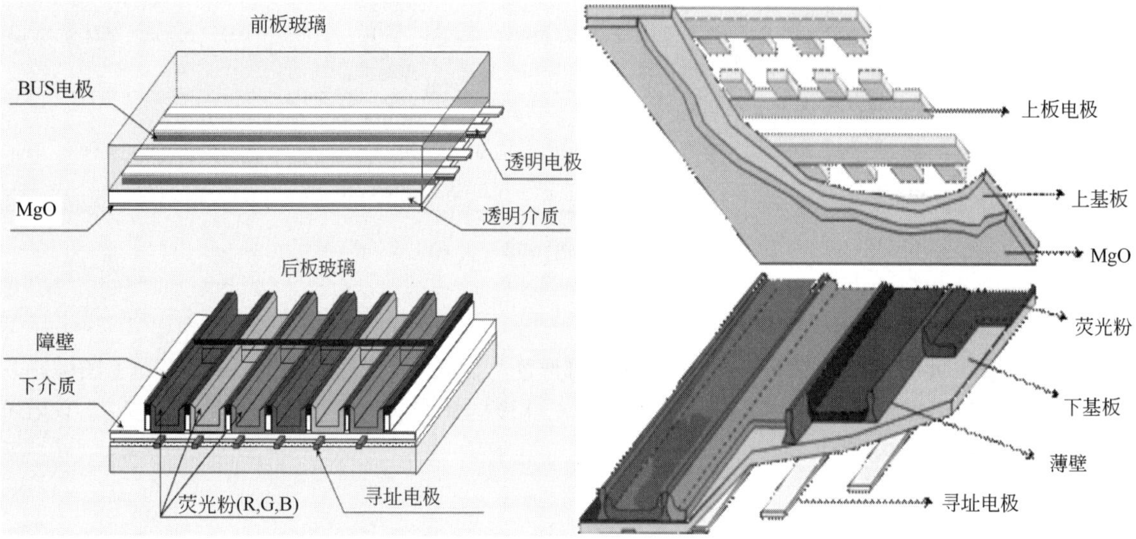

图 11　原有 PDP 屏结构与超薄 PDP 结构对比

2. 柔性超薄 PDP 的制作工艺

（1）省掉了前、后介质的制作工艺，促进节能减排。

（2）障壁独立制作，使用低温烧结电极：低温的使用，不但节约了动能成本（约降低 400℃，年降低能耗约 800 万度电），还可以使电极采用 Cu 等金属，以替代目前所使用的 Ag 电极，将大幅降低 PDP 的成本。此工艺拟采用介电常数为 5 的超薄玻璃作为前后介质，这对提高 PDP 光效也将有较大的帮助。

（3）障壁预制体工艺开发。

① 感光陶瓷障壁预制体开发：主要采用现有感光障壁浆料，实现障壁预制体的制作，目前长虹的感光障壁预制体已做出成型的样片，优点是工艺简单，成本较低，缺点是精度还需进一步优化。

② 刻蚀陶瓷障壁预制体工艺开发：利用现有刻蚀障壁浆料，经过相关工艺开发，实现障壁预制体的制作，目前的感光障壁预制体也已做成成型样片，优点是障壁制作精度较高，但缺点是工艺复杂，成本较高。

③ 模压陶瓷障壁预制体开发：此技术为与西安交大进行合作，西安交大负责制作金属模具，图 12

所示为模具照片，BPC 进行模压工艺开发，从而实现陶瓷模压障壁预制体，目前模具已制作完成，交大和 BPC 同时进行模压工艺开发中。

（4）真空封接工艺开发：不带排气管，就能完成封接，这个工艺是整个工艺开发中最重要的部分，目前我们已经完成了 100mm 级别柔性超薄 PDP 的真空封接。

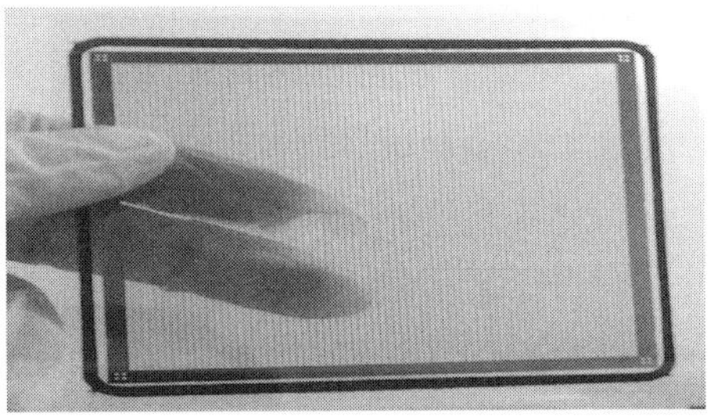

图 12　西安交大制作的金属镍障壁母模

图 13　带障壁的超薄 PDP 真空封接样品

（5）低温烧结银电极开发

此技术能实现银电极的低温烧结，可大幅度降低动能成本，并能改善超薄玻璃的热形变，目前我们已制作出完好的 460℃烧结的银电极，下一步拟开发烧结 150℃的银电极。

（6）PET-ITO 工艺开发

此工艺可以实现在 PET 膜上制作完成 ITO 电极，可实现较好的柔性，并能省去超薄 PDP 的电极保护膜材料，降低材料成本。目前我们已在 PET 膜上初步制作出了 ITO 图形，能否使用还需在后续点屏试验中验证。

（7）弯曲半径在 100mm 以内的柔性 PDP 开发

目前长虹开发的柔性 100mm 级别的 PDP 弯曲半径较大，大概在 300mm 以上，这个数值距离真正的柔性 PDP 还有较大距离，所以开发弯曲半径在 100mm 以内的柔性 PDP 是未来的技术发展方向。

要实现弯曲半径在 100mm 以内的柔性 PDP，可在以下几个方面进行工艺及材料开发：

① 障壁工艺：降低障壁厚度至 50～70μm，可将弯曲半径降至 100mm 以内，但点屏的工艺也需相应开发。

② 电极工艺开发：目前的电极工艺制作难度较大，对玻璃强度要求较高，且容易导致超薄玻璃变形。因此需要开发一种简单的电极制作工艺，来解决变形及制作困难的问题，如喷墨打印等工艺。

目前已开发成功厚度在 200μm，维持电压在 200V 左右的柔性超薄 PDP 样机（13 英寸）。

（五）模组整机一体化融合技术

在平板整机设计中，窄边框和薄型化已经成为模组和电视整机的外观发展趋势，尤其是边框的宽度已经成为终端整机区分高中低档次的标准（对应模组边框：高端：5mm；中端：10～15mm），主流产品的整机边框 25～30mm。因此，整机外观及能效为平板的市场竞争力加分。

1. 模组整机一体化融合技术最新进展

1）通过一体化设计实现了 PDP 窄边框设计

（1）加大屏显示区域外黑边尺寸，实现屏窄边（16mm）。

（2）整机面框与屏由以往“螺钉连接方式”更改为创新型“卡接安装结构方式”。

（3）通过优化产品结构，使产品下侧边框变窄。

2）采用系统手段提升能效，保证了产品竞争力

通过屏高光效新材料、高透滤光膜的新材料开发、1024 分辨率结构优化、新型高效荧光粉技术、

逻辑控制优化等技术手段，实现功耗降低及能效指数提升。通过改变工作气体、优化放电单元结构设计、开发新型滤光膜和新型荧光粉来达成。

3）严密的前期验证，产品 ASIC 开发和量产

（1）对逻辑板 LVDS 信号抗干扰适应性、场频切换适应性进行了测试并讨论和制定了 ASIC 芯片 LVDS 输入电路的改进和备选方案，以降低设计质量风险。

（2）测试和验证了 3D 信号格式识别、3D 转 2D 功能及 3D 左右眼交换功能，调试完善了 50Hz 的 3D 同步信号占空比，从而提高残像保护功能最低亮度值，解决低亮度 APL 控制锁定问题。

（3）逻辑板与模组匹配性测试。针对残像保护功能，残像保护起控时间及起控速率进行测试；针对主观图像效果，隔行、隔列、隔点及类隔行、隔列、隔点特殊图像显示花屏、电源保护等重点问题进行问题分析和技术论证，制定解决图像显示花屏、电源保护的整改方案。

（4）可靠性测试。针对可靠性强化试验中个体差异大的逻辑芯片存在−5℃时工作异常问题进行了分析评估。

（六）量产工艺技术

1. PDP 线带不良改善工艺

通过从 PDP 产品 Bonding 到 OC 模组工序甚至客户端发生的线带不良产品生产制造过程中 5M1E（人、机、料、法、环、测）的各个环节入手，改造实现短接屏老炼的工艺，实现 Bonding 短边重合率自动检测系统、Bonding TCP 冲切程序改进、组装线体加装 CDA 除尘系统对 PCBA 来料插座进行在线除尘、UV 组装关键点位安装除静电离子风机、导入后掀式插座连接器、导入低静电材料离型纸、导入低腐蚀性的电极端子清洗液 MR-C2 等工艺术技术改进。该项工艺技术作为 PDP 平板产业核心工艺技术，可提升我国整个平板产业的核心竞争力。

2. PDP 介质击穿不良改善工艺

新产品出现大量介质击穿不良现象，介质击穿导致电极类不良明显增加，达到 5%以上；同时后段模组组装工序的线带不良特别是 TCP 失效比例非常高，平均不良率超过 15%，根据 2012 年同期 50 英寸产品统计，此类电极类不良率为 0.6%，TCP 失效不良率为 1.2%。急剧增加的介质击穿及线带不良问题，影响了产品综合良品率和模组上线良品率及进行性不良风险。技术员工通过分析，确定了介质击穿问题的产生机理，建立了 PDP 介质击穿放电模型，设计、制造了介质击穿改善用新工装，降低了材料、人力消耗，工序生产效率提升了 80%。

《一种 PDP 屏老炼方法及寻址电极短接装置》的专利已进入实质审查阶段，对 PDP 工艺技术的发展有极好的借鉴作用。

3. 电极工艺优化

电极不良对整个 PDP 制造过程的不良比例影响已经超过 3.5%，通过工艺优化完成 BUS 显影机后倾斜检查、二次氧化镁工序后添加端子检查、老炼前和点灯前吹风装置完成安装使用、面清洗前转向程序设定完成并投入使用、面清洗进屏程序设置完成并投入使用、面清洗后吹风装置安装完毕并投入使用。

4. 低成本纳米级荧光粉开发

通过对荧光粉喷涂机 Gantry 开始端加速条件进行调整，控制干燥炉速度、炉温曲线、屏喷涂后待机时间以及粉体量，使荧光粉在保证亮度的前提下，降低荧光粉喷涂后厚度，荧光粉红粉 EBOM 减少 20%，绿粉 EBOM 减少 15%，蓝粉 EBOM 减少 10%，并降低荧光粉红粉浆料中的固含量，使每公斤红色荧光粉浆料成本有效降低。

5. 低银含量电极浆料开发

通过不同固含量材料体系在印刷、干燥及显影工艺的测试，掌握相关参数上的差别及在电阻率、电极表面致密度方面的变化，针对可能出现的因电阻增加导致后工序 RA 比例增加的风险，完善了烧结前检查手段（显影后倾斜检查）并投入使用烧结后检查项目（电阻监控），开发低银含量 BUS 电极浆料匹配新波形量产技术，解决低银含量 BUS 电极浆料电压裕度问题及提升模组能效指数。开发出的低银含量的 ADD 电极浆料已用于批量生产。

大尺寸 PDP 用漏印版技术自主创新开发了一种新型复合工艺，综合印刷阈度、漏印版制作精度以及电极工艺要求，进行印刷图形设计更改，减小漏印版印刷图形余量，使漏印版工艺裕度更宽，所制漏印版张力稳定，使用寿命长，图形尺寸精度可达 300μm 以下，达到国外先进水平。

《一种 PDP 低成本汇流电极材料与量产制作工艺》的专利已经申报，技术论文《低银含量电极材料开发介绍》为 PDP 此类材料开发提供了很好的借鉴。

6. 屏噪声解决

通过分析屏噪声产生机理（见图 14），寻求合理的解决方法。

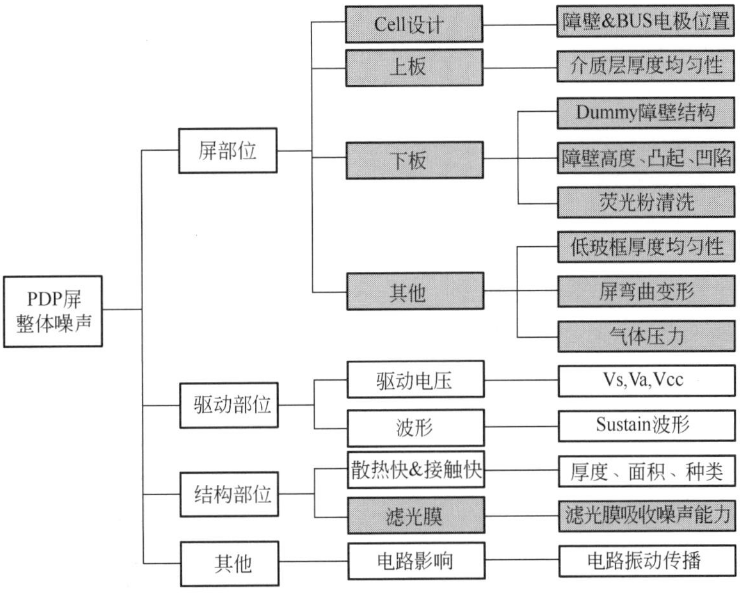

图 14　噪声产生机理

通过封接框涂覆轨迹变更的方案，封接框涂覆轨迹变更技术状态输出后，风险量产期噪声 NG 比率动态监控情况显示噪声得到了有效控制。同时建立相应的理论和模拟模型，为后续产品的开发提供理论支撑。

7. 高效率滤光膜材料开发

高效率滤光膜的开发关键在于对近红外吸收剂材料的选择和杂化，从而使滤光膜具有高透过率及单机能效提升 10%（见图 15）。

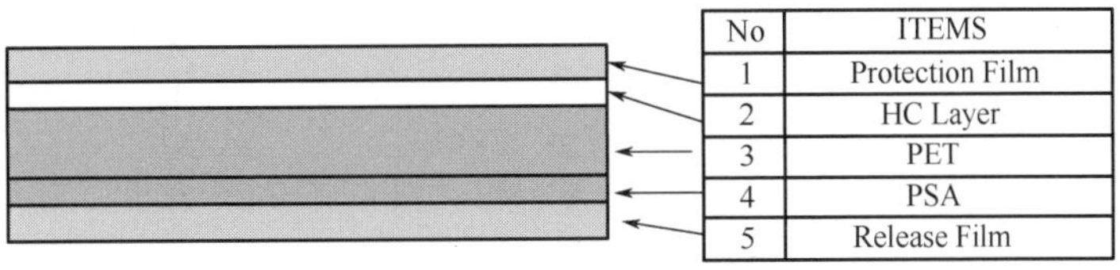

图 15　高效率滤光膜材料结构特性

通过开发染料稳定、成本低、透过率高的滤光膜材料，使模组效率有效提升 13%以上；同时结合电路、波形的调整进一步提升能效，屏反射亮度达到 0.9cd/cm^2 以下。

随着 PDP 工艺技术的不断发展，无边框技术、超黑外观等工艺新技术的不断涌现，PDP 制造水平将更加高效、快速、节能，更具成本优势。

8. 高光效、低功耗 PDP 模组量产技术

当前，业内在高光效、高画质、低功耗、薄型化等方面研究的技术日趋成熟，将对 PDP 性能改进及成本降低起到极大的推动作用。开发量产技术成了必然趋势，最关键的量产技术集中在高光效及低功耗高效驱动技术方面。PDP 模组量产技术的开发成功可以极大限度地提高等离子电视的竞争力。

高光效量产技术开发的目标如图 16 所示。

技术指标	指标要求
全白功耗(W)	≤210
全白场亮度(cd/m^2)	≥45
能效指数	≥2.7 (最小值)

图 16　高光效量产技术开发的目标

9. 量产工艺流程

量产工艺流程是指从 PDP 屏的显示基板、驱动及电源组件到整机产品的生产，具体如图 17 所示。

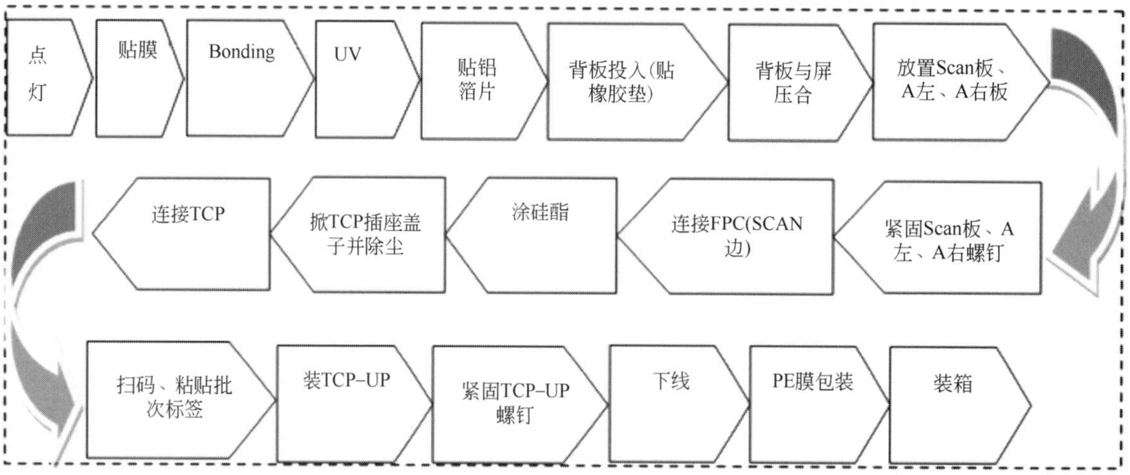

图 17　量产工艺流程图

通过高光效量产技术开发，顺利达成了项目各项技术指标。尽管量产应用已无不可逾越的技术难题，但新型介质保护层及无铅封接材料在低玻框断线、封排漏气等方面仍存在风险。后续开发的重心是量产最优工艺开发、良品率提升、材料二元化及成本降低等。

（七）PDP 产品技术发展展望

PDP 下一代显示技术将以能效提升、设计降本、时尚外观和全新功能为主要开发方向。能效提升方面通过新型屏结构设计及新型高光效保护膜的开发，使产品能效提升 40%以上；设计降本方面主要以 ITO-less 屏技术开发为重点，结合低成本驱动电路开发等实现产品的降本，提升市场竞争力；时尚

外观方面主要涉及纯黑技术及无面框技术开发等；全新功能方面开发多点触控、灵活控制功能及裸眼 3D 技术。PDP 的工艺技术也在不断发展，如喷墨打印荧光粉工艺可以实现一半荧光粉厚度即可达到同等的亮度。

PDP 下一代显示技术还将集成人类五种感知功能，即语音识别、触觉感知、人眼跟踪、气味探测、味觉识别功能，成为一种真正具备多维信息的显示终端，推动下一波信息显示技术革命。

2012 年中国大屏幕投影显示产业现状与发展

中国电子视像行业协会大屏幕分会　赵汉鼎　张京黔

2012 年是我国大屏幕投影显示产业继续取得高增长的一年，全年销售各种投影机 183.37 万台，同比增长 11.2%，销售额 129.099 亿元，同比增长 14.5%；销售拼接单元 12.97 万台，同比增长 36.4%，销售额 55.8 亿元，同比增长 7.9%。具体情况如下。

一、投影机

（1）2011 年第四季度—2012 年第四季度中国投影机市场销售变化情况如图 1 和图 2 所示。

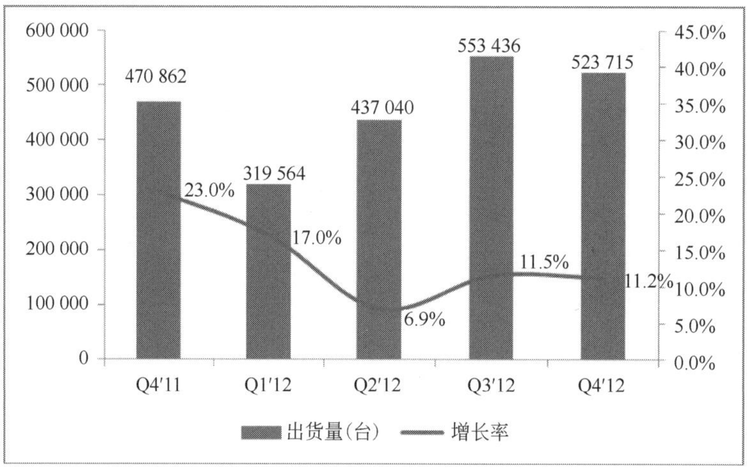

图 1　2011 年第四季度—2012 年第四季度中国投影机出货量与增长率

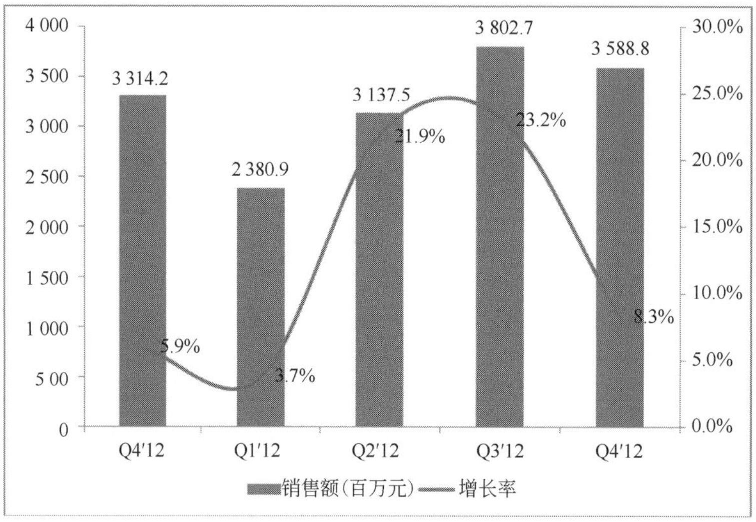

图 2　2011 年第四季度—2012 年第四季度中国投影机销售额与增长率

从图 1 中可以看出，2012 年第四季度投影机销量约为 52.37 万台，同比增长 11.2%。从图 2 中可以看出，2012 年第四季度投影机销售额约为 35.89 亿元，同比增长 8.3%。

（2）不同技术投影机市场出货量和销售额比例变化情况如图 3 和图 4 所示。

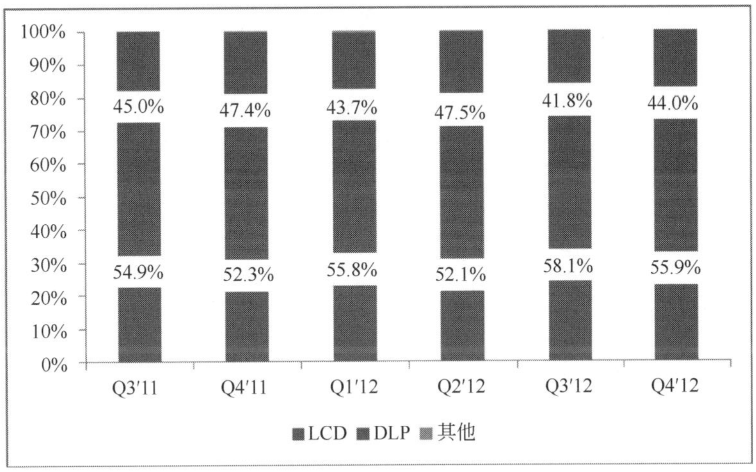

图 3　2011 年第三季度—2012 年第四季度不同技术投影机出货量比例变化

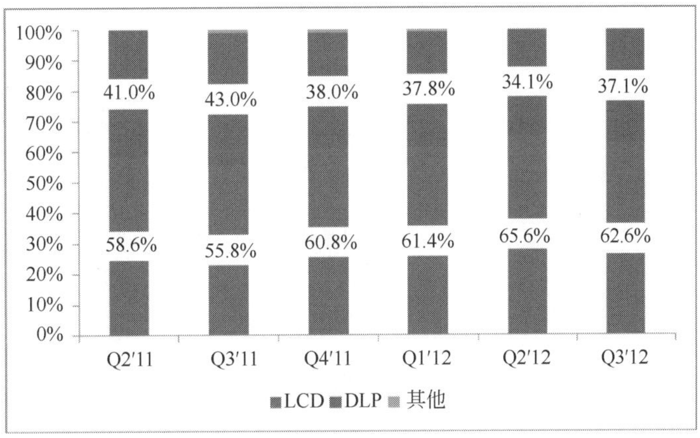

图 4　2011 年第三季度—2012 年第四季度不同技术投影机销售额比例变化

从图 3 中可以看出，从 2011 年第三季度到 2012 年第四季度，LCD 技术投影机比 DLP 技术投影机市场出货量占有率高 5%～12%，LCD 占据优势。从图 4 中可以看出，LCD 技术投影机市场销售额比 DLP 技术投影机市场销售额占有率高 12.8%～31.5%，LCD 占明显优势。

（3）2010—2012 年不同技术投影机出货量和销售额比例变化情况如图 5 和图 6 所示。

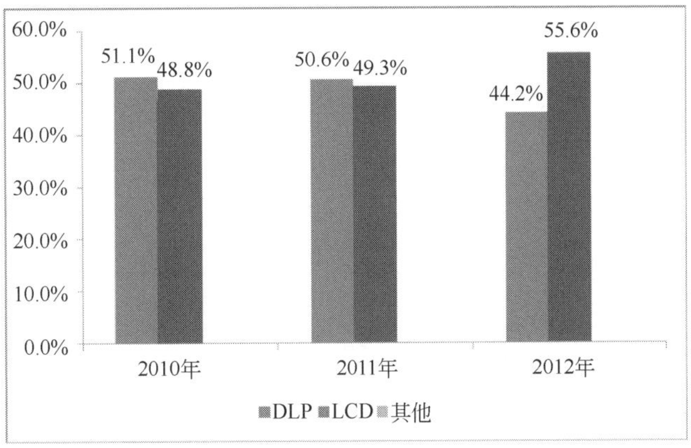

图 5　2010—2012 年不同技术投影机出货量比例变化

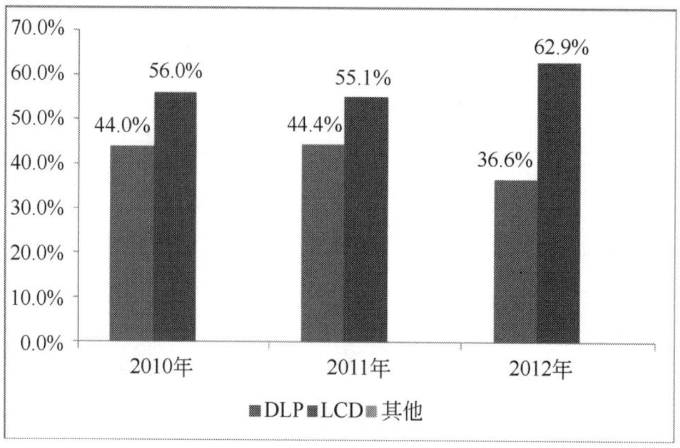

图 6　2010—2012 年不同技术投影机销售额比例变化

从图 5 中可以看出，LCD 技术投影机市场出货量 2010 年占 48.8%，2011 年占 49.3%，2012 年占 55.6%，是逐年增加的，而 DLP 是逐年减少的。

从图 6 中可以看出，DLP 技术投影机市场销售额 2010 年占 44%，2011 年占 44.4%，2012 年占 36.9%。

（4）2010—2012 年不同流明数的投影机出货量变化如图 7 所示。

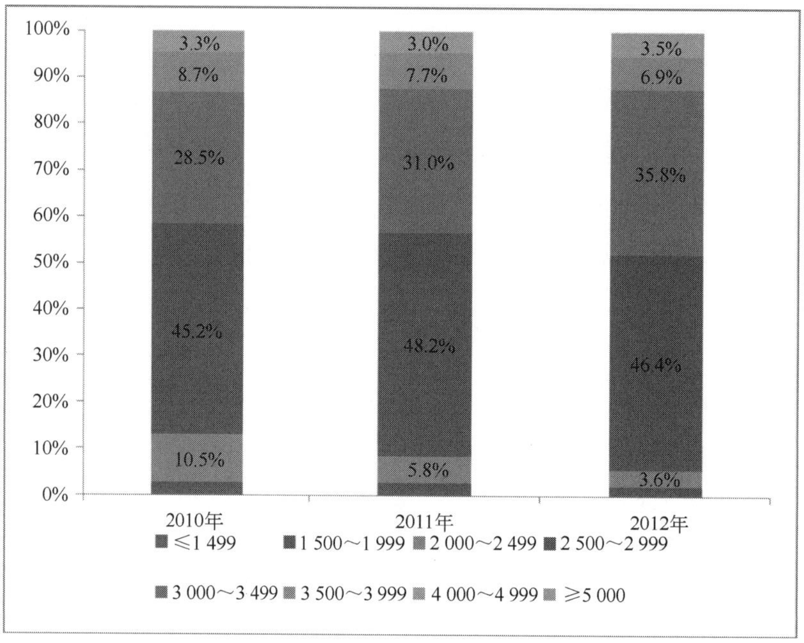

图 7　2010—2012 年不同流明数的投影机出货量变化

从图 7 中可以看出，2 500～2 099lm 的产品市场占有率较大，2010 年占 45.2%，2011 年占 46.2%，2012 年占 48.4%，是主流产品；3 000～3 499lm 的产品市场占有率也逐年增加，2010 年占 28.5%，2011 年占 31.0%，2012 年占 35.8%。

（5）2010—2012 年不同重量的投影机出货量变化如图 8 所示。

从图 8 中可以看出 2.0～2.49kg 的投影机逐年增加，投影机向轻型化发展。

（6）2010—2012 年不同分辨率的投影机出货量变化。

从图 9 中可以看出，2010—2012 年不同分辨率的投影机出货量变化不大。

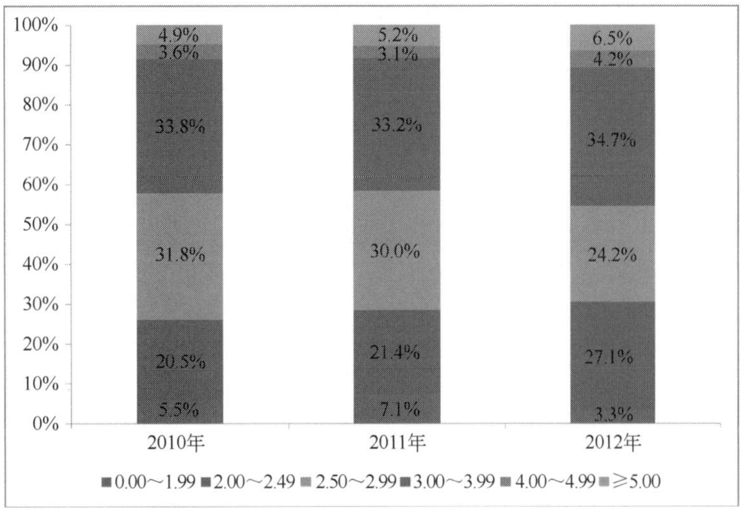

图 8　2010—2012 年不同重量的投影机出货量变化

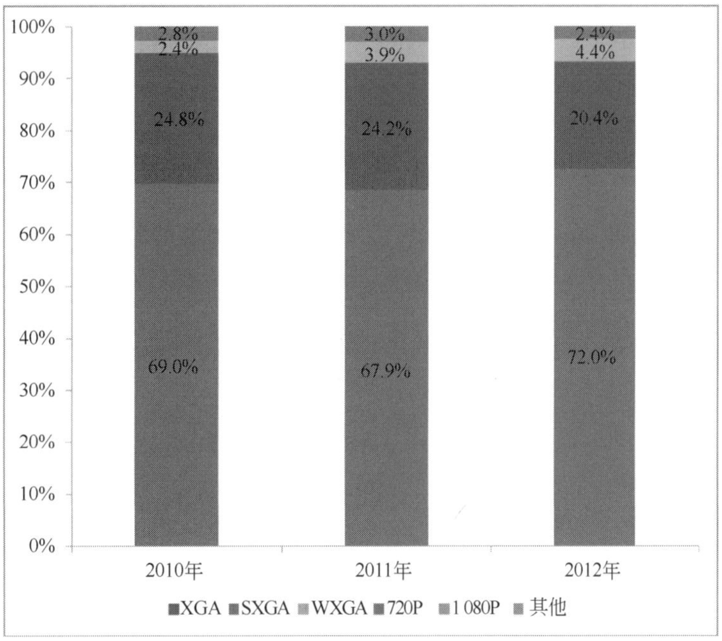

图 9　2010—2012 年不同分辨率的投影机出货量变化

（7）2010—2012 年不同售价的投影机出货量变化如图 10 所示。

从图 10 中可以看出，2010—2012 年投影机向低售价方向发展，4999 元售价以下投影机出货量逐年增加。

（8）中国七个地区投影机出货量情况如表 1 所示。

表 1　中国七个地区投影机出货量情况

地　区	东　北	华　东	华　中	南　方	西　南	西　北	华　北
销售量（台）	30.079	107 413	12 741	76 280	65 779	11.741	153.229
占比	8.2%	23.1%	2.7%	16.4%	14.2%	2.5%	32.8%

从表 1 中可以看出，华北、华东、南方投影机出货量较大，三大区加在一起约占全国出货量的 2/3。

（9）2005—2017 年投影机出货量预估如图 11 所示。

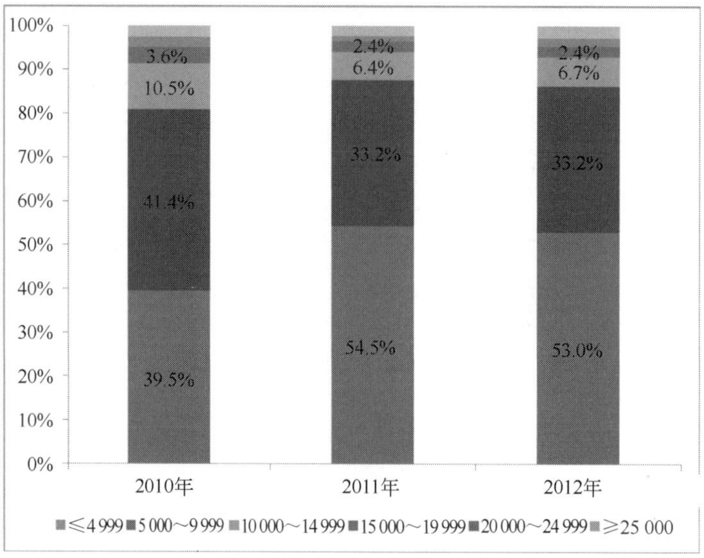

图 10　2010—2012 年不同售价的投影机出货量变化

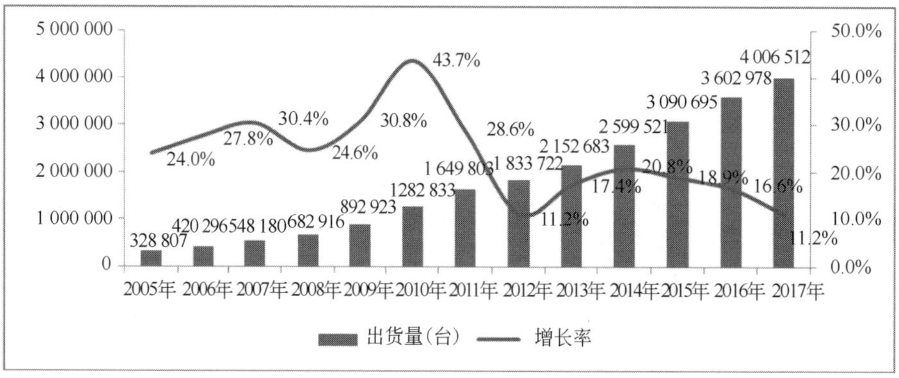

图 11　2005—2017 年投影机出货量预估

从图 11 中可以看出，2013—2017 年投影机市场出货量仍然继续增长，但增长率有所缓慢。

（10）2005—2017 年投影机市场销售额预估如图 12 所示。

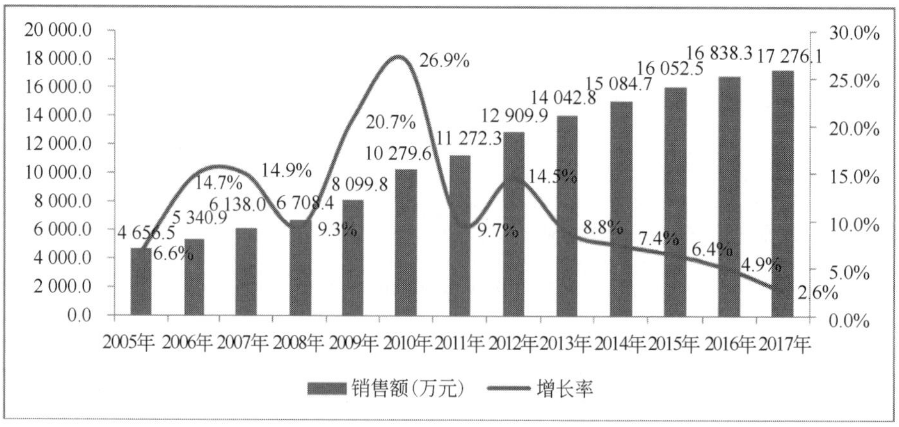

图 12　2005—2017 年投影机市场销售额预估

从图 12 中可以看出，2013—2017 年投影机市场销售额随销量增加有所增加，但增长速度呈下降趋势。

二、2012 年我国大屏幕拼接显示屏市场

（一）2012 年我国大屏幕拼接显示屏市场规模

根据奥维咨询（AVC）报告，2012 年我国拼接显示屏总的拼接单元出货量为 17.69 万台，同比增长 36.4%；销售额为 55.8 亿元，同比增长为 7.9%（见图 13 和图 14）。

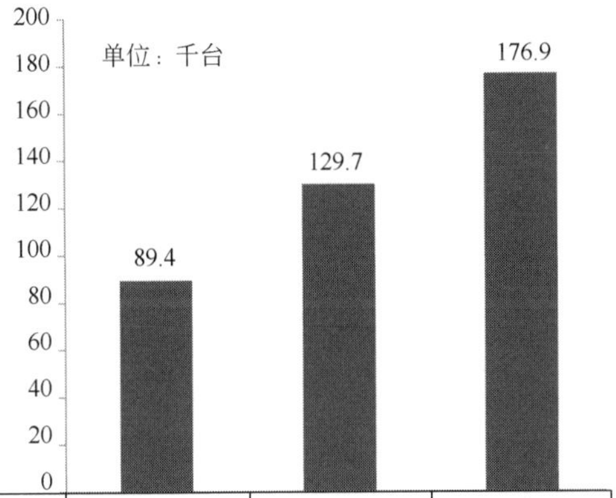

年份	2010年	2011年	2012年
销售量(千台)	89.4	129.7	176.9
增长率	—	45.1%	36.4%

图 13　2010—2012 年拼接显示屏市场总体规模出货量

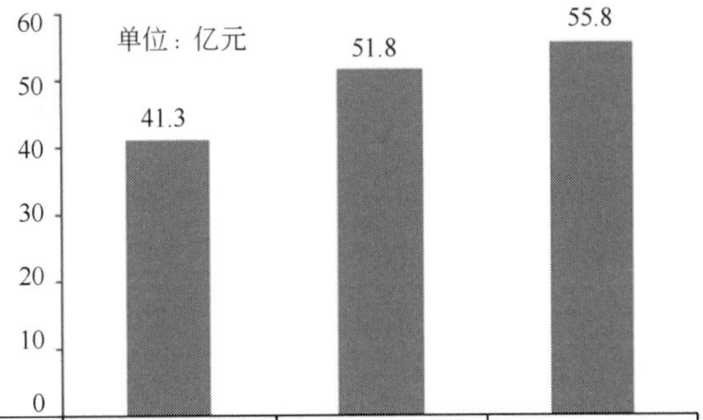

年份	2010年	2011年	2012年
销售额(亿元)	41.3	51.8	55.8
增长率	—	25.2%	7.9%

图 14　2010—2012 年拼接显示屏市场商品化规模销售额

从图 13 中可以看出，拼接单元出货量增加较多。从图 14 可以看出，销售额增加的幅度相对出货量增加的幅度少，反映出拼接显示屏整体价格在下降。

从图 13 和图 14 中也可以看出，拼接显示屏整体市场有所放缓，主要是由于 LCD 平板拼接显示屏的增速下降。

（二）2012 年大屏幕拼接显示屏各种技术市场

2012 年分技术大屏幕拼接显示屏的市场情况如图 15 和图 16 所示。

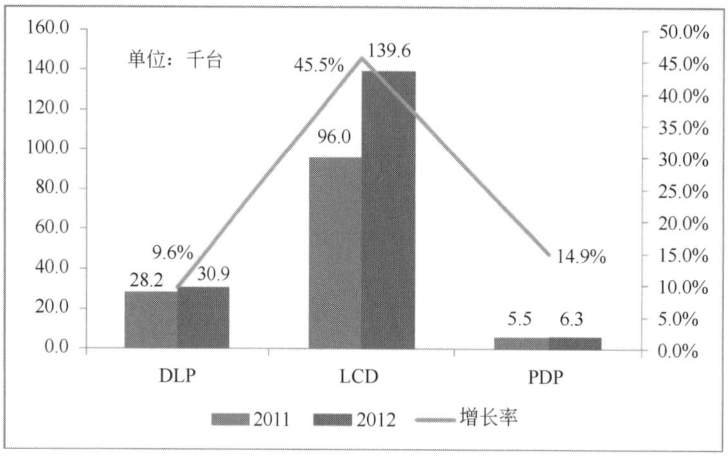

图 15　2011—2012 年分技术大屏幕拼接显示屏市场销量

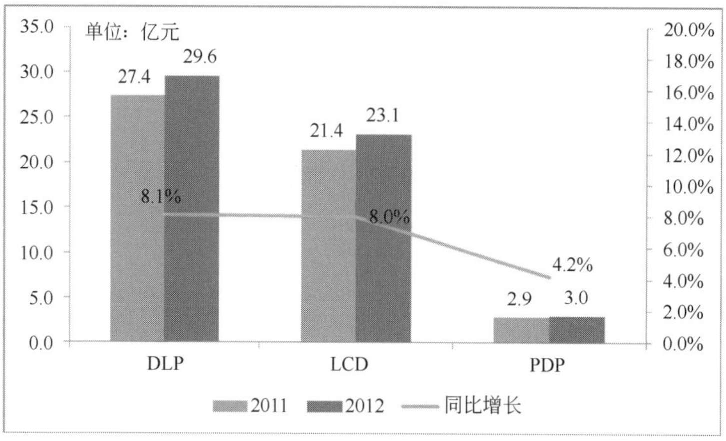

图 16　2011—2012 年分技术大屏幕拼接显示屏市场销售额

从图 15 和图 16 中可以看出，LCD 拼接显示屏由于市场基数的增加，增速有所放慢，出货量增了 45.5%，但销售额才增长 38%，说明由于竞争，价格下降；DLP 拼接显示屏相对 2011 年增速有所提高，销量增长了 9.6%，销售额增长了 8.1%，出货量增长与销售额增长基本同步，说明价格比较稳定；PDP 拼接显示屏市场由于新产品推出，销量增长了 14.9%，共销售 6 300 台。

（三）大屏幕拼接显示屏未来 3 年市场预估

未来 3 年我国大屏幕拼接市场预估如图 17 和图 18 所示。

从图 17 和图 18 中可以看出，未来 3 年大屏幕拼接显示屏市场出货量与销售额仍然持续增长，主要得益于国家大力推进信息化，支持信息产业发展，加强对信息消费的引导。预估 2013 年大屏幕拼接显示屏出货量将达到 19.76 万台，同比增长 11.7%；销额将达到 60.5 亿元，同比增长 8.6%。预估到 2015 年拼接显示屏出货量将达到 23.54 万台，同比增长 8.3%；销售额将达到 69.9 亿元。同比增长 6.9%。出货量的增长率高于销售额增长率，说明价格下降。因此无论现货量增长率，还是销售额增长率，都呈下降趋势。

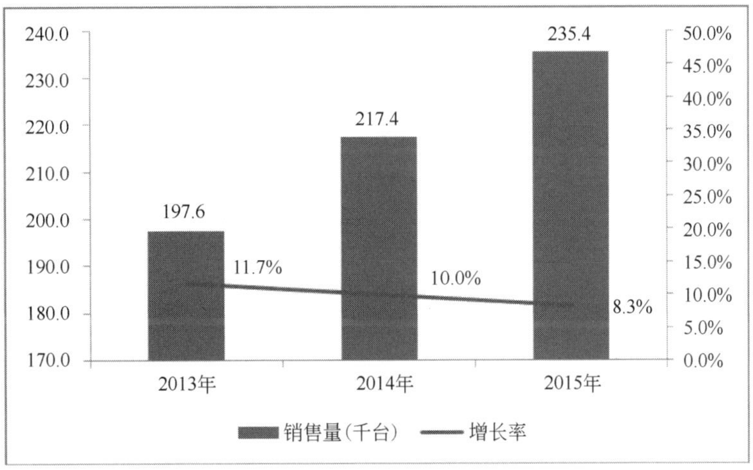

图 17　2013—2015 年我国大屏幕拼接市场销售量预估

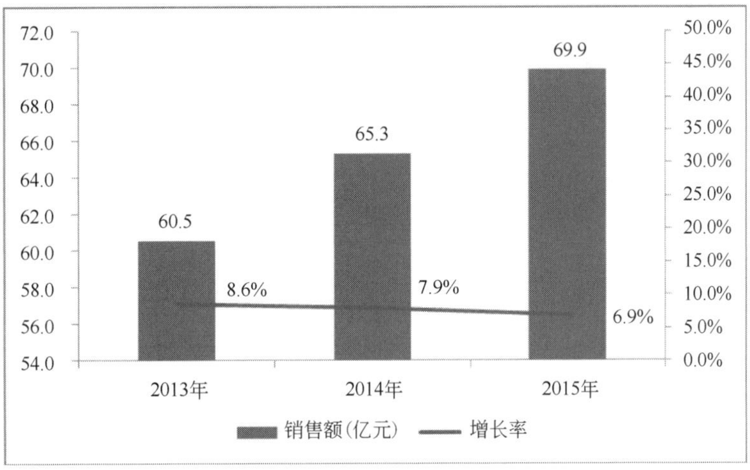

图 18　2013—2015 年我国大屏幕拼接市场销售规模预估

（四）大屏幕拼接显示屏未来 3 年各种技术产品市场

未来 3 年分技术大屏幕拼接显示屏的市场情况如图 19 和图 20 所示。

从图 19 和图 20 中可以看出，2013—2015 年 DLP 拼接显示屏出货量将逐年递减，但销售额增幅保持平稳，主要由于政府、能源、交通等行业指挥与调度中心等项目建设将拉动市场发展。预估 2013 年出货量将达到 3.4 万台，同比增长 10%。

预估 2013—2015 年 LCD 拼接显示屏市场规模将保持快速增长，2013 年出货量将达到 15.69 万台，同比增长 12.4%；销售额将达到 26.4 亿元，同比增长 14.0%。

预估 2013—2015 年 PDP 拼接显示屏市场仍有小幅增长空间，2013 年出货量将达 6 700 台，同比增长 6.6%；销售额将达到 3.1 亿元，同比增长 1.6%。

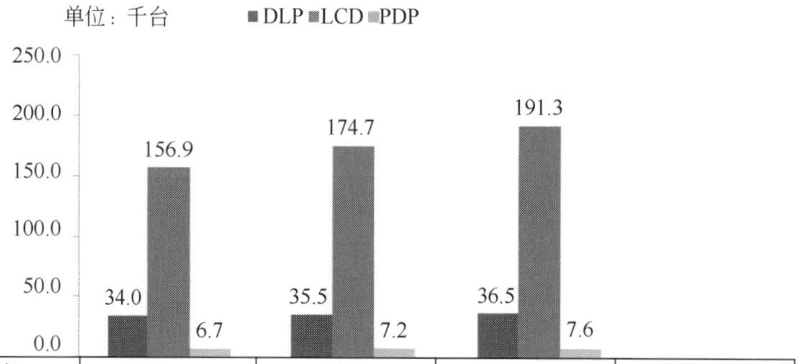

年份	2013	2014	2015	复合年均增长率
DLP	10.0%	4.4%	2.8%	5.7%
LCD	12.4%	11.3%	9.5%	11.1%
PDP	6.6%	7.0%	5.7%	6.4%

图 19　2013—2015 年分技术大屏幕拼接显示屏市场出货量预测

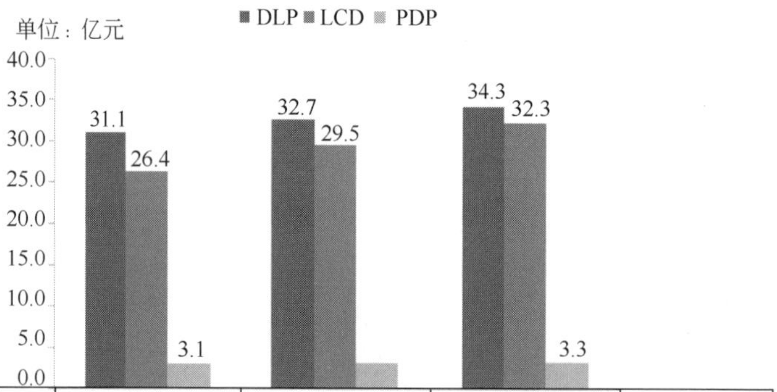

年份	2013	2014	2015	复合年均增长率
DLP	5.0%	5.0%	5.0%	5.0%
LCD	14.0%	11.9%	9.4%	11.8%
PDP	1.6%	3.6%	3.6%	3.0%

图 20　2013—2015 年分技术大屏幕拼接显示屏市场销售额预测

三、微显示投影（MPD）产业关键件产业化取得突破性进展

2012 年是 MPD 产业关键件产业化进展较好的一年，主要表现在核心关键件方面。

（1）气体光源的超高压汞灯。MPD 的主要光源器件超高压汞灯长期被欧洲飞利浦公司与欧司朗公司垄断，许多企业前赴后继均未攻克。近几年，我国江苏省宜兴市森莱浦公司研发成功，并大量生产；不仅供应国内，而且销售到国外发达国家。

（2）硅晶（LCOS）微显示器件：这是 MPD 最重要的核心器件。现在国际上 MPD 用的微显示器件主要有三种，即美国德州仪器（TI）公司的数字光处理器（DLP），日本索尼（SONY）公司、爱普生（EPSON）公司的高温多晶硅（HTPS-LCD），以及未被垄断的硅基液晶显示（LCOS）。DLP 与 HTPS-LCD 被少数公司垄断，特别是电影放映机用的 DLP，TI 公司只卖给美国科视公司。欧洲巴可公司、日本 NEC 公司，以及其他企业是不供应的。只有 LCOS 是开放的，而且较易实现超高分辨率（如 4K、8K）。当前推广超高分辨率电影放映设备具有优势。由于 LCOS 技术较复杂，有一定难度，国外许多企业前赴后继，实现产业化的不多。我国武汉全真光电现在不仅研发成功，而且实现了批量生产，使我国结束了不能生产微显示器件的历史。

（3）光学引擎。这是 MPD 的核心部件，简要地讲，它由光源、照明光学系统、微显示器件、驱动电路系统和光学成像系统五部分组成。它集光、机、电技术于一体，组装技术复杂，要求较高。前几年，国内能掌握这种技术的企业不多，近年来国内有许多企业都能生产光学引擎，这为未来 MPD 大生产创造了条件。

四、技术不断创新、推动 MPD 产业升级换代，为我国产业实现跨越性发展提供了可能

近几年，我国 MPD 产业技术创新不断，大大推动了我国 MPD 产业升级换代，特别是激光光源与超短焦光学引擎研发成功并实现批量生产，对 MPD 产业来讲具有划时代意义。

（一）激光光源

近年来最受产业界关注的红、绿、蓝三基色激光光源获得了一定的突破，首先以红外全固态激光进行谐波变换产生红、绿、蓝三基色激光的技术在小型化方面取得了突破，由此做出了袖珍式前投影机。

美国 Novalux 公司取得了不错的进展，通过直接开关电源的数字处理，使各种颜色的激光分别通过光纤传播到光学引擎上，利用光纤内的多重反射，打乱了波的波阵面，从而减轻了激光器特有的光干涉导致图像斑点，提高了微显示投影图像质量。

（二）短焦和超短焦投影机

短焦和超短焦投影机超越空间束缚，使投影显示技术的优势能得到更好的发挥，给投影机大发展创造了条件。它的优点是：

第一，投射距离短。超短焦投影机与传统投影机相比，在相同的投影距离，可以投射更大的画面。

第二，亮度损失小。超短焦投影机与传统投影机相比，超短焦有超短的投射距离，能够减少远距离投影所造成的光能损失，画面表现能力更强。

第三，节省空间。超短焦投影机的最大好处就是降低了对空间的需要，节省了空间，可用到小办公室办公。

第四，避免画面被遮挡。确保画面的完整，避免了人或其他物体误入投射区域遮挡画面的问题。

总之，短焦和超短焦投影的优点较多，除了节省投影距离，有效地利用光源，减少演示出现阴影的范围之外，短焦光学引擎也是手写、互动、投影机或薄型背投影机优选的对象。

短焦和超短焦投影机已成为整个投影机市场最受关注的产品。2012 年，在投影机整体市场放缓的情况下，短焦和超短焦投影机保持高速增长，市场出货量达到 52.98 台，与 2011 年相比增加了 215%。其中，正投式出货量为 44.7 万台左右，增幅为 235%左右；反射式出货量为 8.3 万台左右，增幅为 138%。增长主要来自教育市场短焦需求继续大涨，在未来教育市场中，短焦投影机将继续保持增长；同时，短焦也会向其他领域发展。

五、MPD 产业与技术发展趋势

MPD 产业与技术随着市场需求而发展，其发展趋势主要包括以下三个方面。

（一）向“更高”、“更大”的方向发展

工程机、室外机及广电行业要求终端显示设备具有更高的亮度，更高的分辨率，更大尺寸的显示

屏幕。MPD 显示在大尺寸屏幕方面优势明显，投影式激光显示可以提供更高的亮度，LCOS 投影式激光显示易实现更高分辨率，激光显示由于亮度高更适用于大尺寸显示屏幕，一般水幕电影、雾幕电影大多用激光投影显示。

（二）向微型化方向发展

由于固体光源（LED、激光、混合激光）、超短焦光学引擎研发成功，为 MPD 显示向微型化方向发展创造了条件。微型投影机正在从低亮度、高耗电向一般使用者所能接受的产品等级要求发展，有的做成投影模块方式嵌入其他系统，未来 3~5 年将按 30%的增长率增长。据国外太平洋媒体协会预测，2016 年全球微型投影机销售量将达到 1 200 多万台。微型投影机今后将向提高亮度、分辨率与色彩，满足多媒体功能要求，多种输入等方向发展，以符合应用。

（三）向高端家庭影院方向发展

自阴极投射线管（CRT）投影退出家用市场，微显示投影显示设备主要在专业用市场销售；固体光源（LED，激光混合光源）与超短焦光学引擎研发成功，并批量生产，投影显示生产企业又开始进军家用市场。

固体光源克服了气体光源，如超高压汞灯（UHB）寿命短、不能即插即用、汞易污染环境等主要缺点，而且色域覆盖率高得多；超短焦光学引擎投射距离短，如与传统投影机放在同一个投射距离，只可以投射更大的画面；光损失小；可有效避免画面被遮挡；可使投影机实现平板化。投影机具有容易实现大尺寸屏幕、省电、色域覆盖率高等系列优点，与当前主流 LCD 大屏幕平板电视竞争，除价格外，性能方面是有优势的，一旦固体光源超短焦投影现实现大生产，成本会大幅度降低，在与超大尺寸电视竞争中优势就更加明显；如果市场成熟，未来数年，投影式激光电视将大量进入家庭，并有可能取代传统的平板显示器。

（四）大屏幕拼接显示屏向更薄、更亮、色彩更绚丽，寿命更长，更省电方向发展

由于短焦和超短焦光学引擎得到普遍应用，MPD 投影显示屏的背投单元可以做得很薄；激光光源（激光、混合激光）实现产业化，在背投单元得到广泛应用，拼接单元高度可以根据用户要求而变化，激光光源的投影机色域覆盖率高，图像色彩更加艳丽，激光光源的寿命比气体光源，如超高压汞灯寿命长数倍，而且也更省电；国产光学屏幕产业化，将会大幅度降低背投单元成本，未来激光光源的 MPD 拼接屏在性价比上将更具有优势。

六、结束语

投影式激光显示由于激光光源、LCOS 微显示器件、短焦与超短焦光学引擎研发或试制成功，有的已小量或批量生产并组装成整机供应市场。当前最主要的问题是实现产业化大生产，从而大幅度降低成本，这样就可以在性价比方面优于传统平板显示，取得竞争优势。

投影式激光显示走的是靠我国科技人员自主创新发展的道路，不像 CRT 显示、PDP 显示与 LCD 平板显示，走的是引进再引进的道路。因而关键配套件大多立足于国内，不受国外企业控制，为大发展提供了可能。

基于以上理由，可以说，投影式激光显示正处于大发展前夕，一旦有资本投入，产业化大生产得以实现，就有可能实现井喷式增长，我国显示产业就能实现跨越式发展。我们希望这一天能早日到来。

第4章

地区概况

2012 年安徽省平板显示产业发展概况

安徽省经济和信息化委员会

2012 年，安徽省抢抓平板显示产业结构调整机遇，通过引进核心项目、培育领军企业、增强配套能力、打造产业基地等关键环节的持续跟进，平板显示产业取得突破性发展。

一、发展综述

（一）产业规模快速增长

全年平板显示产业实现产值突破百亿元，同比增长 1 倍以上；生产液晶显示屏 3 250 万片，同比增长 163%；生产 ITO 导电膜玻璃 6 501 万片，继续保持全球领先；光学薄膜、背光源等相关配套产品产量大幅提升。

（二）骨干企业效益向好

合肥京东方光电科技有限公司推动产线小型化、增值化转型，加快高附加值的中小尺寸产品开发和量产速度，于 6 月开始实现单月盈利，成为当年全球率先实现盈利的高世代 TFT-LCD 生产线，全年实现净利润超过亿元，企业步入良性运行阶段；芜湖长信科技股份有限公司 ITO 导电膜玻璃产销规模再创新高，主营业务成功拓展至 CTP-SENSOR 和 TFT 薄化领域，主营业务收入及利润同比增长均达 30%以上，位列福布斯 2012 年“中国最具潜力上市公司 100 强”第 91 位，继续领跑国内 ITO 导电膜玻璃和电容屏领域。

（三）产业链条持续深化

围绕与核心面板生产线配套，已有包括电子化学品、大宗气体、工业纯水、表面贴装、金属件、背光源模块、浆料专业物流配送等在内的 20 余家上游企业来皖设厂，平板显示产业链持续深化，本地配套比例不断提高，2012 年，合肥京东方的背光源和彩膜本地配套比例均已达到 100%，靶材本地配套率超过 30%。随着芜湖东旭、合肥彩虹等重大项目的快速推进，液晶面板玻璃基板本地化配套比率也将迅速提升。

二、技术进步

合肥京东方等引进企业逐步加强本地研发机构建设，芜湖长信、华东光电等本土企业不断加大新产品、新工艺研制力度，融合本土研发优势与先进技术承接。2012 年，合肥乐凯科技产业有限公司研制的“FG 型光学聚酯薄膜”被国家科技部列入 2012 年度国家重点新产品计划；合肥京东方第 6 代线 10.1 英寸 ADS 自主面板技术及产品填补国内高端平板电脑市场空白；合肥鑫晟光电科技有限公司开工建设全球首条全产线应用 Oxide 技术的第 8.5 代 TFT-LCD 生产线；中能柔性光电（滁州）有限公司建成国内第一台柔性显示器中试生产线。

三、产业布局

安徽省已初步形成了以合肥为中心，辐射芜湖、蚌埠、滁州、黄山等地的新型平板显示产业集群。其中，合肥新站综合开发试验区被工业和信息化部批准为全国首家以新型平板显示为主题的新型工业化产业示范基地；芜湖、滁州等地市正在加快 OLED、3D、柔性显示等新型显示技术研发应用突破；蚌埠市致力于打造从超薄电子信息显示玻璃到 ITO 导电膜玻璃再到触摸屏的平板显示产业链；黄山市围绕小尺寸触摸屏等产品加速产业集聚。

四、投资与出口

（一）重大投资持续跟进

2012 年，平板显示产业继续保持较大投资规模，在建亿元以上平板显示项目有 10 余项，总投资额超过 400 亿元。一批重大项目建设进展顺利，总投资 285 亿元的鑫晟第 8.5 代 TFT-LCD 生产线开工建设，全年完成投资 70 亿元；规划总投资 85 亿元的芜湖东旭高世代平板显示玻璃基板项目一期实现首台窑炉点火，预计 2013 年产品下线；总投资 22 亿元的蓝雅科技低世代 TFT-LCD 产业基地正式开工，将进一步完善安徽省平板显示产品线。

（二）产品出口再创新高

安徽省平板显示产品出口以液晶显示屏、ITO 导电膜玻璃为主，2012 年实现出口交货值 60 余亿元，同比大幅增长，其中，合肥京东方新开发的中小尺寸液晶屏实现出口销售 39.3 亿元，同比增长 638%。

五、相关规划

2012 年，平板显示产业被纳入安徽省各类重点产业规划，发展地位进一步提升，发展目标进一步明确，主要包括《安徽关于加快做大做强主导产业的若干意见》（皖政〔2012〕96 号）提出“建成全国国内领先的新型平板显示产业基地，重点发展液晶显示、等离子显示、特种显示、有机电致发光显示（OLED）产业集群”；《安徽省战略性新兴产业“十二五”发展规划》（皖政〔2012〕96 号）提出“着力打造销售收入超过 1 500 亿元的国家级新型平板显示产业基地”等。

2012 年福建省平板显示产业发展概况

福建省信息化局

“十二五”以来，福建省信息产业系统紧紧抓住国家大力发展战略性新兴产业和支持福建省加快建设海峡西岸经济区的重要战略机遇期，围绕信息产业结构调整和转型升级，重点推进新一代信息技术发展，2012 年福建省信息产业完成销售收入 6 000 亿元，同比增长 18%。其中，作为着力打造的信息产业六大千亿元产业集群之一，福建省平板显示产业在重点企业引领和重点项目的拉动下，克服全球经济增长乏力、国内宏观经济整体呈平稳减速态势等不利因素影响，2012 年实现产值 1 350 亿元，同比增长 12.5%。

一、福建平板显示产业发展现状和特点

（一）重点企业保持良好增长势头

目前，福建省共有平板显示关联企业 100 多家，重点企业主要有宸鸿科技、友达光电、捷联电子、捷星科技、冠捷显示、厦门天马微电子、厦华电子、华映系企业等。截至 2012 年年底，规模达到百亿元以上的平板显示企业已有 5 家（宸鸿、友达、捷联、华映、冠捷显示），比上年新增 1 家。其中，触控产品的龙头企业宸鸿科技积极拓展下游客户，除苹果外已有惠普、索尼、联想等 40 多家量产客户，公司 2012 年实现产值 320 亿元，同比增长 21.2%；收购了飞利浦液晶电视产品业务的冠捷显示产值首次突破百亿元，达到 108 亿元，同比增长 56%，公司正将荷兰、新加坡、我国台湾地区等地的研发团队向厦门转移；生产触控组件产品的达运精密完成产值 85 亿元，同比增长 123%；华映光电公司的触摸屏一条龙项目（包括表面玻璃、触摸屏模组、面板加工、液晶模组 4 个产品的生产及组装）已经投产，其中中小尺寸液晶模组产量大幅增长，带动公司产值实现 77 亿元，同比增长 32.6%；捷星显示已有 4 条超薄液晶显示器生产线量产，实现产值 55 亿元，同比增长 38.8%；南平欧普登与世界最大的电子玻璃生产商美国康宁公司建立密切合作关系，主要生产手机触摸屏基板玻璃和电视显示屏玻璃，2012 年产值超过 10 亿元。

（二）产业链条发展不断完善

福建新型显示产业在中下游的液晶显示模组（LCM）、背光模组及零部件、偏振片、聚光片、扩散片、光学薄膜、ITO 导电玻璃、绝缘成型件、SMT 贴片、柔性电路板、整机等领域具有大规模生产的优势，拥有大、中、小尺寸模组及彩电、显示器等整机生产线，这也是福建省新型显示产业进一步向上游延伸发展的基础。2012 年全省共生产液晶电视 943.8 万台，生产液晶显示器 2 990 万台，生产液晶显示模组 3 027 套，生产液晶显示屏 11 539 万片。随着厦门天马微电子公司第 5.5 代低温多晶硅（LTPS）TFT-LCD 及彩色滤光片（CF）生产线全线于 2012 年 12 月 29 日正式投产，福建省在平板显示产业上游环节实现了突破，产业链条进一步得到完善。

（三）产业呈现集聚发展态势

目前福建平板显示产业主要依托厦门火炬产业园、福清融侨显示器产业园、马尾显示器件产业园以及莆田液晶显示产业基地等园区集聚发展。其中，厦门火炬园形成了以友达（模组）、乐捷（彩电）、景智（彩电）、宸鸿（触摸屏）等为龙头，以达运、辅讯等卫星企业为配套的产业链协作体系，规模以上工

业总产值累计完成 1 775.08 亿元，同比增长 27.3%。福清融侨显示器产业园是福建省最早的显示产业集聚区，园区以捷联（显示器）、华冠光电（显示器）为龙头，以睿鸿光电、海创、福强等一大批配套企业为支撑，构筑世界级显示器生产基地，2012 年，融侨开发区中心区共实现规模以上工业总产值 477 亿元，同比增长 6.73%；马尾显示器件产业园主要有华映显示、华映光电等，产品以中、小尺寸液晶模组为主；莆田液晶显示产业基地拥有新威、德新、安特等企业，产品以数码产品及 TN、STN 液晶显示屏为主。

（四）重点项目增强产业发展后劲

厦门天马微电子新投产的第 5.5 代低温多晶硅面板及彩色滤光片（CF）生产线，是国内首条、全球第二条第 5.5 代低温多晶硅面板生产线，设计产能为年加工 36 万片阵列玻璃基板和 72 万片彩色滤光片玻璃基板，产品应用覆盖移动终端、车载显示、娱乐显示、工业仪表、办公显示等中小尺寸中高端显示市场，项目达产后预计将实现产值 50 亿元以上。由华映科技投资建设的科立视项目，主要从事触控显示屏材料器件的研发、设计和制造。项目计划总投资 10 亿美元，计划分三期建设，全部达产后可实现年产值 65 亿元以上，首期投资 1.7 亿美元，引进先进的生产及研发软硬件设备，可形成年产触摸屏 700 万片的生产能力。欧普登（顺昌）公司计划新征用地 225 亩，新增投资 3 亿元，建设苹果手机玻璃面板生产线、玻璃减薄项目，高端偏光板液晶显示屏等项目，力争建成全国最大的手机触摸屏基地、电视显示屏面板的加工生产基地之一。宸鸿集团新近与平潭综合实验区正式签约，在平潭设立宸鸿科技（平潭）有限公司，注册资金 1.5 亿美元，项目总投资约 30 亿元，从事触控显示器件、触控系统、触控组件等的研发和生产，现项目已全面动工建设，将于 2013 年年内竣工投产。

二、福建平板显示产业下一步发展趋势

（1）围绕冠捷、友达、华映、捷联等福建省液晶显示中下游龙头企业，抓好产业链的补充完善，加大配套企业的招商力度，重点引进彩色滤光片、背光模块、偏光片、驱动与控制模块等重点配套器件生产企业，基板玻璃及靶材、液晶材料、有机发光材料等重点材料生产企业，形成良好的综合配套能力。

（2）瞄准尚未投资福建省的液晶显示国际大厂，发挥全省平板显示终端产品产量大的优势，有针对性地吸引新的液晶显示后段模组企业落户，实现就近配套，壮大产业规模。特别要进一步加强承接我国台湾地区平板显示产业转移的力度，针对福建省缺失的平板显示产业链环节，制定专项招商引资计划，提供特殊优惠政策，吸引台资平板显示企业落户，鼓励更多闽台平板显示上下游企业结盟，共同打造核心竞争力。

（3）下大力气引进高世代液晶面板生产线。鼓励福州、厦门两个平板显示产业规模最大的地区加大引进液晶面板生产线的力度，组织专门工作小组，采取“一案一议”的方式，通过省市联合、政企合作、资源整合，尽快引进 1～2 条第 6 代以上液晶面板生产线，弥补福建省平板显示产业的“短板”，打造完整产业链条。

（4）推动企业、科研院所、高等学校组织科研力量，集中精力在 OLED 等下一代平板显示技术研发方面取得突破。为省内众多生产小尺寸 TN/STN（扭曲向列/超扭曲向列）显示器件的企业，升级换代到 TFT 或 OLED 显示器提供技术支持。力争引进建设一条 OLED 显示模组生产线。

三、福建省推动平板显示产业发展的主要举措

（一）做好规划指导

由福建省信息化局编制并以福建省政府名义印发的《福建省“十二五”信息产业发展专项规划》（闽

政〔2011〕81 号，以下简称《规划》）对福建省平板显示产业发展进行了科学规划和部署。《规划》提出，到 2015 年全省实现新型显示产业集群销售收入超过 2 200 亿元，整机产量达到 3 000 万台。突破核心关键产业链环节，进一步强化福建省液晶显示制造在国内的领先优势，壮大厦门火炬、福清融侨两个国家级工业产业化示范基地，支持福州海西高新区等园区争取承接台湾平板显示产业转移，争取形成“台北—福州—福清—厦门”新型显示产业聚集区域格局。《规划》确定了福建平板显示产业的重点方向，即巩固 TFT-LCD（薄膜晶体管液晶显示器）中下游制造优势，扩大液晶显示模组和整机生产规模，推进终端应用创新，开展液晶电视集成制造技术研发，推动电视产品向平板化、数字化、超薄化、网络化和智能化升级发展；鼓励骨干企业向 TFT-LCD 产业链上游延伸，提高面板前段工艺、LED 背光源及背光模组、驱动和控制 IC 设计封装测试等技术、关键零部件的自主配套能力；鼓励开展柔性基板、触摸屏等技术研发，扩大触摸显示产品生产规模。着眼布局 OLED（有机电致发光显示）等未来发展趋势良好的相关产业，创造条件引进 OLED 新型显示项目，重点发展 AM-OLED 显示器件，推动相关技术和工艺集成的开发和显示器件产业化，形成规模生产能力；引进扶持 E-paper、激光电视、柔性显示器、三维电视和微型投影仪等新型显示技术的研发和产业化，逐步掌握新型显示产业的发展主动权。

（二）强化政策保障

2012 年 5 月，由福建省信息化局起草并以福建省政府名义印发的《福建省人民政府关于加快信息产业发展的若干意见》（闽政〔2012〕29 号）对福建平板显示产业等电子信息产业的企业发展加强了政策上的支持，一是提供财税政策支持，如年营业收入首次超过 30 亿元、50 亿元、100 亿元的企业，可分别获得其地方级“三税”比上年度新增部分 10%、15%、20%的奖励。对上年度纳税总额在 1 000 万元以上、当年度“三税”比上年度增幅达 30%以上的企业，其新增“三税”30%以上部分，按其地方级“三税”新增部分的 30%奖励给企业。总部和税收都在福建省内的信息产业骨干企业，成功并购海外或省外科技型企业的，按核定后并购金额的 10%和 5%给予补助，最高不超过 1 000 万元。二是坚持重大项目带动产业发展。对高世代 TFT-LCD 面板等产业链发展缺失及新一代信息技术龙头项目，采取“一案一议”的办法，从财税、金融、土地、市场等资源予以合力支持；列入“十二五”信息产业千亿元产业集群（平板显示产业为其中之一）及百亿元企业的支撑项目，享受省级重点项目有关优惠政策。三是支持骨干企业做大做强。省级部门直接协调服务列入“十二五”重点培育的信息产业百亿元企业，在上市辅导、总部经济建设等方面给予重点扶持。骨干企业将研发机构迁至福建省内的享有省级优惠政策，制定新一代信息技术领域国际、国家、行业标准可获最高金额不超过 100 万元的奖励。四是加快培育成长性企业。设立不低于 4 亿元的福建省新一代信息技术产业发展创投基金，重点投向具有核心竞争力的初创型、种子型企业。在电子纸、3D 显示、OLED、激光显示等新领域建立创新战略联盟。

（三）加强闽台合作

充分借助我国台湾地区在平板显示产业的优势和基础，发展两岸产业合作，加大吸引和承接台湾相关产业转移的力度。一是依托福建省电子信息集团、厦门火炬园、福清融侨开发区等园区和企业，积极向台湾大企业引进第 5 代以上液晶面板生产线，以中下游基础引上游项目，加大对其配套企业的招商力度，从材料、工艺、设备等方面形成良好的综合配套能力，打造平板显示产业链。二是建立与台湾“光电科技工业协进会”、台湾“工研院”及各产业技术研究机构的长期合作机制，开展技术、信息、服务等方面的交流。

2012年河北省平板显示产业发展概况

河北省工业和信息化委员会

一、产业基本情况

河北省在平板显示领域已经形成了配套优势，拥有液晶材料—基板玻璃—光学器件—显示模块较为完整的产业链，在我国平板显示产业规模持续扩大，全球市场份额不断提高的大背景下，2012 年河北省平板显示产业整体发展态势向好，入统企业 12 家，从业人员约 1.5 万人，主营业务收入 63.22 亿元，利税 4.04 亿元，出口创汇 1.97 亿美元。

液晶材料：主要集中在石家庄，拥有石家庄诚志永华、河北迈尔斯通、石家庄科润、鹿泉市新型电子材料等多家企业，产品涵盖 TN、第一极小、HTN、STN、TFT 等液晶材料；衡水武邑新邑兴精细化工主营高端柔性、高透光性聚酰亚胺类薄膜单体新材料。

显示器件：廊坊京东方（河北）、河北冀雅电子、邯郸富亚电子等，主营 LCD 液晶显示器和 LCM 模块；爱姆帝电子（沧州）公司主营手机液晶屏幕；秦皇岛昌隆银幕主营显示屏幕、微型投影机、增光片、扩散膜产品。

平板显示配套材料及元器件：乐凯集团平板显示用功能膜生产能力进一步扩大；石家庄旭新光电科技首条基板玻璃生产线正式投产；邯郸中船重工七一八所是全国最大的高纯三氟化氮研发生产基地；安平瑞申网业主营不锈钢丝网、密纹网、过滤网、筛分丝布，主要用于片式元器件、平板显示器、液晶显示器、线路板等印刷。

平板显示专用设备：东旭集团主营第 4.5 代、第 5 代、第 6 代液晶基板玻璃成套设备生产线；石家庄博发机械设备主营液晶基板玻璃气浮输送装置，承德新新机电设备主营显示器镀膜设备。

二、主导产品经营情况

2012 年，河北省累计生产销售液晶材料（单/混晶）49.28t，实现销售收入 4.05 亿元；生产中小尺寸模组 4 200 万套（片），LED 显示屏 3 800m^2，销售收入 15.5 亿元；东旭集团生产 TFT-LCD 液晶玻璃基板加工专用生产设备生产线 6 条；旭新光电投产的基板玻璃生产线，良品率达到 80%以上，产能 55 万片；乐凯集团光学薄膜业务实现了快速增长，全年生产 25 000t，生产感光材料 13 000m^2；中船重工七一八所全年生产电子特种气体 450t；衡水美利达颜料生产销售液晶显示器用着色剂 40t。

三、研发创新和项目建设情况

（一）液晶材料和光学膜

诚志永华：在 LCD 高世代线应用的 TFT（ODF）混合液晶产品技术上实现了突破，成为国内首家在 TFT-LCD 生产线上应用的量产企业，研发的快速响应 TFT 用液晶材料主要指均标达到性能要求，已申请多项相关专利，新建的显示材料基地项目基本完工。

迈尔斯通研究开发 3D 眼镜用的液晶材料（TN/STN 两类），目前已合成单体液晶材料数十种；研发的车载显示用 ASTN 液晶材料，具有更高的对比度及更宽的视角范围，主要用于高档的车载仪表和音响等；2012 年“智能电网电表用液晶材料的开发”项目通过省级科技成果鉴定。

武邑新邑兴精细化工以高端柔性、高透光性聚酰亚胺类薄膜单体新材料为主攻方向，具体开发产品为：双三氟甲基联苯羧酸，高纯度 3-5 二氨基苯甲酸，双 4-氨基苯基环己烷等，这些产品是制造柔性液晶显示材料，以及柔性非晶硅太阳能电池的关键原材料。

乐凯集团的“薄膜晶体管液晶显示器（TFT-LCD）背光源用扩散膜产业化”和“平板显示用光学硬化膜精密涂布产业化”项目通过验收评审，增强了我国平板显示器产业的配套能力。

秦皇岛昌隆银幕“TFT-LCD 液晶显示器背光源增光片和扩散膜产业化”项目已基本完成，企业同时加大新产品研发力度，目前有四类：①激光电视显示屏；②超短焦微型投影机；③超大型 3D 显示背投屏幕；④六自由度飞行仿真模拟机。

（二）基板玻璃及相关设备

东旭集团开发的平板显示基板玻璃整套工艺及制造技术完全拥有自主知识产权，在液晶基板玻璃和等离子基板玻璃、触摸屏基板玻璃等方面申请了多项专利。

承德新新机电设备侧重研发生产显示器 TFT 和 TP 镀膜生产线，完成了 TFT 专用 SiO2+ITO 镀膜线的研发制造。

邯郸中船重工七一八所拥有 NF3 生产工艺的自主知识产权，申请了近 20 项国家专利，在电解和低温精馏等关键技术方面处于国际领先水平，并根据企业自身情况和市场需求，开发了主要用于电子行业中气相沉积的六氟化钨。2012 年作为全国电子气体牵头单位申请了国家科技部“极大规模集成电路制造装备及成套工艺专项”，负责承担部分高纯电子气体的研发与产业化工作。

四、近期产业发展重点

国务院出台的《关于促进信息消费扩大内需的若干意见》把增强电子基础产业创新能力提高到国家战略层面，作为战略性新兴产业，平板显示做大做强，不仅对提振内需和促进经济增长具有重要的拉动作用，而且对我国电子信息产业发展意义重大。

近年来，我国平板显示产业快速发展，已成为全球面板产能增长最快的国家，平板显示产业也是河北省电子信息产业重点关注和大力支持的产业领域，将依托现有优势做好以下两个方面的工作。

（1）保持 TN、STN 液晶材料基础优势，突破负性液晶材料关键技术，实现 TFT-LCD 用液晶材料上规模、上档次，加大柔性显示新材料的研发力度。支持研发快速响应 TFT 用液晶材料、高分子稳定蓝相液晶材料，以及负性液晶材料和 3D 液晶材料（TN/STN 两类）的研发及产业化项目建设；支持用于柔性液晶显示和柔性非晶硅太阳能电池的薄膜新材料研发生产，满足光伏、半导体照明等产业需求；支持乐凯集团硬化膜、扩散膜、太阳能电池背板和医用热敏干式非银胶片四类产品产业化；依托中船重工七一八所，生产开发三氟化氮、六氟化钨等高纯电子气体系列产品。

（2）依托东旭集团、石家庄诚志永华显示材料、京东方（河北）等骨干企业，实现 TFT-LCD 液晶材料、液晶模块、液晶屏、基板玻璃及其成套设备扩能升级，加强中小尺寸液晶屏项目建设；支持富士康后续项目建设，继续引进智能终端、智能电视等龙头整机产品，延伸完善产业链；推动产学研用紧密结合，支持液晶显示器件、等离子显示器件、有机发光显示器件方面相关技术研发与产业化。

2012年江苏省平板显示产业发展概况

江苏省经济和信息化委员会

一、产业总体情况

电子信息产业是江苏省重要的主导产业。2012 年，江苏省电子信息产品制造业实现销售收入约25 535亿元，同比增长11.3%，为江苏省平板显示产业的发展奠定了良好的基础。近年来，江苏省委、省政府高度重视平板显示产业发展，先后制定出台一系列政策措施鼓励和支持江苏省平板显示产业发展，江苏省平板显示产业继续保持平稳较快的发展态势。2012 年，江苏省平板显示产业销售收入约4 000亿元，产业规模和技术水平在国内继续处于领先水平。

（一）创新能力进一步提升

江苏省平板显示产业核心基础领域取得重要突破。南京中电熊猫掌握了液晶显示第6代线的技术，实现了全面量产，昆山维信诺AM-OLED中试线成功点亮12英寸AM-OLED显示屏，第壹有机光电成功制备白光 EES-OLED 照明器件，能效达到 49lm/W，为目前世界同类器件最高，目前公司正在冲击66lm/W的白光世界纪录。张家港彩虹的基板玻璃、昆山允升吉的掩膜版、常州苏晶集团的靶材、镇江和成化学的液晶材料都已实现产业化。以推进产业链向上游延伸、价值链向高端攀升为取向，江苏省平板显示产业链得到有效延伸和拓展。

（二）产业基地建设进一步加快

昆山经济技术开发区、南京经济技术开发区、吴江经济开发区、无锡高新技术产业开发区等一批国家级平板显示产业园的建设具有相当规模，在国内外具有较高的知名度和影响力，产业规模在千亿元量级。近两年，南京以高世代液晶面板项目为龙头，以TFT-LCD、激光显示、OLED显示和照明等领域重大项目为带动，启动了“中国南京液晶谷”建设项目，全力打造国内一流、国际领先的液晶显示产业基地，为江苏省平板显示产业发展拓展了新的空间。

（三）产业链配套进一步完善

江苏省平板显示产业链较为完整，形成了以面板、模组、终端产品等为核心的产业集群及液晶材料、彩色滤光片、偏光片、背光源、导光板、有机发光材料、掩膜版、ITO（氧化锡铟）、靶材、特种气体、化学试剂等配套产品群。以骨干企业为龙头、以配套企业为支撑的产业体系初步形成。

（四）发展后劲进一步显现

总投资30亿美元，建成后切割玻璃基板能力将达到10万片/月的苏州三星第8.5代线、昆山龙飞光电第8.5代线正在加紧建设，南京中电熊猫液晶显示第10代线已前期方案论证和项目报批。南京英特融达第3.5代AM-OLED面板、第壹有机光电OLED照明、国显光电第5.5代AM-OLED面板、长青激光显示等新一代显示和照明项目正在抓紧建设，产业持续发展能力得到有效提升。

二、存在主要问题

江苏省平板显示产业发展主要存在三个问题：一是自主研发实力有所提升，但仍缺乏核心技术和高端产品。二是原材料、元器件和专用生产设备等本地化配套能力不足，难以有效降低产品成本，提高市场竞争力。三是缺乏具备从面板到模组再到终端的垂直一体化整合能力的龙头骨干企业。

三、发展思路

“十二五”时期是江苏省全面实现小康并向基本实现现代化迈进的关键期，也是加快转变发展方式、推动经济转型升级的攻坚期，平板显示产业面临良好的发展机遇。一是市场需求的增长为平板显示产业的跨越式发展提供了良好的机遇。未来几年，平板显示产业将继续呈现快速发展态势，显示技术酝酿着新的突破，战略性调整、重组进程不断加快，新的产业格局呼之欲出。二是国内政策扶持力度也在进一步加大，国家相关部委提出要积极支持建设技术先进、规模合理的高世代液晶生产线，完善产业配套体系，积极布局OLED等下一代显示技术，提升创新能力。国家政策层面的鼓励与支持，为加快发展平板显示产业营造了良好的环境。三是江苏省平板显示产业发展有着良好的基础条件。产业积淀深厚、规模大，产业链较为完善、产业配套能力强，区位优势明显、区域竞争力强，大院大所多、人才资源丰富。在看到面临机遇的同时，我们更要冷静地分析和应对各种风险和挑战，牢牢把握主题主线，坚持“创新发展、特色发展、集聚发展、融合发展”，以抢占产业制高点为目标，努力突破一批核心关键技术，创建一批具有自主知识产权和自主品牌的产品，培育一批具有全球影响力的创新型企业，打造一批新型显示产业基地，不断巩固和拓展发展优势。

四、发展重点

重点支持骨干企业建设高世代液晶面板生产线，推动前道生产企业与整机企业开展合作，推进液晶电视向网络化、智能化发展。积极支持彩色滤光片、基板玻璃、偏光片、液晶材料、触摸屏等高端材料和专用设备的开发和产业化。着力推动OLED（有机电致发光显示）产品的生产及应用，重点支持AM-OLED（有源OLED）显示器件的研发和产业化，加快装备、材料等产业链配套的布局。推进激光显示、3D（三维）显示、电子纸等新型显示技术及下一代视频技术的研发和产业化。力争通过3年左右的努力，将江苏省建成国际有较强影响力、国内最大的平板显示产业基地，实现江苏省平板显示产业的跨越式发展。

五、主要措施

（一）强化规划引领和导向作用

贯彻落实国家《电子信息产品制造业“十二五”发展规划》、《江苏省电子信息产业“十二五”规划》及《江苏新一代信息技术和软件产业专项推进方案》等规划，贯彻落实好国家和江苏省支持平板显示产业的各项政策措施和工作举措，切实抓好规划贯彻落实的各项工作，从政府层面进一步营造良好环境，推动自主创新，优化资源配置，完善服务体系，不断提升江苏省平板显示产业的整体发展水平，提升产业的核心竞争力。

（二）加快推进重大项目

研究制定支持政策和推进措施，进一步加大对苏州三星、昆山龙飞光电、南京中电熊猫、第壹有机光电、昆山唯信诺等一批重大建设项目的服务和支持力度，争取早日建成投产，尽快形成新的竞争优势。同时，积极支持液晶显示面板、模组、彩电产业等产业链上下游进行垂直一体化整合，推动装备、器件、软件、材料、面板、模组和整机的协调发展，形成布局合理的产业体系。

（三）着力提升自主创新能力

加快汇聚国内外创新资源，重点建设产业技术研究院、重点实验室、工程技术研究中心、工程研究中心、企业技术中心等一批高水平的研发机构，组织开展重大技术攻关和科技成果转化。深化产学研结合，加快形成政府引导、市场导向、以企业为主体的自主创新体系。推进各类创新资源和要素有效整合，引导和支持各类资源要素向企业集聚，抓好重大专项的对接和实施，加快突破一批核心关键技术和共性技术，抢占发展制高点，提升平板显示产业的核心竞争力。

（四）加快培育创新型企业集群

进一步优化人才、资本、政策和服务环境，大力培育以整机企业、面板企业为带动，以骨干龙头企业为支撑的创新型企业集群。大力实施“十百千亿企业”培育工程，鼓励和引导企业兼并重组，以资本为纽带推进资源整合，形成一批影响力大、带动性强、具有国际竞争力和产业链整合能力的骨干龙头企业。同时，强化人才、技术、风险资本等创新要素的有机融合，以基板玻璃、液晶材料、彩色滤光片、偏光板、有机发光材料等产业链配套为重点、以“专、精、特、新”为目标，打造创新能力持续、发展动力强劲的科技型中小企业群，不断完善产业链配套。

（五）深入推进人才队伍建设

积极对接国家“千人计划”，加大省“高层次创新创业人才引进计划”、“333 高层次人才培养工程”等各级各类招才引智和人才培养计划的实施力度，加快集聚国内外平板显示领域领军人才和高端人才资源，加快构筑人才高地，强化对平板显示产业发展的智力支撑。加强企业创新环境建设，努力造就具有国际视野和战略眼光的企业家群体，引导和支持企业建立有效的人才激励机制，支持采用期权、股权等方式吸引和稳定技术骨干和高级管理人才。

2012 年山东省平板显示产业发展概况

山东省经济和信息化委员会

在山东省委、省政府的领导下，山东省大力推动全省平板显示产业发展，并将平板显示产业列为《山东省电子信息制造业“十二五”发展规划》中重点发展的八大产业领域和十大产业专项，提出了“打造山东半岛新型显示器件研发和产业化基地”的发展目标。2012 年以来山东省平板显示产业继续保持良好的发展态势，有关情况如下。

一、山东省平板显示产业情况

（一）总体情况

近年来，山东省信息产业的重大跨越发展，带动了平板显示产业的快速发展。目前，山东省平板显示产业已粗具规模，在济南、青岛、烟台、威海、潍坊等地形成了一定的产业基础。产品涉及线路板、液晶材料、薄膜、PDP 荫罩、PDP 保护屏、背光模组、液晶显示模组、液晶显示器、液晶电视、等离子电视、LED 显示大屏幕、DLP 大屏幕、平板电视配件等诸多领域。2012 年，山东省累计生产彩电 1 504.6 万台，其中液晶电视 1 419.3 万台，等离子电视 0.1 万台；生产平板显示器 111 万台。海尔、海信的模组一体化整体设计能力已达到行业领先水平，山东华芯富创建成中国首条大尺寸 OGS 触控屏生产线，巨洋神州、宝世达光讯生产室内外单色、双基色、全彩色 LED 电子显示屏三大类 40 多种产品，其生产、安装技术在国内同行业中处于领先地位。威海大宇电子 LCD 显示器产品年生产能力达到 100 万台。歌尔光电公司 LED 全彩显示屏项目已投入生产，LED 背光模组项目生产线已经投产。

（二）产业链分布情况

目前，约有 40 多家企业分别处于平板显示产业链条的不同环节之中。虽然涉及的领域较多，但除海尔、海信等大型终端企业外，上游企业以中小企业为主，企业规模与技术水平有待进一步提高，产业链整合力度需要进一步加强（见表 1）。

（三）主要企业情况

1. 海信集团

海信集团的平板显示生产基地位于青岛市经济技术开发区海信信息产业园，占地面积 1 200 亩。2012 年，海信大力开拓 LED、智能电视和 3D 电视市场，保持了在中国市场的领先优势。2012 年年产电视机 929.66 万台，实现主营业收入同比增长 13.2%，利润同比增长 21.7%。已连续多年位居中国市场电视机销量和销售额前列，多个产品市场占有率第一。

目前，海信坚持在模组研发技术领域持续投入，取得液晶电视 LED 背光模组关键技术、整机系统设计、节能技术等方面的重大突破。推进模组整机一体化设计与制造，海信是国内第一家，也是全球第三家推出了首台采用自主背光技术市场化的 LED 背光液晶电视的企业，并同步投产了中国首条 LED 背光模组生产线。实施了“整机一体化设计与制造”项目，简化了整机与模组产品的架构，优化了整机生产流程，降低了材料和能源消耗，提升了制造效率和产品盈利能力。

海信高度重视 OLED 产业技术发展趋势，积极跟踪并投入研发力量进行 OLED 相关技术的研发，参加了国家 863 OLED 项目，同昆山维信诺、上海天马、上海大学、昆山平板显示技术研究院等单位在 OLED 关键技术方面进行深入研究，且在整机和 OLED 模组技术方面进行了研究。

表 1 山东省平板显示产业链企业分布情况表

领　域	厂商名称
LCD 器件	青岛科瑞特电子、莱州成功高新电子、齐威电子、青岛浩日鑫电子、青岛锦泰电子、青岛莱科达电子、山东蓝山液晶、烟台特晶电子
OLED	敦行国际（潍坊）光电科技有限公司
LED	济宁英克莱、浪潮华光光电子
玻璃	多纳勒烟台、威海蓝星玻璃
液晶材料	济南运嘉化工、蓬莱东海化工、青岛迪爱生、青岛润兴光电、潍坊奥德精细化工、淄博晶润精细化工、烟台德润液晶材料、烟台华奇化工、烟台万润化工、烟台显华化工、枣庄峄城峨山工业
背光源、背光模组	青岛志凯电子、歌尔声学
触摸屏	青岛拓达
掩膜版	烟台正海
电子材料与元器件	东营耐尔、济南山东天诺光电、临沂中瑞电子、威海宝丽佳电子、歌尔声学、共达电声
化学品	青岛盖洛普、山东长城电子清洗
防静电净化	招远金鹰
设备	济南立骜太敬自动化有限公司
电视、显示器制造	海信、海尔、威海大宇、山东松下、日照海帝、冠捷科技（青岛）有限公司
大屏幕、拼接墙	山东巨洋神州信息技术有限公司、青岛依鲁光电显示有限公司

2. 海尔集团

海尔集团信息产品的研发、制造、销售的中心——青岛海尔电子有限公司（以下简称“海尔电子”）电子在青岛、合肥两地拥有平板电视生产基地，其中包含贴片生产线 8 条、基板生产线 10 条、总装线 7 条等，年总产能 1 000 万套，并在美国、意大利、约旦、泰国等 8 个国家拥有自主的生产系统。生产的产品已出口亚欧美等 60 多个国家和地区。海尔电子在全国设有 40 多个驻外销售分公司及与之配套的技术支持和售后服务机构，业务范围遍及全国各地及美洲、欧洲、中东地区，构成了一个具有国际竞争力的全球营销网络与服务网络，营销网点达 58 800 个，服务网点 11 976 个。据统计，2012 年海尔电视机产量 637 万台。

海尔电子先后与富士通、飞思卡尔、东芝、瑞萨、飞利浦、中国移动通信卫星有限公司等单位结成数字技术联盟，与广电局广播科学研究院合资成立“海尔广科数字技术开发有限公司”。目前主要进行高清平板电视（等离子电视、液晶电视）、高清数字电视、差异化的模拟电视等家庭信息终端的研发、制造和销售，青岛海尔电子有限公司也非常注重数字电视终端的开发与产业化，已开发完成了基于 UTI 协议、支持 DVB-C 机卡分离的数字平板电视一体机。相关研发团队现有博士 10 人，硕士 30 余人，具有高级职称工程师 50 人，工程师 800 余人。专注于外观设计、硬件设计、模具开发、整机测试、数字编解码、嵌入式软件等领域，拥有的专利 118 项，其中发明专利（含已授理）18 项。

在 OLED 方面，海尔在 2011 年的德国 IFA 消费电子展上展出了一款用于店铺展示，屏幕正反两面均能观看的 22 英寸透明 OLED 电视。计划联合全球顶尖的 OLED 研发资源，共同推进 OLED 产业的技术突破和规模应用。

3. 山东华芯富创电子科技有限公司

2013 年，山东华芯富创大尺寸 OGS 触摸屏生产线在济南综合保税区华芯集成电路产业园上线投产，这是我国第一条专门制造大尺寸 OGS（单片式）触摸屏的生产线。

华芯富创主要面向平板电脑、NB、AIO 以及 Monitor 等市场，生产和销售 10.1 英寸、13.3 英寸、15.6 英寸、21.5 英寸、23.5 英寸、27 英寸等中大尺寸触摸屏。投产后，山东华芯富创大尺寸 OGS 触摸屏将广泛应用于电脑一体机、平板电脑、超极本、触控显示器、汽车及各种设备中控面板、信息查询机等主流电子消费产品。

华芯富创大尺寸 OGS 触摸屏项目计划分两期建设，总投资 15 亿元。其中，一期总投资 5 亿元，可月产 21.5～27 英寸大尺寸 OGS 触控屏 8.5 万片，年产 100 万片，项目达产后年收入可达 1 亿美元，可实现利税 3 000 万美元；二期项目投资 10 亿元，将产能扩大至年产大尺寸 OGS 触控屏 500 万片，项目达产后年收入可达 4 亿美元，可实现年利税 1 亿美元。

4. 威海大宇电子

威海大宇电子成立于 1995 年 3 月，是由咸阳偏转线圈厂和韩国大宇各出资 50%组成的合资公司。2000 年之前主要生产 CRT 显示器，之后逐步过渡到平板显示器，2004 年之后全部生产 TFT-LCD 液晶显示器。初期全部为进口散件组装，2004 年后，除液晶屏需要进口外，其余零部件均能在国内采购。液晶屏主要来自韩国厂商以及国内京东方、龙腾光电等企业。其他零部件除从珠三角、长三角购进外，威海本地配套企业有 30 余家企业。主要产品是 LCD 和 LED 的液晶显示器以及少量液晶电视，主要是为清华同方、方正等国内电脑整机和显示器厂商做 OEM 代工。公司共有员工约 500 人，其中研发人员约 100 人，正在与哈尔滨工业大学开展产学研联合开发。2012 年产销中小尺寸（14～42 英寸）的液晶显示器共 110 余万台，销售收入 7.4 亿元。近年来，由于韩国大宇集团破产，虽然企业自主权有所增大，但发展速度受到了影响。

5. 日照海帝电器有限公司

日照海帝电器有限公司成立于 2009 年 12 月，位于日照市高新区。投资方为日照润和能源集团，该集团总注册资金 1.8 亿元，员工 400 余人，主要经营煤炭、焦炭、铁矿石、橡胶等品类的国内外贸易，液晶电视制造，蓝莓的种植和销售等业务。日照海帝电器有限公司主要经营液晶电视模组和整机制造，计划总投资 2.1 亿元。一期已完成投资 6 800 万元，建成了 2 条侧光 LED 背光液晶模组生产线、1 条 SMT 贴片线、2 条 LCD 平板彩电整机生产线，设计生产能力年产液晶电视 70 万台，侧光 LED 背光源模组、侧光 LED 背光液晶模组 70 万片。2010 年第四季度正式投产，2012 年液晶电视产量达到 30 万台，实现销售收入 3.28 亿元。产品 75%左右出口到俄罗斯、哈萨克斯坦、塞尔维亚、黎巴嫩、蒙古、阿尔及利亚、罗马尼亚等国，国内客户主要包括清华同方、京东方、彤英策、歌尔声学等。二期计划投资 1.42 亿元，建设 LED 侧光背光源及其模组生产线 3 条，LED 背光液晶平板整机生产线 4 条，SMT（贴片）生产线 2 条，手插线 2 条。二期完工后将达到年生产侧光 LED 背光源及侧光 LED 液晶模组（屏）150 万片、150 万台平板电视整机的制造能力，预计年销售额 50 亿元。

6. 其他企业

潍坊歌尔光电公司 LED 全彩显示屏项目已投入生产，LED 背光模组项目生产线已经建成。山东共达电声股份有限公司研发的超薄平板电视音响系统已达到国内领先水平。

宝世达光讯生产室内外单色、双基色、全彩色 LED 电子显示屏三大类 40 多种产品，其生产、安装技术在国内同行业中处于领先地位。巨洋神州的 DLP 大屏幕拼接显示控制系统，产品技术达到国际先进水平，市场占有率列国内第三位。浪潮华光光电子有限公司承担了工业和信息化部背光源红光外延和芯片研发和产业化项目等多个重大项目，具备较强的研发 LED 背光源外延和芯片并实现产业化的能力。

烟台正海电子网板股份有限公司的荫罩产品主要出口印度、马来西亚、印尼等国家，出口值占公司销售收入的 50%以上，产品市场占有率全球领先。烟台特晶电子有限公司的液晶模组产品系列包括彩色 TFT 模组、单色液晶模组，产品远销到中国台湾、韩国、俄罗斯等国家和地区。烟台德润液晶材料有限公司、烟台显华化工科技有限公司生产的液晶材料出口美国、德国、日本等 10 多个国家和地区。

二、山东省平板显示产业存在的问题

一是平板显示产业链仍不完善，在 OLED 显示等新兴显示领域，刚刚起步，产业链有待拉长、完善。二是山东省平板显示产业发展不均衡。山东省平板显示企业主要集中在济南、青岛、烟台、威海等市，其他各市只有少数，甚至没有。三是山东省平板显示上游企业一般规模较小，缺乏龙头骨干企业。四是关键材料、设备和技术受制于人。大尺寸面板依赖进口或省外输入，产业缺屏少芯现象仍然严重。

三、山东省平板显示发展优势

（一）拥有难得的品牌优势与一定市场占有率

海尔、海信均是国内乃至国际知名品牌，两家企业在国内平板电视市场上处于领先地位。与易于通过投资、收购等资本手段取得的技术、生产线、产能相比，品牌这一无形资产和已经较为成熟的销售网络体系更难以在短期内取得。如果经过产业链整合，拥有品牌的终端厂商与无品牌 OEM/ODM 厂商相比较，在市场话语权和利润率方面将更有优势。

（二）产业链上在光电、电声、液晶材料等环节拥有一定优势

虽然山东省平板显示产业链条比较零散，但是浪潮华光在 LED 背光源、歌尔和共达在电声器件、烟台万润化工等在液晶材料上拥有一定实力，在国内处于较为领先的位置。充分发挥这些优势，加强山东省内企业间的协作，拉长和整合产业链条之后，将能够在产业链条发展方面形成山东省平板显示产业的独特优势和新的竞争力。

（三）产业面临 OLED 尚未成熟的发展机遇

在从 CRT 电视到平板显示产业的产业升级换代过程中，可以总结出的一个重要经验是：提前储备和掌握下一代显示技术的先机就能够在未来掌握产业的主动权。目前，平板显示产业的发展再一次面临新技术储备和升级的机遇，OLED 虽然还未成熟，但已经是最有可能成为下一代主流显示技术的备选技术。正因为 OLED 尚未成熟，目前国际和国内其他省市领先不多，所以才存在后来者“后发制人”的战略机遇。

四、下一步发展的意见和建议

（一）出台一个平板显示产业专项发展规划

在前期已经出台的有关指导性文件的基础上，整合现有的政策措施，吸收最新的产业发展信息，

列支专项经费，争取国内外权威业内专家意见，制定出台一个适合山东省平板显示产业发展，具有前瞻性、指导性和可操作性的平板显示产业专项发展规划，作为今后几年推进山东省平板显示产业发展的纲领性、指导性文件。并以此规划为基础，争取在资金投入、政策倾斜和产业布局等方面的支持。在山东省内平板显示产业链条内各企业宣传贯彻好这一规划，明确发展前景，调动产业积极性，使其真正成为山东省平板显示产业发展的蓝图和路线图。

（二）建立一个产业链条内企业定期交流的制度

建议在广泛调研和征求意见的基础上，充分发挥企业和协会等中介组织的作用，依托龙头企业，适时组织筹办"山东省平板显示产业发展论坛"，成立相应行业组织，加强企业间的联系沟通和协作。并探讨将发展论坛长期化和制度化，建立一个山东省内平板显示产业链条内企业的定期交流合作制度，促进产业链的整合发展。

（三）建立一条高世代的液晶面板生产线

加强建设山东省高世代液晶面板生产线项目可行性的研究，可通过招商引资，扶持山东省内现有企业新建，或者吸收各方资源新成立专门"龙头公司"专项运作三种形式，尽快建设可满足山东省内终端厂商需求，拉动山东省产业链条升级的高世代液晶面板生产线，弥补省内空白，增强产业核心竞争力。

（四）成立一个 OLED 产业联盟组织

建议以上述行业组织或者新组建"龙头公司"为依托，吸引山东省内在 OLED 产业方面有关企业、科研院所为成员，成立山东省 OLED 产业联盟，集中山东省在下一代 OLED 产业上的现有优势，辅以政府支持和资金投入，加强技术研发与引进，重视人才引进和培养，努力打造山东省在 OLED 产业上的后发优势，以便在未来产业发展中取得先机。

2012 年上海市平板显示产业发展概况

上海市经济和信息化委员

一、综述

随着国家和上海市培育和发展战略性新兴产业政策的深入，上海市以市场为导向，以技术创新为重点，围绕 TFT-LCD、OLED、激光显示等产业，聚焦重大项目和典型应用，发挥优势，分类推进。注重完善建立上海市平板显示产业发展的模式，做实产业布局，提升产业能级。2012 年，受于全球市场环境等因素影响，上海市电子信息制造业全年实现工业总产值 6 791 亿元，同比下降 3.2%。平板显示作为电子信息制造业重点领域之一，产值略有下降，战略性新兴产业新型显示领域产值达 576.93 亿元，同比下降 2.1%。

二、2012 年产业发展状况

（一）工业产值略有下降

2012 年，上海市通过推进高新技术产业化、发展战略性新兴产业、实施技术改造、进一步完善平板显示产业布局、加强产业链集聚发展等举措，推动新型显示产业新增长点的形成，全年实现工业总产值 576.93 亿元，同比下降 2.1%。

（二）OLED 项目相继开工

2012 年 11 月，总投资 60 亿元的上海和辉光电有限公司第 4.5 代低温多晶硅（LTPS）AM-OLED 生产线正式开工，拟建规模：阵列玻璃基板投片量 1.5 万片/月；彩膜玻璃基板投片量 0.75 万片/月；AM-OLED 投片量 1.5 万片/月；年产 AM-OLED 显示模组 1 059.2 万片。上海天马正逐步实现由中低端功能显示手机产品向中高端智能手机显示产品的转型，产品的国际市场竞争力得到进一步提升。上海天马自主完成高分辨率、集成 ASG 技术的 SFT 宽视角技术研发并实现产业化。完成第 4.5 代 AM-OLED 中试线项目，为 AM-OLED 量产做好了技术储备。

（三）TFT-LCD 经营状况进一步改善

中航光电子第 5 代 TFT-LCD 产品目标定位于全球中小尺寸显示市场。2012 年，通过工艺改善和产品升级，共完成 60 余款包括 SFT 新技术和专业显示新产品在内的 TFT-LCD 面板产品开发及相关新工艺的研发工作。2012 年，上海中航光电子产品进行转型，研发、运营能力得到提升，亏损幅度收窄，总体经营情况得到了改善。

（四）激光显示产业化进程加快

已初步形成激光显示研发和产业集聚基础，引进与自主创新相结合，以光机作为突破点，形成技术突破，三鑫科技激光背投拼接墙、微投影产品及 100 英寸激光电视机均实现销售；广电光显光机、拼接墙、大屏投影 2012 年也实现大批量销售；显恒光电新型半导体光源（E-Laser）一款产品完成样品制作。

（五）PDP 产业全面退出，触摸屏项目起步

由于日本松下停止继续研究开发等离子面板，缩减等离子生产体系，上海松下于 2011 年取消六面取等离子面板生产线的引进，并于 2012 年年底停止原有单面取生产线生产。与此同时，看好智能手机、触控笔记本市场的强劲需求，上海昊信光电有限公司总投资 3.87 亿元的第 5 代电容式触摸屏生产线开工，当年 7 月底安装完毕。该生产线于 2012 年 8 月底已经具备批量生产条件。9 月初，昊信光电即进行了小批量生产，经过检验、测试，产品的良品率和各项性能指标均达到或超过预期目标。正式达产后将形成年产 25 万片 10.1 英寸投射电容式大尺寸触摸屏的生产能力。在项目实施期间，昊信光电与国内外客户进行了广泛的技术交流与合作，并且共同开发了多款 Ultrabook 和 AIO 电容式触摸屏产品方案。随着大尺寸电容式触摸屏 Sensor 的量产，昊信光电有望在国内触摸屏市场占据优势。

三、重点企业

（一）上海天马微电子有限公司

2006 年 4 月在上海张江高科技产业东区注册成立，建成国内第一条第 4.5 代 TFT-LCD 生产线，首期设计产能力为 730mm×920mm 玻璃基板 3 万张/月，市场定位为 10.4 英寸以下中小尺寸显示产品，用于移动终端、车载显示、娱乐显示、工业仪表等。2011 年 2 月，上海天马第 4.5 代 AM-OLED 中试线项目成功点亮国内第一款彩色 AM-OLED 产品，12 月成功点亮了 12 英寸 AM-OLED 样品，形成一定的知识产权，使我国在这一领域掌握更多的主动权。除了 OLED 技术外，上海天马的研发团队也在积极研究国际领先的其他显示技术，如苹果手机引导的把触摸屏和玻璃基板做在一起的内嵌式触摸屏技术；新材料氧化铟镓锌（IGZO）TFT 技术；用塑料基板代替玻璃基板，开发柔性显示等。目前，上海天马的合作伙伴已包括三星、HTC、诺基亚、LG、摩托罗拉、松下、华为、中兴等国内外知名厂商，基本完成了从追随者向赶超者的转变。2012 年，上海天马微电子实现销售额 25 亿元。

（二）上海中航光电子有限公司

由中国航空技术国际控股有限公司和中国航空技术深圳有限公司共同出资组建，于 2009 年 12 月 11 日在上海市闵行区莘庄工业区注册成立，现拥有一条 TFT-LCD 第 5 代线，设计产能为 9 万张/月的玻璃基板加工能力，1 100 万/月的模块生产能力。目前，中航光电子产品以液晶监视器为主，正在进行技术改造与提升，产品规划将转变为主要生产用于 GPS、数码相框、车载显示和便携式移动 DVD 等多种终端用途的中小尺寸液晶显示产品。2012 年，公司通过工艺改善和产品升级，全面转型中小尺寸产品，经营状况明显改善，全年实现营业收入 21 亿元。

（三）上海三思电子工程有限公司

致力于 LED 显示、LED 照明产品的研发生产，拥有 5 万平方米的科研生产基地和 100 多项国内外专利。其 LED 显示屏占全国证券行情显示屏 60%～70%的份额，占高速公路显示屏 60%～70%的份额，是高端 LED 显示屏市场的领导者。2012 年，该公司承接了多项国家和市级课题及应用示范工程项目，产品已广泛应用于商业广场、国内轨道交通等数百个重大项目。全年实现销售 9 亿多元。

（四）上海和辉光电有限公司

该公司是由上海联和投资有限公司和上海金联投资发展有限公司共同投资的战略性新兴产业重点项目。和辉光电项目计划建成国内第一条、设备最完善、技术最先进的第 4.5 代低温多晶硅（LTPS）AM-OLED 量产线，率先在 AM-OLED 量产工艺技术领域取得突破，赶超国际前沿技术。项目投产后

将主要提供移动设备使用的中小尺寸显示器。

（五）上海昊信光电有限公司

该公司由剑度投资有限公司、芜湖长信科技和上海新蓝资产管理公司共同出资于 2011 年 11 月正式成立，主营业务为电容式触控屏及触控模组组件。电容式触摸屏是现今移动通信、电脑设备等消费性产品技术发展的主流。该公司积累了多年 TFT 第 5 代线彩膜的制造经验，并具备专业精密光罩设计、涂布、蚀刻、ITO 制程等技术，团队成员在触摸屏领域耕耘多年并持续研发，已取得多项授权专利，是目前国内规模最大（第 5 代）、技术最先进、设备精度最高的大尺寸触摸屏的制造商，并且已成功生产出 18.5 英寸和 21.5 英寸的触摸屏。

（六）上海三鑫科技发展有限公司

公司以成为全球领先的投影引擎供应商和显示终端解决方案服务商为战略目标和核心定位，具有完备的激光显示引擎及终端消费产品研发、设计、生产能力，目前已掌握激光蓝光、激光绿光、激光微投影显示、超短距投影显示领域的核心技术。产品线覆盖独立型微型投影机、投影电视、嵌入式微型投影显示引擎、嵌入式小型投影显示引擎，同时通过产业链的集聚、整合，具备了产业化发展的优势。

四、存在问题

（一）总体产业规模不大

上海平板显示产业包括 LED、TFT-LCD、OLED、激光显示、三维显示等，但产业规模还不大；TFT-LCD 产业方面，上海天马、上海中航光电子在中小尺寸屏的生产上具备了一定优势，但与广东、江苏等地相比规模偏小；OLED、激光显示、三维显示等产业，目前尚处于项目投入、产业链配套完善阶段。

（二）核心技术有待突破

上海 LED 显示、OLED、激光微显示等产业技术水平国内领先，但与国外相比，技术水平和知识产权覆盖都存在不小差距。例如，OLED 行业，上游的发光材料、生产设备和中游的 OLED 驱动芯片等关键环节，基本由日美及欧洲部分厂家控制，自主的产业配套能力严重不足；激光显示的核心技术也由国外企业所垄断；平板显示的部分核心部件及设备还需进口。

（三）应用市场培育尚需推进

由于 OLED、激光显示、三维显示等领域起步较晚，价格成本过高，技术能力也需完善，市场普及率还不高，导致一批处于初创期、成长期的创新型企业融资困难，资金瓶颈制约比较明显。

五、发展思路

上海市将继续落实国家战略性新兴产业发展战略，坚持“聚焦核心、创新突破、开放合作、市场驱动”的发展原则，围绕“龙头项目—产业链—产业集群—产业基地”的发展思路，聚焦核心，即实施差异性定位，点上突破，面上拓展，凸显上海特色，瞄准全产业链、优化发展布局、加速项目集聚，在提升新型显示产业竞争力、自主创新能力、产业承载能力、培育龙头企业和产业配套能力上实现突破，加快构建上海市新型显示产业竞争新优势，推动上海市新型显示产业的高端化跨越式发展。主要举措如下。

（一）对接国家战略，实施项目引领

要对接国家发改委、工信部产业部署，聚焦 TFT、AM-OLED、激光显示等关键技术，争取国家战略性新兴产业专项资金支持。遵照上海市战略性新兴产业规划，在新型显示关键技术研发和产业化推动上，加强对重点项目的组织和管理，加大科技攻关、技术改造、示范应用的支持力度。

（二）进一步推进政策落实，加强产业引导

要认真落实《上海市推进战略性新兴产业“新型显示”专项工程》扶持政策，加大对新型显示企业的支持力度。积极承接国家进一步扶持新型显示器件产业发展的税收优惠政策，对进口新型显示器件及上游关键原材料、零部件、生产和研发设备，给予免征进口关税优惠。

（三）把握供求关系，推进产业对接

要支持推进国产 MOCVD、PECVD、光刻机等设备的开发，推动 OLED 上下游企业对接，降低生产成本，推进相关发光材料、芯片企业与 AM-OLED 企业合作。

（四）完善平台功能，提升服务能力

要加速建立 OLED 专利标准研究和产业应用技术公共服务平台的建设，开展专利分析、应用测试、技术研发、新兴企业合作等公共服务。发挥行业协会的平台优势，推动 OLED、激光显示上下游企业合作，推进示范应用。

（五）创新推进机制，突破发展瓶颈

要将政府引导资金和企业资本市场筹资相结合，引导拓宽民间融资渠道，增强企业创新发展能力。利用国际范围的产业资源，加强跨区域合作，努力在新型显示面板生产、整机模组一体化设计、基板玻璃制造等领域实现关键技术突破。加强产业布局，坚持成熟技术的产业化与前瞻性技术研究开发并举，逐步掌握新型显示产业发展主动权。

2012年浙江省平板显示产业发展概况

浙江省经济和信息化委员会

一、浙江省平板显示产业发展综述

平板显示产业作为浙江省电子信息产业的重要组成部分和优先发展的战略性重点产业，近几年发展迅速。2012 年浙江省电子信息产业实现主营业务收入超过万亿元，达到 10 388 亿元，完成增加值 2 013 亿元，占浙江省 GDP 的比重达到 5.82%，实现利税总额 1 007 亿元，完成出口交货值 2 313 亿元，规模以上企业从业人员达到 102.7 万人。浙江省拥有平板显示产业上下游企业约 100 多家，主要集聚在宁波、杭州、绍兴等区域，已具备形成较为完善的上、中、下游产业链的基础。2012 年，浙江省重点监测的平板显示及相关产业企业实现主营业务收入约 610 亿元，同比增长 15.1%，占全省规模以上电子信息制造业的比重达 10.8%；主要产品产量呈现平稳增长，其中液晶电视机产量 486.3 万台，液晶显示模组产量 6 016 万套，液晶显示器产量 4.39 万台、15 英寸及以上液晶显示屏 505 万片，真空荧光显示屏 906 万片，手机视窗防护屏 2 355 万套；电视接收机顶盒 180.8 万部。

二、浙江平板显示产业的主要特点

近几年来，浙江省平板显示产业得到迅速发展，企业实力和产业规模不断提升，不少企业在相关领域具有较强综合实力。主要呈现以下一些特点。

（一）模组及整机产品平稳增长

2012 年，浙江省共生产液晶显示模组 6 016 万套，较上年增长 1.1%。宁波奇美电子是台湾奇美集团在大陆投资建立的第一个液晶光电项目，专业生产薄膜晶体管液晶显示器（TFT-LCD）模组（LCM），产品定位在笔记本电脑、监视器及液晶电视用 TET-LCD 液晶显示器模组。奇美电子落户宁波后，引发了台湾配套企业的“雁群西飞”，已有 50 多家台资配套企业在宁波出口加工区和宁波保税区、宁波开发区内落户。以奇美为龙头，宁波已形成一条较为完整的液晶光电产业链。2012 年，宁波奇美电子主营业务收入 250.16 亿元、出口 38.4 亿美元，入围 2012 年中国外贸 200 强企业名单，其中出口居第 118 位，进口居第 83 位，并位列 2012 年“浙江省电子信息产品制造业三十强”和“浙江省信息产业外贸出口十强”榜首。

2012 年，浙江省共生产液晶电视机 486.3 万台，同比增长 6.7%；液晶显示器 4.39 万台，比上年减少 2.61 万台；15 英寸及以上液晶显示屏 505 万片，同比增长 9 倍以上；手机视窗防护屏 2 355 万套，较上减少 1 486 万套左右。浙江省液晶电视机生产主要集中在绍兴、台州和宁波等地，其中绍兴产量占全省的 3/5 左右，该市的天乐集团和贝力生科技等企业全年生产液晶电视 296.9 万台，销售 297.2 万台，其中出口 265.9 万台；台州的新世纪光电生产液晶电视 159.8 万台，销售 160.6 万台，出口 151.6 万台。宁波的环球宇斯、博一格数码等企业生产液晶电视 25.7 万台，销售 26.7 万台，出口 26.1 万台。浙江省液晶电视机生产主要以贴牌为主，缺少自主品牌。

另外，专注于数字拼接大屏显示系统的浙江大华和宁波 GQY 产品入围 2012 数字视听大屏拼接领域十大卓越品牌，其中宁波 GQY 于 1992 年第一家推出了可视化大屏拼接显示系统——大屏幕背投组合显示系统，该公司的可视化显示系统已在超过 2 000 项工程中成功使用，涉及公安、军队、交通、能源、城管、应急、电力、水利等数十个领域。大华股份大屏幕拼接显示系统将国际上最先进的液晶、

DLP、PDP 等显示技术、多屏拼接技术、图像处理技术、网络编解码技术等融为一体，使整套系统成为一个高亮度、高分辨率、智能化控制、操作便捷的大屏幕显示系统，已广泛运用于公安、能源、金融等行业与众多市政、企业项目，能满足不同行业的众多应用需求。

（二）3D 产品快速发展

3D 显示是当下平板电视/电脑发展的一大趋势，浙江省多家企业开始涉及 3D 显示技术的研发和应用，尤其在裸眼立体显示技术方面处于领先水平。

浙江天禄光电采用狭缝光栅原理，已自主研发生产 Tyloo 系列裸眼立体广告机，旗下全系列裸眼 3D 广告机全部通过 CE、FCC、RoHS 认证，产品国内应用案例和外销数量位列国内第一，在业界积累了良好口碑，并荣获由数字标牌网评选的“2012 年度优秀裸眼 3D 广告机品牌年度大奖”。该公司还先后推进 2×2、3×3 裸眼立体拼屏，65 英寸教学触摸一体机，全新 7 英寸裸眼 3D 高清宽屏平板电脑等产品以及一系列全新的超高清裸眼 3D 显示技术应用与解决方案。

浙江沃飞是一家集裸眼 3D 研发、生产和系列软件开发、内容制作、运营的全产业链高科技公司，具备 3.5～65 英寸及拼接产品的研发生产能力，产品覆盖 PMP、MID、数码相框、广告机、电视机、电脑/平板电脑、手机、游戏/游艺机等，相关产品在 2012 的全国两会、十八大上使用，业界反映良好。该公司还与浙江大学宁波理工学院联合创办省内首个裸眼 3D 内容实验室，致力于 3D 影像领域专业人才的发掘与培养，促进 3D 影像资源及项目的合作、交流。

另外，宁波维真显示科技有限公司成功开发出高质量、高精度的玻璃材质光栅器件，可提供裸眼 3D 立体光学器件的研发、生产、销售及大尺寸裸眼 3D 显示系统，成为国内多家电视机厂商的裸眼 3D 显示器供应商。贝力生科技通过对 3D 贴膜技术的研究，研发了 3D 液晶显示屏，已完成试生产。

（三）光电薄膜、液晶及显影液产品保持领先水平

宁波激智科技公司经过 5 年多的发展，已成为国内光电显示薄膜领域规模最大、市场占有率最高的公司。作为中国首家 TFT-LCD 光学膜的生产基地，2012 年 5 月，该公司光学扩散膜 B188S2 项目获得国家科技部、环保部、商务部、国家质监总局四部门颁发的《国家重点新产品》证书。该公司目前取得授权专利 8 项，其中发明专利 5 项，多项关键技术经国际查新，均为国内外首创。其研发的高亮度、高发光均匀度、低成本的光学扩散膜，打破了美国、日本和韩国企业的垄断，不仅成功配套 TCL、海信、长虹、康佳、创维、海尔等国内的著名家电企业，成为国际上最大的液晶显示器公司“冠捷科技”的主流供应商，同时还已经进入三星、LG、夏普、菲利普、苹果等国际大公司的供应链体系。该公司现有高档精密涂布生产线 6 条，随着产业化步伐加快，各项经济指标增益显著，2013 年有望实现销售额 5 亿元。

格林达是一家专业从事高纯电子化学品研发、生产和服务的高新技术企业，是全球最大的 TMAH 供应商，致力于为 TFT-LCD、IC、PV 等行业提供各类高纯电子化学品和综合管理服务。公司围绕我国平板显示制造企业发展，通过就近设厂，从研发到生产再到服务，以“专利技术+产品生产+整体解决方案”的形式形成自己的独特优势，赢得客户信赖。继 2010 年 TMAH 产能到 3 万吨，一跃成为全球最大的显影液 TMAH 生产商后，格林达于 2012 年先后开工建设合肥工厂（可生产各类电子化学品 8.5 万吨），杭州工厂（TMAH 扩产 2 万吨），鄂尔多斯工厂（可生产各类复配液产品 5 万吨），2013 年年初开始筹建惠州工厂（设计产能 3 万吨），目前公司占据 TMAH 全球 20%、国内 90%以上的市场份额。2012 年 3 月 15 日，格林达荣获第六届“中国半导体创新产品和技术奖”，成为唯一获此殊荣的电子化学品厂商。

浙江永太科技努力打开液晶化学品市场突破口。液晶化学品突破单体液晶产品市场，销售收入同比增长 28.26%。在保持现有液晶化学品稳定增长的条件下，实现单体液晶量产的突破，销售 30t 以上

单体液晶产品。该公司完成新项目研发 27 项、中试项目 7 项、技术改造项目 4 项。2012 年，该公司取得发明专利授权 4 项、申请发明专利 3 项。

（四）拓展新领域，新产品开发和应用步伐加快

天乐集团努力从整个产业链的下游开始往中游进行资源整合。由原来单纯的做整机加工，开拓到模组的生产，2012 年成立天乐音视频研究院新型显示研发中心，主要开展光学产品的自我设计、开发和生产，模具的自行设计和加工等工作，目前已有 5 条模组生产线开始投产。在产品类型上，天乐集团又突破液晶电视的大框架，2012 年开始设计和生产 7～10 英寸的平板电脑（MID），经过半年多的设计和开发，已完成 30 多个品种，建成并投入 4 条平板电脑生产线，每月可完成 4 万～5 万台的订单。

浙江贝力生科技公司设有独立的 OLED 封装盖板研发团队和生产车间，通过对 OLED 封装盖板刻蚀法制作工艺、基版保护胶与刻蚀剂的配方及调制工艺、Mark 点的制作工艺等技术改进，已生产出具有市场优势的自主产品。其产品特点为：大尺寸、图案（凹坑）精度高、内应力低（凹坑与平面都用弧度过度）、Mark 点标识清晰、位置准确，便于流水线自动识别。2012 年该公司 OLED 封装盖板销售量达 9 万多片。

浙江星星瑞金科技股份有限公司以真空薄膜材料技术及材料表面改性加硬技术为核心，开发、生产和销售各种平板显示器（包括手机、MP3/MP4、PDA 等）视窗防护屏，2012 年生产高透明手机视窗防护屏 2 355 万套。该公司于 2012 年下半年开始研制小片 OGS（TOL）产品，现已开展小批量试产。依托其防护屏的生产基础，星星瑞金还可以实现 2.25D/2.5D 和将来 3D 等个性化几何外形设计产品的单片视窗制作。目前，2.5D 产品已完成中试，运用于诺基亚 N9 上，市场反响良好，3D 产品现处于小试阶段。

浙江金徕镀膜有限公司作为专业研发和生产平板显示上游原材料及中高档电容式触摸屏的厂商，其主导产品包括液晶显示器件（LCD）用中高档 ITO 导电玻璃、各类镀膜玻璃、超薄钢化玻璃、高档电容式触摸屏模组，具有独立的产品设计开发能力，可提供完整的电容式触摸屏产品解决方案，产品广泛应用。2012 年 7 月，该公司落户金华开发区的年产 2 400 万片电容式触摸屏模组项目开始建设，计划投资 5 亿元，占地 101 亩，项目达产后可实现年销售收入 10 亿元，年缴税收 5 000 万元以上。

浙江金指科技有限公司作为一家以专业生产电容式触摸屏及相关产品为主的民营科技型企业，以 OGS 和 On-Cell 技术方案为主，产品目标定位为 50 英寸以下的电容式触摸屏。该公司目前自主研发 18 个新产品，年产能为 2 600 万片电容式触摸屏，已成功跻身国内产能较大、规格最齐、技术开发水平较高的电容式触摸屏制造供应商行列。

上方能源技术（杭州）有限公司作为一家大型半导体装备以及一体化工艺供应商，致力于新型平板显示技术装备的开发与产业化。该公司成立于 2009 年 4 月，公司核心团队均为美国硅谷回国的国际一流半导体真空设备专家，具备了国际先进的磁控溅射、等离子及 OLED 线性蒸发源镀膜等半导体设备、工艺及制造技术，特别适用于大尺寸基板镀膜的全自动化规模生产，相关技术已申请多项国家及国际发明专利。目前，公司已成功开发了第 5 代线 ITO 真空镀膜设备、IGZO 真空镀膜设备，具备第 8.5 代线镀膜设备的设计和制造能力。相关设备多项性能指标已达到或接近国际先进水平，设备工艺进一步优化并将进入产业化阶段。

第5章 专题研究

爬坡中的平板显示产业

中科院理论物理所　欧阳钟灿

我国的平板显示产业现在还处在爬坡阶段，这个阶段的发展很大程度上依靠大投入。在这个阶段，政府的大力支持是非常关键的，因为我国的平板显示产业发展需要突破韩日企业的层层围剿，需要我国的平板显示企业、和行业人士跑步前进，才能实现大发展。

客观地说，我国平板显示产业保持现在的发展速度，将来站到世界顶峰是不成问题的。因为我们有一个还在扩张之中的电视市场，目前我国的彩电占有率居世界第一位。就算因为世界经济环境不景气使出口受到影响，我国平板显示市场的内需也是很大的。

我国政府对平板显示产业非常重视，从几年前的家电下乡政策，到现在的家电节能补贴，都证明了这一点。现在日本的电视业一溃千里，平板显示企业只剩下夏普一家。所以对我国平板显示企业而言，遇到了一个难得的机会。

夏普和整个日本电视行业的衰落，值得我们借鉴。

夏普的衰落给了我们一个很好的例证——“技术不是万能的”。日本夏普的平板显示世代线技术是全世界第一的，但是现在已经衰败，这说明只重视技术是不行的。现在业内分析夏普的失败就是因为其只重视技术，一直不断地在研发、技术上闷头前进，只顾技术而不顾市场。所幸的是，我国平板显示行业已经看到了夏普模式的不可行。

现在我国政府提出以企业为主、产线结合、市场导向缺一不可的政策。平板显示产业非常需要有国家的统一布局，任何行业的无序发展都会导致行业面临很大困难。此外，平板显示产业必须要实现本土化。而扶持本土企业、扶持龙头企业就成为撬动整个行业脉搏的关键棋。

我国的平板显示在液晶显示方面以京东方为代表，已经实现自主创新，完全没有依靠国外专利，世界顶端的第 6 代线、第 8 代线我国都已经能够生产，这都是政府大力扶持、企业努力发展的结果。

从近几年我国平板显示产业的发展情况来看，我国平板显示厂商的研发投入力度正在逐年加强。特别是国家发改委、工业和信息化部通过了平板显示专项设计规划后，以企业为主的研发力度得到了很大的支持与加强。五年来，我国液晶市场的世界占比从 5%提高到了 20%。从平板显示的技术来说，我国不是最先进的，但是我国跟国外的水平是基本持平的。

但是也要看到我国平板显示产业发展中面临的瓶颈。在平板显示研发方面，相比国际顶端企业的投资力度，我国的企业还是稍显不足。与韩国三星相比，三星可以投入大量资金进行直接研究，而我国企业更多的还是把成熟技术买过来以后进行吸收改进。

所以下一步，我们还是要加强平板显示领域的投入，尤其是科技研发的投入。

整体上来讲，我国在平板显示领域既要发展自主创新技术、扶持内需，也要有打入国外市场的战略目标。现在成本高是整个平板显示领域的一个难题，但是只有技术不断提高，才能实现成本的降低。

与此同时，我国的平板显示领域一定要注重产业链的自助补给。之前，以美国为代表的一些国家已经开始走“空心化”路线，自己国内不组装生产，把低附加值的部分放到国外生产，自己只保留核心技术部分。

执行这种战略的原因是美国的第三产业很发达，尤其金融业是世界最强的。但是 2008 年金融危机后，美国的这一战略已经发生了变化，“美国再工业化”的论调不绝于耳。现在美国已经把很多工厂都迁回国内。

一些经济学家认为，第三产业的发展程度代表着一个社会的发展水平，但是美国的行为恰恰给大家敲响了一个警钟：实体经济在21世纪有着重要的分量。

（本文根据本刊专访中科院院士欧阳钟灿的内容整理而成）

（资料来源：中国经济和信息化）

刚刚起步的中国液晶配套产业还需倍加努力

清华大学　高鸿锦

随着近年来多条 TFT-LCD 高代数生产线的相继投产，我国平板显示产业整体进入了高速、良性的发展态势，2012 年产业规模达 700 多亿元。我国液晶面板的全球市场占有率提升到 11.2%，国内液晶面板自给率大幅提高，其中电视面板的自给率为 30%，手机面板已能满足境内企业 50%的需求，液晶面板的进出口贸易逆差比上一年缩减 20.6%。

如果从京东方在北京建第 5 代线算起，我国平板显示产业发展至今正好 10 年。10 年间，我国几乎从零开始建立起了一个规模宏大的 TFT-LCD 产业。现在我国已建和在建的生产线有 21 条，包括：4 条第 4.5 代线，4 条第 5 代线，2 条第 5.5 代线，3 条第 6 代线，8 条第 8.5 线。总投资达 2000 亿元，年生产能力将达到 5000 万平方米。产品涵盖手机、平板电脑、笔记本电脑、台式计算机、电视机等各类显示终端的显示屏。其所产生的直接或间接的年产值将达到数千亿元。

如此巨大的投资，必将极大地拉动产业链上游的巨大需求，带动基板玻璃、液晶材料、偏光片、彩色滤光片、光学薄膜、触摸屏、背光源等相关原材料、元器件及相关设备等上游产业的发展。据测算，2016 年之后，我国 TFT-LCD 产业每年至少需要液晶材料 250t、1.0 亿平方米基板玻璃（含彩膜用玻璃）、1.0 亿平方米偏光片、5 000 万平方米彩色滤光片、十几亿平方米光学薄膜、几亿背光源组件以及数以亿计驱动 IC 等。其总价值将接近千亿元。

面对如此庞大的市场需求，我国液晶上游配套产业准备好了吗？它们的现状如何呢？

整体而言，我国液晶上游配套产业的起步更晚一些，至今还没能建立一个完整的上游配套产业。从某种意义上讲，建立一个完整的上游配套工业体系要比建设几条高世代器件产线更艰巨、更复杂。我们现在还只是刚刚起步。

建立基板玻璃工业刻不容缓

基板玻璃是构成液晶显示器件的一个基本部件，虽然只占液晶面板总成本的 17%左右，但是由于其性质的特殊性，是平板显示产业的关键基础材料之一。

TFT-LCD 基板玻璃的生产比较复杂，生产技术长期被美国康宁、日本旭硝子、电气硝子、AvanStrate（原日本板硝子 NHT）少数几家公司所垄断，这几家公司的销量占全球市场的 95%以上。我国基板玻璃过去长期几乎全部依赖进口。所以，打破垄断格局，建立自己的基板玻璃工业刻不容缓。

我国基板玻璃的生产是从 2007 年 12 月 28 日，彩虹集团 TFT-LCD 基板玻璃一期工程点火之后开始的。尽管至今还处于起步阶段，但发展的速度却是令人耳目一新的。表 1 给出了我国已建和在建的基板玻璃生产线。此外，应当指出的是河南洛玻集团，在实现我国液晶产业 TN、STN 基片玻璃国产化进程中，起到了重要的作用。

这两年，随着触摸屏的快速普及，催生了高强铝硅酸盐薄板玻璃产业的发展。

彩虹、东旭（含中光电）两家公司为 TFT-LCD 基板玻璃的国产化开了个很好的头，不仅成功地生产出合格的 G5、G6 基板玻璃，而且开始了批量供货。现在的问题是要进一步提高质量、提高成品率、降低成本、使产品更具竞争性。尤其是现在日元大幅贬值，使刚刚进入市场的国内玻璃企业倍感压力。

我国的玻璃企业都还处于初建阶段，让它做大做强无疑是正确的。当企业有了一定的规模之后，首要任务就是扩大市场占有率，使自己站稳脚跟，否则已取得的成果还有可能在激烈的市场竞争中得而复失。所以现阶段适当管控好企业投资冲动尤为必要。

表 1　我国已建和在建的基板玻璃生产线

厂　家	地　址	生产线代数	条　　数	年 产 能	项目状况
彩虹集团	咸阳	G5	1	75m²/52 万片	2007 年 1 月开工，同年 12 月窑炉点火。2008.9 投产
	咸阳	G5 兼 G5.5	3	221m²，约 154.2 万片	2009 年 5 月开工，2011 年 5 月投产
	张家港	G5 兼 G5.5	3	154.2 万片	2009 年 9 月动工，2010 年 9 月窑炉点火。首条 2011 年 5 月投产
	合肥	G5	2	238 万片	2009 年 12 月动工，2011 年下半年首条投产
	合肥	G6	4		2009 年 12 月动工，2010 年 10 月点火
东旭集团	郑州	G5	1	78 万片	2009 年 6 月动工，2010 年 8 月投产
	郑州	G5	3	220 万片	2011 年 8 月动工，2012 年首条投产
	石家庄	G5	3	600 万片	2010 年 9 月首条动工，2011 年 8 月点火
	营口	G5～G6	1（计划 9）		2011 年 4 月签约，2011 年 6 月首条动工
	芜湖	G4.5～G8.5	1(计划 50)		2011 年 7 月签约，2011 年 8 月首条动工
成都中光电	成都	G4.5	1（计划 3）	300 万片	2009 年 8 月奠基，2010 年 8 月点火，2010 年 12 月量产
美国康宁	北京	G5	1		2008 年 3 月开业，基板玻璃后段加工
	北京	G8.5	1	240 万片	2011 年开工建设，2013 年 2 月投产
日本旭硝子	昆山	G5	5	480 万片	6 条研磨切割生产线，4 座熔炉（熔炉未建或会取消）
	深圳	G8.5		144 万片	2011 年 6 月开工建设，2012 年投产
	昆山	G8		600 万片	2011 年 6 月生产

资料来源：中国硅酸盐学会电子玻璃分会，2012。

液晶材料国产化出现转机

液晶是既具有液体的流动性，又具有晶体的各向异性的一类有机化合物。正是有了液晶才有液晶显示器。因此尽管液晶材料只占液晶面板总成本的大约 3%，它也是关键的、不可替代的。

在显示器中使用的液晶材料通常都是混合物，一般由十几种，乃至几十种单体组成。液晶单体的生产过程往往需要几十步合成步骤，生产工艺要求很高。由于显示器件对液晶材料的物理化学性能有极为严格的要求。液晶材料厂商要能生产出稳定的、性能优良的液晶产品难度比较大，尤其是提纯要求更高、难度更大，存在比较高的技术壁垒。

目前，国际上主要有三家液晶材料公司，分别是德国默克（Merck）、日本智索（Chisso）、大日本油墨（DIC）。TFT 液晶市场被这三家公司所垄断，市场份额分别为 50%、40%和 6%。

早在 1987 年 4 月由清华大学化学系与河北石家庄郊区共同投资的液晶材料厂投产。其间历时 20 多年，大小十几家材料企业共同努力，取得明显成效。可以说，在黑白显示器时期，液晶材料是所有原材料中国产化做得最好的，解决了大问题。但是到了 TFT-LCD 时期则是步履维艰，困难重重。这两年在国家出台一系列推动材料国产化政策的指引下，TFT 液晶材料国产化开始出现某种转机，或将从此有新的开端。

我国现有十几家液晶材料公司，按最终产品大体上可分成两类：混合液晶和单体液晶。单体和中间体除满足国内需求外，也大量出口，这已成为这个行业的一个特色。这对于单个企业无可厚非，但对整个行业未必有利。大量廉价单体和中间体的出口无疑增强了国际大公司的竞争力，而把污染留在国内。国内主要 10 家液晶材料公司的情况如表 2 所示。

表 2 国内主要 10 家液晶材料公司的情况

公司名称	成立日期	投资额	2012 年销售额	产品
诚志永华（石家庄）	1987 年	4 亿元	2 亿元	混合液晶（TFT、STN、TN 等）
江苏和成	2005 年	1 亿元	1.2 亿元	混合液晶（TFT、STN、TN 等）
烟台显华	2003 年	1.6 亿元	1.2 亿元	混合液晶（STN、TN）、单体出口
北京八亿时空	2004 年	1 亿元	6 100 万元	混合液晶（STN、TN 等）
西安瑞联	2001 年	4 亿元	不到 5 亿元	大量液晶及 OLED 单体出口
烟台万润	1992 年	1.5 亿元	7.7 亿元	大量单体出口
上海康鹏	1996 年	2.5 亿元	10 亿元	生产含氟中间体
浙江永太	1999 年	2.4 亿元	1.77 亿元	多氟苯类
石家庄迈尔斯通	2006 年	5 000 万元	3 000 万元	混合液晶（STN、TN）
石家庄科润	2001 年	2 500 万元	1 000 万元	混合液晶（STN、TN）

资料来源：《平板显示文摘》，2013.8。

我国液晶材料产业总体的生产规模和技术实力与器件产业的发展不相称，更与国际先进水平有较大差距。目前的问题是，生产混合液晶的企业生产规模本来就不大，力量又过于分散，无法形成有效的竞争力；在长期处于过分竞争的环境中，生存压力过大，企业缺少积累；科研投资不足，人才缺乏。

TFT-LCD 宽幅偏光片值得期待

偏光片是液晶显示器重要材料之一。它是将聚乙烯醇（PVA）拉伸膜和醋酸纤维素膜（TAC）等经多次复合、拉伸、涂布等工艺制成的一种复合材料。偏光片占 TFT-LCD 面板成本的百分之十几。

目前，全球主要偏光片企业超过 15 家，生产线有 80 多条，主要集中在日本、韩国和我国台湾地区。包括日本的日东电工、住友化学、三立化工；韩国的 LG 化学以及我国台湾的力特光电等，其中，日本企业占有率超过 50%。

偏光片是多层膜的结构。其中 TAC 膜和 PVA 膜是最重要的原材料，两者合计约占偏光片成本的 75%。富士写真和柯尼卡美能达两家生产的 TAC 膜几乎占据全球市场 90%的份额。国内的乐凯也生产 TAC 膜，但出货量很小。日本企业 KUARARY 则占据了全球 65%的 PVA 膜市场。偏光片的其他原材料，日本也居垄断地位。

中国偏光片产业起步很艰难。成立于 1995 年的盛波光电，从美国引进全套生产设备，几经折腾硬是生产不出合格的产品，但最终依靠自己的力量闯关成功，使盛波光电成为国内首家偏光片专业制造商。后来又相继出现纬达光电、温州侨业、三利谱等企业（见表 3）。所有这些企业大都只能批量供应中低端 TN-LCD 用偏光片和部分 STN-LCD 用偏光片，主要应用于中小尺寸的显示器。2012 年前后，盛波光电和三利谱两家企业分别建成了幅宽 1490mm、用于 TFT-LCD 的偏光片生产线。从此结束了我国不能生产高档偏光片的历史，但要真正实现偏光片国产化还有很长的路要走。

我国的偏光片生产一直很弱，偏光片供应长期主要靠进口。现在我们建设了生产高档偏光片的生产线，站到了一个新的起跑线上。如果能够迈出这关键的一步，其前景光明。这一步要解决的是如何从少量生产到大批量生产的问题。要保证几万米产品的品质一致，这是很不容易的，目前还有些困难。

偏光片国产化是很复杂的系统工程，产业链很长。如果不解决偏光片所用的 TAC、PVA 等基础材料，新上的偏光片还将会出现多种问题。

表 3 国内偏光片企业情况

企业名称	地址	尺寸（mm）	产能（万平方米/年）	投资总额（万元）	投产日期	类别	2012 年产量及产值	备注
盛波光电	1 号线深圳	500	40	3 000	1998 年 3 月	TN/STN	产量: 200 万平方米 产值: 2.63 亿元	
	2 号线深圳	500	70	2 000	2006 年 7 月	TN/STN		
	3 号线深圳	500	80	4 000	2009 年	TN/STN		
	4 号线深圳	1 490	600	85 000	2012 年 4 月	TFT		
	5 号线深圳	650	150	7 000	2012 年 4 月	TFT		
三利谱	1 号线深圳松岗	1 330	240	600	2007 年 4 月	TN/STN/TFT 用偏光片	产量: 180 万平方米 产值: 2.4 亿元	中、后工序
	2 号线福建莆田	500	130	2 000	2009 年 11 月	TN/STN/TFT 用偏光片		2 号线，全制程
	3 号线深圳光明新区	1 490	600	28 000	2011 年 8 月	TFT 用偏光片		全制程
佛山纬达	1 号线佛山三水	500	120	6 000	2005	TN/STN	产量: 130 万平方米 产值: 1.5 亿元	
	2 号线佛山三水	650	150	4 000	2011	TN/STN		
温州侨业	温州	600	150	4 000	2002.3	TN/STN	产量: 80 万平方米 产值: 1 亿元	
日东电工	深圳光明新区	1 490	4 200 万片/年	60 000	2008 年 6 月	TFT		后工序。总投资约 20 亿元，分三期建设

资料来源：《平板显示文摘》，2013.8。

彩色滤光膜供求关系保持平衡

彩色滤光膜作为 LCD 实现彩色显示的关键零部件，占面板材料成本的 20%以上，其性能直接影响到液晶面板的色彩还原性、亮度、对比度。彩色滤光膜的实现方式有印刷法、染色法、颜料分散法、电沉积法、喷墨法等，目前主流的量产方式为颜料分散法。

全球彩色滤光膜生产线配制有内置型和外销型两种方式。日本的凸版印刷、大日本油墨（DNP）、东丽公司（TORAY）是全球大尺寸 TFT 液晶彩色滤光膜制造的三巨头。他们的产品占外销市场的 2/3。韩国、我国台湾也有很好的彩色滤光膜制造商。第 6 代线以上 TFT-LCD 企业几乎都采用内置方式配制彩色滤光膜生产线。

中国大陆的彩色滤光膜是从 2003 年深圳莱宝从日本 MICRO 引进一条 2.5 代旧线开始的。当初几条线几乎都是为 CSTN 配套而建的。现在随着 CSTN 产业的衰弱而先后退出或改作他用。表 4 列出了国内彩色滤光膜片生产能力。其中，TFT-LCD 用彩色滤光膜部分只列入 2008 年生产线。后来建设的生产线基本上都属于内置型，包含 G4.5、G5、G5.5、G6 和 G8.5 的生产线。国内所有 TFT-LCD 用彩色滤光膜生产技术都从国外进口。

目前，国内所有 TFT-LCD 用彩色滤光膜供求关系基本保持平衡，所生产的彩色滤光膜尽管企业间也有少量调剂，但很少进入市场。所以基本上不存在价格过分竞争等问题。但是生产彩色滤光膜的主要原材料，例如光刻胶仍然依靠国外进口。光刻胶的国产化进展缓慢。

表 4　国内彩色滤光膜片生产能力

厂商名称	基板尺寸（mm×mm）	代　数	年 产 能	量产时间	技术来源	应用范围	备　注
深圳莱宝	400×500	2.5 代	100 万片	2003Q1	日本 MICRO	CSTN-LCD	外售
深圳南玻	400×500	2.5 代	84 万片	2005Q4	日本 ANDES		外售
深圳比亚迪	370×470	2 代	24 万片	2006Q1	日本 ABLE		全部自用
湖南金果	400×500	2.5 代	36 万片	2007Q4 小批量生产，尚未量产	日本 ABLE		转产做 TP
深圳莱宝	400×500	2.5 代	36 万片	2008Q3	深圳莱宝	TFT-LCD	自用为主
上海剑腾	1 100×1 300	5 代	24 万片	2008Q1	台湾达虹		转产做 TP
上广电富士	1 100×1 300	5 代	36 万片	2008Q4	日本富士		供应中航光电等
深超光电	1 100×1 300	5 代	36 万片	2008Q4	台湾群创		全部自用

资料来源：莱宝公司资料室。

光学薄膜尚处于起步阶段

液晶显示行业的薄膜材料主要用于背光模块和偏光片中。背光用光学膜主要有反射膜、扩散膜、增亮膜、导光板等几种类型。背光模块光学膜片约占液晶面板总成本的 15%左右。此外，还有广泛用于各类显示器件的保护膜，数量也不少。

光学基膜全球 80%以上的产能被三菱树脂、东丽、帝人、杜邦、可隆、SKC、东洋纺几大巨头所垄断。扩散膜、反射膜、导光板卷入企业众多，竞争激烈；增亮膜则长期被 3M 垄断，但近年有所松动。

前些年我国生产光学膜主要是台资在大陆设立的薄膜拉伸成型加工，原料基膜从国外进口。近年来，随着化学膜的需求急剧增加，内资膜加工企业大量涌现，表 5 列出了部分国内平板显示用光学膜企业状况。其中比较主要的有合肥乐凯、张家港康得新、北京康特荣宝、上海凯鑫森、宁波激智等。

基膜生产我国很少涉足。唯一见到的是由中国最大的聚酯生产公司仪征化纤和日本东丽合资建立的仪化东丽，2011 年 7 月开始在扩散膜、增光膜以及棱镜膜上使用的光学基膜生产，年产光学基膜 6 600t。

我国光学膜产业总体而言尚处于起步阶段。进入的企业不少，但大多集中于薄膜拉伸成型加工，一些包装材料转型的企业能否顺利生产出合格的化学膜，还有待观察。整体供求关系一时也难以判断，但膜产量多半取决于基膜的供应，不排除将来某些功能膜供过于求。

表 5　国内平板显示用光学膜企业状况

厂　商	厂　址	产　能	投资额	投产日期	类　别	备　注
仪化东丽	仪征			2011 年 7 月		
菲斯特科技	成都			1999 年	微透镜膜、增亮膜、扩散膜	
康得新	张家港	4 000 万平方米		2011 年	增亮膜、3D 膜、硬化膜、反光膜、扩散膜、复合膜等	
凯鑫森	上海	7 440 万平方米	3.5 亿元	2010 年 10 月	扩散膜、棱镜膜、微透膜、复合膜等	25 条生产线
多能薄膜	佛山				扩散膜	
激智	宁波			2008 年	扩散膜、增光膜和反射膜	
华威新材料	常州	1 500 万平方米	800 万美元		棱镜片、复合膜	
布雷德	天台			2009 年	上下增光膜、复合膜	
泓能光电	绍兴			2012 年	增亮膜、扩散膜、反光膜	
乐凯	合肥			2008 年 12 月	硬化膜、扩散膜	
乐凯锦富	昆山				扩散膜	
锦富	苏州		1 亿元	2011 年年底	反射片、棱镜片、扩散片	一期项目于 2011 年年底投产，涂布生产线的年生产能力为 1 100 万平方米
兰埔成	南京			建设中	反射膜	
东旭成化学	慈溪		2 亿元		扩散膜、反射膜、增亮膜、光学膜基材	
金正光学	太原	1 200 万平方米	1.5 亿元	在建	增光膜、扩散膜、复合膜	
宇皓	平遥		5.6 亿元	2012 年 7 月	挤压板、激光导光板	
特弘众普	鄂尔多斯			2011 年 6 月	导光板	
丰盛	常州				导光板、扩散板	
凯盛众普	蚌埠	240 万片/年	2.3 亿元		导光板	
康特荣宝	北京	90 万片/月			导光板	
冠鑫	南京				导光板	

资料来源：《平板显示文摘》，2013.8。

发展触摸屏产业要有特色

触摸屏现在几乎是所有小尺寸显示器的标配，这几年呈爆发式增长态势。2013 年全球触摸屏产业市场规模达 18 亿部，较前一年增长 34%，其中电容式触摸屏在 2012 年超过 10 亿部之后，2013 年接近 16 亿部，年增长率高达 49%，而且占据整体市场 90%以上的份额。除了外挂式的投射式电容触摸屏外，内嵌式的 On-Cell 触摸屏得益于三星在其 Galaxy 系列手机的导入而得到广泛应用；而 In-Cell 触摸屏市场的快速增长，很明显是来自 Apple iPhone 5 的应用。2012 年开始，触摸屏技术正在经历两个重要变化，一是传感器结构的演进，二是传感器线路的新一代 ITO 取代材料。

2008—2012 年，中国触摸屏出货量表现为快速增长态势，四年间年均增长率超过 40%，到 2012 年，中国触摸屏出货量为 4.26 亿片，同比增长 71.53%。同期，出货金额年均增长率超过 30%。2012 年，中国触摸屏出货金额约为 140.88 亿元，同比增长 31.00%。

现在国内生产触摸屏的企业大大小小几十家，与之配套的企业更多。表 6 给出了目前国内主要触摸屏企业状况。其中，主要企业有莱宝高科、欧菲光、汕头超声等。华芯富创专注 10 英寸以上大中尺寸触摸屏，天津富纳源创公司建立了全球首个碳纳米管触摸屏项目，并于 2012 年在天津量产。他们产量都不大，但是都有自己的特色。而目前最大的触摸屏企业，依然还是台资胜华、宸鸿这两家企业排在全球前一、二名的位置。

触摸屏新技术层出不穷、市场变化快。触摸屏企业要么有足够大的规模，要么有自己鲜明的特色，否则难有立足之地。

表 6　目前国内主要触摸屏企业状况

厂　商	厂　址	产　能	投资额	投产时间	类　别	备　注
中触实业	深圳、广州	6KK/月		1999 年	触摸屏	电阻屏、电容屏
华睿川	南京	7KK/月	1 800 万美元	2002 年	触摸屏	电阻屏、电容屏
欧菲光	深圳			2001 年	触摸屏	电阻屏、电容屏
航泰光电	深圳	300 万片/月	5 000 多万元		触摸屏	电阻屏、电容屏，3 个厂
深越光电	深圳			2006 年	触摸屏	电阻式、声波式和电容触摸屏
业际光电	深圳	3.5 万平方米/年	1.25 亿元	2008 年	触摸屏	电阻屏、电容屏
力合光电	深圳		超过 3 亿元		触摸屏	ITO Sensor，ITO 导电玻璃，触摸屏
裕成光电	常州			2009 年	触摸屏	电阻屏、电容屏
莱宝高科	深圳			2007 年	触摸屏	ITO 导电玻璃、彩色滤光片、触摸屏
汕头超声	汕头			2010 年	触摸屏	电容屏
昊信光电	上海	25 万片/年	3.87 亿元	2013 年	触摸屏	电容屏
金指科技	浙江长兴	3 000 万片/年			触摸屏	电容屏
合力泰科技	江西泰和、深圳			2009 年	触摸屏	电容屏
中显微电子	深圳			2010 年	触摸屏	电容屏
鑫锐光学	常熟			2010 年	触摸屏	电容屏
华芯富创	济南	100 万片/年	5.5 亿元	2013 年	大尺寸触摸屏	OGS
富纳源创	天津	150 万片/月		2012 年	触摸屏	碳钠米管触摸屏

资料来源：《平板显示文摘》，2013.8。

此外，作为 TFT-LCD 的原材料至少还应当包括：背光模块、驱动 IC、湿化学品、靶材、超纯气体等。当然，产业链的上游还有相关的设备制造产业，这又是一个该具备相当规模的产业集群。

三大问题制约配套发展

如今，我国液晶配套产业已经起步，但是仍然存在三大问题制约其快速发展。只有解决好核心技术问题、规模问题、发展环境问题，中国配套产业才能得到长远发展。

第一，核心技术受制于人。

原材料、元器件和专用设备等本地配套能力不足，存在核心技术缺失的现实问题。这些年在平板玻璃、液晶材料、偏光片、彩色滤色膜、光学膜等一系列材料的国产化过程中，几乎都遇到同样的问题，技术储备不足，核心技术受制于人。不少企业长期以来未能从根本上摆脱专利困扰，只能在国际大企业的夹缝中求生存。造成国内许多新产品以低端为主，技术附加值低，市场竞争力和价格竞争力弱，经济效益相对较低等问题。

第二，企业规模过小，生存压力过大，企业缺少积累。

上游配套企业基本上都属于中小企业，多数企业恐怕连中型企业都算不上。这两年我们可喜地看到有些上市公司涉入，但数量很少。这些企业一般历史很短，企业规模过小，技术与资产的沉淀都不够，在与实力雄厚、历史悠久的国际大厂的竞争中没有多少优势。而在国内众多同行中，又往往为了生存竞争过度，竞相杀价，两败俱伤。其结果是企业勉强维持简单再生产，缺少积累，更谈不上长远的技术研发的投入。

第三，发展环境不尽如人意。

企业生存环境现在遇到两个方面的问题：一是企业是否能处于合理、公平的环境中竞争，二是产业链上游企业面临融资难的困境。

过去国际大公司不重视中国市场，重要的原材料、关键技术往往采取限制、封锁的办法加以应对。但这不是唯一的，由于监督不力，国外产品大量倾销也不少见。例如，国外的偏光片生产厂家将边角料、B 级品等偏光片垃圾大量倾销到中国，价格不到国内正规偏光片的 1/3，严重冲击国内的偏光片市场。这种问题直到今天依然存在。

现在不同了，中国市场强大了，那些原材料国际大公司坐不住了，纷纷要在中国建厂。这势必给刚刚起步的内资企业造成压力。对外资企业进来我们一向欢迎，但要营造中外企业公平竞争的环境。

此外，我国企业发展历程较短，缺乏足够的市场融资能力，无法在研发和产业化上大量投入，资金短缺成为业内企业存在的普遍问题。

多方协同才能做大做强

为解决这些实际存在的发展瓶颈，我们提出下列建议：

首先，对配套产业国产化（本地化）的形势要有清醒的整体认识，要有紧迫感。

既要看到这几年上游配套产业快速发展所取得的成绩，增强国产化的信心。又要坚信只要努力，任何困难都将克服，完全能够生产出合格的产品，满足器件企业的需要；还要看到配套原材料国产化仍有很大不足，不能盲目乐观。要清醒地看到关键原材料、元器件的国产化率还很低。某些所称高国产化率的数据还可能含有不实的水分。

解决原材料、元器件国产化不只是上游供方企业的事，更是器件企业的事，他们在这件事上是利益共同体。实力雄厚的器件企业有责任支持上游原材料、设备制造企业，要伸出援手，而不是消极等待。材料要实现量产往往要经过冗长的认证阶段，需要供需双方密切配合，尤其是器件企业的大力支持必不可少。

其次，政府要出台专门针对上游配套企业做强做大的政策。

中央和许多地方政府最近几年相继出台了一系列支持平板显示产业的政策，取得了很好的效果，有力地推动了 TFT-LCD 产业的发展。但是这些政策大都侧重于对大型器件企业的支持，这在产业发展初期无疑是对的。现在 TFT-LCD 器件产业规模起来了，完善供应链成了主要矛盾。有必要建议政府主管部门推出专门针对上游配套企业做大做强的政策，包括鼓励国产化的财政补贴、税收减免、进出口关税调节等。

建议政府出台政策鼓励有实力的大企业、上市公司进入液晶和平板显示上游配套产业。同时鼓励有条件的企业通过兼并、重组等商业手段做大做强。

最后，建议在重点企业设立原材料（专用设备）研发中心，加强基础研究。

上游配套企业的科研投入不足已经成为整个平板显示产业发展的瓶颈，不能不引起各方特别关注。

鉴于当前上游配套原材料企业科研力量不足，研发资金投入严重不足，新产品推出速度慢等问题，有必要大力提倡有实力的企业建立单独或联合的研发中心或产品验证试验线，必要时政府给予一定的补贴。

OLED：切入时机已到 技术选择是关键

关旭东 高鸿锦 孙政民 陈炎顺 朱昌昌 董友梅 刘 宏 张 兵

OLED 产业化时机到了么？

高鸿锦：近两年 AM-OLED 迎来了一个很重要的转折点，就是三星将其应用到手机上，从此开始了 AM-OLED 的产业化进程。但是从整体判断，现在 AM-OLED 的产业化还只是处于起步阶段。现在全球有几家企业都在做 AM-OLED，其中韩国三星占 80%～90%的市场份额，其他企业都还在研究阶段，建立的多是试验线。比如，奇美新建的用于 OLED 的第 4.5 代线刚刚启动，还没有完全确定是用低温多晶硅技术还是其他技术。友达有两条线，一条是位于中国台湾的第 3.5 代线，是小规模的试验线；另一条是在新加坡，是在原来第 4.5 代线的基础上改造的；还有一家台湾企业则是在外购 TFT 基板后做封装。这其中，做得最好的是友达，但友达自己公布的成品率也只有 20%，它认为 AM-OLED 的产业化要推迟。韩国企业中，除三星之外，LG 有两条 AM-OLED 试验线，不过不久前又公布投资 1.2 兆韩元将龟尾第 6 代线部分转换，建立一条 LTPS（低温多晶硅）的生产线。日本显示器公司（JDI）的 AM-OLED 生产线也是收购松下的一条生产线后改造的。所以，实际上到现在为止，包括韩国、日本等在内的大多数企业都采取旧线改造的方式做 AM-OLED，真正建新线的很少。可见现在 AM-OLED 还没到大规模建线的时候。我认为，即使 OLED 是将来具有成长性的技术方向，是有实力在一定程度上取代液晶的，但目前的技术水平也还不到大规模产业化的程度。

董友梅：OLED 产业经过十几年积累，已经到产业化前期了，也已经成为继 TFT-LCD 之后最具成长性的技术。但是它要成为显示产业的主导力量还需要有一个过程，要比较长的时间才能形成规模。究其原因，一方面，虽然目前在小尺寸，如手机上有了一定的批量生产能力，但仍不成熟，加上上下游产业链的成熟也需要一定的时间，因此短期内即便在中小尺寸领域，从产业规模上也无法成为与 LCD 相抗衡的力量；另一方面，不管是哪类显示产品，要成为主导，必须在大尺寸上有所作为，比如 TV 和显示器，因为大尺寸产品是消耗产线生产能力的关键，但在这方面我们看到 AM-OLED 还不成熟。我认为，对于 AM-OLED 来说，2013 年和 2015 年是两个很重要的时间点，我们需要在这两个时间点上判断 AM-OLED 的应用趋势和它能在多长时间内形成与 TFT-LCD 相抗衡的规模。AM-OLED 发展的路径需要时间来观察，如果 2013 年技术上没有突破，就可能还要再等两年。

OLED 与 TFT-LCD 应是什么关系？

朱昌昌：有关 OLED，我是谨慎乐观的。OLED 与 LCD 的关系和 CRT（阴极射线管）与 LCD 的关系不一样。后者是颠覆性的取代，而 OLED 与 LCD 是改进型的，是互相补充的关系。OLED 有响应速度快、颜色更好、可以做柔性等优点，但这些优点 LCD 也有希望做得很好。同时，OLED 有些方面还不如 LCD，如分辨率，LCD 可以做到 600 个 ppi，而 OLED 现在做到 400 个 ppi 就已经比较困难了。我认为，现在 LCD 发展高分辨率，如 2K×4K、视网膜之类的，都是为将来与 OLED 竞争打下“埋伏”。

董友梅：AM-OLED 和 TFT-LCD 背板都要用 TFT，虽然技术上有一定差异，但两者核心的、底层的，包括产业化的技术都是一样的。目前看，如果做氧化物的话，TFT 产线基本 100%都可以用，即使做 LTPS，其 90%以上的设备还是可以用在 AM-OLED 生产线上。所以两者在技术上不是对立的，也不是替代关系，而是相通的和延展的关系。TFT-LCD 产业的基础也就是发展 AM-OLED 的基础。

张兵：OLED 技术与经济规模还有许多成长空间，且有些技术可以借助 TFT 的技术积累，而这些技术很多都可以移植到 OLED 的生产制造中。因此，OLED 可以理解成液晶技术的一次平滑过渡与升级;液晶的一些技术积累、新的技术和制程等相当部分可以为OLED所用,这是业界厂商专项发展OLED的最大机会。综合来看，AM-OLED 面板会在某些细分市场，如柔性显示面板需求市场、高阶产品应用市场等细分市场有较高市场占有率，会产生一定的替代作用，但是全面取代 TFT-LCD 面板，目前而言为时尚早。

哪类 OLED 技术或应用是发展方向?

关旭东：现在在有源有机显示中用得最多的是氧化物 TFT 和低温多晶硅 TFT，我个人的看法是，低温多晶硅 TFT 在有源有机显示上可能在中小屏上有比较好的发展前途，因为可以做到高分辨率。若想把有源有机显示做到大尺寸电视上，一定要用氧化物 TFT 或其他可以采用在低温下，大面积沉积薄膜技术而制造的 TFT。低温多晶硅 TFT 的工艺流程比较复杂，需要光刻的次数在 10 次以上，而每一次光刻，成品率要下降一点，这一点是致命的缺点。另外，目前的低温多晶硅都是先沉积为非晶硅，再通过激光退火后晶化为多晶硅晶粒，因为是多晶，因此存在大量晶粒间隙，这个晶粒间隙对 TFT 的性能影响很大。晶粒的均匀、重复性，甚至晶粒的大小对 TFT 的性能和显示质量的影响也是一个需要认真解决的难题。有源有机显示是电流驱动型显示，对 TFT 的一致性、重复性的要求是非常高的。有源有机显示要用在大尺寸电视上，我认为不要把希望寄托在低温多晶硅上，从目前看一定要用氧化物或其他的技术。氧化物目前的代表是 IGZO（铟镓锌氧化物），但现在很难回避 IGZO 的专利问题，可研发其他氧化物半导体 TFT。

陈炎顺：AM-OLED 制造工艺包括 TFT 背板、有机发光层、封装三部分。其中，TFT 背板对产品性能影响很大，也是成本的重要部分，TFT 背板技术包括非晶硅（a-Si）TFT、微晶硅（μc-Si）TFT、低温多晶硅（LTPS）TFT、氧化物（Oxide）TFT 等。AM-OLED 背板主要采用 LTPS 和 Oxide， LTPS 迁移率高，但工艺较为复杂，成本较高，高世代产线和大尺寸化难度大；Oxide 工艺相对简单，可应用于第 5 代线以上的基板生产，成本适中，但量产成熟性尚待提升，迁移率低于 LTPS。

在小尺寸 AM-OLED 方面，目前量产主导厂商是三星，份额占到 90%以上。三星采用的是 LTPS 方式，目前量产线以此技术路线为主，但理性来看，并不代表未来 Oxide 不能在小尺寸上有所作为，Oxide 比 LTPS 的出现晚了 10 年以上。Oxide 能否切入中小尺寸，现在还不能下结论，只能说目前在中小尺寸方面，以 LTPS 技术为主。中大尺寸 AM-OLED 尚没有进入量产，但 Oxide 技术作为中大尺寸 AM-OLED 背板技术较 LTPS 更有优势。

AM-OLED 发光层制作工艺方式有很多种，目前主要的路径有 RGB FMM、白光加彩膜、LITI 以及打印等。RGB FMM 方式可实现高光效、色彩表现好、工艺较为成熟，已应用于小尺寸产品，但大尺寸成膜、高分辨率等问题需要解决；白光加彩膜技术工艺简单，可实现高分辨率，但增加彩膜成本，光效不高；打印方式正在推进量产工艺研发。因此，现阶段对大尺寸 AM-OLED 发光层制作工艺而言，技术路线较多，各有利弊。

张兵：在平板电脑、笔记本电脑与液晶显示器市场上，AM-OLED 面板将面临量产规模小，产品良品率差，以及制成品由于技术原因存在白色画面均匀性问题，能否获得大量应用要面临来自技术与量产两方面的较大挑战。AM-OLED 为电流式驱动，而电流式驱动走到大尺寸的状况会有电流量下降的问题（属性），而电流量下降会造成白色画面均一度不佳，在笔记本电脑或计算机显示器等应用时，由于工作环境均是以白色背景为主，白色均一度不佳会让画质出现问题。因此，AM-OLED 并不将笔记本电脑与桌上显示器当成应用。而在手机与电视等动态画面，白色均一度不佳并不明显，所以 AM-OLED 从手机先应用并跳过了 IT 的面板，直接进攻到电视领域。

如何解决标准和专利问题？

陈炎顺：随着 AM-OLED 技术的不断发展和成熟，国内外标准化组织已开始了 AM-OLED 标准布局。目前，国际标准组织 IEC/TC 110 已经形成了初步的 AM-OLED 标准体系，但仅涉及术语符号、测试方法等基础通用类标准，尚无具体产品规范。在国际 AM-OLED 标准体系的基础上，我国根据产品及技术的发展状况，也在积极开展相关标准的制定工作。工业和信息化部电子工业标准化研究院已经成立了 OLED 显示标准工作组，组织国内相关企业、高校、研究所等单位，开展 OLED 标准体系的研究和制定，目前已经完成初步规划。目前，企业对技术标准的关注度和参与度日益提高，特别是在 OLED 标准领域。例如，由维信诺主要起草的《OLED 环境试验方法》行业标准目前已完成了标准送审，由京东方主要起草的《OLED 机械性能测试方法》行业标准也在筹备立项中。希望国家对相关技术标准工作给予政策和资金上的支持，推动 OLED 标准体系的不断完善，从而引导技术发展，规范产品市场。

刘宏：第一，密切关注国内外相关机构在 OLED 研发和制造领域的最新进展，以最快速度把行业最新发展融入标准中，同时注意不能一味地跟踪国际先进技术而落入发达国家的技术陷阱，不要把国际先进企业已经申请专利保护或者短期内具有不可替代优势的技术或指标列入国际标准，以至于造成对国内企业变相的打击和对国外企业变相的保护。

第二，应重视标准制定工作。标准是继专利之后被国际上认为越来越重要的重要技术壁垒和软实力的体现，是国际经济贸易攻防战中重要的武器，从过去其他行业的经验来看，发达国家非常善于运用这些武器来构筑在经济领域的竞争力，而我们在 OLED 这个新兴领域一定要学习他们的先进经验来服务于我们的国家。

第三，对于 OLED 这样一个高速发展的行业，不能等到技术发展到完全成熟阶段再制定标准，标准制定或修订一定要快，对比如薄膜封装、柔性显示屏等一些未来的领域要有所准备。

张兵：发展 OLED 一个必备条件为专利费拨备。OLED 关键技术包括发光光源、发光材料、覆层形成材料的真空蒸发、光源特性控制、控制电路等。在专利申请国别上，优先权专利主要在日本、美国和韩国厂商手中，中国 OLED 专利申请数量虽然较多，但优先权专利数量非常少。针对国内销售而言，专利可能不是问题，但总体而言，由于 OLED 无统一制程，因此有许多专利障碍，专利呈现非常混乱的状况，这点与 LCD 不一样。因此，若要发展 OLED，还是要考虑寻求多种途径规避专利权战争，甚至有必要划出一定量的专用资金拨备用于应对可能的专利纷争。长期来讲，还需要中国领先的企业厂商联合开发基于现有专利和标准技术上的衍生技术，就如 TFT-LCD 过去走过的路一样，基础专利和标准往往掌握在少数厂商手上，其他跟进厂商通过交叉授权，开发衍生技术等方式绕开或部分规避外资厂商的专利壁垒。

现阶段中国应如何切入 OLED？

高鸿锦：即使 OLED 是将来技术发展的方向，但目前的技术水平还不到大规模产业化的程度。此时要给予 AM-OLED 积极的支持和足够的重视，不能掉以轻心，更不能简单重复过去靠成套引进，买技术、买装备的方式发展。尤其是新技术刚刚起步的时候，买来的东西将来基本也没太多能用的。所以我认为我们要把两件事情分开做：TFT-LCD 是现实的能形成生产力的，尽管有困难，也要扎扎实实做好；AM-OLED 是未来的东西，要把它作为重点研究，给予足够的支持。但不能把两者混在一起。如果把该做的事情做得不好，不成熟的东西又没力量一下子产业化，两边都不成功，这将是最糟糕的。

朱昌昌：目前看来，OLED 的发展模式和 LCD 还不一样。LCD 现在已经很标准化了，而也许因为

OLED 还在发展初期，它现在的发展模式完全是垂直集成的。发展 OLED 最为成功的是三星，它对上游设备、材料、IC 都有很大的话语权，有些公司就是自己的，高度垂直集成。这就使得其他公司要进入这个产业变得很难。在这种情况下，国内投资 OLED 生产线，在设备、材料、IC 方面都会有问题，面临很大风险。当然，国际企业在强势突破 OLED，我们不做也不行。所以在这种发展阶段，我建议积极开展中试生产、研究，在这过程中把设备、材料、人才培养起来。这样，当真正看到国际企业有实质性成果时，再大规模投入也不迟。目前我国发展 OLED，如果要靠从国外引进几个人或小的团队做，风险很大；在国内全面开花，更是浪费资源的一种表现。国家要适当控制，支持有基础的企业进行中试生产的研究，这样进可以及时进行规模生产，退可以进一步继续观察。从具体技术方向上，开发 LCD 与 OLED 的一些共性技术，如 IGZO、LTPS、柔性技术等，先给液晶配，当条件成熟时再给 OLED 配，这种方式会比较好。

孙政民：我国 TFT-LCD 产业经过 10 年发展，虽然也遇到了困难，但是这是前进中正常的困难，相较而言，我们的机遇大于危机。所以现在要集中力量搞 TFT-LCD，同时紧紧跟进有源 OLED。有源 OLED 我们该做什么？在材料方面，我们做了多年，已经有一定基础，不能放手；在背板技术方面，我们要做，因为不管是 OLED 还是 LCD 都需要 LTPS 和氧化物。我们也应该从中小尺寸做起，从实验线做起。同时，我们要布局一些产业链，比如玻璃和 OLED 偏光片，与产业同步发展，先做些预研和中试。在 TFT-LCD 方面，我们是后发展的，在产业链配套上差距较大，从 OLED 开始我们应缩短这种差距。其实有关 OLED 没什么可以争论的，也不必争论将来 LCD 是否会被 LED 取代的问题，先把眼前的事情做好，同时紧跟趋势，在技术、人力、财力方面做些积累，一旦爆发时跟上，就不会被动。

董友梅：虽然现在面临很多问题，有很多挑战，但是中国还是要抓住 OLED 已经快要产业化这个机遇，发展 OLED，因为我们已经有一定的积累。一方面，我们在 LCD 领域已经积累了近 10 年的技术基础和产业化能力；另一方面，还有很多企业在无源 OLED、有机发光、蒸镀等方面有一定经验，所以已经有能力发展这个技术。同时，应强化中国在 TFT-LCD 产业升级部分的综合竞争力，为发展 OLED 打下坚实的基础。

张兵：中国大陆厂商首先要坚固现有 TFT-LCD 技术基础，尤其要在下一步重点发展用于 OLED 背板技术的 LTPS 和金属氧化物等新工艺，同时兼顾 TFT-LCD 本身，为 OLED 背板技术打好坚实基础。另外，由于中国单一企业在产业规模、资金实力、技术积累、人才储备，以及管理水平等方面还与日商存在很大差距，因此需要加强产业内部以及企业之间的合作，甚至拓宽到与有一定基础技术积累的高校、研发机构进行技术和人才方面的合作。但这种合作一定要基于资本层面、人事管理层面，而不是一般性的、松散的产业联盟。

陈炎顺：客观讲，在新型显示技术方面，中国大陆企业已经具备了与国际巨头同台竞争的技术储备。但是我们的产业化步伐还不够快。如何进一步加快 AM-OLED 的发展，首先，要加快产业化建设，并做好原材料开发等产业链配套工作。中国大陆产业基础薄弱，产业链发展不完善，关键的材料、设备、功能部件等都需要从国外进口，这导致产品成本优势降低。AM-OLED 产业的发展实际上依靠整个产业链从原材料、设备到功能部件等相关行业的发展进行带动，产业化与相关配套工作同步发展，建立完善的 AM-OLED 产业体系，促成低成本竞争优势产业，并逐步掌握相关行业的核心技术。在关键技术领域，政府要制定引导性计划，主导产业链的建设，加快产业配套的建设速度，加强产业竞争力。其次，政府应加大对 AM-OLED 集中支持的力度，促进自主创新的平板显示技术的发展。目前，国外具有 TFT 研发和生产能力的企业均投入大量的人力、物力进行 AM-OLED 的研发工作，并先后制定了 AM-OLED 战略和技术规划，整体工作在稳步推进。我国大陆大多数企业的研发能力有限，很难进行需要若干年的大量资金投入的项目，AM-OLED 产业的开发需要由具有在 AM-OLED 和 TFT 方面拥有技术优势的企业结成联盟，这方面首先需要政府的引导与支持，而且支持要集中“火力”，以取得重点突破。其次，要加强 AM-OLED 基础研发环境建设，打造与 AM-OLED 技术相关的共性技术的公共研发平台。最后，要在知识产权方面加强 AM-OLED 领域的布局，形成自己完整的知识产权体系，增强核心竞争力。

（资料来源：中国电子报）

（部分内容根据录音整理，未经本人审核，特此说明。）

2012年电子纸应用情况及其发展趋势

广州奥翼电子科技有限公司

过去的一年，电子纸显示行业发展并不顺利。平板显示产品的迅猛发展，对电子纸行业造成了巨大的冲击，电子纸阅读器的销量继续下降，投资机构也对电子纸阅读器行业失去信心。普林斯通、高通均停止了相关产品的开发，Liquavista 几经转手，最后落入 Amazon 手里。Eink Holding 从 AUO 手里以低价收购了 Sipix。庆幸的是，OED 还存在于这个市场，同样经受电子阅读器市场衰退的影响，但仍然在困难中坚持发展。

本文从技术发展、市场状况及未来发展等几个方面进行论述，希望能够展示电子纸显示技术的真实状况，让更多人了解这个行业的发展。

一、电子纸显示技术的发展

电子纸显示技术在 2012 年并未有突破性发展。电子纸显示技术的几个方向——彩色化、柔性及视频显示，之前已经有样品展示，有些甚至已经小批量出货，但还未完全满足客户的需求，有些产品一直处于研发阶段。电子纸显示技术一直被诟病的几个问题，如无色彩，响应慢，残影严重，黑暗环境无法阅读及无触摸等，都有一些改善；特别是在前置光和触控方面，取得了飞跃性的进步。

针对客户对彩色的需求，Eink Holding 已经推出用滤光片实现彩色显示的产品，Ectaco 公司应用这种屏幕推出名为 jetbook 的彩色电子纸，但是 499 美元的高价及对比度比较差导致该产品销量不佳。另外，Eink Holding 推出了具有三种粒子的电子纸显示材料。据报道，该材料采用的是 Eink Holding 之前收购 Sipix 的微杯结构，里面放置了三种颜色的粒子，这些粒子带有不同的电荷，在外界不同电压的驱动下，可以实现三色显示。目前应用的产品打的是价格牌，在原来黑白的基础上增加了红色，用于商品促销。从中我们可以看出，电子纸显示技术是有可能通过本身的颜色搭配实现彩色显示的。电子纸实现彩色显示是一种需求，这是电子纸显示技术未来的发展方向之一。

柔性 TFT 的不断发展，也使柔性电子纸显示的产品化成为可能。电子纸目前采用的 Roll to Roll 的涂布工艺，本身具有实现柔性显示的先天优势。目前，实现柔性的电子纸显示的瓶颈是 TFT 背板的制造，其他封装和驱动都不是问题。TFT 实现柔性显示的方向主要有两个：一个采用与目前非晶硅制程相兼容的加工工艺，制作完成后再剥离；另一个是采用全新的材料及工艺，设备需要重新配置。这两个方向都有相关的厂家在积极研发，三星、索尼等公司已经准备发布相关产品。相对于 OLED 而言，电子纸的封装技术相对简单，LG 已经小批量出货柔性的 6 英寸电子纸显示屏，所以在量产方面不是问题，关键是市场需求有多大。

电子纸翻页慢及显示残影的问题，各个阅读器厂商及原厂都在努力解决，但是其关键在于电子纸材料特性。电子纸显示技术功耗极低，究其原因是具有双稳态特性，即显示内容可以断电保持，双稳态和响应速度是矛盾的，在响应快的情况下，双稳态的特性会变差，需要从技术上进行解决。目前电子纸的响应速度还在 100ms 左右，与液晶显示几个毫秒的响应时间相比，差距比较远。电子纸显示技术主要用途是阅读，提升响应时间无非是为了让用户体验更好一些。毕竟现在已经是一个触摸时代，人们已经习惯了触摸即有响应的电子产品。在显示残影方面，目前电子纸材料及驱动方法已经得到了很大改善，特别是 Amazon 的 Kindle，在残影的改善方面取得了很大的进步。

电子阅读器在 2012 年取得的最大突破，应该是在触摸功能和前置光功能的增加上。电子阅读器增加触摸功能是客户一直所期望的，没有触摸功能会让客户误认为阅读器死机，因为目前的主流是电容触摸屏，所以本文将重点介绍这方面的进展，至于电磁触摸、红外触摸，因为价格及性能等原因，逐渐退出主流市场，这里就不再讨论。电子阅读器增加电容触摸屏的主要问题有两个：一是电子纸的驱动电压比较高，来自低频的干扰比较大；二是电子纸显示器是通过反射光线实现显示的，在增加电容触摸屏后对比度下降，白色显示效果不好。这方面做得比较好的是 Amazon，其推出红外触控产品之后效果并不是很理想，便迅速切换到电容触控技术。为了改善显示效果，Amazon 努力研发前置光，解决屏幕看起来比较暗的问题。

前置光的增加，能够解决两个问题：一是在黑暗环境中阅读的问题，因为电子纸并不发光，在光线不充分的情况下无法阅读；二是解决电子纸显示屏因为增加了触摸功能而导致白色看起来不够白的问题。由于电子纸不透光，所以导光板只能放置在原来的显示屏前面，这要求导光板够薄，并且对均匀性要求比较高。前期增加前光的产品良品率一直不高，所以刚开始价格比较高，目前导光板技术及贴合已经逐步成熟，价格已经达到客户可以接受的水平。

综上所述，目前彩色及柔性的电子纸阅读器还未量产，主流的产品还是黑白显示，但是在用户体验及性能方面已经有一定的提升。高清、触摸和前光已经成为目前这类产品的标杆。

二、电子纸阅读器市场状况

IHS iSuppli 发布的报告显示，2012 年电子书阅读器出货量为 1 490 万台，相比 2011 年的 2 320 万台，同比下滑 36%。在 2013 年，这一数字预计还将下降 27%，为 1 090 万台。IHS iSuppli 预计，到 2016 年，电子书阅读器出货量将降至 700 万台，比 2012 年减少 2/3。由此可见，整个电子书阅读器行业处于萎缩期，经过 2011 年的辉煌后，逐渐进入小众市场。

根据 Digitimes Research 的报告，亚马逊以 55%的份额成为 2012 年全球最大的电子书阅读器供货商，日本的 Kobo 以 20%的份额居第二位，排名第三和第四的分别是巴诺（10%）和索尼（6%）。

Amazon 带着 Kindle 在 2012 年进入欧洲及日本市场，凭借性能和品质一流的 Paperwhite 阅读器，以并不算高的售价，快速打开市场，取得了不错的成绩。虽然进入中国的时间一直在推迟，但是 Kindle 入华是必然的事情，只是时间的问题。另外，Amazon 还花了 1 亿美元从三星手里买了电湿润显示技术，看来 Amazon 对彩色的需求一直都很强烈，只是目前的 Color Filter 技术并未达到他的要求，因此不惜重金购买电湿润显示技术。Amazon 一直走在电子纸技术的最前面，为了发展触摸技术，它收购了 Touchco 公司，为了发展前导光技术，它收购了芬兰科技公司 Oy Modilis。

根据易观国际数据，截至 2012 年第一季度，中国整体市场电子阅读器的销量为 28.16 万台，环比下降 4.3%，同比下降 7.5%。第二季度整体市场销量为 29.3 万台，环比上升 3.9%，同比下降 5.9%。预计 2012 年中国电子阅读器销量在 120 万～130 万台。

汉王依然是中国电子阅读器的主力供应商。根据其年报，电子阅读器业务同比下降 77%，年收入为 6912.2 万元。其他如盛大、当当同样业绩并不是很理想。

电子阅读器的开发厂商，已经从 2011 年的 40 余家，减少到 5 家左右，大部分已经转为平板产品的方案公司。

三、电子纸应用的主要发展方向

电子纸的主要应用——电子书阅读器销量不断下降，导致整个行业不景气，咨询机构也减少了对这一行业的关注。电子纸应用的几个方面——价格牌、手表、智能卡、信息发布牌及广告牌，因为电子书阅读器及价格牌市场未能达到之前预期的发展，所以也慢慢冷却下来。

从前面的数据可以看出，电子书阅读器市场在进一步萎缩，主要原因是平板电脑和智能手机的冲击，消费者对于只有单一功能的电子书阅读器的购买欲望越来越小，经销商也无法从中赚取利润，导致整个行业不景气。但是作为显示技术的一种特有分支，电子纸显示技术并不会像 MP3、游戏机产业那样，会被其他产品所替代。

电子纸显示技术的主要特点是低功耗和反射式显示。在便携式消费产品需求越来越旺盛的情况下，电子纸显示的机会是一直存在的。特别是目前穿戴式消费电子逐渐流行，电子纸显示技术有很大的应用空间。例如，Nike 的运动手环，可以记录一些与身体相关的参数，然后与手机通信后进行身体健康分析。类似这种穿戴式的消费电子产品，电子纸可以满足其低功耗的需求。

针对目前的市场状况及电子纸技术的特点，电子纸显示技术一方面应该将产品化的成本降低，另一方面针对便携式的产品市场，应该尽快推出柔性显示屏幕。产品化成本降低，才能够大面积应用于目前大量出货的工业显示行业，特别是电子价格标签应用，这是一个非常巨大的市场，但是现在大部分还是在应用黑白液晶。电子纸显示技术无论从功耗，还是性能方面都比 TN LCD 好，但是 TN LCD 价格优势非常明显，客户还是选择黑白液晶。所以针对这种需求量大的市场，一定要有合适的价格，才能促使客户选择电子纸显示屏。只有不断控制成本，使电子纸产品的使用更加方便，才能逐步推向工业显示领域。

便携式消费电子产品对柔性产品的需求也是很明显的。智能手表在苹果 iWatch 概念的带动下火热发展起来，几家消费电子厂商相继推出了自己的产品，大部分都是采用 OLED/LCD 作为显示屏幕，但是都存在功耗过大、产品厚重等问题。电子纸显示产品具有可弯曲、耐冲击和超薄方面的特性，非常适合这类应用。

综上所述，电子纸产品市场不被看好，但是其应用需求是存在的，只有不断降低其产品应用的成本，开发柔性显示产品，才能为电子纸产品市场下一轮爆发做好准备。

2012年3D显示行业发展状况

京东方　武延兵

2012年1月1日，中国首个3D频道——CCTV 3D频道开播；2012年1月上旬，在美国拉斯维加斯举行的CES展上，眼镜式3D显示继续扮演了较为重要的角色，而且东芝公司展出了其55英寸UHD可切换裸眼3D TV； 2012年3月，曾经红遍全球的《泰坦尼克号》再次以3D的形式重回影院……在2012年年初，3D吹响了从内容到传播，再到显示的集结号，仿佛要向“3D时代”发起冲锋。但是，当我们现在回头去看，相比2010年的横空出世、2011年的如火如荼，2012年的3D显示应该称为“稳中有进、等待突破”。

3D 内容与传播渠道

2012年1月1日，由广电总局牵头，中央电视台、北京电视台、上海广播电视台、天津电视台、江苏广播电视总台、深圳广电集团6家单位联合开办的中国首个3D电视试验频道CCTV 3D正式开播。该频道由6家电视台分别制作3D节目，中央电视台统一播出，每天首播节目4.5 小时，内容包括动漫、体育、专题片、综艺等。作为我国首个立体电视节目综合性试验频道，3D电视频道的开播，被视为对整个3D产业链发展的极大推动，是3D行业的重要里程碑。它标志着广电系统拉开了中国新形式电视体验的序幕，它把3D与终端消费者的距离彻底拉近。以前需要去电影院才能观看的3D内容，现在可以通过广电网络接入家庭；以前每年只有数十部的3D电影，现在不论数量还是形式都将产生一定的飞跃；以前下游3D显示缺乏内容、嗷嗷待哺的局面，将会有所缓解。

但是，3D显示频道，不论从广播技术角度，还是内容拍摄编辑角度，都是一件很困难的事，从开始到完善还有很长的路要走。在“2012中国3D终端消费趋势调查”中，95%的消费者表示因为受制于高清机顶盒、数字化整转、3D电视等方面的制约，在自己家中目前无法收看3D电视频道；而能看到3D频道的家庭也每天只能看4.5小时的3D内容，而且种类也相对有限，客户黏性非常薄弱；即使是在观看3D内容的消费者，也在抱怨3D内容仍然太少，内容质量有待改善。

中国2012年上映的3D电影达到创纪录的38部，相比2011年的12部，呈现了稳步上升的态势（这里面也有2012年我国进口特种影片配额增加造成的影响）。同时，虽然3D影片的数量只占全年上映的11%，却实现了70亿元的收入，拿下了40%的票房。尤其是《泰坦尼克号》3D版的强势回归，更加令人相信3D在电影院仍然拥有较高的吸引力。需要提及的是，2012年里国产3D影片数量达到了8部，分享了22%的票房收入，代表着国产3D电影势力的壮大。不仅影片数量稳步增长，2012年我国的3D荧幕数量也达到了9 100块，相比2007年的82块增长了110倍。可以说，在电影领域，3D已经获得了成功。

3D频道成功开播，收视率却远未达到预期；3D电影虽然蓬勃发展，但是其对3D显示家庭观看的影响力却较为有限。处于上游的内容与传播渠道严重影响着3D显示的发展，如果没有上游的支持，3D显示装置就成了空中楼阁。但是因为受限于内容制作成本、制作技术、产业链建设、消费者观看习惯，以及下游3D显示装置的普及程度和显示质量等问题，内容和传播渠道总体上仍然是整个3D显示行业发展的瓶颈所在。

3D 显示装置

虽然3D内容和渠道远远无法满足消费者的需求，但是3D TV 2012年的出货量仍然创了新高，超过

3 000万台。相比2011年对2010年的增幅，虽然2012年对2011年的增幅稍有下降，但是相比全部TV产品，3D的渗透率达到了14%。亚太是3D TV最大的市场，其次是西欧和北美，而西欧3D TV的市场渗透率高达19%，为各地域第一，如图1所示。

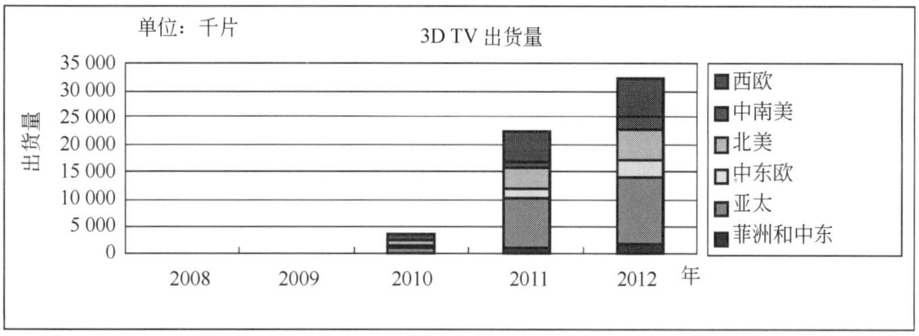

图1　3D电视出货量

数据来源：HIS。

图2对2009—2012年上市的电视款数进行了统计，可以看出，2010—2012年三年间整体上市的电视款数大致相当，但是在高端电视产品中，3D所占比例呈现稳步上升趋势。到了2012年，几乎70%的高端电视都配备了3D功能。这也许就印证了2011年业界的预测：3D将成为高端电视的标配。

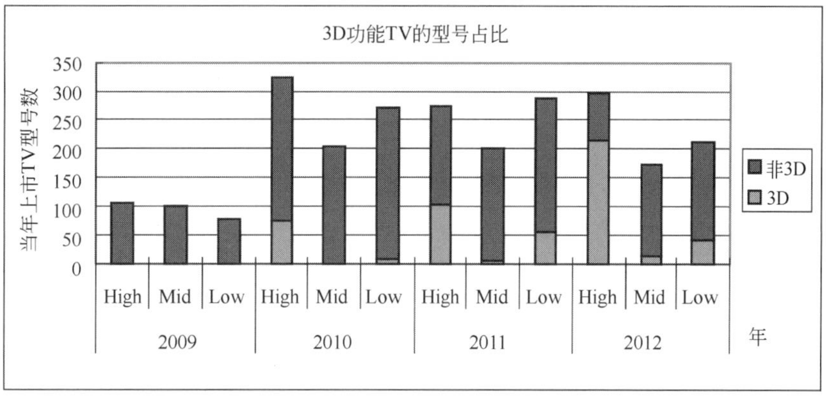

图2　2009—2012年上市的电视款数

数据来源：DisplaySearch。

虽然3D产品的出货量有了较大幅度的增加，在高端产品中的比例也超过70%，但是相比2011年，2012年的3D显示技术格局没有太大变化，如表1所示。主要变化是裸眼3D阵营中增加了偏振式液晶透镜技术（Polarization Switched Lens 3D），其原因是日本东芝公司量产并上市了55英寸超高清液晶透镜裸眼3D TV——55X3000C。它从一定程度改变了3D显示技术的格局，但是对3D市场的实际影响却相对较小。

表 1　2012 年的 3D 显示技术

		不可2D/3D切换	可2D/3D切换
眼镜式	主动眼镜		SG 3D
	被动眼镜		FPR 3D
裸眼式	挡板障壁式	挡板被动障壁	挡板主动障壁
	透镜式	透镜式3D	偏光式液晶透镜3D

眼镜式3D技术与2011年完全一样，包括快门眼镜式3D（Shutter Glass 3D，SG 3D）和偏光眼镜式3D，尤其特指薄膜式偏振3D技术（Film-type Patterned Retarder，FPR 3D），前者主要由三星公司主导，后者主要由LG公司主导，也称为不闪式3D。另外，2011年三星和RealD曾经合作的RDZ 3D （Active Retarder 3D，属于偏光眼镜式3D）技术并没有在2012年形成产品上市。

快门眼镜式3D产品的主要面板生产商为三星和CMI。以2012年第二季度的统计数据为例，三星和CMI分别占55%和28.5%，其次为AUO和Sharp，分别占8%和7%。快门眼镜式3D的主要产品为40英寸、46英寸、55英寸、39英寸。而Sharp的快门眼镜式3D主要集中在40英寸以上的大尺寸产品上，如40英寸、46英寸、52英寸、60英寸、65英寸（见图3）。

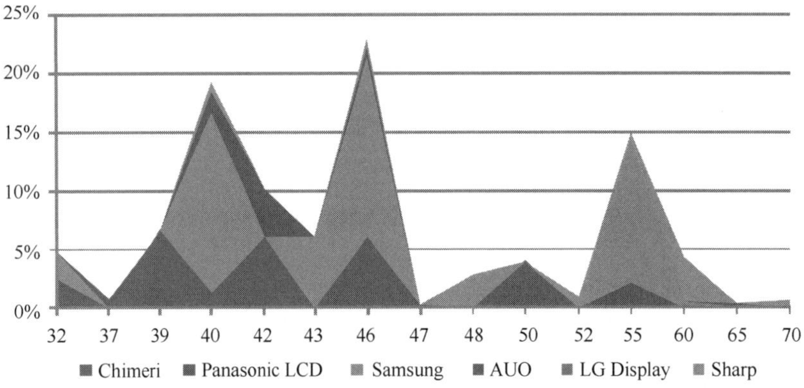

图3　2012年第二季度快门眼镜式3D电视面板出货比例

数据来源：DisplaySearch。

偏光眼镜式3D的主要面板生产商为LG和AUO，分别占88.9%和10.5%的市场份额。LG第二季度的3D产量为441万片， PR 3D的主要产品尺寸为32英寸、42英寸、47英寸（见图4）。

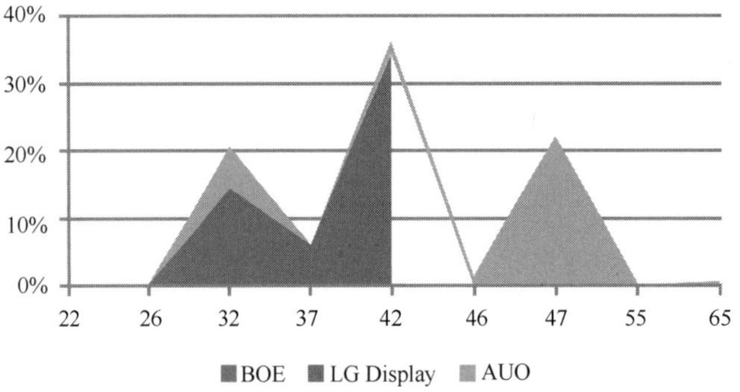

图4　2012年第二季度偏光眼镜式3D面板出货比例

数据来源：DisplaySearch。

眼镜式3D产品在SG 3D和FPR 3D的竞争中，市场渗透率不断上升，产品价格不断下降， 产品和市场都趋于成熟。与两年前3D的高高在上相比，眼镜式3D已经完全做好了成为电视标配功能的准备。图5显示了从2011年第一季度到2013年第一季度的各3D技术产品的出货量。

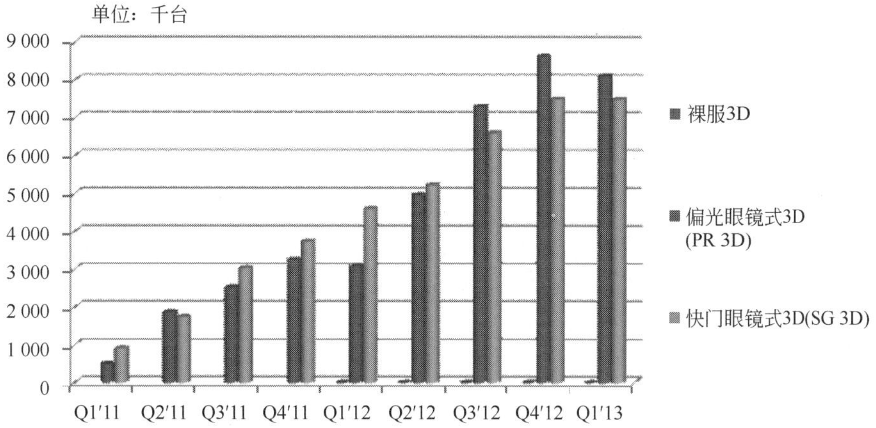

图5　2011年第一季度到2013年第一季度的各3D技术产品的出货量

数据来源：DisplaySearch。

从图5中可以看出，每个季度SG 3D和PR 3D的总出货量始终差距不大，同时二者都保持着较为迅猛的上升趋势。需要注意的是，2012年第三季度，PR 3D出货量终于小幅超过了SG 3D，并且将领先优势连续保持了3个季度。

从图5中还可以看到，与眼镜式3D产品的出货量相比，2012年裸眼3D的市场体量完全可以忽略不计，但是毕竟它是3D显示的重要技术流派，也被认为是未来的主流技术，所以必须予以关注。裸眼3D可分为视差挡板式（Parallax Barrier）和透镜（Lens）式。视差挡板式3D多应用于中小尺寸的手机和平板电脑，并且多采用可2D/3D切换的主动障壁技术，可以使观看者需要看2D内容时完全不受影响，需要看3D内容时可以打开相位差板，实现3D显示。到2012年年底前，全球最大的主动障壁产品是LG公司的DX2500，对角线尺寸达到25英寸；另一款重要的主动障壁产品就是任天堂公司生产的3DS掌上游戏机，在2012年6月发布了其大尺寸版3DS XL。采用Lenticular 3D等不可2D/3D切换的裸眼3D技术多用于公共商用显示，为规模较小的专业裸眼3D公司所采用，并有数百上千台的出货规模。采用了可2D/3D切换的偏光式液晶透镜（Polarization switched Lens）技术的东芝55X3000C也可以算做3D产业史上一款里程碑式的产品。

偏光式液晶透镜结构如图 6 所示。它包括在显示面板上设置一片偏光调制器件，用于调制出射光的偏振方向，该偏光调制器件可以是一片 TN cell，不加电时，液晶层成扭曲状态，将显示面板出射的偏振光旋转 90° 后出射；加电后，扭曲状态被破坏，显示面板出射的偏振光偏振方向不发生变化。在偏光调制器件上面设置有一层双折射光栅。双折射光栅包括各向同性的、折射率为 n_o 的凹光栅层和形成在凹光栅上，进行了取向的各向异性的（水平方向折射率为 n_o，垂直方向折射率为 n_e）液晶聚合物凸透镜层。其切面图如图 7（a）所示， 其俯视图如图 7（b）所示。

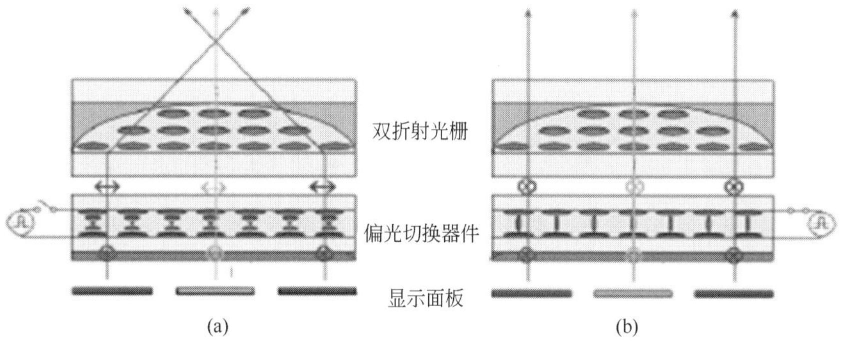

图6　偏光式液晶透镜结构

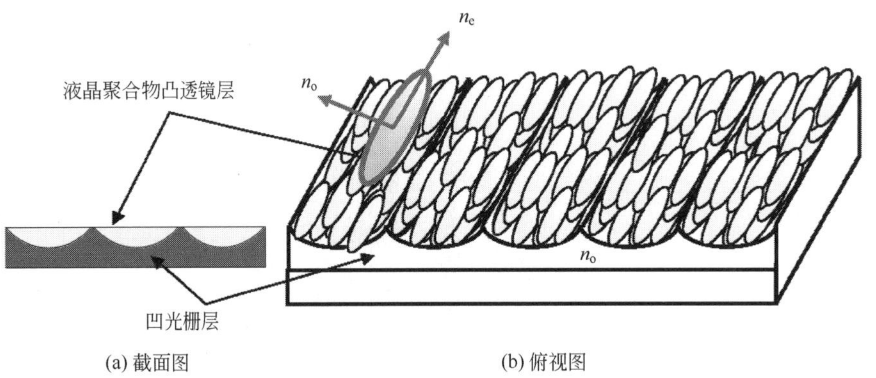

图7 液晶聚合物凸透镜层结构

当需要实现 3D 显示状态时，使偏光调制器件为断开状态，那么显示面板出射光的偏振方向将由 90° 变为 0°，0° 方向的偏振光首先经过双折射光栅上液晶分子的长轴，折射率为 n_e， 然后再经过双折射光栅上的凹光栅，其折射率为 n_o，所以双折射光栅表现出透镜效果，可以实现 3D 显示。当需要实现 2D 显示时，给偏光调制器件施加工作电压，那么显示面板出射光的偏振方向不会发生变化，90° 方向的偏振光首先经过双折射光栅上液晶分子的短轴，折射率为 n_o，然后再经过双折射光栅上的凹光栅，其折射率同样为 n_o，所以双折射光栅就像平板玻璃一样，实现了 2D 显示。

东芝就是采用这样的原理制作其55英寸UHD裸眼3D，它不仅可以实现2D/3D切换，而且在3D状态时，亮度损失非常小。不仅如此，东芝公司还采用了超高清（UHD）分辨率的显示面板，极大地弥补了裸眼3D显示分辨率的降低。虽然它采用9视点的3D设计，但是观看分辨率也能达到接近全高清的水平。另外，人眼追踪技术也被集成在这款产品中，用于改善裸眼3D产品的死区问题。可以说，在当时东芝的这款产品集成了3D产业的最先进技术，但是它也不可避免地造成成本居高不下，其售价一直维持在6万～7万元的水平。且不说其效果如何，就是价格就足以让普通消费望而却步。低迷的销量使生产成本难以降低，从而再次造成价格居高不下，如此恶性循环最终导致这款产品并没有大量出货。不过它却为裸眼3D开拓了采用UHD分辨率面板的全新道路，让产业界和消费者清楚地看到，在UHD分辨率下，裸眼3D的分辨率仍然是可以接受的。这一点将对3D产业产生非常深远的影响。

3D 专利与论文

在平板显示行业3D相关领域，2009年全球公开的专利只有514族，2010年达到704族，2011年上升至1 021族，而2012年达到了1 401族，相比2009年几乎增长了2倍。其中，中国、美国、日本和韩国的申请总量占到了全部申请量的90%以上， 特别是中国的申请量占到了这些年全球3D专利申请量的1/3，超过了美国和日本，稳居世界第一位。在2012年公开的专利中，中国3D相关专利数量达到519族，比第二名日本多181族，领先地位进一步加强。这也从一个侧面反映出，中国在3D技术方面的投入和研究已经具备了比较强的竞争实力（见图8）。

在专利数量不断上升的同时，关于3D显示的学术研究也在蓬勃发展。2009年SID发表的3D相关的论文数量为20篇，到了2012年这个数字就上升到了57篇，比2009年上升了将近2倍，与专利增加比例几乎一样（见图9）。

对SID和IDW的论文进行简单分类后可以发现，在3D实现技术方面，学术界的研究仍然集中在Barrier 3D、Lens 3D（包括Lenticular 3D和液晶透镜）、快门眼镜式3D（SG 3D）和偏光眼镜式3D（包括PR 3D和Active Retarder 3D）这四大主流技术方向上。研究方向大多是在四大方向的技术原理基础上，研究新颖的实现方式、改善某些显示性能，或者提出更合适的评价方法。

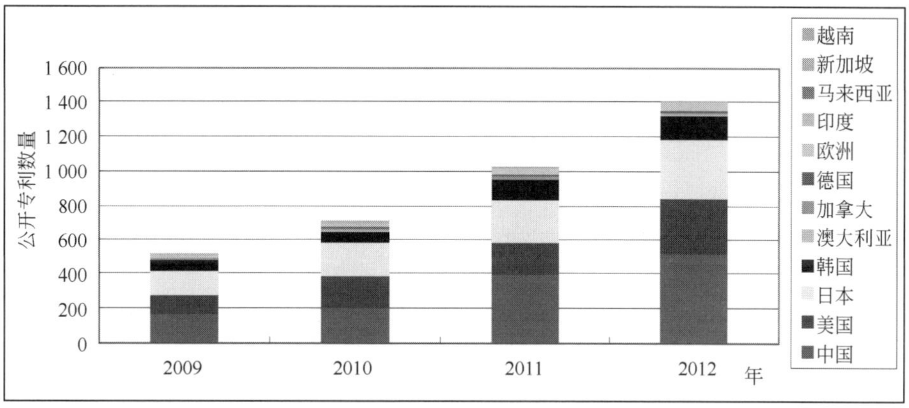

图8　各国每年公开的3D相关专利数量

注：检索词为stereoscop* or auto-stereo* or autostereo* or 3D or 3-D or three-dimension* or (three adj dimension*) or tridimension or three-D or three ADJ D) and (((liquid adj crystal) or lcd) or oled or (organic and (EL or electro-luminescen* or (electro adj luminescen*) or (light and emit*)))))) AND DP>=(20090101) AND DP<=(20121231)

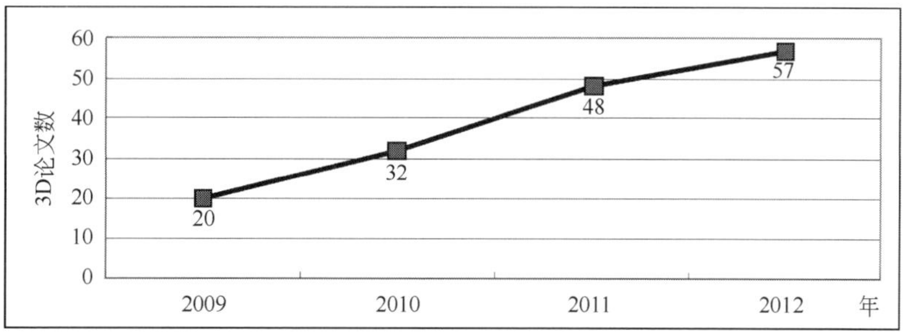

图9　SID历年3D相关论文数量

综上所述，虽然被寄予厚望的央视3D频道运营状况差强人意；希望实现市场突破的裸眼3D产品，LG的DX2500和东芝的55X3000C市场反响都不如预期，多少给2012年的3D产业留下些许失望。但整体上，眼镜式3D继续保持较强劲增长趋势，全球电视市场渗透率已经达到14%，尤其是超过70%的高端电视都搭载了3D技术，充分说明3D仍然处于上升通道中。

不仅如此，从内容到渠道、再到显示的全产业链更大范围的动作已经启动，产业界和学术界都在积极地推动着3D的发展。整个3D产业比之前更加成熟和理性，大家都强烈地认识到，3D不仅是3D显示，还包括其后面的3D内容摄录、3D内容剪辑、3D内容编码传输和存储、3D转换和解码等整条3D产业链，任何一环的断裂都会导致3D发展受阻。可以说，从2010年第一台3D显示器——三星2233RZ的发布到2012年，3D初步完成了从单一孤立产品到较完整产业链的进化。相信用不了多久，更丰富的3D电影和电视节目、2D/3D转换芯片，更便宜的3D显示装置，更优秀的3D效果，都会随着3D产业链的“开动”，更快地走近千家万户的生活。

第6章

政策法规

关于印发《新材料产业“十二五”发展规划》的通知

为培育和发展新材料产业，推动材料工业转型升级，支撑战略性新兴产业发展，加快走中国特色的新型工业化道路，依据《中华人民共和国国民经济和社会发展第十二个五年规划纲要》和《国务院关于加快培育和发展战略性新兴产业的决定》，我部组织制定了《新材料产业“十二五”发展规划》。现印发你们，请结合实际，认真贯彻落实。

工业和信息化部
二〇一二年一月四日

附件：1.《新材料产业“十二五”发展规划》
2.《新材料产业“十二五”重点产品目录》

附件 1

新材料产业“十二五”发展规划（摘录）

前　言

材料工业是国民经济的基础产业，新材料是材料工业发展的先导，是重要的战略性新兴产业。“十二五”时期，是我国材料工业由大变强的关键时期。加快培育和发展新材料产业，对于引领材料工业升级换代，支撑战略性新兴产业发展，保障国家重大工程建设，促进传统产业转型升级，构建国际竞争新优势具有重要的战略意义。

根据《中华人民共和国国民经济和社会发展第十二个五年规划纲要》和《国务院关于加快培育和发展战略性新兴产业的决定》的总体部署，工业和信息化部会同发展改革委、科技部、财政部等有关部门和单位编制了《新材料产业“十二五”发展规划》。本规划是指导未来五年新材料产业发展的纲领性文件，是配置政府公共资源和引导企业决策的重要依据。

专栏 1　新材料的定义与范围

新材料涉及领域广泛，一般指新出现的具有优异性能和特殊功能的材料，或是传统材料改进后性能明显提高和产生新功能的材料，主要包括新型功能材料、高性能结构材料和先进复合材料，其范围随着经济发展、科技进步、产业升级不断发生变化。为突出重点，本规划主要包括以下六大领域：①特种金属功能材料。具有独特的声、光、电、热、磁等性能的金属材料。②高端金属结构材料。较传统金属结构材料具有更高的强度、韧性和耐高温、抗腐蚀等性能的金属材料。③先进高分子材料。具有相对独特物理化学性能、适宜在特殊领域或特定环境下应用的人工合成高分子新材料。④新型无机非金属材料。在传统无机非金属材料基础上新出现的具有耐磨、耐腐蚀、光电等特殊性能的材料。⑤高性能复合材料。由两种或两种以上异质、异型、异性材料（一种作为基体，其他作为增强体）复合而成的具有特殊功能和结构的新型材料。⑥前沿新材料。当前以基础研究为主，未来市场前景广阔，代表新材料科技发展方向，具有重要引领作用的材料。

一、发展现状和趋势

（一）产业现状

经过几十年奋斗，我国新材料产业从无到有，不断发展壮大，在体系建设、产业规模、技术进步等方面取得明显成就，为国民经济和国防建设做出了重大贡献，具备了良好发展基础。

新材料产业体系初步形成。我国新材料研发和应用发端于国防科技工业领域，经过多年发展，新材料在国民经济各领域的应用不断扩大，初步形成了包括研发、设计、生产和应用，品种门类较为齐全的产业体系。

新材料产业规模不断壮大。进入新世纪以来，我国新材料产业发展迅速，2010年我国新材料产业规模超过6 500亿元，与2005年相比年均增长约20%。其中，稀土功能材料、先进储能材料、光伏材料、有机硅、超硬材料、特种不锈钢、玻璃纤维及其复合材料等产能居世界前列。

部分关键技术取得重大突破。我国自主开发的钽铌铍合金、非晶合金、高磁感取向硅钢、二苯基甲烷二异氰酸酯（MDI）、超硬材料、间位芳纶和超导材料等生产技术已达到或接近国际水平。新材料品种不断增加，高端金属结构材料、新型无机非金属材料和高性能复合材料保障能力明显增强，先进高分子材料和特种金属功能材料自给水平逐步提高。

但是，我国新材料产业总体发展水平仍与发达国家有较大差距，产业发展面临一些亟待解决的问题，主要表现在：新材料自主开发能力薄弱，大型材料企业创新动力不强，关键新材料保障能力不足；产学研用相互脱节，产业链条短，新材料推广应用困难，产业发展模式不完善；新材料产业缺乏统筹规划和政策引导，研发投入少且分散，基础管理工作比较薄弱。

（二）发展趋势

当今世界，科技革命迅猛发展，新材料产品日新月异，产业升级、材料换代步伐加快。新材料技术与纳米技术、生物技术、信息技术相互融合，结构功能一体化、功能材料智能化趋势明显，材料的低碳、绿色、可再生循环等环境友好特性备受关注。发达国家高度重视新材料产业的培育和发展，具有完善的技术开发和风险投资机制，大型跨国公司以其技术研发、资金、人才和专利等优势，在高技术含量、高附加值新材料产品中占据主导地位，对我国新材料产业发展构成较大压力。

从国内看，“十二五”是全面建设小康社会的关键时期，是加快转变经济发展方式的攻坚时期，经济结构战略性调整为新材料产业提供了重要发展机遇。一方面，加快培育和发展节能环保、新一代信息技术、高端装备制造、新能源和新能源汽车等战略性新兴产业，实施国民经济和国防建设重大工程，需要新材料产业提供支撑和保障，为新材料产业发展提供了广阔市场空间。另一方面，我国原材料工业规模巨大，部分行业产能过剩，资源、能源、环境等约束日益强化，迫切需要大力发展新材料产业，加快推进材料工业转型升级，培育新的增长点。

专栏2　战略性新兴产业对部分新材料的需求预测

4　新一代信息技术

预计到2015年，需要8英寸硅单晶抛光片约800万片/年、12英寸硅单晶抛光片480万片/年，平板显示玻璃基板约1亿平方米/年，TFT混合液晶材料400吨/年。

5　节能环保

“十二五”期间，稀土三基色荧光灯年产量将超过30亿只，需要稀土荧光粉约1万吨/年；新型墙体材料需求将超过230亿平方米/年，保温材料产值将达1200亿元/年；火电烟气脱硝催化剂及载体需求将达到40亿元/年，耐高温、耐腐蚀袋式除尘滤材和水处理膜材料等市场需求将大幅增长。

二、总体思路

（一）指导思想

深入贯彻落实科学发展观，按照加快培育发展战略性新兴产业的总体要求，紧紧围绕国民经济和社会发展重大需求，以加快材料工业升级换代为主攻方向，以提高新材料自主创新能力为核心，以新型功能材料、高性能结构材料和先进复合材料为发展重点，通过产学研用相结合，大力推进科技含量高、市场前景广、带动作用强的新材料产业化规模化发展，加快完善新材料产业创新发展政策体系，为战略性新兴产业发展、国家重大工程建设和国防科技工业提供支撑和保障。

（二）基本原则

坚持市场导向。遵循市场经济规律，突出企业的市场主体地位，充分发挥市场配置资源的基础作用，重视新材料推广应用和市场培育。准确把握新材料产业发展趋势，加强新材料产业规划实施和政策制定，积极发挥政府部门在组织协调、政策引导、改善市场环境中的重要作用。

坚持突出重点。新材料品种繁多、需求广泛，要统筹规划、整体部署，在鼓励各类新材料的研发生产和推广应用的基础上，重点围绕经济社会发展重大需求，组织实施重大工程，突破新材料规模化制备的成套技术与装备，加快发展产业基础好、市场潜力大、保障程度低的关键新材料。

坚持创新驱动。创新是新材料产业发展的核心环节，要强化企业技术创新主体地位，激发和保护企业创新积极性，完善技术创新体系，通过原始创新、集成创新和引进消化吸收再创新，突破一批关键核心技术，加快新材料产品开发，提升新材料产业创新水平。

坚持协调推进。加强新材料与下游产业的相互衔接，充分调动研发机构、生产企业和终端用户积极性。加强新材料产业与原材料工业融合发展，在原材料工业改造提升中，不断催生新材料，在新材料产业创新发展中，不断带动材料工业升级换代。加快军民共用材料技术双向转移，促进新材料产业军民融合发展。

坚持绿色发展。牢固树立绿色、低碳发展理念，重视新材料研发、制备和使用全过程的环境友好性，提高资源能源利用效率，促进新材料可再生循环，改变高消耗、高排放、难循环的传统材料工业发展模式，走低碳环保、节能高效、循环安全的可持续发展道路。

（三）发展目标

到2015年，建立起具备一定自主创新能力、规模较大、产业配套齐全的新材料产业体系，突破一批国家建设急需、引领未来发展的关键材料和技术，培育一批创新能力强、具有核心竞争力的骨干企业，形成一批布局合理、特色鲜明、产业集聚的新材料产业基地，新材料对材料工业结构调整和升级换代的带动作用进一步增强。

到2020年，建立起具备较强自主创新能力和可持续发展能力、产学研用紧密结合的新材料产业体系，新材料产业成为国民经济的先导产业，主要品种能够满足国民经济和国防建设的需要，部分新材料达到世界领先水平，材料工业升级换代取得显著成效，初步实现材料大国向材料强国的战略转变。

三、发展重点

（一）特种金属功能材料

稀土功能材料。以提高稀土新材料性能、扩大高端领域应用、增加产品附加值为重点，充分发挥我国稀土资源优势，壮大稀土新材料产业规模。大力发展超高性能稀土永磁材料、稀土发光材料，积极开发高比容量、低自放电、长寿命的新型储氢材料，提高研磨抛光材料产品档次，提升现有催化材料性能和制备技术水平。

稀有金属材料。充分发挥我国稀有金属资源优势，提高产业竞争力。积极发展高纯稀有金属及靶材，大规格钼电极、高品质钼丝、高精度钨窄带、钨钼大型板材和制件、高纯铼及合金制品等高技术含量深加工材料。加快促进超细纳米晶、特粗晶粒等高性能硬质合金产业化，提高原子能级锆材和银铟镉控制棒、高比容钽粉、高效贵金属催化材料发展水平。

半导体材料。以高纯度、大尺寸、低缺陷、高性能和低成本为主攻方向，逐步提高关键材料自给率。开发电子级多晶硅、大尺寸单晶硅、抛光片、外延片等材料，积极开发氮化镓、砷化镓、碳化硅、磷化铟、锗、绝缘体上硅（SOI）等新型半导体材料，以及铜铟镓硒、铜铟硫、碲化镉等新型薄膜光伏材料，推进高效、低成本光伏材料产业化。

其他功能合金。加快高磁感取向硅钢和铁基非晶合金带材推广应用。积极开发高导热铜合金引线框架、键合丝、稀贵金属钎焊材料、铟锡氧化物（ITO）靶材、电磁屏蔽材料，满足信息产业需要。促进高强高导、绿色无铅新型铜合金接触导线规模化发展，满足高速铁路需要。进一步推动高磁导率软磁材料、高导电率金属材料及相关型材的标准化和系列化，提高电磁兼容材料产业化水平。开发推广耐高温、耐腐蚀铁铬铝金属纤维多孔材料，满足高温烟气处理等需求。

专栏 4　特种金属功能材料关键技术和装备

1　稀土功能材料技术

开发高纯稀土金属集成化提纯、磁能积加矫顽力大于 65 的永磁材料、高容量大功率储能材料、稀土合金快冷厚带等生产技术。

2　稀有金属材料技术

开发多元合金熔炼、大型合金铸锭成分均匀化控制、中间合金制备、超高纯（≥6N）金属加工及清洗、大尺寸超高纯金属靶材微观组织控制、硬质合金全致密化烧结及涂层沉积定向控制等技术。

3　半导体材料技术

实现 8 英寸、12 英寸硅单晶生长及硅片加工产业化，突破 12 英寸硅片外延生长等技术，开发多晶硅绿色生产工艺。

4　特种金属功能材料关键装备

12～18 英寸硅单晶生长的直拉磁场单晶炉，线切割机，高频电磁感应快速加热装置，等静压成套设备，大尺寸、超高真空、超高温烧结炉，熔盐电解精炼设备，高功率电子束熔炼炉，大型化学气相沉积炉等。

（二）高端金属结构材料（略）

（三）先进高分子材料

特种橡胶。（略）

工程塑料。（略）

其他功能性高分子材料。巩固有机硅单体生产优势，大力发展硅橡胶、硅树脂等有机硅聚合物产品。着力调整含氟聚合物产品结构，重点发展聚全氟乙丙烯（FEP）、聚偏氟乙烯（PVDF）及高性能聚四氟乙烯等高端含氟聚合物，积极开发含氟中间体及精细化学品。加快电解用离子交换膜、电池隔膜和光学聚酯膜的技术开发及产业化进程，鼓励液体、气体分离膜材料开发、生产及应用。大力发展环保型高性能涂料、长效防污涂料、防水材料、高性能润滑油脂和防火隔音泡沫材料等品种。

（四）新型无机非金属材料

先进陶瓷。（略）

特种玻璃。以满足建筑节能、平板显示和太阳能利用等领域需求为目标，加快特种玻璃产业化，增强产品自给能力。重点发展平板显示玻璃（TFT/PDP/OLED），鼓励发展应用低辐射（Low-E）镀膜玻璃、涂膜玻璃、真空节能玻璃及光伏电池透明导电氧化物镀膜（TCO）超白玻璃。加快发展高纯石英粉、石英玻璃及制品，促进高纯石英管、光纤预制棒产业化。积极发展长波红外玻璃、无铅低温封接玻璃、激光玻璃等新型玻璃品种。

其他特种无机非金属材料。巩固人造金刚石和立方氮化硼超硬材料、激光晶体和非线性晶体等人工晶体技术优势，大力发展功能性超硬材料和大尺寸高功率光电晶体材料及制品。积极发展高纯石墨，提高锂电池用石墨负极材料质量，加快研发核级石墨材料。大力发展非金属矿及其深加工材料。开发高性能玻璃纤维、连续玄武岩纤维、高性能摩擦材料和绿色新型耐火材料等产品。加快推广新型墙体材料、无机防火保温材料，壮大新型建筑材料产业规模。

专栏 8　新型无机非金属材料关键技术和装备

2　特种玻璃技术

开发超薄玻璃基板成型、低辐射镀膜玻璃膜系设计与制备、高纯石英粉（≥5N）合成和光纤管（金属杂质<1ppm）制备技术、电子专用石英玻璃及制品制备技术、第 6 代以上 TFT-LCD 玻璃基板及 OLED 玻璃基板制备技术。

4　新型无机非金属材料关键装备

开发 6 代以上 TFT-LCD 用玻璃基板窑炉，气氛加压陶瓷烧结炉，超硬材料用大型压机、大功率（30～100kW）微波等离子体和超大面积（150～300mm^2）热灯丝 CVD 金刚石膜成套装备，高纯石墨用高温（3 000℃～3 500℃）各向同性等静压机，（炉内氧含量≤1 000ppm）连续式绝氧气氛窑，石墨负极材料包覆和炭化装备等。

（五）高性能复合材料（略）

（六）前沿新材料

纳米材料。加强纳米技术研究，重点突破纳米材料及制品的制备与应用关键技术，积极开发纳米粉体、纳米碳管、富勒烯、石墨烯等材料，积极推进纳米材料在新能源、节能减排、环境治理、绿色印刷、功能涂层、电子信息和生物医用等领域的研究应用。

生物材料。（略）

智能材料。（略）

超导材料。（略）

四、区域布局

按照国家区域发展总体战略和主体功能区定位，立足现有材料工业基础，结合各地科技人才条件、市场需求、资源优势和环境承载能力，大力发展区域特色新材料，加快新材料产业基地建设，促进新材料产业有序、集聚和快速发展。

推进区域新材料产业协调发展。巩固扩大东部地区新材料产业优势，瞄准国际新材料产业发展方向，加大研发投入，引领产业技术创新，着力形成环渤海、长三角和珠三角三大综合性新材料产业集群。充分利用中部地区雄厚的原材料工业基础，加快新材料产业技术创新，大力发展高技术含量、高附加值的精深加工产品，不断壮大新材料产业规模。积极发挥西部地区资源优势，加强与东中部地区经济技术合作，依托重点企业，加快促进资源转化，推进军民融合，培育一批特色鲜明、比较优势突出的新材料产业集群。

有序建设重点新材料产业基地。特种金属功能材料要立足资源地和已有产业基地，促进资源综合利用，着力提高技术水平；高端金属结构材料要充分依托现有大中型企业生产装备，加快技术改造和产品升级换代，严格控制新布点项目；先进高分子材料应坚持集中布局、园区化发展，注重依托烯烃工业基地，围绕下游产业布局；新型无机非金属材料应在现有基础上适当向中西部地区倾斜；高性能复合材料原则上靠近市场布局，碳纤维等增强纤维在产业化和应用示范取得重大突破前原则上限制新建项目。

专栏 11　重点新材料产业基地

1　稀土功能材料基地

重点建设北京、内蒙古包头、江西赣州、四川凉山及乐山、福建龙岩、浙江宁波等稀土新材料产业基地。

2 稀有金属材料基地

重点建设陕西西安、云南昆明稀有金属材料综合产业基地，福建厦门、湖南株洲硬质合金材料基地。加快在中西部资源优势地区建设一批钼、钽、铌、铍、锆等特色稀有金属新材料产业基地。

3 高品质特殊钢基地

以上海、江苏江阴等为中心，重点建设华东高品质特殊钢综合生产基地。依托鞍山、大连等老工业基地，打造东北高品质特殊钢基地。在山西太原、湖北武汉、河南舞阳、天津等地建设若干专业化高品质特殊钢生产基地。

4 新型轻合金材料基地

重点建设陕西关中钛合金材料基地，重庆、山东龙口和吉林辽源新型铝合金材料基地，山西闻喜、宁夏石嘴山新型镁合金材料基地。

5 特种橡胶基地

重点建设北京、广东茂名、湖南岳阳、甘肃兰州、吉林、重庆等特种橡胶基地。

6 工程塑料基地

重点建设江苏苏东、上海、河南平顶山工程塑料生产基地及广东改性材料加工基地。

7 高性能氟硅材料基地

重点建设浙江、江苏、山东淄博、江西九江、四川成都高性能氟硅材料基地。

8 特种玻璃基地

重点建设陕西咸阳、江苏、广东、河南洛阳、安徽特种玻璃基地。

9 先进陶瓷基地

重点建设山东、江苏、浙江先进陶瓷基地。

10 高性能复合材料基地

重点建设江苏连云港、山东威海、吉林碳纤维及其复合材料基地，重庆、山东泰安、浙江嘉兴等高性能玻璃纤维及其复合材料基地，北京、广东、山东等树脂基复合材料基地，湖南碳/碳复合材料基地，四川成都综合性复合材料基地。

五、重大工程

“十二五”期间，集中力量组织实施一批重大工程和重点项目，突出解决一批应用领域广泛的共性关键材料品种，提高新材料产业创新能力，加快创新成果产业化和示范应用，扩大产业规模，带动新材料产业快速发展。

（一）稀土及稀有金属功能材料专项工程

工程目标：力争到2015年，高性能稀土及稀有金属功能材料生产技术迈上新台阶，部分技术达到世界先进水平，在高新技术产业领域推广应用达到70%以上。

主要内容：组织开发高磁能积新型稀土永磁材料等产品生产工艺，推进高矫顽力、耐高温钕铁硼磁体及钐钴磁体，各向同性钐铁氮粘结磁粉及磁体产业化，新增永磁材料产能2万吨/年。加快开发电动车用高容量、高稳定性新型储氢合金，新增储氢合金粉产能1.5万吨/年。推进三基色荧光粉，3D显示短余辉荧光粉，白光LED荧光粉产业化，新增发光材料产能0.5万吨/年。加快高档稀土抛光粉、石油裂化催化材料、汽车尾气净化催化材料产业化，新增抛光粉产能0.5万吨/年、催化剂材料0.5万吨/年。组织开发硬质合金涂层材料、功能梯度硬质合金和高性能钨钼材料，新增高性能硬质合金产能5 000吨/年、钨钼大型制件4 000吨/年、钨钼板带材能3 000吨/年。推进原子能级锆管、银铟镉控制棒材产业化，形成锆管产能1 000吨/年。

（二）碳纤维低成本化与高端创新示范工程（略）

（三）高强轻型合金材料专项工程（略）

（四）高性能钢铁材料专项工程（略）

（五）高性能膜材料专项工程

工程目标：到 2015 年，实现水处理用膜、动力电池隔膜、氯碱离子膜、光学聚酯膜等自主化，提高自给率，满足节能减排、新能源汽车、新能源的发展需求。

主要内容：积极开发反渗透、纳滤、超滤和微滤等各类膜材料和卷式膜、帘式膜、管式膜、平板膜等膜组件和膜组器，满足海水淡化与水处理需求。提高氯碱用全氟离子交换膜生产工艺水平，组织开发动力电池用高性能电池隔膜、关键装备和全氟离子交换膜及其配套含氟磺酸、含氟羧酸树脂，实现产业化。建成氯碱全氟离子交换膜 50 万平方米/年、动力电池用全氟离子交换膜 20 万平方米/年及其配套全氟磺酸树脂和全氟羧酸树脂，加快发展聚氟乙烯（PVF）太阳能电池用膜。

（六）先进电池材料专项工程

工程目标：先进储能材料、光伏材料产业化取得突破，基本满足新能源汽车、太阳能高效利用等需求。

主要内容：组织开发高效率、大容量（≥150mAh/g）、长寿命（大于 2 000 次）、安全性能高的磷酸盐系、镍钴锰三元系、锰酸盐系等锂离子电池正极材料，新增正极材料产能 4.5 万吨/年，推进石墨和钛酸盐类负极材料产业化，新增负极材料产能 2 万吨/年，加快耐高温、低电阻隔膜和电解液的开发，积极开发新一代锂离子动力电池及材料，着力实现自主化。开发高转化效率、低成本光伏电池多晶硅材料产业化技术，研发新型薄膜电池材料。加快推进超白 TCO 导电玻璃等关键产品产业化，形成产能 5 000 万平方米/年。积极发展太阳能真空集热管，推动太阳能光热利用。开展大容量钠硫城网大储能电池研究，完成大功率充放电，电池寿命 10 年以上，实现 10MW 示范电站并网。

（七）新型节能环保建材示范应用专项工程（略）

（八）电子信息功能材料专项工程

工程目标：提高相关配套材料的国产率，获取原创性成果，抢占战略制高点，力争掌握一批具有自主知识产权的核心技术。

主要内容：着力突破大尺寸硅单晶抛光片、外延片等关键基础材料产业化瓶颈；大力发展砷化镓等半导体材料及石墨和碳素系列保温材料，推动以碳化硅单晶和氮化镓单晶为代表的第三代半导体材料产业化进程；积极发展 4 英寸以上蓝宝石片、大尺寸玻璃基板、电极浆料、靶材、荧光粉、混合液晶材料等平板显示用材；促进碲镉汞外延薄膜材料、碲锌镉基片材料、红外及紫外光学透波材料、高功率激光晶体材料等传感探测材料的技术水平和产业化能力提升；突破超薄软磁非晶带材工程化制备技术，加快高频覆铜板材料、BT 树脂、电子级环氧树脂、电子铜箔、光纤预制棒、特种光纤、通信级塑料光纤、高性能磁性材料、高频多功能压电陶瓷材料等新型元器件材料研发和产业化步伐。推动材料标准化、器件化、组件化，提高产业配套能力。

（九）生物医用材料专项工程（略）

（十）新材料创新能力建设专项工程（略）

六、保障措施

（一）加强政策引导和行业管理

落实《国务院关于加快培育和发展战略性新兴产业的决定》要求，建立和完善新材料产业政策体系，加强新材料产业政策与科技、金融、财税、投资、贸易、土地、资源和环保等政策衔接配合。制定和完善行业准入条件，发布重点新材料产品指导目录，实施新材料产业重大工程。推进组建新材料产业协会。建立健全新材料产业统计监测体系，把握行业运行动态，及时发布相关信息，避免盲目发展与重复建设，引导和规范新材料产业有序发展。

（二）制定财政税收扶持政策

建立稳定的财政投入机制，通过中央财政设立的战略性新兴产业发展专项资金等渠道，加大对新材料产业的扶持力度，开展重大示范工程建设，重点支持填补国内空白、市场潜力巨大、有重大示范意义的新材料产品开发和推广应用。各有关地方政府也要加大对新材料产业的投入。充分落实、利用好现行促进高新技术产业发展的税收政策，开展新材料企业及产品认证，完善新材料产业重点研发项目及示范工程相关进口税收优惠政策。积极研究制定新材料“首批次”应用示范支持政策。

（三）建立健全投融资保障机制

加强政府、企业、科研院所和金融机构合作，逐步形成“政产学研金”支撑推动体系。制定和完善有利于新材料产业发展的风险投资扶持政策，鼓励和支持民间资本投资新材料产业，研究建立新材料产业投资基金，发展创业投资和股权投资基金，支持创新型和成长型新材料企业，加大对符合政策导向和市场前景的项目支持力度。鼓励金融机构创新符合新材料产业发展特点的信贷产品和服务，合理加大信贷支持力度，在国家开发银行等金融机构设立新材料产业开发专项贷款，积极支持符合新材料产业发展规划和政策的企业、项目和产业园区。支持符合条件的新材料企业上市融资、发行企业债券和公司债券。

（四）提高产业创新能力

加强新材料学科建设，加大创新型人才培养力度，改革和完善企业分配和激励机制，完善创新型人才评价制度，建立面向新材料产业的人才服务体系。鼓励企业建立新材料工程技术研究中心、工程实验室、企业技术中心、技术开发中心，不断提高企业技术水平和研发能力。围绕材料换代升级，建立若干技术创新联盟和公共服务平台，组织实施重点新材料关键技术研发、产业创新发展、创新成果产业化、应用示范和创新能力建设等重大工程，发挥引领带动作用，促进新材料产业全面发展。

（五）培育优势核心企业

发挥重点新材料企业的支撑和引领作用，通过强强联合、兼并重组，加快培育一批具有一定规模、比较优势突出、掌握核心技术的新材料企业。鼓励原材料工业企业大力发展精深加工和新材料产业，延伸产业链，提高附加值，推动传统材料工业企业转型升级。高度重视发挥中小企业的创新作用，支持新材料中小企业向“专、精、特、新”方向发展，提高中小企业对大企业、大项目的配套能力，打造一批新材料“小巨人”企业。鼓励建立以优势企业为龙头，联合产业链上下游核心企业的产业联盟，形成以新材料为主体、上下游紧密结合的产业体系。

（六）完善新材料技术标准规范

瞄准国际先进水平，立足自主技术，健全新材料标准体系、技术规范、检测方法和认证机制。加快制定新材料产品标准，鼓励产学研用联合开发重要技术标准，积极参与新材料国际标准制定，加快国外先进标准向国内标准的转化。加强新材料品牌建设和知识产权保护，鼓励建立重要新材料专利联盟。加快建立新材料检测认证平台，加强产品质量监督，建立新材料产品质量安全保障机制。

（七）大力推进军民结合

充分利用我国已有军工新材料产业发展的技术优势，优化配置军民科技力量和产业资源，推进国防科技成果加速向经济建设转化，促进军民新材料技术在基础研究、应用开发、生产采购等环节有机衔接，加快军民共用新材料产业化、规模化发展。鼓励优势新材料企业积极参与军工新材料配套，提高企业综合实力，实现寓军于民。建立军民人才交流与技术成果信息共享机制，积极探索军民融合的市场化途径，推动军民共用材料技术的双向转移和辐射。

（八）加强资源保护和综合利用

高度重视稀土、稀有金属、稀贵金属、萤石、石墨、石英砂、优质高岭土等我国具有优势的战略性资源保护，加强战略性资源储备，支持有条件的企业开展境外资源开发与利用，优化资源全球化配置，为新材料产业持续发展提供保障。合理规划资源开发规模，整顿规范矿产资源开发秩序，依法打击滥采乱挖，提高资源回采率。积极开发材料可再生循环技术，大力发展循环经济，促进资源再生与综合利用。加大短缺资源地质勘察力度，增加资源供给。

（九）深化国际合作交流

鼓励企业充分利用国际创新资源，开展人才交流与国际培训，引进境外人才队伍、先进技术和管理经验，积极参与国际分工合作。鼓励境外企业和科研机构在我国设立新材料研发机构，支持符合条件的外商投资企业与国内新材料企业、科研院校合作申请国家科研项目。支持企业并购境外新材料企业和技术研发机构，参加国际技术联盟，申请国外专利，开拓国际市场，加快国际化经营。

附件 2

新材料产业“十二五”重点产品目录（略）

工业和信息化部 科技部 财政部 国资委关于印发《重大技术装备自主创新指导目录》的通知

各省、自治区、直辖市及计划单列市、新疆生产建设兵团工业和信息化、科技、财政、国有资产监督管理部门，有关中央企业：

为继续贯彻落实国务院关于做强做大装备制造业的战略部署，更好适应大力培育战略性新兴产业和推动传统产业优化升级对重大技术装备的新需求，结合近 3 年重大技术装备的发展，我们对《重大技术装备自主创新指导目录（2009 年版）》进行了修订，形成了《重大技术装备自主创新指导目录（2012 年版）》（以下简称《目录》）。《目录》共包含 19 个重大技术装备领域、260 项装备项目。

各地方工业、财政、科技及国有资产监督管理部门要参照《目录》内容并结合本地区、本行业的实际情况，加快推进重大技术装备自主创新工作，以季报方式定期反馈重大技术装备研制过程中出现的新情况、新问题。

附件 《重大技术装备自主创新指导目录》（2012 年版）

工业和信息化部
科学技术部
财政部
国务院国有资产监督管理委员会
二〇一二年一月十二日

附件

重大技术装备自主创新指导目录（摘录）

12. 电子及光伏制造装备

编　号	产品名称	类别	主要技术指标	需突破的关键技术
12.1	集成电路关键装备		（另行制定）	（另行制定）
12.2	光伏设备			
12.2.1	超大尺寸超导磁场单晶硅炉	I	1．主炉室直径：Φ1 350mm； 2. 拉制晶体直径：12～18英寸； 3．装料量：≥300kg； 4．热场尺寸：30″～32″	1．大尺寸热场温度控制稳定性技术； 2．超导磁场引入技术； 3．智能控制技术
12.2.2	吨级单晶硅铸锭炉	I	1．单炉投料量：800～1200kg； 2．坩埚尺寸≥1 050mm×1 050mm× 540mm； 3．可开方为≥36块小方锭； 4. 一、二、三类单晶成品率70%以上	1．先进控制技术； 2．先进的定向结晶控制工艺，对热场温度横向均匀性控制及垂直梯度控制技术
12.2.3	大容量多晶铸锭炉		铸锭尺寸：840mm×840mm×275mm； 铸锭时间：≤60 小时； 冷态真空：≤0.5Pa	热场分控技术； 定向凝固技术
12.2.4	硅片切割设备	I	太阳能电池硅片多线切割设备技术指标： 最大加工外形尺寸：156×156×500（mm）4根 方片：210×210×500（mm）2根 直径：ϕ160×500（mm）4根 使用线径ϕ0.1mm～0.16mm 主辊直径ϕ300mm，长度520mm 线速最大18m/s 工作台快速返回速度0～500mm/min 工作台切割速度 0～9mm/min	1．整机系统集成技术及多线切割设备产业化生产、制造、工艺等关键技术； 2．水冷却，气密封精密主轴的设计制造技术； 3．精密主辊的设计制造技术； 4．双工作台低速进给变速切割控制技术； 5．线张力自动控制技术； 6．砂浆恒温控制技术； 7．整机及单元智能控制技术； 8．液压自动卸线技术； 9．断电断线检测及保护技术
12.2.5	多晶槽式制绒设备	I	可处理硅片尺寸：125mm×125mm，156mm×156mm 可处理硅片厚度：≥150μm 制绒工艺温度：4～12℃±0.5℃ 设计产能：6 000片/小时（四通道），3 000片/小时（双通道）	1．批量多晶硅电池片在酸腐蚀环境下的精确温度控制技术； 2．分步式制绒概念的物化设计； 3．制绒液温度、浓度与生产批次的关系研究； 4．“设备+工艺”模式的规模化应用技术

续 表

编 号	产品名称	类别	主要技术指标	需突破的关键技术
12.2.6	全自动扩散炉	I	可处理硅片尺寸：125mm×125mm，156mm×156mm；装片量：400～500片/管；设备管数：1～5管；	单机自动化技术； 高方阻工艺等
12.2.7	自动管式 PECVD	I	可处理硅片尺寸： 125mm×125mm，156mm×156mm； 装片量： 252片、280片/125mm×125mm/管； 216片、240片/156mm×156mm/管； 设备管数：1～4管	单机自动化技术
12.3	发光二极管设备（LED）			
12.3.1	蓝宝石晶体生长炉	I	1．投料量：150kg； 2．晶体生长方法：泡生法； 3．转速：0.1～20mm/min； 4．提升：0.1～10mm/min； 5．加热方式：电阻加热器	1．大尺寸及大投料量蓝宝石晶体生长技术； 2．有利于大尺寸晶体生长的热场分布技术； 3．晶体生长控制系统的全自动化技术； 4．超低含量钛杂质的蓝宝石晶体生长技术
12.3.2	金刚石多线切割机	I	1．工作台尺寸：150mm L100mm（宽）100mm（高） 2．金刚线进给速度： 最大60mm/min 最小0.03mm/min 3．最大容线量：45km 4．最大线速：600m/min 5．最大摇摆角度：6º	1．金刚石线张力控制系统设计技术； 2．金刚石线在线轴上的排线控制系统设计技术； 3．槽轮向下进给速度的精确控制系统设计技术； 4．槽轮摇摆速度的精确控制技术； 5．“金刚石线”制造技术
12.3.3	高亮度发光二极管有机金属化学气相沉积系统（MOCVD）	I	容量＞50 片/炉 （2 英寸） GaN 膜厚均匀性＜5% GaN 生长速率＞2 微米/小时 InGaN 中 In 组分均匀性＜1%	1．中温到高温范围温度均匀性控制技术； 2．气体组分均匀性控制技术； 3．复杂反应腔整体可靠性、重复性控制技术
12.3.4	LED 自动划片机	I	50～150mm，步进精度优于0.003mm	智能控制技术
12.3.5	LED 粘片机	I	粘片速度≥12000 只/小时； 装片精度≤±38μm	高速高精度对准技术
12.3.6	LED 等离子刻蚀机	I	装载容量＞20 片/炉（2 英寸） 刻蚀速率 GaN＞120nm/min 蓝宝石＞60nm/min 刻蚀均匀性＜5%	蓝宝石衬底刻蚀速度及均匀性控制技术

续　表

编　号	产品名称	类别	主要技术指标	需突破的关键技术
12.4	TFT-LCD 设备	I		
12.4.1	液晶显示用玻璃基板成套生产设备	I	可用于生产第 6 代及以上的玻璃基板，基板尺寸 1 500mm×1 850mm 以上	
12.4.2	CELL 摩擦机	I	适合第 6 代及以上生产线，基板尺寸 1 500mm×1 850mm	高可靠性和运转稳定性技术研究
12.4.3	Panel 贴片机	I	适合第 6 代及以上生产线，贴附精度：±0.05mm	CCD 对位识别系统，设备工作的高可靠性和运转稳定性技术
12.4.4	LCM 成套生产设备	I	适合第 6 代及以上生产线，基板尺寸 1 500mm×1 850mm	高可靠性和运转稳定性技术

《电子信息制造业“十二五”发展规划》印发

为贯彻落实《工业转型升级规划（2011—2015年）》和《信息产业“十二五”发展规划》，促进电子信息制造业增强核心竞争力，提升发展质量效益，工业和信息化部制定了《电子信息制造业“十二五”发展规划》。《电子信息制造业“十二五”发展规划》包含《电子基础材料和关键元器件“十二五”规划》、《电子专用设备仪器“十二五”规划》和《数字电视与数字家庭产业“十二五”规划》3个子规划。

附件：

1．电子信息制造业“十二五”发展规划

2．子规划1：电子基础材料和关键元器件“十二五”规划

3．子规划2：电子专用设备仪器“十二五”规划

4．子规划3：数字电视与数字家庭产业“十二五”规划

工业和信息化部

2012年2月

附件1

电子信息制造业“十二五”发展规划

前　言

电子信息制造业是国民经济的战略性、基础性、先导性产业，是加快工业转型升级及国民经济和社会信息化建设的技术支撑与物质基础，是保障国防建设和国家信息安全的重要基石。“十二五”时期是我国坚持走新型工业化道路、加快转变经济发展方式、全面建设小康社会的关键时期，也是电子信息制造业调结构、转方式、增强产业核心竞争力、提升发展质量效益、由大变强的攻坚时期。为贯彻落实《国民经济和社会发展第十二个五年规划纲要》，按照《工业转型升级“十二五”规划》、《国民经济和社会发展信息化“十二五”规划》及《信息产业“十二五”发展规划》的总体部署和要求，编制《电子信息制造业“十二五”发展规划》，作为“十二五”期间电子信息制造业发展的指导性文件。

一、“十一五”发展回顾

“十一五”时期，我国电子信息制造业抓住国家经济社会发展和国际产业转移的重大机遇，克服国际金融危机的不利影响，积极推进结构调整，着力加强自主创新，实现了产业的稳步增长，对经济社会发展的支撑引领作用愈益凸显。

（一）产业规模稳步扩大

2010年，我国规模以上电子信息制造业销售收入达63 945亿元，较2005年（31 010亿元）翻一番，五年间年均增速超过15%（见表1）；出口占全国外贸出口的比重一直保持在30%以上；彩电、微型计算机、手机等主要整机产品产量分别达1.2亿台、2.5亿台和10亿部，均占全球总产量40%以上，五年间年均增速分别为7.4%、24.9%和26.9%；规模以上电子信息制造业从业人员达880万人，比2005年增长329万人，占全国工业从业人员比重从2005年的8%提高到10%。

表 1　电子信息制造业“十一五”规模指标增长情况表

指　　标	2005 年	2010 年	年均增长（%）
销售收入（亿元）	31 010	63 945	15.6
利润（亿元）	1 358	2 825	15.8
出口额（亿美元）	2 682	5 912	17.1
从业人员（万人）	551	880	9.8

（二）结构调整初见成效

技术升级换代加快，高端产品增速强劲。2010 年，平板电视、笔记本电脑占彩电和计算机比重均已超过 75%，多条集成电路 12 英寸线、首条第 6 代液晶面板线建成投产。积极适应网络化、智能化、服务化新趋势，大型整机企业向服务领域延伸，着力发展移动互联网、云计算、物联网等新兴应用。产业集中度明显提高，以百强企业为代表的骨干企业竞争力显著增强。2005 年到 2010 年，电子信息百强企业主营业务收入由 9 643 亿元增长到 15 354 亿元，创造了全行业 1/4 的销售收入、1/3 以上的利润和 1/2 以上的税收，出现了华为、联想、海尔等销售收入超过千亿元的企业。中、西部地区发展步伐加快，2008 年至 2010 年，规模以上电子信息制造业销售收入增速连续三年高于全国平均水平 10 个百分点以上。

（三）自主创新能力有所增强

国家投入力度不断加大，科技重大专项持续实施，以企业为主体的创新体系逐步形成。高世代薄膜晶体管液晶显示屏（TFT-LCD）和等离子显示屏（PDP）面板规模化生产技术取得重大进展，填补了国产平板电视面板的空白。中央处理器（CPU）、移动通信芯片等一批中高端集成电路产品取得突破，65 纳米先进工艺和高压工艺等特色技术实现量产，三维封装等新型封装技术均有开发和生产应用。高密度离子刻蚀机、大角度离子注入机等集成电路核心制造设备进入生产线。千万亿次高性能计算机研制成功，迈入国际先进行列。时分同步码分多址接入（TD-SCDMA）技术形成完整的产业链体系，实现规模商用，40G 超大容量光传输系统领域取得技术突破。数字电视地面传输技术及数字音视频编解码技术达到国际先进水平。标准和知识产权战略有力推进，形成了时分双工长期演进技术（TD-LTE）、数字视频编解码标准（AVS）、数字音频编解码标准（DRA）、地面数字电视传输标准（DTMB）、闪联等一批以自主知识产权为依托的技术标准。2010 年全国信息技术领域专利申请总量超过 110 万件，稳居各行业之首。

（四）产业集聚发展效应明显

长江三角洲、珠江三角洲、环渤海和福厦沿海四大产业集聚区的工业增加值、销售收入、利润和从业人员占全行业比重均已超过 80%，建立了高度细化的产业配套分工体系，具备了较为完备的产业配套能力，发展成为影响全球市场的国际化生产制造基地，提升了我国在全球产业链中的地位。中西部承接产业转移能力不断增强，形成了整机制造、光电子、平板显示、太阳能光伏等特色化发展的产业基地，产业集聚效应日益显现。

（五）支撑引领作用愈益凸显

信息技术及产品在推动工业转型升级、促进两化深度融合等方面发挥了积极作用，钢铁、化工、汽车、船舶、航空等主要行业大中型企业数字化设计工具普及率超过 60%，关键工序数（自）控化率超过 50%，制造技术和信息技术融合步伐进一步加快。信息技术在工业领域深度融合和渗透，汽车电子、机床电子、医疗电子、智能交通、金融电子等量大面广、拉动性强的产品及信息系统发展迅速，为加快推进国民经济与社会信息化建设、保障信息安全提供了重要的技术和产品支撑。

经过五年的发展，我国电子信息制造大国的地位进一步巩固，总体实力跃上新台阶，但产业发展的深层次问题和结构性矛盾仍然突出，主要表现为：关键核心技术受制于人，产业总体上仍处于价值链中低端，代工制造和加工贸易所占比重较高，研发投入强度与发达国家相比尚有差距，资源配置较为分散，产业政策环境亟待完善，内需带动机制尚未健全。这些问题和矛盾制约了我国电子信息制造业由大变强，需要在“十二五”时期着力解决。

二、“十二五”面临的形势

（一）电子信息产业仍是全球竞争的战略重点

电子信息产业具有集聚创新资源与要素的特征，仍是当前全球创新最活跃、带动性最强、渗透性最广的领域。新一代信息技术正在步入加速成长期，带动产业格局深刻变革。金融危机以来，不仅美国、日本、欧盟等主要发达国家和地区纷纷将发展电子信息产业提升到国家战略高度，抢占未来技术和产业竞争制高点，巴西、俄罗斯、印度等国也着力发展电子信息产业，增长尤为迅速，竞争在全球范围内更加激烈。

（二）融合创新推动产业格局发生重大变革

信息产业各行业边界逐渐模糊，信息通信技术在各类终端产品中应用日益广泛，云计算、物联网、移动互联网等新兴领域蓬勃发展。价值链重点环节发生转移，组装制造环节附加值日趋减少，国际领先企业纷纷立足内容及服务环节加快产业链整合，以争夺产业链主导权。制造业、软件业、运营业与内容服务业加速融合，新技术、新产品、新模式不断涌现，对传统产业体系带来猛烈冲击，推动产业格局发生重大变革，既为我国带来发展的新机遇、新空间，也使我国面临着新一轮技术及市场垄断的严峻挑战。

（三）工业转型升级催生新的产业增长点

在实现由传统工业化道路向新型工业化道路转变、促进工业结构整体优化升级的进程中，信息技术及产品在工业各领域及生产各环节持续深化应用，综合集成度不断提升，与汽车、船舶、机械装备、新型材料等产品加速融合，为产业发展创造了广阔的市场空间。同时，随着节能环保、高端装备制造、新能源汽车等战略性新兴产业的崛起，信息技术在经济和社会各领域将得到更为深入的应用，形成一批辐射范围广、带动作用强的产业新增长点，为产业持续稳定健康发展提供了坚实保障。

（四）国内外市场环境机遇与挑战并存

国际市场规模稳步扩大，新产品、新应用不断涌现，产业发展空间更为广阔；国家信息化建设全面深化，城镇化进程持续加速，市场化程度不断提升，居民收入增长、内需扩张、消费结构升级和市场机制完善，为产业发展提供新动力、新方向。同时，产业发展也面临严峻挑战，人民币升值压力增大，生产成本持续上升，资源和环境承载力不断下降，周边国家和地区同质竞争日益激烈，国际贸易保护势力抬头，以知识产权、低碳环保、产品安全为代表的技术性贸易限制措施被广泛使用，对我国电子信息制造业持续稳定发展造成一定的压力。

三、“十二五”发展思路和目标

（一）指导思想与发展思路

深入贯彻落实科学发展观，以转型升级为主线，坚持创新引领、应用驱动、融合发展。突破重点领域核心关键技术，夯实产业发展基础，深化信息技术应用，推动军民结合，统筹内外需市场，优化产业布局，着力提升产业核心竞争力，持续引导产业向价值链高端延伸，推动产业由大变强，为加快工业转型升级及国民经济和社会信息化建设提供有力支撑。

——以转型升级为主线。加快新一代信息技术研发及产业化进程，培育壮大战略性新兴产业；加强培育自主品牌，提升国际化经营水平，增强产业发展质量与效益；完善重大产业布局，培育龙头骨干企业，提高产业集中度、规模效应及配套协作水平；稳定国际市场，进一步优化贸易结构；积极开拓国内市场，强化内生增长动力。

——以创新引领为根本动力。努力突破原始创新，大力推进集成创新，加强消化吸收再创新，不断完善以企业为主体的产业创新体系，形成完整创新链条，提升成果产业化效率；以国家科技重大专项及重大工程为抓手，加大研发投入，着力攻克一批核心关键技术。

——以应用驱动为关键支撑。加强信息技术推广应用，改造提升传统产业；重点发展工业控制、机床电子、汽车电子、医疗电子、金融电子、电力电子等量大面广、拉动作用强的产品，形成产业新增长点；加快培育战略性新兴领域，形成一批可快速带动产业增长的关键应用。

——以融合发展为重要途径。积极推进制造业向服务延伸，推动产品制造与软件和信息服务融合、制造业与运营业融合，大量催生新产品、新业态，鼓励引导商业模式创新；引导并加快产业链垂直整合进程，促进资源优化重组；推动军民技术互通互用，加快军民融合发展。

（二）发展目标

1. 结构目标

“十二五”期间，我国规模以上电子信息制造业销售收入年均增速保持在 10%左右，2015 年超过 10 万亿元；工业增加值年均增长超过 12%；电子信息制造业中的战略性新兴领域销售收入年均增长 25%。稳步推进加工贸易转型升级，鼓励加工贸易企业延长产业链、提升产品附加值，一般贸易比重不断增加。显著增强骨干企业核心竞争力及自主品牌市场影响力，形成 5～8 家销售收入超过千亿元的大型骨干企业，努力培育销售收入超过 5000 亿元的大企业。打造一批具有国际影响力、特色鲜明、配套合理的新型工业化产业示范基地和产业园区。军民融合发展取得新进展。

2. 创新目标

百强企业研发投入占销售收入比重超过 5%；信息技术领域发明专利申请累计总量达到 130 万件左右；在集成电路、新型显示器件、关键元器件、重要电子材料及电子专用设备仪器等领域突破一批核心关键技术。集成电路产品满足国内市场需求近 30%，芯片制造业规模生产技术达到 12 英寸、32/28 纳米工艺；平板电视面板自给率 80%以上；建立和完善 TD-LTE 产业体系。

3. 节能环保目标

显著提升计算机、电视机等整机产品能效；生产过程能源、资源消耗进一步降低，太阳能级多晶硅生产平均综合电耗低于 120 千瓦时/公斤，印制电路行业铜回收再利用率提高到 80%以上、水回收再利用率提高至 30%以上；有效控制铅、汞、镉等有毒有害物质使用；废弃电器电子产品回收处理和再利用率显著提高。

四、主要任务与发展重点

（一）主要任务

1. 集中突破核心关键技术，全面提升产业核心竞争力

追踪和把握新一代信息技术重点方向及产业机遇，以企业为主体，坚持产学研用相结合，完善创新体系、增强创新能力，集中力量和资源突破核心关键技术。以整机需求为导向，大力开发高性能集成电路产品；加快发展新型平板显示、传感器等关键元器件，提高专用电子设备、仪器及材料的配套支撑能力；以新一代移动通信、下一代互联网、物联网、云计算等领域自主技术为基础，推动计算机、通信设备及视听产品升级换代；推进军民融合发展，加速军民共用电子信息技术开发和转化。

2. 着力发展战略性新兴领域，培育产业新增长点

紧密结合产业转型升级的趋势，统筹考虑市场需求和支撑条件，引领新兴产业发展。以新一代网络通信系统设备及智能终端、高性能集成电路、新型显示、云计算、物联网、数字家庭、关键电子元器件和材料七大领域作为战略性新兴领域，以重大工程应用为带动，加速创新成果产业化进程，打造完整产业链，培育一批辐射面广、带动力强的新增长点。

3. 推动企业做大做强，构建合理分工体系

加大企业技术改造力度，建立健全企业技术改造长效机制，提升企业效率效益。鼓励和引导企业兼并重组，支持龙头骨干企业开展并购。大力推动产业链整合，提高产业链管理及运作水平，强化产业链整体竞争力。以资本为纽带推进资源整合及产业融合，加快发展和形成一批掌握关键核心技术、创新能力突出、品牌知名度高、国际竞争力强的跨国大公司。促进中小企业向“专、精、特、新”方向发展，与大企业共同构建合理分工体系。探索创新合作机制，加强企业间的联合与协作，推动形成密切合作的研发体系，支持组建产业联盟。

4. 优化产业空间布局，加快形成区域新增长极

继续发挥东部地区的辐射带动作用，增强珠三角、长三角、环渤海和福厦沿海等优势地区的集聚效应，率先实现产业转型升级。支持中西部地区和东北等老工业基地立足自身优势，积极吸引国外投资，因地制宜地承接东部产业转移，切实增强研发能力，提高在产业分工体系和价值链中的地位。形成东、中、西部优势互补、良性互动、特色突出、协调发展的产业格局，培育一批具有较强辐射带动作用的新型工业化产业示范基地，加快推动中西部地区形成新增长极。

5. 统筹利用国内外市场资源，促进产业均衡发展

充分利用国内信息化、城镇化建设机遇，大力挖掘电子信息产品的行业应用市场，不断满足城乡消费者的多样化需求。积极拓展国际市场，持续优化出口结构，加大新兴市场开发力度，推动出口市场多元化。大力实施“走出去”战略，通过政策扶持、信用担保、完善通关服务等手段，鼓励有条件的骨干企业在境外设立分支机构、拓宽市场渠道、建立研发中心，与海外科技企业和研发机构开展多层次合作，增强国际竞争力。

6. 积极推进绿色制造，实现产业持续健康发展

突出“源头控制”与“末端治理”，构建产品全生命周期绿色化发展模式。建设产业绿色发展技术支持和公共服务平台，加强节能清洁生产技术和工艺的研发。针对各行业特点，建立环境影响评价体系和能效标准体系。提升低碳环保电子产品的标准和检测水平，减少有毒有害物质使用。严格控制“三废”排放，鼓励开展电子产品回收、处理和再利用。

7. 深化信息技术应用，服务经济社会发展

支持信息技术企业与传统工业企业开展多层次合作，推进信息技术和产品在工业各领域的广泛应用，提升工业研发设计、生产制造、营销服务等环节的自动化、智能化和信息化水平，支持应用电子产品和系统的研发及产业化，切实推动两化深度融合。推进信息技术和产品在交通、能源、水利、环保等领域的深度应用，加快国计民生重要领域基础设施智能化进程；大力推进信息技术和产品在医疗卫生、交通运输、文化教育、就业和社会保障等领域的广泛应用，提高公共服务水平。

8. 完善公共服务体系，优化产业发展环境

围绕基础产业和战略性新兴产业的发展，着力构建集成电路、平板显示、数字家庭、云计算、物联网、太阳能光伏、绿色照明等专业性公共服务平台，提供技术研发、成果转化、资本运作、知识产权、标准制定、产品检测、资质认证、人才服务、企业孵化和品牌推广等专业服务；加强产用合作，依托行业组织，推动重点工业领域信息技术应用平台建设，提供共性技术支持和公共服务；依托产业基地和专业园区，建设特色的区域性公共服务体系，引导和加强电子信息产业聚集区配套服务体系建设。

（二）发展重点

1. 计算机

加快计算机前沿技术创新，实现核心技术和关键领域的突破，进一步增强计算机产品自主研发、工业设计和主板制造能力，提升产业核心竞争力。把握移动互联网发展趋势，大力发展具备轻薄便携、低功耗、触控、高清与三维（3D）显示等特点的笔记本计算机、平板计算机等移动智能终端，以及大屏幕、触摸型一体式等新型计算机；促进“终端+应用+服务”的产业链整合，推动整机企业向服务延伸。加强计算机外部设备及耗材产品研发和产业化，发展彩色网络激光打印机、扫描仪、投影仪、闪存以及智能娱乐教育等产品。大力支持高安全性工业控制计算机、工控产品及系统的研发与应用，加快研究新一代工业控制计算机体系结构，积极开展工业控制计算机软硬件基础平台和安全性、可靠性技术等研究，提升我国工控产品及系统竞争力，在过程控制、安全生产、节能降耗、环境监控、智能交通、智能建筑、智能电网等领域推动工控产品及系统的应用。加快安全可靠计算机研发与应用，加强信息安全技术研究，大力推进网络安全、可信计算、数据安全等信息安全产品的研发与产业化。

以云计算应用需求为牵引，重点突破虚拟化、负载均衡、云存储以及绿色节能等云计算核心技术，支持适于云计算的服务器产品、网络设备、存储系统、云服务终端等关键产品的研发及产业化，建立配套完整的云计算相关产业链，为云计算规模化示范应用提供完整的设备解决方案，完善云计算公共服务体系。加强物联网技术研发，突破物联网感知信息采集、传输、处理、反馈控制等关键技术，支持无线射频识别（RFID）、编码识别设备、传感及处理控制节点等重点产品的研发与产业化，建立完善物联网标准体系，推动物联网应用。面向下一代互联网发展需求，重点支持高性能路由器、大容量汇聚交换设备、智能网关等网络关键设备研发与产业化，加快推进自主知识产权技术标准的国际化。

2. 通信设备

紧抓新一代通信网络建设和移动互联网快速发展机遇，加大 TD-SCDMA 终端研发力度，推进长期演进技术及增强型长期演进技术（LTE/LTE-Advanced）研发和产业化。研究 LTE/LTE-Advanced 在应用过程中无线及网络组织的关键技术、网络演进、多技术协调等技术解决方案，推动新型绿色基站、无线网络组网、无线网络节能减排等关键技术与产品研发，推进 TD-SCDMA /LTE/LTE-Advanced 在数字城市、农村信息化等重点领域的应用示范。加速推动移动互联网相关技术产品和业务应用的研发与产业化进程，重点支持新型移动互联网终端、终端核心芯片、操作系统和中间件等关键技术和产品，

以及 IP 承载网、接入感知与控制、移动互联网平台与资源关键技术研发与产业化。支持多模、多频终端芯片及高效能、低成本终端，IPv6/v4 双栈网络设备和终端、网络测试专用仪器、天线等关键配套产业体系。

推进智能光网络和大容量、高速率、长距离光传输、光纤接入（FTTx）等技术和产品的发展。重点支持 N×100G 比特/秒波分多路复用（WDM）高速光传输设备，N×T 比特/秒交叉容量的光传送网/分组传送网（OTN/PTN）大容量组网调度光传输设备，支持智能控制平面的光交换设备、光传输设备的研发与产业化；支持 10G 无源光网络（PON）局侧设备和光网络单元、PON 互通性测试系统的研发与产业化；支持高速相干光接收、超大功率低噪声光放大、波长选择性光交换等高端模块，高速激光芯片、光多片集成组件、光电集成芯片、高速数模芯片等高端芯片的研发。

推进宽带无线接入、多媒体数字集群及数字对讲技术和产业的发展。支持广域覆盖低成本宽带接入、超高速无线局域、面向专网应用的数字集群通信和数字对讲技术和产品的研发及产业化，加快推动无线局域网鉴别和保密基础结构（WAPI）技术的产业链成熟和更广泛应用。推广在政府事务、公共安全、能源、物流、交通运输、现代农业等重点领域和行业的应用示范，提升相关技术产品在资源动态分配、管理和调度，协同干扰降噪，负载均衡，自适应和自组网，网络安全和信息保密等方面的能力，建设面向行业领域的专用通信系统完整产业链。积极推进基于北斗卫星通信导航系统的相关产品研发及产业化和推广应用。

3. 数字视听

加快推动彩电业转型升级，加强新型背光技术、3D 技术、激光技术、节能技术的研发及应用，提升核心技术掌控能力。加快发展 3D 电视、互联网电视、智能电视等新型产品，不断提升产品附加值。支持整机龙头企业向面板、模组等中、上游领域延伸，支持彩电产业配套的核心芯片、软件、关键器件、一体化模组、专用设备研发及产业化，推进终端制造业与内容服务业融合发展，提升平板电视全产业链竞争力。重点支持数字家庭智能终端、互联网关、多业务系统及应用支撑平台的研发及产业化；支持智能化、网络化视频监控设备及应用系统的研发与应用；大力推进数字家庭示范应用和数字家庭产业基地建设。加快推动地面数字电视接收机普及，支持 AVS、DRA 等自主音视频标准的应用，进一步推动地面数字电视标准的国内外应用。支持数字电视演播室设备、发射设备、传输设备、接收设备发展，鼓励发展高密度激光视盘机、数字音响系统、数字电影设备，推动视听产业向数字化、网络化、智能化和节能环保方向发展。支持骨干企业加强质量品牌建设和国际化经营，打造具有全球竞争力的龙头企业和知名品牌。

专栏 1：整机价值链提升工程

产品创新。支持基于移动互联网业务的计算机、通信设备及终端创新，以及基于云计算的产品创新、技术创新和模式创新；支持高端服务器、网络存储系统等关键产品的研发和产业化，推动绿色智能数据中心关键设备及各类终端产品的研发与产业化；支持网络化、智能化、节能型数字电视产品和 3D 电视研发及产业化；支持多屏融合的数字家庭智能终端研发及产业化；推进下一代地面数字电视传输体系关键技术和系统技术研究，建设多业务平台；支持整机产品深度参与配套芯片研发及产业化

模式创新。推动大型电子信息产品制造企业向服务领域延伸，加强设计、制造、服务融合互动，围绕核心价值环节促进产业链整合；抓住云计算、移动互联网等新兴应用快速发展契机，开拓增值服务，创新商业模式；健全产业公共服务体系，推进开放式运营平台、内容服务平台、网络服务平台、产品测试认证平台及知识产权服务平台建设。

品牌建设。支持数字视听、计算机和通信设备制造企业建设自主品牌，提升国产设备及终端的国际竞争力；引导企业加强产品质量管理，完善产品质量管理体系，提升品牌形象；鼓励企业加强国际战略合作，加快建设安全可控的市场渠道；制定知识产权战略，推动自主知识产权标准产业化和国际化应用。

4. 集成电路

以重点整机和重大信息化应用为牵引，加强技术创新、模式创新和制度创新，着力发展设计业，壮大芯片制造业，提升封装测试水平，增强关键设备、仪器及材料自主开发能力，推动集成电路产业做大做强。着力发展芯片设计业，开发高性能集成电路产品。围绕移动互联网、信息家电、物联网、智能电网和云计算等战略性新兴产业和重点领域的应用需求，突破 CPU/ 数字信号处理器（DSP）/存储器等高端通用芯片，重点开发网络通信芯片、数模混合芯片、信息安全芯片、数字电视芯片、RFID 芯片、传感器芯片、汽车电子芯片等量大面广产品，以及两化融合、战略性新兴产业重点领域的专用集成电路产品，形成系统方案解决能力。壮大芯片制造业规模，增强先进和特色工艺能力。持续支持 12 英寸先进工艺制造线和 8 英寸/6 英寸特色工艺制造线的技术升级和产能扩充。加快 45 纳米及以下制造工艺技术的研发与应用，加强标准工艺、特色工艺模块开发和 IP 核的开发。提升封测业层次和能力，发展先进封测技术和产品。顺应集成电路产品向功能多样化的重要发展方向，大力发展先进封装和测试技术，推进高密度堆叠型三维封装产品的进程，支持封装工艺技术升级和产能扩充。提高测试技术水平和产业规模。完善产业链，突破关键专用设备、仪器、材料和电子设计自动化（EDA）工具。推进 8 英寸集成电路设备的产业化进程，支持 12 英寸集成电路生产设备、材料、工具、仪器的研发，形成成套工艺，推动国产装备在生产线上规模应用，推进集成电路产业链各环节的紧密协作，建立试验平台，加快产业化。

5. 关键电子元器件

大力发展基于表面贴装技术（SMT）的新型片式元件，积极支持基于微电子机械系统（MEMS）技术的新型元器件和基于低温共烧陶瓷（LTCC）技术的无源集成元件的研发和产业化。努力发展汽车电子系统所需的继电器、连接器、微电机、超级电容器等关键电子元件；加快为新能源汽车配套的镍氢电池，动力型、储能型锂离子电池及电池管理系统、电池成组技术的研发和产业化。围绕新一代通信技术发展，推动低成本光纤光缆、光器件、频率器件、数字音频声器件和混合集成电路等产业的发展。积极开发物联网、新能源、高端装备等战略性新兴产业发展所需的高性能高可靠传感器、电力电子功率元件、超薄锂离子电池、专用真空电子器件等产品。加快发展高密度互连板、特种印制板、发光二极管（LED）用印制板及现代光学所需的红外焦平面探测器、紫外探测器、微光像增强器等关键核心器件。在着眼于当前成熟技术发展的同时，密切关注未来技术发展趋势，准确把握创新性技术方向，优先支持创新性、共性技术研发，为产业可持续发展提供技术储备，为电子信息制造业的结构调整、产业升级、发展方式转变奠定重要的技术和产业基础。

6. 电子材料

半导体材料重点发展硅材料、化合物半导体材料、氮化镓和碳化硅等衬底材料、外延用原料、高性能陶瓷基板；高端 LED 封装材料，高亮度、大功率 LED 芯片材料；新型电力电子器件用关键材料；石墨和碳素系列保温材料。光电子材料重点发展高世代液晶显示屏（LCD）用玻璃基板，偏光片、彩色滤光片、液晶等相关材料，大尺寸靶材，高纯电子气体和试剂；有机发光显示器（OLED）用高纯有机材料、导电玻璃基板、封装材料、高精度掩模板等；PDP 用玻璃基板及电极浆料、湿化学品、玻璃粉、荧光粉等配套材料；电子纸用微胶囊、油墨、介电材料；发展大尺寸锗系材料、硫化锌（ZnS）、硒化锌（ZnSe）、碳化硅（SiC）红外材料，满足制造高端光电子产品需求。电子元器件用覆铜板、电子铜箔、压电与系统信息处理材料、高热导率陶瓷材料和金属复合材料、小型锂电池和动力锂电池材料、片式超薄介质高容电子陶瓷材料及电容器材料、高性能电容器薄膜、高端电子浆料、LTCC 多层基板、高性能磁性材料等。重点突破高端配套应用市场，提高产品附加值和技术含量，增强电子材料行业发展的质量和效益，支撑下游产业跨越式发展。

7. 新型显示器件

液晶显示器件方面，重点提升薄膜晶体管（TFT）性能，提高载流子迁移率和液晶面板的透过率，降低生产成本。等离子显示器件方面，围绕高光效技术、高清晰度技术以及超薄技术进行相关技术研发，研究新材料、新工艺来提高 PDP 产品性能。有机发光显示器件方面，推进中小尺寸 OLED 的技术开发和产业化应用，研究大尺寸 OLED 相关技术和工艺集成。电子纸方面，推动有源驱动电子纸显示技术开发与产业化，重点发展大尺寸、触屏式、彩色、柔性有源驱动电子纸显示屏。积极研发触摸屏、三维显示等新技术新产品，促进其产业化。发展激光显示等特色显示技术。推动 OLED 照明技术和产品开发。大力发展平板显示器件生产设备和测试仪器，形成整机需求为牵引、面板产业为龙头、材料及设备仪器为基础、产业链各环节协调发展的良好态势。力争到“十二五”末，我国新型显示产业达到国际先进水平，全面支撑我国彩电产业转型升级。

8. 电子专用设备和仪器

电子专用设备方面，重点发展 8 英寸和 12 英寸半导体级单晶生长、切割、磨片、抛光设备，8 英寸集成电路成套生产线设备，推进 12 英寸集成电路关键设备产业化；积极推动多晶硅、单晶硅生长、切割设备，全自动晶硅太阳能电池生产线设备、薄膜太阳能电池生产设备研发和产业化，重点突破高亮度 LED 芯片生产线设备和后封装设备；大力发展新型元件生产设备和表面贴装设备。电子仪器方面，着重研发半导体和集成电路测试仪器，通信与网络测试仪器，高性能微波/毫米波测试仪器，数字电视及数字音视频测试仪器，物联网测试仪器，新型电子元器件测试仪器，高性能通用电子测试仪器，时间、频率测试仪器以及医疗、环保、农业、矿山等电子应用仪器。夯实产业发展基础，提升产业核心竞争力和可持续发展能力。

9. 发光二极管（LED）

突破产业链薄弱环节，提升高亮度、功率型 LED 外延片及芯片技术水平和产业化能力，增强产业自主发展能力。加强对封装结构设计、新封装材料、新工艺、荧光粉性能、多基色荧光粉、散热机理的研究，着力提高器件封装的取光效率、荧光粉效率和散热性能，增强功率型 LED 器件封装能力。加快 LED 上游原材料如衬底、金属有机化合物（MO）源、超高纯气体、荧光粉、高性能环氧树脂、有机硅胶的研发和产业化，实现金属有机化学气相沉积设备（MOCVD）等关键生产设备和仪器的量产和应用，提高产业配套能力，完善 LED 产业链。推进景观照明、液晶显示背光源、户外大屏幕显示以及室内商业照明等应用。加快 LED 相关基础标准、产品标准制定，完善 LED 标准体系。增强产品标准符合性检测，加快国家级 LED 器件、光源检测机构的建设，提高检测水平和服务能力。强化行业引导和管理，促进 LED 产业健康科学有序发展。

10. 太阳能光伏

重点支持高质量、低能耗、低成本、副产物综合利用率高的太阳能级多晶硅生产。发展高效、低成本、低能耗硅锭生产技术，突破薄型化硅片切割技术，提高硅片质量。支持高效率、低成本、长寿命太阳能电池的研发与产业化，加快超高效太阳能电池、新型聚光电池、薄膜电池开发与应用。鼓励光伏用逆变器、控制器和储能系统等产品及技术研发。重点发展等离子体增强化学气相沉积（PECVD）、激光切割、刻蚀、丝网印刷以及封装检测等设备，鼓励开发晶硅和薄膜太阳能电池成套设备生产线。积极发展光伏建筑一体化（BIPV）组件生产技术，扩大建筑附着光伏（BAPV）组件应用范围。鼓励发展坩埚、高纯石墨、碳碳复合材料、乙烯-醋酸乙烯共聚物（EVA）胶、电子浆料、线切割液、导电氧化物薄膜（TCO）玻璃等配套材料。

鼓励光伏企业加强系统集成及应用拓展，积极关注离网应用市场和新兴并网应用市场，支持小型光伏系统、分布式光伏系统、离网系统研发及应用。支持有能力的企事业单位建设国家级光伏技术研发平台、产品检测认证平台、公共服务平台，开展产品检测、系统工程验收、专利池建设、标准制订推广、关键共性技术研发等公共性服务。支持骨干企业增强技术创新能力、提高生产工艺水平、降低光伏发电成本、拓展光伏应用市场，提升我国光伏产业的核心竞争力。

专栏 2：基础电子产业跃升工程

集成电路。突破高性能 CPU、移动通信芯片、DSP 等高端通用芯片，移动互联、数模混合、信息安全、数字电视、射频识别等量大面广芯片以及重点领域的专用芯片。持续支持 12 英寸先进工艺制造线的建设和 8 英寸/6 英寸工艺制造线的改造升级。加快先进生产线和特色生产线工艺技术升级及产能扩充，提高先进封装工艺和测试水平。进一步完善产业链，增强刻蚀机、离子注入机、互联镀铜设备、外延炉、光刻匀胶显影设备等 8～12 英寸集成电路生产线关键设备、仪器和材料的自主开发和供给能力，支持大生产线规模应用。加快提升国家级集成电路研发公共服务平台水平和能力，组织多种形态的技术创新平台。

关键电子元器件和材料。重点支持微电子器件、光电子器件、MEMS 器件、半导体功率器件、电力电子器件、RFID 模块及器件、绿色电池、片式阻容感、机电组件、电声器件、智能传感器、印刷电路板产品的技术升级及设备工艺研发，有效支撑物联网发展。积极发展半导体材料、太阳能光伏材料、光电子材料，压电与声光材料、电子功能陶瓷、磁性材料、电池材料和传感器材料，以及用于支撑、装联和封装等使用的金属材料、非金属材料、高分子材料等。

新型平板显示。重点支持第 6 代以上尺寸 TFT-LCD 显示面板关键技术和新工艺开发，实施玻璃基板等关键配套材料和核心生产设备产业化项目，完善配套产业链。突破 PDP 高光效技术（高能效、低成本）、高清晰度技术（三维、动态清晰度、超高清晰度）以及超薄技术，提高 PDP 产品性能。开展高迁移率 TFT 驱动基板技术开发，攻克 OLED 有机成膜、器件封装等关键工艺技术，攻克低温多晶硅（LTPS）技术，加强关键材料及设备的国产化配套。围绕移动终端等需求，重点开发触摸屏功能、宽视角、高分辨率、轻薄节能的小尺寸显示产品。开展三维显示、电子纸、激光显示等新技术研发和产业化。

发光二极管（LED）。重点突破外延生长、芯片制造关键技术，提高外延片和高端芯片的国内供给能力。增强功率型 LED 器件封装能力，加大对封装结构设计、新封装材料、新工艺、荧光粉性能、散热机理的研究与开发。进一步完善产业链，加快实现国产 MOCVD 设备的量产，推进衬底材料、高纯 MO 源，高性能环氧树脂以及高效荧光粉等研发和产业化。加快检测平台建设，制定和完善 LED 相关标准，推进知识产权建设。

太阳能光伏。支持多晶硅行业节能降耗和高质、高效、低成本太阳能电池的产业化，鼓励新型太阳能电池和高质低成本多晶硅工艺技术研发。全面提升装备技术水平，突破平板式 PECVD、全自动丝网印刷机、高效切割机等设备瓶颈。支持控制器、逆变器等配套部件和石墨、坩埚、电子浆料、TCO 玻璃等配套材料的研发及产业化。支持多样化、宽领域的太阳能光伏应用，拓展离网应用市场和新兴并网市场。

11. 信息技术应用

推动信息技术在各领域的广泛应用，加强产用合作，促进两化深度融合，进一步提升产业为国民经济和社会发展支撑服务的能力。应用信息技术改造和提升传统产业，以研发设计、流程控制、企业管理、市场营销、人力资源开发等关键环节为突破口，支持信息技术企业与传统工业企业开展多层次合作，提高工业自动化、智能化和管理现代化水平，推动综合集成应用与业务协同创新，加快制造与服务融合发展，促进资源节约型生产方式的形成。加大信息技术在农业生产、经营管理和服务各环节的应用，促进农业集成化信息管理，提高精准农业技术水平，提高农业生产效率。结合国家改善民生相关工程的实施，加强信息技术在交通运输、医疗卫生、文化教育、就业和社会保障等领域应用，带动电子信息产品及相关服务发展。大力发展应用电子产品，针对工业控制、机床电子、汽车电子、医疗电子、金融电子、电力电子等量大面广、带动性强的应用电子领域，加大研发投入，突破关键技术，努力实现产业化，形成新的增长点。

专栏 3：重点应用电子产品

工业控制。加强分布式控制系统、可编程控制器、控制芯片、传感器、驱动执行机构、触摸屏等产品的研制，提升工业控制的集成化、智能化水平。

机床电子。突破高档数控系统现场总线、通信协议、高精度高速控制和数字化高速伺服驱动等技术，大力发展中高档数控系统；加强机床电子功能部件（包括电主轴、电动刀架、检测装置、测试设备、机床电器等）研发和应用。

汽车电子。重点支持汽车电子电气专用元器件、车用芯片、车载信息平台和网络、动力电池和管理控制系统、动力总成控制系统、驱动电机控制、底盘控制、车身控制、车载电子、汽车安全等关键技术和产品的研发与规模化应用。

医疗电子。重点突破数字化医学影像诊断、临床检验与无创检测诊断、数字化医院及协同医疗卫生系统、便携式医疗电子设备、康复治疗设备、器官功能辅助替代医疗电子设备、精准智能手术设备、治疗微系统、医用传感器等先进医疗电子产品的自主研制。

金融电子。重点支持金融 IC 卡、移动支付终端、税控收款机、自动存/取款机、清分机、金融自助服务设备等产品开发和规模化应用，提升金融信息化水平，保障金融安全。

电力电子。大力推进绝缘栅双极型晶体管（IGBT）、金属氧化物半导体场效应管（MOSFET）、快速恢复二极管（FRD）等高频场控电力电子芯片和模块的技术创新与产业化；重点解决高阻区熔硅单晶、陶瓷覆铜板、铝碳化硅基板、结构件等制造技术；积极开展宽禁带半导体材料（碳化硅和氮化镓）和器件的研发及产业化。支持高功率密度、高性能的电力电子装置的研究与开发。建立国家级的高频场控电力电子器件的检测测试平台，制定和完善电力电子器件标准。

五、保障措施

（一）健全产业政策法规体系，完善产业发展环境

贯彻落实《国务院关于加快培育和发展战略性新兴产业的决定》（国发〔2010〕32 号），围绕新一代信息技术产业重点领域，制定相关配套政策措施。加快出台《国务院关于印发〈进一步鼓励软件产业和集成电路产业发展的若干政策〉的通知》（国发〔2011〕4 号）的实施细则。研究完善扶持平板显示产业发展的相关政策。落实《多晶硅产业准入条件》，加强对行业发展的指导。落实《废弃电器电子产品回收处理管理条例》，研究制定配套行业政策。完善促进信息技术推广应用的政策环境，推动安全可靠的软硬件产品开发和应用。进一步落实扩大内需政策，继续做好家电下乡、家电以旧换新工作，研究制定家电下乡后续政策措施，建设完善家电产品售后维修服务体系。推动制定国内光伏发电上网电价政策实施。积极推广 LED、OLED 节能照明产品。营造芯片、整机、系统互动的产业生态环境，推进电子专用设备首台套的应用和推广。

（二）提高财政资金使用效率，增强产业创新能力

加大技术改造专项资金投入，对核心关键领域重大项目给予重点支持。加快实施“核心电子器件、高端通用芯片及基础软件产品”、“极大规模集成电路制造装备及成套工艺”、“新一代宽带无线移动通信网”等国家科技重大专项，进一步明确资金支持重点，加强产业链配套。充分利用电子信息产业发展基金等专项资金，支持产业核心关键技术研发和产业化，推进重点产品示范应用。加大对信息技术应用的资金支持力度，重点支持安全可靠信息技术及产品的行业应用。落实战略性新兴产业专项资金，细化电子信息领域资金使用方案。落实国家扶持中小企业的各项金融政策，支持金融机构为中小企业提供更多融资服务。

（三）引导产业有序转移，促进区域协调发展

充分发挥行业管理部门、地方政府在产业转移和合作中的引导作用，以及市场在资源配置方面的基础性作用，加强规划、资源和市场的对接，研究制定电子信息制造业产业转移与合作的相关政策，建立健全“部省对接、协同推进”的合作机制。推动珠三角、长三角、环渤海和福厦沿海等优势地区向研发设计、服务等产业价值链高端延伸，发挥优势地区辐射带动作用；立足产业承接地区自身特色

优势，统筹重大项目在中西部地区和东北等老工业基地的合理布局，引导产业有序转移。促进新型工业化产业示范基地和产业园区建设，促进区域协调发展。

（四）推动企业兼并重组，优化产业组织结构

完善促进企业兼并重组的政策体系，以产业政策为引导、以产业发展的重点关键领域为切入点、以国家重大工程为带动，积极推动企业兼并重组取得显著进展。推动设立产业投资基金，重点关注重大生产力布局，鼓励龙头骨干企业开展海外兼并重组和技术收购。建立健全中小企业服务体系，培养一批“专、精、特、新”的中小企业，形成大中小企业优势互补、协调发展的产业组织体系。支持 AVS、闪联、数字家庭、太阳能光伏、OLED 等产业联盟发展，围绕移动互联网、云计算、物联网、半导体照明等新兴领域加强产业创新联盟建设。

（五）实施知识产权战略和标准战略，提升产业竞争优势

全面落实《国家知识产权战略纲要》，引导企业将技术创新、知识产权保护、标准制定相结合，提升产业竞争优势。建设和完善电子信息领域知识产权公共服务平台，定期发布各重点领域知识产权态势，促进企业提高创造、保护、运用和管理知识产权的水平。加快建立电子信息产业知识产权预警机制，加强知识产权信息采集，及时发布知识产权相关报告，提升行业知识产权预警能力。加强电子信息领域标准化技术组织建设，继续以企业为主体制定标准，充分发挥标准化相关组织、相关协会、研究单位等各方面的作用，提高标准化工作水平。针对新一代信息技术产业发展，加快研究制定相应技术标准，增强标准服务产业发展的能力。加强重点领域军民标准资源共享建设，推动技术和标准的双向应用。推动更多的自主创新技术标准成为国际标准，提升在国际标准制定中的话语权。组织重点产品标准化试点示范，加强技术标准与检测认证的联动。

（六）加强创新人才引进和培养，加快专业人才队伍建设

围绕规划确定的重点领域，制定电子信息制造业人才队伍中长期建设方案。争取国家人才发展重大项目对电子信息制造业人才队伍建设的支持。加快建设和发展职业培训机构，大力培养专业技术人才和行业信息技术应用人才，重点培养高水平复合型人才。以重大专项和重大工程为依托，建立相应的高端人才培育和引进机制。加强对企业特别是中小企业经营管理者培训，提高队伍整体素质。

附件 2

子规划1：电子基础材料和关键元器件“十二五”规划

前　言

电子材料和元器件是电子信息产业的重要组成部分，处于电子信息产业链的前端，是通信、计算机及网络、数字音视频等系统和终端产品发展的基础，对于电子信息产业的技术创新和做大做强有着重要的支撑作用。

为全面科学地总结“十一五”的发展经验，明确“十二五”期间我国电子基础材料和关键元器件产业的发展方向，确保产业健康发展，根据《工业转型升级“十二五”规划》、《信息产业“十二五”发展规划》和《电子信息制造业“十二五”发展规划》，制定本规划。

本规划涉及电子材料、电子元件、电子器件三大行业中的基础材料和关键元器件，是“十二五”期间我国电子基础材料和关键元器件产业发展的指导性文件，以及加强行业管理、组织实施重大工程的重要依据。

一、“十一五”产业发展回顾

（一）产业规模稳步增长

我国电子材料和元器件产业在“十一五”期间产量、销售额、进出口总额都有较大幅度提升，增强了我国作为基础电子生产大国的地位。虽然期间受金融危机冲击，产业经历小幅调整，但总体发展稳定。2010 年，在国内行业整体增长特别是新兴产业快速发展的带动下，行业恢复发展到历史最高水平。

“十一五”期间，我国电子材料行业销售收入从 2005 年的 540 亿元增长至 1 730 亿元，年均增长率 26%；电子元器件销售收入年均增长率 16%，从 2005 年的 6 100 亿元增长到超过 13 000 亿元，其中印制电路销售收入 1 230 亿元，化学与物理电源销售收入 2 978 亿元，显示器件销售收入 380 亿元。

（二）企业实力进一步增强

随着“大公司”战略的深入，我国已初步建立起一批具有自主创新能力、具备国际竞争力的电子材料和元器件大公司。在某些专业领域，已经具有相当强的实力，不论是产品产量还是质量，都位居世界前列。

近 10 年来，我国电子元件百强的销售收入总额增长 2.84 倍，年平均增长率为 12.32%。2010 年，我国电子元件百强企业共完成销售收入 1 544.9 亿元，实现利润总额 139.58 亿元，出口创汇 55.83 亿美元。2010 年元件百强中，有 39 家企业的销售收入超过 10 亿元，有 7 家企业的销售收入超过 50 亿元。“十一五”期间我国印制电路产业规模超过日本和美国成为世界第一大生产国，2010 年，我国印制电路百强企业平均销售额超过 8.26 亿元，合计规模占全国总量 60%，年均增长超过 15%。

民营电子材料和元器件企业的生产规模、产品质量在“十一五”期间飞速发展，“十一五”末，民营企业数量占全行业的 48%，销售收入占全行业的 30%，上缴税金占全行业的 47%，上市公司逐年增多。

（三）生产技术水平持续提升

“十一五”期间，电子材料配套能力显著提高，在硅材料、半导体照明材料、电子陶瓷材料等领域技术水平进步显著。在最能代表行业发展水平的硅材料上，产品水平有了大幅的提升，已建成了年产12万片的12英寸硅片中试线，12英寸掺氮直拉硅单晶抛光片也可以小批量生产，标志着我国电子材料技术正逐步进入到国际先进水平行列。

“十一五”期间，我国电子材料和元器件生产技术水平持续提升，重点产品本地化率大幅提高。“十一五”初期，我国光纤预制棒完全依赖进口；“十一五”末，我国光纤预制棒总产量达700吨，已占国内使用总量的30%。国内印制电路技术由传统单、双面生产技术向高多层、高密度互联板（HDI）方向迈进，国内企业已经掌握先进的HDI生产技术，主要产品产量、销售额的绝对量已经由传统多层板向高多层乃至20层以上提升。

第6代及以上高世代液晶面板生产线建成并量产，扭转了我国大尺寸电视用液晶面板完全依赖进口的被动局面，标志着我国平板显示产业开始进入大尺寸产品领域。等离子显示器（PDP）领域，国内已具备量产50寸PDP模组的能力，技术水平进一步提升，产业链本地化配套建设取得阶段性成果。为在未来显示竞争中争取主动权，企业已纷纷开展有机发光显示器（OLED）技术研发及产业化布局，已有1条无源有机发光显示器（PM-OLED）生产线投产，多条有源有机发光显示器（AM-OLED）生产线正在进行紧张建设。

（四）清洁生产稳步推进，循环经济初步发展

“十一五”期间，电子材料和元器件产业以印制电路、多晶硅和电池行业为重点，稳步推进节能减排和循环经济发展。印制电路行业一批先进的技术和设备如“废印制电路板物理回收技术及设备”、“蚀刻废液循环再用技术及设备”、“低含铜废液处理技术及设备”在行业推广应用，许多企业自愿开展了清洁生产审核。

“十一五”期间，氢镍电池、锂离子电池等电动车用动力电池已进入产业化发展阶段，太阳能电池等可再生能源快速发展，电池生产企业“节能、降耗、减排、治污”取得了一定成效，企业的生产环境和条件大为改善。

（五）产业发展仍存在突出问题

本土企业规模偏小且分散不集中，缺乏具有国际竞争能力的龙头企业；研发能力较弱，产业上下游缺乏协作、互动；全行业的对外依存度过高，许多关键原材料及零配件需要从国外进口；行业标准发展相对滞后，关键电子元器件和电子材料质量与可靠性水平有待进一步提高；推进节能减排、清洁生产和发展循环经济仍面临较大的压力。

二、“十二五”期间产业发展面临的形势

（一）产业面临良好发展机遇

在国家转变经济发展方式的大方针指引下，我国电子材料和元器件产业将迎来促进产业升级关键时期和历史性发展机遇。战略性新兴产业的培育和发展，数万亿的投资规模，给电子材料和元器件产业提供了前所未有的创新发展空间。新兴产业带来巨大配套需求让行业呈现出更为广阔的市场前景。

（二）技术创新孕育新的突破

智能、绿色、低碳、融合等发展趋势催生产业技术创新。埋置元件技术、印制电子技术、多功能电子模块技术等突破性技术正快速发展。面向新兴产业采用新工艺、新技术、新材料的新型产品，以及不断缩短的产品更新换代时间，将更为有力地促进技术的发展与提升。为达到体积更小、成本更低、精度和集成度更高的目的，采用新工艺、新技术的新型电子材料和元器件的发展前景十分光明。

（三）外部环境变化对产业的挑战日趋严峻

“十二五”期间，人力资源成本压力更大，单纯依靠低廉劳动力开展生产经营的企业将步履维艰，通过产业转移降低人力成本，提高产品的附加值，将成为生产企业发展壮大的必由之路。

随着世界经济全球化的发展，国际竞争将更加激烈，由此产生的贸易摩擦也将日益增多。新兴国家和地区将逐渐成为新的电子材料和元器件主要生产区，对我国在该产业的“世界工厂”地位形成威胁。

国际经济形势不确定性因素日益增强，尤其是对全球资源的争夺和国际大宗商品价格波动对国内产业影响越来越大。国际汇率波动，尤其是人民币升值对电子材料和元器件出口厂家竞争力具有较大影响。

（四）产业面临转型升级的迫切需要

随着全球经济结构的进一步调整和产业转移，我国电子材料和元器件产品结构已逐步向中高端迈进。“十二五”期间需抓紧新一轮经济发展机遇，主动引导产业淘汰落后产能，优化产业资源配置，增强产业配套能力，提高自动化生产效率，为推动电子信息产业发展提供有力支撑。

三、产业发展的指导思想和目标

（一）指导思想

按照国务院加快培育和发展战略性新兴产业的总体部署，紧紧围绕电子信息产品和战略性新兴产业的发展需求，以推动产业结构升级为主线，以创新主导价值提升，以优化产品性能、降低成本为动力，提高电子材料和元器件产业竞争力；以量大面广的产品为突破口，大力推进市场前景广、带动作用强、发展基础好、具有自主知识产权的电子材料和元器件产业化发展。

（二）发展目标

1. 经济指标

“十二五”期间，我国电子材料年均增长率 8%，到 2015 年销售收入达 2 500 亿元；电子元件年均增长 10%，到 2015 年销售收入超 18 000 亿元，其中化学与物理电源行业销售收入达 4 000 亿元，印制电路行业实现销售收入 1 700 亿元；电子器件年均增长 25%，达到 1 800 亿元，其中平板显示器件产业年均增长超过 30%，销售收入达到 1 500 亿元，规模占全球比重由当前的 5%提升到 20%以上。

2. 结构指标

高端电子材料占全行业产品的 40%以上，本地化材料配套能力显著提升。继续推动大公司战略，培养 10 个以上年销售收入超过 100 亿元的电子元件大公司，争取电子元件销售收入亿元以上企业占到全行业销售收入总额的 75%。国内平板显示生产技术达到国际先进水平，形成 2～3 个年销售收入在 300 亿元以上的龙头企业，全面支撑我国彩电产业转型和升级。

3. 创新指标

大力加强自主创新和民族品牌的建设，形成一批掌握关键核心技术、具有国内国际知名品牌与影响的企业，初步形成一批以研发为驱动力的创新型中小企业。推进知识产权建设，力争“十二五”期间，全行业新申请的核心专利数量和重要标准拥有量有较大幅度的提升，其中发明专利增长 10%以上。

4. 节能环保指标

规划期间，通过节能减排和资源综合利用及推进清洁生产，提高三废中有用物质的回收利用，减少对环境的影响，印制电路行业实现铜回收再利用率由目前的 45%提高到 80%以上，水回收再利用率由 20%提高至 30%以上。

四、主要任务和发展重点

（一）主要任务

1. 推动产业升级

借助战略性新兴产业迅猛发展的契机，加快为战略性新兴产业配套的高端产品的研发和产业化速度，提升关键元器件及材料的质量和档次，争取在关键领域实现部分甚至全面本地化替代。结合实施重大工程，推动结构调整和产业升级，继续实施大企业战略，引导大型骨干企业加强对本土材料、设备的应用，形成结构优化、配套完整的基础产业体系。

2. 加强科技创新

发挥政府引导和推动作用，创新行业管理方式，引导创新要素向企业集聚，引导企业围绕产业技术创新的关键、共性技术问题进行联合攻关。完善以企业为主体，“产、研、学、用”相结合的自主创新体系，依托企业建立产业联盟突破核心技术、关键设备与材料。

3. 统筹规划产业布局

通过宏观调控和市场资源配置等手段，聚集资源，推动企业联合重组，提高产业集中度，培育和鼓励骨干企业做大做强。以地区和产品为纽带，打造产业集群，推进产业链的进一步完善和形成，做强电子材料和元器件产业。积极推动通过产业转移进行结构调整和新的产业布局，为行业持续长久发展创造条件。

4. 加强自主品牌建设

支持企业创立自主品牌，提升本土产品的国际竞争力；引导企业加强产品质量管理，提升品牌形象；强化产品质量体系建设，通过树立品牌更好地参与国际竞争。

5. 促进产业协同发展

引导电子元器件企业与上游材料、设备企业开展合作，突破原材料、设备核心技术；引导和推动计算机、通信、家电等行业有实力的整机企业向产业链上游“纵向发展”，使其在提升自身配套能力的同时，推动元器件行业发展，形成联动的产业格局。

6. 积极参与国际合作

发挥现有优势，继续吸引国外大企业来华投资，同时注重鼓励其在内地设立研发机构，通过学习与竞争，促进国内产业提升技术水平。充分利用国际国内两种资源，建立具有国际竞争力的一流企业。

（二）发展重点

紧紧围绕节能环保、新一代信息技术、生物、高端装备制造、新能源、新材料和新能源汽车等战略性新兴产业发展需求，发展相关配套元器件及电子材料。

1. 电子材料

半导体材料。重点发展硅材料（硅单晶、抛光片、外延片、绝缘硅、锗硅）及化合物半导体材料；蓝宝石和碳化硅等衬底材料；金属有机源和超高纯度氨气等外延用原料；高端发光二极管（LED）封装材料，高亮度、大功率 LED 芯片材料；高性能陶瓷基板；新型电力电子器件所用的关键材料；石墨和碳素系列保温材料。

薄膜晶体管液晶显示器件（TFT-LCD）材料。重点发展高世代 TFT-LCD 相关材料，主要包括大尺寸玻璃基板；混合液晶和关键新型单体材料；偏光片及相关光学薄膜材料；彩色滤光片及相关材料；大尺寸靶材；高纯电子气体和试剂等。

OLED 材料。重点发展 OLED 用高纯有机材料；柔性导电基板；高端氧化铟锡（ITO）导电玻璃基板；封装材料；大尺寸高精度掩模板等。

PDP 材料。重点发展玻璃基板、电极浆料、湿化学品、玻璃粉、荧光粉和乙基纤维素等材料，并实现产业化。

电子纸。重点发展微胶囊、油墨、介电材料等。

新型元器件材料。覆铜板材料及电子铜箔；压电与系统信息处理材料；高热导率陶瓷材料和金属复合材料；片式超薄介质高容电子陶瓷材料、电容器材料及高性能电容器薄膜；高端电子浆料；低温共烧陶瓷（LTCC）多层基板；高性能磁性材料等。

电池材料。重点实现以下材料的产业化技术突破：锂电池隔膜，特别是动力型及储能型锂离子电池隔膜材料；新型电极材料，如磷酸铁锂、钛酸锂、锰酸锂及其他新型正负极材料；新型电解质、溶剂和添加剂，如锂离子电池用的含氟化合物六氟磷酸锂、氟代碳酸乙烯酯、双亚铵锂等。

2. 电子元件

物联网配套。发展满足物联网需求的超薄锂离子电池和各种专业传感器，重点发展微型化、集成化、智能化、网络化传感器，研究开发具有无线通信、传感、数据处理功能的无线传感器网络节点；推进传感器由多片向单片集成方向发展，减小产品体积、降低功耗、扩大生产规模。

新能源配套。开发为太阳能光伏、风力发电等新能源产业配套的新型储能电池、超级电容器、功率型电容器、特种功率电阻器以及电力电子用关键电子元件。

新能源汽车配套。大力发展新能源汽车用高效节能无刷电机、高性能磁性元件和动力电池，推动锂离子动力电池的产业化，提高锂离子动力电池安全性、提升循环寿命、降低成本；开发电池管理系统和电池成组技术，开发适合新能源汽车使用的电池系统；推动快速充电技术研发及产业化。

新一代通信技术配套。发展适用于光纤宽带网络的低成本光纤光缆、光纤预制棒及相关光器件；积极研发通信基站用石英晶体振荡器；大力开发新型通信设备用连接器、继电器、滤波器及线缆组件。

其他新型电子元件。发展满足我国汽车及汽车电子制造业配套需求的高质量、高可靠性的电子元件；针对新一代电子整机发展需求，大力发展新型片式化、小型化、集成化、高端电子元件；加强高密度互连板、特种印制板、LED 用印制板的产业化，研发印制电子技术和光电印制板并推动产业化；发展为节能环保设备配套的电子元件以及电子元件本身的节能环保和清洁生产技术。

3. 电子器件

TFT-LCD。进一步提升液晶面板的透过率和开口率，提高分辨率，扩大可视角度，增加产品的附加值；加快高效节能背光源的研发和应用，在确保产品性能的前提下，简化生产工序，降低生产成本，提高产品能效。

PDP。围绕高光效技术（高能效、低成本）、高清晰度技术（三维、动态清晰度、超高清晰度）以及超薄技术方面进行相关技术研发；研究新材料、新工艺、新型驱动电路与控制软件技术来提高 PDP 产品性能及降低功耗。

OLED。进一步完善 PM-OLED 的技术并加快产业化进程；开发大尺寸 AM-OLED 相关技术和工艺集成，加快氧化物基等薄膜晶体管（TFT）的研发及其在 AM-OLED 中的应用，掌握并逐步完善低温多晶硅技术，推动小尺寸 AM-OLED 产品实现产业化。

电子纸。推动有源驱动电子纸显示技术与产业化，重点发展大尺寸、触屏式、彩色、柔性有源驱动电子纸显示屏，突破彩色电子纸膜材料制造技术，推动产业化应用。

真空电子器件。重点发展高可靠、高电压、大容量、大电流、长寿命真空开关管及专用真空器件。

激光和红外器件。重点发展大功率半导体激光器、高功率气体激光器、光纤激光器、紫外激光器，推进高性能的红外焦平面器件、高分辨率砷化铟镓（InGaAs）探测器产业化。

五、政策措施和建议

（一）加强政府引导，完善产业政策

积极修订完善产业结构调整指导目录、外商投资产业指导目录等产业政策，通过国家政策引导投资方向与重点；对国家鼓励项目的重要进口设备、材料，在国内没有替代产品的情况下，继续保持现有税收优惠政策。积极支持本土电子材料和元器件企业实施“走出去”战略。

（二）发挥财政资金作用，创造良好投融资环境

充分发挥技术改造专项资金、电子发展基金等各类财政资金的引导和带动作用促进产业发展；推动建立政府导向的产业投资基金，发挥财政资金带动作用，引导社会资源支持产业发展；积极促进企业与资本市场的结合，创造有利于产业发展的投融资环境。

（三）提升产业创新能力，推动产业升级

完善电子材料和元器件行业的创新体系，推动建立国家层面的公共服务平台，为企业创新提供支持；继续推进技术改造，鼓励企业增加技术投入，强化企业的创新基础。进一步促进行业基础研究成果与工程化、产业化的衔接，提升产业核心竞争力。通过组建产业联盟或技术协作联盟等形式，推进产业链上下游合作，开展联合攻关，提高产品技术水平，促进推广应用。积极引导企业转型升级，向精细化、节能环保型发展。

（四）优化产业布局，统筹规划区域发展

针对产业内迁趋势，适时地推动在内陆省份建设新的我国电子材料和元器件产业集中区域，为内陆省份在政策方面争取相关优惠政策。引导行业有序转移，杜绝污染分散，并利用产业转移的机会进行结构调整和产业布局，为行业持续长久发展创造条件。

（五）加强行业管理，促进产业健康发展

完善市场、环保等优胜劣汰机制，通过行业准入，对涉及环境保护和应用安全的产业如锂离子电池、印制电路等行业加强管理，督导企业进一步向规模化和规范化发展，加快推进节能环保和产品质量安全长效机制的建立，确保产业有序健康发展。

（六）重视人才培养，积极参与国际交流合作

围绕电子材料和元器件产业转型升级对专业技术人才的需求，充分发挥行业协会、高等院校、科研院所及各类相关社会机构的作用，为行业的持续发展培养各级各类专业人才。加强国际交往与合作，积极参与国际标准工作，增强我国在国际标准领域的话语权。

附件 3

子规划2：电子专用设备仪器“十二五”规划

前　言

电子专用设备产业是重大装备制造业的重要分支，是知识、技术、资本高度密集型产业，处于电子信息产业链最高端，其基础性强、关联度高、技术难度大、进入门槛高，决定着一个国家或地区电子信息产品制造业的整体水平，也是电子信息产业综合实力的重要标志。

电子仪器产业是电子信息产业重要的基础性产业，具有高投入、多品种、小批量、更新换代快的特点，在国民经济总产值中的占比不高，但对经济发展的“杠杆”和“倍增”作用却十分巨大。

为推动电子专用设备仪器产业持续发展，缩小与国际同类产品的差距，根据《工业转型升级“十二五”规划》、《信息产业“十二五”发展规划》和《电子信息制造业“十二五”发展规划》，制定本规划。

本规划涉及电子专用设备和电子仪器两大行业，是“十二五”期间我国电子专用设备仪器产业发展的指导性文件和加强行业管理、组织实施重大工程的依据。

一、“十一五”产业发展回顾

（一）产业规模持续稳定增长

我国电子专用设备仪器产业在“十一五”期间保持了较高的增速，虽然期间受全球金融危机影响，2008 年下半年至 2009 年上半年呈现出下滑态势，但在国内多项政策激励下，随着世界经济逐步回暖，电子专用设备仪器业企稳回升，实现了生产、销售和经济效益总体平稳增长的态势。

据统计，“十一五”期间我国电子专用设备销售收入年均增长率为 20%，从 2005 年的 783 亿元增长到超过 1 987 亿元，电子专用设备工业协会统计的行业骨干企业年均增长率为 25%，从 52.7 亿元增长到 160.6 亿元。统计数据表明，“十一五”期间我国电子仪器规模以上企业年均增长 19%，到“十一五”末实现销售收入 940 亿元。五年间，电子专用设备仪器产品中太阳能光伏设备以及元器件参数测量仪器、超低频测量仪器等保持了较大幅度的增长。

（二）重点产业领域取得较大成绩

“十一五”期间，国家科技重大专项围绕光刻机、刻蚀机、65 纳米制造工艺、先进封装设备等重点任务，集中资源重点投入，取得很大进展。北方微电子及上海中微公司 2 种 12 英寸 65 纳米刻蚀机产品样机已进入大生产线进行考核验证；上海微电子公司封装光刻机已进入长电科技考核测试；七星华创 12 英寸氧化炉已进入大线测试；中科信 12 英寸离子注入机已完成 3 台样机组装，正在进行测试。多种 12 英寸关键设备陆续进入大生产线考核验证，标志着我国集成电路设备产业已初步形成产业化发展态势。

“十一五”期间新兴产业的发展，为电子专用设备产业带来了良好的发展契机。尤其是我国晶硅太阳能电池设备年均增长率达到 58%，基本具备了从晶体硅到太阳能电池片的成套生产线设备供应能力，为我国光伏产业的发展提供了有力保障。晶硅太阳能设备爆发式增长，为电子专用设备产业实现“十一五”规划目标提供了有力支撑。

（三）电子仪器产业结构调整初见成效

电子仪器产业根据市场应用需求的变化，不断调整结构，产品种类日益丰富。针对多功能、多参数的复合测试需求，测试设备从单台仪器向大型测试系统形式迈进；电子测量仪器向模块化和合成仪器方向发展；野外工程应用需求不断促进测试仪器向便携式和手持式升级；新型的实时频谱分析仪开始推向市场；3G、数字电视等民用领域专业测试仪器新品不断涌现。

（四）产业自主创新能力不断提升

“十一五”以来，电子专用设备仪器行业内主要企业通过引进国内外的高科技人才，加强与高校、科研单位的合作，在关键设备和开发中规避已有的国外专利，开发出一批技术含量高、性能稳定、具有自主知识产权的产品，初步建立起了以企业为主体的技术创新体系。

在国家“863”计划、国家科技重大专项的支持下，一批具有自主知识产权的集成电路设备进入了大生产线。我国的无铅焊接设备达到了国际先进水平，成为我国表面贴装设备市场中最具竞争力的产品。电子仪器行业的本土企业逐步进入自主研发阶段，初步掌握核心和高端仪器技术，能够为国家重大工程提供大部分配套电子仪器。在部分特种电子仪器产品方面打破了国外禁运和技术封锁，为重点装备的技术保障和研制建设提供了有力支撑。

（五）产业链整合进程日益加速

在国家科技重大专项引导下，以龙头企业为核心的产业链整合进程持续加速。北方微电子、上海中微、七星华创等整机企业与北京科仪、沈阳科仪、沈阳新松等零部件企业围绕刻蚀机、注入机、氧化炉等高端芯片制造装备与关键部件进行联合攻关；江苏长电、南通富士通等国内封装龙头企业联合 26 家企业开展成套封装设备与配套材料的系统应用工程。按照上下游配套的“项目群”方式，系统部署实施重大专项，有力促进集成电路产业链的建立、产业规模的增长和综合配套能力的形成。

（六）产业扶持政策逐步完善

《国务院关于加快振兴装备制造业的若干意见》将集成电路关键设备、新型平板显示器件生产设备、电子元器件生产设备、无铅工艺的整机装联设备列入了国家重大技术装备中，加大政策支持和引导力度，鼓励本土重大技术装备订购和使用，为产业发展创造了有利的市场环境。“极大规模集成电路制造装备及成套工艺”国家科技重大专项的实施，有力带动了我国电子专用设备仪器技术提升。

“十一五”期间我国电子专用设备仪器行业取得较大成绩，但仍存在突出问题：产业规模偏小，本土企业实力不强；自主创新能力有待提高，高端设备开发相对落后；部分产品性价比虽高，但可靠性较差，市场占有率低；设备开发与产品制造工艺脱离，影响了技术成果产业化的进程；高水平、复合型人才缺乏。

二、“十二五”面临的形势

“十二五”期间，随着政策环境的不断完善、战略性新兴产业的快速发展，国际国内市场迅速增长、新兴增长点不断涌现、应用领域进一步拓宽，为我国电子专用设备仪器产业发展提供了广阔的空间和坚实的政策支持。但全球经济形势存在不确定性、国产设备仪器的推广应用难度加大，也使产业发展面临较大挑战。

（一）产业发展形势分析

2010 年全球半导体制造设备销售总额达到 395.4 亿美元，恢复到历史最高水平。各个地区的设备支出都呈现了两位数甚至三位数百分比的增长，增长最快的是中国大陆和韩国。2010 年中国内地半导体设备市场为 22.4 亿美元，预计 2011 年为 26.4 亿美元。按此增长率推算，到 2015 年，我国半导体设备市场规模将达到 300 亿元人民币。

2010 年，全球光伏生产设备销售额比上年增长 40%，达到 104 亿美元，预计 2011 年将达到 124 亿美元，同比增长 24%。从区域市场来看，2010 年中国大陆地区占全球市场 51%的份额，预计未来 5 年还将继续保持这一较高比例。据此，可以判断到 2015 年我国光伏设备将继续保有巨大市场空间。

新能源汽车用锂离子动力电池、高性能驱动永磁式同步电机、金属化超薄膜电力电容器等新型电子元器件生产设备将成为我国电子专用设备市场新的增长点。

多学科交汇为电子仪器开辟了新的发展空间，物联网技术发展和三网融合对电子仪器提出新的测试需求，预计上述领域的电子仪器以及环境保护测试仪器和医疗电子仪器会面临大发展。

（二）技术发展趋势分析

集成电路技术发展将继续遵循“摩尔定律”，制造工艺水平的提升对相应制造设备提出了新的挑战。不仅是特征尺寸的缩小和套刻精度的提高等技术指标的改进，而且需要更高的生产效率和更低的用户拥有成本等经济指标的提升。不仅仅局限于集成电路的制造设备，太阳能电池制造设备、平板显示设备、整机装联设备等设备功能和性能的提升也将符合这一发展趋势。

电子仪器向宽频带、大实时带宽、大功率、高精度、高密度、高速方向发展；将广泛采用新型元器件，与信息技术和计算机技术融为一体，向智能化、系统化、模块化、网络化、开放式、可重构、微型化、抗恶劣环境、测量功能集成集约化方向迈进。

（三）面临的环境条件

“十二五”期间，随着我国继续加快发展战略新兴产业，加大对“极大规模集成电路装备制造技术及成套工艺”、“新一代宽带无线移动通信网”等重大科技专项的支持，新能源、新材料等新兴产业的发展以及量大面广的电子元器件的需求，将为电子专用设备仪器企业的进一步发展创造良好的发展机遇。

同时，产业也面临着制造企业对于采购本地设备仪器的积极性不高，在采购本土设备时需要面对工艺与设备的融合，新工艺开发缺乏技术支持等一系列问题。

为本地开发的专用设备仪器提供良好的市场销售环境和政策支持，进一步降低国产设备仪器的使用成本，提升本土产品的配套率，提升本土产品的竞争优势，提振用户对国产设备仪器信心，是“十二五”期间需重点关注和解决的问题。

三、发展思路和发展目标

（一）发展思路

深入贯彻落实科学发展观，充分发挥重大科技专项、战略性新兴产业发展的引领作用，推动形成以企业为主体、产学研用结合的技术创新体系；以市场亟须的、带动性较显著的电子专用设备、电子测量仪器为重点，集中力量重点突破，开发满足国家重大战略需求、具有市场竞争力的关键产品，批量进入生产线，提升市场自给率；以承担重大专项为契机，形成一批自主知识产权核心技术，扶植起一批电子专用设备仪器重点企业。

（二）发展目标

1. 经济指标

“十二五”时期，我国电子专用设备产业将实现 17%的年均增长速度，其中骨干企业年均增长 20%，到 2015 年实现销售收入 400 亿元；电子仪器产业年均增长速度达 15%，到 2015 年实现销售收入达到 1 800 亿元。

2. 创新指标

12 英寸 65 纳米集成电路制造装备实现产业化，研发成功 45 纳米～32 纳米制造装备整机产品并进入生产线应用。在若干技术领域形成具有特色的创新技术和创新产品，大幅提升创新实力和差异化竞争能力。研发出 8～10 种前道核心装备、12～15 种先进封装关键设备并形成批量生产能力。

缩小我国集成电路设备、工艺技术水平与当时国际先进水平的差距，除光刻机外基本缩小到 1 代甚至基本同步；晶硅太阳能电池设备达到国际先进水平；表面贴装设备除自动贴片机外达到国际先进水平；集成电路后封装设备、液晶显示器件后工序设备、发光二极管（LED）设备（除金属有机化学气相沉积设备外）、片式元件设备、净化设备、环境试验设备接近国际先进水平。

电子仪器总体技术水平达到 2005 年前后国际先进水平，在新一代移动通信、数字电视、绿色环保等应用领域的电子仪器基本达到与国际先进水平同步。

四、主要任务和发展重点

（一）主要任务

1. 围绕战略性新兴产业，提升配套能力

加强为战略性新兴产业配套的电子专用设备仪器的研发和产业化，围绕集成电路、太阳能光伏、中小尺寸平板显示、下一代通信等重点领域所需电子专用设备仪器，大力推进关键技术研发和产业化，加快产品推广应用进程。

2. 加强基础能力建设，提升产业整体水平

针对关键设备和仪器产业化水平低、可靠性差等问题，加强基础工艺研究，提升重点设备和仪器质量水平，积极发展电子专用设备制造的关联产业和配套产业，加大技术改造投入，提高基础零部件和配套产品的技术水平，不断满足电子信息制造业发展的需要。

3. 以重大专项实施为契机，加强产业互动

引导承担重大专项的企业在攻克技术难关的同时延展技术应用，推动集成电路设备相关技术在半导体、显示、光伏、元器件等领域的应用，推动通信网络测试设备在通用测试仪器中的应用。针对新兴市场需求，加强产业链上下游联动，共同探索新工艺，联合研发新型设备仪器。

（二）发展重点

1. 集成电路生产设备

（1）8 英寸 0.13 微米集成电路成套生产线设备产业化

在“十一五”攻关的基础上，以设备生产能力的提升和产业化为重点。解决以光刻设备、刻蚀设备、离子注入设备、退火设备、单晶生长设备、薄膜生长设备、化学机械抛光设备和封装测试设备为代表的 8 英寸 0.13 微米工艺的集成电路成套设备的自主研发，突破核心关键技术，在国内建立成套生产线，提高半导体设备行业的配套性和整体水平。

（2）12英寸65纳米～45纳米集成电路关键设备产业化

光刻机：基于国产核心部件完成90纳米光刻机的产品定型，形成小批量生产能力，实现产品销售。

刻蚀机：使国产65纳米～45纳米刻蚀机进入主流生产线，实现刻蚀机的产业化；完成45纳米以下栅刻蚀和介质刻蚀产品研制，逐步完成关键技术攻关，实现设备生产线验证及商业设备定型设计。通过纳米刻蚀机研制和工艺开发掌握高密度等离子刻蚀机制造的核心技术。

封测设备：开展先进封装圆片减薄设备、三维系统封装通孔设备、高密度倒装键合设备、新型晶片级封装用设备等的研发。

其他设备：完成45纳米薄膜设备、掺杂设备、互联设备、平坦化设备、清洗设备、工艺检测设备等整机产品的研发，在工程样机设计及工艺开发的基础上，结合可靠性、稳定性等产业化指标要求，改进设计，制造中试样机，通过大量工艺验证与优化试验，确定商业机设计，实现产业化销售。

2. 太阳能电池生产设备

（1）太阳能级多晶硅及单晶硅生长、切割、清洗设备产业化

多晶硅生长设备：突破热场分控技术、定向凝固技术，实现投料量吨级及以上产品硅铸锭炉的研发和产业化，并实现成品率达到75%以上。

单晶硅生长设备：突破单晶生长全自动控制技术，实现8英寸（156毫米×156毫米硅片）以上尺寸全自动单晶炉产业化。

切割设备：突破张力控制软件技术、水冷却气密封技术、砂浆温度闭环控制技术等关键技术，保证能满足太阳能硅片大生产切割需求，切割硅片尺寸8英寸，切割精度优于10微米、厚度在180微米以下的太阳能硅片多线切割机产业化。

清洗设备：突破槽体温度控制技术、溶液循环技术、大行程直线传输技术等关键技术，提升产品质量的一致性，实现碎片率小于0.3‰的太阳能晶硅清洗制绒设备产业化，促进晶硅太阳能电池片转化效率提升。

（2）全自动晶硅太阳能电池片生产线设备研发及产业化

重点发展扩散炉、等离子增强化学气相沉积设备（PECVD）等关键设备，突破单机自动化及生产线设备之间物流传输自动化技术，实现整线自动化集成。

重点突破自动图像对准技术、柔性传输技术、高精度印刷技术、高速高精度对准技术、测试分选技术、智能化控制及系统集成技术，进一步提高电池片电极印刷、烘干、测试分选速度，实现产能达到1 440片/小时以上、碎片率低于0.5%的全自动太阳能印刷线设备产业化。

（3）薄膜太阳能生产设备

硅基类薄膜太阳能电池设备：重点提高大面积沉积的均匀性，进一步提升设备运行的稳定性，适度提升自动化程度，提高生产效率。

碲化镉（CdTe）薄膜太阳能电池设备：突破真空镀膜设备技术难点，研发新型升华源的结构，进一步提高温度均匀性，开发在高温、真空环境下的传动系统。

铜铟镓硒（CIGS）薄膜太阳能电池设备：突破真空镀膜设备、材料溅射、硒化技术等技术难点，实现元素配比的精确控制，保证大面积沉积的均匀性，提高生产效率，降低制造成本。实现0.7平方米以上、电池转化效率达14%以上的CIGS整线设备集成。

3. 新型元器件生产设备

（1）中小尺寸有机发光显示（OLED）生产设备研发及产业化

解决无源有机发光显示（PM-OLED）用有机蒸镀和封装等关键设备大面积化和低成本化等问题，重点发展蒸发源、掩模对位、玻璃和掩模板固定装置等设备，进一步提高生产效率。

开展中小尺寸有源有机发光显示（AM-OLED）产品生产工艺和制造设备研发，突破溅镀台、PECVD

系统、热蒸发系统等 AM-OLED 用的薄膜晶体管（TFT）薄膜沉积装备；涂胶机、曝光机、干湿法刻蚀机等 AM-OLED 用的 TFT 图形制作装备；退火炉、退火气体管道、激光退火设备等 AM-OLED 用 TFT 退火装备；TFT 电学测试设备、OLED 光学测试设备等 AM-OLED 用检测装备；AM-OLED 用缺陷检测修补装备，如激光修补机等。

（2）高储能锂离子电池生产设备研发及产业化

突破电池浆料精密搅拌技术、电极极片精密涂敷技术、极片精密轧膜技术及快速极片分切技术，实现 400 升（装量）浆料搅拌设备、650 毫米（幅宽）挤出式涂布设备、Φ800（轧辊直径 800 毫米）强力轧膜设备、极片分切设备（分切速度 30～35 米/分钟）研发及产业化，实现整线设备集成。

（3）其他元器件生产设备研发及产业化

重点发展高性能永磁元件生产设备、高亮度 LED 生产设备、金属化超薄膜电力电容器生产设备、超小型片式元件生产设备、高密度印制电路板生产设备、高精密自动印刷机高速、多功能自动贴片机无铅再流焊机、高精度光学检测设备。

4. 通信与网络测试仪器

满足时分双工长期演进技术（TD-LTE）网络测试的多模终端样机的研发，开发 TD-LTE 路测分析仪并达到商用化要求，配合 TD-LTE 技术网络试验和规模商用。

针对 TD-LTE 基站和终端特点及相关新技术和实际测试需求，开发模块化的 TD-LTE 基站和终端射频测试系统，推动基站和终端性能进一步提高。

针对长期演进技术（LTE）网络接口进行协议一致性测试的需求，研究更方便、更简洁的测试工具对 LTE 的核心网络设备和无线网络设备进行测试，推动设备接口实现一致性。

针对 TD-LTE 终端一致性测试开发扩展测试集仪器；针对 TD-LTE-Advanced 终端一致性测试开发终端协议仿真测试仪。

其他通信方式以及网络测试所需的新一代通信测试仪器、计算机网络测试仪器、射频识别综合测试仪器、各类读卡器、近距离无线通信综合测试仪器。

5. 半导体和集成电路测试仪器

满足对多种功能半导体和集成电路进行测试需求的射频与高速数模混合信号集成电路测试系统；存储器等专项测试系统；半导体和集成电路在线测试系统、测试开发系统。

6. 数字电视测试仪器

满足数字电视和数字音视频测试需求的数字电视信号源、数字音视频测试仪、码流监测分析仪、图像质量分析仪、数字电视上网融合分析仪、网络质量和安全监测仪、数字电视地面信号覆盖监测系统。

五、政策措施

（一）加强战略引导，完善产业政策

充分利用优惠政策，降低企业在技术进步中的风险，合理地运用优惠政策促进科研成果产业化。制定并完善《重大技术装备和产品进口关键零部件、原材料商品清单》，进一步加强对电子专用设备关键零部件税收优惠政策的支持力度。

加快出台《关于印发〈进一步鼓励软件产业和集成电路产业发展若干政策〉的通知》（国发〔2011〕4 号）的实施细则，对符合条件的集成电路专用仪器以及集成电路专用设备相关企业给予企业所得税优惠，支持行业发展。

（二）加大投入力度，支持技术创新

充分发挥国家科技重大专项、电子信息产业发展基金等引导作用，以多种形式支持电子专用设备仪器行业技术创新，重点支持战略意义大、技术难度高、市场前景广、带动作用强、发展基础好的关键电子专用设备仪器发展。

推动落实《首台（套）重大技术装备试验示范项目管理办法》，鼓励支持集成电路关键设备、新型平板显示器生产设备、电子元器件生产设备、无铅工艺的整机装联设备自主创新，为首台（套）重大电子专用设备应用创造良好条件。

（三）提升产品可靠性，加强服务能力建设

抓好零部件配套和维修服务工作，推行平均失效间隔（MTBF）、平均恢复时间（MTTR）等可靠性指标，采用可靠性设计、元器件筛选等行之有效的办法，提高零部件产品可靠性，拓展维修、备件供应等服务范围，提高专用设备仪器的服务水平。

（四）引导专项成果辐射，推动技术应用扩展

在支持企业承担重大专项的企业攻克技术难关、强化核心竞争力的同时，积极引导将掌握的技术向相关领域进行应用扩展，重点推动半导体专用设备技术和产品在太阳能电池、LED、平板显示等领域的应用。

（五）重视人才战略，集聚高端人才

推动在高等院校和科研院所加强电子专用设备仪器相关学科建设与专业技术人才的培养，建设高校、企业联动的人才培养机制。以国家科技重大专项为平台，加快人才引进，进一步提升高端复合型人才的积累。

附件 4

子规划3：数字电视与数字家庭产业“十二五”规划

前　言

数字电视作为电子信息产业和文化产业有机融合的产物，是指采用数字技术实现节目内容制作、存储、播出、传输、接收及应用服务的整套系统，本规划中的数字电视产业主要指与数字电视系统相关的产品制造业。数字家庭是指通过网络实现家庭内部各种家用电子电器产品之间及其与外部的互联互通，使家庭成员能够便捷地实现互动娱乐、信息服务与智能控制，本规划中的数字家庭产业主要指与数字家庭系统相关的制造业以及与应用服务相关的配套产业。

随着数字化、网络化、智能化生活理念的日益普及，作为传统家庭生活娱乐中心的数字电视与新兴的数字家庭关系更加紧密。数字电视产业的发展极大丰富了数字家庭的内涵，为数字家庭业务提供了重要支撑，数字家庭业务的创新和拓展则促进了数字电视产业的快速发展。发展数字电视与数字家庭产业，是培育发展新一代信息技术产业、推动产业转型升级、促进经济发展方式转变的战略要求，对于推动三网融合取得实质性进展、提高经济社会信息化水平、提升人民生活品质、促进国民经济长期平稳较快发展具有重要意义。

按照《工业转型升级“十二五”规划》、《信息产业“十二五”发展规划》、《电子信息制造业“十二五”发展规划》的总体部署和要求，依据部门职责分工，制定本规划，用以指导未来五年我国数字电视和数字家庭产业的发展。

一、“十一五”发展回顾

“十一五”时期，虽然经历了国际金融危机，但随着《电子信息产业调整和振兴规划》的实施以及家电下乡、家电以旧换新等一揽子刺激内需政策的落实，我国数字电视与数字家庭产业仍然取得了较快发展，产业转型和结构调整取得阶段性成果，技术研发与应用实现重大突破，自主品牌竞争力逐步增强，国际化步伐显著加快，基本实现“十一五”的预期目标。

（一）数字电视产业规模稳步增长，产业转型与结构调整初见成效

从 2006 年到 2010 年，以数字电视为主的视听产业销售收入从 3 967 亿元增长到 10 039 亿元，工业增加值率从 17.4%提升到 21%。其中，2010 年我国彩电产量为 1.18 亿台，占全球彩电总产量的 49%，数字电视机顶盒产量为 1.23 亿台，占全球机顶盒产量的 76.6%，全球制造大国地位进一步得到巩固。产业数字化、平板化、绿色化发展成效显著，平板电视比重从 25%提高到 79%，节能发光二极管（LED）背光电视 2010 年占比达到 18%；平板显示产业链逐步完善，高世代薄膜晶体管液晶显示器（TFT-LCD）面板及模组、多面取等离子显示屏（PDP）面板规模化生产技术取得重大进展。

（二）数字家庭技术与应用取得进展，以应用促发展局面初步形成

以数字电视应用为中心、面向三网融合的数字家庭产业初步形成，“闪联”、“e 家佳”和“广联”等各具特色的数字家庭标准组织相继组建，自主技术标准的国际化及推广应用取得重大进展；构建了包括数字家庭网络运营、数字家庭智能终端、数字化家用电子产品制造、面向三网融合的数字家庭内容服务在内的技术链，产品涵盖消费电子、通信、安防、建筑、网络运营、内容服务等众多行业。广州、杭州、武汉、青岛、长沙等城市的数字家庭研发与应用示范步伐加快，部省共建广东国家数字家庭应用示范产业基地建设初显成效。以互动娱乐、智能家居、信息服务为代表的面向三网融合的数字

家庭业务应用创新取得较大进展。

（三）以企业为主体的技术创新能力增强，标准体系建设取得较大进展

数字电视新型显示器件与材料、数字电视系统级芯片（SOC）、数字电视中间件、大容量光存储等新技术和新应用不断取得突破，相继推出了 LED 背光电视、互联网电视、三维电视、智能电视等新产品。产业链不断完善，多条液晶电视模组整机一体化生产线已实现量产。以地面数字电视传输标准（DTMB）、数字视频编解码标准（AVS）、数字音频编解码标准（DRA）、中国蓝光光盘格式标准（CBHD）、数字接口内容保护标准（UCPS）为代表的自主知识产权技术标准体系已经形成。其中 DTMB 已经取得国际电信联盟（ITU）地面数字电视 D 系统代号，AVS 成为国际主流视频编解码标准之一，DRA 成为蓝光高清视盘国际联盟可选标准，“闪联”、“e 家佳”标准分别被国际标准化组织（ISO）和国际电工委员会（IEC）发布为国际标准。

（四）产业区域发展辐射作用明显，骨干企业综合实力进一步提升

初步形成了北京辐射圈、长三角地区、珠三角地区、环渤海地区、海西经济区、成渝地区等各具特色数字电视及数字家庭产业集聚区，产业集聚及辐射带动作用明显。海尔、海信、长虹、TCL、创维、康佳等企业均进入电子信息百强前 20 名，年营业收入超过百亿元，通过家电下乡、家电以旧换新等拉动内需政策，进一步巩固市场优势地位，整体竞争力和国际影响力不断攀升。2010 年，海信、海尔、TCL、长虹、创维、康佳、厦华等 7 家企业的彩电产量占国内彩电总产量的 49%，产业集中度进一步提升。

（五）产业国际化步伐加快，自主标准国际化应用取得重大突破

“十一五”期间累计出口彩电 26 664 万台，出口额 523.7 亿美元，出口量占总销售量的 58.6%。中国成为全球机顶盒的制造中心，占全球总销售量的 70%以上。企业在坚持开拓传统市场的基础上，进一步向新兴市场进军，并通过发展自主品牌，实现了从单一产品出口向全面“走出去”的转变，海信、海尔、TCL、长虹、创维、康佳、厦华等整机企业在欧洲、东盟、南非等国家和地区开始建立研、产、销机构，自主品牌的国际影响力不断提升。我国地面数字电视传输标准国际化应用取得突破性进展，已经在柬埔寨、老挝等海外国家和地区得到应用，并带动了相关技术、产品及系统的国际应用。

尽管“十一五”期间我国数字电视产业发展取得较大成绩，数字家庭技术研发和产业应用取得较大进展，但仍然面临诸多问题：彩电业转型升级与配套核心器件缺失的矛盾依然存在；企业的技术能力积累不足，难以适应核心技术快速发展的需要；文化体制改革有待进一步深化，与产业支撑的协调性有待进一步增强。

二、“十二五”面临的形势

（一）宏观环境促进产业转型

我国经济发展方式将逐步从主要依靠投资、出口拉动向依靠消费、投资、出口协调拉动转变。工业化和信息化深度融合、战略性新兴产业积极培育、数字电视和三网融合政策进一步贯彻落实，将为数字电视和数字家庭产业的发展提供有力支持。绿色环保、低碳节能作为数字电视与数字家庭产业转型升级的重要方向，是产业可持续性发展的内在要求。

（二）消费升级助推产业发展

“工业化、信息化、城镇化、市场化、国际化”五化并举，产品更新换代加速，城市化带动城市家

庭数量快速增加，居民对精神文化需求日益增长，数字家庭娱乐、智能家居、远程教育、社区服务等发展势头迅猛，内需市场的扩大将为数字电视与数字家庭产业发展提供强大的内需动力。

（三）技术进步促进转型升级

新一代信息技术为代表的战略性新兴产业的蓬勃发展，网络化、智能化、绿色环保为特征的科技进步，下一代互联网、下一代广播电视网、物联网、云计算、新一代显示、人机交互、内容保护与可信安全等新技术的广泛应用，以融合创新为特征的新型产品和服务形态，将为数字电视和数字家庭产业转型升级注入新的活力，形成新的增长点。

（四）发展模式发生重大变革

“4C”（计算机、通信、消费电子、内容）融合的不断推进，将促进产业从单纯整机生产向上游高附加值领域延伸，从产品制造向内容服务、运营服务和生产服务等领域渗透。产业集群正加速从成本导向型向创新驱动型升级，生产与服务融合、软件与硬件融合的趋势愈加明显。

（五）投资环境继续保持宽松

良好的经济前景、稳定的政治环境、充裕的劳动资源、庞大的消费市场等有利因素，使得我国仍然是全球最佳的产业转移地。宏观调控将促进投资结构的进一步优化，地方政府和民间投资持续跟进，将为数字电视及数字家庭产业发展营造宽松环境。

（六）国际市场面临新的形势

经济全球化进一步加强，区域/次区域经济合作深入发展，市场全球化进一步深化，以服务外包为核心的生产全球化体系将发生深刻变革。国际市场需求处于恢复期，不确定因素依然存在。发达国家提出重振制造业，国际贸易保护主义抬头，技术壁垒、反倾销、知识产权等问题依然突出，将影响我国企业国际市场竞争力提升。

三、指导思想、发展原则及目标

（一）指导思想

以科学发展为主题，以加快转变发展方式为主线，以推动产业结构调整和转型升级为主攻方向，全面提升自主创新能力，统筹规划产业布局，打造完整的技术链和产业链；创新体制机制，以市场需求为牵引，以应用服务为导向，支持制造业与运营业的互动融合，推动应用促进产业发展；健全公共服务，发挥第三方服务的主体作用，结合产业集聚地区资源优势，推动公共服务体系的专业化、网络化和一体化建设。促进数字电视与数字家庭产业发展方式向创新驱动型、资源节约型、环境友好型转变，全面提升产业核心竞争力。

（二）发展原则

坚持创新发展。以关键技术创新和发展模式创新为突破口，以自主技术标准应用带动产业集聚发展。

坚持应用促发展。以需求为导向，通过应用示范，推动新产品、新业务、新业态和新服务的快速发展。

坚持协调发展。推动产业链上下游协同发展，制造与运营融合，利用国内国际两个市场资源，优化产业发展环境。

坚持绿色发展。秉承节能减排、绿色环保的理念，产品设计生态化，产品制造绿色化，推动产业向节能环保转变。

（三）发展目标

1. 产业规模

未来五年，数字电视产业销售收入保持平稳较快增长，数字家庭应用规模不断扩大，力争在“十二五”末成为全球最大的数字电视整机和关键件开发、生产基地，主要产品产量和质量水平位居世界前列。到 2015 年，以数字电视和数字家庭为主的视听产业销售产值比 2010 年翻番，达到 2 万亿元，出口额达到 1 000 亿美元，工业增加值率达到 25%。

2. 产业结构

产业结构进一步优化，在平板显示、机顶盒、芯片设计制造等领域的技术和产品层次大幅提升，自给率不断提高，管理水平和竞争能力有较大提高，初步形成相对完整的配套体系，形成研发、生产、应用、服务“四位一体”的产业体系；平板电视占彩电产量比重达到 95%以上；数字家庭产业链逐步健全，多业务数字内容服务形成规模。

3. 产业布局

形成一批产学研用相结合、规模效应和产业链配套协作水平较高、以完善的产业服务体系为支撑的产业集群，以及一批效益突出、竞争力强的优势企业；推动建成 5～10 个应用特色鲜明、持续创新能力强、引领带动作用显著的国家级数字家庭应用示范产业基地；培育 2～3 个具有国际竞争力、年销售收入突破千亿元的领军企业，为做大做强信息产业提供有力支撑。

4. 自主创新

自主创新能力明显提高，形成以企业为主体的创新体系，培育一批具有较强自主创新能力、拥有自主知识产权的企业；掌握数字电视和数字家庭核心技术，建立健全数字电视和数字家庭国家标准体系，新一代数字电视技术标准研究取得突破，提升对技术标准、产业发展方向、产品升级的话语权；推动国家地面数字电视传输标准成为国际标准，国际化应用取得重大进展。

四、主要任务与发展重点

（一）主要任务

1. 突破核心关键技术

在数字电视 SoC、嵌入式操作系统、中间件、人机交互、新型显示、模组驱动和控制、终端设备的内容保护与可信安全等领域掌握关键技术，在先进的数字电视传输、音视频编解码、面向数字家庭的互联互通与服务协同等技术上力争获得突破。

2. 打造完整产业链条

以大型骨干企业为龙头，完善大型企业与中小企业互动协作格局，打造完整产业链；横向联合网络运营商、内容提供商、系统集成商等相关机构，加强特色应用和服务，推进整个行业从单纯的制造向“制造+服务”延伸。

3. 推进应用模式创新

发展具有“三网融合+高清互动+智能控制”功能的新型数字家庭系统，不断培育开放、融合的业务形态和应用环境，形成可持续发展的商业模式。

4. 发展绿色优质产品

推广绿色生态设计、绿色制造、节能和环境友好材料的应用，加大彩电、音响等行业的能效标准执行力度，促进产业节能环保技术与国际接轨；推动企业强化质量管理，促进产品质量水平提高。

5. 实施知识产权战略

按照“共性整合、个性兼容”的总体思路，进一步完善具有我国自主知识产权的标准体系，搭建标准应用产业化的支撑平台；积极参与国际标准的研究制定，推进自主技术标准成为国际标准，提升我国企业在国际市场上的话语权。

6. 开拓国内国际市场

推动骨干企业建立多渠道营销和服务平台，拓展服务内容，提升服务质量，满足用户消费需求。加强国际战略合作，开拓新兴市场，推动自主技术标准国内外推广应用，进一步提升自主品牌的国际影响力。

（二）发展重点

1. 数字电视终端设备

密切跟踪网络化、智能化发展趋势，加快数字电视软硬件产品升级及关键标准研制，推进三维电视、智能电视嵌入式软件系统、超高清电视系统的研发与应用，支持数字电视终端安全系统的研发与应用。加快新型显示技术在电视终端中的应用，支持 LED 背光源液晶电视、节能型 PDP 电视、大尺寸有机发光显示屏（OLED）电视研发与产业化。发展基于地面、卫星、有线、IP 网络等传输方式的数字电视终端以及移动多媒体电视，满足广播电视发展多样化需求。推进高清晰三维投影、短焦投影、便携式微型投影和激光投影等产品的研发与产业化。

2. 数字电视广播前端设备

以提升自主研发产品竞争力为目标，加大对数字电视和数字广播制作设备、演播室设备、播出设备、发射设备等前端设备研发与产业化的支持力度，积极引导基于 AVS、DRA 等自主技术标准的数字电视前端设备研发及应用，面向高清电视、三维电视、移动电视、数字电影等领域发展需求，大力发展摄像、录制、编辑、存储、播放等设备。

3. 数字家庭设备

充分发挥地方政府引导和骨干企业的主体作用，建设数字家庭产业应用示范基地，推动产业集聚发展。支持终端厂商与网络运营商、内容提供商、系统集成商等联合，研发并推广新型信息终端、桥接设备、多业务网关、智能感知与控制设备，以及网络侧的应用云平台等产品，推动多屏融合、互联互通、智能控制的数字娱乐、数字教育、数字健康、智能家居等业务系统研发和产业化。

4. 音响光盘设备

提升音响产品质量、品牌和工业设计水平，推进音响产品时尚化、精品化、特色化。大力发展高保真和超薄音响器件与系统、高保真音源产品、专业数字音响系统。推动光盘产业加快转型升级，支持全息（TB 级）大容量、可刻录、三维播放、高保真的新一代光盘研发及产业化。

5. 视频应用系统

面向“平安城市”、数字社区、数字家庭等以及银行、交通等行业应用领域，大力发展智能化、网络化视频监控设备，推进高清、宽动态、低照度、无线视频监控网络摄像设备以及大容量、高压缩、智能分析的监控后端系统和云存储系统的研发及产业化。

6. 应用服务平台

面向数字家庭多样化用户需求，充分运用云计算、物联网等技术，推动跨平台、跨领域的数字内容服务平台和综合性数字应用平台的开发建设，支持在线用户服务、远程医疗、远程教育、动漫游戏、资讯信息等业务系统及应用程序商店等平台的开发与应用，实现三屏（电视屏幕、手机屏幕、电脑屏幕）互动与三屏融合以及内容保护等功能。

五、重大工程

（一）彩电业转型升级专项工程

推进彩电整机企业向芯片、软件、背光、模组、面板等上游领域延伸，支持国家规划布局内的高世代 TFT-LCD、PDP、新型 OLED 面板生产线建设及其配套产业建设，支持彩电产业配套的核心芯片、软件、关键器件、一体化模组、专用设备研发及产业化。推动产业向网络化、智能化和节能环保等方向发展，支持三维电视、智能电视、超高清电视及交互式软件平台的研发和应用。鼓励彩电企业进行商业模式、服务模式创新，支持彩电终端产品与内容服务融合发展。

（二）地面数字电视接收设备普及专项工程

结合国家数字电视整体转换进程，制定普及地面数字电视接收设备的实施意见，引导和支持企业推动地面数字电视接收设备普及，加快实施和宣贯地面数字电视配套技术标准，进一步完善地面数字电视配套技术标准体系，开展地面数字电视终端产品标准符合性检测，推进地面数字电视接收设备普及。支持地面数字电视演进技术的研发和应用，进一步推动地面数字电视国家标准的国内外应用。

（三）整机与芯片、器件、软件联动工程

鼓励和支持掌握自主核心技术的芯片、器件、软件研发生产企业与整机企业间的联合与合作，加强产学研用结合的创新体系建设，以数字电视和数字家庭领域的先导应用和典型应用为引领，实施重大专项，实现以重大工程带动芯片研发与应用的突破。推动整机企业联合芯片、软件企业，共同开展技术研发，建立从芯片、器件、软件、整机、系统到应用的产业生态环境，形成“整机带动芯片技术进步，芯片提升整机系统竞争力”的良性循环。

（四）面向三网融合的数字家庭应用示范工程

充分发挥地方政府引导和骨干企业的主体作用，重点开发面向三网融合的多媒体智能终端等产品以及配套的芯片、关键元器件和软件。推动终端厂商与网络运营商、内容提供商、系统集成商等联合，共同开发数字家庭应用集成平台和业务支撑平台。实施数字家庭标准体系建设、核心芯片开发、内容服务平台建设等工程，建设面向三网融合的数字家庭应用示范区，推动自主技术标准的规模应用。

（五）公共服务体系建设工程

充分发挥市场配置资源的基础性作用，加快实施数字电视和数字家庭领域公共服务体系建设，着力推进技术标准公共服务平台、专利和知识产权公共服务平台、家电售后维修服务公共服务平台、技术交流与成果推广应用公共服务平台的建设。推动公共服务体系的专业化、网络化和一体化建设，形成覆盖全国、资源共享、互联互通、高效便捷的公共服务网络。

六、政策措施

（一）完善产业政策体系，优化产业发展环境

加快落实《国务院关于加快培育和发展战略性新兴产业的决定》（国发〔2010〕32 号），进一步贯彻落实国务院《关于鼓励数字电视产业发展的若干政策》（国办发〔2008〕1 号）文件精神，继续执行和完善彩电业转型升级相关政策，推动实施地面数字电视普及意见，完善配套标准和产品认证体系，推进节能环保相关产业政策的落实。研究制定和推动实施家电下乡、家电以旧换新后续政策措施，建设完善家电售后维修服务体系。

（二）用好财政支持手段，提升产业创新能力

充分发挥电子信息产业发展基金、国家科技重大专项等引导作用，加大在核心技术、关键原材料、核心部件和设备的投入力度，支持产业自主创新。通过政策引导、制度创新，推动建立政府导向的产业投资基金，发挥财政资金对社会资金的带动作用，创造有利于产业发展的投融资环境。

（三）加强协调与合作，促进产业良性互动

坚持运营业务拓展带动终端制造业发展、终端创新促进运营业务变革的发展思路，继续加强部委之间、部省之间的协调和联动，重点加强产业链各环节间的衔接以及运营机制的协调，推进制造业和运营业的融合发展。

（四）统筹规划产业布局，促进区域协调发展

统筹规划，合理布局，充分发挥地方政府积极性和骨干企业的主体作用，进一步推动现有平板显示产业区域的协调发展；在产业基础较集中区域，引导支持建设数字家庭产业基地，推动产业集聚发展。

（五）抓好重点人才建设，健全专家咨询机制

充分发挥高校、国家工程中心、国家重点实验室以及企业研发部门等科研机构的人才优势，实施重点人才建设工程；不断完善数字电视与数字家庭领域的专家人才库，充分发挥数字视听专家委员会的作用，为产业可持续发展提供咨询指导。

（六）构建应用创新体系，促进产业融合发展

抓住三网融合机遇，探索机制创新，促进产业、网络和业务融合发展。进一步加强与地方联系，完善与地方共建工作机制，开展面向三网融合的数字家庭应用示范，促进三网融合取得实质性进展。

（七）推进国际合作战略，拓展海外新兴市场

继续实施“走出去”战略，巩固传统优势，开拓新兴市场。积极推进新型显示、节能环保、网络互联、智能终端等新兴产品的市场推广，适应国际市场需要，建立海外生产基地。继续推广自主技术标准的国际化应用，提升出口产品附加值，促进产业对外贸易方式的转变。

关于进一步扶持新型显示器件产业发展有关税收优惠政策的通知

财关税〔2012〕16号

各省、自治区、直辖市、计划单列市财政厅（局）、国家税务局、新疆生产建设兵团财务局，海关总署广东分署、各直属海关：

为进一步鼓励和促进新型显示器件产业的发展，经国务院批准，现将有关进口税收政策通知如下：

一、自2012年1月1日至2015年12月31日，新型显示器件（包括薄膜晶体管液晶、等离子、有机发光二极管）面板生产企业进口国内不能生产的自用生产性（含研发用）原材料和消耗品，免征进口关税，照章征收进口环节增值税；进口建设净化室所需国内尚无法提供（即国内不能生产或性能不能满足）的配套系统以及维修生产设备所需零部件免征进口关税和进口环节增值税。具体免税办法依照《关于新型显示器件面板生产企业进口物资税收政策的暂行规定》（以下简称《暂行规定》，见附件）执行。

二、对符合国内产业自主化发展规划的彩色滤光膜、偏光片等属于新型显示器件产业上游的关键原材料、零部件的生产企业，经财政部会同有关部门共同确定后，可享受进口国内不能生产的自用生产性原材料、消耗品免征进口关税的优惠政策。该政策的操作程序比照上述面板生产企业的《暂行规定》执行。

三、“十二五”期间财政部将会同相关部门根据国内配套产业的发展情况，适时调整新型显示器件产业相关免税进口商品清单。

财政部 海关总署 国家税务总局

2012年4月9日

附件

关于新型显示器件面板生产企业进口物资税收政策的暂行规定

一、根据国务院批准的保留并调整新型显示器件生产企业进口物资免征进口税收政策的精神，特制定本规定。

二、本规定中所指新型显示器件包括薄膜晶体管液晶显示器件面板（TFT-LCD）、等离子显示面板（PDP）、有机发光二极管显示面板（OLED）3类。

三、在2011年12月31日前经财政部会同有关部门认定，已取得新型显示器件生产企业进口物资免税资格的企业，在2012年1月31日至2015年12月31日，按本规定第六款至第九款享受进口物资税收优惠政策。企业名单另行下发。

四、尚未取得免税资格的新型显示器件生产企业，在有关项目通过投资主管部门核准或备案后，可通过省级人民政府或同级财政部门向财政部提出免税申请。申请文件中应说明企业性质、项目建设情况（包括项目进度、产品类型、产能和初期产量、投产和量产时间等）、进口物资情况（包括进口物资类别、进口时间、进口金额及相应的免税金额等，格式附后），同时还应附投资主管部门出具的关于该项目的核准（或备案）文件以及国家鼓励发展的内外资项目确认书。

五、财政部会同海关总署、税务总局等有关部门对上述申请集中予以审核。

六、取得免税资格的生产企业进口规定范围内的生产性（含研发用）原材料和消耗品免征进口关税，进口建设净化室所需的规定范围内的配套系统免征进口关税和进口环节增值税。财政部会同有关部门负责制定上述原材料、消耗品和净化室配套系统的免税商品清单，具体清单另行公布。企业进口超出免税商品清单范围的，应予以照章征收。

七、取得免税资格的生产企业进口维修规定范围内的生产设备、在经核定的年度进口金额内所需零部件，免征进口关税和进口环节增值税。零部件年度免税进口金额根据企业所进口生产设备的总价及设备使用年限，按照相应的维修经验公式计算确定。财政部会同有关部门负责制定生产设备的清单以及计算零部件进口额度的公式，具体清单及公式另行公布。企业超出免税额度进口的维修用零部件，予以照章征税。企业应在规定的免税进口额度内将实际零部件进口清单报海关审核备案，以利于海关后续监管。

八、新型显示器件生产企业根据本规定免税进口的物资只能用于本企业的生产建设，不得擅自转让或移作他用。违反政策规定的企业将被取消享受该政策的资格，同时按照相关规定予以处罚。

九、取得免税资格新型显示器件生产企业应于每年 1 月向财政部关税司报告上一年度进口原材料、消耗品、配套系统以及零配件的实际免税情况（包括进口商品清单、进口金额和免税金额以及政策执行效果等内容），并抄送海关总署关税征管司和税务总局货物和劳务税司。

十、财政部将会同相关部门根据国内配套产业的发展情况，适时调整新型显示器件产业相关免税进口商品清单。新型显示器件面板生产企业以及相关原材料、零配件的供应企业，可通过省级财政部门或相关行业主管部门或协会向财政部提出调整上述进口物资免税范围的具体建议。

十一、本规定由财政部会同海关总署、税务总局负责解释。

十二、本规定执行时间为 2012 年 1 月 1 日至 2015 年 12 月 31 日。

国务院关于印发“十二五”国家战略性新兴产业发展规划的通知

国发〔2012〕28号

各省、自治区、直辖市人民政府，国务院各部委、各直属机构：

现将《“十二五”国家战略性新兴产业发展规划》印发给你们，请认真贯彻执行。

国务院

2012年7月9日

“十二五”国家战略性新兴产业发展规划（摘录）

战略性新兴产业是以重大技术突破和重大发展需求为基础，对经济社会全局和长远发展具有重大引领带动作用，知识技术密集、物质资源消耗少、成长潜力大、综合效益好的产业。根据“十二五”规划纲要和《国务院关于加快培育和发展战略性新兴产业的决定》（国发〔2010〕32号）的部署和要求，为加快培育和发展节能环保、新一代信息技术、生物、高端装备制造、新能源、新材料、新能源汽车等战略性新兴产业，特制定本规划。

一、背景

当今世界新技术、新产业迅猛发展，孕育着新一轮产业革命，新兴产业正在成为引领未来经济社会发展的重要力量，世界主要国家纷纷调整发展战略，大力培育新兴产业，抢占未来经济科技竞争的制高点。

当前，全国上下正按照科学发展观的要求，加快转变经济发展方式，推进中国特色新型工业化进程，推动节能减排，积极应对日趋激烈的国际竞争和气候变化等全球性挑战，促进经济长期平稳较快发展。在此过程中，必须站在战略和全局的高度，科学判断未来需求变化和技术发展趋势，大力培育发展战略性新兴产业，加快形成支撑经济社会可持续发展的支柱性和先导性产业，优化升级产业结构，提高发展质量和效益。

“十二五”时期是我国战略性新兴产业夯实发展基础、提升核心竞争力的关键时期，既面临难得的机遇，也存在严峻挑战。从有利条件看，我国工业化、城镇化快速推进，城乡居民消费结构加速升级，国内市场需求快速增长，为战略性新兴产业发展提供了广阔空间；我国综合国力大幅提升，科技创新能力明显增强，装备制造业、高技术产业和现代服务业迅速成长，为战略性新兴产业发展提供了良好基础；世界多极化、经济全球化不断深入，为战略性新兴产业发展提供了有利的国际环境。同时也要看到，我国战略性新兴产业自主创新发展能力与发达国家相比还存在较大差距，关键核心技术严重缺乏，标准体系不健全；投融资体系、市场环境、体制机制政策等还不能完全适应战略性新兴产业快速发展的要求。必须加强宏观引导和统筹规划，明确发展目标、重点方向和主要任务，采取有力措施，强化政策支持，完善体制机制，促进战略性新兴产业快速健康发展。

二、指导思想、基本原则和发展目标

（一）指导思想

以邓小平理论和“三个代表”重要思想为指导，深入贯彻落实科学发展观，把握世界新科技革命和产业革命的历史机遇，面向经济社会发展的重大需求，以改革创新为动力，以营造良好的产业发展环境为重点，以企业为主体，以工程为依托，加强规划引导，加大政策扶持，着力提升自主创新能力，加速科技成果产业化，推动战略性新兴产业快速健康发展，抢占经济科技竞争制高点，促进产业结构升级、经济发展方式转变和经济社会可持续发展。

（二）基本原则

市场主导、政府调控。充分发挥市场配置资源的基础性作用，以市场需求为导向，着力营造良好的市场竞争环境，激发各类市场主体的积极性。针对产业发展的薄弱环节和瓶颈制约，有效发挥政府的规划引导、政策激励和组织协调作用。

创新驱动、开放发展。坚持自主创新，加强原始创新、集成创新和引进消化吸收再创新；加强高素质人才队伍建设，掌握关键核心技术，健全标准体系，加速产业化，增强自主发展能力。充分利用全球创新资源，加强国际交流合作，探索国际合作发展新模式，走开放式创新和国际化发展道路。

重点突破、整体推进。坚持突出科技创新和新兴产业发展方向，选择最有基础、最有条件的重点方向作为切入点和突破口，明确阶段发展目标，集中优势资源，促进重点领域和优势区域率先发展。总体部署产业布局和相关领域发展，统筹规划，分类指导，适时动态调整，促进协调发展。

立足当前、着眼长远。围绕经济社会发展重大需求，着力发展市场潜力大、产业基础好、带动作用强的行业，加快形成支柱产业。着眼提升国民经济长远竞争力，促进可持续发展，对重要前沿性领域及早部署，培育先导产业。

（三）发展目标

产业创新能力大幅提升。企业重大科技成果集成、转化能力大幅提高，掌握一批具有主导地位的关键核心技术，建成一批具有国际先进水平的创新平台，发明专利质量数量和技术标准水平大幅提升，战略性新兴产业重要骨干企业研发投入占销售收入的比重达到 5%以上。一批关键核心技术达到国际先进水平。

创新创业环境更加完善。重点领域和关键环节的改革加快推进，有利于创新战略性新兴产业商业模式、发展新业态的市场准入条件，以及财税激励、投融资机制、技术标准、知识产权保护、人才队伍建设等政策环境显著改善。

国际分工地位稳步提高。涌现一批掌握核心关键技术、拥有自主品牌、开展高层次分工合作的国际化企业，具有自主知识产权的技术、产品和服务的国际市场份额大幅提高，在部分领域成为全球重要的研发制造基地。

引领带动作用显著增强。战略性新兴产业规模年均增长率保持在 20%以上，形成一批具有较强自主创新能力和技术引领作用的骨干企业，一批特色鲜明的产业链和产业集聚区。到 2015 年，战略性新兴产业增加值占国内生产总值比重达到 8%左右，对产业结构升级、节能减排、提高人民健康水平、增加就业等的带动作用明显提高。

到 2020 年，力争使战略性新兴产业成为国民经济和社会发展的重要推动力量，增加值占国内生产总值比重达到 15%，部分产业和关键技术跻身国际先进水平，节能环保、新一代信息技术、生物、高端装备制造产业成为国民经济支柱产业，新能源、新材料、新能源汽车产业成为国民经济先导产业。

三、重点发展方向和主要任务

（一）节能环保产业

强化政策和标准的驱动作用，充分运用现代技术成果，突破能源高效与梯次利用、污染物防治与安全处置、资源回收与循环利用等关键核心技术，大力发展高效节能、先进环保和资源循环利用的新装备和产品；完善约束和激励机制，创新服务模式，优化能源管理、大力推行清洁生产和低碳技术、鼓励绿色消费，加快形成支柱产业，提高资源利用率，促进资源节约型和环境友好型社会建设。

1．高效节能产业。（略）

2．先进环保产业。（略）

3．资源循环利用产业。大力发展源头减量、资源化、再制造、零排放和产业链接等新技术，推进产业化，提高资源产出率。重点发展共伴生矿产资源、大宗固体废物综合利用，汽车零部件及机电产品再制造、资源再生利用，以先进技术支撑的废旧商品回收体系，餐厨废弃物、农林废弃物、废旧纺织品和废旧塑料制品资源化利用。

（二）新一代信息技术产业

把握信息技术升级换代和产业融合发展机遇，加快建设宽带、融合、安全、泛在的下一代信息网络，突破超高速光纤与无线通信、物联网、云计算、数字虚拟、先进半导体和新型显示等新一代信息技术，推进信息技术创新、新兴应用拓展和网络建设的互动结合，创新产业组织模式，提高新型装备保障水平，培育新兴服务业态，增强国际竞争能力，带动我国信息产业实现由大到强的转变。“十二五”期间，新一代信息技术产业销售收入年均增长20%以上。

1．下一代信息网络产业。实施宽带中国工程，加快构建下一代国家信息基础设施，统筹宽带接入、新一代移动通信、下一代互联网、数字电视网络建设；加快新一代信息网络技术开发和自主标准的推广应用，支持适应物联网、云计算和下一代网络架构的信息产品的研制和应用，带动新型网络设备、智能终端产业和新兴信息服务及其商业模式的创新发展；发展宽带无线城市、家庭信息网络，加快信息基础设施向农村和偏远地区延伸覆盖，普及信息应用；强化网络信息安全和应急通信能力建设。

2．电子核心基础产业。围绕重点整机和战略领域需求，大力提升高性能集成电路产品自主开发能力，突破先进和特色芯片制造工艺技术，先进封装、测试技术以及关键设备、仪器、材料核心技术，加强新一代半导体材料和器件工艺技术研发，培育集成电路产业竞争新优势。积极有序发展大尺寸薄膜晶体管液晶显示（TFT-LCD）、等离子显示（PDP）面板产业，完善产业链。加快推进有机发光二极管（OLED）、三维立体（3D）、激光显示等新一代显示技术研发和产业化。攻克发光二极管（LED）、OLED 产业共性关键技术和关键装备、材料，提高 LED、OLED 照明的经济性。掌握智能传感器和新型电力电子器件及系统的核心技术，提高新兴领域专用设备仪器保障和支撑能力，发展片式化、微型化、绿色化的新型元器件。

专栏 5　电子核心基础产业发展路线图

时间节点	2015 年	2020 年
发展目标	高性能集成电路设计技术达到 22 纳米、大生产技术达到 12 英寸 28 纳米，掌握先进封装测试技术，初步形成集成电路制造装备与材料配套能力；新型平板显示面板满足国内彩电整机需求量的 80%以上，新一代显示技术取得突破；关键电子元器件自主保障能力明显提升；关键专用设备、仪器和材料研发和产业化取得突破	掌握新一代半导体材料及器件的制造技术，集成电路设计、制造、封装测试技术达到国际先进水平；实现下一代显示器件与国际先进水平同步发展；新型关键元器件满足国内市场需求并具有国际竞争力；电子专用仪器设备和材料基本满足国内配套需要，形成核心竞争力
重大行动	● 关键技术开发：加快实施核心电子器件、高端通用芯片及基础软件产品科技重大专项和极大规模集成电路制造装备及成套工艺科技重大专项，重点开发移动互联、数模混合、信息安全、数字电视、射频识别（RFID）、	

	传感器等芯片，推动 32/28 纳米先进工艺产业化，支持射频工艺、模拟工艺等特色工艺开发，大力发展先进封装和测试技术，加强 8～12 英寸生产线关键设备、仪器、材料的研发。支持半导体与光电子器件新材料制备技术，高世代 TFT-LCD 生产线工艺、制造装备及关键配套材料制备技术，高清晰超薄 PDP 及 OLED 等新型显示技术，以及新型电力电子器件关键技术的开发。 ● 产业化：实施集成电路、新型平板显示创新发展工程；推进 LED、微机电系统（MEMS）、智能传感器、新型电力电子器件以及金属有机源化学气相沉积（MOCVD）装备等产业化。 ● 创新能力建设：建设集成电路装备及其生产系统集成开发等领域公共技术服务平台，建设微机电系统开发与应用实验室，建设完善 LED、电力电子、智能传感器、光电子等领域工程实验室，建设平板显示共性技术研发及公共服务平台。 ● 骨干企业培育：实施创新企业扶持计划，鼓励产业链上下游强强联合和兼并重组，支持基础产品企业与整机和应用企业建立创新联盟、创新发展促进中心等
重大政策	● 细化和落实支持集成电路和平板显示产业发展的优惠政策，研究提出支持整机和元器件产品、集成电路设计和芯片制造联动发展的优惠政策，制定推动 LED 产品推广应用的政策措施

3．高端软件和新兴信息服务产业。（略）

（三）生物产业（略）

（四）高端装备制造产业。

面向我国产业转型升级和战略性新兴产业发展的迫切需求，统筹经济建设和国防建设需要，大力发展现代航空装备、卫星及应用产业，提升先进轨道交通装备发展水平，加快发展海洋工程装备，做大做强智能制造装备，把高端装备制造业培育成为国民经济的支柱产业，促进制造业智能化、精密化、绿色化发展。

1．航空装备产业。（略）
2．卫星及应用产业。（略）
3．轨道交通装备产业。（略）
4．海洋工程装备产业。（略）
5．智能制造装备产业。（略）

（五）新能源产业（略）

（六）新材料产业

大力发展新型功能材料、先进结构材料和复合材料，开展纳米、超导、智能等共性基础材料研究和产业化，提高新材料工艺装备的保障能力；建设产学研结合紧密、具备较强自主创新能力和可持续发展能力的高性能、轻量化、绿色化的新材料产业创新体系和标准体系，发布国家新材料重点产品发展指导目录，建立新材料产业认定和统计体系，引导材料工业结构调整。到 2015 年，突破一批国家建设急需、引领未来发展的关键共性技术；到 2020 年，关键新材料自给率明显提高。

1．新型功能材料产业。大力发展稀土永磁、发光、催化、储氢等高性能稀土功能材料和稀土资源高效综合利用技术。积极发展高纯稀有金属及靶材、原子能级锆材、高端钨钼材料及制品等，加快推进高纯硅材料、新型半导体材料、磁敏材料、高性能膜材料等产业化。着力扩大丁基橡胶、丁腈橡胶、异戊橡胶、氟硅橡胶、乙丙橡胶等特种橡胶及高端热塑性弹性体生产规模，加快开发高端品种和专用助剂。大力发展低辐射镀膜玻璃、光伏超白玻璃、平板显示玻璃、新型陶瓷功能材料、压电材料等无机非金属功能材料。积极发展高纯石墨、人工晶体、超硬材料及制品。

2．先进结构材料产业。以轻质、高强、大规格为重点，大力发展高强轻型合金，积极开发高性能铝合金，加快镁合金制备及深加工，发展高性能钛合金、大型钛板、带材和焊管等。以保障高端装备制造和重大工程建设为重点，加快发展高品质特殊钢和高温合金材料。加强工程塑料改性及加工应用技术开发，大力发展聚碳酸酯、聚酰胺、聚甲醛和特种环氧树脂等。

3．高性能复合材料产业。以树脂基复合材料和碳碳复合材料为重点，积极开发新型超大规格、特殊结构材料的一体化制备工艺，推进高性能复合材料低成本化、高端品种产业化和应用技术装备自主化。加快发展高性能纤维并提高规模化制备水平，重点围绕聚丙烯腈基碳纤维及其配套原丝开展技术提升，着力实现千吨级装备稳定运转，积极开展高强、高模等系列碳纤维以及芳纶开发和产业化。着力提高专用助剂和树脂性能，大力开发高比模量、高稳定性和热塑性复合材料品种。积极开发新型陶瓷基、金属基复合材料。加快推广高性能复合材料在航空航天、风电设备、汽车制造、轨道交通等领域的应用。

专栏 19　新材料产业发展路线图

时间节点	2015 年	2020 年
发展目标	在中高端新型功能材料、先进结构材料、高性能复合材料领域突破一批关键的专利核心技术，形成一批具有自主知识产权的产品，其中核心技术和先进零件加工制造技术达到国际先进水平。培育拥有自主品牌和较大市场影响力的骨干龙头企业 20 家，成为中高端新材料及产品的生产大国，提高国产高端新材料的自给率	以我国高端装备制造和国家重大工程建设对新材料的需求为目标，掌握新材料领域尖端技术和应用器件的规模化生产技术，其中核心技术和先进器件加工制造技术达到国际领先水平。构筑产业链、提高高端功能材料及产品的市场竞争力，打破国外垄断，进一步提高国产高端新材料的自给率
重大行动	● 关键材料开发及产业化：加快突破新材料先进加工制造技术和装备，推进高性能复合材料、先进结构材料、新型功能材料开发和产业化。开发关键新材料制备加工成套技术与工艺，建设一批关键材料产业化示范生产线，培育和发展一批新材料产业基地。 ● 关键材料推广应用：统筹考虑新材料设计、生产、应用等环节，着力推广一批科技含量高、市场前景广的重点新材料品种，打造一批龙头骨干企业。 ● 新材料产业创新能力建设：在重点领域建设一批新材料技术创新、产品开发、分析检测、推广应用和信息咨询的公共服务平台	
重大政策	● 制定并发布新材料产业重点产品指导目录。 ● 建立健全新材料产业统计体系、认定体系和标准体系。 ● 制定新材料推广应用风险补偿机制。 ● 推动军民共用新材料产业化、规模化发展	

（七）新能源汽车产业（略）

四、重大工程

（一）重大节能技术与装备产业化工程（略）

（二）重大环保技术装备及产品产业化示范工程（略）

（三）重要资源循环利用工程（略）

（四）宽带中国工程（略）

（五）高性能集成电路工程

围绕重点整机系统应用需求，突破高端通用芯片核心技术，大力支持移动互联、模数混合、信息安全、数字电视、射频识别、传感器等芯片的设计，形成系统方案解决能力。加快先进生产线和特色生产线工艺技术升级和产能扩充，提高先进封装工艺和测试水平。进一步完善产业链，增强关键设备、仪器和材料的开发能力，支持大生产线规模应用。强化国产芯片和软件的集成应用。加快提升国家级集成电路研发公共服务平台的水平和能力。到 2015 年，集成电路设计业产值国内市场比重由 5%提高到 15%。

（六）新型平板显示工程

开展 TFT-LCD 显示面板关键技术和新工艺开发，实施玻璃基板等关键配套材料和核心生产设备产业化项目。突破 PDP 高光效技术、高清晰度技术以及超薄技术，完善配套产业链。开展高迁移率 TFT 驱动基板技术开发，攻克 OLED 有机成膜、器件封装等关键工艺技术，加强关键材料及设备的国产化配套。开展 3D 显示、电子纸、激光显示等新技术研发和产业化。到 2015 年，新型平板显示面板满足国内彩电整机需求量的 80%以上，提高关键材料和核心生产设备本地化配套率。

（七）物联网和云计算工程（略）

（八）信息惠民工程（略）

（九）蛋白类等生物药物和疫苗工程（略）

（十）高性能医学诊疗设备工程（略）

（十一）生物育种工程（略）

（十二）生物基材料工程（略）

（十三）航空装备工程（略）

（十四）空间基础设施工程（略）

（十五）先进轨道交通装备及关键部件工程（略）

（十六）海洋工程装备工程（略）

（十七）智能制造装备工程（略）

（十八）新能源集成应用工程（略）

（十九）关键材料升级换代工程（略）

（二十）新能源汽车工程（略）

五、政策措施

（一）加大财税金融政策扶持

1．加大财税政策扶持。在整合现有政策资源、充分利用现有资金渠道的基础上，建立稳定的财政投入增长机制，设立战略性新兴产业发展专项资金，着力支持重大关键技术研发、重大产业创新发展工程、重大创新成果产业化、重大应用示范工程及创新能力建设等。结合税制改革方向和税种特征，针对战略性新兴产业特点，加快研究完善和落实鼓励创新、引导投资和消费的税收支持政策。

2．强化金融支持。加强金融政策和财政政策的结合，运用风险补偿等措施，鼓励金融机构加大对战略性新兴产业的信贷支持。发展多层次资本市场，拓宽多元化直接融资渠道。大力发展债券市场，扩大公司债、企业债、短期融资券、中期票据、中小企业集合票据等发行规模。进一步完善创业板市场制度，支持符合条件的企业上市融资。推进场外证券交易市场建设，满足处于不同发展阶段创业企业的需求。完善不同层次市场之间的转板机制，逐步实现各层次市场有机衔接。扶持发展创业投资企业，发挥政府新兴产业创业投资资金的引导作用，扩大资金规模，推动设立战略性新兴产业创业投资引导基金，充分运用市场机制，带动社会资金投向处于创业早中期阶段的战略性新兴产业创新型企业。健全投融资担保体系。引导民营企业和民间资本投资战略性新兴产业。

（二）完善技术创新和人才政策

1．加强企业技术创新能力建设。构建新兴产业技术创新和支撑服务体系，加大企业技术创新的投入力度，对面向应用、具有明确市场前景的政府科技计划项目，建立由企业牵头组织、高等院校和科研机构共同参与实施的有效机制。依托骨干企业，围绕关键核心技术的研发、系统集成和成果中试转化，支持建设若干具有世界先进水平的工程化平台，发展一批企业主导、产学研用紧密结合的产业技术创新联盟，支持联盟成员构建专利池、制定技术标准等。进一步加强财税政策的引导，激励企业增加研发投入。

2．加强知识产权体系建设。加强重大发明专利、商标等知识产权的申请、注册和保护，鼓励国内企业申请国外专利。健全知识产权保护相关法律法规，制定适合战略性新兴产业发展的知识产权政策。建立公共专利信息查询和服务平台，为全社会提供知识产权信息服务。针对我国企业在对外贸易投资中遇到的知识产权问题，尽快建立健全预警应急机制、海外维权和争端解决机制。大力推进知识产权的运用，完善知识产权转移交易体系，规范知识产权资产评估，推进知识产权投融资机制建设。

3．加强技术标准体系建设。制定并实施战略性新兴产业标准发展规划，加快基础通用、强制性、关键共性技术、重要产品标准研制的速度，健全标准体系。建立标准化与科技创新和产业发展协同跟进机制，在重点产品和关键共性技术领域同步实施标准化，支持产学研联合研制重要技术标准并优先采用，加快创新成果转化和产业化步伐。

4．建设高素质人才队伍。支持企业人才队伍建设。加快完善高校和科研机构科技人员职务发明创造的激励机制。加大力度吸引海外优秀人才来华创新创业，依托“千人计划”和海外高层次创新创业人才基地建设，加快吸引海外高层次人才。加强高校和中等职业学校战略性新兴产业相关学科专业建设，改革创新人才培养模式，建立企校联合培养人才的新机制，促进创新型、应用型和复合型人才的培养。

（三）营造良好的市场环境

1．完善市场培育、应用与准入政策。鼓励绿色消费、信息消费、健康消费，促进消费结构升级。加大节能环保、新能源、新能源汽车等市场培育与引导力度，培育发展新业态。加快建立有利于战略性新兴产业发展的相关标准和重要产品技术标准体系，优化市场准入的审批管理程序。

2．深化国际合作。引导外资投向战略性新兴产业，丰富外商投资方式，拓宽外资投资渠道，不断完善外商投资软环境。继续支持引进先进的核心关键技术和设备。鼓励我国企业和研发机构在境外设立研发机构，参与国际标准制定。扩大企业境外投资自主权，支持有条件的企业开展境外投融资。完善相关出口信贷、保险等政策，支持拥有自主知识产权的技术标准在国外推广应用。支持企业通过境外注册商标、境外收购等方式，培育国际化品牌，开展国际化经营，参与高层次国际合作。国家支持战略性新兴产业发展的政策同等适用于符合条件的外商投资企业。

（四）加快推进重点领域和关键环节改革

完善相关市场开放机制，深化民间投资准入改革，鼓励各类企业投资战略性新兴产业。推行能效“领跑者”制度，建立健全排污权、节能量和碳排放交易制度，推进环保和资源税费、价格改革；建立生产者责任延伸制，建立资源循环利用产品认证体系和再制造产品标识管理制度；大力推进环境标志产品认证和政府绿色采购制度，积极倡导绿色消费。建立健全推进三网融合的政策和机制，深化电信体制改革，推进有线电视网络整合和运营机构转企改制，按照分业管理的原则探索建立适应三网融合要求的电信、广电监管体制和协调高效的运行机制，完善相关法规标准，推动三网融合高效有序开展。加强生物安全管理，完善药品、医疗器械注册管理、价格管理、集中招标采购、安全评价与监督管理等机制，制定实施有利于绿色生物基产品发展的激励政策。加快制定民用航空工业法律法规，加快推进空域管理体制改革，建立空域灵活使用机制，优化航路航线和飞行繁忙地区空域结构，推进低空空域开放；完善卫星应用数据共享、市场准入等政策法规；支持智能制造装备首台（套）研发创新和产业化，探索首台（套）装备保险机制。实施可再生能源发电配额制，落实可再生能源发电全额保障性收购制度，深化电力体制改革，完善新能源发电补贴机制，建立适应风电、太阳能光伏发电发展的电网运行管理体系；完善生物燃料、能源化利用农林废弃物的激励政策及市场流通机制等。

六、组织实施

（一）加强统筹协调

有效统筹协调中央、地方和其他社会资源，促进军民融合，突出重点，集中支持本规划明确的重大产业创新发展工程、重大关键技术研发与创新成果产业化、重大应用示范工程、创新能力建设等。加强与科技重大专项的衔接，发挥科技重大专项的引领带动作用。营造公平竞争环境，激发和调动各类市场主体的积极性，引导加大对战略性新兴产业的投入，加快推进战略性新兴产业发展。

（二）加强宏观引导

优化产业布局，加强对地方发展战略性新兴产业的信息引导和宏观指导，明确不同区域总体功能定位和重点发展方向。各地要结合国家战略性新兴产业发展重点，从当地实际出发，重点发展具有竞争优势的特色新兴产业，避免盲目发展和重复建设。强化行业和企业自律，发挥行业协会在企业投资、经营决策方面的指导、协调和监督作用。加强市场信息预警与引导，定期向社会发布战略性新兴行业产能规模、产能利用率及生产、技术、市场发展动向等信息。

（三）培育发展产业示范基地

依托现有优势产业集聚区，充分利用现有资源，促进技术、人才、资金等要素向具有技术创新优势的企业和产业集聚，建设一批体制机制健全、市场活力大、产业链完善、辐射带动强、具有国际竞争力的战略性新兴产业示范基地，培育战略性新兴产业增长极。发挥创新资源密集、创新环境良好区域的比较优势，完善创新创业体系，推进先行先试，培育若干全国战略性新兴产业的策源地。

（四）完善规划体系

根据本规划提出的重点方向和任务，研究制定战略性新兴产业分类及重点产品和服务指导目录，健全统计监测体系。制定实施节能环保、新一代信息技术、生物、高端装备制造、新能源、新材料、新能源汽车产业等专项规划，明确实施内容和实施机制。鼓励相关省（区、市）联合编制区域性发展规划，推进战略性新兴产业差别化、特色化协同发展。各专项规划和地方规划要加强与本规划的衔接。

（五）加强组织实施

成立由发展改革委、科技部、工业和信息化部、财政部等有关部门参加的战略性新兴产业发展部际协调小组，加强统筹协调和督促落实。协调小组办公室设在发展改革委，承担协调小组的日常工作。

根据规划实施的需要，组建由相关部门组成的政策工作组，加强沟通协调，及时制定出台有关政策措施。

有关部门要加强相关战略性新兴产业的统计和监测，加强形势分析，及时发布产业发展信息。发展改革委要会同有关部门加强对规划实施情况的跟踪分析和监督检查，及时开展后评估；要针对规划实施中出现的新情况新问题，适时提出解决办法，重大问题及时向国务院报告。

科技部关于印发新型显示科技发展“十二五”专项规划的通知

国科发高〔2012〕896 号

各省、自治区、直辖市、计划单列市科技厅（委、局），新疆生产建设兵团科技局，各有关单位：

为进一步贯彻落实《国家中长期科学和技术发展规划纲要（2006—2020 年）》、《国务院关于加快培育和发展战略性新兴产业的决定》和《国家“十二五”科学和技术发展规划》，推动新型显示技术和产业发展，我部组织编制了《新型显示科技发展“十二五”专项规划》。现印发你们，请结合本地区、本行业实际情况认真贯彻落实。

附件：新型显示科技发展“十二五”专项规划

科技部

2012 年 8 月 21 日

附件

新型显示科技发展“十二五”专项规划

显示产业是年产值超过千亿美元的战略性新兴产业，是信息时代的先导性支柱产业，产业带动力和辐射力强。为实现新型显示产业的加速创新发展，贯彻落实《国家中长期科学和技术发展规划纲要（2006—2020 年）》、《国家“十二五”科学和技术发展规划》、《国务院关于加快培育和发展战略性新兴产业的决定》精神，制定本专项规划。

一、形势与需求

（一）全球新型显示技术发展迅速

显示技术处于多种技术路线并存、产业发展迅速的黄金阶段。目前主要的显示技术有阴极射线管显示、液晶显示、等离子体显示、有机发光显示、激光显示、三维立体（3D）显示、电子纸显示、场发射显示、发光二极管显示、硅基液晶投影显示、数字光处理显示等。其中，阴极射线管显示已基本退出显示技术历史舞台，液晶显示技术和等离子体显示已经成为显示主流技术，激光显示、3D 显示、有机发光显示、电子纸显示、场发射显示将是未来主流显示技术。我国激光显示是最有可能领先国际水平的显示技术，3D 显示是最有生命力且终将成为显示技术共性平台的下一代显示技术，有机发光显示是最具发展潜力的新型显示技术，电子纸显示和场发射显示是值得关注的下一代显示技术。

自 20 世纪 90 年代以来，新型显示产业快速发展，总产值超过 1 000 亿美元，其中 90%以上为液晶显示产业创造。在全球液晶显示产业竞争中，日本、韩国和我国台湾地区已占据 90%以上的份额，呈现日、韩和中国台湾地区三足鼎立之势。目前，韩国的三星和 LG、中国台湾的友达和奇美、日本的夏普排名全球液晶显示面板厂商前五名，占据全球生产和销售总量的 80%以上。

（二）我国新型显示技术和产业处于发展的机遇期

“十一五”期间，在市场需求和技术创新推动下，我国新型显示技术得到了迅速发展，产业链中上游技术创新与国际水平差距逐步缩小，下游整机应用系统集成技术得到跨越发展。其中，我国激光显示技术保持与国际同步，3D 显示技术与国际同行差距较小，有机发光显示、电子纸显示产业发展迅速。液晶显示和等离子体显示等主流显示技术自主产业创新步伐明显加快。目前，我国具有相对优势的激光显示技术和产业均处于蓄势待发阶段，未来显示储备技术场发射显示的发展势头也较明显，多种显示技术在移动互联网终端显示的集成应用得到快速发展。我国新型显示技术创新和产业发展迎来了十分难得的机遇期。

（三）我国显示产业转型升级需求迫切

随着电子消费产品的更新换代，加速了阴极射线管显示向以液晶显示和等离子体显示为主的新型显示过渡，迫切需要加强数字化和平板化引领，带动上游原材料、元器件和核心装备制造业的发展，推动中游模组、下游整机制造业的发展，不断完善我国新型显示产业链，实现产业结构调整与升级。随着更为严格的节能降耗标准的实施，迫切需要开发高光效发光材料、低能耗背光模组等，促进显示制造企业向节能环保方向发展。

二、总体思路、基本原则与发展目标

（一）总体思路

以前瞻性技术研究开发与成熟技术产业化并举为导向，以科技创新能力和产业竞争能力建设为核心，统筹规划、合理布局，分层次发展我国新型显示技术。优先支持新型显示的核心材料、关键技术和共性技术研发，突破新型显示产业发展瓶颈，注重显示产业领军人才和创新团队培养，建立完备的技术研发平台和创新体系，完善新型显示产业链，逐步掌握显示产业发展主动权。

（二）基本原则

1. 坚持全创新链设计

重视基础研究，研究新材料、新技术、新器件。加强前沿技术研究，研发核心材料和关键技术，掌握核心知识产权。增强应用研究，开发产业链所需的配套材料和关键装备，加强新产品开发应用。推进产业化示范，实现技术成果的产业化。加强对新型显示全创新链的统筹规划与顶层设计，促进显示产业科学发展与可持续发展。

2. 坚持全产业链布局

重点支持上游核心材料、产业配套材料、元器件及重要装备的研究开发，重视中游面板和模组开发生产，抓好下游应用产品开发和整机集成应用，完善产业链建设。加强区域平衡，聚散有序，配套合理，降低物流成本，提高企业竞争力。

3. 坚持企业主体地位

强化企业主体地位，以企业为主导深化产学研合作。鼓励企业增加研发投入，支持新型显示行业骨干企业建立高水平研发中心和国家级创新平台。坚持以市场为导向，兼顾市场的整体需求以及相关配套产业的发展、近期利益和长远发展有机结合。

4. 坚持人才发展导向

加强人才队伍建设，充分利用产学研用合作机制，培养产业技术创新人才。充分发展和利用科技创新平台，聚集创新人才，为显示产业提供高端技术和管理人才。

（三）发展目标

1. 总体目标

重点发展激光显示和 3D 显示的共性关键技术，增强移动互联网终端显示创新能力，推动产业化进程；切实加强有机发光显示、电子纸显示和场发射显示的基础性和应用性研究，提升新型显示技术的自主创新能力；着力突破液晶显示和等离子体显示的产业瓶颈和商业模式，提高当前主流显示产业的国际竞争力。

全面掌握激光显示、3D 显示、有源有机发光显示、有源电子纸显示和场发射显示等关键技术，促进移动互联网终端显示产业发展，培育一批液晶显示和等离子体显示龙头企业和产业集群。到 2015 年，实现显示产业链新增产值超过 5 000 亿元。以企业为主体，建立高效的技术创新体系，建设若干产业化示范基地和技术研发平台，形成一批新型显示产品的核心专利及国家和行业标准，培养若干主导方向的领军人才和创新团队。

2. 具体指标

表 1　“十二五”新型显示科技发展科技类主要指标

类　别	技术方向	指　　标	属　性
科技	1. 激光显示	（1）能效6lm/W，光通量 50 000 lm （2）色域：>160% NTSC	约束性
	2. 3D显示	（1）真三维和全息 3D显示达到国际先进水平 （2）多视点裸眼 3D显示产业化：不少于 16视点 （3）非裸眼 3D显示大规模生产 （4）功耗：2W/英寸	约束性
	3. 有机发光显示	（1）有源：>50英寸样机，手机屏产业化 （2）功耗：<2W/英寸 （3）柔软显示技术：200cd/m^2 （4）喷墨打印材料与全印刷技术：200cd/m^2	约束性
	4. 电子纸显示	（1）反射率≥40%，响应时间≤200 ms （2）有源电子纸显示产业化，150 dpi，8级灰度 （3）功耗：30mW/英寸	约束性
	5. 场发射显示	（1）高性能阴极材料达到国际先进水平 （2）印刷型低逸出功场发射显示：34英寸，1 024×768 （3）纳米线场发射显示：21英寸，800×600	约束性
	6. 移动互联网终端显示	（1）分辨率≥300ppi （2）尺寸≥4英寸 （3）亮度≥200cd/m^2	约束性
	7. 视觉健康	（1）研究激光显示和 3D显示对视觉健康的影响 （2）建立视觉健康评价标准和规范	约束性
	8. 专利标准	（1）发明专利：1 000件 （2）标准：国际、国家及行业标准 20件	预期性
	9. 团队平台	（1）领军人才10人 （2）国家级创新团队 3～5个 （3）国家级创新平台 3～5个	预期性

表2 “十二五”新型显示科技发展经济类主要指标

类 别	技术方向	指 标	属 性
经济	1. 新增产值	产业链新增产值5 000亿元/年	预期性
	2. 示范基地	规模化示范基地7个，工程化示范基地10个	预期性
	3. 激光显示	（1）产值100亿元/年，产量50万台/年 （2）光源模组生产线2条 （3）激光显示影院系统：30%的占有率	预期性
	4. 3D显示	（1）产值3 700亿元/年 （2）形成3D电视、3D显示器、3D投影产业集群 （3）建立3D电影院体系	预期性
	5. 有机发光显示	（1）产值300亿元/年，年产能1.5亿片 （2）第4.5代及以上生产线5条 （3）达到国际先进水平	预期性
	6. 电子纸显示	（1）产值30亿元/年；产量1 000万片/年 （2）国内市场占有率50%	预期性
	7. 移动互联网终端显示	产值1 000亿元/年	预期性

表3 “十二五”新型显示科技发展社会类主要指标

类 别	技术方向	指 标	属 性
社会	1. 节能降耗	省电30%，节能 200亿千瓦时/年	预期性
	2. 激光显示	（1）主要材料通过认证，产业链完整 （2）国产化率：总体70% （3）总体达到国际先进水平	预期性
	3. 3D显示	（1）主要材料国产化 （2）产业链和产业集群基本形成 （3）建立3D显示评价和标准 （4）总体达到国际先进水平	预期性
	4. 有机发光显示	（1）原材料国产化率＞50% （2）完善产业链 （3）总体达到国际先进水平	预期性
	5. 电子纸显示	（1）材料国产化 （2）引导无纸化绿色环保的阅读习惯 （3）形成面板产业，达到国际先进水平	预期性
	6. 场发射显示	（1）核心材料达到国际先进水平 （2）建立场发射显示知识产权体系 （3）关键技术达到国际先进水平	预期性
	7. 移动互联网终端显示	（1）主要材料通过认证，产业链完整 （2）国产化率：总体80% （3）总体达到国际先进水平	预期性

三、重点任务

（一）基础研究

探索新型显示技术的新材料、新技术、新器件，重点解决新型显示中的科学前沿问题，提升我国新型显示基础研究能力，为未来新型显示高新技术的形成提供源头创新。优先开展先进显示材料、新型显示器件、显示模式、显示方法等共性重大基础科学研究，着力研究激光显示中的半导体激光与晶体材料、真三维及全息立体显示、有机/高分子发光显示发光材料、电子纸显示彩色化材料、场发射电子束源以及蓝相液晶材料体系，探索激光全息显示、场发射气体激发显示、无彩色滤光膜的彩色场序显示机理，全面优化设计薄膜场效应晶体管（TFT）基板、有源驱动（AM）有机发光显示和场发射显示器件结构，开展 3D 显示、激光显示视觉感知与人体工学研究，为下一代显示技术的研发打下良好基础。

重点研究方向如下。

1. 高性能半导体激光器与激光全息显示技术新机理研究

开展人工微结构高性能半导体激光器与动态激光全息显示技术新机理研究，突破传统半导体激光器设计思想，深入研究人工微结构材料及器件性能，通过联合调控光子和电子，研究高性能半导体激光器的新原理与新机制。实现基于数字全息技术与相位调制技术的激光全息投影技术的创新发展。

2. 真三维及全息 3D 显示机理与新器件研究

研究全息 3D 显示和其他高视觉感知真 3D 显示的基础科学问题，探索快速液晶相位调制和固态光折射聚合物相位调制机制及其器件物理问题，建立人脑感知 3D 信息的心理与物理模型，提出 3D 人机交互新方法，建立基于电信号调制和光信号调制的大尺度、宽视角动态全息显示基础理论，获得原型器件。

3. 新型有机发光显示发光材料与器件结构研究

研究高发光效率、长寿命的有机/高分子复合发光材料，高发光效率、高稳定性的有机发光显示器件结构，新型有机发光显示彩色化技术，新型大面积 TFT 有源层材料。

4. 新型类纸性显示原理、材料与器件的基础问题研究

研究快速响应的彩色电子纸显示体系、相关显示材料，彩色显示的驱动机制；研究新型电子纸显示原理、相关显示材料及器件结构。

5. 新型场发射气体显示机理及其显示材料研究

研究场发射气体激发显示阴极材料、器件结构、显示原理、制作工艺和驱动技术，研究新型微纳电子发射材料及其电子发射结构，探索电子激发气体发光机理。

6. 微秒级液晶显示关键材料与器件的基础问题研究

研究无彩色滤光膜的彩色场序显示技术，研究微秒级响应蓝相液晶体系，拓展蓝相液晶工作温度范围，优化蓝相液晶显示器件设计，研究无彩色滤光膜的彩色场序显示驱动技术，探索研究目前彩色场序显示中彩色劣化的机理，提出消除或改善彩色劣化的途径和方法。

7. 新型高效气体激发发光显示材料与显示技术研究

研究电子注入型等新型高效气体激发发光显示器件结构设计、新材料、新工艺和驱动方法，研究高发光效率电子注入型显示机理、驱动模式。

（二）前沿技术研究

开发激光显示的激光晶体材料和光源模组技术，在全息 3D 显示、裸眼 3D 显示、移动互联网终端显示等技术方面取得突破；研究有机发光显示和电子纸显示共有而又各具特色的 TFT 技术，突破有机发光显示的有源、柔性和高分子印刷喷墨技术，解决电子纸显示的有源、彩色化和快速响应等技术难点；研制低逸出功印刷型和一维纳米线场发射显示样机，解决新型显示技术的产业化量产关键技术。

重点研究方向如下。

1. 半导体激光材料与三基色激光光源模组技术研究

制备高质量低成本性能优越的功能晶体材料；研究绿蓝激光用低位错密度氮化镓衬底材料、红光和蓝绿光半导体激光器结构设计、外延生长技术和器件工艺与规模化生产技术；开展半导体激光器自动化封装工艺与设备研究；研究三基色激光光源模组技术，发展智能化驱动技术；突破激光与荧光发光相结合的新型显示光源关键技术；开展主动式多视点 3D 显示激光投影技术、激光显示视觉健康评价与标准研究。

2. 高性能 3D 显示技术研究

开展大尺寸可变焦透镜的真三维、全息三维显示技术研究，开发集成成像 3D、视点跟踪 3D 和便携式 3D 显示器件；研究透镜与光栅设计、制备、对准与贴合技术，研究 2D/3D 图像相互转换和兼容技术，3D 图像处理技术，突破裸眼 3D 多视点显示关键技术；开发高性能 3D 显示屏；全面掌握非裸眼 3D 显示技术，达到国际领先水平；建立 3D 显示评价、数据处理方法与标准，进行 3D 显示视觉健康研究。

3. 有源、柔性及印刷型有机发光显示核心材料与关键技术研究

研究金属氧化物 TFT 基板技术、有机 TFT 技术和有源有机发光显示集成技术，开发硅基 TFT 基板生产技术和中大尺寸有源有机发光显示屏技术；开发柔性显示屏技术和柔性封装技术，研究印刷型有机发光显示溶液配制技术、超薄薄膜印刷技术和全印刷阴极制备技术。

4. 电子纸显示先进显示材料与面板技术研究

研发彩色电子纸显示的新材料、器件结构及显示原理、驱动及其面板制备技术；研究适于柔性电子纸显示的驱动基板材料及其制备方法、显示薄膜制备工艺和面板制作技术。

5. 低逸出功和纳米线冷阴极场发射显示材料与关键技术研究

研制高性能低逸出功可印刷场发射显示阴极材料及其后处理技术，制备 34 英寸高性能低逸出功可印刷场发射显示器工程化样机；研究大面积器件结构中均匀发射的纳米冷阴极的制作工艺，制备 21 英寸纳米线场发射显示样机；开发高性能场发射显示专用隔离子，开发场发射显示驱动芯片、驱动模块与驱动系统，开发场发射显示阴极后处理与封接封离技术与专用装置。

6. 移动互联网终端显示用材料与关键技术研究

研究用于移动互联网终端显示的 2D-3D 兼容转换微透镜阵列、微狭缝光栅与微柱透镜光栅、基于微孔成像的集成光栅阵列一体化设计、材料研制、光栅制作等关键技术；开发低功耗技术、多基色超高分辨率技术、高性能多点触控技术、肢体识别与互动技术，开发高光效和视觉健康等新型高性能显示材料体系与器件，开发用于智能手机、平板电脑、智能显示器等全系列移动终端显示屏及其相关产品，实现量产及规模应用。

（三）应用研究

开发新型显示产业配套材料、重要装备、低成本技术、低功耗技术和产品设计技术。开发新型显示产业链上游配套材料，完成配套材料的在线测试、企业认证与产品应用，提高主辅材料的国产化率。加强集成创新和引进消化吸收再创新，着力攻克产业化关键技术，突破瓶颈制约，提升新型显示产业竞争力，为我国新型显示可持续发展提供支撑。

重点研究方向如下。

1. 激光显示关键配套技术与设备研究

开展激光散斑测量与激光模组集成老化测试研究，以及设备研制与开发；开展高性能、智能化驱动电源技术研究，高性能视频图像处理与颜色管理技术研究及其配套硬件开发。

2. 3D 显示配套材料及整机应用研究

开发 3D 显示用眼镜光阀、柱镜光栅板、微位相差板、高性能光学膜等材料与部件，开发高性能 3D 显示屏；突破 3D 显示模组和整机制备与集成技术，实现量产与规模应用。

3. 有机发光显示配套材料开发

开发 TFT 靶材、光刻用化学品材料、高纯特种气体材料、高性能光学膜、掩膜板及其批量生产技术等内容，建设技术支撑平台，为生产企业提供技术和人才保障，提高有机发光显示产品上游配套材料和国产化率。

4. 电子纸显示生产技术开发

开发高反射率、高响应速度的电子纸显示材料和显示薄膜的中试生产技术，专用 TFT 及有源显示屏的规模生产技术，研究电子书产品的驱动集成电路设计与开发。

5. 高世代液晶显示关键技术研究与配套材料开发

高世代线玻璃基板和彩色滤光片、滴下式注入法（ODF）用液晶材料开发、驱动芯片开发、新型半导体照明背光、高性能光学膜等国产化配套材料的研发与国产化导入，化学刻蚀液的国产化开发。

6. 等离子体显示关键技术研究及配套材料开发

开发八面取玻璃基板，3D 等离子体显示用荧光粉、电极材料、障壁材料、列选址芯片、行扫描芯片、多功能集成逻辑控制芯片、显示屏设计技术和制备工艺，透明 3D 等离子体显示模组；研究开发超薄等离子体显示模组需要的产品结构、器件、电路工艺、散热技术和制造技术等；研究等离子体显示低功耗显示屏和驱动电路设计技术，开发适应低功耗要求的新型介质材料、电极材料、荧光粉等，实现低功耗等离子体显示产品产业化。

7. 移动互联网终端显示系统集成技术开发

开发用于移动互联网终端显示的高性能显示器件，开发移动互联网终端显示模组与整机制造技术，突破显示系统低功耗技术、轻薄化技术、系统集成技术与整机制造技术，开发全尺寸移动互联网终端显示及其相关产品的工程化与产业化技术。

（四）产业化示范

建设激光显示、3D 显示、有源有机发光显示、电子纸显示、移动互联网终端显示生产线，获取重要产品的知识产权，建立国家级或地方政府资助的技术平台和示范基地。

重点研究方向如下。

1. 高性能激光显示关键器件及整机产业化

开展超高亮度激光显示、高性能低成本激光显示、大屏幕激光电视以及便携式（含微型）激光显示等整机产品的工程化与产业化开发，突破光源集成、自由曲面光学元器件、光学引擎、散斑消除、高速图像处理、高效热管理等关键器件，建成 1～2 个产业化示范基地并进行市场应用示范，技术达到国际先进水平。

2. 3D 电视及影院产业化示范

建立眼镜式 3D 显示生产技术、工艺及质量控制规范，提升快门和偏光眼镜式 3D 电视的显示品质；开发 3D 显示投影影院系统，实现 3D 影院系统国产化，建立 3D 电视及 3D 影院示范基地。

3. 有机发光显示材料及产品开发与产业化示范

突破关键技术和掌握自主知识产权，将有机发光关键材料和显示技术应用到产业，实现有机发光产品规模批量生产，以市场拉动材料和技术发展；重点实现有机发光材料的批量生产，低成本批量生产无源发光显示屏，规模量产有源发光显示屏，逐渐扩大生产规模和提高产品竞争力。

4. 电子书产品及配套材料生产技术开发

建设有源电子纸显示面板生产线，研究电子书驱动技术及其批量制造技术。开发电子书所需的配套材料，设计并批量生产驱动专用集成电路、产品系统和应用软件；建设产业化示范基地，推动电子纸产业发展。

5. 移动互联网终端显示产业化示范

开发用于智能手机、平板电脑、智能显示器的全系列移动互联网终端显示器件，建立 2～3 条高性能移动互联网终端显示器件工程化与产业化示范基地，建设 3～4 条生产线，完善产业链，提高国产化率。

四、保障措施

（一）完善组织保障与管理机制

利用国家科技计划等资源，实现各个创新环节的有机衔接。充分发挥总体专家组的作用，建立高效管理机制，建立技术与管理问责机制，对项目进行全过程监督和控制，对项目产生的科技成果水平、应用效果等作出客观评价。

（二）加强产业化示范推广应用

以点带面，通过产业化示范带动新型显示技术推广应用，逐步大规模实施示范推广工程，推动一批拥有自主知识产权、成熟可靠的技术参与示范工程建设。进一步推进创新集群的形成和发展，促进技术创新链与产业链的融合。搭建和完善示范推广技术和服务链，不断推进产业升级和产业链延伸。

（三）加强人才培养与平台建设

自主培养与对外引进并举，加快人才队伍建设，培养新型显示领域兼具科学素质与工程素质的复合型人才。推进创新团队建设，着力锻炼和培养显示产业领军人才。鼓励企业与高等院校、科研院所构建产业技术创新战略联盟，加强集成协同创新，支持建设若干国家级创新平台，加快新型显示标准化体系建设进程。

关于印发彩色滤光膜 偏光片生产企业进口物资范围及首批享受政策企业名单的通知

财关税〔2012〕53 号

各省、自治区、直辖市、计划单列市财政厅（局）、国家税务局，新疆生产建设兵团财务局，海关总署广东分署、各直属海关：

一、根据《财政部 海关总署 税务总局关于进一步扶持新型显示器件产业发展有关税收优惠政策的通知》（财关税〔2012〕16 号）的有关规定，自 2012 年 6 月 1 日至 2015 年 12 月 31 日，对符合国内产业自主化发展规划的彩色滤光膜、偏光片等属于新型显示器件产业上游的关键原材料、零部件的生产企业，可享受进口国内不能生产的自用生产性原材料、消耗品免征进口关税，照章征收进口环节增值税的优惠政策。具体免税办法比照财关税〔2012〕16 号附件《关于新型显示器件面板生产企业进口物资税收政策的暂行规定》执行。

二、财政部会同有关部门制定了彩色滤光膜、偏光片生产企业享受免征进口关税政策的进口自用生产性（含研发用）原材料、消耗品清单，现予以公布执行，详见附件 1～4。

三、经商有关部门认定，现将享受上述政策的首批企业名单予以公布，详见附件 5。对企业已缴税款不予退还。

四、对经认定符合条件的彩色滤光膜、偏光片生产企业进口上述物资的免税审批手续，由企业所在地海关负责办理。上述减免税审批手续纳入海关《减免税管理系统》管理，征免性质为：新型显示器件生产企业进口物资，简称：新型显示器件（代码：423）；对应的监管方式：一般贸易（代码：0110），进料料件内销（代码：0644），合资合作设备（代码：2025）和外资设备物品（代码：2225）；对应的征减免税方式：特案。

附件：

1．偏光片生产企业进口原材料清单
2．偏光片生产企业进口消耗品清单
3．彩色滤光膜生产企业进口原材料清单
4．彩色滤光膜生产企业进口消耗品清单
5．首批享受政策的彩色滤光膜及偏光片生产企业名单

财政部 海关总署 国家税务总局
2012 年 11 月 6 日

附件 1

偏光片生产企业进口原材料清单

序号	类别		商品名称	英文名称	税则编码（供参考）	备注
1	胶膜	三醋酸纤维素膜	三醋酸纤维素膜（TAC 膜，1.33 米≤幅宽<1.49 米且厚度为 40 微米，或幅宽≥1.49 米）	Triacetyl Cellulose Film	39207300	免税至 2013 年年底
2			三醋酸纤维素膜（补偿膜）	Compensation Film	39207300	

续 表

序号	类　别		商品名称	英文名称	税则编码（供参考）	备　注
3	胶膜	三醋酸纤维素膜	三醋酸纤维素膜（防反射涂层）	TAC Film （Anti-Reflection）	39207300	
4			三醋酸纤维素膜（防眩光涂层）	TAC Film （Anti-Glare）	39207300	
5			三醋酸纤维素膜（宽视角涂层）	Wide-View Film	39207300	
6			三醋酸纤维素膜（硬化涂层）	TAC Film （Hard-Coating）	39207300	
7			三醋酸纤维素膜（防污涂层）	TAC Film （Anti-Contamination）	39207300	
8			三醋酸纤维素膜（防静电涂层）	TAC Film （Anti-Static）	39207300	
9		聚乙烯醇膜	聚乙烯醇膜（PVA 膜）	Polyvinyl Alcohol Film	39209990	
10		环戊烯膜	环戊烯膜（COP 膜）	Cyclo—olefin Polymer Film	39209990	
11			环戊烯膜（补偿膜）	Cyclo—olefin Polymer Film （Compensation Film）	39209990	
12		聚碳酸酯膜	聚碳酸酯膜（无补偿）	Polycarbonate Film	39206100	
13			聚碳酸酯膜（补偿膜）	Polycarbonate Film （Compensation Film）	39206100	
14		聚对苯二甲酸乙二醇酯薄膜	聚对苯二甲酸乙二醇酯剥离膜/聚酯薄膜	PET Release Film	39199090/39206200	
15			聚对苯二甲酸乙二醇酯反射膜	PET Reflection Film	39199090	
16			聚对苯二甲酸乙二醇酯保护膜	PET Protection Film	39199090/39206200	
17	胶膜	聚乙烯薄膜	聚乙烯保护膜	PE Protection Film	39201090/39206200	
18		亚克力膜	亚克力膜	Acrylic film	39205100	
19	其他		压敏胶（树脂）/丙烯酸聚合物	Acrylic Resin	35069190	
20			硬化剂	Hardener	38249099	
21			偏光片用固体染料	Dye for Polarizer（S）	32047400	
22			偏光片用液体染料	Dye for Polarizer（L）	32047400	
23			聚乙烯醇粉（PVA 粉）	Polyvinyl Alcohol Powder	39053000	
24			架桥剂	Bridging Agent	29161290	

附件 2

偏光片生产企业进口消耗品清单

序　号	类　别		商品名称	英文名称	税则编码（供参考）
1	灯类	各类检验灯具	卤素灯	Halogen Lamp	85393290
2			制图用检验灯	Inspection Lamp	94059100
3			（精密）荧光灯	Fluorescent Light（precison）	85393190
4	生产性消耗品	辊筒/擦拭用工业纸/静电消除扇	粘尘辊筒	POL Clean Roller	84439190/40169990
5			偏光片制造胶辊	POL Rubber Roller	84439190/84869090
6			氯化聚氯乙烯（CPVC）收放卷管芯	CPVC Roller	73269090
7			丙烯腈-丁二烯-苯乙烯收放卷管芯	ABS Roller	73269090
8			纤维增强复合塑料收放卷管芯	FRB Roller	73269090
9			碳纤维　收放卷管芯	Carbon Roller	73269090
10			静电消除扇	Static Elimination Fan	84145990

附件 3

彩色滤光膜生产企业进口原材料清单

序　号	类　别	商品名称	英 文 名 称	税则编码（供参考）
1	模具	光罩/掩膜板（尺寸大于 850mm×1 200mm 或使用下述其中一种技术的所有尺寸（GT MASK/Half tone/Gray tone/UV2A））	Color Filter	90019090
2	胶膜	转印膜	Transer Film	39219090/39205900
3	靶材	氧化铟锌靶材	ITO Target	28259090/84869091
4	光刻工艺用化学品	光刻胶	PHOTO RESIST	37071000
5	光阻/光阻剂	光阻/光阻剂（红，绿，蓝，黑，间隙粒子，平坦层）	COLOR RESIST（R，G，B，BM，PS，OVER COAT）	32041700

附件 4

彩色滤光膜生产企业进口消耗品清单

序号	类别		商品名称	英文名称	税号（供参考）
1	灯类	曝光灯	高压水银灯	Ultra High Pressure Mercury Lamp	85393290/85393240
2		其他灯类	氙灯	Xeon Lamp	85393290/85393990
3			金属卤化物灯	Metal Halogen Lamp	8539329000
4			（精密）荧光灯	Fluorescent Lingt	85393290/85393199
5			纯水装置用紫外线灯	UV Lamp for Purified Water System	85394900
6			特种灯部品	Dedicated lamp	85390000/85399000
7	过滤器	空气过滤芯	空气过滤器（筒式）	Filter	84213990/84219990
8		水过滤介质	纯水装置用过滤器（片）	filter	84212199/84212990
9			纯水装置用离子交换树脂（阴离子）/抛光树脂	Filter （Anion Exchange Resin）	39140000/39140000
10			纯水装置用离子交换树脂（阳离子）/抛光树脂	Filter （Cation Exchange Resin）	39140000/39140000
11		其他过滤芯	洗净装置用过滤器筒式过滤器	Filter	84213990
12			陶瓷过滤器	Ceramic Filter	84212990
13			化学过滤器	Filter	84213990/84219990
14	金属类	电极	PH 电极	PH Electrode	83111000
15		其他	靶材托板/背板（钛制）	Backing Plate	81089090
16	检测器耗材	探针	台阶高差测定用测定针	Prober	90309000
17			除静电针	anti-static pin	90309000
18		检测仪器消耗品	电子枪灯丝	electric gun filament	85409990
19			皮拉尼真空计	vaccum gauge	90318090
20			电离规管	ion gauge	90268000
21	密封件	各类 O 型圈及其他密封垫	衬垫	pad ring	68042290
22			O 型圈	O Ring	40169910
23	陶瓷件	绝缘陶瓷	陶瓷件	Ceramic parts	69091900
24			陶瓷滚轮	Ceramic Roller	69091900

续　表

序　号	类　别		商品名称	英文名称	税号（供参考）
25	刀具/磨具/磨料	各种切割刀轮/刀轴/磨具/磨料等	切断用刀片/刀轮/刀轴	Cutter Knife/Wheel/Axis	82089000
26			切断模具	Punching tools	84807900/84805000
27			彩膜缺陷修补用研磨带	Griding Tape	68053000/68130000/84869099
28			彩膜缺陷修补用修补带	Dry film	68053000/68130000/84869099
29			彩膜缺陷修补用掩膜带	Mask film tape	68053000/68130000/84869099
30	喷嘴	金属喷嘴	金属喷嘴	Metal Nozzle	84249090
31		塑料喷嘴	塑料喷嘴	Plastic Nozzle	84249090
32			特氟隆喷嘴	Teflon Nozzle	84249090
33	滚筒/衬垫	滚筒类	转印膜粘贴用滚筒	Lami Roller	84669090/84869099
34			基板清洗用滚筒	Clean Roller	84669090/84869099
35			剥离滚筒	Stripper roller	84669090/84869099
36		衬垫类	吸附衬垫	PAD	68130000/68138100
37	胶带类	各类净化胶带	转印膜基材连接用架桥带	Bridge Tape	39199090
38			转印膜连接用银带	Silver Tape	76071900
39	石英制品	石英组件	石英板	Quartz Vacuume Glass	70200019/70200099
40	腔体	激光腔体	激光腔体	Laser chamber	84869099
41	激光光学配件	光学组件	激光灯管窗	Laser Turb window	84869099

附件 5

首批享受政策的彩色滤光膜及偏光片生产企业名单

1．彩色滤光膜生产企业：上海广电富士光电材料有限公司
2．偏光片生产企业：深圳市盛波光电科技有限公司

第7章

各地产业政策

安徽省新型平板显示产业技术发展指南

新型平板显示技术是 21 世纪全球新兴的高新技术之一，其产业技术含量高、市场规模大、拉动效益显著。发展新型显示技术对推进电子信息产业转型与升级、增强产业自主创新能力和核心竞争力具有重要的战略意义。新型平板显示技术主要包括薄膜晶体管液晶显示技术（TFT-LCD）、等离子体显示技术（PDP）、有机发光电致显示技术（OLED）、场发射显示技术（FED）、激光显示技术（LPD）、电子纸显示技术（E-PAPER）和三维立体显示技术（3D）以及特种显示技术等。为了提升我省新型显示产业在国际上的竞争力，推动我省新型显示产业又好又快发展，特编制《安徽省新型平板显示产业技术发展指南》。

一、发展现状及趋势

进入 21 世纪，显示技术基本完成了从传统阴极射线管显示器（PRT）向以 TFT-LCD 和 PDP 为主流技术的平板显示器的过渡。新型平板显示产业发展势头迅猛，全球年产值超过千亿美元，TFT-LCD 出货量平均年增长率超过 10%，产业拉动效益显著。从全球技术分布区域看，日本是全球 TFT-LCD 产业的先行者，在上游关键材料、零部件配套产业及 TFT-LCD 核心装备技术上仍位居全球领先地位。韩国 20 世纪 90 年代初涉足平板显示产业，在工艺和装备的二次开发上进行了大量投入，十年左右的时间，产业规模就超过了日本，在核心技术方面已逐步形成优势。中国台湾 90 年代后期涉足产业，以高密度的资金投入为特点，产能规模已在 2006 年超过韩国，位于世界第一。虽然在技术上仍落后于日本和韩国，但技术实力正在逐步提升。

我省新型平板显示产业进入 21 世纪得到快速发展，以合肥京东方为龙头的我省新型平板产业正在迅速崛起。2008 年国内首条 TFT-LCD 第 6 代线落户合肥；芜湖长信科技公司 ITO 透明导电玻璃及背光源玻璃年产量达到 2 000 万片，占据国内市场份额的 20%以上；蚌埠华光集团具备年产 1 100 万片导电膜玻璃的生产能力；合肥彩虹蓝光公司大尺寸玻璃基板、乐凯彩膜、鑫昊等离子显示器件、蚌埠华益导电膜、淮南新光源材料和翰博高新材料等一大批骨干企业，形成了从玻璃基板、彩膜、驱动 IC 与背光模组、导电膜到显示应用产品较为完整的产业链，一批高新技术和产品填补了国内空白；安徽华东光电技术研究所在特种新型显示器及 LED 等显示技术研发上，在国内具有明显的技术和产品优势。目前，我省新型显示产业下游产业有比较好的基础，在技术和客户等方面已具备参与国际竞争的实力，但也存在核心技术缺乏，上游产业配套能力薄弱的问题，处于机会与挑战并存的发展关键时期。

二、发展思路

（一）总体思路

充分发挥安徽新型平板显示产业已有优势，以强化自主创新能力为主线，合理布局，重点突破，适度超前。突出行业龙头企业的引领作用，通过大工程、大项目推进我省新型平板显示产业快速发展，打造合肥国家级 TFT-LCD 产业基地。集中科研院校和企业优势技术力量，分工协作，联合攻关，重点解决制约产业发展的关键技术和生产工艺，提升产业科技创造水平，推动我省新型平板显示产业在“十二五”期间又好又快地发展。

（二）技术思路

以合肥京东方 TFT-LCD 高世代线项目为重点，围绕上下游关键配套材料和产品，集中技术力量，突破制约产业发展的技术瓶颈，攻克核心技术中的专利壁垒，取得自主知识产权，整体推进产品的国产化水平。保持我省特色产业技术优势，加强核心技术的引领作用，在特种显示器技术和新型显示材料等优势产业上保持国内领先地位。

三、优先领域与发展重点

（一）突破产业关键技术

1. TFT- LCD 背光模组生产一体化

重点开展 40 英寸以上背光源模组的开发工作，围绕高亮度、高均匀性、高色彩质量和低功耗等关键技术进行研发，满足长寿命、高稳定性、低热阻值、高背光源以及薄型化整体背光模组设计及生产要求。在背光材料、模组生产及模组背光与模组显示屏共用包装材料生产一体化方面，实现国产化和本地化要求。在关键技术指标及关键检测技术上取得自主知识产权，产品形成产业化。

2. 高世代 TFT-LCD 玻璃基板生产技术和清洁工艺技术

重点开展大尺寸玻璃基板生产技术研究工作，围绕影响玻璃内部微缺陷和表面平整度等关键的核心技术以及影响玻璃良品率和大尺寸超薄玻璃包装和运输等关键问题进行研究。同时，加强 TFT- LCD 玻璃基板清洁工艺技术及清洁材料的研发，开展 EUV 等清洁工艺技术研究，突破国外专利封锁，实现玻璃基板清洁技术的国产化。

3. TFT-LCD 显示光学薄膜技术及产业化

重点开展光学聚碳酸酯薄膜和光学聚酯薄膜研发和产业化研究，为合肥京东方第 6 代线 TFT-LCD 背光膜组配套。光学聚碳酸酯薄膜重点开展扩散薄膜及增亮薄膜研发，要求薄膜表面花纹的光学性能达到或超过进口 PET 基材涂覆扩散薄膜或增光薄膜的性能，薄膜表面电阻值、色度变化值、剪切值等技术指标达到国际标准，满足产业化要求。光学聚酯薄膜重点开展光学级聚酯膜与功能膜原材料及关键工艺研究，掌握生产预涂底层光学聚酯薄膜核心技术，预涂底层配方、涂液配制技术和在线涂布工艺满足规模化生产要求，实现光学聚酯薄膜生产的国产化要求。

4. 液晶显示器关键材料、关键技术及产业化

重点开展液晶配向膜材料、配向膜印刷版制作工艺和产业化研究。液晶配向膜要求具有高的均匀性和重复性及与液晶材料良好的兼容性与稳定性，掌握核心技术，在材料性能和成本设计上达到产业化要求；配向膜印刷版重点围绕印刷版的材料选择、版结构设计、制作工艺等关键技术进行研发，满足印刷版的成膜均匀性、耐化学性和耐用性等技术指标要求，达到产业化要求；适度超前，开发具有特定功能的新型配向膜印刷版，取得自主知识产权，实现配向膜印刷版国产化要求。

5. PDP 模组及显示屏生产一体化

重点围绕 42In 到 85In 的标准高清及全高清等离子显示模组系列、 PDP 屏关键技术以及生产一体化方面开展研究，在放电结构设计与优化、低功耗驱动技术、高精细障壁制作工艺及新型电极制作技术等方面满足高亮度、高对比度、高发光效率及低成本的要求，掌握核心技术和自主知识产权，达到产业化规模，并积极向新一代等离子体显示器前沿技术领域延伸。

6. PDP 关键配套材料技术开发

围绕 PDP 关键配套材料研发，集中力量解决 PDP 产业发展所需的关键配套材料国产化问题。重点开发 PDP 用高性能三基色荧光粉技术、无铅光敏电极浆料研究及工程化技术、高纯度 MgO 材料研究及 PDP 滤光保护屏功能膜层制备新技术，降低原材料和制造成本，掌握低成本批量生产技术，形成自主知识产权，满足 PDP 显示器件规模化生产的需求和关键配套材料国产化要求。

（二）积极向新一代显示技术布局

1. 新型有机发光显示材料及器件（OLED）

重点开发具有超薄化、高柔性、质轻以及高亮度和高清晰度特性的有源矩阵 OLED 显示器件，围绕色彩质量和显示屏的工程技术等关键问题开展研发，围绕有机薄膜晶体管（OTFT）生产技术，重点掌握中小尺寸产品产业化技术要求，重点支持 OLED 显示器应用向手提电脑、电视彩色显示器过渡，掌握核心技术，满足国产化要求。

2. 3D 显示技术及相关产品

围绕眼镜式、头盔式、投影显示、裸眼 3D、真三维及全息显示等三维显示技术，重点开展裸眼多视角 3D 显示和空间 3D 显示技术、2D-3D 转换与兼容技术以及眼镜式 3D 技术等关键部件和关键材料的研发，掌握核心技术和自主知识产权，积极向与倍频时序式平板电视配合的液晶快门眼镜和与偏振式显示器配合的偏振眼镜等新技术产品布局。

3. 激光显示（LPD）关键技术

重点支持和发展 LPD 大尺寸人工晶体材料快速生长技术及激光显示光源模组等关键技术，开展产业化前期阶段的技术研究，解决关键技术在产业化中的工艺问题，开发大屏幕 LPD 电视、激光数字影视、微型激光投影等 LPD 样机及产品，培育配套产业。

4. 其他新型显示技术

重点开展电泳显示（EPD）材料和面板技术研发，掌握电泳显色粒子和电子墨水显示材料关键技术和电子墨水涂布技术，以及无源电子纸（E-Paper）显示屏制备工艺，同时，开发有源 E-Paper 显示屏技术，低功耗胆甾相反射式 LCD 技术，取得自主知识产权；加强场发射显示（FED）技术研发，重点开展 SED、CNT-TED 背光源和显示屏技术研发，在高分辨、高帧频显示模式、宽工作温度范围等方面取得关键技术突破，并积极向微纳电子发射材料和器件结构、印刷型制备技术等未来研究方向布局。

（三）保持特色产业技术优势

1. 特种显示技术与器件

特种显示器是指新型信息显示技术应用在特种 CRT、特种 LCD、特种 OLED 及 LED 等显示器件领域，是显示产业重要的一部分。我省在技术研发和产品规模化上具备显著的技术特色和产业优势，重点开展彩色液晶显示模块的研发、生产和新一代液晶前沿技术的研究，开发新一代特种 LCD、特种 OLED 显示器技术和产品，重点推进特种显示器项目建设，打造面向国内外两个市场的关键器件研发和生产基地，保持我省在特种显示产业上的技术优势。

2. 高档 ITO 导电玻璃和导电膜显示材料

重点开展手机和电脑显示模块、触摸屏玻璃、彩色滤光片等关键技术和产业化研发，加强高档 STN 型 ITO 导电膜玻璃、STN-LCD 面板及模组、电容式触摸屏、液晶电视平面背光源以及 TFT-LCD 用超薄玻璃等产品研发，积极向下游产品布局，推进下游产品的开发力度和产业化规模，提升技术水平，保持特色优势产业的健康发展。

（四）创新公共平台建设

1. 高世代 TFT-LCD 平板显示产业技术研究平台

配合国家在新型平板显示技术高端领域战略布局，围绕合肥京东方第 6 代线 TFT-LCD 平板显示器重点工程，打造平板显示核心技术研究平台，实施与产业化关联的上下游关键配套材料、整机技术及产业化过程中的关键技术研发，形成一定规模的配套能力。实施知识产权战略和高端人才引进战略，在关键配套材料与关键技术上取得自主知识产权，通过核心技术与产业化紧密结合，打造合肥国家级 TFT-LCD 产业技术研究平台，为筹建国家级技术工程中心奠定基础。

2. 新型显示技术公共研发平台

重点支持特种显示国家工程实验室、省部共建现代显示技术国家重点实验室（培育基地）、国家特种显示技术工程研究中心、合肥现代显示技术研究院的建设，围绕安徽省建设国家平板显示产业基地需求，建成与之相适应的国内领先的现代显示科研基地；培养和引进一支高水平现代显示技术创新队伍，建成一流的显示技术人才培养基地，在现代显示研究领域，保持国内领先国际先进的研究水平，起到科技引领、创新源泉的作用；形成一批知识产权成果并实现产业化转让，具备为安徽省平板显示产业链企业技术服务能力。

3. 合肥—芜湖—蚌埠信息显示产业基地建设

以合肥、芜湖和蚌埠为重点区域，围绕新型显示技术升级，促进新型信息显示材料和显示器件的规模化发展。侧重液晶显示材料（TFT-LCD）、有机电致发光材料（OLED）、大尺寸玻璃面板、特种显示技术与器件、ITO 透明导电薄膜、LED 发光材料与器件、大功率 LED 封装关键技术等开展研发和工程化研究。同时，积极向下游产品布局，逐步完善我省新型显示材料与器件产业产品链。争取五年期间，形成合肥—芜湖—蚌埠信息显示产业工业基地。

4. 产业技术创新战略联盟

依托行业骨干企业，联合省内外高校和科研院所，组建安徽省新型平板显示产业技术战略联盟。通过整合科研和技术资源，建立产学研合作研发共享技术平台，形成我省新型显示技术领域的产学研研发新体系。加强科学规划，合理布局，激励创新人才尽早脱颖而出，努力走出一条依靠科技原始创新、集成创新及引进吸收二次创新的新型产业发展模式。加强和完善战略联盟各成员单位之间的沟通，积极发挥和调动各成员单位的技术资源和优势力量，分工合作，协同攻关，集中联盟体的资源和技术优势，在产品关键技术和规模化生产关键工艺上，形成自主创新能力，掌握核心技术，突破国外专利技术壁垒，走自主创新研发之路，不断提升企业科技研发水平，推动我省新型平板显示产业实现跨越式发展。

附件：重点项目表

附件

重点项目表

序　号	项目名称	完成期限
1	GOA、Dual Gate 技术在 TFT-LCD 中小尺寸产品开发及产业化中的应用	2012 年
2	HFFS 广视角技术技术在 TFT-LCD 中小尺寸产品开发与产业化中的应用	2012 年
3	以动态 LED 为背光源的 LED-TV 产品开发与产业化	2012 年
4	2D/3D 兼容的多视点裸眼 3D 显示技术产业化关键技术	2013 年
5	大尺寸真三维立体显示器产品开发	2015 年
6	液晶显示屏用光学聚酯薄膜产品开发与产业化	2013 年
7	液晶显示屏用光学级聚酯功能薄膜产品及产业化	2013 年
8	光学聚酯切片大批量生产技术及质量稳定性研究	2013 年
9	液晶显示屏用聚碳酸酯扩散膜和增亮膜产品开发与产业化	2012 年
10	PDP 显示屏用电磁波屏蔽膜和纳米复合吸波薄膜产品开发与产业化	2013 年
11	无色差 ITO 玻璃研发	2013 年
12	OTFT 关键工程技术攻关及产品开发	2015 年
13	有源矩阵 OLED 显示器件的开发及大尺寸显示屏的工程技术研发	2015 年
14	柔性 AM-OLED 关键技术攻关	2015 年
15	特种 OLED 显示器产品开发	2013 年
16	激光显示（LPDD）大尺寸人工晶体生长关键技术及产品开发	2015 年
17	激光显示（LPDD）光源模组关键技术及产品产业化	2015 年
18	大尺寸等离子体显示屏（PDP）关键技术与产品研发	2015 年

福建省“十二五”新型显示产业发展规划

福建省经济和信息化委员会

进入 21 世纪以来，以平板、超薄、大屏幕、高清晰、节能环保等特点为代表的新型显示技术成为继软件、集成电路之后的核心技术，是战略性高新科技的基础和最具活力的电子信息产业。目前，以平板显示为代表的新型光电显示产品正在迅速取代传统的 CRT 显示产品，已成为支撑全球信息产业持续发展的新经济增长点之一。福建省依托独特的地理优势和海峡两岸合作的较好基础，光电产业有着良好的发展环境和产业潜力，已成为全国平板显示产业上下游企业聚集的重要区域之一，产业集群化发展前景明朗。

本规划的重点是在总结评估“十一五”规划执行情况、承接实施三年产业振兴规划成果的基础上，抓住海西经济建设先行先试的有利时机，统筹规划显示产业在“十二五”期间的发展布局，在现有基础上兼顾未来发展，以完善和延伸新型显示产业链为主线，利用国际和国内两种资源、两个市场，转变发展方式，推动企业资源整合与资本并购，实现经济发展模式由“外循环”向“内外双循环”转变；通过多种联合方式打造完整的新型显示产业链，培育一批具有影响力的优势企业、优势产品和优势技术，提升产业综合竞争力；形成“台北—福州（福清）—厦门分工合作”的产业聚集区域格局，实现建设成为在全球有一定影响力的国家级光电技术和显示产业基地的目标。

一、产业发展现状

新型显示产业是资金密集、技术密集、上中下游产业链联系紧密的信息产业，同时也是产业链聚集型产业。产业特征主要有：生产线建设、产能增长、性能提升、成本下降的速度都极快，产品竞争激烈；产业的资金与技术门槛非常高，进入困难，进入后想退出更难；技术含量高，占显示终端成本的比重高，并与显示屏幕面积正相关（如占平板电视成本的 70%～80%，计算机的 20%，手机的 10%～20%）；属于产业链经济，即对上中下游的产业配套要求严格，FPD 产业的竞争是成本竞争，很重要的一点是产业链的竞争，平板显示产业链的关键环节是面板、集成电路和嵌入式软件。

加速发展平板显示产业是大势所趋和时代的要求，是显示技术发展的必然结果，也是产业自身谋强图存和保证产业安全的需要，已经引起各国政府重视。发展平板显示和光电显示是 21 世纪显示产业的主要方向，建立我国自己的新型显示产业体系已成为继集成电路之后又一个新型产业投资热点。

（一）我国显示产业链发展状况

我国政府非常重视显示器件产业的发展，已将平板显示产业列为国家《2006—2020 年信息产业中长期发展纲要》里最重要的发展项目之一。国家《电子信息产业调整和振兴规划》提出：“以面板生产为重点，完善新型显示产业体系”策略；组织和实施了平板显示和彩电转型专项工程，相继出台了一些鼓励政策和措施。

（1）围绕京东方 LCD 面板、长虹 PDP 面板产业链垂直整合示范工程建设以及各地积极发展平板显示产业，在液晶面板方面：在建、已建 4 条第 4.5 代、4 条第 5 代线、2 条第 6 代线，另有 5 条第 7 代线以上液晶面板生产线项目报国务院待批。初步形成北京辐射圈、长三角地区（苏州（昆山）—南京—合肥）、珠三角地区（广州—佛山—深圳）、海西经济区（台北—厦门—福州）、以成都为主西部开发区（成都—绵阳—重庆）等各自特色、分工合作的产业聚集园区格局和产业集群。

（2）在液晶电视模组生产方面，产能巨大，但基本为外资企业，累计生产产能（包括在建）大约 8 000 万块，约占全球液晶电视模组需求的 80%以上，但主要是乐金（LG）、奇美、友达、三星等国际大型面板公司的独资企业，以及部分台资的代工企业。企业并购重组由竞争走向竞合，促进行业格局优化调整；加速向上游产业进军，提高产业链的话语；整机 LCD 模组及背光模组形成 4 000 万块能力；芯片设计：创维海尔、海信、长虹、TCL 等国内彩电企业，已经开始投资建设液晶电视模组生产线；LED 背光模组；这些项目建成后大约能提供 4 000 万块的电视模组，但仍处于上游面板受制于人的困境，有待上游面板产业的进一步发展和支撑。

（3）在面板配套产业方面，上游原材料和专用设备的国内配套也远远不足，产业链的核心资源掌控能力较弱。据市场调查机构 Display Bank 统计数据显示，日本面板产业配套率已达 76%，韩国为 82%，我国台湾地区为 85%，而我国大陆地区仅为 11%。加上我国大陆地区平板显示产业规模较小，占全球比重仅 5%左右，也导致我国大陆地区液晶配套材料产业发展滞后。

（二）福建显示产业链发展状况

福建省委、省政府高度重视信息产业发展，把信息产业发展作为作为经济新的增长点和发展知识经济的切入点，提出将新型平板显示产业作为“十二五”信息产业发展重点，将有关产业项目列为重大专项产业工程。

福建省的海峡西岸区位优势显著，在光电产业、电子元器件、电子产品制造领域已具有一定基础。目前，福建省作为《海峡西岸经济区建设纲要（试行）》确定的电子信息重点发展区域之一和《福建省“十一五”闽台产业对接专项规划》确定的闽台信息产业对接的重要载体。扶持发展一批闽台信息产业合作的示范园区，产业聚集与规模效应逐步呈现，产业结构不断优化，产业竞争力增强。投资增长主要以三资企业为主和政策推动。

（1）与长三角和珠三角相比，福建拥有显示器、笔记本电脑、电视和手机四大显示终端产品为主要市场，在发展大规模平板显示产业方面具有比较明显的成本竞争优势。

（2）在显示器件产业领域有高卓立和莆辉 TN 和 STN 液晶的基础，依托台湾华映、友达的模组等原材料资源，利用本地的成本竞争优势和物流运输优势，壮大产业规模。

（3）根据福建的自身特点的分析，可以通过立足平板电视并向产业链两端延伸，引进国内外的面板和模组生产线、上游配套企业（如彩色滤光片等）等入驻，融入信息产业基地布局，为周边地区提供服务和支持。

（4）产业集群初具规模。厦门火炬高新区成为信息产业国家高技术产业基地。以台资企业为主的福州（马尾）显示器件产业园和福清显示器产业园被评为国家级信息产业园区，形成计算机及网络产品、数字视听产品和移动通信产品三大产业集群，年产值已达到 600 亿元左右。以冠捷、华映、友达为龙头的平板显示器产业链在福建省已具备相当规模，整条产业链产值已超过 900 亿元。显示器等 23 种产品产量居全国前五位，冠捷显示器单厂产量居全球第一，戴尔计算机全球市场份额第三。10 项产品被评为中国名牌产品。

（5）厦门平板显示产业发展情况。近年来，随着台湾友达、华映、冠捷、宸鸿科技光电产业知名企业及其配套厂纷纷落户厦门火炬高新区，厦门平板显示以整机为龙头的产业链已显雏形，为今后的发展奠定了较好的基础。围绕友达光电、中华映管 TFT-LCD 液晶显示模组（LCM）的生产，厦门聚集了一批包括背光模组及零部件、偏振片、聚光片、扩散片、光学薄膜、ITO 导电玻璃、绝缘成型件、SMT 贴片、柔性电路板、精密模具、精密加工等在内的一系列配套企业，以及一批以宸鸿科技、宝德阳科技、高卓立光电为代表的触控显示器、TN/STN-LCD 显示屏等其他光显示企业。在下游产品应用领域具有 DELL 计算机、联想移动、厦华电子、乐捷科技、景智等整机生产企业。应用产品涵盖了计算机、移动通信（手机、GPS 等）、LCD-TV、DVD、数码产品、汽车电子、家用电器等。

（6）国家（福清）显示器产业园发展情况。国家（福清）显示器产业园自2005年5月建立至今，已涌现出冠捷电子、捷联电子、华冠光电、富鸿齐电子、冠华模具、福强精密等一批国内外知名企业；2006年福清市委、市政府又不失时机地做出重要战略部署，在融侨开发区内专门划出地块进行福清光电科技园的规划与建设，已引进包括捷联新厂区、捷星显示科技（冠捷与LGD合作项目）、易佰特电子、福光光电、睿鸿科技、天邦电讯等高科技项目入驻，尚有台湾英业达一体机、中强光电、亿光LED等项目在谈，推动福清市以整机生产为核心的显示器产业向整个平板显示产业的升级和扩展。2010年1月，开发区以自身具备的显示器产业集群优势，获工业和信息化部批准成为全国首批62个国家新型工业化产业示范基地之一，体现开发区在国家级产业发展平台建设上进入了新一轮提升、拓展阶段。目前，开发区已成为我国最具规模、布局最集中、国际市场占有率最高的LCD显示器终端产品生产基地，以平板显示产业为主体的电子信息产业在所在省市乃至海峡西岸经济区产业布局中占有重要的位置。2009年，融侨开发区平板显示产业实现工业总产值351.3亿元，占全区规模以上工业总产值的67.6%；实现销售收入350亿元，占全区销售收入的66.5%；实现出口交货值45.6亿美元，占全区出口交货总值的88.3%；上缴税收逾5亿元，占全区税收收入的45%。

（三）实现产业化的主要新型显示技术发展特点

1. TFT-LCD液晶显示产业链各环节之间关联性非常强

在TFT-LCD产业链中，上游的设备、原材料和零部件产业，中游的TFT-LCD面板和模组产业，下游的整机产业是一个密切联系的整体，上中下游产业间的支撑性、带动性与依存性均很强。产业链上利润最大的是原材料装备，但技术门槛较高且需要一个较长期的积累，整机虽然利润空间也较大，但分享者较多（代工厂、品牌商、渠道商）。价值链的变化趋势是主流产品的微笑曲线变平坦。

上游的设备、原材料和零部件产业是中游TFT-LCD面板和模组产业发展必要的基础，相对中游而言上游产业全球化程度较高。TFT-LCD上游材料占面板成本比例的37.4%（其中，玻璃基板占7%、彩色滤光片占28%、TFT-LCD偏光片占15%、液晶材料占4%）。

中游TFT-LCD面板和模组产业是整个TFT-LCD产业链的核心和纽带：一方面通过需求拉动上游设备、原材料和零部件产业的发展，另一方面通过供给推动下游整机产业的扩张，中游产业集中在东亚。

下游整机产业是整个TFT-LCD产业链的终端：推动TFT-LCD在各显示领域的应用，不断扩展TFT-LCD产业的发展空间，下游产业中国大陆有产业优势。产业链上利润最大的是原材料装备，但技术门槛较高且需要一个较长期的积累，整机虽然利润空间也较大，但分享者较多（代工厂、品牌商、渠道商）。价值链的变化趋势是主流产品微笑曲线变平坦。

除TFT-LCD产业的先行者日本发展这个产业是上中下游同步相互渗透发展外，韩国、中国台湾做大做强TFT-LCD产业的模式均是中游先行，具有一定规模和技术创新能力后再带动。中国大陆厂商目前仍处于学习摸索阶段，技术、人才的缺乏使得国内面板产业的发展根基不够牢靠，而上游产业链缺失所造成的成本竞争力不足的局面更是短期必须尽快解决的战略性问题。

2. PDP产业向大屏幕电视领域和立体显示领域进军

目前在彩色PDP大规模生产方面技术最先进且成熟度较高的企业在日本，代表生产商有松下、日立、先锋、NEC。日本采用世界先进的水平纯黑驱动系统技术，高亮度、高对比度，且产品更新快，属于高端PDP产品。松下一直保持着全球等离子市场五成以上的份额。

另外，随着立体（3D）显示技术的发展和应用普及，等离子电视自发光的优势得到体现，在立体视像领域具有较好的发展潜力。

3. OLED 产业发展迅速，处于产业投资培育期

目前全球已经量产的 OLED 生产线已有多条，中试线也有几十条之多。国际上从事 OLED 研究开发及产业化的公司有 100 家以上，其中一部分公司已开始进行批量生产。日本厂商在 OLED 技术上起步较早，以先锋为首，TDK、三洋电机、索尼、精工-爱普生、NEC 等大厂在 OLED 技术的开发上都投下不少心力。欧美地区也有众多公司投入研发，如 CDT、Kodak、DuPont、UDC、eMagin、Philips 等，韩国已有三星、LG、现代等 10 余家企业宣布涉足 OLED 产业，我国台湾地区也有来宝、东源激光、友达、胜园等 14 家厂商投入 OLED 产业。

4. LED 产业向普通照明和液晶电视背光方向发展

LED 的生产厂主要集中在我国台湾地区，目前生产的 LED 器件占世界总产量的五成左右，其次是日本和美国，其余绝大多数 LED 厂商则是从日本、美国或我国台湾地区购买外延片或管芯，然后进行切片或封装。综合来看，日本及欧美的 LED 产业特色是由几家公司领导技术市场发展，如日本是以 Nichia 及 TG 为主，近年来 Nitride、星和电机崛起；下游应用则是有专业 LED 照明厂在开发照明市场，同时随着全球液晶电视市场的高速发展和消费者对节能要求的提高，LED 作为液晶电视背光源也正在快速发展。然而在中国台湾地区及韩国则由过去封装厂为主的产业模式转移到外延片的量产，欧洲则锁定于汽车市场的开发，欧系汽车应用逐渐扩大。

新型显示器件的技术、工艺和材料涉及面非常广泛，在技术方面主要涉及电路技术、图像处理技术、显示屏驱动技术、电源技术等；其核心部件显示屏的生产工艺主要涉及薄膜工艺、厚膜工艺、微细加工工艺、电真空工艺、半导体工艺等；所需的电子专用材料有发光材料、液晶、玻璃基板、偏振片、专用集成电路、光学零件等材料。近些年涌现出的各种新型背光模组（如 TFT-LCD 背光模组），其材料成本约占到生产总成本的 90%以上。

二、存在问题

一是产业园区未能形成显著的集群优势，已落户福建的大企业和大项目，未能同步实现做大做强，新增投资有外流倾向（如友达、华映在全国其他地区的投资转移），产业链有待延伸与完善。TFT-LCD 产业主要集中在产业链中游的模组和下游的终端产品，产业链的关键环节上游原材料、制造设备及高世代面板等环节薄弱。原材料本地化配套滞后，使得 TFT-LCD 产业链中的中、下游厂商在参与全球竞争中处于不利竞争地位。从产业链条看，开发区电子信息等主导产业还处于产业链低端，缺乏面板、驱动 IC 芯片等产业中上游项目及关键零部件、原辅材料项目支撑，“缺芯少屏”现状不利于产业竞争力的进一步提高、集聚效应的进一步拓展、产业结构的进一步升级。

二是受宏观经济政策调整的影响，来自国内其他区域的竞争压力较大。在信息产业领域，高新技术产业基地和知识经济的新增投资主要流向市场资源和人才储备充裕的长三角地区和环渤海地区，制造业流向整机企业集聚和配套齐全的珠三角地区（主要是广东省）和具有优惠政策的中西部地区（如重庆）。面临国内其他省市的激烈竞争，追逐成本优势的“从南向北、从东向西”的自然流动竞争，更有环境基础较好的长三角、珠三角、环渤海湾等新兴区域经济体带来的产业链配套优势竞争。

三是福建省承接高新技术产业的环境基础相对薄弱，基础设施配套有待进一步完善，公共服务平台建设尚显滞后，重大项目引进资金缺口较大，融资渠道需要进一步拓宽。目前，尚缺乏自有充足的财政资金，导致除园区建设和重大项目投入不够外，无法对项目引进上的资本金融资问题形成有效支持，需要国家、福建省、福州市及金融机构的通力支持。

三、发展原则与指导思想

（一）发展原则

（1）坚持政府引导与市场推动相结合。把握“科学发展、绿色建设、先行先试”核心，充分发挥市场配置资源的基础性作用，积极营造鼓励创新、追求卓越的发展环境，完善科学发展的体制和机制。

（2）坚持产业集聚发展，引导相关产业资源向重点园区集聚。引进和培育园区龙头型企业和核心基础性产业，带动产业链上下游配套产业集聚发展。强化产业集聚发展、集约发展，提升产业核心竞争力，实现可持续发展。

（3）坚持对外开放，做好产业承接转移工作。抢抓国际国内信息产业结构调整和转移以及海西经济建设重大机遇，以核心园区为载体，积极开展招商引资，两岸合作，优势互补，突破现有产业发展瓶颈，重点引进高附加值的产业。

（4）坚持协调发展，结构调整和转变发展方式相结合，大公司带动中小企业协同发展相结合。突出基地建设特色，推进信息产业链上下游之间、信息产业与其他制造业之间、园区与园区之间、产业发展和配套基础设施建设之间协调发展，做到配套体系完备、专业化分工明确、产业布局合理。

（二）指导思想

深入贯彻落实科学发展观，紧紧抓住加快海峡西岸经济区建设、国际及我国台湾等先进地区电子信息产业结构调整与产业转移、国家优先发展电子信息产业等重大历史性机遇，以海峡两岸产业合作为契机，围绕“大项目—产业链—产业园—产业基地”的跨越式发展思路，以突破新型显示产业发展的瓶颈为目标，以显示器整机产业为基础，走产业链逆向垂直整合发展道路，以特色产业基地为载体实施产业链招商，促进产业集聚，构建以液晶面板为核心，形成材料、玻璃、驱动 IC、背光源、模组、液晶电视、检验检测服务等完整产业链条；建立大型平板显示零部件、材料和终端交易中心和物流中心；加快本地新型平板显示技术和配套产业技术的研发及产业化，增强自主创新的配套服务能力，打造千亿以上的平板显示产业集群。形成海峡西岸经济区的重要新增长点、两岸产业深度对接合作的示范基地和在全国具有典型示范作用的信息产业集聚区。

四、发展目标

（1）形成“台北—福州（福清）—厦门分工合作”的产业聚集区域格局，构建打造福清融侨、厦门火炬千亿元级的平板显示产业集群，建成全球有一定影响力的国家级光电技术和产业基地。

（2）规模目标：到 2013 年，平板电视整机产量达到 2 000 万台，平板显示产业链力争超过 1 700 亿元；到 2015 年，平板电视整机产量超过 3 000 万台，平板显示产业链力争超过 2 200 亿元。

（3）通过终端厂与面板厂的合作，实现互利共赢；开展整机产品模块化设计，满足国外多个市场对产品技术标准、规格、性能、环保、节能方面的需求；实行以 ODM 为主、培育三个超百亿元的自有品牌。

五、重点任务

（一）围绕“大项目—产业链—产业园—产业基地”的跨越发展思路，构建福州、厦门平板显示产业基地

充分发挥现有的下游整机生产规模和国际市场渠道优势，构建福州、厦门两个产业基地，促进产业集聚发展。继续推进终端应用创新，做大做强彩电整机，推动电视产品向平板化、数字化、超薄化

和网络化方面升级发展，加大技改力度，扩大液晶显示模组和显示器生产规模，优先引进第 5 代以上液晶显示面板及上游关键零部件，实现在福州、厦门两地建成比较完整并具备相当规模的平板显示产业链。

（二）抓紧在建项目建成投产，利用现有的龙头企业尽快进行技术改造，建成以百亿元企业为主的较完整的产业链

一是推动以冠捷、乐捷、景智、厦华为龙头企业的彩电整机产业做大做强。其中，冠捷显示科技拟在火炬（翔安）产业区设立 LCD 模组车间及百万台以上规模的 LCD 电视组装厂，产值超过百亿元；景智光电拟在火炬（翔安）产业区设立百万台以上规模的 LCD 电视组装厂，产值超过百亿元。

二是做大以友达、华冠、华映为龙头的平板显示器件制造产业，扩大液晶显示模组器件生产规模。

三是支持友达等企业引进第 5 代以上液晶显示面板生产线及上游关键零部件。通过外引外联和自主创新，鼓励企业建设第 5 代以上液晶显示（含液晶显示器、笔记本电脑、液晶电视等）面板及上游关键零部件（含背光模组、玻璃基版、彩色滤光片、偏光板、驱动和控制 IC 等），以及上游原材料（LED、OLED 新型背光源等）项目，快速延长、完善、壮大平板显示产业链。

（三）搭平台、建机制、推合作，达共赢

抓住海峡两岸平板显示合作机遇，发挥两岸液晶显示产业互补优势，整合资源，“以台引台”，完善产业配套体系，打造全球有一定影响力的平板显示产业链。上、下游配套供需双方稳定资源，探索良性的供应链模式。建立沟通平台，研究有利于两岸信息显示产业发展的政策措施，创造良好的政策环境和市场环境。加强两岸平板显示产业间的技术联合开发，掌握市场主动权。促进全球液晶产业的稳定和景气回升，有效地抵御金融危机的冲击和应对国外竞争对手的控制，稳定全球液晶产业波动，共同应对国际竞争。

（四）做好消化、吸收、再创新工作，同时加强对核心技术的研究与开发

促进产业技术从高度依赖境外向以园区学研单位及企业自有为主转变，特别是在面板前段工艺、LED 背光源及背光模组、驱动和控制 IC 设计封装测试等技术上取得重大突破，逐步提高关键零部件的自制率。

积极研发与产业化若干光电显示新技术与智能化显示终端新产品，密切关注 OLED（有机发光显示）等未来发展趋势良好的相关产业，保持并进行相关分析、评估与接洽。鼓励开展柔性基板、触控面板等技术研发，鼓励扩大触摸显示产品生产规模。引进扶持下一代 OLED、E-paper、激光电视和三维电视等新型显示技术的研发和产业化。构成双轮驱动、错位发展的良性产业格局，需要同时进行重点接洽引进。为抢占下一轮产业发展的制高点打下基础、争得主动权。

六、政策措施

（一）以产业链建设为基础，加强产业整合与集聚，加快构建福清、厦门平板显示产业基地

融侨开发区液晶显示产业已形成在冠捷、捷联龙头企业的带动下，集合华冠光电、福强精密印制线路板、三照电子、睿鸿光电、冠华模具、冠茂金属制品、威佳电子等 60 家中下游配套企业组成的以台资为主体的显示产业链；以火炬（翔安）产业区为主，以厦华友达为龙头向上游延伸，在此区域内优化物流路线，安排平板显示器生产线和一次协作配套件生产。形成融 LCD/LCD-TV 整机、LCM 模组、背光模组、主控板、升压板、转轴、轴芯、偏转线圈、铝电解电容器、印制板、注塑、模具、IT

服务等生产于一体的显示器加工配套协作体系，产业集中度不断提高，成为全国乃至全球平板显示产业的重要生产基地。

（二）发展两岸产业合作，加大吸引和承接台湾地区相关产业转移的力度

一是适时向台湾地区大企业引进第 5 代以上液晶面板生产能力，以下游引中游，加大对其配套企业的招商力度，从材料、工艺、设备等方面形成良好的综合配套能力，打造平板显示产业链。

二是建立与台湾光电科技工业协进会及各产业技术研究机构的长期合作机制，开展技术、信息、服务等方面的交流。

（三）实施完善和延伸平板显示技术产业链工程

充分运用政府扶持企业技术改造的各项政策，支持产业链上企业实施技术改造，重点是整机企业扩大生产规模、引进境外设备；协作配套企业的工艺技术改造。发展协作配套，创造优良的环境，促进随台资龙头企业落户的协作配套企业健康发展。还要努力向国内外引进如玻璃面板、彩色滤光片、背光源、背光板、偏振片、液晶材料、驱动与控制模块等配套企业。

（四）培育产业核心技术，造就适应产业发展的人才群

一是制定相应措施，鼓励台资企业在厦门设立研发中心，提高台商投资深度。

二是培育发展 IC 设计、嵌入式软件，解决关键技术长期受制于人的问题。

三是用好各项政策，建立面向全国（包括台湾、香港地区）的产业与高等院校、科研机构的人才培养合作机制，培养产业发展所需的人才群，特别是学科带头人和技术工人。

（五）充分发挥组织保障，做好重点前期工作

基于产业发展的有利前景，重点前期工作（项目投资公司成立，用地选址、规划、报批、环评、征地拆迁，接洽技术与项目来源，争取省市支持，融资，上报国家核准等）需要在融资渠道上做出大胆的尝试。学习北京、合肥、成都等地的做法，由项目所在地政府国资委专门成立投资性企业机构，以财政资金参与项目运作，包括参股先期建设、承诺认购上市后的定向增发等做法。需要有政府在前期建设和后期上市融资等方面给予托底产业政策支持。

广东省高端新型电子信息产业发展“十二五”规划（摘录）

高端新型电子信息产业是我省近期率先突破的三大战略性新兴产业之一。为加快高端新型电子信息产业发展，抢占新一轮经济和科技发展的制高点，根据《广东省国民经济和社会发展第十二个五年规划纲要》、省人民政府《关于贯彻落实国务院部署加快培育和发展战略性新兴产业的意见》等，特编制《广东省高端新型电子信息产业发展“十二五”规划》。

一、发展基础与面临形势

（一）发展基础

近年来我省电子信息产业发展保持快速增长态势，各项经济指标在全省工业中的比重不断上升，2010 年实现增加值 3 614.75 亿元，同比增长 18.6%，占规模以上工业比重达 18%。我省电子信息产业总产值约占全国总产值的 1/3，连续 19 年居全国首位，我省已成为全球重要的电子信息产业制造基地。

1. 产业高端化趋势日益明显

通过实施平板显示产业和现代信息服务业专项，促进电子信息产业向高端领域发展。2010 年全省平板显示产业产值达 2 000 亿元，省内 3 家大型液晶电视模组项目设计产能占全球 1/4 强，广东成为全球最大的液晶电视模组生产基地。作为现代信息服务业最具代表性的软件、电信和广播电视三大领域实现业务收入 3 877.8 亿元，是 2005 年的 2.5 倍，居全国首位，年均增长 20%；实现增加值 1 985.6 亿元，比 2005 年翻了一番。

2. 产业聚集和配套能力明显增强

建成了一批电子信息产业基地，为产业集聚发展提供了重要载体。目前全省拥有 1 个国家级集成电路设计产业化基地、2 个国家级电子信息产业基地、3 个国家级电子信息产业园、2 个国家级软件产业基地和 2 个软件出口基地，信息类国家级基地数量居全国首位。产业上下游配套紧密，大中小企业发展协调，形成了产业链整体提升的新格局。

3. 自主创新能力明显增强

在新型显示、通信设备、软件与集成电路设计、数字家庭等领域突破了一批技术含量高、产业化前景明朗的关键共性技术，组织制定了一批技术标准规范。例如，我省自主研发并具有自主知识产权的广晟 DRA 数字音频编解码技术规范成为国家标准和国际蓝光光盘标准，这是信息产业领域的国际主流标准第一次采用我国自主研发的核心技术；成功研制液晶电视集成制造产品“南海机型”，被国内 50 多家彩电企业采用，降低了液晶电视制造成本达 20%以上。

4. 企业竞争力明显增强

2010 年，全省拥有 23 家全国电子信息百强企业、14 家全国软件百强企业和 49 家国家规划布局内重点软件企业。大型龙头企业和优势骨干企业已经成为我省高端新型电子信息产业发展的中坚力量。华为、中兴的通信设备核心技术获得国家第十届信息产业重大技术发明奖 5 个奖项中的 2 个。华为公司成为全球第二大电信设备供应商。

（二）面临形势

尽管我省电子信息产业已初具规模，但也存在一些亟须解决的问题。一是核心技术瓶颈尚未突破。

我省电子信息产业基本处于产业链和价值链的中低端位置，产业“缺核少芯”现象较为突出，关键核心技术对外依赖度较大，高层次领军人才和创新型人才缺乏，培养和引进高端人才的环境有待完善，很多领域尚未掌握核心技术和自主知识产权，企业在海外遭遇专利诉讼风险较大。二是同质竞争严重。产业发展同质化现象较严重，低水平竞争激烈，企业自我发展能力较弱，部分高端新型电子信息产业市场尚待完善，需加大政府引导和培育力度。三是技术进步需求与投入不足矛盾仍较突出。虽然省政府和部分地级以上市政府设立了产业发展专项资金，但信贷、风险投资、担保、基金、证券等社会性投融资平台的建设有待加强。

二、总体要求

（一）指导思想（略）

（二）基本原则（略）

（三）发展目标

1. 总体目标

到 2015 年，高端新型电子信息产业成为推动广东经济转型的主导产业，成为广东经济新的增长极。全省电子信息产业规模显著扩大，产业体系相对完善，行业上下游产业链配套完备。自主创新能力大幅提升，掌握一批关键核心技术，拥有一批自主知识产权，形成一批行业标准。产业实力明显增强，形成以若干具有国际竞争力的大企业为龙头、一批极具创新活力的中小企业为支撑、具有全球竞争力的高端新型电子信息产业集群，打造全国高端新型电子信息产业重要集聚地和世界级高端电子信息产业基地。

2. 具体目标

到 2015 年，全省高端新型电子信息产业总产值达 1.22 万亿元，年均增长率达 20%，占全省战略性新兴产业总产值的比重接近 50%。建设 20 个省级高端新型电子信息产业基地，培育 50 家在相应产业领域处于国内领先的骨干企业，培育 10 家在相应产业领域参与国际标准制修订的龙头企业，提升我省高端新型电子信息产业标准化水平。建立产业链完整、集聚度高、拥有关键核心技术和自主知识产权、总规模超万亿元的高端新型电子信息产业群，进一步扩大我省电子信息产业的领先优势。

三、产业发展重点

（一）优势产业

1. 新型显示

（1）做强薄膜场效应晶体管 LCD（TFT-LCD）产业。重点突破液晶玻璃基板核心技术，支持彩色滤光片、偏光片、液晶材料、驱动集成电路、背光源等关键配套材料关键技术研发及产业化；加快推进 TFT-LCD 第 8.5 代液晶面板、玻璃基板、液晶电视模组生产、模组整机一体化和整机升级项目建设。（2）加快发展有机电激光显示（OLED）产业。以手机屏应用为重点，突破设备成套集成技术，加快推动第 4.5 代以上有源矩阵有机发光二极体面板（AMOLED）显示器件项目的产业化，支持关键装备、配套材料技术研发及产业化，完善上下游配套产业链，形成规模生产能力。（3）择机布局发展电子纸显示产业。加快核心关键技术突破，推动电子纸显示面板、柔性显示等技术和产品的发展。

2. 新一代通信（略）

（二）新型业态（略）

（三）高端环节

1. 软件与集成电路设计

（1）软件产业。重点推动嵌入式中间件等基础软件研发，支持高清数字电视、机顶盒、智能手机、汽车、医疗、电信设备、家电嵌入式软件的开发，加快发展面向3G领域的移动通信、无线通信、宽带接入、数字视听等产品的应用软件，推进嵌入式软件产业化。发展面向电子政务、电子商务、农村信息化、城市及社区信息化、企业信息化和动漫文化创意产业等领域的专用软件；扶持工业行业软件发展，着力推动三维计算机辅助设计软件开发及产业化；推动行业应用软件整体解决方案在通信、电力、交通等领域全面应用。着力提高国产软件的自主创新能力，促进Linux软件、国产办公软件的普及应用，推动软件工业化进程。进一步完善公共服务体系，促进软件产业的集聚和发展。（2）集成电路设计产业。大力发展高性能专用芯片设计技术，重点支持计算机及网络、数字音视频、智能卡、工业控制、电力、通信、汽车专用等芯片设计，着力发展纯数字信号的主控芯片、数字信号处理、基带等芯片和数模混合信号的无线射频芯片、传感器等芯片。集成电路封装方面，主要发展球栅阵列、系统级、芯片级、方型扁平无引脚、倒扣封装等集成电路新型封装技术。重点支持集成电路公共服务平台建设，推动广州、深圳、珠海和中山集成电路设计服务中心支撑平台完善和升级。

2. 数字家庭

（1）发展基于高清数字化和三网融合的数字家庭产品。发展具有“三网融合+高清互动+智能控制”功能的高端新型数字家庭系列产品，打造从标准、芯片、软件、终端到系统设备等完善的数字家庭产品制造产业链，大力推动广晟DRA音频标准的应用。（2）建设统一的家庭网络和多业务平台。推进“机顶盒升级，家居多屏幕”。整合高清互动、家庭网络相关新产品和新服务，构建规模化的高清互动家庭网络。

3. 高端消费电子产品

重点支持数字化整机设计技术和关键件研发、OLED等新显示技术应用、通用多媒体和解码芯片开发。支持平板电脑、便携式游戏机、便携式数字音频和视频设备、移动音乐和手机电视终端、移动定位设备等个人移动消费电子产品的研发和产业化。大力发展家用电子产品，支持信息家电、家庭网关、视频电话机、家庭医疗保健电子、康体电子、智能安防监控等智能化、网络化智能终端产品的研发应用。

（四）基础产品

1. 关键元器件

以片式化、微型化、集成化、高性能化、无害化为目标，重点发展片式电子元器件、印刷电路板、敏感元件和传感器、混合集成电路、新型机电组件、新型电力电子器件、光通信器件等产品，突破关键技术，调整产品结构，不断提升技术水平和生产能力，逐步形成自主高效的分工配套体系。加快基础元器件和关键材料的绿色化改造，鼓励发展新型电子元器件功能材料，降低生产能耗，减少污染。

2. 专用电子设备

突破电子装备数字化处理技术，发展半导体专用设备、新型显示器件专用设备、金属有机化合物化学气相沉积设备、电子整机装联设备、新型电子元器件设备、下一代互联网专用关键设备、超声电子仪器等电子设备。

四、产业空间布局

（一）总体空间布局

根据产业布局现状及未来发展趋势，结合区域产业发展阶段特征，规划建设“两核三圈三带”的空间发展格局。

1. 两核

以广州、深圳两个国家创新型城市为核心，构建跨珠江口东西两岸的创新驱动引擎，打造辐射和支撑全省高端新型电子信息产业发展的创新高地。以知识化和高端化为取向，先行布局和发展形成高端新型电子信息先导产业区，引领产业的跨越式发展。

2. 三圈

依托珠三角地区的“广佛肇”、“深莞惠”和“珠中江”三大经济圈九大城市，集聚区域创新资源，发挥集成制造优势，发展新兴主导产业，构建高端化、自主化、集成化、规模化的主体产业区，进一步强化我省在高端新型电子信息产业的领先优势。

3. 三带

依托东西两翼和粤北地区自然资源和区位优势，突出区域特色，重点发展新兴特色产业带，为“两核三圈”的发展提供配套服务和后台支撑，提升产业价值链总体水平，实现全省高端新型电子信息产业协调发展。

（二）重点产业布局

1. 优势产业

（1）新型显示。重点建设广州、深圳等高世代液晶电视面板产业基地，以及广州、深圳、佛山、惠州液晶电视模组及整机产业基地，形成珠江三角洲东岸（深圳—惠州）和西岸（广州—佛山）两大平板显示产业群。以部省市共建广东OLED产业示范基地为重点，打造广州、佛山、汕尾、东莞等OLED显示产业基地。布局发展广州、深圳、汕尾等电子纸显示产业基地。（2）新一代通信。发展新一代通信设备制造、终端产品研发、内容服务等高附加值环节，形成以广州、深圳为中心，珠海、河源、惠州、东莞、中山为配套的宽带无线移动通信产业集聚区。

2. 新型业态（略）

3. 高端环节

（1）软件与集成电路设计。依托广州、深圳、珠海等国家级软件产业园区，注重软件与服务的融合，开发高端软件产品，发展形成产业集中度高、关联密切、特色鲜明的软件产业集群。重点推进广州国家集成电路设计高新技术产业基地、深圳国家集成电路设计产业化基地、珠海南方集成电路设计服务中心等重点基地及中心的建设，形成广州、深圳、珠海三大集成电路设计产业集群。（2）数字家庭。重点建设广州国家数字家庭应用示范产业基地，重点推进广州、佛山、云浮等数字家庭试点，并逐步向东莞、中山、茂名等市扩展试点范围。（3）高端消费电子产品。重点建设广州、深圳消费电子产品与技术研发基地，佛山信息家电产品与技术研发基地，惠州新型数字视听产品生产基地，东莞家用视听设备加工制造基地以及中山音响产品研发和制造基地。

4. 基础产品

（1）关键元器件。珠三角地区以广州、深圳、佛山、珠海、东莞、江门、肇庆等市为重点，粤东地区以汕头、潮州为重点，粤北地区以梅州为重点，布局发展新型电子元器件及材料产业。（2）专用电子设备。依托深圳、东莞、肇庆等市发展新型显示器件专用设备，依托广州、深圳、佛山等市发展半导体器件专用设备，依托珠海、肇庆、潮州等市发展电子元件专用设备，依托深圳、东莞、肇庆等市发展整机装联设备。

五、主要任务

系统实施产业技术创新、骨干企业培育、产业集聚提升、市场培育示范、标准质量引领、创新人才发展六大工程，完善产业支撑体系，增强企业市场竞争力，进一步提升行业发展水平。

（一）产业技术创新工程

1. 实施核心技术创新工程

围绕产业发展要求，着力抓好引进消化吸收再创新和集成创新，积极推进原始创新，实现产业技术跨越式发展。实施产业前沿技术重大攻关计划，开展“优新高基”关键领域的自主创新，推进新型显示、新一代通信、物联网、云计算、三网融合及网络增值服务、下一代互联网、地理空间信息系统、软件与集成电路设计、数字家庭、高端消费电子产品、关键元器件、专用电子设备等自主创新重大专项，掌握一批核心和共性技术。组织实施高技术产业化示范工程，支持产学研合作，加快创新成果转化。

2. 实施区域创新能力提升工程

加强区域合作与国际合作，深化粤港澳台科技合作，联合开展科技攻关，以广州、深圳为核心，形成以广州—深圳—香港为主轴，以东莞、佛山为后台服务基地的区域创新格局。围绕创新轴，优化配置创新服务资源，加强省部（院）产学研合作，组建一批省部（院）产学研创新联盟，培育产学研综合示范企业，引导骨干企业建立高水平研发机构，加强重点实验室、企业技术中心、产业技术创新平台、工程技术研发中心、国家级检测平台及认证服务机构等载体建设。

3. 实施知识产权战略

加强企业和产业集群知识产权能力建设。发展知识产权服务业，逐步形成产业全覆盖、组织多层次、形式多样化、网络与实体相结合、政府引导与市场拉动协同推进的知识产权服务体系，发挥知识产权服务业对产业发展的战略支撑作用。组建知识产权服务平台，建立产业专题专利信息数据库和专利信息发布系统，开展产业重点产品专利态势分析及知识产权预警，分类绘制知识产权地图，为企业和产业发展提供决策依据。鼓励引导企业通过自主研发、委托研发、共同研发等方式增加专利积累，夯实知识产权储备。推进产业专利技术交易、许可和质押融资，促进知识产权商品化、资本化。构建产业知识产权联盟，引导企业共建专利池，集成知识产权资源，提升涉外应对能力。

（二）骨干企业培育工程

1. 实施骨干企业培育计划

结合“广东省战略性新兴产业骨干企业百强”工作，培育一批自主创新能力强、主业突出、掌握核心关键技术、拥有自主知识产权、品牌优势明显、产品市场占有率及主要经济指标居国内乃至全球同行业前列的骨干企业。重点引进一批国内外龙头企业，做强一批具有发展优势的重点企业，培育一批发展潜力大、成长性好的创新型企业，带动上下游产业协调发展，壮大产业规模，增强产业竞争力。

2. 依托骨干企业建设重大项目

研究制定支持骨干企业加快发展的政策措施，集中投入，支持骨干企业实施一批涉及国民经济重要布局、带动作用强的重大产业项目。以完善产业链为导向，积极吸引国内外大型企业在广东进行重大项目投资。加快形成以骨干企业为中坚，产业链整合为纽带，大、中、小型企业结构匹配合理的新兴产业集群。

（三）产业集聚提升工程

1. 加快建设新兴产业基地和主体产业区

建设一批高端新型电子信息产业基地。依托相关新兴产业基地和高技术产业基地，构建高端化、自主化、集成化、规模化的主体产业区。

2. 优化产业集聚配套环境

采用政府引导、市场运作的模式，发展科技服务业，建立健全技术研发、技术检测、工业设计、人才培训、创业投资、信息服务、物流配送等配套服务体系。搭建集研发、中试、检验检测、标准专利和科技文献信息服务等功能于一体的公共技术支撑平台，降低企业创业和创新门槛。

（四）市场培育示范工程

1. 加快市场培育

依托“广货全国行”，借助广东商贸城、广东商品直销中心等内销平台，大力拓展高端电子信息产品国内市场。以商业运作为主要方式，提供出口信用担保、出口退税、法律援助等多种服务。鼓励有条件的企业在国外建立生产基地、营销中心、研发机构和经贸合作区，建立国际营销渠道，积极拓展国际市场。

2. 实施重大应用示范工程

通过实施数字家庭应用示范产业化试点、三网融合试点、物联网应用示范试点等一批重大应用示范工程，在省内乃至全国范围内发挥示范作用，拉动消费需求，培育知名品牌。以广州、深圳市为先导，逐步向珠三角其他地市和粤东西北地区延伸，率先开展新兴产业及产品应用示范推广。

（五）标准质量引领工程

1. 实施标准先行战略

建立信息共享机制，在国际和国家标准基础上，根据我省产业发展实际，积极推进新一代通信、物联网、数字家庭等新兴产业领域标准体系建设，参与并争取主导地方、行业、国家和国际标准的制修订工作，加强相关技术性贸易措施的研究和应对。支持我省骨干企业以产业链为纽带，建立广泛的技术标准联盟。支持我省企业积极参与或主导国际、国家和省级标准化专业技术委员会工作。

2. 实施质量提升工程

制定电子信息产品质量发展规划，积极开展产业先进标准体系建设。加快建设公共技术检测服务平台，推动绿色制造技术突破及标准化，推动环保和节能产品认证机构建设。加强行业质量管理，充分发挥行业协会作用，强化企业主体责任，开展质量管理培训，促进企业采标生产，提高质量管理水平。实施“千百亿”名牌培育工程，加强质量宣传和先进质量管理方法推广应用。

（六）创新人才发展工程

1. 实施领军人才和创新团队引进工程

结合我省高端新型电子信息产业重点关键领域，依托重点学科、骨干企业和产业基地、重大科研或工程项目、国际学术交流合作项目，实行“领军人才+项目+团队”的引进模式，加大引进高层次领军人才的工作力度；每年引进若干具有国际国内先进水平、能带来巨大经济社会效益的科研创新团队。进一步办好广州“留交会”、深圳“高交会”、国际人才交流大会以及各类留学人员创业园区，优化工作、生活环境，吸引国内外高层次人才携高技术项目来粤创业。

2. 实施高层次创新型人才培养工程

在企业、高校、科研机构、重点实验室和重点工程技术中心，加大中青年高层次科研人才和学科带头人的培养力度。以具备一定专业技术水平为选拔前提，培养一批核心技术型创业人才，提高战略开拓能力和现代化经营管理水平，提高技术型企业家职业化水平，鼓励其进行技术领先的开拓经营。制定高技能人才发展规划，培养熟练掌握高端新型电子信息专业知识和技术、能解决关键技术及工艺难题的高技能人才。

六、保障措施（略）

附件：产业布局图

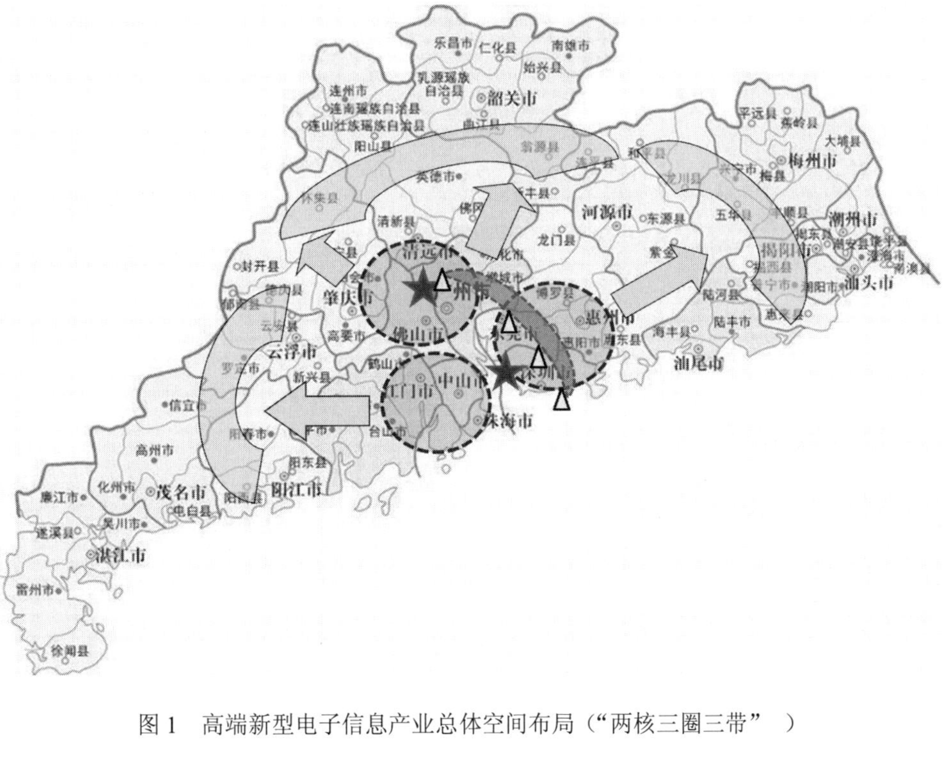

图 1　高端新型电子信息产业总体空间布局（“两核三圈三带”　）

图 2　高端新型电子信息产业——“优势产业”布局

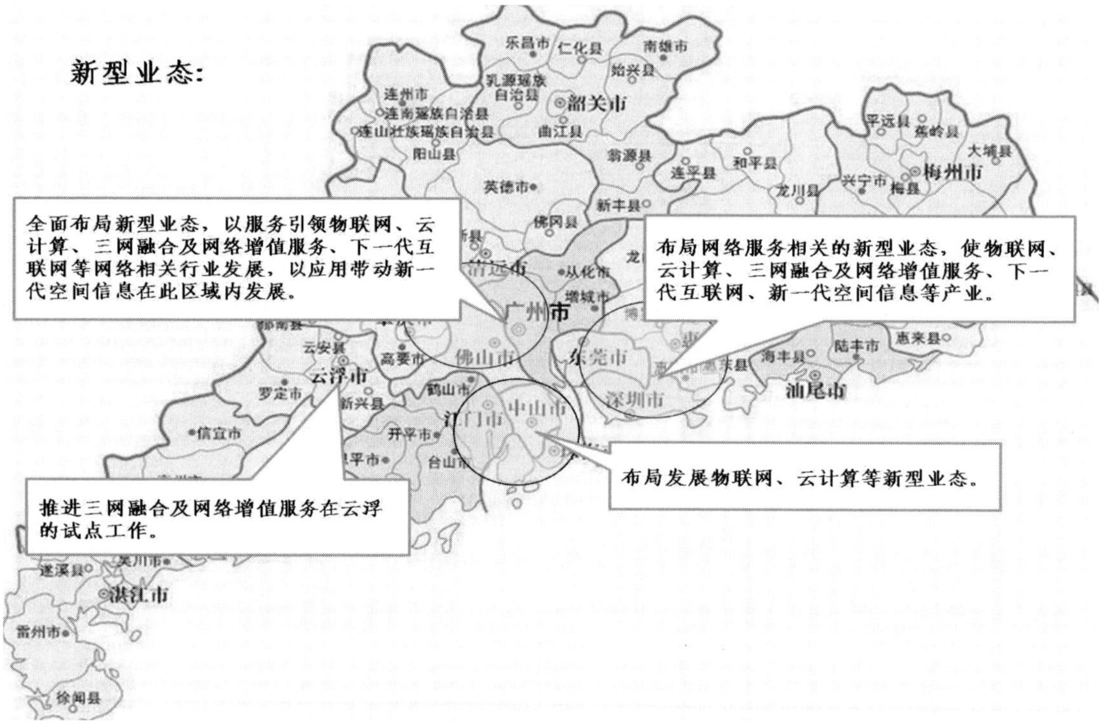

图 3　高端新型电子信息产业——“新型业态”布局

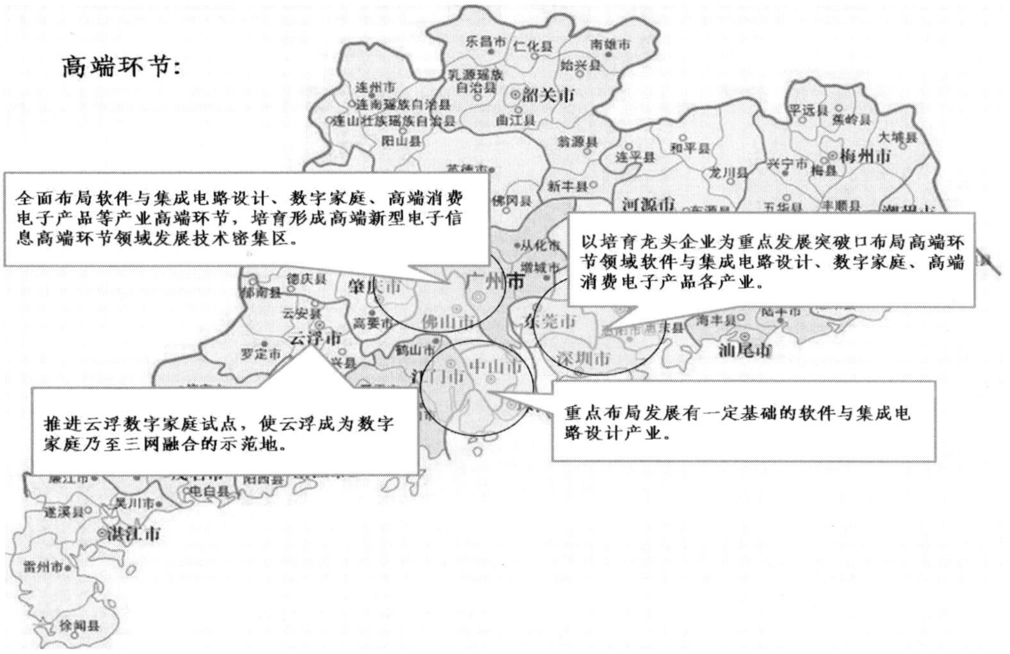

图 4　高端新型电子信息产业——“高端环节”布局

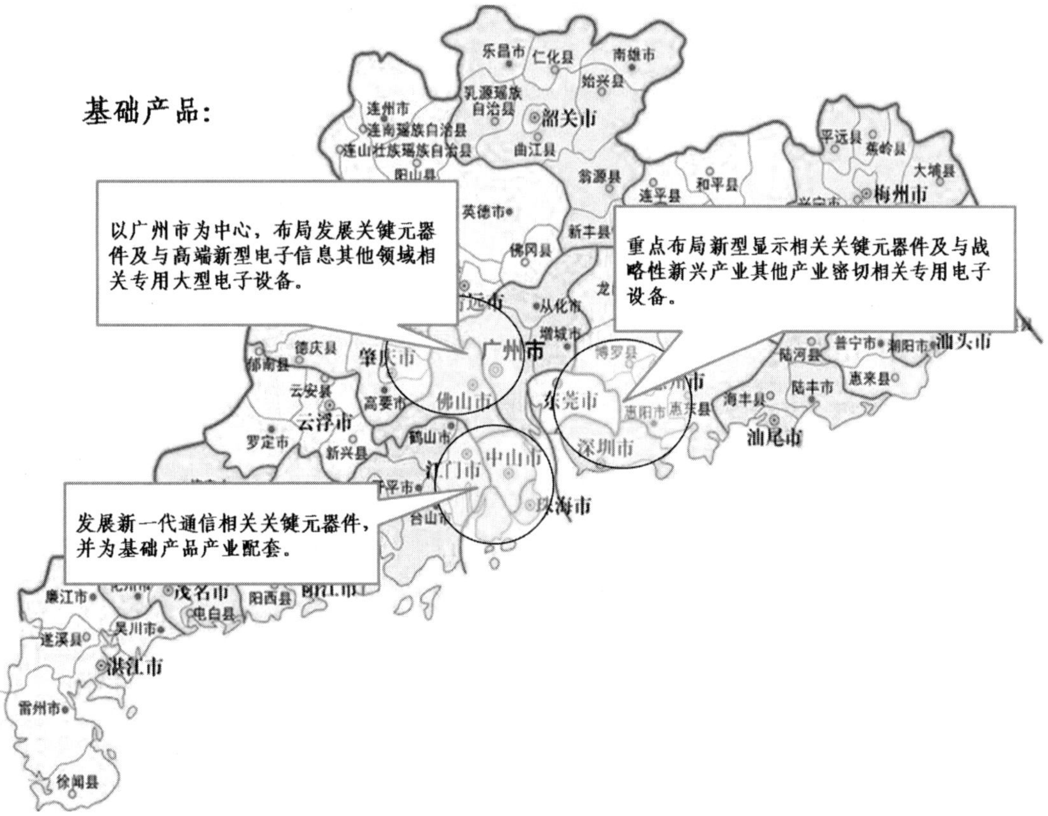

图 5　高端新型电子信息产业——“基础产品”布局

河南省电子信息产业2012年行动计划（摘录）

河南省工业和信息化厅

根据省委经济工作会议精神和《2012年河南省推进重点工程建设促进经济结构调整行动方案》，为加快电子信息产业产品结构调整，特制定本行动计划。

一、总体要求

我国电子信息产业连续十年均以高于25%的速度增长。2011年我省电子信息产业发展速度居14个重点行业首位，2012年既面临着产业结构继续调整，投资保持高位增长，产业转移加速，产业扶持政策持续到位，产业发展基础不断巩固，以及信息技术与社会、工业领域深度融合等诸多有利因素，也面临着全球经济增速继续趋缓，出口阻力增大，产业竞争不断加剧等不利条件影响。总体判断，电子信息行业依然是我省高成长性行业之一。

2012年我省电子信息产业发展思路是：突出创新引领，坚持龙头带动、高端带动、集群发展、产业链优化和融合转型，掌握产业发展关键核心技术，积极承接国内外产业转移，加快提升产业配套能力，快速壮大产业规模，加速产业产品结构调整。立足长短结合谋发展，着力加速“一极一链”产业调整优化布局，以与富士康合作的相关项目带动一批电子信息产业重点项目建设；垂直整合优化光伏、LED（发光二极管）优势特色产业链；重点支持物联网、三网融合、特色软件及信息服务业等重点领域和有技术研发能力的重点企业的发展，继续夯实产业发展的基础。面向长远，巩固以郑州、洛阳为一体，以新乡、安阳、鹤壁和许昌、南阳、漯河为两翼的“一体两翼”的产业发展布局，增强创新能力，突破产业发展瓶颈，优化产业产品结构，不断壮大产业规模，努力把电子信息产业发展成为全省新的支柱产业。

二、工作目标

2011年预计实现主营业务收入超过1 160亿元，增长率达到75%。

2012年电子信息产业将继续保持跨越增长态势，力争主营业务收入超过2 000亿元，同比增长100%。

三、重点工作

（一）抓重点促产业优化提升

深入抓好与富士康关联的“一极一链十项目”。充分发挥郑州核心增长极辐射带动作用，拓展完善以富士康为主的智能手机及关联配套产业链，扩大产业规模，改善产品结构，提升产业层次，不断创设新的经济增长点。加快推进与富士康关联合作的郑州IT（信息技术）产业园、物流中心、内销中心项目；焦作精密制造项目；洛阳精密设备及机器人、超薄电子玻璃及配套镀膜生产线项目；新乡建设3C（信息家电）电池生产基地项目；南阳LED、投影机、数码相机和光学元器件项目；周口、开封校企合作实训基地等重点项目建设。

按照省、市、县三级分类项目管理机制，注重抓好郑州高新技术产业集聚区中国联通中原数据基地项目、洛阳高新技术产业集聚区中国移动洛阳呼叫产业园项目、中国兵器工业焦作光电产业园项目、南阳中光学和首控光电光学组件及投影仪项目；环宇集团、科隆集团、中航锂电新型电池项目；生茂光电和华阳科技的 LED 照明项目、中显公司 3D（三维）大屏幕显示园项目；鹤壁电子科技园及漯河电子工业城的高端消费类电子产品及部件项目；郑州榕基国际软件园、汉威电子物联网科技产业基地、华豫兄弟文化创意产业园、郑州华强电子高端服务业基地、河南外包产业园、安久云计算研发中心等软件开发与服务外包等重点建设项目。

（二）打造 2 条优势特色产业链

1. 拓展智能手机及关联配套产业链

以富士康集团、友旺科技、鹤壁中科诺等骨干企业为依托，在持续稳步扩大智能手机整机产能的同时，发挥河南现有产业基础和优势，稳步推进配套产业，进一步延伸智能手机产业链。重点抓好相关配套产品的研发生产，如元器件、线路板、手机盖板玻璃、手机电池、微电机、喇叭、注塑件、耳机、包装等产品，在全省形成较为完善的手机及关联配套产品产业链，力争 2012 年实现手机产能达到 2 亿部、产量超过 1 亿部，年产手机零组件 1 亿套，实现销售收入突破千亿元。

2. 打造 LED 照明及显示产业链

以生茂光电、平原光电、勤上光电、华阳科技、中显公司等骨干企业为依托，重点发展 LED 芯片封装、3D 高清大屏幕显示、大屏幕显示背光源及 LED 照明应用产品，突破大功率封装、LED 外延片芯片制造、3D 高清大屏幕产业化等核心技术。2012 年实现销售收入突破 100 亿元。

（三）推动产业基地建设上新台阶

深入打造郑州核心增长极，推动富士康 IT 产业园建设，在郑州航空港区、郑州高新技术产业集聚区、郑州经济技术产业集聚区建设发展电子产业集群。加强郑州国家信息安全基地建设，依托榕基软件研发基地、河南软件园、中部软件园、郑州软件园和金水、惠济创意软件园等骨干软件园区，大力发展软件和信息服务业，积极创建“国家软件和信息服务业示范基地”，2012 年进园企业达到 170 家，实现主营业务收入 150 亿元。

加强国家级、省级电子信息产业基地建设，不断扩大产业聚集效用。充分发挥我省现有的许昌电力电子、新乡新型电池、安阳显示器件、郑州信息安全 4 个国家级产业园区和洛阳硅电子、南阳光电子、濮阳电光源 3 个省级产业园区的示范带动作用，将鹤壁、漯河分别建成应用电子、信息家电省级电子信息产业基地，积极培育发展焦作、三门峡、信阳等电子信息产业集群。

（四）拓展新一代信息技术新亮点

加速信息基础设施建设，大力推动信息技术业务创新和服务模式创新，积极催生新兴业态，注重应用信息技术融合、改造、提升传统产业，以新业态、新应用带动新增长。发挥河南物联网产业联盟、物联网工程应用中心作用，发展物联网、云计算及新型显示等新一代信息技术产业。支持中电 27 所、郑州大学、河南理工大学、河南工业大学、汉威电子、新开普、信大捷安、百年金海、南阳防爆等科研院所和企业合作攻关，重点解决煤矿安全生产、食品诚信体系建设、高效绿色农业、智能城市交通以及其他重点工业领域中的信息技术应用关键技术问题，以应用带动相关产业的发展。

（五）实现电子信息产业转移新突破

把握建设中原经济区和国内外电子信息产业转移的机遇，充分发挥中部地区承接产业转移的基础和条件，大力加强河南省与工业和信息化部、商务部、国务院国资委、中国科学院以及中国电子企业协会的战略合作。大力推广郑州与富士康、友旺科技合作创造的“郑州速度”，鹤壁与深圳电子商会合作形成的第三方委托招商的“鹤壁模式”，漯河与光华电子、圣华电子等客商合作建立的高端消费电子“漯河集群”等招商模式，推动产业转移继续向纵深发展。加大力度，推动落实郑州、开封、洛阳、新乡、南阳、信阳、周口等省辖市与富士康集团等签署的合作协议，实现产业转移新突破。

（六）推动技术创新引领产业新发展

依托郑州大学、信息工程大学、中电 27 所，许继集团、环宇集团等优势科研院所和企业，进一步加强物联网产业技术联盟建设，推动建立 LED 照明、新型电池等产业技术创新联盟，重点支持建设 20～30 个高水平的工程研究中心、工程实验室、企业技术中心等基础平台，实施 20 个左右重大科技专项，大力培育创新主体，提升创新能力，构建以企业为主体、产学研相结合的技术创新体系。着力解决大功率 LED 封装、LED 外延片芯片制造、数字高清 3D 显示、大功率新型电池等一批制约产业技术开发和产业化的关键技术，以技术创新引领产业发展。

（七）以惠民工程促产业发展呈现新格局

加强电子信息产业重点领域新产品、新技术在惠民工程上的应用与推广，以终端产品市场的启动和拓展带动产业发展，促进社会和谐。一是实施绿色照明示范工程，大力推广 LED 照明技术和产品，对城市路灯、景观灯进行改造，形成规模化的示范效应。二是实施新型显示设备推广应用工程，鼓励政府优先采购使用 LCOS（硅基液晶）数字投影、LED 显示、多媒体教育等新型显示设备。三是实施城市安防、智能家庭产品推广工程，落实家电以旧换新、家电下乡措施，建设平安社区、和谐家庭。四是积极实施新技术、新产品体验中心建设工程。建设 LED、LCOS 电视、3D 显示以及多媒体教育、旅游、文化展示等各类专业体验中心，扩大我省电子信息产品的整体示范效应。

四、保障措施（略）

附件 1

电子信息产业 2012 年重点项目表（摘录）

（单位：亿元）

序　号	项目名称	企业名称	项目类别	开工时间	竣工时间	总 投 资	2012 年投资	项目建设规模
1	富士康郑州航空港区 IT 产业园项目	鸿富锦精密电子（郑州）有限公司	扩建	2011.1	2013.12	70.00	2.00	总投资约 70 亿元，占地 13 700 亩。一期占地 7 400 亩，厂房总建筑面积 110 万平方米。设计生产能力手机整机 30 万部 / 天，手机中间品（L5）30 万套 / 天
2	泛蓝电子工业园年产 450 万台 LED 电视产品项目	深圳泛蓝科技有限公司	新建	2011.5	2016.5	23.00	1.50	该项目征地 530 亩，建设年产 450 万台 LED 电视产品；共分三期建设，总建筑面积约 35 万平方米

续　表

序　号	项目名称	企业名称	项目类别	开工时间	竣工时间	总 投 资	2012 年投资	项目建设规模
7	年产 1 892 万只投射电容式触摸屏项目	河南安彩高科股份有限公司	在建	2011.11	2013.6	10.60		占地 200 亩，新建厂房 33 927 平方米，新增设备仪器 177 台（套），年产中小尺寸（3.5″～10.1″）投射电容式触摸屏 1 892 万只
8	台商光电产业园	河南熙景光电科技有限公司	新建	2011.6	2012.12	10.30	7.00	生产 LED 节能系列产品、微型投影仪
14	新视野光电公司濮阳光电产业园项目	新视野光电公司	新建	2012.1	2013.12	6.00	4.00	建设厂房及配套设施 10 万平方米，6 条生产线、年产大功率 LED 路灯、厂房灯（工棚灯）隧道灯、加油防爆灯 6 亿支
16	LED 灯项目	硕维电子科技有限公司	新建	2011.4	2012.12	3.80	1.40	年产 200 万套 LED 灯具
18	电子信息产业园项目（原 LED 产业园项目）	安阳鼎云实业有限公司	续建	2011.4	2012.6	3.50	1.00	电子信息产业园项目（原 LED 产业园项目）
19	3G（第三代移动通信技术）手机面板及电脑触控屏项目	河南华祥光学集团有限公司	新建	2011.1	2012.12	3.10	2.00	计划建设 4 万平方米苹果手机面板专用厂房，新增设备 781（套），手机屏设计产能为 13.2 万片 / 天，年产销额 13 亿元
20	年产投影机 30 万台项目	河南中富康数显有限公司	新建	2012.1	2012.12	3.00	3.00	投影机及关联产品（精密注塑、模具、电路主板）的研发、生产和销售
23	半导体照明研发与产业化基地	河南恒基光电有限公司	扩建	2011.8	2012.12	2.50	2.20	半导体照明研发与产业化基地
24	富士康实训基地	河南均鼎电子科技有限公司	新建	2011.9	2012.1	2.48	2.48	年产 300 万套苹果手机配件，主要从事电子产品制造，精密加工，精密塑胶模具制造、冲压模制造
26	日产 500 台裸眼 3D 光电项目	河南三阳光电有限公司	新建	2011.7	2013.5	2.00	1.00	占地 200 亩，建筑面积 4 万平方米，建设生产制造园区（包括光栅材料生产线裸眼显示产品组装线）、日产 500 台 3D 裸眼产品
28	年产 100 万套 LED 应用照明产品生产的二期工程建设	许昌稳润光电科技有限公司	扩建	2011.1	2012.12	2.00	1.00	年产 100 万套 LED 应用照明产品生产的二期工程建设

续 表

序 号	项目名称	企业名称	项目类别	开工时间	竣工时间	总 投 资	2012 年投资	项目建设规模
29	PCB（印刷电路板）胶片生产线技术改造	乐凯华光印刷科技有限公司	改建	2012.3	2013.3	1.60	1.00	年产 1 000 万平方米 PCB 胶片。引进有关设备，改造升级现有银盐胶片生产线和非银盐胶片生产线
30	LED 多普勒节能灯及显示屏项目	郑州华安光电开发有限公司	新建	2011.9	2012.12	1.50	1.10	年产 LED 节能灯 300 万套，显示屏 1 万平方米
31	LED 灯具、LED 显示屏及相关产品生产项目	富士康科技集团	新建	2012.1	2012.12	1.50	1.50	首期建设 LED 生产线 4 条，年产 30 万台套 LED 灯具、显示屏等
32	20 条 LED 导线支架生产线项目	河南沁展精密电子有限公司	新建	2011.1	2012.12	1.20	0.50	利用现有厂房，购置国内 LED 导线支架生产设备，建设 20 条 LED 导线支架生产线

附件 2

重点工作分工安排（略）

上海市推进战略性新兴产业“新型显示”专项工程

新型显示是国家和上海战略性新型产业重点方向。为促进本市新型显示产业“创新驱动、转型发展”，根据《“十二五”国家战略性新兴产业发展规划》（国发〔2012〕28 号）、工信部《电子信息制造业“十二五”发展规划》、《上海市战略性新兴产业发展“十二五”规划》（沪府发〔2012〕1 号）、《上海市国民经济和社会信息化“十二五”规划》（沪府发〔2012〕5 号）等文件，制定本方案。

一、产业发展现状

新型显示包括 TFT-LCD（薄膜晶体管液晶显示）、OLED（有机发光二极管）、LED（发光二极管）、PDP（等离子显示）、激光显示、3D 立体显示等技术和产业，涉及材料、光学、电子、机械等多领域。新型显示总的发展趋势是高解析度、薄边框、触控、3D、节能、透明化及可挠式。TFT-LCD 作为主流技术，约占新型显示产品的 90%，其中 LTPS-TFT（低温多晶硅 TFT）驱动技术基本成熟，氧化物 TFT 成本低、性能高，处于工艺研发阶段。AM-OLED（有源驱动 OLED）主动发光、响应快、可柔性，被称为下一代显示技术，预计 2015 年产量比 2010 年增长近 6 倍。PDP 色彩逼真、响应快、技术成熟，在大尺寸和 3D 立体显示上有优势。LED 用于背光源、照明、显示等，向高光效、高显色指数、大尺寸衬底、高压与交流直驱芯片发展。激光、3D 立体、透明、柔性等显示处于培育阶段。

从国际看，日、韩、中国台湾是新型显示的技术和产业基地。日本掌握 TFT-LCD 材料、核心装备、零部件配套等核心技术，韩国和中国台湾为中游面板产业提供配套，不断扩大产能。韩国实现 AM-OLED 量产，市场占有率为 97%左右，并将推出 55 英寸 AM-OLED 电视。PDP 市场收缩明显，预计 2015 年全球 PDP 电视机产量将降至 2011 年的 60%。日、美、德掌握了全球 70%的 LED 专利，在外延、芯片、设备上领先，韩国、中国台湾通过创新和技术引进成为重点 LED 生产基地。

从国内看，新型显示市场需求旺盛，2011 年年底我国彩电、显示器、笔记本电脑、手机需求分别占全球的 20%、19%、15%和 25%，初步形成环渤海、长三角、珠三角以及中西部四大集聚区。建有 12 条 TFT-LCD 生产线（约占全球市场 20%），4 条 PM-OLED（无源驱动 OLED）生产线，上海天马、京东方、维信诺等掌握了 AM-OLED 量产技术。LED 产业规模稳步扩大，预计 2015 年比 2011 年增长 2 倍多，但在核心设备和材料上需要突破。激光显示色域广，成像质量好，产业化趋势明显，可能率先在大屏幕投影和微投影领域突破。

从上海看，新型显示具备一定规模和基础。2011 年高新技术产业化新型显示领域产值 586.5 亿元，增长 2.4%，液晶屏及液晶模组产量约占全国的 15%。开发 3 款 AM-OLED 样品，在国内率先掌握量产技术，内嵌式触摸屏技术国内领先。LED 芯片平均光效超过 130 流明/瓦，大尺寸背光源芯片获得认证，50 伏高压芯片投产。激光显示掌握微投影、超短距显示关键技术并小规模量产。

上海新型显示在取得一定成绩的同时，也存在一些问题：一是产业较全但规模均不大。TFT-LCD、LED 芯片企业分别有 2 家和 3 家，OLED、激光显示、3D 立体显示尚在起步阶段。二是核心技术有待突破。新型显示的核心技术和知识产权基本由日、美、韩、欧掌握，一些核心部件和设备仍需进口。三是政策优势不足。上海的资金、税收、人才、项目等政策，与内地相比优势并不明显。四是应用有待推进。新型显示技术起步较晚，前期投资大，建设周期长，市场有待推广，需在部分行业和领域先行先试。

二、产业发展指导思想、基本原则和思路

（一）指导思想

贯彻落实国家、上海培育发展战略性新兴产业的部署和要求，以市场需求为导向，以自主技术为核心，以规模生产为目标，巩固形成“以 TFT-LCD 和 LED 为主体，以 AM-OLED 和激光显示为引领”的新型显示产业体系，建立技术领先、配套完善、机制顺畅的产业发展模式，紧跟世界前沿，保持国内领先，促进新型显示产业成为本市“新一代信息技术”产业的重要支撑。

（二）基本原则

聚焦核心与产业配套相结合。聚焦 TFT-LCD、AM-OLED、LED 技术的关键环节，加大攻关力度；在配套设备、材料上加强跟踪和研发，完善产业链，形成整体带动效应。

自主创新与吸收引进相结合。提高新型显示核心技术的自主创新能力，加强专利积累；吸收引进关键设备、器件和相关技术，为发展上海新型显示产业提供借鉴和支撑。

企业主体与政府服务相结合。发挥企业的主体功能，推动企业立足国际前沿提升技术和市场的竞争力；政府坚持以企业为本，在土地、人才、产学研结合上创新服务模式。

立足当前与引领发展相结合。扩大 TFT-LCD、LED 等成熟产业的规模，满足经济社会发展的需求；推动 AM-OLED、激光显示等新技术研发，引领新型显示产业向更高层次发展。

（三）思路

贯彻落实国家和本市战略性新兴产业部署，坚持以“聚焦核心、创新突破、开放合作、市场驱动”为发展原则。聚焦核心即实施差异化定位，凸显上海特色，聚焦 TFT-LCD 和 AM-OLED 关键领域，带动新型显示产业整体发展；创新突破即跟进国际先进水平，把握核心和前沿技术，在关键技术、器件和产品上确立市场竞争优势；开放合作即引进一流企业和高级人才，实施本市企业与国内外相关配套企业合作攻关，提升产业能级，促进产业链协调发展；市场驱动即开拓新型显示市场，培育一批规模企业和知名品牌，推进新型显示产品在各领域的应用。

三、产业发展主要目标

（一）产业指标

2015 年，建立形成有一定竞争优势的 TFT-LCD、OLED、LED、激光显示、3D 立体显示等新型显示产业体系，产业总规模达到 750 亿元，比 2011 年增长 28%；TFT-LCD、LED 分别增长 20%和 40%。AM-OLED 稳定量产，月加工 LTPS-TFT 玻璃基板 3 万张，占到全国产能的 50%；激光显示产品实现规模生产。

（二）技术指标

突破关键技术，相关技术接近国际先进水平，提升核心制造能力和产业化能力，支撑上海新一代信息技术转型升级。TFT-LCD 重点提升 TFT 性能，提高中小尺寸产品能级，配套技术同步发展；AM-OLED 改进封装、蒸镀等共性技术，突破良率瓶颈，推动 OLED 照明技术和产品的研发；LED 芯片、设备、应用等确立技术竞争优势，照明、显示产品规模明显扩大，产业链协同发展；突破激光器、光机、显示芯片等核心环节，激光显示具备产业化能力；3D 立体显示技术和应用得到推进。

四、产业发展重点领域

（一）重点发展领域

1. TFT-LCD 着力提高中小尺寸产品性能

关键技术方面，重点提升 TFT 性能，提高载流子迁移率和液晶面板的透过率。LTPS-TFT 发展大面积薄膜生长、离子注入掺杂、少于 6Mask 阵列工艺、低膨胀系数玻璃基板、周边电路集成等技术，进一步提高性能。发展超高分辨、240Hz 驱动、场序显示、广视角（IPS）等技术，提高画质。支持研发氧化物 TFT、有机 TFT（OTFT）技术。

工艺技术方面，发展多功能化 TFT 阵列技术，开发快速响应、内嵌式触控、玻璃薄化、窄缘化、轻薄化、有机膜等技术，提高面板集成度和光学特性，降低生产成本。发展微细加工、低温处理等工艺技术。

产品和配套上，提高应用产品的多品种、多样化，形成产品特色，重点提升中小尺寸面板的行业竞争力，推动内嵌式触摸屏稳定量产。支持平板显示驱动 IC、彩色滤光膜、玻璃基板等关键配套产品和液晶材料的研发及产业化。

2. AM-OLED 实现量产带动配套产业发展

关键技术方面，依托 AM-OLED 既有技术和吸收引进技术，加强产学研用合作攻关，改进产品设计和模组封装、蒸镀工艺等共性技术，推进 OLED 器件关键技术研发，重点突破 AM-OLED 的 TFT 阵列工艺技术及触摸屏、OLED 显示屏全彩等关键技术。聚焦中小尺寸 OLED 的技术开发和产业化应用，尽快形成 LTPS-TFT 技术路线的 AM-OLED 量产能力，推动产业取得突破性进展。研究大尺寸 OLED、OLED 电视相关技术和工艺集成，跟踪关注 OLED 在照明领域的应用。

配套产业方面，协调带动科研院所和上下游企业，推动 TFT、OLED、封装、驱动模组的相关材料、设备、组装、电子电器等配套产业发展。

3. LED 扩大产业规模，完善产业链

芯片方面，发展蓝宝石图形衬底、硅衬底等新型半导体衬底技术研究，继续推进大尺寸外延、交流驱动芯片等技术研究，提升高压驱动芯片性能。加强 130lm/W 以上功率型、高性能 LED 外延、芯片制造，实现 LED 蓝光、绿光、紫光和红黄光芯片的规模稳定量产。攻克 150lm/W 以上高性能芯片量产技术。

应用方面，进一步突破封装、动态背光源、散热等关键技术和工艺，提升 LED 综合光效，推进 LED 在功能性照明、背光照明、汽车整套照明以及大屏幕显示领域的应用。提高功能性照明市场占有率，在隧道、景观、路灯等城市照明先行先试，推进照明领域节能降耗。

配套方面，解决反应腔体结构设计、配套传输系统、均匀性保证等关键技术，攻克 MOCVD 等外延芯片制造关键设备，加快蓝宝石泡生设备研发生产，提高国产化率。推进高效能 LED 材料、外延、封装、模组、测试等环节配套技术的开发和产业化。

（二）重点培育领域

1. 激光显示扩大产业规模

关键技术方面，以应用于微投影、用于前投的激光光机作为突破点，聚焦关键环节向产业链两端延伸。支持半导体蓝光激光器、高能电子束泵浦的垂直腔面激光器（E-Laser）的研发；改进绿光激光器的设计、封装工艺，突破量产技术攻关；推动 LCOS 显示芯片技术的研发；加强菲涅尔屏、超短焦光学系统、自由曲面镜等精密光学器件的攻关。

产业化方面，推动 LED 光源和激光混合光源产品的产业化，开发激光光源的投影机并进行试产，扩大微投、短焦前投产品和光机等核心部件的市场规模。推进光机、光学部件及国内外材料、整机企业协作，加强产品应用对接，在教育传媒、商务应用和智能家庭、紫外消毒等市场进行突破。

2. 提升 3D 立体显示技术水平

技术方面，顺应产业发展趋势，加快基于双视、多视三维电视的转换与制作、编码传输、合成显示等技术的研发和积累；加快推进裸眼 3D 立体显示技术研发。

产业化方面，尽快在核心芯片、内容、终端应用上确立市场竞争优势地位，积极占领 3D 立体显示产业高端，推动产业发展。

（三）服务平台与基地建设

TFT-LCD 方面，推进上海天马牵头的“TFT 关键材料及技术国家工程实验室”和上海大学“新型显示技术及应用集成教育部重点实验室”建设，支撑 TFT-LCD、AM-OLED 产学研深度融合，带动上下游配套产业发展，形成产业链协同发展效应。

LED 方面，依托国家半导体照明基地、平板显示中心、上海市半导体照明工程技术研究中心技术优势，发挥张江和临港产业园的产业化集聚效应，促进 LED 技术合作和产业链对接，推动形成产业集群优势。

五、产业发展总体布局

上海新型显示产业将巩固形成“1+X”的产业布局，即以浦东新区为新型显示产业的基地和主体，金山、闵行、松江、普陀、嘉定等区形成辐射与呼应。

浦东新区集聚 TFT-LCD，AM-OLED，激光显示，LED 芯片、模组、应用等新型显示领域重点企业，易于形成整体优势开展联合攻关，带动相关区县新型显示产业协同发展。金山在 AM-OLED，闵行在 TFT-LCD 及关键配套、LED 应用，松江、普陀、嘉定等在 LED 封装、照明应用等领域，结合本区县的产业定位和布局，形成各自的特色和优势。

六、促进产业发展主要举措

（一）对接国家战略，实施项目引领

对接国家发改委、工信部产业部署，聚焦 TFT、AM-OLED、LED 等关键技术，争取国家战略性新兴产业专项资金支持。遵照本市战略性新兴产业规划，在新型显示关键技术研发和产业化推动上，加强重点项目的组织和管理，加大科技攻关、技术改造、示范应用的支持力度。

（二）推进政策落实，加强产业引导

认真落实本市促进软件和集成电路产业发展的若干政策，加大对新型显示企业的支持力度。积极承接国家进一步扶持新型显示器件产业发展的税收优惠政策，对进口新型显示器件及上游关键原材料、零部件、生产和研发设备，给予免征进口关税优惠。加大补贴力度，推进 LED 功能性照明和工程示范应用；通过合同能源管理，推广 LED 照明技术、产品和系统在节能照明、景观显示等领域的应用，展现新型显示产品低能耗优势。

（三）把握供求关系，推进产业对接

跟踪支持 LED 蓝宝石晶体生长炉项目，推进国产 MOCVD 装备取得突破，推动 LED 上下游企业对接，降低生产成本。协调建设交通、卫生、教育等部门，引导 LED 照明在道路、隧道、医院、学校的示范应用。推动激光显示、3D 立体显示、智能电视等新一代显示技术在影视、娱乐、商业、教育、科技等领域的产品应用和内容服务。推进相关芯片企业与 AM-OLED 企业合作。

（四）完善平台功能，提升服务能力

依托国家电光源质量监督检验中心（上海）、国家灯具质量监督检验中心，推进检验检测 LED 公共服务平台和相关技术研发平台建设。建立 OLED 专利标准研究和产业应用技术公共服务平台，开展专利分析、应用测试、技术研发、新兴企业合作等公共服务。发挥行业协会的平台优势，推动 LED、激光显示上下游企业合作，推进示范应用。

（五）创新推进机制，突破发展瓶颈

财政引导资金和企业资本市场筹资相结合，引导拓宽融资渠道，增强企业创新发展能力。利用国际范围的产业资源，加强跨区域合作，努力在新型显示面板生产、整机模组一体化设计、玻璃基板制造等领域实现关键技术突破。加强产业布局，坚持成熟技术的产业化与前瞻性技术研究开发并举，逐步掌握新型显示产业发展主动权。

附件：“新型显示”专项工程项目指南

上海市经济和信息化委员会

2012 年 12 月 25 日

附件

“新型显示”专项工程项目指南

一、LED 领域

1. 高功率、高性能 LED 外延、芯片制造和高端封装、模组及测试技术开发及产业化
2. 灯具光效 110 流明/瓦及以上功能性照明系统、高密度显示系统的产业化
3. 蓝宝石图形衬底、硅衬底技术等新型半导体衬底技术开发及产业化
4. 半导体照明驱动及控制芯片

二、TFT-LCD 领域

1. 新型 TFT-LCD 显示技术开发及产业化
2. LPTS-TFT、氧化物 TFT、有机 TFT（OTFT）等新型 TFT 基板技术及产业化
3. TFT-LCD 显示驱动 IC、彩色滤光膜、玻璃基板等核心配套产品产业化

三、OLED 领域

1．AM-OLED 驱动、蒸镀、封装等核心工艺关键技术开发及产业化
2．AM-OLED 配套材料、专用芯片、装备及相关产品产业化

四、激光显示领域

1．激光光源、激光器、光机、显示芯片、菲涅尔屏、超短焦光学系统、自由曲面镜等激光显示关键模组及系统产业化
2．激光显示微型投影模块、产品及超大尺寸激光显示产品产业化
3．激光电视用高功率激光光源开发、照明光路设计、投影光路设计以及相关产品及系统产业化

五、3D 立体显示等其他新兴显示领域

1．3D 立体显示等新一代显示关键技术开发及产业化
2．新型触控面板等关键技术开发及产业化
3．其他新型显示核心配套产品产业化

六、综合示范应用

具有产业带动效应，具有一定产业影响力，拥有一定知识产权，产品技术水平领先的新型显示产品在各领域的示范应用。

七、公共服务平台

面向新型显示产业共性技术研发、试验、测试认证、专利、标准、产业政策研究等综合服务及支持。

浙江省电子信息产业“十二五”发展规划（摘录）

信息技术是当今世界经济社会发展的重要驱动力，电子信息产业是我国经济社会发展的战略性、基础性、先导性和支柱性产业。为深入贯彻落实科学发展观，全面实施“八八战略”和“创业富民、创新强省”总战略，科学规划与引导未来一段时期我省电子信息产业科学发展、协调发展和可持续发展，根据国家《信息产业“十二五”发展规划》、《长江三角洲地区区域规划》和《浙江省国民经济和社会发展第十二个五年规划纲要》、《浙江省工业发展“十二五”规划》的总体要求，特编制本规划。本规划是指导我省“十二五”期间电子信息产业发展的重要文件。

一、发展背景

（一）发展现状

电子信息产业具有技术进步快、经济效益好、增长速度高、产业关联度强等基本特征，是美国、欧盟和日本等发达国家和地区的第一大战略性支柱产业。过去 30 年，全球电子信息产业取得了快速发展，始终以高于大多数产业的速度持续增长。信息产业占全球 GDP 的份额平均每 10 年上升 1 个百分点，2009 年全球信息产业增加值占 GDP 的比重约为 4.7%。

我国已成为全球最大的电子信息产品制造基地，电子信息产业在国民经济中的影响力日益提升，在构筑现代产业体系竞争中处于主导地位，已成为国民经济第一大支柱产业，产业规模居世界第二位。2010 年全国规模以上电子信息产业实现销售收入 7.8 万亿元，同比增长 29.5%，其中软件产业收入 1.3 万亿元，增长 31.3%；全国规模以上电子信息制造业收入、从业人员占全国工业相关指标比重分别达 9.1%和 9.7%；电子信息产品进出口总额达 10 128 亿美元，同比增长 31.2%，占全国外贸总额的 34.1%。

“十一五”期间，我省电子信息产业以年均 27%以上的速度持续快速增长，已成为重要的支柱性、战略性产业和国民经济发展的重要增长点。2010 年，全省电子信息产业实现主营业务收入 8 055 亿元、软件业务收入 701 亿元、利税总额 781 亿元、增加值 1 614 亿元、出口交货值 2 129 亿元，分别是 2005 年的 3.29 倍、2.7 倍、4.94 倍、3.41 倍和 2.76 倍，各主要经济指标较好实现了“十一五”规划确定的目标。一是产业地位和作用日益突出。电子信息产业增加值占全省 GDP 比重达 5.93%，规模以上电子制造业增加值占全省规模以上工业增加值的比重达 9.1%，分别比 2005 年提高了 2.53 个和 3.33 个百分点。二是科研投入不断加大，成果日益显现。R&D 比重逐步提高，达到 2%，信息技术领域专利申请保持快速发展趋势，年均增长 20%以上，“十一五”期间全省电子信息行业先后有 20 余项技术分别获得国家自然科学奖、科技进步奖和技术发明奖。三是产业集聚发展，主导产业特色更加明显。全省已拥有各类国家级和省级信息产业基地（园区）30 家，形成通信和计算机、电子机电、电子元器件及材料、软件和信息服务 4 个超千亿元产业集群和 7 个超百亿元的基地（园区）。四是大公司战略初见成效，大企业、大集团总体实力不断增强。我省入围全国电子信息百强企业数和入围国家规划布局内重点软件企业数占全国的比重稳定在 10%左右，全省已拥有 188 家超亿元、50 家超 10 亿元、8 家超 50 亿元、1 家超百亿元电子信息企业，国内外上市企业 51 家。五是“两化”融合不断深化，倍增效应日益显现。信息技术在各领域的推广应用不断深入，“数字浙江”建设成效显著，全省信息化水平居全国第四、各省区第一。

但我省电子信息产业的深层次、素质性、结构性问题依然明显。一是我省电子信息产业规模位列全国第 5 位，但与前 4 位的广东、江苏、上海和山东差距不断拉大，与紧随其后的中西部地区的优势不断缩小，产业发展面临着严峻的挑战。二是我省电子信息产业在自主创新意识和能力不断增强的同时，总体上仍然偏弱，自主、核心技术产品较少，研究与开发经费（R&D）投入占企业主营业务收入的比重与发达国家和先进地区相比差距仍很大。三是我省缺少主业突出、创新能力强、有综合实力和国际竞争力的大公司，系统整机研发和生产能力较弱，产业协作配套体系还不够完善，“低、小、散”的产业结构性矛盾并未得到根本性调整。四是信息技术服务于“两化”融合、产业转型升级的能力不够强，对全省工业经济的升级转型的推动作用还不明显，应用的深度和广度有限，高端与复合型的信息技术人才缺乏，信息技术安全保障体系建设需要进一步加强等问题依然存在。

（二）发展趋势

产业核心技术面临重大突破，新一代信息技术引领产业发展。集成电路进入后摩尔时代，微电子向高集成度、高速度、低功耗、低成本方向发展；软件技术加快向网络化、体系化、服务化、高可信方向发展；计算体系结构面临深刻变革，向着超高速度、小型化、并行处理、智能化、网络化方向发展；通信网络技术向宽带、无线、智能以及超高速系统、超大容量方向发展；显示进入平板时代，超薄设计、触摸屏、3D（三维）显示、超高解析度、超大尺寸、低功耗、个性化、更强用户体验等需求渐成主流；感知技术向智能化突破等。产业价值链得到整合和延伸，融合创新和应用需求成为引领产业发展的重要引擎，电子信息产品制造、信息网络、软件和信息服务相互融合、互动发展，催生云计算、物联网、移动互联网等新一代信息技术产业。

产业转移、企业并购、国际化分工和区域集聚趋势更加明显。电子信息产业链分工具有广泛的国际性，全球性采购、生产、销售的特征日益明显，产业梯次转移发展的趋势十分突出。跨国 IT 企业在保持原有业务的基础上，通过企业并购，将业务领域从专业化向集成化发展，不断形成新的产业形态，抢占市场，提高企业的竞争力。产业的区域聚集化发展已成为当代电子信息产业发展的重要特征，我国已成为全球电子制造第一大国，但仍是全球电子信息产业转移的主要目的地。国内长三角、珠三角地区经过多年发展，已形成了通信、计算机及网络、数字音视频等产业集群，成为我国重要的电子信息产业基地。

产业结构“软化”、技术融合和渗透作用进一步增强。软件与信息服务业比重持续提高，全球软件和信息服务业占电子信息产业的比重已从 2000 年的 18.6%提高到 2010 年的 43.7%。我国软件产业占电子信息产业的比重由 2001 年的 6%上升到 2010 年的 18%。信息技术与其他学科的融合发展进一步加快，融合、泛在、智能、集成化发展趋势更加明显，对传统产业转型升级、服务方式创新、附加值和综合竞争力提升作用日益显现，深刻影响着人类生活和生产方式的改变。

“十二五”是我省全面建成惠及全省人民小康社会奋斗目标的关键时期。加快发展电子信息产业，积极培育新一代信息技术产业，促进信息化与工业化的深度融合，充分发挥信息技术作为经济增长“倍增器”、发展方式“转换器”和产业升级“助推器”的作用，对增强我省经济综合竞争力，实现“十二五”期间经济社会的全面协调发展具有重要意义。

二、总体要求（略）

三、主要任务（略）

四、发展重点

（一）集成电路产业

以专用芯片设计为突破口，重点支持电子整机与装备产品专用芯片的设计和应用。继续引导和支持国内外芯片制造骨干企业加大在我省投资力度，建设集成电路生产制造基地和研发中心。积极推进集成电路设计服务平台建设，不断完善公共技术服务、人才培训、专业孵化和综合服务等功能，推动资源共享，促进产业集聚，打造完整的集成电路产业链。

> 专栏一：集成电路提升工程
>
> 1. 优先发展集成电路设计业。重点研究开发具有自主知识产权的可配置、高性能、低功耗的嵌入式CPU及其IP（自主知识产权）核；能满足3C（通信、计算机、消费类电子）融合需求的面向终端产品的基带、信道传输、调制与解调及其一体化的DSP（数字信号处理）芯片；满足通信和物联网发展需求的各类传感与微纳器件芯片，面向个人移动信息终端产品的多模多频射频芯片和低功耗、大容量存储器芯片等。
>
> 2. 积极发展集成电路制造业。重点发展集成制造（IDM）模式，鼓励新一代芯片生产线建设，推动现有生产线的技术升级，重点建设6～8英寸特种工艺芯片生产线；鼓励发展先进封装测试产业，提升高密度、高速率、特种工艺封装测试能力。
>
> 3. 大力发展集成电路配套业。加强集成电路专用设备、测试仪器、EDA（电子设计自动化）工具和关键材料等的研发与产业化。
>
> 4. 重点培育杭州士兰微、杭州国芯、杭州中天微、华越微电子、宁波比亚迪、宁波立立、杭州立昂、嘉兴斯达微、浙江晶盛、万向硅峰等一批优势企业。
>
> 5. 以杭州国家集成电路设计与产业化基地和宁波集成电路产业园为依托，积极推进杭州、宁波、绍兴、嘉兴、湖州、金华等地集成电路产业发展。

（二）软件与信息服务业（略）

（三）通信与网络产业（略）

（四）计算机产业

大力发展具有自主知识产权、掌握核心技术的计算机产业，重点发展高端容错计算机、工业控制计算机、嵌入式计算机以及海量存储设备等产品。结合互联网、移动互联网和消费市场发展趋势，优先发展便携式、低功耗笔记本计算机，以及大尺寸、高性能、触摸型一体式平板计算机，积极培育终端、内容、服务一体化产业链。以云计算应用需求为牵引，重点突破虚拟化、海量存储、负载均衡、并行处理等云计算核心技术，支持低功耗、高可靠、高性能、多核服务器设备，云存储系统、云服务终端等云计算关键产品的研发与产业化。

（五）数字音视频产业

结合“三网融合”、“多屏合一”等发展趋势，重点发展互联网电视、智能电视、3D（三维）电视、数字机顶盒、移动多媒体智能终端、数字家庭智能终端、信息智能家电等产品，促进消费电子产业的整体转型升级。发挥我省视频监控安防产业优势，优先发展宽带、动态、高清、红外等摄像机（头）系列产品、CCD（电荷耦合元件）与CMOS（互补金属氧化物半导体）图像传感模块、数据压缩、海量存储等产品，打造国内领先的数字安防产业链。积极开展数字音视频编解码（AVS）、多声道数字音频编解码（DRA）等自主音视频标准的推广应用，支持发展数字电视演播室设备、发射设备、传输设备、接收设备，以及高密度激光视盘机、数字音响系统、数字电影设备，推动音视频产业向数字化、网络化、智能化和节能环保方向发展。

> 专栏五：“三网融合”推进工程
>
> 1. 加快推动广电、电信业务双向进入，加快电信网、计算机网和有线电视网三大网络等信息基础设施的改造升级。
>
> 2. 加大对“三网融合”网络设备、用户终端等新一代多媒体设备的研发投入，重点支持数字电视、数字机顶盒、数字投影仪、数字安防等数字音视频产品，以及高智能信息家电和数字全媒体产品的研发与产业化。
>
> 3. 积极开展宽带接入、多网融合、行业应用等综合信息服务，强化网络信息安全和文化安全监管，大力发展电子商务、数字娱乐、网

络增值、文化创意等信息服务业。

4. 重点扶持浙江移动、浙江电信、浙江联通、浙江广电、海康威视、大华股份、杭州华数、博尚电子、数源科技等一批优势企业。

5. 着力推进杭州、宁波国家“三网融合”试点城市建设，适时推进全省“三网融合”试点。以创建国家数字家庭示范基地为契机，大力推进杭州、宁波、绍兴、台州、嘉兴、湖州等地数字音视频产业发展。

（六）新型显示与光电子产业

大力发展液晶（TFT-LCD）、等离子（PDP）、有机电致发光显示器件（OLED）、3D显示、电子纸等新型显示技术产品，加快推进显示材料、面板、驱动电路及模组、触摸屏等产品的研发及产业化；加快发展发光二极管（LED）产业，重点发展LED外延、衬底、芯片、封装测试及集成应用；大力推进光有源/无源器件、光交换器件、光集成器件、大功率激光器，以及光存储、微光机电系统等光电子产品的研发与产业化。

专栏六：新型显示与LED提升工程

1. 围绕平板显示提升工程，重点支持TFT-LCD显示液晶材料与模组、OLED有机成膜与封装等关键器件材料的研发与产业化。积极开展3D显示、高清投影（LCOS）、电子纸、激光显示等新技术新器件研发和产业化。

2. 围绕半导体照明工程，重点支持MOCVD（金属有机化学气相淀积）装备、大功率芯片和器件、驱动电路及标准化模组、LED封装测试、金属有机化合物（MO源）、蓝宝石衬底、高性能环氧树脂、高效荧光粉等关键设备、器件与材料的研发与产业化，积极推进LED产品的系统集成与集成应用。

3. 平板显示重点培育宁波奇美、浙江天乐、新世纪光电、永太科技、康为电子、数源科技、杭州格林达、贝力生科技、天禄光电、浙江海盛等一批优势企业。LED重点培育杭州士兰明芯、杭州英飞特、嘉兴亚威朗、宁波升谱光电、横店得邦电子、东晶电子、水晶光电、浙江天通等一批优势企业。

4. 重点支持宁波建设国家重要平板显示产业基地，积极推进杭州、绍兴、台州、湖州等国内领先的小型显示器件、显示模块，以及相关检测设备、显示器件等配套产品生产基地建设。以创建国家半导体照明产业基地为重点，积极推进杭州、宁波、温州、绍兴、嘉兴、湖州、金华等地LED产业发展。

（七）新型电子元器件及材料产业

按照片式化、微型化、高频化、集成化、绿色化、高端化的发展方向，重点支持平板显示、半导体照明、太阳能光伏、通信网络、数字音视频、集成电路、应用电子等领域的新型关键元器件及材料的研发与产业化，重点突破高端配套应用市场和本地化配套能力，提高产品附加值和技术含量，支撑下游产业跨越式发展。

专栏七：元器件及材料提升工程

1. 重点支持片式阻容感元器件、频率元器件、微电子器件、电力电子器件、光电子器件、敏感元器件及传感器、微电子机械系统（MEMS）机电器件、绿色电池、微特电机、高密度印刷电路板和柔性电路板等新型电子元器件研发与产业化。

2. 大力发展高性能半导体材料、光纤预制棒、光电子材料、压电材料、晶体材料、磁性材料、电声材料、电子陶瓷材料、微波介质材料、光纤光缆、电磁线缆、绿色电池材料、液晶显示材料、触摸屏材料、电子薄膜材料、衬底材料、外延材料、电子浆料等信息基础材料，提高产业配套创新能力。

3. 重点培育富通集团、横店东磁、天通股份、浙江天乐、南都电源、杭州士兰微、东晶电子、博创科技、佳利电子、嘉康电子、德清华莹、长城电子、水晶光电、宁波立立、南洋科技、瑞金科技、嘉兴斯达微、金龙机电等一批优势企业。

4. 重点支持杭州、宁波、绍兴、嘉兴、湖州、温州、金华、台州等新型电子元器件及材料基地园区建设。

（八）太阳能光伏产业（略）

（九）应用电子产业

围绕“智慧浙江”和“两化”深度融合，深化信息技术在各行业的广泛应用，提升通信、工业控制、数控装备、工业机器人、仪器仪表、纺织机械、智能交通、视频监控、信息家电等领域的嵌入式产品的开发应用水平，大力发展工业控制、机床电子、汽车电子、医疗电子、交通（含轨道）电子、电力电子、海洋电子等应用电子产业，不断提升信息技术为国民经济和社会发展支撑服务能力。

五、保障措施（略）

第8章

上市公司年报

京东方科技集团股份有限公司 2012 年年度报告（摘要）

一、主要会计数据和财务指标（见表 1）

表 1　2010—2012 年主要会计数据

项　目	2012年	2011年	本年比上年增减	2010年
营业收入（元）	25 771 583 386.00	12 741 413 562.00	102.27%	8 025 290 848
归属于上市公司股东的净利润（元）	258 133 391	560 866 477	−53.98%	−2 003 813 083
归属于上市公司股东的扣除非经常性损益的净利润（元）	−544 170 638	−3 871 227 843	85.94%	−2 074 964 015
经营活动产生的现金流量净额（元）	3 088 875 525	−778 530 727	496.76%	−1 053 315 294
基本每股收益（元/股）	0.019	0.041	−53.66%	−0.202
稀释每股收益（元/股）	0.019	0.041	−53.66%	−0.202
净资产收益率	1.00%	2.22%	−1.22%	−11.77%
项目	2012年末	2011年末	本年末比上年末增减	2010年末
总资产（元）	67 105 360 865	68 769 415 646	−2.42%	54 229 952 769
归属于上市公司股东的净资产（归属于上市公司股东的所有者权益）（元）	25 886 959 650	25 585 892 264	1.18%	24 955 013 046

二、主营业务分析

（一）概述

公司本年度营业收入较上年度同比增长102%，主要为生产线产能提升及新项目量产后主要产品销量增加导致销售收入增加；成本、费用及研发投入等随着公司规模扩大相应增加，同时，随着销售收入增长及公司盈利能力的提升，经营活动现金流亦同比增长。

公司回顾总结前期披露的发展战略和经营计划在报告期内的进展情况如下：

（1）本公司于2011年11月21日披露下属子公司可申请退还进口设备留抵税额事项（公告编号：2011-044）。2012年1月1日至2012年12月31日，北京京东方显示技术有限公司收到申请退还的进口设备增值税留抵税额共计12.79亿元。

（2）本公司于2011年10月26日披露关于下属子公司转让鄂尔多斯市京东方能源投资有限公司股权的事项（公告编号：2011-035）。该事项进展如下：

① 2012年10月24日，本公司下属公司收到北京工业发展投资管理有限公司发来《承诺函》，该事项剩余股权转让款将分两期支付，第一期不少于贰亿元于2012年10月31日前支付，余款于2012年11月30日前付清，截至2012年12月31日，上述余款已全部收到。

② 2012年10月24日，本公司下属公司收到北京昊华能源股份有限公司发来《函》，该事项剩余股

权转让款第一期不少于人民币伍仟万元于2012年10月25日支付，余款将于2013年12月31日前付清。截至披露日，本公司已收到第一期伍仟万元整*。

（3）合肥第8.5代线：厂房基础建设顺利进行，主体厂房封顶，正在进行内部洁净室装修，预计2014年第一季度投产。

（4）鄂尔多斯第5.5代AM-OLED项目：建设工程按计划完成，正在进行内部装修，LTPS、OLED技术工艺路线均已确定并完成项目基本技术方案检讨，项目计划于2013年年底前投产。

（二）收入（见表2）

表2　2011年和2012年产销量情况对比

行业分类	项　目	2012年	2011年	同比增减
TFT-LCD 业务	销售量（万片）	29 484	19 519	51%
	生产量（万片）	28 784	20 332	42%
	库存量（万片）	677	1 756	−61%

（三）成本（见表3）

表3　按行业分类成本分析

（单位：元）

行业分类	项　目	2012年		2011年		同比增减
		金　额	占营业成本比重	金　额	占营业成本比重	
TFT-LCD	材料、人工、折旧等	30 709 599 632	134.75%	14 970 102 042	111.37%	105.14%
显示光源	材料、人工、折旧等	1 752 594 786	7.69%	1 506 235 705	11.21%	16.36%
显示系统	材料、人工、折旧等	2 264 356 879	9.94%	1 753 694 131	13.05%	29.12%
其他业务	材料、人工、折旧等	736 062 956	3.23%	927 321 606	6.90%	−20.62%
抵消	材料、人工、折旧等	−12 672 281 790	−55.61%	−5 716 124 622	−42.53%	121.69%

三、主营业务构成情况（见表4）

表4　主营业务构成情况

（单位：元）

项　目	营业收入	营业成本	毛利率	营业收入比上年同期增减	营业成本比上年同期增减	毛利率比上年同期增减
分行业						
TFT-LCD	32 374 817 536	29 989 039 878	7.37%	140.18%	104.19%	16.33%
显示光源	1 895 845 902	1 748 468 173	7.77%	18.61%	16.74%	1.48%
显示系统	2 289 383 404	2 175 205 657	4.99%	28.80%	25.91%	2.18%
其他业务	522 887 266	424 537 905	18.81%	−23.16%	−20.19%	−3.01%
抵消	−12 164 878 721	−12 202 995 018	−0.31%	129.53%	127.03%	1.11%

* 本书中均为2012年的上市公司年报，年报中的数据及内容均为原文刊登，时态等问题未加修改，下同。

续　表

项　　目	营业收入	营业成本	毛 利 率	营业收入比上年同期增减	营业成本比上年同期增减	毛利率比上年同期增减
分产品						
TFT-LCD	32 374 817 536	29 989 039 878	7.37%	140.18%	104.19%	16.33%
显示光源	1 895 845 902	1 748 468 173	7.77%	18.61%	16.74%	1.48%
显示系统	2 289 383 404	2 175 205 657	4.99%	28.80%	25.91%	2.18%
其他业务	522 887 266	424 537 905	18.81%	−23.16%	−20.19%	−3.01%
抵消	−12 164 878 721	−12 202 995 018	−0.31%	129.53%	127.03%	1.11%
分地区						
中国	14 152 680 845	12 521 602 063	11.52%	89.20%	56.70%	18.35%
亚洲其他国家和地区	7 713 996 432	6 708 579 437	13.03%	97.14%	57.59%	21.83%
欧洲	2 107 054 865	2 010 604 861	4.58%	465.89%	417.28%	8.97%
美洲	913 463 168	863 228 211	5.50%	128.38%	137.43%	−3.60%
其他国家	30 860 077	30 242 023	2.00%	−56.10%	−56.10%	0.00%

四、核心竞争力分析

（一）创新突破，产品与技术自主创新能力显著提升

京东方深谙创新驱动价值创造理念，积极培育技术创新人才，不断完善技术创新体系，注重专利攻防体系建设，积极参与行业技术标准制定，前瞻性进行新技术、新产品开发，全面提升产品与技术核心竞争力。2012年，年度新增专利申请量突破2 500件，同比增长98.6%，专利申请数量位居全球前列；累计专利申请数量突破5 000件，可使用专利数量突破9 000件。推出了全球最大尺寸的65英寸超高清氧化物显示屏和110英寸超高清ADSDS显示屏，成功开发了采用氧化物技术的10.1英寸显示屏、应用喷墨打印技术的17.1英寸AM-OLED显示屏和55英寸3D 超高清产品。

（二）注重人才自主培养，不断强化人力资本

平板显示行业属于技术密集型行业，对高端技术与管理人才的争夺十分激烈，不同程度地存在高端人才短缺问题。京东方坚持自主培养为主、外部引进为辅的人才发展模式，强化人才梯队建设，采用强力激发快速成才的人才培养方式，形成了完善的人才培养体系，拥有了一支高水平的专业化技术人才队伍和具有丰富跨国经营经验的管理团队。

（三）坚持客户导向，与上下游企业稳定合作

在下游，京东方已与国内主要电视品牌厂以及三星、LG、戴尔、惠普、船井、联想等国内外知名厂商建立了长期稳定的战略合作关系，形成了稳定的客户群；在上游，在原有产业配套基础上，京东方与全球材料及设备厂商深度合作、协同开发，目前已有包括美国康宁、住友化学、LG化学、东进化学、乐凯偏光片等在内的近百家国内外上游设备与材料制造商为京东方就近配套，形成了稳固、高效的供应链体系。2012年，京东方本土材料国产化率已经达到60%，设备国产化率达到15%。

（四）合理布局，行业地位稳步提升

京东方已建设并成功运营了成都第4.5代线、北京第5代线、合肥第6代线、北京第8.5代线，并始终保持业内一流的产品良品率水平。合肥第8.5代TFT-LCD生产线、鄂尔多斯全球第二条第5.5代AM-OLED产线正在建设，其应用的Oxide和LTPS、AM-OLED技术将显著提升公司产品竞争力和盈利能力。目前，公司已形成以北京为中心的泛渤海产业基地、以合肥为中心的泛长三角产业基地和以成都为中心的西南产业基地。2012年，公司出货量已跃至全球第五位。

五、投资状况分析

1. 对外投资情况（见表5）

表5　对外投资情况

对外投资情况		
2012年投资额（元）	2011年投资额（元）	变动幅度
28 000 000	2 350 000	1 091.49%
被投资公司情况		
公司名称	主要业务	上市公司占被投资公司权益比例
鄂尔多斯市京东方能源投资有限公司	对能源的投资	20%
北京英飞海林投资中心	项目投资、投资咨询、投资管理	40%

2. 募集资金承诺项目情况（见表6）

表6　募集资金承诺项目情况

（单位：万元）

承诺投资项目和超募资金投向	是否已变更项目（含部分变更）	募集资金承诺投资总额	调整后投资总额（1）	本报告期投入金额	截至期末累计投入金额（2）	截至期末投资进度（3）＝（2）/（1）	项目达到预定可使用状态日期	本报告期实现的效益	是否达到预计效益	项目可行性是否发生重大变化
承诺投资项目										
第6代薄膜晶体管液晶显示器件（TFT-LCD）生产线（“6G项目”）	否	1 078 331	895 950	76 765	895 950	100%	2011年05月01日	12 408	不适用	否
补充流动资金（2009）	否	100 000	282 381	0	282 381	100%	不适用	不适用	不适用	否

续　表

承诺投资项目和超募资金投向	是否已变更项目（含部分变更）	募集资金承诺投资总额	调整后投资总额（1）	本报告期投入金额	截至期末累计投入金额（2）	截至期末投资进度（3）=（2）/（1）	项目达到预定可使用状态日期	本报告期实现的效益	是否达到预计效益	项目可行性是否发生重大变化
第8.5 代薄膜晶体管液晶显示器件（TFT-LCD）生产线（“8.5G项目”）	否	850 000	850 000	453 873	850 000	100%	2012年08月01日	–20 690	不适用	否
补充流动资金（2010）	否	44 365	44 365	0	44 365	100%	不适用	不适用	不适用	否
承诺投资项目小计	—	2 072 696	2 072 696	530 638	2 072 696	—	—	不适用	—	—
超募资金投向										
合计	—	2 072 696	2 072 696	530 638	2 072 696	—	—	不适用	—	—
未达到计划进度或预计收益的情况和原因（分具体项目）	无									
项目可行性发生重大变化的情况说明	无									
超募资金的金额、用途及使用进展　情况	不适用									
募集资金投资项目实施地点变更情况	不适用									
募集资金投资项目实施方式调整情况	不适用									
募集资金投资项目先期投入及置换情况	适用 于2009年募集资金到位前，根据2008年11月7日第五届董事会第十七次会议和2008年11月25日2008年度第二次临时股东大会表决通过的《关于投资建设第6代薄膜晶体管液晶显示器件（“TFT-LCD”）生产线项目的议案》和《关于非公开发行A股股票发行方案的议案》，本公司以自筹资金人民币1 309 500 000.00元先行投入6G 项目建设。2009年募集资金到位后，根据《深圳证券交易所上市公司募集资金管理办法》，经2009年6月23日本公司以募集资金人民币1 309 500 000.00元置换预先投入6G项目的自筹资金									
用闲置募集资金暂时补充流动资金情况	适用 根据2009年8月21日《京东方科技集团股份有限公司关于控股子公司以部分暂时闲置募集资金补充流动资金的公告》，为充分提高募集资金的使用效率，在不改变募集资金投向和不影响募集资金项目正常进行的前提下，合肥京东方募集资金监管账户中不超过9亿元人民币的暂时闲置资本金补充合肥京东方其他账户中流动资金需求，用于其他账户日常支付等业务，期限为6个月，合肥京东方已按规定按期归还上述募集资金至专户									

续 表

承诺投资项目和超募资金投向	是否已变更项目（含部分变更）	募集资金承诺投资总额	调整后投资总额（1）	本报告期投入金额	截至期末累计投入金额（2）	截至期末投资进度（3）=（2）/（1）	项目达到预定可使用状态日期	本报告期实现的效益	是否达到预计效益	项目可行性是否发生重大变化
项目实施出现募集资金结余的金额及原因	适用									
	6G项目：经2008年第五届董事会第十七次会议审议通过，本公司原拟使用2009年募集资金投入6G项目人民币90亿元，并承诺如实际募集资金净额超出拟投入募集资金总额时，则超出部分全部用于建设6G项目。目前6G项目财务结构合理，运营资金充足、稳定，可以满足日常经营需要。本公司于2011年4月22日召开的第六届董事会第八次会议审议通过了《关于将2009年非公开发行节余募集资金用于补充流动资金》的议案，同意将合肥京东方截至2011年3月31日存放于本公司募集资金专项账户中的原先承诺投入6G项目的节余募集资金1 910 185 759.45（其中本金人民币1 823 808 831.30元，衍生利息人民币86 376 928.15元）用于补充流动资金。8.5G 项目：截至2012年12月31日，8.5G项目节余募集资金衍生利息人民币16 423 606.86元									
尚未使用的募集资金用途及去向	无									
募集资金使用及披露中存在的问题或其他情况	无									

六、主要子公司、参股公司分析（见表7）

表7　主要子公司、参股公司情况

公司名称	公司类型	所处行业	主要产品或服务	注册资本	总资产（元）	净资产（元）	营业收入（元）	营业利润（元）	净利润（元）
北京京东方光电科技有限公司	子公司	TFT-LCD	开发生产薄膜晶体管显示器件	64 911 万美元	7 140 142 578	3 799 470 865	4 417 988 528	203 646 480	296 884 139
合肥京东方光电科技有限公司	子公司	TFT-LCD	开发生产薄膜晶体管显示器件	900 000 万元人民币	16 829 547 960	7 663 669 753	7 856 787 392	−317 639 651	124 078 451
北京京东方显示技术有限公司	子公司	TFT-LCD	开发生产薄膜晶体管显示器件	1 737 720 万元人民币	30 359 491 997	16 931 314 542	8 621 035 423	−362 024 801	−206 895 786
成都京东方光电科技有限公司	子公司	TFT-LCD	开发生产薄膜晶体管显示器件	183 000 万元人民币	4 042 275 394	1 841 904 526	2 720 210 498	41 987 720	89 760 438

七、非募集资金投资的重大项目情况（见表 8）

表 8　非募集资金投资的重大项目情况

（单位：万元）

项目名称	投资总额	本年度投入金额	截至期末累计实际投入金额	项目进度	项目收益情况
源盛光电 AM-OLED 项目	2 050 000	166 395	172 450	8%	不适用
合计	2 050 000	166 395	172 450	—	—
非募集资金投资的重大项目情况说明					
本表所列非募集资金投入主要用于鄂尔多斯市源盛光电 AM-OLED 项目在建工程建设及设备购置					

八、公司未来发展的展望

（一）行业竞争格局和外部经济环境

1. 行业竞争格局

随着电子信息产业的发展和应用领域的逐步扩展，平板显示产业得到迅猛发展，已成为一个市场规模大、技术更新快、产业辐射面广、拉动效益显著的重点产业。目前，虽然显示产业呈中日韩“三国四地”激烈竞争格局，价格战、知识产权战、复合战使竞争态势更为复杂，但京东方通过实施扎根战略，在显示行业站稳了脚跟，通过实施铁剑战略，奠定了参与全球竞争的基础。

2. 外部经济环境

目前全球经济仍处调整期，结构改革不到位和需求增长乏力等问题难以根本改观，全球产业结构调整出现新动向；未来几年，由于全球经济复苏、亚洲新兴经济体成长，云计算、物联网、彻底数字化和新型输入等技术发展对显示应用的刺激，全球面板市场需求将持续稳定增长。就中国国内而言，经济发展仍然存在很多不确定因素，国内原有的竞争优势、增长动力逐渐被削弱，新经济发展优势尚未形成，经济运行处在寻求新平衡过程中，但经济探底回升趋势已经显现。

（二）公司未来发展展望

京东方作为一家光电显示技术、产品和解决方案提供商，我们一直秉承着持续创新，从显示器件制造商向全球创新系统产品与服务提供商转变，实现持续稳定盈利，成为显示领域的世界领先企业的目标。

2013年，是京东方进入“挑战者”发展阶段，实施“铁剑战略”的开局之年，关键一年。公司将坚定贯彻“客户导向、精细管理、创新突破、确保盈利”的年度经营工作方针，全力以赴落实年度事业计划经营目标和各项战略任务。

1. 显示器件事业群

（1）中大尺寸产品事业：依据行业市场发展状况，努力做好产品和市场企划，特别是新产品企划。在维护好现有客户的基础上，积极开发新客户、开拓新市场，加强与国内战略客户的深度合作。加快新产品和高附加值产品市场推出速度，着重针对客户特定需求企划和开发定制产品。

（2）中小尺寸产品事业：全力加强国际战略客户维护，同时加大国内战略客户合作力度；加速产品、技术创新，推出颠覆性产品；实现产线优化升级，推动成本降低；加快ESL项目客户认证，拓宽市场，为集团经营贡献利润。

2. 非显示器件事业群

（1）整机品牌代工事业群：优化产品与客户结构，扩大现有客户销量及产品类型，采取措施增加高边效产品销售，加大市场开发力度，充分利用集团资源加强战略客户合作，扩大海外客户供应，加强研发团队建设，提高研发效率；发挥资源优势做出好产品、有竞争力产品。

（2）显示系统品牌事业群：坚持模仿性创新和颠覆性创新两条腿走路原则，重点加大商业模式创新力度，形成有自己特色的产品和服务；加快国内市场渠道开发建设，加强以新兴市场为重点的海外市场开拓；加大网络新渠道建设和宣传，迅速扩大电商销售；扩大高收益性商用产品销售规模，冲击国家节能补贴项目销售目标；加强产品品质管理和售后服务体系建设，树立良好企业形象。

（3）光科技事业群：强化精细管理，加快产品结构向高附加值产品和技术增值服务转型；有效整合共享资源，要做深做透显示照明，加快发展环境照明；环境照明要以品牌建设为核心，加大新产品开发力度，提升运营效率；推进光文化与科技产业园项目及新规划事业开展。

其他：①能源科技：以“扩张应用、强化技术、创新模式、持续盈利”为方针，在太阳能应用领域形成核心竞争力，夯实事业基础，提高项目开发与技术研发能力；②真空电器：提升产品技术开发、品质管控能力，完成新产品全面开发；③电子材料业务：做强原有优势产品，优化现有资源；④房地产事业：坚持客户导向，提高客户满意度，加强开发运营能力，加快商业模式创新。

TCL 集团股份有限公司 2012 年年度报告（摘要）

一、主要会计数据和财务指标（见表 1）

表 1　主要会计数据和财务指标

项　目	2012 年	2011 年	本年比上年增减（%）	2010 年
营业总收入（元）	69 628 669 043	60 834 135 423	14.46	51 869 879 626
毛利（元）	10 848 018 011	9 180 355 784	18.17	7 031 004 568
营业利润（元）	243 195 509	1 220 279 751	–80.07	–157 533 224
剔除华星光电后的营业利润（元）	600 817 004	1 426 691 931	–57.89	–131 946 573
净利润（元）	1 272 710 605	1 671 050 782	–23.84	472 403 244
归属于上市公司股东的净利润（元）	796 087 080	1 013 171 126	–21.43	432 538 470
归属于上市公司股东的扣除非经常性损益的净利润（元）	261 639 909	397 026 391	–34.10	–233 166 905
基本每股收益（元/股）[注1]	0.0939	0.1195	–21.42	0.0622
稀释每股收益（元/股）[注1]	0.0938	0.1195	–21.51	0.0622
扣除非经常性损益后的基本每股收益（元/股）[注1]	0.0309	0.0468	–34.11	–0.0335
加权平均净资产收益率	6.64%	9.39%	–2.75	5.83%
扣除非经常性损益后的加权平均净资产收益率	2.18%	3.68%	–1.50	–3.14%
经营活动产生的现金流量净额（元）	3 915 505 542	1 666 288 199	134.98	795 551 492
每股经营活动产生的现金流量净额（元/股）[注1]	0.4619	0.1966	134.98	0.0939
项　目	2012 年末	2011 年末	本年末比上年末增减（%）	2010 年末
总资产（元）	79 744 795 037	74 014 315 075	7.74	53 478 059 361
负债总额（元）	59 511 913 214	54 731 167 135	8.73	35 385 618 550
资产负债率	74.63%	73.95%	0.68	66.17%
剔除存款质押借款、保理借款后的资产负债率	72.36%	71.01%	1.35	59.00%
所有者权益总额（元）	20 232 881 823	19 283 147 940	4.93	18 092 440 811
归属于上市公司股东的所有者权益（元）[注2]	11 746 295 610	11 305 503 643	3.90	10 274 347 533
股本（股）	8 476 218 834	8 476 218 834	—	4 238 109 417

续 表

项 目	2012 年	2011 年	本年比上年增减（%）	2010 年
归属于上市公司股东的每股净资产（元/股）	1.3858	1.3338	3.90	2.4243

注1 本公司于2011年5月19日实施2010年度资本公积每10股转增股份10股的分配方案，本次转增完成后，公司总股本由4 238 109 417股增加为8 476 218 834股。2012年末及2011年末的基本每股收益、稀释每股收益、扣除非经常性损益后的基本每股收益、每股经营活动产生的现金流量净额按照新股本数（8 476 218 834股）计算，2010年同期的基本每股收益、稀释每股收益、扣除非经常性损益后的基本每股收益、每股经营活动产生的现金流量净额以原股本数（4 238 109 417股）为基础，按同比例资本公积转增测算的股本数（8 476 218 834股）重新计算。

注2 2012年本公司“归属于上市公司股东的所有者权益”增加了44 079万元，主要包括当期盈利79 609万元，直接计入资本公积的金额6 984万元，境外单位报表汇率折算减少权益133万元 以及2012年5月11日向公司普通股股东派发现金股利42 381万元。“归属于上市公司股东的所有者权益（资本公积）”增加了6 984万元，主要包括公司同一控制下企业合并（TCL多媒体收购TCL光电科技（惠州）有限公司100%股权）增加资本公积2 795万元，公司确认股票期权激励费用增加资本公积3 745万元，其他原因增加资本公积444万元，按照会计准则的相关规定，以上项目不计入当期损益，但增加本公司合并报表中“归属于上市公司股东的所有者权益（资本公积）”6 984万元。

二、报告期内业务发展回顾

报告期内，公司实现营业总收入696.29亿元，同比增长14.46%，其中，营业收入694.48亿元，同比增长14.32%；实现净利润12.73亿元，同比减少23.84%，其中，归属于上市公司股东的净利润7.96亿元，同比减少21.43%；实现经营活动现金净流入39.16亿元，同比增长134.98%。

报告期内，公司净利润与2011年同期相比下降的主要原因有：

（1）全球手机市场增速放缓和手机行业竞争的加剧，对手机产品的销售价格和毛利率构成了较大压力；TCL通讯加大了智能手机的研发投入和市场推广投入，研发及销售费用分别同比增长61%和33%。上述原因导致TCL通讯全年亏损1.69亿元（2011年同期实现净利润6.61亿元）。

（2）集团总部政府补贴收入比2011年同期减少2.5亿元，并因股票期权激励计划确认了0.37亿元非付现期权费用。

（3）为提升产品竞争力，建立公司面向未来的能力，公司在研发方面加大了投入力度。

为更好适应中国经济呈现的新产业快速成长、传统产业需要升级的特点，公司始终着眼于工业能力、技术能力和全球化运营能力，全面提升企业面对未来的综合竞争能力，形成了以TCL多媒体、TCL通讯、TCL家电集团和华星光电为核心产业的“4+6”的业务架构。集团下属各产业以速度、效率和成本控制为基础，持续优化生产工艺、推进卓越绩效管理准则的应用以及加强对关键产品的开发与创新，增强在产业价值链上的纵深整合能力，以实现产业的有效升级。

2012年，公司在提升管理能力和运营效率的基础上，不断强化各产业间的协同效应，整体竞争力不断增强。多媒体业务借助华星光电向产业链上游延伸，增强了产品的研发设计实力，并通过产品结构调整和营销渠道拓展有效提升了市场占有率和盈利能力。华星光电在9月提前3个月实现设计产能，透光率、良品率等技术指标均达到行业领先水平。家电业务加强与公司内部产业协同联动，通过优化产品结构和共享销售渠道实现家电集团业务整体逆市增长。

报告期内，各主要产业（除TCL通讯外）经营业绩同比均有较大增长。其中：多媒体产业LCD 电视销量达1 552.7万台，同比增长42.97%（本公司含商用显示器的LCD电视机整体销量为1 578.1万台，同比增长42.60%）；2012年第三季度，液晶面板行业整体转暖，华星光电全年实现液晶玻璃基板投片75.34万片，液晶电视面板和模组产品销量合计1 085万片，第四季度经营情况明显改善；家电集团逆市实现产品销量和净利润的双增长。翰林汇、房地产、泰科立等各项业务盈利状况稳定。报告期内，各产业销量与产量的增长幅度相匹配，库存量处于合理水平。

报告期内，公司通过持续研发投入，在智能云终端尤其是智能云电视发展方面处于行业最前端。2012年年初，本公司率先推出了“全云战略”，从企业战略高度提前布局，打造了业内最强的智能云电视产品阵营。在“2012年度中国电子信息产业经济运行暨彩电行业研究季度发布会”上，TCL智能电视产品收获优秀智能云电视、工业设计奖、创新产品奖和互动体验领先技术四项重量级大奖。公司最新科技产品V101A-3D还荣获第46届国际消费电子展（CES）的“年度智能云电视大奖”。截至2012年年底，公司累计申请专利9 225项，其中国外专利728项；累计授权专利4 074项。

三、主营业务构成情况

（一）本年度公司主要产业的收入、成本、毛利率情况（见表2）

表 2　本年度公司主要产业的收入、成本、毛利率情况

（单位：万元）

主要产业	主营收入	主营成本	毛 利 率	主营业务收入同比变化	主营业务成本同比变化	毛利率增减
多媒体电子产业	3 229 950	2 667 809	17.40%	18.52%	17.34%	0.83%
移动通信产业	977 404	737 818	24.51%	10.90%	17.76%	–4.40%
家电产业	767 187	629 569	17.94%	17.97%	12.69%	3.84%
华星光电	723 731	709 968	1.90%	不适用	不适用	不适用

（二）主要产业经营分析

1. 多媒体电子产业

2012年，TCL多媒体通过优化产品组合及拓展销售渠道，配合积极进取的市场策略，促进了LCD电视销量的大幅增长，报告期内TCL多媒体销售LCD电视1 552.7万台，超额完成本年度1 520万台的销量目标，成为中国首家LCD电视年销售量超过1 500万台的电视机企业。根据DisplaySearch最新数据，TCL多媒体的品牌销售量在全球 LCD电视机市场的占有率从2011年的4.8%提升至2012年的5.8%，排名上升至第四位，同时以18.0%的市场占有率高踞LCD电视机中国市场第一位。此外，公司产品结构不断优化，12月的LED电视、智能及网络电视以及3D电视销售量占整体LCD电视销量的比例分别为92.2%、77.7%和28.9%（见表3）。

表 3　TCL 多媒体液晶彩电产品按技术功能和市场区域构成

（单位：万台）

	2012 年	2011 年	同比变化（%）
LCD 电视机	1 552.7	1 086.0	43.0
其中：LED 背光液晶电视机	1 182.8	468.2	152.6
智能/网络电视	463.7	149.2	210.8
3D 电视	217.9	32.6	568.8
—中国市场	885.6	660.6	34.1
—海外市场	667.1	425.4	56.8

2. 华星光电

报告期内，华星光电销售液晶面板合计1 084.94万片，实现销售收入72.37亿元，净利润3.15亿元，其中经营性亏损0.63亿元。受惠于面板行业的整体环境好转，以及华星光电自身生产和经营能力的快速提升，华星光电第四季度的经营情况大幅改善，实现销售收入38.55亿元，净利润3.9亿元，运营首年即实现盈利。

报告期内，华星光电的产能和良品率稳步快速提升。华星光电完成了四道光罩生产技术工艺的全面导入，全年玻璃基板投片量达75.34万片。9月提前三个月实现项目设计产能10万片，12月玻璃基板投片量提升至12.02万片。产品综合良品率已达到行业先进水平。

华星光电目前已导入了28英寸、32英寸、37英寸、46英寸、48英寸、55英寸和110英寸液晶面板和模组产品，并在产品中全面应用了自主研发的具有高光穿透率的HVA技术，有效降低了液晶电视能耗和背光成本。报告期内，华星光电的主销产品为32英寸液晶面板和模组产品，产品品质已获得国内外一线整机客户的肯定，客户结构日趋合理，国内客户出货量占比近六成。华星光电投产后产品出货量快速增长，同时受益于国家实施面板关税上调和节能补贴政策，第四季度已成为全球最大的32英寸面板供应商。公司37英寸、46英寸和28英寸液晶面板和模组产品也已实现小批量出货。

华星光电的产品技术和生产技术研发进展顺利。报告期内，华星光电共申请专利788项。继2月成功研发出全球最大110英寸四倍全高清3D液晶显示屏，10月又成功研制出全球最高规格55英寸四倍全高清液晶显示屏。通过持续改善生产工艺技术能力，华星光电已陆续推出4K、2K超高清、3D、超窄边框等新技术产品。

同时，华星研发中心已经投资建立第4.5代FPD研发试验线，进行低温多晶硅、氧化物半导体和OLED等新型显示技术的研究，并于12月27日成功点亮第一块32英寸新型平板显示产品。

3. 其他业务

主要从事商用显示、电子商务、安防产品、照明及智能成像等业务。报告期内，系统科技整体实现销售收入34.47亿元。重点业务商用显示、电子商务、照明业务都取得了较大发展。其中，商用显示业务借助公司资源共享优势，通过对供应链的垂直整合以及运营效率的提升，初步完成在酒店、教育、运营商、数字标牌四大行业布局，LCD商用显示销量和收入都实现同比快速增长。在电子商务业务方面，公司通过强化IT平台能力和物流配送能力，加强与京东、淘宝、易购，易迅等核心电子商务渠道的战略合作，被淘宝评为国内最具竞争力的3C产品运营商。照明业务通过加大研发投入，推出了系列LED新品，在市场开拓方面取得了较大突破。

四、主要子公司、参股公司情况（见表4）

表4　主要子公司、参股公司情况

公司名称	最终持股比例	业务或产品	注册资本	总资产（亿元）	净资产（亿元）	营业总收入（亿元）	净利润（万元）
TCL 多媒体科技控股有限公司（合并）	61.78%	投资控股	1 072 275 768 港元	210.89	38.31	326.36	64 852.07
TCL 通讯科技控股有限公司（合并）	50.78%	投资控股	1 114 193 373 港元	104.90	19.11	98.34	−16 911.76

续　表

公司名称	最终持股比例	业务或产品	注册资本	总资产（亿元）	净资产（亿元）	营业总收入（亿元）	净利润（万元）
深圳市华星光电技术有限公司（合并）	55.00%	第 8.5 代液晶面板	人民币 100 亿元	279.64	101.46	72.68	31 542.49
翰林汇信息产业股份有限公司（合并）	70%	笔记本分销	人民币 1.3 亿元	20.32	3.91	129.84	23 227.99
惠州 TCL 房地产开发有限公司（合并）	66.5%	房地产开发	人民币 1 亿元	37.23	4.21	9.31	11 474.97

天马微电子股份有限公司 2012 年年度报告（摘要）

一、主要会计数据和财务指标（见表 1）

表 1　2010—2012 年主要会计数据和财务指标

	2012 年	2011 年	本年比上年增减	2010 年
营业收入（元）	4 333 544 367.00	4 614 967 219.00	–6.1%	3 454 211 508.00
归属于上市公司股东的净利润（元）	54 416 788.00	101 133 343.00	–46.19%	70 381 821.00
归属于上市公司股东的扣除非经常性损益的净利润（元）	–29 365 957.00	–19 707 770.00		40 847 935.00
经营活动产生的现金流量净额（元）	816 946 079.00	532 957 245.00	53.29%	355 446 353.00
基本每股收益（元/股）	0.094 8	0.176 1	–46.17%	0.1226
稀释每股收益（元/股）	0.094 8	0.176 1	–46.17%	0.1226
净资产收益率	4.04%	7.98%	–3.94%	5.96pec
	2012 年末	2011 年末	本年末比上年末增减	2010 年末
总资产（元）	7 803 188 441.00	8 318 563 205.00	–6.2%	7 971 514 291.00
归属于上市公司股东的净资产（归属于上市公司股东的所有者权益）（元）	1 373 011 622.00	1 318 953 568.00	4.1%	1 215 025 194.00

二、公司与实际控制人之间的产权及控制关系（见图 1）

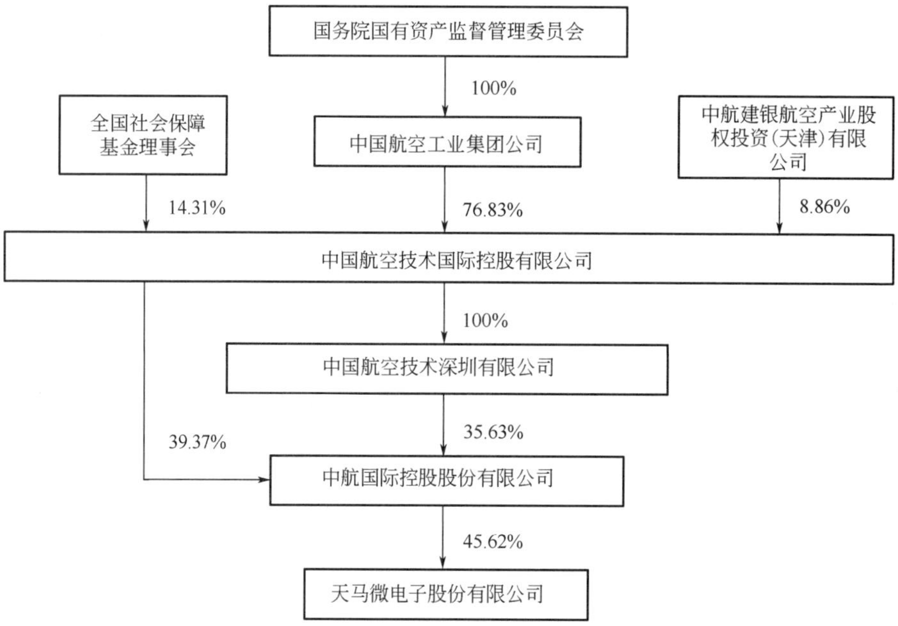

图 1　公司与实际控制人之间的产权及控制关系

三、主营业务分析

（一）收入

2012年，公司主营业务收入423 801万元，与上年同期相比未发生重大变化，实现净利润5 442万元，综合毛利率13.6%，全年LCD销售额为91 338万元，占总销售收入的21.6%；LCM销售额为332 463万元，占总销售收入的78.4%。公司前五大客户资料如表2所示。

表 2　公司前五大客户资料

序　号	客户名称	销售额（元）	占年度销售总额比例
1	SAMSUNG ELECTRONICS CO. LTD.	677 212 068.00	16%
2	武汉天马微电子有限公司	610 013 251.00	14%
3	深圳市中兴康讯电子有限公司	217 054 421.00	5%
4	华为终端有限公司	204 718 339.00	5%
5	LG Electronics Inc	136 640 065.00	3%
合计		1 845 638 144.00	43%

（二）成本（见表 3、表 4）

表 3　按行业分类成本情况

（单位：元）

行业分类	项　目	2012 年		2011 年		同比增减
		金　额	占营业成本比重	金　额	占营业成本比重	
电子元器件行业	主营业务成本	3 662 078 982.00	98.7%	3 999 534 106.00	98.3%	–8.4%
电子元器件行业	其他业务成本	48 886 325.00	1.3%	67 732 706.00	1.7%	–27.8%
电子元器件行业	小计	3 710 965 307.00	100%	4 067 266 812.00	100%	–8.8%

表 4　按产品分类成本情况

（单位：元）

产品分类	项　目	2012 年		2011 年		同比增减
		金　额	占营业成本比重	金　额	占营业成本比	
液晶显示屏及模块	主营业务成本	3 662 078 982.00	98.7%	3 999 534 106.00	98.3%	–8.4%
液晶显示屏及模块	其他业务成本	48 886 325.00	1.3%	67 732 706.00	1.7%	–27.8%
液晶显示屏及模块	小计	3 710 965 307.00	100%	4 067 266 812.00	100%	–8.8%

公司前 5 名供应商情况如表 5 所示。

表 5　公司前 5 名供应商情况

序　号	供应商名称	采购额（元）	占年度采购总额比例
1	武汉天马微电子有限公司	703 165 273.00	18%
2	MARUBENI CORPORATION	157 382 742.72	4%
3	深圳莱宝高科技股份有限公司	102 600 325.63	3%
4	Shanghai Nitto Optical CO. LTD	100 912 489.09	3%
5	HIMAX TECHNOLOGIES LIMITED	86 459 190.93	2%
合计		1 150 520 021.37	30%

（三）费用

（1）销售费用98 707 212元，同比增长5%；销售费用增加主要系薪资调整，人工费用增加所致。

（2）管理费用365 825 658元，同比增长7%；管理费用增加主要系本集团研发投入增加及人员调薪所致，本年研发投入176 130 733元，同比增加27 785 006元。

（3）财务费用163 861 374元，同比增长31%；财务费用增加主要系美元汇率本年下降幅度较上年减小，公司持有美元贷款产生汇兑收益较上年减少所致。

（4）所得税费用12 162 190元，同比减少42%；所得税费用减少主要系税前利润减少所致。

（四）研发支出

本年度研发支出176 130 733元，占净资产3 056 111 991元的5.8%，占营业收入4 333 544 367元的4.1%。

四、主营业务构成情况（见表 6）

表 6　主营业务构成情况

（单位：元）

	营业收入	营业成本	毛 利 率	营业收入比上年同期增减	营业成本比上年同期增减	毛利率比上年同期增减
分行业						
电子元器件行业	4 238 011 785.00	3 662 078 982.00	13.59%	–6.4%	–8.4%	1.9%
分产品						
液晶显示屏及液晶显示模块	4 238 011 785.00	3 662 078 982.00	13.59%	–6.4%	–8.4%	1.9%
分地区						
国内	2 246 411 308.00	1 992 164 522.00	11.32%	1.9%	1.9%	0%
国外	1 991 600 477.00	1 669 914 460.00	16.15%	–14.3%	–18.4%	4.2%

五、主要子公司、参股公司情况（见表 7）

表 7　主要子公司、参股公司情况

公司名称	公司类型	所处行业	主要产品或服务	注册资本	总资产（元）	净资产（元）	营业收入（元）	营业利润（元）	净利润（元）
上海天马微电子有限公司	子公司	电子元器件行业	液晶显示屏及模块	103 000 万元	3 779 765 990.00	1 159 713 585.00	2 302 064 031.00	16 577 220.00	90 764 532.00
成都天马微电子有限公司	子公司	电子元器件行业	液晶显示屏及模块	120 000 万元	3 008 561 9 98.00	1 277 923 4 59.00	762 942 45 4.00	–67 608 9 91.00	18 808 738.0 0
驰誉电子有限公司	子公司	电子元器件行业	液晶显示屏及模块	10 万港币	27 031 463. 00	11 069 752. 00	4 484 142.0 0	2 116 617 .00	1 767 376.00
美国天马公司	子公司	电子元器件行业	液晶显示屏及模块	163.64 万美元	131 545 09 3.00	20 118 521. 00	339 286 60 1.00	7 597 154 .00	4 459 690.00
韩国天马公司	子公司	电子元器件行业	液晶显示屏及模块	50.8 万美元	7 455 752.0 0	7 170 513.0 0	9 943 580.0 0	–278 848. 00	–163 151.00
欧洲天马公司	子公司	电子元器件行业	液晶显示屏及模块	20 万美元	24 445 104. 00	12 037 254. 00	68 177 994. 00	3 533 989 .00	3 572 679.00
深圳中航显示技术有限公司	子公司	电子元器件行业	液晶显示屏及模块	1 000 万元	6 782 249.0 0	6 679 749.0 0	0.00	–307 683. 00	–307 683.00
武汉天马微电子有限公司	参股公司	电子元器件行业	液晶显示屏及模块	171 111 万元	5 377 317 3 62.00	1 433 611 3 62.00	2 462 098 0 45.00	–252 923　399.00	–105 461 693. 00
黄石瑞视光电技术股份有限公司	参股公司	电子元器件行业	液晶显示屏及模块	3 000 万元	84 489 198. 00	36 931 174. 00	148 157 57 6.00	8 234 315 .00	7 156 716.00

主要子公司、参股公司情况说明：

（1）上海天马净利润90 764 532元，较上年减少38%，主要系本年收到政府补助款项较上年减少所致；

（2）成都天马净利润18 808 738元，较上年减少72%，主要系本年收到政府补助款项较上年减少所致；

（3）武汉天马净利润–105 461 693元，较上年增加47 080 561元，主要系上年产能爬坡所致；

（4）黄石瑞视净利润7 156 716元，较上年增长978%，主要系上年产能爬坡所致。

六、公司未来发展的展望

（一）行业竞争格局和发展趋势

1. 业竞争格局

全球面板产业在经历2011年至2012年上半年的持续低迷后，市场需求在2012年下半年有回暖迹象，但市场需求增长缓慢，产能过剩的行业格局仍然持续，行业复苏缓慢。

中国产能增加使全球产业格局发生新的变化，原来面板产业基本上集中在日本、韩国和中国台湾地区，现在“三足鼎立”变成了“三国四地”，中国大陆成了其中重要的部分，全球竞争开始走上合纵连横的道路。

2. 业发展趋势

2013年世界经济增速将快于2012年，但仍处于低速增长状态。美国经济缓慢复苏，欧洲债务危机的影响将相对减弱。国际货币基金组织预测全球经济在2013年会有3.4%的增长，高于2012年0.3个百分点。

从平板显示行业来看，根据DisplaySearch的预测，2013年全年液晶面板需求量为32亿片，同比增长4%。其中，智能手机、平板电脑的市场增长幅度仍然很大，数码相机、专业显示等市场也呈增长趋势，笔记本电脑、功能手机、AV等细分市场将出现下滑的现象。

（二）公司发展战略

根据DisplaySearch的调研数据，未来智能手机和专业显示市场仍然有增长趋势。公司将紧紧抓住智能手机、专业显示等应用市场快速发展所带来的商机，调整产品结构，进一步实施大客户策略，提高市场份额和市场地位。

公司顺应未来的技术和行业发展趋势，加强技术布局，提升行业地位。提前做好新技术产品（如AMOLED、LTPS、氧化物TFT等）、生产线、产能等方面的规划和布局，加强新技术产品的储备和积累，提升新产品量产能力。强化托管公司NLT技术人员对公司的技术支援，加强公司技术能力。

（三）经营计划

2013年公司业务发展实施大客户和专业显示战略，持续推进客户结构调整，建立适应大客户和专业显示客户需求的营销模式，扩大公司产品在目标客户的渗透率；通过市场调研收集客户需求，加强市场研究，制定战略性产品规划；技术发展结合战略性产品规划，建立前瞻性新技术储备机制、建成中期可量产技术规范平台和远期量产技术转移平台内部运作机制；运营发展加强产品生命周期管理和成本规划管理，提高运营效率；人才发展塑造“以人为本”的企业文化，提升一线员工稳定性。

（四）未来面对的风险

1. 宏观经济政策风险

公司所处行业为液晶电子行业，与宏观经济形势密切相关。2013年，国内外经济形势依然存在很大的复杂性与不确定性。

国际方面，在发达经济体增长乏力、外需低迷的负面影响下，新兴经济体的经济增速继续放缓，全球经济复苏可能需要相当长的一段时间；国内方面，在外需市场不振和内需市场难以启动的双重夹击下，国内经济增速呈现放缓态势。国内外经济环境的复杂形势将对整个平板显示行业和制造企业的发展形成负面效应，加剧平板显示行业增速放缓。

对此，公司将夯实基础，打造软实力，从管理上要效益，加强技术储备，提升产品附加价值，提高国际与国内大客户占有率。此外，针对应用市场的规模萎缩或增速放缓的情况，公司将优化调整业务结构和客户结构，实施大客户和专业显示两大发展战略，持续推进对目标客户的渗透率，增加来自目标客户的销售收入，提升公司的盈利能力。

2. 市场风险

随着大尺寸应用市场的面板需求下降，将吸引更多厂商转战中小尺寸显示领域，同时也加剧了该领域的市场竞争；同时，智能手机、平板电脑市场的快速增长将持续削弱功能手机、数码相机、PND等传统应用市场的市场需求，导致功能手机、数码相机、PND等市场规模萎缩、增速放缓。

对此，公司将继续专注于中小尺寸面板市场，进一步做大做强中小尺寸面板业务，持续提升市场竞争力，提高市场份额和市场地位。同时，公司将紧紧抓住智能手机、平板电脑、专业显示等应用市场快速发展所带来的商机，积极开拓市场，争取更多项目，努力提升业务实力，从产品性能、质量、价格、服务等多个方面有效满足客户需求。

3. 技术提升风险

随着新技术（如AMOLED、LTPS、氧化物TFT等）的发展成熟和应用市场的不断推广，将对现有主流产品和技术构成挑战与威胁，使行业的产品技术结构不断演化，对公司新产品和新技术的研发与制造水平提出了更高的要求。

对此，公司将顺应未来的技术和行业发展趋势，加强技术布局，提升行业地位。提前做好新技术产品、生产线、产能等方面的规划，加强新技术产品的储备和积累，建成现有技术开发平台、中期可量产技术规范平台、远期量产技术转移平台等内部运作机制，并搭建供应商技术平台提供后端供应支持，加强产品技术储备与积累，以应对未来技术变化趋势，在目标市场、关键客户领域保持技术领先，并为未来切入高端市场做准备。

4. 成本控制风险

由于内外部经济形势的不确定性和复杂性，将对公司营运和管理成本产生重大影响；此外，由于原材料与人工成本的不断上涨，可能影响公司盈利目标的达成，进而影响公司成本竞争优势与市场竞争力的可持续性。

对此，公司将建立成本远期规划机制，加强对产品市场价格的预测能力，提前进行成本控制，确保价格曲线和成本曲线之间保持足够的盈利空间；公司将通过加强供应链的协同能力，与上游供应商建立良好的合作关系等方式加强对上游供应商的议价能力，重点加强采购成本的缩减；公司还将基于客户的技术规格要求，从材料规格方案的成本适配性角度出发，建立前瞻性的成本方案平台，制定有竞争力的成本方案；此外，公司将从从财务绩效、战略规划的匹配性等角度对设备投资/改造进行综合评价，科学评估投资价值，提高投资效率，避免投资时的短视和浪费行为。

七、重大合同及其履行情况

（1）2010年2月5日，本公司第五届董事会第十四次会议审议通过了《关于上海天马微电子有限公司受托管理上海中航光电子有限公司的议案》。根据公司与上海中航光电子有限公司签署的托管协议，公司将在2010年2月1日至2011年12月31日期间对上海中航光电子有限公司进行管理。公司第六届董事会第十五次会议审议通过了《关于子公司“上海天马”与“上海中航光电子”续签托管协议暨关联交易的议案》，将托管期限顺延至2014年12月31日。2012年上海天马向上海中航光电子有限公司收取托管费用人民币10 272 105.00元。

（2）2011年5月15日，本公司第六届董事会第十二次会议审议通过了《关于子公司上海天马托管厦门天马公司暨关联交易的议案》并签订托管协议。根据公司之控股子公司上海天马微电子有限公司与厦门天马微电子有限公司续签的托管协议，上海天马将对厦门天马的资产、负债、人员、项目建设、生产经营及业务等事项行使管理权，托管期限为：自2011年5月17日起，至2014年2月28日止。2012年上海天马向厦门天马微电子有限公司收取托管费用人民币9 748 427.00元。

（3）2011年2月25日，本公司第六届董事会第八次会议审议通过了《关于天马微电子股份有限公司受托管理深圳中航光电子有限公司的议案》并签订托管协议。根据公司与深圳中航光电子有限公司签署的托管协议，公司将在2011年2月25日至2012年2月24日此段期间内对深圳中航光电子有限公司持有的NLT技术株式会社70%的股权全权进行管理。2011年12月28日本公司第六届董事会第十五次会议审议通过了《关于公司与“深圳中航光电子”续签托管协议既关联交易的议案》并续签托管协议，将托管期限顺延至2014年12月31日。2012年本公司向深圳中航光电子有限公司收取托管费用人民币1 006 667.00元。

信利国际有限公司 2012 年年度报告（摘要）

一、财务摘要（见表 1）

表 1　财务费用

（单位：千港元）

年　份		2012	2011	变动%
收益		12 374 379	10 503 988	+17.8
毛利		1 556 853	1 309 694	+18.9
本公司拥有人应占本年度溢利		710 261	380 759	+86.5
税息折旧及摊销前利润		1 618 612	1 248 134	+29.7
每股盈利（港仙）－基本及摊薄		25.67	13.76	+86.6
每股股息（港仙）附注 1	－中期	5	3	+66.7
	－末期	5	2.5	+100.0
	－全年	10	5.5	+81.8

附注1：本公司分别按已发行2 768 037 398股、2 764 773 398股及2 764 773 398股普通股计算，向于2012年6月19日、2012年10月29日及2013年1月28日营业时间结束时名列本公司股东名册之股东派付中期股息合共每股5港仙共约138 288 000港元，当中1 521 000港元及55 295 000港元已于2012年派付，而41 472 000港元则于2013年应付。

二、业务回顾及奖项

年内，收益录得双位数增长约17.8%至约124亿港元（2011年为105亿港元），此乃主要由于如主席报告书所述在智能手机市场的持续全球增长（尤其是在中国）中成功增加市场份额所致。年内本公司拥有人应占溢利约为7.10亿港元，较2011年（约3.81亿港元）增加约86.5%。本年度毛利率及本公司拥有人应占本年度纯利率分别上升至约12.6%（2011年为12.5%）及约5.7%（2011年为3.6%）。管理层认为，本集团2013年可通过收益增长、规模经济之效益以及汽车显示器产品之销售量上升逐步改善其溢利率。

本集团的LCD业务（包括触控屏及汽车显示器业务）占年内总收益的约88.3%。微型相机模块及印刷电路板销售等其他业务则占本集团2012年收益的约11.7%。管理层认为，智能手机市场于未来数年将继续备受追捧（尤其是在中国），而本集团之主要产品将持续受惠于此趋势。

过去数年间，本集团不仅专注于生产，亦投放大量资源于研发方面，2012年及2011年分别投资约4.81亿港元及3.77亿港元。液晶体显示器产品分部方面，2013年1月，本集团中国附属公司信利半导体有限公司的专利项目“液晶显示设备及其制作方法”被广东省知识产权局评选为2013年广东专利优秀奖。

三、分类收益及业绩

本集团按经营及报告分类划分的收益及业绩分析如表2所示。

表 2 截至 2012 年 12 月 31 日年度按经营及报告分类划分的收益及业绩分析

（单位：千港元）

收　益	液晶体显示器产品	电子消费产品	分类总额	对　销	综　合
外销	10 930 123	1 444 256	12 374 379	—	12 374 379
分类间销售	—	399 400	399 400	（399 400）	—

四、前景

展望2013年，尽管环球经济状况或有所改善，但仍具挑战性，主要是美国及欧洲经济仍疲弱不稳。撇除中国市场，LCD产品（包括智能手机）的需求或会因消费者购买力下降而不稳。然而，本集团深信2013年智能手机市场将会继续向好，并预期中国智能手机市场将于未来数年维持大幅增长，故有信心于2013年持续录得增长。本集团一如既往地采取成本及存货监控措施，以应对不稳定的经济状况。同时，本集团将加快自动化生产进程，以降低中国劳工工资持续增加带来的负面影响。

市场营销团队及生产规划将继续紧密合作，以制订最完善的成本架构，从而优化本集团的经营及财务业绩。

深圳莱宝高科技股份有限公司 2012 年年度报告（摘要）

一、主要会计数据和财务指标（见表 1）

表 1　2010—2012 年主要会计数据和财务指标

	2012 年	2011 年	本年比上年增减（%）	2010 年
营业收入（元）	1 210 055 041.69	1 236 554 632.81	–2.14	1 146 343 363.95
归属于上市公司股东的净利润（元）	140 927 776.38	459 468 237.77	–69.33	451 102 096.73
归属于上市公司股东的扣除非经常性损益的净利润（元）	124 587 257.08	427 173 612.52	–70.83	442 469 135.64
经营活动产生的现金流量净额（元）	123 179 429.69	590 311 369.16	–79.13	594 471 644.00
基本每股收益（元/股）	0.23	0.77	–70.13	0.75
稀释每股收益（元/股）	0.23	0.77	–70.13	0.75
净资产收益率（%）	5.82	20.54	–14.72	24.11
	2012 年末	2011 年末	本年末比上年末增减（%）	2010 年末
总资产（元）	2 780 583 008.53	2 789 699 322.37	–0.33	2 542 542 565.72
归属于上市公司股东的净资产（归属于上市公司股东的所有者权益）（元）	2 452 529 517.90	2 404 880 107.53	1.98	2 077 106 436.47

二、公司与上述股东或单位之间的产权及控制关系（见图 1）

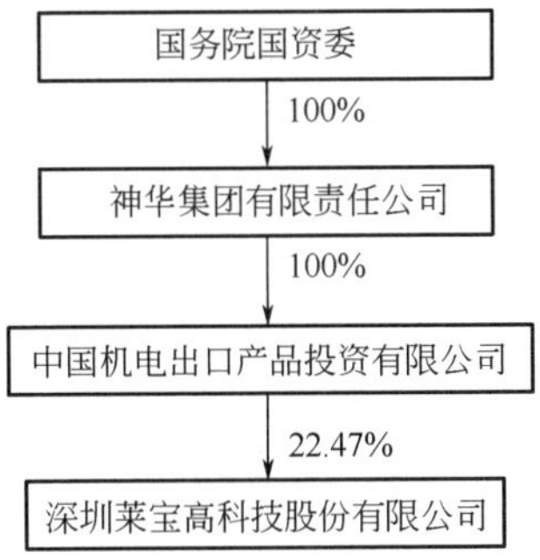

图 1　公司与上述股东或单位之间的产权及控制关系

三、董事会报告

（一）概述

2012年，受市场竞争加剧、部分主要客户业务向产业链上游延伸并加大自制比例、释放自身产能等因素综合影响，电容式触摸屏产品来自原主要客户的订单量及售价较上年同期有较大幅度下降，该产品销售收入大幅下降；同时，受销售订单大幅下降影响，亦导致设备产能利用率较低。受上述综合因素影响，公司触摸屏产品销售毛利较大幅度下降，对2012年度经营业绩造成较大不利影响。本年度增加的电容式触摸屏模组的产销量与设计产能比较，尚未形成规模效应，对公司2012年度的经营业绩贡献有限。针对以上情况，公司2012年度成功实现向触摸屏产业链中游延伸，在国内外知名整机客户资源开发方面取得突破性进展，一体化电容式触摸屏（OGS）产品自2012年9月开始小批量生产供货，随着该产品产能逐步释放及良品率提升，将对公司的未来业绩产生积极影响。

报告期内，公司实现主营业务收入121 005.50万元，较上年同期下降2.14%；实现营业利润16 060.53万元、净利润14 092.78万元，较上年同期分别下降69.51%、69.33%。

（二）主营业务分析

1. 概述

表2列出了报告期内，公司营业收入、成本、费用、研发投入、现金流等项目的同比变动情况。

表 2　营业收入、成本、费用、研发投入、现金流等项目同比变动情况

（单位：元）

项　　目	2012 年	2011 年	同比增减
营业收入	1 210 055 041.69	1 236 554 632.81	–2.14%
营业成本	902 923 671.45	617 536 209.77	46.21%
销售费用	16 578 566.67	16 435 505.62	0.87%
管理费用	140 493 282.30	99 135 779.46	41.72%
财务费用	–23 465 836.05	–13 707 086.70	—
研发投入	71 642 848.11	53 226 001.26	34.60%
经营活动产生的现金流量净额	123 179 429.69	590 311 369.16	–79.13%

对相关重大变动情况说明如下。

（1）营业收入：虽较2011年度稍减2.14%，但由于市场竞争加剧带来主导产品触摸屏面板的销量、价格大幅下降，以及公司业务向产业链下游调整延伸至模组产品，综合导致2012年度产品收入结构发生重大变化。主要体现在：

① 触摸屏面板（CTP Sensor）：其销售收入占比（占比=该产品当年收入/当年销售总收入，下同）由2011年的67.05%下降至2012年的28.74%，下降38.31%，其主要原因是该产品受市场竞争加剧、部分主要客户业务向产业链上游延伸并加大自制比例、释放自身产能等因素影响，中小尺寸产品合计销量较上年下降42.84%、小尺寸产品均价较上年同期下降34.39%。

② 模组产品：其销售收入占比由2011年的3.62%提升至2012年的34.60%，上升30.98%，其主要原因系模组项目投产后产能逐步释放，其销量较上年上升987.70%、而均价较上年同期下降14.12%。

③ ITO导电玻璃销售收入占比较上年提升5.14%、销量较上年增加47.84%，其主要原因系根据客户需求、调整部分CTP Sensor 设备用于加大导电玻璃的产能所致；CF产品及TFT-LCD空盒产品合计销

售占比16.13%，较上年略下降3.94%。

④ OGS产品自2012年9月开始小批量生产供货，其销售占比为5.34%，而上年无此产品销售。

（2）营业成本：较2011年增加46.21%，主要系2012年度根据客户需求、调整部分CTP Sensor 设备用于加大导电玻璃的产能，ITO 产品销量较上年增加47.84%，销售成本较上年同期增加61.13%；模组项目投产后产能逐步释放，其销量较上年上升987.70%，销售成本较上年同期增加793.08%。

（3）管理费用：较2011年增加41.72%，主要是本期研发投入增加、公司业务规模扩大相应增加人工等费用，以及莱宝光电模组项目开办费支出等综合影响所致。

（4）财务费用：较上年减少975.87万元，主要是本期银行存款利息收入增加及汇兑损失减少影响所致。

（5）研发投入：较2011年增加34.60%，主要系公司历来重视新产品和新技术的开发和创新工作，将新产品研发投入作为保持公司核心竞争力的重要保证，2012年，公司尤其加大OGS 方面的研发投入所致。

（6）经营活动产生的现金流量净额：较2011年减少79.13%，主要是本期产销增幅较大的模组产品比产销降幅较大的触摸屏面板产品的盈利水平低，公司盈利能力下降及尚未到期货款增加综合影响所致。

公司回顾总结前期披露的发展战略和经营计划在报告期内的进展情况如下。

公司《2011年年度报告》披露公司长期发展战略是：坚持走专业化发展道路，以自主掌握核心技术为发展动力，以市场为导向，不断增加高附加值产品的产销比重，进一步巩固在平板显示上游材料产业的市场竞争优势，围绕平板显示材料，大力发展相关产品，努力建成“国内一流、国际知名”的平板显示材料专业制造企业。2012年，公司经营围绕上述发展战略，在国内外知名整机客户资源开发方面取得突破性进展，OGS产品自2012年9月开始小批量生产供货；加速研发包括LTPS TFT、氧化物半导体TFT、柔性TFT、AM-OLED等新型显示面板的试验开发力度，并积极探索和论证其产业化应用。

公司《2011年年度报告》披露公司2012年主要工作目标包括：梳理和完善公司的运营体系和组织架构、加大新产品销售力度并做好市场营销工作、实施模组项目及光明二期厂房建设、重庆莱宝产业园建设、稳妥推进非公开发行股票事宜等。2012年，公司围绕上述主要工作目标，对运营体系和管理架构进行适度调整，提升了工作效率和效果；模组项目顺利投产并逐步释放产能，但其与Film-Film 结构模组相比，由于其价格及成本不具有优势导致下半年订单不足，未能发挥其有效产能；市场营销工作取得一定成果，在国内外知名整机客户资源开发方面取得突破性进展；光明二期厂房于2012年末竣工并投入使用；重庆莱宝产业园建设进展顺利，截至报告期末完成B区厂房整体框架工程；同时积极开展非公开发行股票方案申报等工作，2012年末取得中国证监会的核准批文。

2. 收入（见表3）

表 3　2011—2012 年收入情况

（单位：元）

项　目	2012 年	2011 年	同比增减比例
营业收入	1 210 055 041.69	1 236 554 632.81	–2.14%

本年度营业收入较2011年度减少2.14%，变化不大，但由于市场竞争加剧带来主导产品触摸屏面板的销量、价格大幅下降，以及公司业务向产业链下游调整延伸至模组产品，导致产品收入结构发生重大变化（见表4）。

表 4 按产品分类产销量情况

产品分类	项　目	2012 年	2011 年	同比增减
电子元器件—显示材料	销售量（万片）	1 014.97	828.94	22.44%
	生产量（万片）	1 040.77	825.96	26.01%
	库存量（万片）	69.62	43.82	58.88%
	市场占有率（%）	见说明	见说明	见说明
电子元器件—触控器件	销售量（万块）	692.82	60.09	1 052.97%
	生产量（万块）	746.54	69.03	981.47%
	库存量（万块）	62.65	8.94	601.16%
	市场占有率（%）	见说明	见说明	见说明

相关数据同比发生变动30%以上的原因说明：

（1）显示及触控材料库存量增加58.88%，主要是本期电容式触摸屏模组产品产销规模逐步扩大及一体化电容式触摸屏产品批量生产相应增加触控材料（CTP Sensor）生产周转库存影响所致。

（2）触控器件销售量、生产量较上年分别增长1052.97%、981.47%，主要是报告期内电容式触摸屏模组产品产销量较2011年同期大幅增长、且报告期内新增一体化电容式触摸屏产品产销综合影响所致；触控器件库存量较上年同期增长601.16%，主要是随着报告期内电容式触摸屏模组产品较2011年同期大幅增长而相应增加库存量所致。

（3）鉴于目前缺乏专业的显示及触控材料、触控器件的行业统计调查数据，因此无法计算出准确的市场占有率数据，故未填列上述市场占有率相关数据。

3. 成本

本年度，营业成本较2011年度增加46.21%（见表5），主要系2012年度根据客户需求、调整部分CTP Sensor 设备用于加大导电玻璃的产能，销量较上年增加47.84%，销售成本较上年同期增加61.13%；模组项目投产后产能逐步释放，其销量较上年上升987.70%，由于该产品毛利率比电容式触摸屏产品低较多，其发生的材料及人工成本等大幅增加，销售成本较上年同期增加793.08%。

表 5 按行业分类成本情况

（单位：元）

行业分类	项　目	2012 年 金　额	2012 年 占营业成本比重	2011 年 金　额	2011 年 占营业成本比重	同比增减
电子元器件	直接材料	557 137 308.29	61.7%	315 190 496.85	51.04%	76.76%
	人工工资	95 510 947.65	10.58%	76 883 276.23	12.45%	24.23%
	折旧	105 811 038.93	11.72%	94 910 002.81	15.37%	11.49%
	能源	52 258 022.40	5.79%	49 461 130.89	8.01%	5.65%
	其他制造费用	89 689 507.23	9.93%	81 091 366.30	13.13%	10.60%
	其他	2 516 846.95	0.28%	—	—	—
合计		902 923 671.45	100.00%	617 536 209.77	100.00%	46.21%

公司主要供应商情况：公司生产用主要显示及触控原材料全球供应商集中在日本、韩国、中国台湾地区等少数厂商，中国大陆较少厂商能够提供；报告期内，不存在向某原材料供应商采购比例达30%以上之情形。

4. 研发支出

本年度研发支出较上年增加34.60%，主要用于加大OGS项目研发投入；该研发项目产品2012年9月开始小批量生产供货，其销售收入占2012年度销售总收入的比例5.34%，将为公司非公开增发项目的顺利实施奠定较好的技术基础和市场客户资源。

四、主营业务构成情况（见表6）

表6　主营业务构成情况

（单位：元）

项　目	营业收入	营业成本	毛利率	营业收入比上年同期增减	营业成本比上年同期增减	毛利率比上年同期增减
分行业						
电子元器件	1 200 254 290.84	900 406 824.50	24.98%	−2.94%	45.81%	−25.08%
分产品						
显示材料及触控器件	1 200 254 290.84	900 406 824.50	24.98%	−2.94%	45.81%	−25.08%
分地区						
中国大陆销售	932 972 574.89	809 481 483.00	13.24%	156.62%	226.03%	−18.47%
中国大陆以外地区销售	267 281 715.95	90 925 341.50	65.98%	−69.38%	−75.38%	8.28%

五、核心竞争力分析

（1）拥有较强技术优势：公司专业、专注于平板显示材料行业20多年，是国内极少数自主完整掌握平板显示前段工艺技术的厂商，核心技术涵盖超薄玻璃基板的切割磨边、抛光、钢化、低温ITO镀膜、低电阻ITO镀膜、金属镀膜、掩模镀膜、光刻、化学气相沉积（CVD）、干法刻蚀（DE）、湿法刻蚀、切割灌晶、薄化、成形、消影、全贴合技术（含OCA贴合、LOCA贴合）等一系列技术。

（2）产品丰富且规格齐全：公司的主导产品涵盖ITO 导电玻璃、彩色滤光片、TFT-LCD面板、触摸屏（包括CTP Sensor、G-G CTPM 和OGS），在国内外知名LCD、触摸屏及整机客户中得到广泛认可。

（3）拥有前瞻性技术储备：公司拥有1条第2.5代非晶硅TFT-LCD面板生产线，已自主掌握非晶硅TFT-LCD面板的设计和制作工艺技术，可拓展应用至AM-OLED、E-PAPER、LTPS-TFT等各类新型平板显示器件，且公司正在开发包括氧化物半导体TFT、LTPS TFT、AM-OLED等在内的新型显示面板技术、样品。一旦新型显示面板的产业化条件成熟，公司将实现触控显示产业一体化的全面综合发展。

（4）拥有自主知识产权：公司自主研发出一体化电容式触摸屏（OGS）产品，拥有自主知识产权的专利，而且公司在OGS产品方面拥有从玻璃基板至最终成品的全制程、一站式交付供应的优势。截至报告期末，公司共计申请、授权90项专利，其中中国大陆专利76项（发明专利39项、实用新型专利37项），台湾地区专利14项（发明专利7项、实用新型专利7项）。

此外，生产用的设备、土地使用权等均为公司购置或所有；没有发生因设备或技术升级换代等导致公司核心竞争力受到严重影响之情形。

六、投资状况分析

（一）对外股权投资情况（见表 7）

表 7　对外投资情况

对外投资情况		
2012 年投资额（元）	2011 年投资额（元）	变动幅度
106 000 000.00	150 000 000.00	−29.33%
被投资公司情况		
公司名称	主要业务	上市公司占被投资公司权益比例
深圳莱宝光电科技有限公司	触控模组生产及销售	100%
深圳市莱恒科技有限公司	液晶显示屏的薄化生产及销售	40%
重庆莱宝科技有限公司	制造、销售触摸屏、平板显示器件及电子产品	100%

（二）主要子公司、参股公司分析（见表 8）

主要子公司、参股公司情况说明：

（1）莱宝科技（香港）实业有限公司（公司之全资子公司）：本期末总资产较年初增加156.64%，其主要原因是销售规模扩大导致应收账款大幅增加所致；2012年实现净利润较上年度减少228.27万元，主要系期末应收账款增加相应计提坏账准备增加及管理费用增加所致。

（2）重庆莱宝科技有限公司（公司之全资子公司）：系2011年11月设立，由于该公司2012年处于基建阶段，尚未开展实际经营业务，故没有产生销售收入。

（3）深圳莱宝光电科技有限公司（公司之全资子公司）：自2012年4月设立后逐步投产生产触摸屏模组产品，但其产品结构（Glass-Glass）与Film-Film 结构模组相比，由于其价格及成本不具有优势导致下半年订单不足，未能发挥其有效产能；OGS产品小批量生产，良品率处于爬坡阶段（不高），实际产量占设计产能较低，致使全年亏损4 297.15万元。

（4）浙江金徕镀膜有限公司（公司之控股子公司）：由于其模组产品产能得到较大释放且品质较为稳定与收到政府补贴大幅增加，致使2012年度实现净利润较上年增加510.61万元。

（5）深圳市莱恒科技有限公司（公司之参股子公司）：系2012年3月设立，正式投产自下半年开始；由于前期投入较大且产能尚未完全释放，导致其2012年亏损144.19万元。

（三）非募集资金投资的重大项目情况（见表 9）

报告期内，公司稳步推进实施董事会或股东大会审议通过的投资项目：

（1）“光明工厂二期厂房扩建项目”：光明二期厂房于2012年12月竣工并投入使用。

（2）“一体化电容式触摸屏批量试验线项目”：生产场地已完工，生产设备陆续到位，并在安装调试及试产中。

（3）“电容式触摸屏模组产能扩充项目”：已完成数台水胶贴合机的购置和调试，部分设备已实现小批量生产，但是鉴于水胶贴合设备和工艺尚未完全成熟，因此该项目尚未大规模开展。

（4）公司控股子公司——浙江金徕镀膜有限公司的“电容式触摸屏模组项目”已实现批量生产，截至2012年年底，已具备1.2KK/m的产能。

表 8　主要子公司、参股公司分析

公司名称	公司类型	所处行业	主要产品或服务	注册资本	总资产（元）	净资产（元）	营业收入（元）	营业利润（元）	净利润（元）
莱宝科技(香港)实业有限公司	子公司	贸易	技术引进与交流、信息咨询、技术服务及进出口贸易	10 000 港币	84 291 459.59	10 799 152.23	194 832 823.55	255 354.04	−59 964.48
重庆莱宝科技有限公司	子公司	电子元器件	制造、销售触摸屏、真空镀膜玻璃、平板显示器件及电子产品	15 000 万元	160 110 025.11	149 919 776.49	0.00	−77 984.97	−77 984.97
深圳莱宝光电科技有限公司	子公司	电子元器件	制造、销售触摸屏、平板显示器件及电子产品	10 000 万元	154 104 568.61	57 028 508.01	183 999 488.91	−43 410 619.55	−42 971 491.99
浙江金徕镀膜有限公司	子公司	电子元器件	ITO 导电玻璃及触控模组的生产和销售	1 120 万美元	181 357 874.80	112 172 606.70	377 118 135.94	1 232 874.09	4 533 376.70
深圳市莱恒科技有限公司	参股公司	电子元器件	液晶显示屏的薄化生产及销售	1 500 万元	13 994 555.37	13 558 141.82	1 846 721.66	−1 441 978.18	−1 441 858.18

表 9　非募集资金投资的重大项目情况

（单位：万元）

项目名称	投资总额	本年度投入金额	截至期末累计实际投入金额	项目进度	项目收益情况
光明二期厂房扩建项目	9 225	8 112.39	8 249.39	90%	见说明
一体化电容式触摸屏批量试验线项目	8 272	729.75	1 597.92	30%	见说明
电容式触摸屏模组产能扩充项目（光明工厂二期）	5 533	927.79	927.79	20%	见说明
金徕公司电容式触摸屏模组项目	5 789	799.79	2 644.85	100%	见说明

续表

项目名称	投资总额	本年度投入金额	截至期末累计实际投入金额	项目进度	项目收益情况
莱宝光电电容式触摸屏模组项目	7 212.43	2 075.5	2 075.5	80%	见说明
重庆莱宝产业园B区建设项目	13 140.8	1 442.34	1 442.34	10%	见说明
非募集资金投资的重大项目情况说明					
（1）“光明工厂二期厂房扩建项目”：光明二期厂房于2012年12月竣工并投入使用。该项目属于土建工程性质，并不产生直接的项目收益。 （2）“一体化电容式触摸屏批量试验线项目”：生产场地已完工，生产设备陆续到位，并在安装调试及试产中，因此报告期内尚未产生收益。 （3）“电容式触摸屏模组产能扩充项目”：已完成数台水胶贴合机的购置和调试，部分设备已实现小批量生产，但是鉴于水胶贴合设备和工艺尚未完全成熟，因此该项目尚未真正大规模开展，因此报告期内尚未产生收益。 （4）公司控股子公司——浙江金徕镀膜有限公司的“电容式触摸屏模组项目”已实现批量生产，截至2012年年底，已具备1.2KK/m的产能。鉴于电容式触摸屏模组产能逐步释放，报告期内亏损1 320.77万元。 （5）公司全资子公司——深圳莱宝光电科技有限公司的“电容式触摸屏模组项目”自2012年下半年起逐步投产，截至2012年年底，已具备1.6KK/m的产能，而且还利用部分场地空间实现OGS批量生产，开发水胶贴合工艺并实现批量生产。鉴于该项目开办费、产能爬坡等前期投入较大，且产能尚未完全释放，综合影响导致报告期内产生亏损，亏损4 297.15万元。 （6）公司全资子公司——重庆莱宝科技有限公司建设的重庆莱宝产业园B区建设项目，于2012年11月正式开工建设，主要车间已完成3层顶板，预计2013年6月完工。该项目属于土建工程性质，并不产生直接的收益					

（5）公司全资子公司——深圳莱宝光电科技有限公司的“电容式触摸屏模组项目”3个月实现投产，截至2012年年底，已具备1.6KK/m的产能，并且利用部分场地空间实现OGS批量生产，开发水胶贴合工艺并实现批量生产。

（6）公司全资子公司——重庆莱宝科技有限公司建设的重庆莱宝产业园B区于2012年11月开工建设，主要车间已完成3层顶板；公司利用自有资金先期垫付，非公开发行股票募集资金投资项目之一——一体化电容式触摸屏项目预计自2013年8月开始投产。

七、公司未来发展的展望

（一）行业竞争格局和发展趋势

1. 行业竞争格局

受新兴消费类电子产品的市场需求增长的推动，显示及触控厂商不断扩充产能，行业竞争环境更趋复杂，消费类电子产品降价压力日渐加大。

公司是国内极少数自主完整掌握平板显示前段工艺技术的厂商，行业内具有显著的技术优势，新产品设计开发能力较强，现已具备各类产品的自主设计开发能力，是国内首家自主研发出OGS产品并已开始小批量供货。公司产品结构丰富，基本涵盖中小尺寸平板显示、触控面板的主流产品，形成ITO、CF、CTP Sensor和TFT-LCD空盒产品系列并顺利切入了境内外数家知名品牌整机市场。

ITO导电玻璃方面，国内厂商有百余家，市场竞争一直较为激烈；受全球经济复苏缓慢影响，未来竞争更多的是产品价格竞争；鉴于公司的ITO导电玻璃产品主要定位于中高档产品，产品的附加值较高，因此，具有较强的规模成本优势和产品质量稳定可靠的竞争优势。彩色滤光片（CF）方面，公司具有批量生产CSTN-LCD用CF和TFT-LCD用CF的生产能力，持续面临消费类电子产品价格不断下降带来的降价压力，同时面临TFT-LCD产品降价进而带来越来越大的替代压力。TFT-LCD空盒方面，市场竞争激烈，面临AM-OLED面板和IPS、LTPS等高画质显示面板的替代竞争压力；公司主要面临日本、中国台湾地区相关厂商带来的价格竞争压力。触摸屏面板及触控模组方面，公司自主掌握触控材料的制造工艺技术，产品质量稳定、优异，自主设计开发出OGS结构和制作工艺技术，具备持续开发电容式触摸屏的新产品、新技术的能力；但现有主流触摸屏及模组产能面临过剩，产品价格下降的压力还将继续存在。

2. 行业发展趋势

随着移动互联网产业环境日益成熟，智能手机、平板电脑等新兴消费类电子产品的需求持续爆发式增长，且对触控显示的功能要求不断提升。同时，显示屏尺寸日益向更大尺寸、更高分辨率的方向发展，而且以AM-OLED面板、氧化物半导体TFT 面板为代表的新型显示面板在中小尺寸显示面板占据越来越为重要的市场地位。此外，触摸屏对轻薄化和性价比的要求不断提升，On-Cell、In-Cell、OGS等单片触控结构的触摸屏模组产品逐步量产并日益渗透至越来越多的应用领域，传统结构的触摸屏模组产品面临市场需求下降和价格大幅下降的压力。

在Windows 8操作系统的助推下，搭载触控功能的笔记本电脑和一体化计算机（AIOPC）的出货比例不断提升，相应带动中大尺寸触摸屏模组的市场需求持续增长。据专业市场调研机构NPD DisplaySearch的研究报告指出，2012—2015年，触控笔记本电脑和AIO出货年复合成长率（CAGR）将分别达到11%、43.7%，可以看出，中大尺寸触摸屏模组的市场需求越来越强劲。受到市场预期效应的推动，包括台湾宸鸿、胜华及铼宝等在内的触控模组厂均已纷纷加码扩产，并为满足客户轻薄设计需求，致力于发展OGS技术，开发智能手机、平板电脑与PC品牌客户。

此外，平板电脑、触控笔记本电脑等客户对触摸屏模组和显示模组全贴合的一站式交付的需求日益显著和迫切。

（二）公司发展战略

上述行业发展趋势，将对公司2013年的经营发展带来巨大挑战与机遇。显示方面，在稳固现有ITO导电玻璃、CF、TFT-LCD面板既有市场的基础上，公司需要不断优化升级已掌握的非晶硅TFT-LCD面板设计和制作工艺技术，加快开发包括车载显示等在内的定制化TFT-LCD产品，尽快掌握高分辨率、宽视角、半反半透型TFT-LCD的设计和工艺制作技术，加快LTPS TFT、氧化物半导体TFT、AM-OLED的开发进度，力争早日具备产业化条件；触摸屏方面，对传统G-G结构的触摸屏模组产品，需不断开发新技术、新产品，降低生产成本，提升市场竞争力；对OGS产品，依托公司自主专利技术、全产业链生产等竞争优势，快速提升OGS产品的良品率，不断开发出高性价比的OGS产品，满足客户触摸屏轻薄化的要求，深耕细作开发国内和国际整机品牌市场。

公司长期发展战略是坚持走专业化发展道路，以自主掌握核心技术为发展动力，以市场为导向，不断增加高附加值产品的产销比重，进一步巩固在平板显示上游材料产业的市场竞争优势，围绕平板显示材料，大力发展相关产品，努力建成“国内一流、国际知名”的平板显示材料专业制造企业。

（三）2013 年主要工作目标

（1）强化内部管理，进一步优化调整组织架构和工作流程，适应市场快速变化和交付能力的要求。

（2）顺应市场变化，采取“稳固国内市场，大力开发国际优质客户”的销售策略。ITO、CF、CTP Sensor产品要在稳固优质客户资源的基础上，力争更多份额；第2.5代TFT-LCD产品要加大车载、工控等定制品和宽视角TFT、半反半透型TFT等新产品的市场开发力度；重点推广低成本的单层多点G-G CTPM市场；大力推广智能手机、平板电脑、超极本、AIO PC等市场的OGS应用。

（3）大幅提升产品的良品率水平，其中，G-G CTPM良品率要提升至97%以上；OGS良品率要达到80%以上。

（4）加快In-Cell CTP、LTPS TFT、AM-OLED等新产品的研发力度，力争早日具备产业化生产条件。

（5）大力推进重点项目的建设，深圳光明工厂二期确保OGS批量试验线项目产能实现，并做好一至三楼的项目规划；继续加快开发全贴合工艺和设备，力争早日量产；重庆莱宝产业园确保一期厂房2013年6月竣工，OGS项目2013年8月开始投产。

八、政府补助明细（见表10）

表10　政府补助明细

项　　目	本年发生数	上年发生数
电容式触摸屏研发及产业化项目	277 500.00	210 000.00
电子纸用 TFT-Array 驱动背板工艺技术研发	170 000.00	120 000.00
TFT-LCD 用彩色滤光片研发及产业化	330 000.00	330 000.00
中小尺寸 TFT-LCD 用彩色滤光片生产线项目	280 000.00	280 000.00
中大尺寸电容式触摸屏产能扩充技术改造项目	300 000.00	—
产业技术进步资金贷款贴息	—	3 737 000.00
生产性水电费补贴款	—	2 769 500.00
电子纸显示器用 TFT 驱动背板项目资助	—	400 000.00
电容式触摸屏研发及产业化资助资金	—	600 000.00
财政局机电产品及高新技术产品出口资助	—	510 442.00
2010 年骨干企业加快发展操作奖励资金	—	300 000.00
重点培育行业技改项目贴息	—	764 400.00
进口产品贴息	289 500.00	294 150.00
市场监督管理局资助补贴款	—	30 800.00
人才招聘会展位费补贴	—	500.00
高新技术产业款	5 818 729.00	—
专利资助款	37 000.00	—
鹏城减废先进企业奖励	20 000.00	—
2011 年销售增长奖励和清洁生产奖励	80 000.00	—
财政 2011 年市区工业企业技改专项补助金	540 050.00	—
开发区 2011 年市区工业企业技改专项补助金	540 050.00	—
新兴产业专项补助	3 000 000.00	—
合计	11 682 829.00	10 346 792.00

芜湖长信科技股份有限公司 2012 年年度报告（摘要）

一、主要会计数据和财务指标（见表 1）

表 1　2010—2012 年主要会计数据和财务指标

	2012 年	2011 年	本年比上年增减	2010 年
营业总收入（元）	810 345 077.13	589 318 937.05	37.51%	483 092 828.86
营业利润（元）	212 791 575.82	170 290 078.57	24.96%	129 865 906.34
利润总额（元）	239 908 890.42	177 834 674.88	34.91%	137 267 141.42
归属于上市公司股东的净利润（元）	203 561 478.56	152 530 058.36	33.46%	117 147 927.17
归属于上市公司股东的扣除非经常性损益的净利润（元）	179 688 238.63	146 100 737.23	22.99%	110 840 630.12
经营活动产生的现金流量净额（元）	231 700 515.81	70 295 576.70	229.61%	68 103 044.93
	2012 年末	2011 年末	本年末比上年末增减	2010 年末
资产总额（元）	1 782 025 089.95	1 494 867 151.73	19.21%	1 225 180 441.15
负债总额（元）	335 105 297.95	214 618 905.27	56.14%	61 528 476.32
归属于上市公司股东的所有者权益（元）	1 446 919 792.00	1 280 248 246.46	13.02%	1 163 651 964.83
期末总股本（股）	326 300 000.00	251 000 000.00	30%	125 500 000.00

二、总体经营情况

2012年，是迄今为止公司发展步伐最快、生产经营规模最大的一年，也是公司经济效益最好的一年。公司的整体规模再上新台阶，综合竞争力进一步提高，研发力量得到加强，主营业务成功拓展至CTP-SENSOR和TFT薄化领域，传统业务ITO导电玻璃产销规模再创新高，产品良品率和产品质量稳步提高，产品结构继续得到优化，一批技术含量高、边际贡献大，市场前景好的产品占比有所提高。在各种原辅材料、电力、人工成本价格有所上涨的情况下，销售产品毛利率得以维持并略有提高，显示了公司较强的成本控制能力。

2012年，公司完成了年初董事会制定的各项目标任务，取得了较好的经营业绩，同时为以后的发展打下了坚实基础，回顾起来，主要做了以下几个方面的工作。

（一）拓展新业务领域、增强公司发展后劲

本报告期，公司在经营好传统业务ITO导电玻璃的基础上，成功将主营业务拓展至电容式触摸屏领域和TFT减薄领域。近年来，触摸屏作为人机交互界面，在移动通信终端上的应用越来越广泛，根据美国市场研究公司IDC发布的市场调研报告，2012年中国手机市场中智能手机的出货量已达60%左右，这一趋势每年将以20%以上速度递增；而随着搭载触控功能的Windows 8操作系统的推出，触控平板电脑、Ultrabook、AIO产品的出货量占比逐月提升，而且由于其尺寸大，Sensor的需求量大，公司紧紧抓住这一市场机遇，加快推进电容屏项目，第2.5代产线2012年4月量产，第3代产线2012年10月量产；移动通

信终端的轻薄化趋势日趋明显，公司加强了对玻璃减薄技术的研发，现在已经掌握了第5代（1 100mm×1 300mm）大尺寸玻璃减薄技术及其设备制造技术，到2012年10月公司玻璃减薄生产线全部投入生产。同时，为了提高减薄产品的附加值和竞争力，公司研发掌握了大尺寸显示屏的辅助加工技术，减薄及其辅助配套加工业务的全面性，可以为客户提供一体化服务，增强了公司产品对客户的吸引力，极大地提高了公司产品的竞争力。

（二）调整产品结构、增加盈利空间

电子行业产品的市场特点之一是随着产品市场成熟期的到来，伴随着竞争的加剧，降价成为必须面对的现实；而且在现有经济环境条件下，各种原辅材料、人工成本的上涨也是不可避免的。报告期内，为了保持公司产品的盈利能力，稳定毛利率水平，公司以高水平、高投入的产品研发为依托，发挥公司在行业的技术优势，结合市场需求，大力调整产品结构，加大附加值高、边际贡献大的产品产销比例。这项工作不仅在传统的ITO业务中发挥效用，在新拓展的电容屏业务和玻璃减薄业务中也收效显著。

（三）完善机构设置、实施目标考核责任制

报告期内，根据主营业务特点，公司按主营业务类别设置三个事业部，第一事业部主管ITO导电玻璃业务，第二事业部主管电容屏业务，第三事业部主管玻璃减薄业务。公司制定先进、科学的目标考核管理办法，分季度对各个事业部的产量、成本、效益进行考核，根据考核结果对各事业部进行奖惩。在管理理念上引导事业部由生产制造中心转变为生产中心、成本中心和效益中心。使得各事业部的生产、质量管理工作更加精细、更加专业、效率更高。公司层面设置综合管理部门、物资采购部门、技术支持部门、后勤保障部门，在保证各事业部正常运转的同时，使公司的高层管理人员能够集中精力谋划公司的发展战略、未来规划。

（四）加快募投项目建设、实现预期经济效益

公司的募投项目分为计划募投项目和超募项目，公司在选定募投项目时，结合公司的核心技术、核心竞争力和行业发展趋势，经过反复论证、调研，才加以确定。截至本报告期末，公司所有募投项目（主要是超募项目）均已建设完毕，本年度完成募集资金投资额为6 125.66万元。其中，高档STN项目投资2 403.04万元，第二条生产线于2012年7月底建成，8月初投入生产，主要生产市场需求旺盛的STN导电玻璃和IM-ITO导电玻璃；电容屏项目投资3 722.62万元，一期电容屏项目第2.5代生产线于2012年第一季度末调试、试产正常，4月开始进入量产阶段；二期电容屏项目第3代生产线于2012年第三季度末安装、调试、试产正常，10月开始进入量产阶段。募投项目投产后，产能大幅度增加，市场开拓和市场营销工作的效果如何，直接关系到募投项目能否发挥预期经济效益。由于公司紧跟市场需求，把握行业技术动态，提前做好市场布局，投资的项目均实现预期经济效益。本年度募投项目创造经济效益达9 520.57万元，占主营业务净利润的55%，随着2013年整个年度产能的释放，给公司经济效益的贡献将会更大。

（五）加大研发投入、提升核心竞争力

公司这几年发展速度快、经济效益好、市场影响力大、行业知名度高，法宝之一就是逐年加大研发投入，重视技术进步，并将此转化为公司的市场营销能力和实实在在的经济效益，提升公司的核心竞争力，保持有内在质量的可持续发展。本年度研发费用投入3 072.57万元，比上年同期增长了18.81%，占营业收入的比重为3.79%。高投入保证了高质量的研发工作，2012年在研项目多达15个，已经在本年度产生效益的项目有：①单片玻璃触控技术（One Glass Solution，OGS）及其批量生产工艺，该项目开

发出从中尺寸到大尺寸系列产品，并通过英特尔公司测试，已批量供货行业一流客户。②BM涂布工艺研制。在电容式触摸屏技术方面，要运用单片玻璃触控技术，必须解决BM（Black Matrix）涂布工艺问题，这是OGS产品量产的前提。公司通过反复试制，攻克了这一技术难点，为OGS量产创造了条件。③减薄配套工艺研发，为客户提供的减薄加工业务，不仅只是减薄一道工序，根据客户需要还要进行进一步的深加工，公司在完善减薄工艺、提高单台设备产能的同时，重点加强大尺寸工艺研发，攻克了诸多技术难点，满足了客户的差异化需求，巩固了公司在这一领域的龙头地位。④无色差ITO（IMITO）玻璃研制，这款产品成为今年的主打产品，一推出即被市场认可，产生了良好的经济效益。⑤旋转靶材研发，镀膜离不开靶材，公司所用靶材均是从国外进口，每年消耗大量外汇，生产成本居高不下。为此公司成立研发团队，投入大量资金对该项目进行研发，取得较好效果。2013年重点是对批量生产的设备、工艺进行研究，争取在本年度批量生产。⑥On-cell触控技术研制。2012年在该项技术研发方面已经打下了良好基础，2013年将会重点进行技术攻关，力争在生产工艺完善、批量生产方面取得重大突破，为产品推向市场做好准备。

三、报告期内主要经营情况

（一）主营业务情况（见表 2）

表 2　主营业务情况

（单位：元）

	营业收入	营业成本	毛 利 率	营业收入比上年同期增减	营业成本比上年同期增减	毛利率比上年同期增减
分行业						
电子材料行业	803 899 753.52	492 198 359.98	38.77%	37.51%	36.24%	0.36%
分产品						
显示器件材料	803 899 753.52	492 198 359.98	38.77%	37.51%	36.24%	0.36%
分地区						
国内销售	737 313 649.23	451 099 365.51	38.82%	32.73%	31.8%	0.43%
出口销售	66 586 104.29	41 098 994.47	38.28%	111.96%	111.01%	0.29%

（二）公司竞争能力重大变化分析

报告期内，在固有优势的基础上，通过实施募投项目、自筹资金项目、加大研发投入、调整产品结构、创新管理模式，公司的综合竞争力进一步增强。主要体现在以下几个方面：

（1）募投项目电容式触摸屏顺利完成并实现量产，TFT减薄及其配套加工项目建设并全部量产，使公司主营业务拓展至电容屏领域和TFT减薄领域，为公司培育了新的利润增长点，使公司业务结构更趋合理，三大主业互相依托，互相支持。可以肯定，在2013年，新拓展的电容屏业务和玻璃减薄业务将成为公司新的利润增长点。

（2）研发力度加大，研发项目多，项目选项技术含量高、市场前景广阔。根据行业技术发展动态和企业实际情况，公司对研发项目进行合理推进，优先选择那些能够快速量产、降低成本的项目，使研发优势转化为企业的综合竞争力优势。

（3）根据客户需求，调整产品结构，是企业产品适应市场的永恒主题。对此，公司有着清醒的认识，不但传统业务ITO导电玻璃面临不断调整产品结构的问题，新拓展的业务也有调整产品的问题。公司还注意在调整产品结构过程中，掌握主动权，引领市场需求，提高公司产品在行业中的竞争力，从而增强公司的综合竞争力。

（4）管理和技术是驱动企业发展的两个轮子，随着公司产销规模的扩大和新业务领域的进入，完善现代企业制度、加强管理工作、创新管理模式、引进新的适合公司特点的管理方法和管理手段，显得尤为重要。报告期内，公司管理创新对促进生产经营工作发挥了至关重要的作用，从机制和体制上夯实了公司的发展基础。

四、募集资金承诺项目情况（见表3）

表3　募集资金承诺项目情况

（单位：万元）

承诺投资项目和超募资金投向	是否已变更项目（含部分变更）	募集资金承诺投资总额	调整后投资总额（1）	本报告期投入金额	截至期末累计投入金额（2）	截至期末投资进度（3）＝（2）/（1）	项目达到预定可使用状态日期	本报告期实现的效益	是否达到预计效益	项目可行性是否发生重大变化
承诺投资项目										
触摸屏用ITO 导电玻璃项目	否	17 438.6	13 397.08		12 739.75	95.09%	2011年5月31日	4 689.52	是	否
工程技术研发中心项目	否	3 045.78	2 038.28		2 082.46	102.17%	2012年2月29日	0		否
承诺投资项目小计	—	20 484.38	15 435.36		14 822.21	—	—	4 689.52	—	—
超募资金投向										
高档STN 型ITO 透明导电玻璃项目	否	9 064.09	9 064.09	2 403.04	5 710.15	63%	2012年9月30日	1 645.38	是	否
电容式触摸屏项目	否	37 322.08	42 371.1	3 722.62	42 130.16	99.43%	2012年9月30日	3 185.68	是	否
归还银行贷款（如有）	—				4 525		—	—	—	—
超募资金投向小计	—	46 386.17	51 435.19	6 125.66	52 365.31	—	—	4 831.06	—	—
合计	—	66 870.55	66 870.55	6 125.66	67 187.52	—	—	9 520.58	—	—
未达到计划进度或预计收益的情况和原因（分具体项目）	高档STN型ITO透明导电玻璃项目延迟原因：该项目计划投资两条高档STN导电玻璃生产线。其中，第一条生产线已于2011年建成投产，目前该生产线运转正常。公司在设计第二条高档STN生产线时，市场情况有所变化。公司管理层经过认真的市场调研、充分的技术论证，决定顺应市场变化需求，将第二条高档STN生产线设计定制为可以生产多种附加值更高的ITO导电玻璃生产线，同时兼顾电容式触摸屏项目对该生产线的配套要求。该生产线建成后能够生产市场需求旺盛的IMITO导电玻璃、ARITO导电玻璃、STN导电玻璃等，同时可以根据电容屏项目需要为之配套加工低温ITO镀膜。由于上述原因，2011年年底该条生产线的设计、定制方案才确定下来。该项目于2012年9月投入生产									

续表

承诺投资项目和超募资金投向	是否已变更项目（含部分变更）	募集资金承诺投资总额	调整后投资总额（1）	本报告期投入金额	截至期末累计投入金额（2）	截至期末投资进度（3）＝（2）/（1）	项目达到预定可使用状态日期	本报告期实现的效益	是否达到预计效益	项目可行性是否发生重大变化
项目可行性发生重大变化的情况说明	无									
超募资金的金额、用途及使用进展情况	适用									
	公司超募资金的金额为 51 352.62 万元。公司第二届董事会第五次会议审议通过了《关于使用部分超募资金永久性补充营运资金的议案》，为降低公司财务费用，提高募集资金使用效率，公司使用超募资金 4 525.00 万元补充主营业务营运资金，全部用于偿还银行短期借款。公司 2010 年度第一次临时股东大会审议通过了《关于使用超募资金投资高档 STN 型 ITO 透明导电玻璃项目的议案》和《关于使用超募资金投资电容屏项目的议案》，公司拟利用超募资金 9 064.09 万元投资高档 STN 型 ITO 透明导电玻璃项目，利用超募资金 33 066.68 万元投资电容式触摸屏项目。公司第二届董事会第十一次会议审议通过了《关于使用超募资金投资中大尺寸电容式触摸屏项目的议案》，公司拟利用超募资金 4 255.40 万元投资中大尺寸电容式触摸屏项目。公司第二届董事会第十八次会议审议通过了《关于单个募投项目建设完成后结余资金转用其他项目》议案，“中大尺寸电容式触摸屏项目”使用超募资金由原来的 4 255.40 万元增加为 9 304.42 万元。公司第三届董事会第二次会议审议通过了《关于将公司电容式触摸屏项目合并的议案》，公司决定将公司电容式触摸屏（中小尺寸、中大尺寸）项目合并为一个项目建设管理									
募集资金投资项目先期投入及置换情况	适用									
	截至 2010 年 5 月 31 日，公司触摸屏用 ITO 导电玻璃项目已投入自筹资金 8 123.24 万元，工程技术研发中心项目已投入自筹资金 907.15 万元，上述两个项目合计已投入自筹资金 9 030.39 万元。华普天健会计师事务所（北京）有限公司对公司募集资金项目预先投入的情况进行了审核，并出具了会审字〔2010〕3886 号《以自筹资金预先投入募集资金项目的鉴证报告》。经公司第二届董事会第五次会议审议通过，公司使用募集资金 9 030.39									
用闲置募集资金暂时补充流动资金情况	不适用									
项目实施出现募集资金结余的金额及原因	适用									
	截至 2012 年 12 月 31 日，募集资金专户余额为 6 031.53。在保证设备性能及产品质量前提下，采购部分国产设备替代进口设备，降低设备采购成本；充分发挥公司在专业设备研制方面的优势，部分设备由外购改为自制，降低项目投入；公司本着节约的原则，严格控制项目的各项支出，合理降低项目成本和费用									
尚未使用的募集资金用途及去向	截至 2012 年 12 月 31 日，公司尚未使用的募集资金全部以活期存款和定期存单的形式存放于募集资金专用账户及其派生的定期存款账户									
募集资金使用及披露中存在的问题或其他情况	无									

募集资金变更项目情况如表4所示。

表 4　募集资金变更项目情况

（单位：万元）

变更后的项目	对应的原承诺项目	变更后项目拟投入募集资金总额（1）	本报告期实际投入金额	截至期末实际累计投入金额（2）	截至期末投资进度（3）=（2）/（1）	项目达到预定可使用状态日期	本报告期实现的效益	是否达到预计效益	变更后的项目可行性是否发生重大变化
触摸屏用 ITO 导电玻璃项目	触摸屏用 ITO 导电玻璃项目	13 397.08	0	12 739.75	95.09%	2011 年 5 月 31 日	4 689.52	是	否
工程技术研发中心项目	工程技术研发中心项目	2 038.28	0	2 082.46	102.17%	2012 年 3 月 31 日	0		否
电容式触摸屏项目	电容式触摸屏项目	42 371.1	3 722.62	42 130.16	99.43%	2012 年 6 月 30 日	3 185.68	是	否
合计		57 806.46	3 722.62	56 952.37	—	—	7 875.2	—	—
变更原因、决策程序及信息披露情况说明（分具体项目）		在项目实施过程中，公司充分考虑项目配置的先进性、前瞻性、兼容性的同时，尽量节约投资，合理使用募集资金。与计划投资额相比，两个计划募投项目共节约投资 5 049.02 万元，其中“触摸屏用 ITO 导电玻璃项目”计划投资 17 438.60 万元，实际投资 13 397.08 万元，节约投资 4 041.52 万元；“工程技术研发中心项目”计划投资 3 045.78 万元，实际投资 2 038.28 万元，节约投资 1 007.50 万元。为了提高募资金使用效率，公司董事会决定将上述完成项目结余资金用于超募项目“中大尺寸电容式触摸屏项目”。该议案已于 2011 年 11 月 22 日第二届董事会第十八次董事会审议通过实施，“中大尺寸电容式触摸屏项目”使用超募资金由原来的 4 255.40 万元增加为 9 304.42 万元。2012 年 3 月 29 日，公司第三届董事会第二次会议审议通过了《将电容式触摸屏两个项目合并及完工时间调整的议案》，公司决定将公司电容式触摸屏（中小尺寸、中大尺寸）项目合并为一个项目建设管理，并将完工时间调整至 2012 年 6 月 30 日。电容式触摸屏项目使用募集资金总额为 42 371.10 万元。详细内容参见深交所指定的信披网站于 2011 年 11 月 23 日发布的《2011-043 长信科技关于募投项目结余资金转用其他项目公告》和 2012 年 3 月 30 日发布的《2012-011 长信科技关于将电容式触摸屏两个项目合并及完工时间调整的公告》							

非募集资金投资的重大项目情况如表5所示。

表 5　非募集资金投资的重大项目情况

（单位：万元）

项目名称	投资总额	本年度投入金额	截至期末累计实际投入金额	项目进度	项目收益情况
薄型化液晶玻璃减薄	20 000	7 923.33	8 793.76	43.97%	截至 2012 年末，该项目累计收益为 953 万元
合计	20 000	7 923.33	8 793.76	—	—
非募集资金投资的重大项目情况说明					
公司非募集资金投资的重大项目主要是 TFT 减薄项目。近年来，随着电子显示技术的发展，人们的消费观念也发生了变化，对电子消费成品的使用体验和时尚性要求越来越高，移动通信终端产品越来越轻、越来越薄就是例证。由于特殊的生产工艺，决定了 TFT 坚定看好这项业务，到 2012 年 10 月，已有 6 条减薄生产线及大量的配套设备投入生产，当年就产生较好的经济效益					

五、主要控股参股公司分析

截至报告期末，公司拥有2家全资子公司，1家参股公司，具体情况如下。

（一）本企业的子公司情况（见表 6）

表 6　子公司情况

子公司全称	子公司类型	企业类型	注册地	注册资本	持股比例（%）	表决权比例（%）	经营范围
天津美泰真空技术有限公司	全资子公司	有限公司	天津	358.50 万美元	100.00	100.00	生产、销售屏蔽电磁波玻璃等
捷科贸易有限公司	全资子公司	有限公司	香港	450 万港币	100.00	100.00	销售各种类型的 ITO 导电膜玻璃及售后服务工作

（二）子公司 2012 年度经营业绩（见表 7）

表 7　子公司 2012 年度经营业绩

（单位：元）

全　称	总 资 产	净 资 产	营业收入	净 利 润
天津美泰真空技术有限公司	54 734 334.94	51 945 377.32	15 873 100.07	2 564 522.39
捷科贸易有限公司	11 785 619.09	5 473 345.68	82 012 428.48	1 175 118.08

（三）参股公司的情况

根据公司2011年8月16日第二届董事会第十五次会议审议通过的参股上海昊信光电有限公司的决议，公司于2011年9月出资5 949.28万元，与剑腾液晶显示（上海）有限公司、上海新蓝资产管理有限公司共同组建成立上海昊信光电有限公司。2012年7月，本公司及上海新蓝资产管理有限公司（以下简称“上海新蓝”）对上海昊信光电有限公司（以下简称“上海昊信”）再次进行增资，其中本公司出资人民币9 227.20万元，上海新蓝出资人民币429.17万元，共计人民币9 656.37万元（其中5 658.93万元计入上海昊信实收资本，3 997.44万元记入资本公积）。

增资后上海昊信注册资本为人民币26 410.93万元，公司的出资比例增至43%。本次增资业经上海佳亮会计师事务所有限公司佳业外验字（2012）0042号《验资报告》验证。

截至2012年12月31日，上海昊信光电有限公司的总资产为29 233.88万元，总负债为97.80万元，净资产总额为29 136.08万元，2012年度实现净利润为–1 559.06万元。

上海昊信光电有限公司2012年度出现亏损的原因主要是：截至本报告期末，该公司仍处于试生产阶段，尚未正式量产，本报告期发生的账面亏损均为设备调试期间发生的费用。

六、公司未来发展的展望

（一）行业发展趋势及竞争格局

公司主营业务分为三大块：一是ITO导电玻璃业务，二是电容式触摸屏业务，三是玻璃减薄业务。ITO导电玻璃用途广泛，市场容量大，由于技术进步，新的应用领域日益拓展，相信随着新技术的出现，

ITO导电玻璃的新用途会越来越多。从全球ITO导电玻璃行业布局来看，90%的生产厂家集中在中国大陆和台湾地区，80%左右的生产厂家集中在中国大陆地区，有40多家生产企业，120多条生产线。由于产品处于产业链上游，产品档次差别大，较低档次的产品进入门槛低，众多厂家参与竞争；高档次产品技术含量高、生产材料、工艺要求高，主要在几个高端厂家之间竞争。电容式触摸屏业务发展迅猛，智能移动终端受众面广，市场空间大，产品毛利率高，吸引大批产业资本进入该领域，原有厂家纷纷扩产，新的厂家也不断加入，行业竞争异常激烈，竞争的焦点主要集中在技术、成本、良品率、产业链延伸等方面。比较而言，台湾企业具有明显优势，而大陆主要是在几家上市公司之间竞争，各企业间互有优势。有规模优势、成本优势、技术优势、综合配套优势最终将转化为市场优势和效益优势。国内玻璃减薄业务起步晚，以前主要是日本企业和韩国企业在做，最近两年国内企业开始涉入该行业，有综合配套能力，有充足的产能从而能够及时交货，有高质量的产品，将是最终取胜的法宝。

（二）公司的行业地位

经过10多年的发展、积累，公司的技术研发优势、规模优势、管理优势、机制优势、综合配套能力优势、成本控制优势，最终在行业竞争中得到体现。在ITO导电玻璃领域，公司从2006年开始一直延续到现在，产销量就位居行业首位，特别是上市后，通过实施募投项目，公司的技术装备、产品档次跨上新台阶，STN导电玻璃、IMITO导电玻璃等高端产品市场份额也居首位，行业龙头地位得以确立；在电容式触摸屏领域，通过实施募投项目，公司从日本引进国内最先进的电容式触摸屏专用设备，投资建设中小尺寸生产线和中大尺寸生产线，分别于2012年4月、10月开始量产。在引进先进设备的同时，公司更加注重引进高水平的专业技术人才，使得公司的产品很快打入行业高端市场，收到高端客户的认可。在进入电容屏行业初期，公司经过调研，认为大尺寸市场空间广阔、发展趋势渐显，公司果断决定布局大尺寸市场，投资G5生产线，以占得大尺寸市场的先机。公司目前是行业内产线尺寸最全的电容式触控玻璃生产厂家；在TFT减薄领域，公司看准趋势，高档次、高起点进入这一领域，通过短短一年时间的发展，公司已经在为国内一流的FTF厂家配套提供减薄产品，其产品质量、交货期、围绕减薄提供的大尺寸抛光、镀膜等综合配套服务，为客户所称道。公司目前正在加大对减薄业务的投资规模，该业务将会成为2013年新的利润增长点。

（三）公司发展战略

公司在制定发展战略时，坚持做到整体性、长期性、基本性、谋略性相结合，在动态中不断完善和充实公司的发展战略。同时战略的制度还必须充分考虑三个方面的因素：一是公司的自身优势，包括技术优势、管理优势、主营业务优势等；二是国家的产业政策，公司的主营业务符合国家的产业发展方向，就会在最大程度上取得各级政府的支持；三是准确研判行业发展趋势、瞄准行业发展的最高水平，只有走对路才能走好路。公司的中长期战略如下：

（1）立足现有三大主业既有优势，不断研发新产品、新技术、新工艺，以适应电子材料和电子元器件行业产品更新换代快、技术进步日新月异的发展要求。

（2）坚持不懈优化产品结构，始终保持ITO导电玻璃和TFT减薄业务行业产能最大、产品档次最高的规模优势、技术优势。

（3）紧紧抓住智能移动终端快速发展的大好时机，利用已有的CTP-SENSOR业务优势，适时向产业链下游延伸，介入中大尺寸模组领域，成为终端客户的直接供应商，并尽快使公司产品打入世界一流终端客户供应链。

（4）尽快将公司的研发中心升格为国家级研发中心，建立博士后流动站，在为公司提供技术支持的同时，承接一批国家级科研课题。

（5）力争在3～5年时间里，将公司建设为在行业领先、世界一流的电子显示材料和器件制造、研发基地。

（四）公司 2013 年经营计划

公司的战略计划要通过逐年实实在在的工作才能实现，根据充分的市场调研，结合公司的实际情况，2013年主要经营计划如下。

（1）在生产方面：根据市场需求，适时扩建ITO导电玻璃生产线；CTP-SENSOR方面，争取使扩建的曝光蚀刻生产线尽快完成调试、进入量产；TFT减薄业务，根据市场需求，尽快扩建产能。

（2）在销售方面：由于产能扩大，预计全年主营业务收入将有较大比例增长，市场营销工作遇到了前所未有的压力，必须早谋划、早布局。

（3）在投资建设方面：全年固定资产投资较大，三个事业部均扩建产线，在资本市场创业板再融资未放开之前，资金来源全部依赖自筹，资金筹措必须确保项目建设需求。

（4）在人力资源建设方面：由于产销规模扩大，对人力资源和人才资源的需求大增，要采取多种方式、多种渠道招聘员工，引进人才和培养人才相结合。

（5）在企业管理方面：要进一步完善各事业部目标考核责任制和销售目标责任制，引进新的管理手段，完善内部控制制度，从体制上、制度上为企业的发展保驾护航。

（6）在业务拓展方面：坚定不移适时介入中大尺寸模组行业，精心谋划，确保成功。

（7）在研发方面：进一步加大研发经费投入，优先研发一些有市场前景、公司急需的产品、技术、工艺等，如On-Cell技术及其量产、旋转靶材量产技术与工艺，争取在2013年将研发中心升格为国家级研发中心。

七、在建工程

（一）在建工程情况（见表 8）

表 8　在建工程情况

（单位：元）

项　目	期末数			期初数		
	账面余额	减值准备	账面价值	账面余额	减值准备	账面价值
工程技术研发中心				9 454 253.09		9 454 253.09
高档 STN 型导电玻璃项目				2 774 862.79		2 774 862.79
电容式触摸屏项目				307 063 750.81		307 063 750.81
东区 2#厂房	62 648.45		62 648.45			
西区 5#厂房	11 085.00		11 085.00			
G2.5 代 3#线	4 871 971.46		4 871 971.46			
G3 代 4#、5#、6#线	25 200 197.69		25 200 197.69			
其他零星工程	11 083 549.13		11 083 549.13	14 490 502.24		14 490 502.24
合计	41 229 451.73		41 229 451.73	333 783 368.93		333 783 368.93

（二）重大在建工程项目变动情况（见表 9）

表 9　重大在建工程项目变动情况

（单位：元）

项目名称	预算数	期初数	本期增加	转入固定资产	其他减少	工程投入占预算比例（%）	工程进度	利息资本化累计金额	其中：本期利息资本化金额	本期利息资本化率（%）	资金来源	期末数
工程技术研发中心	20 382 800.00	9 454 25 3.09		9 454 25 3.09		102.17%	100.00				募集资金	
高档 STN 型导电玻璃项目	90 640 900.00	2 774 86 2.79	23 953 4 95.20	26 728 3 57.99		63%	100.00				募集资金	
电容式触摸屏项目	423 711 000.00	307 063　750.81	8 586 22 2.92	315 649 973.73		99.43%	100.00				募集+自有资金	
东区 2#厂房			62 648.4 5				前期规划				自有资金	62 648.4 5
西区 5#厂房			11 085.0 0				前期规划				自有资金	11 085.0 0
G2.5 代 5#线	5 500 000.00		4 871 97 1.46			28.03%	85.00				自有资金	4 871 97 1.46
G3 代 4#、5#、6#线	28 000 000.00		25 200 1 97.69			28.63%	85.00				自有资金	25 200 1 97.69
其他零星工程		14 490 5 02.24	86 907 9 75.07	90 314 9 28.18							自有资金	11 083 5 49.13
合计		333 783 368.93	151 952 023.14	444 505 940.34		—	—			—	—	41 229 4 51.73

（三）重大在建工程的工程进度情况（见表 10）

表 10　重大在建工程的工程进度情况

项　目	工程进度
G2.5 代 5#线	主体设备已完成安装，配套设备正在安装
G3 代 4#、5#、6#线	主体设备已完成安装，配套设备正在安装
TFT 液晶玻璃薄化加工	主体设备酸蚀机正在安装；配套抛光机已采购，尚未安装；配套镀膜线已完成安装，正在调试

深圳市宇顺电子股份有限公司 2012 年年度报告

一、主要会计数据和财务指标（见表 1）

表 1　2010—2012 年主要会计数据

	2012 年	2011 年	本年比上年增减	2010 年
营业收入（元）	1 007 141 125.62	849 204 551.09	18.6%	744 764 001.80
归属于上市公司股东的净利润（元）	–125 004 195.74	20 801 938.17	–700.93%	28 384 027.45
归属于上市公司股东的扣除非经常	–131 771 449.89	20 243 057.73	–750.95%	28 804 225.62
经营活动产生的现金流量净额（元）	–273 742 460.40	–138 151 691.33	–98.15%	36 956 731.52
基本每股收益（元/股）	–1.7007	0.283	–700.95%	0.39
稀释每股收益（元/股）	–1.7007	0.283	–700.95%	0.39
净资产收益率	–30.12%	4.42%	–34.54%	6.17%
	2012 年末	2011 年末	本年末比上年末增减	2010 年末
总资产（元）	1 649 933 742.68	1 141 579 812.20	44.53%	830 323 766.57
归属于上市公司股东的净资产(归属于上市公司股东的所有者权益)(元)	349 404 844.79	480 690 237.44	–27.31%	459 888 299.27

二、主营业务分析

（一）概述

报告期公司营业收入、营业成本、期间费用、研发投入及经营现金流量金额等项目同比变动情况如表2所示。

表 2　2011—2012 年财务状况情况

（单位：元）

项　　目	2012 年度	2011 年度	同比变动
营业收入	1 007 141 125.62	849 204 551.09	18.60%
营业成本	930 755 030.48	720 361 154.14	29.21%
毛利率	7.58%	15.17%	–7.59%
销售费用	28 588 345.95	20 289 455.84	40.90%
管理费用	109 831 673.93	58 518 589.34	87.69%
其中：研发费用	45 680 734.20	25 634 921.10	78.20%
财务费用	45 426 381.29	18 422 273.59	146.58%
资产减值准备	30 562 606.73	3 585 178.23	752.47%
经营活动产生现金流量净额	–273 742 460.4	–138 151 691.33	–98.15%

（二）收入（见表3）

表3　2011—2012 年收入情况对比

（单位：元）

项　目		收　入			毛利率		
		2012 年	2011 年	同比增减	2012 年	2011 年	同比增减
营业收入		1 007 141 125.62	849 204 551.09	18.60%	7.58%	15.17%	–7.59%
其中：主营业务收入	黑白液晶显示产品	240 257 814.72	306 792 027.27	–21.69%	18.63%	17.51%	1.12%
	触控显示产品	706 480 969.21	522 255 195.02	35.28%	3.06%	13.95%	–10.89%
	盖板玻璃产品	34 513 786.08	925 517.41	不适用	23.64%	5.71%	不适用
	其他	15 555 118.73	16 011 412.14	–2.85%	32.22%	24.02%	8.20%
	小计	996 807 688.74	845 984 151.84	17.83%	7.98%	15.42%	–7.44%

报告期内，公司营业收入同比增长18.6%。主要原因系报告期内公司产业链布局逐步完成，主要产品在传统的单液晶显示屏产品基础上，新增触摸显示模组产品、上游材料盖板玻璃产品，以及结合液晶显示屏和触摸屏模组的触控显示一体化模组产品等新产品，并在本报告期后期产能逐渐释放，导致销售增长。

（1）黑白液晶显示产品：销售收入较上年降低21.69%，毛利率较上期增加1.12%，主要原因系公司优化客户结构，减少低毛利客户订单所致。

（2）触控显示产品：本报告期产品结构发生变化，在单液晶显示屏产品基础上，增加触摸屏模组及两者贴合产品，销售收入较上年同期增加35.28%。

（3）盖板玻璃产品：本报告期同比增减不适用原因系经营单位上期均在建设期，基数较小，而本期项目投产产能逐步释放所致。

2011—2012年产销量情况如表4所示。

表4　2011—2012 年产销量情况

行业分类	项　目	2012 年	2011 年	同比增减
触控显示产品	销售量	9 725 111	13 870 395	–29.89%
	生产量	10 629 546	14 017 077	–24.17%
	库存量	2 058 742	1 154 307	78.35%
黑白液晶显示产品	销售量	43 648 435	54 467 478	–19.86%
	生产量	44 416 647	55 360 745	–19.77%
	库存量	2 546 899	1 778 687	43.19%
盖板玻璃	销售量	1 855 579	79 275	不适用
	生产量	2 026 703	87 044	不适用
	库存量	178 893	7 769	不适用

（三）成本（见表 5、表 6）

表 5　按行业分类成本情况

（单位：元）

行业分类	项　目	2012 年		2011 年		同比增减
		金　　额	占营业成本比重	金　　额	占营业成本比重	
电子元器件	直接材料	782 048 360.62	85.26%	596 519 137.44	83.37%	31.1%
电子元器件	直接人工	69 899 091.08	7.62%	63 493 415.14	8.87%	10.09%
电子元器件	制造费用	65 301 230.88	7.12%	55 497 932.77	7.76%	17.66%
电子元器件	合计	917 248 682.58	100%	715 510 485.35	100%	58.85%

表 6　按产品分类成本情况

（单位：元）

产品分类	项　目	2012 年		2011 年		同比增减
		金　　额	占营业成本比重	金　　额	占营业成本比重	
触控显示产品	直接材料	638 356 980.53	69.59%	416 708 479.30	58.24%	53.19%
触控显示产品	直接人工	18 829 490.68	2.05%	15 559 973.81	2.17%	21.01%
触控显示产品	制造费用	27 661 463.56	3.02%	17 138 192.94	2.4%	61.4%
黑白液晶显示产品	直接材料	127 692 902.11	13.92%	171 026 961.41	23.9%	–25.34%
黑白液晶显示产品	直接人工	38 292 474.17	4.17%	45 299 206.23	6.33%	–15.47%
黑白液晶显示产品	制造费用	29 517 000.58	3.22%	36 740 033.18	5.13%	–19.66%
盖板玻璃	直接材料	8 776 164.03	0.96%	341 220.89	0.05%	不适用
盖板玻璃	直接人工	10 805 487.25	1.18%	322 894.45	0.05%	不适用
盖板玻璃	制造费用	6 773 195.66	0.74%	208 572.36	0.03%	不适用
其他	直接材料	7 222 313.94	0.79%	8 442 475.84	1.18%	–14.45%
其他	直接人工	1 971 638.99	0.21%	2 311 340.65	0.32%	–14.7%
其他	制造费用	1 349 571.07	0.15%	1 411 134.29	0.2%	–4.36%
电子元器件	合计	917 248 682.58	100%	715 510 485.35	100%	

（四）费用（见表 7）

表 7　费用情况

（单位：元）

项　目	2012 年	2011 年	本年比上年增减	2010 年
销售费用	28 588 345.95	20 289 455.84	40.90%	14 949 711.98
管理费用	109 831 673.93	58 518 589.34	87.69%	44 836 408.87
其中：研发费用	45 680 734.20	25 634 921.10	78.20%	24 455 136.46
财务费用	45 426 381.29	18 422 273.59	146.58%	3 604 244.25
所得税费用	–4 268 859.67	5 602 842.90	–176.19%	4 586 105.68
资产减值损失	30 562 606.73	3 585 178.23	752.47%	6 736 529.01
合计	210 140 148.23	106 418 339.90	97.47%	74 712 999.79

（五）研发支出（见表8）

表8 研发支出情况

（单位：元）

项 目	2012年	2011年	本年比上年增减	2010年
研发费用投入金额	45 680 734.20	25 634 921.10	78.20%	24 455 136.46
占期末净资产比重	12.23%	5.10%	7.13%	5.32%
占营业收入比重	4.54%	3.02%	1.52%	3.28%

三、主营业务构成情况（见表9）

表9 主营业务构成情况

（单位：元）

	营业收入	营业成本	毛利率	营业收入比上年同期增减	营业成本比上年同期增减	毛利率比上年同期增减
分行业						
电子元器件	996 807 688.74	917 248 682.58	7.98%	17.83%	28.2%	-7.44%
分产品						
液晶显示屏及模块	240 257 814.72	195 502 376.86	18.63%	-21.69%	-22.75%	1.12%
触摸显示模组	706 480 969.21	684 847 934.77	3.06%	35.28%	52.39%	-10.89%
强化光学玻璃	34 513 786.08	26 354 846.94	23.64%	不适用	不适用	不适用
其他	15 555 118.73	10 543 524.01	32.22%	-2.85%	-13.33%	15.91%
分地区						
国内	846 471 399.92	790 336 013.12	6.63%	16.58%	29.21%	-9.13%
国外	150 336 288.82	126 912 669.46	15.58%	25.37%	22.21%	2.19%

四、核心竞争力分析

随着智能手机产品市场的迅速扩容，公司“成为触控显示一体化模组供应商”的理念已逐步得到市场认可。公司于成立初期的主营业务黑白液晶显示屏及模组产品为成熟产品，一直维持较高且稳定的毛利率，是公司稳定的盈利来源。2008年公司加入了彩色液晶显示模组产品。2011年公司开始进入触摸屏产业，进行了TP Sensor、模组、Cover Glass等触摸屏全产业链的业务布局，并结合传统TFT-LCD模组产品的客户和生产经验形成了全贴合的模组产品，至此公司已经形成了TN/STN、TFT-LCD显示模组、触摸屏产品和盖板玻璃等产品结构业务。

产业链垂直整合优势：公司目前形成了从玻璃加工、Cover Lens、Sensor、TP模组和全贴合显示模组的垂直一体化全产业链布局，一方面能为下游客户提供一站式配套节省成本，同时也能进一步提高公司自身产业链把控和产品质量控制能力。

产能释放和内部磨合完成：经过近两年的团队建设和产线磨合，各产线的产能利用率稳步爬升，从2012年末生产经营逐步步入正轨。

新产品盈利能力储备：公司本期已经在OGS领域布局，工艺技术能力逐步提升；Cover Lens作为触摸屏的核心原材料，公司目前已实现新技术突破，除满足公司内部的需求外，富余产能已经实现单独销售。随着内部良品率不断提升，新产品将成为公司未来的重要盈利来源。

五、投资状况分析

（一）对外股权投资情况（见表 10）

表 10　对外投资情况

对外投资情况		
2012 年投资额（元）	2011 年投资额（元）	变动幅度
136 000 000.00	179 096 500.00	–24.06%
被投资公司情况		
公司名称	主要业务	上市公司占被投资公司权益比例
深圳市华丽硕丰科技有限公司	强化光学玻璃的研发、生产、销售	86%
赤壁市宇顺显示技术有限公司	触控屏及配件、电子元器件、 计算机、仪器仪表、通信产品的研究、开发、生产、销售	100%

（二）募集资金使用情况（见表 11）

表 11　募集资金承诺项目情况

（单位：万元）

承诺投资项目和超募资金投向	是否已变更项目(含部分变更)	募集资金承诺投资总额	调整后投资总额（1）	本报告期投入金额	截至期末累计投入金额（2）	截至期末投资进度（3）＝（2）/（1）	项目达到预定可使用状态日期	本报告期实现的效益	是否达到预计效益	项目可行性是否发生重大变化
承诺投资项目										
中小尺寸 TFT-LCD 模组项目	否	23 146	23 146	3 039.43	18 664.54	100%	2011 年 9 月 30 日	–4 107.04	否	
平板显示技术工程研发中心项目	否	1 853	1 853	240.64	1 091.74	58.92%				
承诺投资项目小计	—	24 999	24 999	3 280.07	19 756.28	—	—	–4 107.04	—	—
超募资金投向										
电容式触摸屏项目	否	1 709.65	1 709.65	0	1 709.65	100%	2011 年 12 月 31 日			
超募资金投向小计	—	1 709.65	1 709.65	0	1 709.65	—	—		—	—
合计	—	26 708.65	26 708.65	3 280.07	21 465.93	—	—	–4 107.04	—	—
未达到计划进度或预计收益的情况和原因（分具体项目）	中小尺寸 TFT-LCD 模组项目未达到预计效益的主要原因：①受全球金融危机的影响，公司 IPO 被推迟一年发行，导致该项目实施时间也被推迟一年，故影响了项目实施进度和实际效益的产生。②中小尺寸 TFT-LCD 模组项目—长沙宇顺实施部分因该项目实施地点由“长沙高新区岳麓谷科技新城桐梓坡路以北、高宁路以西、长方路以南、原湖南三德科技发展有限公司以东地块”改为“长沙高新区岳麓谷科技新城桐梓坡路以南、东方红以东、长虹路以北地块”，故影响了该项目的实施，从而造成该项目实施延后，效益未达。③TFT 模组市场竞争日趋加剧，产品售价下降幅度超过原材料的下降幅度，同时人工成本上升，导致 TFT 模组产品的毛利率下降；另外公司加大了新产品研发力度及拓展市场需要，导致研发费用、营销费用较大幅度增长，也影响了该项目的实际效益									

续 表

承诺投资项目和超募资金投向	是否已变更项目（含部分变更）	募集资金承诺投资总额	调整后投资总额（1）	本报告期投入金额	截至期末累计投入金额（2）	截至期末投资进度（3）＝（2）/（1）	项目达到预定可使用状态日期	本报告期实现的效益	是否达到预计效益	项目可行性是否发生重大变化
项目可行性发生重大变化的情况说明	报告期内不存在此情况									
超募资金的金额、用途及使用进展情况	适用 电容式触摸屏项目不属于IPO招股说明书中承诺投资的项目，公司于 2011 年 2 月 15 日召开第二届董事会第八次会议，会议审议通过《关于将全部超募资金以增资方式投入到全资子公司长沙宇顺触控技术有限公司用于投资建设“电容式触摸屏”项目的议案》。截至 2012 年 12 月 31 日，电容式触摸屏项目投入的超募资金 1 709.65 万元									
募集资金投资项目实施地点变更情况	适用 以前年度发生 ①关于公司部分变更“中小尺寸 TFT-LCD 模组项目”实施主体和实施地点的情况说明：2009 年 10 月 10 日，经公司第一届董事会第二十一次会议审议通过，将《招股说明书》中由长沙宇顺显示技术有限公司在长沙高新区岳麓谷科技新城之宇顺工业园实施的“8 条中小尺寸 TFT-LCD 生产线项目”中的 2 条生产线（含配套的 TFT 面板后制程生产线）改由公司本部实施，实施地点在公司新租赁的深圳市光明新区公明办事处长圳社区第二工业区第 21 栋厂房内，计划使用募集资金 3 360 万元，用于购买生产线设备及配套流动资金。上述变更事项，已经公司董事会决议通过。保荐代表人已出具专项意见书，独立董事、监事已按照规定发表意见。②关于长沙宇顺显示技术有限公司土地置换暨变更长沙募投项目实施地点的情况说明：2009 年 12 月 18 日，经公司第一届董事会第二十二次会议审议通过，长沙宇顺显示技术有限公司募投项目——“中小尺寸 TFT-LCD 模组项目”、“平板显示技术工程研发中心项目”实施地点由“长沙高新区岳麓谷科技新城桐梓坡路以北、高宁路以西、长方路以南、原湖南三德科技发展有限公司以东地块”改为“长沙高新区岳麓谷科技新城桐梓坡路以南、东方红以东、长虹路以北地块”。上述变更事项，已经公司董事会决议通过。保荐代表人已出具专项意见书，独立董事、监事已按照规定发表意见									
募集资金投资项目实施方式调整情况	不适用 报告期内发生 报告期内不存在此情况									
募集资金投资项目先期投入及置换情况	适用 公司于 2008 年 3 月底、7 月新建 TFT 模组生产线各一条（仅含主要设备，存在部分利用原有设备的情况），各类设备共计投资 551.18 万元，作为本次募投项目之提前实施，并已在《深圳市宇顺电子股份有限公司首次公开发行股票招股说明书》第 239 页披露。截至 2009 年 6 月 30 日，在募集资金实际到位之前，公司已以自筹资金预先投入募集资金投资项目的实际投资额为 551.18 万元，公司于 2010 年 2 月 5 日完成上述置换。公司独立董事、监事会、保荐人对上述置换也发表了同意意见。 公司本次募集资金使用的置换行为经过了必要的审批程序，符合深圳证券交易所《中小企业板上市公司募集资金管理细则》的有关规定									
用闲置募集资金暂时补充流动资金情况	不适用 报告期内不存在此情况									
项目实施出现募集资金结余的金额及原因	适用 截至 2011 年 9 月 30 日，本公司前次募集资金实际结余 4 117.18 万元，系中小尺寸 TFT-LCD 模组项目中固定资产投资节余，2011 年 11 月经公司第二届董事会第十六次会议和第四次临时股东大会审议通过，将节余募集资金 4 117.18 万元及利息 363.98 万元合计 4 481.16 万元永久补充流动资金，用于补充原材料采购等生产经营活动所需资金									
尚未使用的募集资金用途及去向	公司尚未使用的募集资金分别存放于募集资金监管账户中，截至 2012 年 12 月 31 日民生银行长沙分行存款 1 171.67 万元，合计为 1 171.67 万元									
募集资金使用及披露中存在的问题或其他情况	无									

（三）主要子公司、参股公司分析（见表 12）

表 12　主要子公司、参股公司情况

公司名称	公司类型	所处行业	主要产品或服务	注册资本	总资产（元）	净资产（元）	营业收入（元）	营业利润（元）	净利润（元）
长沙市宇顺显示技术有限公司	子公司	制造业	液晶显示器的研发、生产、销售、电子仪器仪表、电子元器件、电脑、通信产品的经销	160 000 00 0.00	811 711 222 .18	127 361 42 0.75	480 500 02 1.97	–34 816 2 98.15	–26 496 355.2 0
长沙宇顺触控技术有限公司	子公司	制造业	触控技术的研究、开发；触控屏及配件、电子元器件、计算机、仪器仪表、通信产品的研究、开发、生产、销售	27 096 500. 00	364 698 76 4.77	14 553 947. 18	249 521 47 3.39	–19 875 5 69.15	–19 210 860.8 5
深圳市宇创伟业科技有限公司	子公司	服务业	液晶显示屏、电容式触摸屏等电子产品的销售	10 000 000. 00	12 008 480. 11	7 858 364.7 2	5 008 405.8 6	–1 285 70 3.83	–1 285 703.83
赤壁市宇顺显示技术有限公司	子公司	制造业	触控屏及配件、电子元器件、计算机、仪器仪表、通信产品的研究、开发、生产、销售	50 000 000. 00	73 639 984. 01	48 837 779. 33		–1 086 47 2.72	–962 233.05
深圳市华丽硕丰科技有限公司	子公司	制造业	手机配件、电脑配件、电子书镜片的研发、生产与销售	150 000 00 0.00	181 092 05 4.81	145 751 87 3.21	31 897 198. 92	–3 901 66 0.87	–3 993 170.66
广东金伦光电科技有限公司	子公司	制造业	生产、销售、研发光学产品、触控及显示产品	24 000 000. 00	58 782 363. 05	18 447 661. 12	38 608 714. 39	–70 875.0 1	–92 149.75

主要子公司、参股公司情况说明：

本报告期内，全资子公司长沙市宇顺显示技术有限公司和长沙宇顺触控技术有限公司主营公司触控显示产品的研究、开发、生产和销售业务，分别实现净利润–2 649.64万元和–1 921.09万元，两公司总亏损4 570.73万元，较2011年同期实现净利267.67万元增加亏损4 838.40万元，主要原因系报告期内处于触控显示模组新产品线的产能爬坡和良品率提升的渐进过程，收入较低，相应成本费用损耗较大，导致大幅亏损。

深圳市华丽硕丰科技有限公司实现净利润–399.31元，较2011年同期的–25.50万元减少373.81万元，主要原因系报告期内处于盖板玻璃新产品线的产能爬坡和良品率提升的渐进过程，收入较低，相应成本费用损耗较大，导致亏损。

赤壁市宇顺显示技术有限公司实现净利润–96.22万元，主要系该公司处于工程建设期，未有主营收入而仅有费用支出形成的亏损。

六、公司未来发展的展望

（一）行业竞争格局和发展趋势

2012年，虽然全球经济不太景气，但平板显示及触控行业受益于智能手机、平板电脑和触控NB发展，仍然保有较高的年成长率。国际一流智能手机制造商的不断推陈出新，不仅造成全球触控面板产业版块的大变动，也促使全球品牌手机大厂纷纷推出大尺寸显示屏、更高分辨率与轻薄化的智能型手机，以应对市场变革。再加上各类平板机的广泛应用，令便携式移动产品对于平板显示及触控行业的市场需求可谓是十分可观。

TFT产品方面，高阶手机用面板将持续往大尺寸、高分辨率、超薄推进，而大陆低阶智能型手机市场亦将持续扩大，侵蚀一般功能型手机市场，市场竞争集中在成本管控能力及供应链能力。

CTP产品方面，随着智能手机轻薄化及成本管控压力加剧，新兴触控技术，如OGS、G1F、In-Cell、On-Cell等快速发展，各大厂家均已开始进行工艺研究，能否在新技术上取得快速进步和进行生产布局是未来竞争的重点。

TN/STN黑白产品方面，目前的产品市场已转向完全竞争、产能充分、市场容量下降的趋势，面临的是LCD技术向新的应用领域的延伸，LCD技术是否可能带来新的革命性应用，从而寻找新的市场机会，是该产业未来发展的关键。

（二）公司 2013 年度整体经营计划

2013年公司总体经营思路是：加大朝产业链上游的布局与投入，加大新产品新工艺开发投入和力度，提高新产品开发能力和产品交付能力；提升组织能力和组织效率，推动内部经营持续改善，实现业务规模稳定有效增长，使公司扭亏为盈。

1. 加大新产品新工艺开发投入

加速开发OGS（单片玻璃触控技术）技术及工艺，早日实现大批量交付；大力推广GF（薄膜式触控技术）产品体系，丰富公司产品构成；拓展玻璃加工相关业务，深入产业链前端，提升产业掌控及产品盈利能力；与国际主流TFT大厂合作研发On-Cell相关产品，提升产品技术领先度。

2. 积极进行市场应用多元化布局

电容式触摸屏目前主要应用于智能手机，在其他应用领域正处于发展初期，公司已在积极筹备进行其他应用领域的产品及客户布局，特别是中大尺寸平板电脑及超级本、中大尺寸电脑一体机（AIO）

的布局。在新工艺技术研发突破的支持下，未来将对公司销售收入增长及毛利改善带来持续影响。

3. 积极开发多元化客户资源

公司将继续坚持对一线客户精耕细作，加大二三线客户开发力度，加强与方案公司的合作，积极市场拓展国际市场，丰富客户层级及客户类别，最大限度降低单一客户风险。

4. 提升新产品开发能力

因应智能手机大屏、轻薄化等技术发展趋势及产品生命周期较短的特点，公司将着力于加强产品开发过程管控，提升产品开发能力，与客户及供应商建立技术联盟，以降低产品开发周期，提升产品设计品质，满足市场及客户快速响应的需求，降低产品开发成本；同时，做好产品开发与工艺制造的衔接，加强制造过程管控，提升制造良品率与效率，提高产品毛利并为产能扩张奠定基础，最终实现公司盈利的有效改善。

5. 提升产品交付能力

消费电子市场季节波动明显，且产品客户定制化程度较高，快速交付能力是企业经营难点，公司将大力推动产品设计标准化及通用化，提升生产自动化水平，培养及发展关键物料战略合作伙伴，最大限度地降低人力和物料对交付的影响；同时推动交付相关业务流程优化，加强信息系统建设，提升内部交付效率，以实现对客户需求的快速响应。

6. 提升组织能力和组织效率

公司将逐步形成以深圳为总部，长沙、赤壁、深圳等多个制造基地并存的模式，组织规模快速增长，经营管控复杂度和困难度增大，因此公司将开展组织与业务流程优化、产品开发能力提升等管理变革项目，进一步优化组织与人员设置，完善绩效考核体系，以有效利用现有资源，提升组织效率，降低运营成本。

7. 推动内部经营持续改善

针对多地区多工厂生产的现状，公司已在积极进行内部组织、人员和运行模式整合，以提升内部运营效率，降低运作成本。同时在各工厂内部持续开展良品率提升、人员效率提升、设备利用率提升、制程改善和工艺改善等活动，最大限度地内部挖潜，提升良品率，提升产品毛利率。

8. 继续推动赤壁基地建设

赤壁基地一期项目部分厂房建设已进入最后阶段，2013年内可望投入使用，公司将继续推动赤壁基地建设，快速筹备管理平台并配置产能，加快大批量交付日程，早日实现盈利。

南京华东电子信息科技股份有限公司2012年年度报告（摘要）

一、主要会计数据和财务指标（见表1）

表1　2010—2012年主要会计数据和财务指标

	2012年	2011年		本年比上年增减	2010年	
		调整前	调整后	调整后	调整前	调整后
营业收入（元）	808 654 399.08	693 687 701.80	729 701 500.55	10.82%	662 376 700.00	662 376 700.00
归属于上市公司股东的净利润（元）	−48 214 425.30	9 252 581.05	−2 399 937.95	−1 908.99%	−10 665 447.27	−10 665 447.27
归属于上市公司股东的扣除非经常性损益的净利润（元）	−90 987 694.71	−57 553 980.07	−57 025 790.71	−59.56%	−43 309 270.01	−43 309 270.01
经营活动产生的现金流量净额（元）	139 709 820.71	66 989 454.36	70 220 727.42	98.96%	110 771 429.49	110 771 429.49
基本每股收益（元/股）	−0.1342	0.0258	−0.0067	−1 908.99%	−0.0297	−0.0297
稀释每股收益（元/股）	−0.1342	0.0258	−0.0067	−1 908.99%	−0.0297	−0.0297
净资产收益率	−9.4%	1.76%	−0.42%	−8.98%	−2.03%	−2.03%
	2012年末	2011年末		本年末比上年末增减	2010年末	
		调整前	调整后	调整后	调整前	调整后
总资产（元）	1 190 116 068.59	1 046 372 591.01	1 257 705 808.54	−5.37%	1 029 701 648.44	1 029 701 648.44
归属于上市公司股东的净资产（归属于上市公司股东的所有者权益）（元）	461 021 059.68	530 099 694.02	575 494 052.83	−19.89%	520 824 161.87	520 824 161.87

二、主营业务分析

（一）概述

1. 推进产业结构调整

2012年，公司在触控产业进行了膜结构电容屏的技术改造，引进我国台湾地区、韩国多台生产线设备，完成厂房配套设施改造，为产业升级创造条件；在晶体产业，南京公司实施了产品自动化线的改造，产量较2011年有所提升，人工成本有所降低；磁电方面进行了导光板项目建设，项目进展顺利。

2. 推进资产结构调整

2012年年内，公司以6 624.7万元的价格收购了廊坊中电熊猫晶体科技有限公司100%的股权，形成了南京—廊坊—深圳三地统一管理的平台，壮大了公司晶体规模，同时彻底解决了同业竞争问题；公司还转让了持有的南京天加和天津天加各35%的股权，实现投资收益3 346.71万元，增强了公司主营业务。

3. 促进科技成果转化

2012 年公司科技投入 4 227.4 万元，科技投入比为 5.23%，完成专利受理 20 项，其中发明 6 项；目前，拥有有效专利 37 项，实现申报项目 29 项，获批重要项目 11 项。

（二）成本和供应商（见表 2～表 4）

表 2　按行业分类成本情况

（单位：元）

行业分类	项　　目	2012 年		2011 年		同比增减
		金　　额	占营业成本比重	金　　额	占营业成本比重	
电子元器件行业	原材料	365 867 667.06	69.03%	295 529 976.64	65.17%	3.87%
	制造费用	109 261 769.46	20.62%	112 653 855.16	24.84%	−4.23%
	人工成本	54 864 964.78	10.35%	45 313 968.28	9.99%	0.36%
电源配套元器件行业	原材料	107 703 314.03	74.11%	105 059 716.90	76.25%	−2.14%
	制造费用	12 378 394.46	8.52%	9 238 828.09	6.71%	1.81%
	人工成本	25 256 666.68	17.38%	23 486 478.28	17.05%	0.33%
照明显示行业	原材料	10 748 651.13	43.1%	9 993 263.02	39.51%	3.58%
	制造费用	8 005 401.72	32.1%	9 005 389.20	35.61%	−3.51%
	人工成本	6 186 271.81	24.8%	6 292 707.35	24.88%	−0.08%
动力及物资供应	原材料	1 931.13	0.04%	43 615.13	0.66%	−0.62%
	制造费用	4 203 194.54	91.57%	5 651 834.67	85.5%	6.06%
	人工成本	385 244.59	8.39%	914 610.29	13.84%	−5.44%
合计		704 863 471.38		623 184 243.00		

表 3　按产品分类成本情况

（单位：元）

产品分类	项　　目	2012 年		2011 年		同比增减
		金　　额	占营业成本比重	金　　额	占营业成本比重	
触摸屏	原材料	98 386 239.12	77.11%	65 485 401.67	66.85%	10.25%
	制造费用	10 818 144.28	8.48%	18 788 650.32	19.18%	−10.7%
	人工成本	18 392 065.62	14.41%	13 680 417.33	13.97%	0.45%

续 表

产品分类	项 目	2012年		2011年		同比增减
		金 额	占营业成本比重	金 额	占营业成本比重	
晶体元器件	原材料	164 785 298.50	64.12%	144 785 488.44	62.43%	1.69%
	制造费用	70 775 026.06	27.54%	68 063 814.71	29.35%	−1.81%
	人工成本	21 433 840.55	8.34%	19 069 124.70	8.22%	0.12%
液晶显示	原材料	102 696 129.44	70.63%	85 259 086.53	68.97%	1.66%
	制造费用	27 668 599.12	19.03%	25 801 390.13	20.87%	−1.84%
	人工成本	15 039 058.61	10.34%	12 564 426.24	10.16%	0.18%
电源	原材料	41 460 687.31	83.26%	36 922 525.52	87.24%	−3.99%
	制造费用	3 306 881.11	6.64%	1 442 087.85	3.41%	3.23%
	人工成本	5 031 528.15	10.1%	3 957 447.10	9.35%	0.75%
变压器	原材料	42 426 839.44	66.64%	45 490 329.09	69.34%	−2.71%
	制造费用	3 788 273.30	5.95%	3 335 249.93	5.08%	0.87%
	人工成本	17 451 864.56	27.41%	16 774 784.63	25.57%	1.84%
逆变器/导光板	原材料	23 815 787.28	74.72%	22 646 862.30	75.84%	−1.11%
	制造费用	5 283 240.04	16.58%	4 461 490.31	14.94%	1.64%
	人工成本	2 773 273.97	8.7%	2 754 246.54	9.22%	−0.52%
显示玻壳	原材料	7 489 692.14	43.66%	7 030 166.05	39.22%	4.44%
	制造费用	5 184 867.05	30.22%	6 161 078.07	34.37%	−4.15%
	人工成本	4 481 324.62	26.12%	4 734 016.56	26.41%	−0.29%
吸气剂	原材料	3 258 958.99	41.87%	2 963 096.96	40.23%	1.64%
	制造费用	2 820 534.67	36.23%	2 844 311.13	38.61%	−2.38%
	人工成本	1 704 947.18	21.9%	1 558 690.80	21.16%	0.74%
动力供应	原材料	1 931.13	0.04%	43 615.13	0.66%	−0.62%
	制造费用	4 203 194.54	91.57%	5 651 834.67	85.5%	6.06%
	人工成本	385 244.59	8.39%	914 610.29	13.84%	−5.44%
合计		704 863 471.38		623 184 243.00		

表4 公司前5名供应商资料

序 号	供应商名称	采购额（元）	占年度采购总额比例
1	京瓷（天津）商贸有限公司	49 097 766.85	6.4%
2	苏州日铁住金电子有限公司	25 973 631.49	3.39%
3	深圳市华富洋供应链有限公司	16 530 834.17	2.16%
4	深圳市康乐宏科技有限公司	14 097 221.31	1.84%
5	常州东南联发彩屏电子有限公司	14 043 967.35	1.83%
合 计		119 743 421.17	15.62%

三、主营业务构成情况（见表 5）

表 5　主营业务构成情况

（单位：元）

	营业收入	营业成本	毛利率	营业收入比上年同期增减	营业成本比上年同期增减	毛利率比上年同期增减
分行业						
电子元器件行业	583 280 148.97	529 994 401.30	9.14%	16.54%	16.87%	−0.26%
电源配套元器件行业	159 688 188.71	145 338 375.16	8.99%	0.55%	5.48%	−4.26%
照明显示行业	27 953 968.13	24 940 324.66	10.78%	−1.58%	−1.39%	−0.17%
动力供应	3 534 511.90	4 590 370.26	−29.87%	−39.4%	−30.55%	−16.55%
分产品						
触摸屏	159 437 780.36	141 419 670.93	11.3%	65.88%	28.42%	25.87%
晶体元器件	254 488 882.02	227 418 554.86	10.64%	0.06%	11.89%	−9.45%
液晶显示	169 353 486.59	161 156 175.51	4.84%	12.88%	15.01%	−1.76%
电源	62 275 951.74	52 272 364.23	16.06%	10.81%	10.63%	0.14%
变压器	65 840 057.15	59 434 842.13	9.73%	0.69%	4.22%	−3.06%
逆变器	15 400 560.54	18 398 500.78	−19.47%	−58.63%	−45.09%	−29.47%
导光板	16 171 619.28	15 232 668.02	5.81%			
显示玻壳	19 246 000.05	17 137 360.27	10.96%	−3.79%	−4.79%	0.93%
吸气剂	8 707 968.08	7 802 964.39	10.39%	3.67%	7%	−2.79%
动力供应	3 534 511.90	4 590 370.26	−29.87%	−39.4%	−30.55%	−16.55%
分地区						
华东地区	113 757 321.31	101 717 402.70	10.58%	−29.75%	−35.38%	7.8%
华南地区	266 475 998.29	233 316 099.24	12.44%	35.89%	30.73%	3.45%
华北地区	73 572 987.89	66 653 887.94	9.4%	451.23%	886.61%	−39.98%
华中地区	2 023 616.87	1 647 731.15	18.57%	−15.08%	−16.08%	0.97%
西南地区	12 991.45	10 968.63	15.57%	−94.58%	−94.6%	0.37%
西北地区	68 803.41	58 090.44	15.57%			
境外	318 545 098.49	301 459 291.28	5.36%	−0.31%	8.29%	−7.52%

四、核心竞争力分析

（1）平板显示：公司拥有完整的STN、CSTN液晶屏及模块、触摸屏的设计、生产及测试能力，拥有国内一流的生产设备；公司电阻式、电容式产品的研发和量产具有一定的竞争力。

（2）晶体元器件：公司围绕晶体产业整体规划，通过股权收购，快速扩张，目前已完成全国晶体元器件产业珠三角、长三角、京津塘三大产业基地布局。公司晶体元器件生产规模国内同行第一，已成为国际性的晶体元器件制造商。

（3）磁性材料：公司具有多年研究、开发、生产品质一流的各类磁性元器件、开关电源变压器、电感器、逆变电源等的专业历史，形成了磁芯、变压器、电源、导光板等互为依托的产业链。公司拥有全自动绕线机、自动焊锡机等一批先进的生产设备和 pT535、pAN110、pIA3200 等 ATM 电源高端测试设备。公司已通过 ISO9001、VDE 等认证。

五、投资状况分析

（一）对外股权投资情况（见表 6）

表 6 对外投资情况

对外投资情况		
2012 年投资额（元）	2011 年投资额（元）	变动幅度
66 247 000.00	22 500 000.00	194.43%
被投资公司情况		
公司名称	主要业务	上市公司占被投资公司权益比例
廊坊中电熊猫晶体科技有限公司	电子元器件、仪器仪表、电子器材、通信产品及装备、办公自动化设备的生产、销售	100%

（二）主要子公司、参股公司情况（见表 7）

表 7 主要子公司、参股公司情况

公司名称	公司类型	所处行业	主要产品或服务	注册资本	总资产（元）	净资产（元）	营业收入（元）	营业利润（元）	净利润（元）
南京中电熊猫晶体科技有限公司	子公司	制造业	开发、生产电子产品	1 288.00 万美元	256 438 493.66	146 705 130.53	232 484 235.07	2 927 850.12	14 867 208.72
南京华日液晶显示技术有限公司	子公司	制造业	开发、生产液晶显示屏及相关产品	1 800.00 万美元	198 421 705.98	–255 573 752.09	177 117 255.56	–50 330 203.13	–47 741 194.69
南京华睿川电子科技有限公司	子公司	制造业	平板显示器件、电子线路及其他产品的生产、销售	600.00 万美元	190 177 414.60	44 124 165.30	161 251 036.60	–13 921 493.54	–12 134 656.82
南京华利佳电工照明有限公司	子公司	制造业	电光源、照明器材生产、销售	4 950.00 万元	388 038.78	–13 570 237.62	0.00	–1 759 055.33	–1 754 555.33
南京华东电子真空显示科技有限责任公司	子公司	制造业	电光源、玻璃仪器、电子元器件等研制、生产、销售	500.00 万元	14 523 733.88	4 282 335.35	19 246 000.05	–744 307.43	–588 377.65

续　表

公司名称	公司类型	所处行业	主要产品或服务	注册资本	总资产（元）	净资产（元）	营业收入（元）	营业利润（元）	净利润（元）
深圳中电熊猫晶体科技有限公司	子公司	制造业	石英晶体的研发、生产与销售	2 500.00 万元	47 569 453.13	16 272 640.09	64 445 852.17	–8 539 609.47	–9 089 682.49
南京中电熊猫磁电科技有限公司	子公司	制造业	磁性材料及元器件的研发、生产、销售、技术咨询、服务	6 000.00 万元	112 001 249.03	40 045 654.09	161 577 646.72	–17 919 708.81	–18 726 849.36
南京中电熊猫触控显示科技有限公司	子公司	制造业	平板显示用触控屏、显示屏材料及相关零部件的生产、销售	3 000.00 万元	11 761 513.92	2 989 715.47	1 367.52	–6 670 031.79	–5 899 493.03
南京华东电子真空材料有限公司	子公司	制造业	材料、器件的生产、销售、服务自营代理各类商品技术进出口	3 145.00 万元	24 712 179.24	18 814 428.86	8 818 221.07	2 120 099.73	2 400 099.73
廊坊中电熊猫晶体科技有限公司	子公司	制造业	开发、生产电子产品、物业管理	5 880.00 万元	194 814 816.41	19 840 314.54	78 669 166.18	–25 752 568.25	–25 025 854.91
南京华电亚联特种气体有限公司	参股公司	制造业	工业气体及特种气体的制造、销售	400 万元	4 070 019.06	3 570 587.11	2 585 491.88	–27 380.83	–38 557.23
南京晨虹氢业有限公司	参股公司	制造业	化学危险品（氢产品）的生产与销售	400 万元	13 740 104.14	8 040 675.92	18 981 838.69	3 382 748.09	2 520 735.97
南京深宁磁电有限公司	参股公司	制造业	电子元件、开关电源变压器、电子产品及配件生产与销售	1 230 万元	77 385 643.21	59 830 055.86	50 658 800.09	–7 761 694.70	–7 233 399.23

（三）主要子公司、参股公司情况说明

本期子公司经营业绩与上一年度相比变动30%以上：

（1）南京华睿川电子科技有限公司，注册资本600万美元，本公司持有70%的股份，主营产品为电阻式、电容式触摸屏。本期累计实现营业收入16 125.10万元，与上年同期相比增加7 352.27万元，增幅为83.81%；累计净利润亏损1 213.47万元，与上年同期相比减亏952.74万元，主要系本期公司产品结构调整，膜对膜产品销售占总销售的比重增加；同时通过严抓生产管理，合格率综合水平有较大幅提高，同时充分释放产能，保证了交货期，多重因素共同作用，使边际贡献提高较多。此外，通过大半年的努力，膜结构电容屏扩产改造基本完成，实现了效益增长。

（2）南京中电熊猫磁电科技有限公司，注册资本6 000万元人民币，本公司持有100%的股份，主营产品为磁性材料及元器件。本期累计实现营业收入16 157.76万元，与上年同期相比增加77.73万元，增幅为0.48%。累计净利润亏损1 872.68万元，与上年同期相比增亏1 243.21万元，增幅为197.50%，主要系行业经济形势不景气，加上国内国际因素的不利影响，产业效益下滑；同时，该产业高端电源ATM机前期未形成规模效应，导光板产品尚在扩大产能提升及良品率过程中；磁电本部实体产业仍未达到批产规模，加上人工成本的不断上升，效益仍未显现。

（3）深圳中电熊猫晶体科技有限公司，注册资本 2 500 万元人民币，本公司持有 100%的股份，主营产品为石英晶体元器件。本期累计实现营业收入 6 444.59 万元，与上年同期相比增加 130.01 万元，增幅为 2.06%。累计净利润亏损 908.97 万元，与上年同期相比增亏 969.84 万元，主要系晶体产业全球经济形势影响，市场竞争加剧，高附加值产品订单量减少，销售下滑，呈现量价齐跌；加上用工成本及主要原材料采购成本上升，产品效益降低。

广东汕头超声电子股份有限公司 2012 年年度报告（摘要）

一、主要会计数据和财务指标（见表 1）

表 1　2010—2012 年主要会计数据和财务指标

	2012 年	2011 年	本年比上年增减	2010 年
营业收入（元）	3 640 841 300.45	3 293 112 968.13	10.56%	2 983 345 298.26
归属于上市公司股东的净利润（元）	187 208 269.34	181 940 882.60	2.9%	161 622 749.38
归属于上市公司股东的扣除非经常性损益的净利润（元）	184 657 865.46	181 400 411.86	1.8%	156 703 142.66
经营活动产生的现金流量净额（元）	304 371 456.64	209 021 941.49	45.62%	331 073 467.04
基本每股收益（元/股）	0.4251	0.4131	2.9%	0.367
稀释每股收益（元/股）	0.4251	0.4131	2.9%	0.367
净资产收益率	10.12%	10.54%	–0.42%	9.97%
	2012 年末	2011 年末	本年末比上年末增减	2010 年末
总资产（元）	3 563 212 634.69	3 372 512 338.73	5.65%	3 362 877 897.28
归属于上市公司股东的净资产（归属于上市公司股东的所有者权益）（元）	1 898 352 401.54	1 778 398 580.10	6.75%	1 665 362 077.46

二、主营业务分析

（一）概述

2012年，公司积极推进产品和业务战略调整，有效提升创新产品电容式触摸屏产能水平，不断强化各业务单元之间的协同效应，实现客户资源共享；在市场布局方面，通过大力开拓汽车电子领域的客户，取得一定的成效；与此同时，公司实施差异化产品竞争策略，充分挖掘行业中的细分市场，并确立了相应的市场地位；此外，电容式触摸屏产业化建设项目厂房已于2012年10月开工建设；公司年度内全部科研项目得以实施，提升了公司综合竞争力。

公司在2011年度报告中提出的2012年度预计实现营业收入40.36亿元、成本31.47亿元、费用4.88亿元的经营计划，2012年度实际完成计划的90.21%、92.53%、91.59 %。

（二）收入、产销量和客户资料（见表 2～表 4）

表 2　收入情况

（单位：元）

项　目	本年金额	上年金额	变动幅度
主营业务收入	3 623 193 240.42	3 272 665 874.27	10.71%
其他业务收入	17 648 060.03	20 447 093.86	–13.69%
合计	3 640 841 300.45	3 293 112 968.13	10.56%

注：本年营业收入比上年增加 34 773 万元，增幅为 10.56%，主要原因系显示器业务本期受智能终端产品消费需求拉动，电容式触控显示模块销售增长，带动总体营业收入增长。

表 3　按产品分类产销量情况

产品分类	项　目	2012 年	2011 年	同比增减
印制线路板（m^2）	销售量	937 127.26	956 964.03	–2.07%
	生产量	943 851.61	970 503.75	–2.75%
	库存量	68 075.14	73 592.94	–7.5%
液晶显示屏（m^2）	销售量	36 519.56	53 524.39	–31.77%
	生产量	293 328	203 384.3	44.22%
	库存量	10 528.42	9 911.31	6.23%
液晶显示模块（套）	销售量	38 776 852	46 944 927	–17.4%
	生产量	41 839 851	44 031 979	–4.98%
	库存量	2 327 818	2 173 117	7.12%
覆铜板（张）	销售量	3 466 436	3 269 673	6.02%
	生产量	4 044 971	3 933 745	2.83%
	库存量	159 242	164 202	–3.02%
半固化片（卷）	销售量	52 278	51 860	0.81%
	生产量	58 780	59 329	–0.93%
	库存量	547	909	–39.82%
超声探伤仪（台）	销售量	1 248	1 318	–5.31%
	生产量	1 381	1 334	3.53%
	库存量	732	611	19.8%
超声探头（只）	销售量	48 061	45 229	6.26%
	生产量	51 651	54 023	–4.39%
	库存量	34 241	34 211	0.09%

表 4　公司前五大客户资料

序　号	客户名称	销售额（元）	占年度销售总额比例
1	明科国际有限公司	549 300 598.48	15.16%
2	青岛海信通信有限公司	433 518 860.59	11.97%
3	晶远有限公司	421 355 102.61	11.63%
4	美欧晟达科技有限公司	366 005 254.93	10.1%
5	深圳市中兴康讯电子有限公司	179 298 053.15	4.95%
合计		1 949 477 869.76	53.81%

（三）成本和供应商（见表 5～表 8）

表 5　按行业分类成本情况

（单位：元）

行业分类	项　目	2012 年		2011 年		同比增减
		金　额	占营业成本比重	金　额	占营业成本比重	
电子元器件制造业	主营业务成本	2 880 447 777.56	99.67%	2 626 848 242.17	99.54%	9.65%
电子元器件制造业	其他业务成本	9 485 857.47	0.33%	12 125 155.52	0.46%	–21.77%

表 6　按产品分类成本情况

（单位：元）

产品分类	项　目	2012 年		2011 年		同比增减
		金　额	占营业成本比重	金　额	占营业成本比重	
印制线路板	营业成本	1 363 170 102.30	47.17%	1 439 140 839.90	54.53%	–5%
液晶显示器	营业成本	1 109 356 246.63	38.39%	735 791 816.36	27.88%	51%
覆铜板	营业成本	392 716 249.44	13.59%	437 687 445.25	16.59%	–10%
超声电子仪器	营业成本	15 205 179.19	0.53%	14 228 140.66	0.54%	7%
其他业务	营业成本	9 485 857.47	0.33%	12 125 155.52	0.46%	–22%

表 7　主营业务成本构成分析

（单位：元）

项　目	2012 年		2011 年	
	金　额	比　例	金　额	比　例
直接材料	2 076 010 997.69	72.07%	1 832 770 909.07	69.77%
职工薪酬	186 894 338.17	6.49%	136 270 102.98	5.19%
制造费用	617 542 441.70	21.44%	657 807 230.12	25.04%
合计	2 880 447 777.56	100.00%	2 626 848 242.17	100.00

表 8　公司前 5 名供应商资料

序　号	供应商名称	采购额（元）	占年度采购总额比例
1	深圳市怡亚通供应链股份有限公司	352 398 715.32	14.22%
2	生益科技（香港）有限公司	85 586 499.47	3.45%
3	宏昌电子公司	79 220 675.65	3.2%
4	湖北奕东精密制造有限公司	68 586 653.97	2.77%
5	招远金宝	60 847 607.44	2.46%
合计		646 640 151.85	26.1%

三、主营业务构成情况（见表 9）

表 9　主营业务构成情况

（单位：元）

	营业收入	营业成本	毛 利 率	营业收入比上年同期增减	营业成本比上年同期增减	毛利率比上年同期增减
分行业						
电子元器件行业	3 623 193 240.42	2 880 447 777.56	20.5%	10.71%	9.65%	0.77%
分产品						
印制线路板	1 758 581 912.87	1 363 170 102.30	22.48%	–1.54%	–5.28%	3.06%
液晶显示器	1 383 965 641.09	1 109 356 246.63	19.84%	47.15%	50.77%	–1.93%
覆铜板	448 691 505.21	392 716 249.44	12.48%	–12.88%	–10.27%	–2.53%
超声电子仪器	31 954 181.25	15 205 179.19	52.42%	2.74%	6.87%	–1.83%

续 表

	营业收入	营业成本	毛利率	营业收入比上年同期增减	营业成本比上年同期增减	毛利率比上年同期增减
分地区						
国内收入	1 920 358 431.93	1 517 629 944.87	20.97%	12.43%	13.3%	–0.61%
国外收入（含港澳）	1 702 834 808.49	1 362 817 832.69	19.97%	8.84%	5.86%	2.25%

四、核心竞争力分析

2012 年，公司继续坚持以市场需求为导向，深入开展各项自主创新活动。通过进一步加大研发力度，创新研发机制，有效推动企业技术进步。特别在前瞻技术研发、生产工艺技术研究，以及客户技术服务方面取得了突破性进展。2012 年，公司共开展新产品、新工艺、新材料等技术研究开发活动 86 项，其中 14 项被列入国家、部、省、市科技计划；已有 36 项完成研发投入生产应用，16 项突破关键技术并部分应用于企业生产过程；公司还主持完成 1 项国家标准和 1 项行业标准的起草编制，正在申报备案；获得国家专利授权 32 项（其中，发明 13 项，实用新型 17 项）；有 2 项产品被新评定为广东省高新技术产品，1 项产品被新评定广东省科学技术奖二等奖；公司自身则通过复评继续被评定为广东省创新型企业，公司属下的汕头超声显示器（二厂）有限公司通过复评继续被评定为国家级高新技术企业，创新能力进一步增强。

五、投资状况分析

（一）对外股权投资情况（见表 10）

表 10　对外投资情况

对外投资情况		
2012 年投资额（元）	2011 年投资额（元）	变动幅度
10 000 000.00	38 326 800.00	–73.91%
被投资公司情况		
公司名称	主要业务	上市公司占被投资公司权益比例
汕头超声显示器技术有限公司	生产、销售液晶显示器及模块、触摸屏产品、平板显示器及模块	100%

（二）主要子公司、参股公司分析（见表 11）

表 11　主要子公司、参股公司情况

公司名称	公司类型	所处行业	主要产品或服务	注册资本	总资产（元）	净资产（元）	营业收入（元）	营业利润（元）	净利润（元）
汕头超声印制板（二厂）有限公司	子公司	电子元器件制造业	主要从事高密度多层印制线路板的研制、生产和销售	5 652 万美元	1 038 025 087.52	575 168 184.92	923 600 286.16	104 590 329.28	88 814 926.70

续　表

公司名称	公司类型	所处行业	主要产品或服务	注册资本	总资产（元）	净资产（元）	营业收入（元）	营业利润（元）	净利润（元）
汕头超声印制板公司	子公司	电子元器件制造业	主要从事双面及多层印制线路板的研制、生产和销售	2 250 万美元	593 688 451.84	270 125 461.46	847 183 993.80	34 580 754.92	28 714 596.24
汕头超声显示器（二厂）有限公司	子公司	电子元器件制造业	主要从事单色、彩色 STN 型液晶显示器及模块、TFT 型液晶显示器模块、电阻式触摸屏（TP）、电容式触摸屏（CTP）及模块的研制、生产和销售	1 640 万美元	809 077 972.36	224 169 490.69	1 268 955 418.06	91 163 777.36	78 303 740.60
汕头超声显示器有限公司	子公司	电子元器件制造业	主要从事 TN 和 STN 液晶显示器及模块以及触摸屏传感器（sensor）的研制生产和销售	1 110 万美元	238 130 313.54	99 493 234.36	214 793 534.85	13 166 390.83	9 722 156.80

主要子公司、参股公司情况说明：

汕头超声印制板（二厂）有限公司是本公司与香港汕华发展有限公司合资的企业，是本公司的控股（75%）子公司。该公司主要从事高密度多层印制线路板的研制、生产和销售。本年度，受益于智能手机、平板电脑市场的蓬勃发展以及公司合理的市场布局，高阶HDI和汽车板订单大幅增加，客户标准及产品加工难度明显提高。对此，公司以“技术、质量、服务”为着力点，积极挖掘内部产能、提升生产效率，持续加强工艺技术研究，使公司产品技术档次更上一个层次；同时，公司在应对高密度薄型板设计的转型、高难度板件持续增加等状况时，努力克服在技术、品质、交货期管控上的种种难题，有效整合公司资源，在满足客户需求的同时，增强了公司的竞争优势，使公司整体运作能力上升到一个新的高度 净利润也取得较大的增长。本年度，公司实现营业收入92 360.03万元，净利润8 881.49万元，同比分别增长0.49%和32.67%。

汕头超声印制板公司是本公司与香港汕华发展有限公司合资的企业，是本公司的控股（75%）子公司。该公司主要从事双面及多层印制线路板的研制、生产和销售。本年度，公司以高可靠性、特殊性及小批量、多品种为产品发展策略，积极开拓市场，持续加强技术提升，不断提高生产线柔性管理，有效提高产品投入产出率，报告期内基本维持满量生产，但由于下半年传统板市场竞争剧烈，优质订单减少，对产品利润空间造成了一定的冲击，加上公司加大研发方面的投入，致使产品平均毛利率呈现下滑趋势。本年度，公司实现营业收入84 718.40万元，净利润2 871.46万元，同比分别下降7.33%和31.21%。

汕头超声显示器（二厂）有限公司是本公司与香港朗杰国际有限公司合资的企业，是本公司的控股（75%）子公司。该公司主要从事单色、彩色 STN 型液晶显示器及模块、TFT 型液晶显示器模块、电阻式触摸屏（TP）、电容式触摸屏（CTP）及模块的研制、生产和销售。本年度，各大品牌智能手机、平板电脑、超极本（Ultrabook）等新机层出不穷，智能终端出货量不断提高，电容式触摸屏和液晶显示器件产品需求持续旺盛，这给平板显示行业带来了良好的市场环境与商机。然而，下半年，由于外部通信运营商策略调整以及智能手机市场因素影响，电容屏触控模组需求有所减弱。对此，公司紧抓行业市场良好机遇，强化成本管控，持续提升产品设计、制程能力和产品性能，加大对新产品、新技术的攻关力度和研发投入，优化技术团队建设，加快研发速度，快速响应客户需求，综合提升企业竞争力。与此同时，利用公司在手机通信、车机、工控等领域的优势，加大创新产品的研发投入，大力推广电容触控、显示模组产品及全贴合模组、OGS 单片式电容屏、高性能、高对比度（VA）显示屏等新技术产品的应用，并在现有电容屏生产线上承接小批量订单和测试，这些措施对公司加快创新技术产品产业化进程有很大的帮助，但却一定程度上降低了公司生产效率，产品毛利率水平也受到很大的影响。因此，公司报告期内销售收入和净利润未能同比例增长。本年度，公司实现营业收入 126 895.54 万元，净利润 7 830.37 万元，同比分别增长 54.35%和 22.79%。

汕头超声显示器有限公司是本公司与香港明骏有限公司合资的企业，是本公司的控股（75%）子公司。该公司主要从事 TN 和 STN 液晶显示器及模块以及触摸屏传感器（Sensor）的研制生产和销售。本年度，公司触摸屏产品需求持续旺盛，处于满产状态；单色 LCD 模块方面，公司主要开拓车载等中、高端可靠性产品，有效规避了低端消费品市场的激烈竞争，使公司单色 LCD 模块保持了较好的市场需求。本年度，公司实现营业收入 21 479.35 万元，净利润 972.22 万元，同比分别增长 17.19%和 7.73%。

报告期内取得和处置子公司情况如表 12 所示。

表 12　报告期内取得和处置子公司的情况

公司名称	报告期内取得和处置子公司目的	报告期内取得和处置子公司方式	对整体生产和业绩的影响
汕头超声显示器技术有限公司	实施公司电容式触摸屏产业化建设项目，并从事液晶显示器及模块、触摸屏产品、平板显示器及模块生产、销售	新设投资	可扩大公司高端触摸屏产品产能，优化公司产品结构和业务布局，全面提升公司的综合竞争实力

（三）非募集资金投资的重大项目情况（见表 13）

表 13　非募集资金投资的重大项目情况

（单位：万元）

项目名称	投资总额	本年度投入金额	截至期末累计实际投入金额	项目进度	项目收益情况
电容式触摸屏产业化建设项目	60 000	6 169.3	6 169.3	10.28%	
合计	60 000	6 169.3	6 169.3	—	—
非募集资金投资的重大项目情况说明					
公司注册成立全资子公司汕头超声显示器技术有限公司承担“电容式触摸屏产业化建设项目”的运营，该项目厂房已于 2012 年 10 月开工建设，预计 2013 年年底建成					

六、公司未来发展的展望

电子元器件行业产品应用的重要领域——全球智能终端市场近几年发展迅猛，各大品牌智能手机、平板电脑、超极本（Ultrabook）等新型智能终端大量涌现，服务内容更新速度变得非常快，云计算、物联网、信息服务、智慧应用、新型平板、汽车电子领域正不断出现新的模式、新的动态，新的市场需求正在源源不断被创造出来，在此背景下，高阶 HDI、高技术要求的印制线路板、电容式触摸屏和液晶显示器件产品需求仍将保持较快的发展。但是，受世界经济复苏乏力、日趋激烈的市场竞争以及劳动力成本的压力不断增加等不利因素影响，电子元器件行业发展面临较大挑战。

本公司主导产品隶属于电子元器件两个细分行业，分别是印制板行业和液晶显示器行业。

（一）印制电路板方面分析

2012 年以来，世界经济再次进入敏感时期，经济和金融形势非常复杂和严峻。欧债危机出现反复，主要发达国家均不同程度地面临着实体经济增长乏力、失业率高企、债务负担沉重、政策效力递减等问题；新兴经济体和发展中国家经济收缩步伐明显加快。中国在本轮经济回调中，外需萎缩和内需收缩形成恶性循环，经济下行压力比预期更大；再加上受本土制造业的人工、材料成本上涨等因素影响，出口下降，价格战频繁等都使企业面临很大的挑战。然而，智能手机、平板电脑的崛起给印制板行业注入了增长的动力，成为整个电子市场新的亮点。

在严峻的经济形势下，由于本公司在行业中拥有较高知名度及信誉，拥有不同的印制板生产线，可接单产品跨度大，产能覆盖 HDI 板、高密度多层板以及快板业务，具备质量佳、服务好的核心竞争力，有利于公司优化在行业市场布局，把握结构性发展机会，并能够及时调整销售策略，争取市场优质、高附加值订单，获得更快发展。

（二）液晶显示器方面分析

在智能手机、平板电脑、超极本（Ultrabook）等智能终端需求的带动下，2012 年电容式触摸屏和液晶显示器件产品需求旺盛，特别是电容屏行业在 2012 年经历了一个快速发展的阶段。

显示屏行业方面，国内 TFT 产品主要集中在手机、平板电脑等消费类市场，厂商呈现两极分化，高端客户由国内具备大型生产线厂家主导，而低端消费类市场则有大量的小型模组厂在拼杀，市场竞争激烈。公司则主攻高端黑白显示屏市场领域，主要加大对 GDV、ASTN 等高端车机显示及 MM 双稳态显示等新技术的研发和应用推广，重点开拓车载类、工控类、家电类等中、高端可靠性产品市场，规避低端消费品市场的激烈竞争，使公司显示器业务保持了较好的市场态势。

而电容屏行业目前仍以台系厂商为领头羊，其产能及技术能力都要比国内同行高一层次，而国内厂商则在技术能力、产能方面都呈高度分散状态，大体以低价策略来获取订单。然而，公司作为国内较早介入电容屏触控技术研发并成功批量生产的厂家，在电容屏行业领域享有较高的知名度，技术、质量及整合能力方面都处于国内先进水平。目前，公司凭借自身的技术特点，紧跟产品触控化、轻薄化和低成本化的应用发展趋势，积极开发单片式 OGS、单层多点和 GF 结构等各类电容屏触控技术及相关全贴合模组技术，将产品从中小尺寸智能手机领域逐步推广拓展至平板、超极本以及车载、工控等中大尺寸应用领域，可满足客户的不同需求。

安徽方兴科技股份有限公司 2012 年年度报告（摘要）

一、会计数据和财务指标摘要（见表 1）

表 1　2010—2012 年主要会计数据

（单位：元）

主要会计数据	2012 年	2011 年	本期比上年同期增减	2010 年
营业收入	970 920 433.38	1 073 678 022.53	−9.57%	969 859 929.71
归属于上市公司股东的净利润	132 912 139.83	63 887 243.40	108.04%	63 632 413.27
归属于上市公司股东的扣除非经常性损益的净利润	117 070 408.56	18 388 884.71	536.64%	17 905 318.40
经营活动产生的现金流量净额	53 929 972.54	−70 750 330.76	不适用	118 086 072.39
	2012 年末	2011 年末	本期末比上年同期末增减	2010 年末
归属于上市公司股东的净资产	515 222 614.21	329 095 399.32	56.56%	327 499 311.22
总资产	1 064 817 474.47	1 029 931 900.72	3.39%	1 121 629 170.81

二、公司与实际控制人之间的产权及控制关系（见图 1）

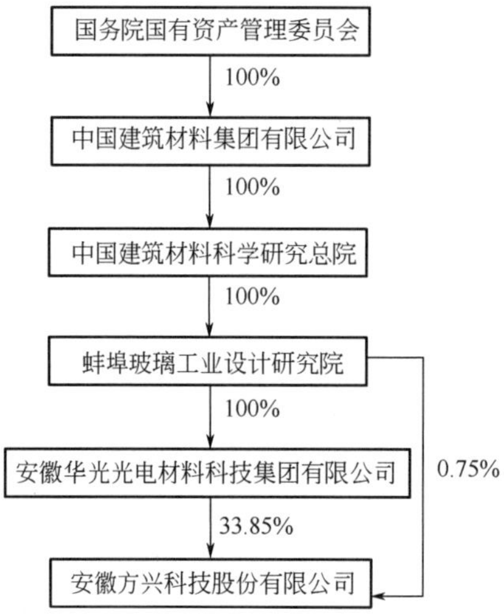

图1 公司与实际控制人之间的产权及控制关系

三、董事会关于公司报告期内经营情况的讨论与分析

2012 年，公司围绕“研制最好的产品、提供最好的服务、创建最好的品牌”的经营理念，统一思想、坚定信心、精心组织、扎实工作，克服国际宏观经济形势不佳、国内经济增速下滑的不利因素，在竞争中抢市场，在压力中求发展，通过产品结构调整和成本控制，在复杂的市场形势中保持了良好的发展势头，实现了公司业绩的稳步增长。今后，公司仍将以市场为导向，断续做大做强主业，扎实稳妥地推进各项重点工作，确保公司持续、健康发展，以更好的业绩回馈投资者。

报告期，公司实现营业收入 97 092.04 万元，同比下降 9.57%（由于 2011 年营业收入中包含已置出的浮法玻璃业务收入 15 663.79 万元，公司新材料业务及 ITO 导电膜玻璃业务的营业收入实际比 2011 年增长约 6%）；营业利润 14 660.72 万元，同比增长 3.73%；实现利润总额 16 677.99 万元，净利润 14 450.14 万元，同比分别增长 11.72%、17.43%；归属于母公司股东的净利润 13 291.21 万元，比上年同期增长 108.04%。

2012 年，新材料业务面临原材料及产成品价格的大幅下滑，行业整体利润水平较低，甚至有不少中小企业亏损，但公司敏锐地把握了原材料及产成品价格的变化趋势，通过加快存货周转率，规避了价格下滑的经营风险，保持了满产满销的状态，确保了公司盈利的稳定。

同时，国外消费市场的整体低迷对公司 ITO 导电膜玻璃业务造成了较大的冲击，公司根据电子消费行业的发展趋势，及时调整生产线和产品结构，保持了业绩稳定，并为将来的增长打下了扎实的基础。

（一）主营业务分析

1. 利润表及现金流量表相关科目变动分析表（见表2）

表 2　利润表及现金流量表相关科目变动分析

（单位：元）

科　　目	本 期 数	上年同期数	变动比例（%）
营业收入	970 920 433.38	1 073 678 022.53	–9.57
营业成本	718 294 497.65	811 060 546.15	–11.44
销售费用	17 893 241.70	22 937 288.82	–21.99
管理费用	54 847 232.43	59 350 559.27	–7.59
财务费用	24 682 889.70	26 137 972.05	–5.57
经营活动产生的现金流量净额	53 929 972.54	–70 750 330.76	
投资活动产生的现金流量净额	–20 147 788.38	–161 793 109.25	87.55
筹资活动产生的现金流量净额	–44 378 836.46	129 470 080.52	
研发支出	17 567 612.29	1 085 269.08	1 518.73
资产减值损失	1 693 540.47	8 268 840.18	–79.52
投资收益	–2 137 478.44	33 723.58	–6 438.23
营业外收入	20 583 474.92	9 479 551.16	117.14
营业外支出	410 689.32	1 524 178.52	–73.06
归属于母公司所有者的净利润	132 912 139.83	63 887 243.40	108.04
少数股东损益	11 589 281.63	59 162 916.28	–80.41
基本每股收益（元/股）	1.14	0.55	107.27
稀释每股收益（元/股）	1.14	0.55	107.27

2. 收入

公司 2012 年度实现营业收入 97 092.04 万元，同比降低 9.57%，主要是 2011 年同期营业收入含浮法玻璃业务收入 15 663.79 万元，扣除浮法玻璃业务收入影响，本年营业收入实际比 2011 年增加 5 388 万元。主要是新材料和导电膜玻璃拓展客户增加的收入。

3. 成本分析（见表3）

表3 成本分析

（单位：元）

分行业情况							
分 行 业	成本构成项目	本期金额	本期占总成本比例	上年同期金额	上年同期占总成本比例	本期金额较上年同期变动比例	情况说明
工业	销售商品成本	620 601 490.83	99.73%	705 750 073.78	99.04%	−12.06%	浮法玻璃业务置出
餐饮客房服务	酒店成本	1 680 172.44	0.27%	6 806 873.45	0.96%	−75.32%	本年3月该业务已出售
分产品情况							
分产品	成本构成项目	本期金额	本期占总成本比例	上年同期金额	上年同期占总成本比例	本期金额较上年同期变动比例	情况说明
新材料	销售商品成本	351 647 282.13	56.51%	298 219 809.36	41.85%	17.92%	销售收入对应成本增加
ITO 导电膜玻璃	销售商品成本	268 954 208.70	43.22%	230 338 186.27	32.33%	16.76%	销售收入对应成本增加和本年人工水电费增加
餐饮客房服务	酒店成本	1 680 172.44	0.27%	6 806 873.45	0.96%	−75.32%	本年3月该业务已出售

（二）行业、产品或地区经营情况分析

主营业务分行业、分产品情况如表4所示。

表4 主营业务分行业、分产品情况

（单位：元）

主营业务分行业情况						
分 行 业	营业收入	营业成本	毛利率	营业收入比上年增减	营业成本比上年增减	毛利率比上年增减
工业	856 614 316.95	620 601 490.83	27.55%	−7.42%	−12.06%	增加 3.83 个百分点
餐饮客房服务	2 828 228.88	1 680 172.44	40.59%	−72.15%	−75.32%	增加 7.63 个百分点
合计	859 442 545.83	622 281 663.27	27.59%	−8.12%	−12.67%	增加 3.77 个百分点
主营业务分产品情况						
分产品	营业收入	营业成本	毛利率	营业收入比上年增减	营业成本比上年增减	毛利率比上年增减
新材料	490 442 694.90	351 647 282.13	28.30%	17.94%	17.92%	增加 0.01 个百分点
ITO 导电膜玻璃	366 171 622.05	268 954 208.70	26.55%	6.65%	16.76%	减少 6.36 个百分点
餐饮客房服务	2 828 228.88	1 680 172.44	40.59%	−72.15%	−75.32%	增加 7.63 个百分点
合计	859 442 545.83	622 281 663.27	27.59%	−8.12%	−12.67%	增加 3.77 个百分点

（三）核心竞争力分析

1. 新材料业务

公司在新材料业务方面的核心竞争力主要体现在已掌握的生产技术和自主研发能力上。目前中恒公司拥有国家发明专利 2 项，实用新型专利 13 项；华洋公司拥有发明专利 1 项，实用新型专利 12 项；中凯公司拥有发明专利 2 项，实用新型专利 4 项。

中恒公司的“超细高纯电熔氧化锆工业化制备技术”多次获得省级、行业级的科技成果奖励。中恒公司通过多年的经验积累和技术研发，不断进行电熔法的工艺优化，并研发出自创的催化剂混合物，生产出的氧化锆纯度可稳定达到 99.3%，且化学活性高，随着纯度及活性的提高，在很多领域可替代化学锆，而生产成本与化学锆相比具有一定的竞争优势。

华洋公司拥有一支专业配备完备、年龄结构合理的生产、经营及研发团队，拥有环保节能生产高纯超细硅酸锆的核心技术。采用先进工艺和设备以及严格的质量控制程序加工而成的高纯超细硅酸锆，产品质量稳定，市场好评度高，有较强的竞争力。

经过近些年的发展，中恒公司、华洋公司的产品质量已经受到客户的认可，公司已建立了覆盖全国及海外多个国家和地区的营销网络，拥有大量长期稳固的客户资源，彼此之间保持良好的合作关系。凭借技术优势和畅通的销售渠道，中恒公司目前在电熔锆行业牢牢占据第一的位置，公司将努力维持并扩大这种优势。

2. ITO导电膜玻璃业务

华益公司是国内最早专业从事导电膜玻璃研究、开发和生产的企业，通过自主研发，全面掌握了真空镀膜技术这一平板显示行业的关键性基础技术，且具有多年的先进生产经验。公司拥有一支专业覆盖真空技术、薄膜技术、机械及电气控制等学科的研发队伍，不仅在真空薄膜材料和技术研发方面，更在真空薄膜设备的研制和改进方面有着显著的优势和能力。

华益公司先后研发了液晶显示屏用 ITO 导电膜玻璃、触摸屏用 ITO 导电膜玻璃以及 AR 抗反射膜玻璃，还自主开发和掌握了多项产品的升级或拓展生产技术，在产品生产技术的升级过程中始终掌握主动地位。

华益公司在发展过程中，坚持设备研制与技术引进相结合，在目前的 12 条 ITO 导电膜玻璃生产线中，3 条是全套引进生产线（其中一条是在引进的基础上进行改造），其余 9 条生产线均是利用自有技术力量，独立设计、加工组装、工艺调试，并根据技术发展要求不断对生产线进行更新升级，既节省了投资成本，又锻炼了技术队伍，增进了生产员工对产品技术的理解，从而从根本上保证了产品质量的稳定性。

华益公司系国家火炬计划重点高新技术企业、安徽省高新技术企业、安徽省创新型企业、安徽省产学研联合示范企业及安徽省省级企业技术中心。“AR 抗反射膜玻璃”被科技部认定为“国家重点新产品”。不仅如此，华益公司还承担了国家火炬计划项目、国际高技术产业化项目、安徽省科技攻关计划项目、安徽省高技术产业化项目及安徽省技术创新项目等一批国家级和省级项目，攻克了一批真空镀膜技术行业及相关行业的重点难题。华益公司研发的产品荣获安徽省科学技术成果并获得蚌埠市科学技术进步一等奖。

ITO 导电膜玻璃行业是典型的资本密集型和技术密集型行业，具有明显的规模经济的特征。目前公司 ITO 导电膜玻璃的生产、销售量均处于国内领先地位。随着 130 万片电容式触摸屏用导电膜玻璃生产线的投产，调整了现有的产品结构，更好地满足了市场需求，也进一步提升了市场占有率，提高了盈利水平，规模优势也更加明显。

华益公司在 ITO 行业中十多年专业生产经验的积累，使公司形成了成熟的产品技术管理能力和精细的现场管理水平，镀膜工序良品率和综合良品率均超过行业平均水平，有效降低了生产成本，增强了产品的市场竞争力。

（四）投资状况分析

1. 主要子公司、参股公司分析

蚌埠中恒新材料科技有限责任公司，主要产品为电熔氧化锆，注册资本 1 000 万元，总资产 38 234.55 万元，净资产 26 574.77 万元。报告期实现营业收入 54 276.33 万元，营业利润 10 233.58 万元，净利润 9 144.74 万元。公司原持有其 60%的股份，鉴于中恒公司具有较高科技含量和较好发展前景，报告期公司收购了其另外的 40%的股份，使其成为公司的全资子公司。

安徽省蚌埠华益导电膜玻璃有限公司系本公司控股子公司，公司持股比例为 75%，主要产品为 ITO 导电膜玻璃，注册资本 1 480 万美元，总资产 56 671.75 万元，净资产 26 752.56 万元。报告期实现营业收入 36 712.11 万元，营业利润 4 919.63 万元，净利润 4 692.68 万元。蚌埠华洋粉体技术有限公司为公司全资子公司，主要产品为硅酸锆，注册资本 1 000 万元，总资产 5 862.35 万元，净资产 2 241.35 万元。报告期实现净利润 324.8 万元。

蚌埠中凯电子材料有限公司为公司全资子公司，主要产品为球形石英粉和球形氧化铝粉，注册资本 500 万元，总资产 594.81 万元，净资产–323.58 万元。报告期实现净利润–249.12 万元。

上海淮景建材销售有限公司系本公司控股子公司，公司持股比例为 90%，主要从事建材、装修材料、汽配、机电产品、五金交电的批发零售。注册资本 100 万元，总资产 2 518.63 万元，净资产–431 万元。报告期实现净利润–132.96 万元。

为集中精力做大做强主业，公司对下属非主业经营实体逐步进行清理，报告期公司出售了持有的蚌埠市方兴假日酒店有限责任公司的 65.76%的股份以及蚌埠方圆光电科技股份有限公司 70%的股份。

2. 非募集资金项目情况（见表5）

表 5　非募集资金项目情况

（单位：万元）

项目名称	项目金额	项目进度	本年度投入金额	累计实际投入金额	项目收益情况
年产 130 万片电容式触摸屏用导电膜玻璃生产线	18 000	100%	2 061.06	11 328.41	1 159.46
年产 5 000t 电熔氧化锆生产线	10 085	验收试生产阶段	2 749.52	2 762.81	0

四、董事会关于公司未来发展的讨论与分析

（一）行业竞争格局和发展趋势

1. 新材料业务

在国家产业政策的引导下，我国锆产业取得了快速发展，全国各类锆化合物的生产企业有上百家，其中氧化锆生产企业有 20 多家，硅酸锆生产企业有 100 多家，市场化程度较高，市场比较分散。锆化合物行业具备规模生产能力的企业主要集中在安徽及沿海地区，包括山东、广东、福建、江苏和浙江。在激烈的市场竞争中，产品品质良好、品质稳定且成本控制能力强的厂家逐步获得了市场的认可，市场份额逐步提高，市场集中度也逐步提高。

中恒公司虽然投产时间较晚，但是公司依靠自主研发的具有国际先进水平的技术和生产工艺，生

产的电熔氧化锆产品品质稳定，纯度高，杂质少，迅速取得了市场的认可，目前已经成为我国陶瓷行业电熔氧化锆市场份额最大的企业。

锆化合物行业是国家鼓励发展的产业，受国家产业政策的支持。随着世界经济一体化进程的加快，科学技术的日新月异，新材料、新领域的不断出现，锆化合物的应用领域不断拓宽，行业发展空间不断打开，前景乐观。近两年来中高档锆化合物市场逐步扩大，行业结构向高附加值产品进行调整，市场集中度逐步提高。

2. ITO导电膜玻璃业务

我国已成为 ITO 导电膜玻璃的最大生产国和出口国，产量占全球总产量的 80%以上，竞争对手大多是国内企业，目前主要生产厂商为方兴科技、长信科技、莱宝高科和南玻 A；在 TP 产品领域，主要生产厂商集中在日本、韩国以及我国大陆和台湾地区。由于 ITO 导电膜玻璃是资本密集型和技术密集型的行业，大量的中小企业在行业内并不构成实质性竞争威胁。几大主要生产厂商的产品品质良好，与下游厂商的供给关系保持稳定，在市场竞争中不断扩大优势，市场份额进一步增大，市场集中度也逐步提高。

方兴科技经过 2011—2012 年的大规模生产线投资，目前已拥有镀膜生产线 12 条，产能及销量均处于国内领先的位置。方兴科技从事 ITO 导电膜玻璃行业十多年，产品齐全，包括 TN、STN、TP 及 AR 等全系列，拥有丰富的镀膜经验，客户覆盖面广，产品质量在行业内名列前茅，具有良好的品牌形象。

平板显示行业是支撑我国信息产业持续发展的战略性产业，近年来，国家出台了一系列政策积极支持平板显示行业特别是上游关键基础材料的发展，ITO 导电膜玻璃作为平板显示器件的关键基础材料，具有广阔的市场空间，随着平板显示技术升级和逐步普及，LCD 面板、PDP 面板、OLED 面板以及触摸屏面板等市场存在较大的发展空间和较长的生命周期，ITO 导电膜玻璃行业仍然将保持良好的成长性。但随着下游平板显示产业的飞速发展，ITO 导电膜玻璃的生产技术也在不断发展，逐步提升，产品升级换代压力较大。

（二）公司发展战略

公司以中建材集团的发展战略为指引，以蚌埠院“新玻璃、新材料、新能源”的产业布局为依托，以市场为导向，以产品结构调整和产业升级为重点，以研究开发和工艺创新为核心，在全面提升专业化经营管理水平和为客户提供全方位增值服务的基础上，公司致力于新型显示器件和新材料两大业务的共同发展，提升以科技创新为主的核心竞争力，促进公司持续快速发展，将公司打造成为具有国际竞争力的新型显示和新材料的科技产业集团。

（三）经营计划

2013年度公司预计完成营业总收入11亿元，实现利润总额2亿元。为确保2013年度经营目标的实现，2013年度公司管理层将着力做好以下几个方面的工作。

（1）全力推进高纯超细氧化锆项目和中小尺寸触摸屏项目建设，力争在年内投产，以提升公司的综合实力和核心竞争力。

（2）继续深化精细化管理，优化资源配置，提高生产效率，厉行节约，努力降低生产成本。

（3）继续壮大销售队伍，增强销售实力，拓宽销售思路，使销售能跟上市场的步伐。

（4）积极做好新产品、新技术的开发和储备，增强公司未来发展的后劲和潜力。

华映科技（集团）股份有限公司2012年年度报告（摘要）

一、会计数据和财务指标摘要（见表1）

表1　主要会计数据和财务指标

	2012年	2011年	本年比上年增减	2010年
营业收入（元）	1 822 389 937.37	2 182 537 883.08	−16.5%	3 024 096 792.08
归属于上市公司股东的净利润（元）	276 062 280.27	346 729 158.79	−20.38%	349 382 749.83
归属于上市公司股东的扣除非经常性损益的净利润（元）	213 237 995.86	326 282 074.24	−34.65%	332 291 414.72
经营活动产生的现金流量净额（元）	497 524 960.02	807 467 896.95	−38.38%	758 991 431.94
基本每股收益（元/股）	0.3941	0.495	−20.38%	0.5091
稀释每股收益（元/股）	0.3941	0.495	−20.38%	0.5091
净资产收益率	11.03%	13.59%	−2.56%	15.11%
	2012年末	2011年末	本年末比上年末增减	2010年末
总资产（元）	5 789 909 929.80	4 552 089 628.42	27.19%	4 714 227 471.14
归属于上市公司股东的净资产（归属于上市公司股东的所有者权益）（元）	2 548 788 031.36	2 636 932 101.42	−3.34%	2 500 374 383.72

二、公司与实际控制人之间的产权及控制关系（见图1）

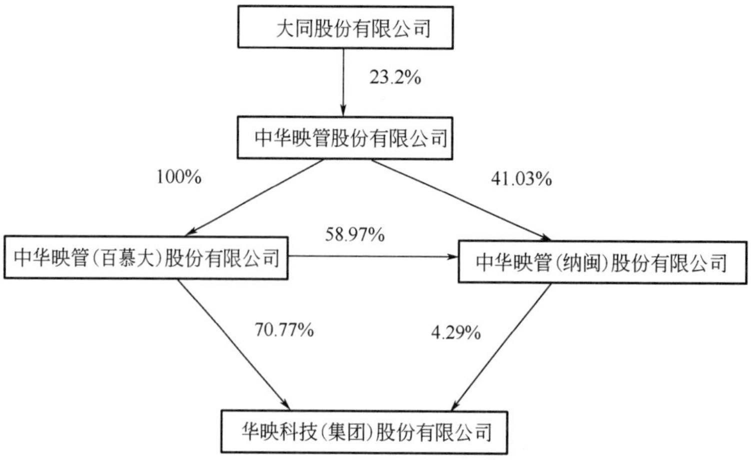

图1　公司与实际控制人之间的产权及控制关系的方框图

三、董事会报告

（一）概述

报告期内，公司为顺应市场对中小尺寸显示产品的持续强劲需求，第五届董事会第二十九次会议审议通过了《关于控股子公司拟进行第二期中小尺寸平板显示产品投资的议案》，在既有的基础上增加对中小尺寸平板显示产品的投资，投资总额不超过7 500万元。原计划第二期投资完成后，公司中小平板显示产品产能将由原来的120万片/月提升到210万片/月，实际上公司在不增加投资额的情况下，将产能提升至220万片/月，中小尺寸产品产能利用率按照改造后的产能计算达到92%，有效地提升了公司的产品竞争力及经营业绩。报告期内，子公司福建华显、华映视讯两家子公司虽然在改造过程中也会损失部分产能，且新产品面对新客户的严格认证考验，但仍对集团业绩做出较大贡献，两家子公司合计净利润为40 607万元；同时母公司因为出售206基地房产及土地获得收益4 457万元。上述因素合计产生净利润约45 064万元。但报告期公司业绩与上年同期比较仍下降20.38%，主要原因如下：①子公司华冠光电一直以来主要接受冠捷投资有限公司（以下简称“冠捷投资”）的委托加工，加工产品集中在大尺寸的PC与NB，2012年冠捷投资受市场环境影响大幅减少了加工订单，华冠光电业绩受到严重影响，从2011年的净利润6 480万元下降到2012年的391万元；②子公司深圳华显主要进行电视用的液晶显示模组加工，2011年起受全球电视业务不景气影响，利润出现大幅下滑，2012年经营进一步恶化，出现较大幅度亏损，亏损约4 680万元；③子公司科立视公司由于仍在筹建期，2012年亏损3 064万元。

（二）主营业务分析

1. 概述

2012年，公司主营业务构成未发生重大变化，因受国际金融危机影响，全球经济复苏乏力，市场对于大尺寸的显示产品需求滞涨，相应终端产品价格持续疲软，间接影响公司液晶模组的代工价格。应电子市场对中小平板产品需求的强势增长契机，顺应市场需求方向，公司积极调整产品结构，将闲置的大尺寸模组产线改造成中小尺寸模组产线，分享了中小平板液晶模组市场。公司2012年度实现营业收入18.22亿元，同比减少16.50%；实现营业利润3.75亿元，同比下降30.93%；归属于上市公司股东的净利润2.76亿元，同比下降20.38%。

公司前期披露的战略规划：公司将持续推进触控组建材料项目的建设、试投产，并考虑在适当时机进一步收购华映光电股份有限公司股权，实现最终控股。上述产业整合完成后，公司将成为以液晶模组为基础，兼有触控组件材料及触控一条龙产品的战略布局。报告期内，公司顺利推动第二期中小模组的改线生产计划，伴随着平板电脑、触控智能手机、车载产品等市场需求的强劲增长，公司改线计划取得重大成功，在大尺寸液晶产品不景气的环境下，有效保证了公司完成净资产收益率达到10%以上的业绩承诺目标。报告期内，公司再次完成收购华映光电股份有限公司20%的股权，累计持股比例增加至40%，并于2012年年底启动控股并购华映光电的计划，目前并购项目已申报中国证监会，尚在审核中。若收购完成，公司将控股持有包括中小模组、触控玻璃加工、触控模组加工及贴合等业务产业体系，与未来公司触控组件材料业务密切结合形成较为完整的触控产业链。

报告期内，公司投资的触控组件材料项目（主要生产盖板玻璃）进展顺利，2013 年 1 月初项目厂房主体落成，相关设备逐步入厂安装，其中主设备之一窑炉已点火调试，成为项目取得重大进展的重要标志。项目后段设备也将逐步到位安装调试。随着人们对视觉及操作便利性需求的提升、触控显示技术的日渐成熟，触控面板的应用层面将越来越广。公司投资触控应用的盖板玻璃将有效提升公司的核心竞争力，对公司未来可持续盈利及发展将产生重要作用。

2. 收入

2012 年，公司营业收入同比下降 16.50%，原因系本期订单数量减少。公司前五大客户情况如表 2 所示。

表 2 公司前五大客户资料

序 号	客户名称	销售额（元）	占年度销售总额比例
1	中华映管股份有限公司	1 298 425 084.52	71.25%
2	韩国海帝士科技有限公司	189 847 748.76	10.42%
3	冠捷投资有限公司	153 485 856.46	8.42%
4	深圳华星光电股份有限公司	60 215 659.88	3.3%
5	友达光电股份有限公司	46 940 690.94	2.58%
合计		1 748 915 040.56	95.97%

（三）主营业务构成情况（见表 3）

表 3 主营业务构成情况

（单位：元）

	营业收入	营业成本	毛 利 率	营业收入比上年同期增减	营业成本比上年同期增减	毛利率比上年同期增减
分行业						
代工-来料加工	954 076 903.07	459 035 145.97	51.89%	–0.36%	–0.38%	1%
代工-国内	95 121 427.42	85 370 572.88	10.25%	37.27%	55.3%	0.64%
销售-进料加工	757 394 340.33	622 191 207.26	17.85%	0.12%	–0.05%	0.04%
销售-国内	270 949.68	299 864.20	–10.67%	1.82%	4.31%	0.7%
分产品						
液晶模组加工费	1 049 198 330.49	544 405 718.85	48.11%	–0.3%	–0.27%	1%
液晶模组销售	757 665 290.01	622 491 071.46	17.84%	0.12%	–0.04%	0.04%
分地区						
境外	1 711 471 243.40	1 081 226 353.23	36.82%	–0.21%	–0.23%	0.55%
境内	95 392 377.10	85 670 437.08	10.19%	35.95%	53.47%	0.64%

（四）核心竞争力分析

2012年，面对激烈的行业竞争，公司看到未来触控显示产业发展带来的机会，进一步调整产品结构，扩大中小尺寸产品投资，开拓市场，完善产业链，成功导入品牌客户高阶产品。这与公司在发展过程中增强核心竞争力密不可分。

1. 区位优势明显

液晶显示模组行业人力需求相对密集，与境外液晶显示模组厂商相比，公司控股的四家液晶显示模组公司均设立在中国大陆，劳动力成本相对较低，具备成本优势。除此之外，四家模组厂就近液晶显示产业发展相对集中的地区，可就近获取原材料并供应模组成品给下游客户，有效降低物流成本，提高良品率，消化急单，抢攻市场。受大尺寸液晶显示产品在过去两年持续不景气影响，公司积极调整产品结构，进行了两期中小尺寸产品投资，并取得预期效益，拟启动第三期中小尺寸液晶显示产品投资。由于公司战略已转向中小模组并逐步强化执行中，深圳华显大尺寸业务与公司战略不符，且业绩出现下滑，对公司未来经营存在不利影响，公司为了集中优势，突显在中小尺寸业务的竞争力，从长远利益考虑，决定出售持有的深圳华显75%的股权。

2. 产业链完善

面对触控产业的迅猛发展势头，公司就现有模组业务进行整合，切入主要应用于PAD、手机及电子书等中小触控产品的模组业务，同时整合上下游产业链，逐步收购具有触控一条龙产品业务的华映光电股份有限公司，并向上游触控组件材料领域进军，投资设立触控组件材料公司。公司未来战略将形成以液晶模组为基础，兼有触控组件材料及触控一条龙产品的战略布局，能够有效完善产品结构，提高公司核心竞争力及获利水平。

3. 生产管理经验丰富

公司控股的四家液晶显示模组公司在中国大陆经营多年，生产和管理经验较为丰富，具备较强的原材料的检验管控能力、制程控制优化能力和出货品质管控能力。

4. 工艺制造能力先进，掌握关键技术

公司积极开展技术资源的协同利用，实现技术资源共享，技术研发能力不断攀升。得益于深厚的技术工艺沉淀，公司控股子公司福建华显、华映视讯顺应市场需求，顺利完成中小一期及二期设备改造、扩充产能、导入 FFS（广视角）技术新品并逐步提高产品良品率，得到广大客户的高度认可。除此之外，公司控股子公司科立视拥有一支生产及研发经验丰富的团队，掌握盖板玻璃产品关键技术，拥有多项制程及产品专利，能够有效推进项目顺利进展。

5. 提升公司核心技术研发能力，推动公司未来产业升级

为配合公司未来发展战略目标的实现，建立公司长期可持续发展的核心竞争力，公司第六届董事会第二次会议审议通过了公司组织架构调整的议案，设立研发中心，拟以光电技术、触控技术以及先端材料技术等作为主要研发方向。公司研发中心于 2013 年 1 月被认定为福州市级企业技术中心，公司未来将逐步加大研发中心投入，提升公司研发中心资质，致力于核心光电技术、触控技术及先进材料技术等的研发。

（五）投资状况分析

1. 对外股权投资情况（见表4）

表 4　对外投资情况

对外投资情况		
2012 年投资额（元）	2011 年投资额（元）	变动幅度
593 228 803.71	408 628 260.10	45.18%
被投资公司情况		
公司名称	主要业务	上市公司占被投资公司权益比例
厦门华侨电子股份有限公司	电视机生产企业	23.99%
华映光电股份有限公司	单彩显示管、液晶面板产商	40%
敦泰科技有限公司	电容式触摸屏控制芯片和 TFT-LCD 显示驱动芯片的设计研发、制造及销售企业	0.53%

2. 主要子公司、参股公司分析（见表5）

表5 主要子公司、参股公司情况

公司名称	公司类型	所处行业	主要产品或服务	注册资本	总资产（元）	净资产（元）	营业收入（元）	营业利润（元）	净利润（元）
福建华映显示科技有限公司（福建华显）	子公司	制造业	平板显示器件、液晶显示屏、模组及零部件的研发、设计、生产、销售	3 000 万美元	1 325 612 535.48	739 508 442.68	583 450 560.31	350 458 563.07	308 856 633.58
深圳华映显示科技有限公司	子公司	制造业	生产经营、维修液晶显示屏模块	3 000 万美元	576 575 236.19	387 981 615.03	466 198 644.39	–48 834 971.09	–46 799 060.62
福建华冠光电有限公司	子公司	制造业	平板显示器件、液晶显示产品、模组及产品零部件的开发、设计、生产和售后服务	2 250 万美元	303 750 666.06	233 349 029.09	161 790 021.10	2 221 245.30	3 905 180.63
华映视讯（吴江）有限公司	子公司	制造业	平板显示器、笔记本电脑、液晶电视及液晶显示屏模组制造、维修与销售；提供管理与技术咨询服务	12 000 万美元	2 115 452 850.41	1 258 509 024.35	1 325 169 205.77	127 182 768.90	97 213 758.86
华映科技（纳闽）有限公司	子公司	贸易	平板显示器件、液晶显示屏、模组及零部件的贸易	1 美元	52 374 139.38	9 186 238.77	48 516 977.20	–498 361.15	–540 672.41
科立视材料科技有限公司	子公司	制造业	平板显示屏及触控组件材料器件的研发、设计、销售和售后服务	7 500 万美元	701 718 036.09	280 526 833.33		–40 772 916.66	–30 643 175.55
厦门华侨电子股份有限公司	参股公司	制造业	生产视听通信设备，经营商品和技术进出口，软件开发应用，税控收款机、打印机等自产产品的维修及销售服务	37 082 万元	1 056 080 664.37	103 122 593.89	2 927 047 547.97	–45 119 805.31	13 205 576.99

续　表

公司名称	公司类型	所处行业	主要产品或服务	注册资本	总资产（元）	净资产（元）	营业收入（元）	营业利润（元）	净利润（元）
华映光电股份有限公司	参股公司	制造业	开发、设计、生产单、彩色显示管、电子枪、平板显示产品及其相关零部件等	232 552.61 万元	3 903 406 592.07	1 590 726 599.06	2 527 338 407.05	161 616 199.23	108 299 598.51

主要子公司、参股公司情况说明：

（1）子公司华冠光电一直以来主要接受冠捷投资有限公司（以下简称“冠捷投资”）的委托加工，加工产品集中在大尺寸的PC与NB，2012年冠捷投资受市场环境影响大幅减少了加工订单，华冠光电业绩受到严重影响，从2011年的净利润6 480万元下降到2012年的391万元；

（2）子公司深圳华显主要进行电视用的液晶显示模组加工，2011 年起受全球电视业务不景气影响，利润出现在大幅下滑，2012 年经营进一步恶化，出现较大幅度亏损，亏损约 4 680 万元；

（3）子公司科立视公司由于仍在筹建期，2012 年亏损 3 064 万元。

彩虹显示器件股份有限公司2012年年度报告（摘要）

一、会计数据和财务指标摘要（见表1）

表1 主要会计数据

（单位：元）

主要会计数据	2012年	2011年	本期比上年同期增减	2010年
营业收入	248 692 338.02	357 689 810.33	−30.47%	1 151 616 317.03
归属于上市公司股东的净利润	−1 722 424 577.38	−517 713 940.31	不适用	12 137 333.18
归属于上市公司股东的扣除非经常性损益的净利润	−1 692 734 673.79	−525 210 568.71	不适用	8 987 231.56
经营活动产生的现金流量净额	−56 893 769.30	39 561 645.39	不适用	407 375 594.74
	2012年末	2011年末	本期末比上年同期末增减	2010年末
归属于上市公司股东的净资产	1 969 724 838.96	3 692 149 416.34	−46.65%	4 200 683 356.65
总资产	8 002 932 403.34	8 868 022 098.06	−9.76%	7 818 115 140.03

二、公司与实际控制人之间的产权及控制关系（见图1）

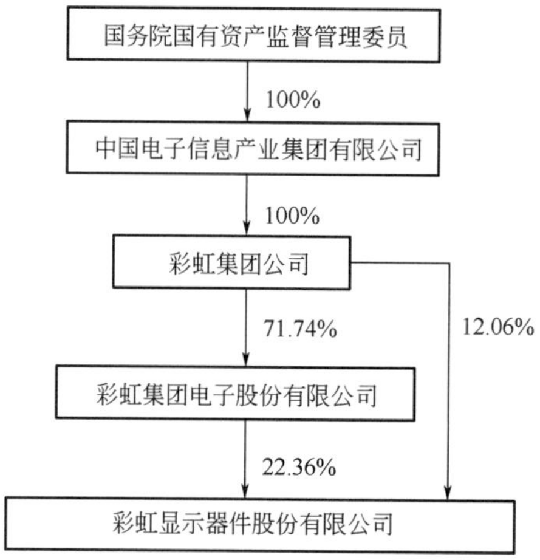

图1 公司与实际控制人之间的产权及控制关系

三、董事会报告

（一）董事会关于公司报告期内经营情况的讨论与分析

1．概述

2012年是公司战略转型的关键一年，公司继续深入落实“调整优化，稳快求强”的经营方针，以

"调整、稳定、提升"为中心任务，坚定实施"快速突破技术难题、快速实现销售上量、快速提高管理效率"三大举措，全体员工齐心协力，在突破技术瓶颈、拓展市场、提升管理等方面做了大量扎实有效的工作，公司各项经营工作有了新进展。公司彩管业务经过11个月的生产，消化完全部配套材料后于11月末关闭了全部彩管生产线；三地基板玻璃产品全部实现了批量销售，产品品质已达到同行水平；佛山公司PMOLED产线顺利量产并实现销售。这些都标志着公司转型后主营业务发生重大改变，已经站在了一个新的起点，为公司转型和企业持续发展奠定了坚实基础。但本报告期内公司整体经营指标与管理层及投资预期目标仍存在一定差距。

2012年，公司累计实现营业收入2.49亿元，其中，新产业累计实现营业收入1.21亿元，占公司总收入的48%，同比增长23.4倍。销售彩管89.27万只，同比降幅63%；累计生产第5代、第6代液晶玻璃基板114.86万片，实现基板玻璃销售62.1万片，同比增长4.5倍。本报告期，由于对相关资产计提了资产减值准备，公司归属于上市公司股东的净利润出现大幅度亏损。

TFT-LCD液晶玻璃基板业务：报告期内，公司对下属子公司基板玻璃业务从管理资源、技术资源、营销资源等方面进行了整合，提高了管理效能。通过全力推进技术攻关和质量提升活动，液晶基板玻璃各线体运行良品率取得进一步稳定和提升，下游用户的产品认证和销售工作取得了双突破，在0.7mm厚度产品认证和销售取得较好成绩的基础上，0.5mm厚度产品在中国大陆和台湾也均通过主要用户认证和实现批量销售，产品质量信誉获得用户认可，目前客户数量已达到8家，销售量进一步提升，2012年第三、第四季度销量环比持续上升，12月突破10万片。咸阳电子玻璃公司CX02线2012年5月率先完成固定资产结转，为公司基板业务规模化发展奠定了基础。

公司坚持走自我技术创新之路，试生产过程中在面临市场竞争与产品薄形化升级加速的双重压力下，凭借坚强的毅力，攻克了道道难关，打破国外技术封锁垄断，成为国内最大的基板玻璃制造基地，为我国平板显示产业链的完善做出了积极的努力，并取得了一定的社会效应。

OLED业务：公司控股子公司彩虹（佛山）平板显示有限公司积极开展降本增效及管理提升活动，充分利用公司现有资源和外部资源，实施业务拓展，开发新产品，扩大LCM（液晶模组）产品的销售，全年累计生产LCM59.42万片，销售67.57万片；OLED生产7.84万片，销售12.03万片。目前，公司已经基本掌握AM-OLED显示器件设计技术和IC设计技术，走在国内各AM-OLED设计厂家的前列。第4.5代AM-OLED项目已经完成了技术准备工作。另外，公司利用现有装备，创新性地开展TP（触摸屏）制造与销售，该业务将对公司来年的经营发挥积极的作用。

CRT业务：因彩管市场急剧萎缩，生产、销售大幅下降，国内各大彩管厂纷纷关闭，公司彩管业务经过11个月的生产，消化完全部配套材料后于11月末关闭了全部生产线。

2. 成本分析（见表2）

表 2　成本分析

（单位：元）

分 行 业	本期金额	本期占总成本比例	上年金额	上年占总成本比例	本期金额较上年变动比例
彩色显像管	155 096 558.38	66.16%	365 830 548.02	98.60%	-57.60%
OLED 显示	39 888 113.20	17.02%	5 184 751.37	1.40%	669.34%
基板玻璃	39 440 632.11	16.82%	5 184 751.37	—	—

2012年度营业成本234 425 303.69元，较上年下降141 774 747.07元，彩管成本下降的主要原因是由于彩管行业持续大幅度萎缩，公司彩管业务占总成本比例降低。基板玻璃业务主要是由于本报告期一条基板玻璃线体转固，开始正常成本核算。

3. 费用情况（见表3）

表 3　费用情况

项　　目	本 期 数	上 年 数	同比增减
销售费用	29 455 222.43	31 141 857.67	–5.42%
管理费用	202 816 348.66	100 583 338.58	101.64%
财务费用	90 664 395.13	18 531 723.09	389.24%
资产减值损失	1 899 726 940.35	415 767 242.92	356.92%

销售费用较上年减少主要是由于本年度彩管销量大幅减少，但玻璃基板销售费用增加，使得费用减幅低于收入减幅。管理费用较上年大幅增加主要是本年度公司预提彩管退出人员经济补偿金，同时控股子公司折旧等费用增加。财务费用较上年大幅增加主要原因是本年度新增贷款及8亿元短融利息导致财务费用升高。资产减值损失大幅度增加是本年度公司控股子公司陕西彩虹电子玻璃有限公司及其下属子公司计提在建工程减值损失合计14.72亿元（其中，陕西彩虹电子玻璃有限公司及其下属子公司计提在建工程减值损失10.59亿元，公司控股子公司彩虹（佛山）平板显示有限公司计提在建工程减值准备4.13亿元），计提工程物资减值1.47亿元。本年度彩虹（佛山）平板显示有限公司计提固定资产减值准备2.32亿元。

（二）主营业务分行业情况（见表4）

表 4　主营业务分行业情况

（单位：元）

分 行 业	营业收入	营业成本	毛 利 率	营业收入比上年增减	营业成本比上年增减	毛利率比上年增减
彩色显像管	128 468 193.94	155 096 558.38	–20.73%	–165.63%	–135.87%	–13.53%
OLED 显示	27 098 163.53	39 888 113.20	–47.20%	81.53%	87.00%	–43.59%
基板玻璃	56 945 734.77	39 440 632.11	30.74%	100.00%	100.00%	—

（三）核心竞争力分析

公司作为国内基板玻璃的龙头企业，自2005年开始研发、生产液晶玻璃基板，在研发和生产运营中不断培养和储备了大量玻璃基板研发、制造及管理专业人才；公司依据下游客户国内液晶面板生产商的布局情况，对玻璃基板业务进行了战略部署，在合肥、张家港、咸阳设立了生产基地，具有较强的地理优势；公司产品售价较国际厂商具有一定价格优势；公司目前已具备生产0.7mm厚度、0.5mm厚度基板玻璃产品的能力，较国内同行具有一定规模优势。

（四）募集资金承诺项目使用情况（见表5）

（五）主要子公司、参股公司分析（见表6）

（六）非募集资金项目情况（见表7）

表 5 募集资金承诺项目使用情况

（单位：万元）

承诺项目名称	是否变更项目	募集资金拟投入金额	募集资金实际投入金额	是否符合计划进度	项目进度	是否符合预计收益	未达到计划进度和收益说明	变更原因及募集资金变更程序说明
电子玻璃公司高世代 TFT-LCD 玻璃基板研发及二期产业化建设项目	否	90 000	90 000	是	CX02 线已通过验收并结转固定资产。其他生产线仍处于建设和试生产阶段	否	公司根据用户对产品质量不断提高的要求，各项目公司对工艺技术不断调整，积极对策，提高产品质量；另外，由于市场产品需求的变化，原 0.7mm 厚度产品升级为 0.5mm。公司目前正在运行的生产线目前均已全面切换生产市场主流的 0.5mm 厚度基板玻璃，新产品从试生产调试到客户认证及批量认证，都有时间上的要求，故项目达到预定可使用状态时间比原计划推迟	—
增资彩虹（合肥）液晶玻璃有限公司，建设合肥高世代 TFT-LCD 玻璃基板生产线项目	否	180 000	159 866.16	是	处于建设期和试生产阶段	否		—
增资彩虹（张家港）平板显示有限公司，建设张家港高世代 TFT-LCD 玻璃基板生产线项目	否	50 000	50 000	是	处于建设期和试生产阶段	否		—
补充电子玻璃公司流动资金	否	30 000	30 000	—	—	—	—	—
合计	—	350 000	329 866.16	—	—	—	—	—

表 6 主要子公司、参股公司分析

（单位：万元）

公司名称	主要产品和服务	注册资本	资产规模	净资产	净利润
陕西彩虹电子玻璃有限公司	生产、经营电子玻璃制品；对外贸易经营	398 435.7537	654 065	279 206	–127 901
彩虹（佛山）平板显示有限公司	平板显示器件、电子产品及零部件的制造、开发、经营等业务	10 000	54 410	–66 578	–73 656
彩虹（佛山）液晶玻璃有限公司	从事投资、建设、开发、生产和销售液晶用玻璃基板、其他玻璃制品和相关产品、进出口贸易等	10 000	1 845	1 844	–40
西部信托投资有限公司	受托经营资金信托业务；受托经营动产、不动产及其他资产的信托业务等	62 000	156 733	134 684	17 895

表 7 非募集资金项目情况

（单位：万元）

项目名称	项目金额	项目进度	项目收益情况
建设 4.5 代 AM-OLED 项目	496 000	正在建设中	无
建设 AM-OLED 中试线项目	31 500	正在建设中	无

（1）本公司第十九次（2010年度）股东大会批准本公司控股子公司彩虹（佛山）平板显示有限公司投资建设第4.5代AM-OLED项目，并在公司非公开发行股票募集资金到位之前由彩虹（佛山）平板显示有限公司以自筹资金先行投入该项目的前期建设。该项目计划投资金额为496 000万元，截至本报告期末，已累计投资25 676万元。

（2）本公司第十九次（2010年度）股东大会批准本公司控股子公司彩虹（佛山）平板显示有限公司自筹资金建设一条AM-OLED中试线项目。该项目计划投资金额为31 500万元，截至本报告期末，已累计投资29 147万元。

四、董事会关于公司未来发展的讨论与分析

根据DisplaySearch及WitsView两大研究机构分析预测，2013年全球平板显示产业将继续呈现增长趋势，但增幅较2012年减缓。预计中国液晶电视市场受惠于节能补贴政策，出货量将达到4 400万台，稳居全球第一位。液晶基板玻璃2013年全球市场规模将达到4亿平方米，同比增长12%。国内液晶玻璃基板市场规模将稳中有升，预计2013年需求量约为4 800万平方米。2013年基板玻璃行业将呈现三大特点：一是薄型化，市场需求主流为0.5mm，第5代线逐步开始由0.5mm向0.4mm、0.3mm方向发展，第6代线将完成0.5mm对0.7mm的替代；二是由于智能手机、平板电脑等新兴产品的热销，第5、第6代面板厂对产品结构进行调整，将以小尺寸产品为主；三是市场竞争更加严峻，产品降价压力显著增加，国外基板玻璃制造商在2012年年底再次掀起降价潮，加之2013年第一季度日元持续贬值，冲击国产基板玻璃的售价，市场竞争将更加激烈。

五、母公司财务报表主要项目注释（见表8～表10）

表8　主营业务—按行业分类

（单位：元）

行业名称	本年金额		上年金额	
	营业收入	营业成本	营业收入	营业成本
彩色显像管	128 468 193.94	155 096 558.38	341 256 379.82	365 830 548.02
玻璃基板设备加工组装	35 827 606.85	35 845 959.98	5 975 213.69	5 802 906.00
玻璃基板	133 706 167.95	130 205 371.01	0.00	0.00
合计	298 001 968.74	321 147 889.37	347 231 593.51	371 633 454.02

表9　主营业务—按地区分类

（单位：元）

地区名称	本年金额		上年金额	
	营业收入	营业成本	营业收入	营业成本
国内	147 900 455.81	184 524 536.99	125 279 831.28	130 212 126.39
国外	150 101 512.93	136 623 352.38	221 951 762.23	241 421 327.63
合计	298 001 968.74	321 147 889.37	347 231 593.51	371 633 454.02

表 10　前 5 名客户的营业收入情况

（单位：元）

客户名称	营业收入	占全部营业收入的比例
JINPIN ELECTRICAL CO LTD ZHUHAI	40 276 442.52	13.43%
上海广电富士光电材料有限公司	31 506 944.69	10.51%
昆山龙腾光电有限公司	28 647 621.45	9.55%
合肥京东方光电科技有限公司	24 949 031.45	8.32%
北京京东方光电科技有限公司	21 064 659.31	7.03%
合　　计	146 444 699.42	48.84%

彩虹集团电子股份有限公司2012年年度报告（摘要）

一、财务摘要（见表1）

表1 2011—2012年财务表现

	2012年（千元）	2011年（千元）	增加/（减少）（千元）	变动比率
销售额	2 645 213	3 270 348	（625 135）	（19.12%）
销售成本	（2 744 232）	（3 164 459）	420 227	（13.28%）
毛（损）/利	（99 019）	105 889	（204 908）	（193.51%）
毛（损）/利率	（3.74%）	3.24%	（6.98%）	不适用
经营亏损	（2 959 088）	（532 671）	（2 426 417）	455.52%
经营亏损率	（111.87%）	（16.29%）	（95.58%）	不适用
本公司拥有人应占本年亏损	（1 662 002）	（253 038）	（1 408 964）	556.82%
亏损率	（62.83%）	（7.74%）	（55.09%）	不适用
应占的每股亏损（元）	（0.7445）	（0.1134）	（0.6311）	556.53%

二、董事长报告

（一）业务回顾

报告期内，本集团继续大力发展太阳能光伏玻璃、发光材料、液晶玻璃基板等新业务，对于传统的彩管业务于报告期内全部退出。

2012年，光伏玻璃市场总体供大于求，面对困难，本集团积极采取措施，在技术进步、管理提升上狠下工夫，已投入运营的咸阳二期、四期生产线运营良好；与此同时，本集团根据市场需求变化，积极推进镀膜产品的产业化进程，经过不懈的努力，已实现了小批量销售，奠定了持续经营的基础。

发光材料业务方面，受全球经济及行业影响，本集团三基色节能灯粉、LCD背光源用冷阴极灯粉（CCFL粉）销量较2011年出现一定程度下滑。但电子银浆料及锂电池材料粉（锂电池粉）等新产品取得较好发展，销量较2011年大幅增长。

报告期内，本集团液晶基板玻璃业务基本完成了建设和试运营阶段的主要工作，同时，液晶基板玻璃下游用户的产品认证和销售工作取得了双突破，产品质量信誉获得用户认可，销量进一步提升。

（二）未来展望

展望2013年，本集团将积极推进各项新业务的进一步发展。太阳能光伏玻璃产销量将快速提升，镀膜玻璃等深加工玻璃开始批量生产与销售；发光材料业务新产品继续快速增长；液晶玻璃基板制造工艺更加完善，销售规模快速提升。本集团将继续坚持“调整优化、稳快求强”的经营方针，深化自主创新，提升本集团经营业绩。

2012年年底，经国资委批准，本公司控股股东彩虹集团公司（以下简称“彩虹集团”）以无偿划转方式整体并入中国电子信息产业集团有限公司（以下简称“中国电子”或“CEC”），这是国资委推进中央企业改革重组的一项重要决定，也是为加快实现彩虹集团产业全面转型的重要举措。中国电子是电子信息类中央企业中的领军企业，是国资委最早建立规范董事会的试点企业之一，决策体系规范高效，2011 年以来连续两度入选《财富》世界 500 强企业。彩虹集团整体并入中国电子后，双方将积极推进重组整合，优化资源分配，实现优势互补，促进企业持续健康发展。彩虹集团将依托中国电子的市场、资金以及资源整合等方面的综合优势，充分发挥在液晶显示等现有产业的优势，同时通过与中国电子内部相关资源的专业化整合，资产负债结构及业务结构进一步优化，市场竞争力进一步提升，从而继续推进企业转型发展。在重组融合和产业协同发展的大背景下，本集团将在更大平台实现可持续发展，未来发展将迎来新的机遇。

三、管理层讨论与分析

（一）行业分析

1. 太阳能光伏玻璃

报告期内，一方面，全球光伏组件价格的持续下降使得光伏发电的相对竞争力不断提高；另一方面，占全球约60%光伏市场需求的欧洲地区经济不振、补贴削减导致该地区需求放缓，所以2012全球光伏装机量仅增长了5%（至29GW），但与此同时，2012年全球光伏组件供给量依然明显超出需求，导致厂家开工率普遍不足，不少企业陷入亏损状态。国内光伏市场一方面受国家利好政策的支持，光伏组件市场安装量达到4.72GW，同比增长72%，年度安装量跃居全球第二位；另一方面受欧美对华光伏产品“双反”效应的影响，国内光伏行业也在报告期内承受了较大的经营压力。受下游需求不振以及过去几年厂家密集投资造成产品供大于求的影响，报告期内，光伏玻璃价格下滑，光伏玻璃市场竞争依然严峻。

展望 2013 年，一些国家和地区已经进入了光伏的平价上网时代，加之欧美等发达经济体经济有望复苏，预计全球光伏产业将出现恢复性增长，预计 2013 年全球光伏组件安装量有望达到 32～35GW，同比增长 10%～20%，产品价格也将随着去库存化的不断深入而有所回升，并带动整个光伏产业链业绩回暖。就中国光伏产业而言，在政策的强力刺激下，中国光伏内需市场将继续高速增长，预计全年安装量有望达 7GW 以上，同比增长 50%，年度安装量将跃居全球第一位。不过，因欧美等对华光伏产品实施“双反”所产生的负面影响仍将在 2013 年存在，所以包括光伏玻璃在内的整个中国光伏产业仍将在 2013 年间存在一定运营压力，行业分化与重组将进一步深化，区域性行业龙头有望率先在业绩方面出现复苏。

2. 发光材料及其他

2012年，受库存释放、下游企业开工不足以及LED照明发展较快的影响，节能灯粉整体市场需求不足。全球主要节能灯粉供货商在2012年的产量和销量都出现一定程度下滑，预计2013年节能灯粉市场需求将保持下降趋势。但节能灯作为中短期内性价比很高的一种节能照明产品，随着各国对白炽灯的禁用范围越来越大，仍将会存在确定性的产品需求。

电子银浆料方面，由于国内的电子信息产业迅速进步，海外的电子元器件厂商纷纷将生产地转移到中国内地，国内市场对电子浆料产品的需求快速增长，但国内的浆料生产企业起步晚，技术相对落后，市场占有量仍较小，未来国内电子银浆料市场发展空间巨大。

锂电池粉方面，因锂电池具有能量密度高、循环寿命长、自放电率小、无记忆效应和绿色环保等优势以及在人们的生活的应用领域不断拓展，市场需求持续增长。新能源汽车作为锂电池材料的新的应用领域，将带动锂电池材料行业快速增长。

3. 液晶玻璃基板

2012年，受液晶电视、平板计算机、智能手机等需求成长的拉动，全球液晶面板市场需求依然保持增长态势，全球液晶玻璃基板市场需求约3.6亿平方米，同比增长11%，依然保持增长态势。就国内来看，因高世代液晶面板生产线陆续达产，对液晶玻璃基板的需求继续保持高速增长，且主要依赖进口，国内玻璃基板厂家面临较大的商业机遇。

展望 2013 年，全球 TFT-LCD 玻璃基板市场需求预计将达到 4.05 亿平方米，同比增长 13%。随着国内多条高世代面板厂商的陆续投产，国内液晶玻璃基板市场需求依然强劲。国内液晶玻璃基板厂商随着经验、技术和品牌的不断积累，市场份额有望显著提升。

（二）业务回顾

1. 营运摘要

报告期内，本集团战略转型继续全面推进，各项新业务进一步发展，同时，在市场营销、成本降低、技术提升等方面做出积极努力，取得一定成效。但由于太阳能光伏玻璃市场竞争加剧，产品价格低位运行，液晶玻璃基板业务产业化进度低于预期，彩管业务于报告期内全部退出，此外，对部分资产进行计提减值及拨备，因此本集团截至2012年12月31日年度录得重大拥有人应占亏损。

本集团2012年销售额为2 645 213千元，同比减少625 135千元；经营亏损为2 959 088千元，同比增加2 426 417千元；毛亏3.74%，同比毛利下降6.98个百分点（2011年为毛利3.24%）；权益持有人应占亏损为1 662 002千元，2011年同期为亏损253 038千元。

2. 主要业务回顾

1）太阳能光伏玻璃业务

报告期内，咸阳二期项目两条生产线正常运营；咸阳四期项目窑炉于2012年6月点火，7月生产线顺利引板，合格原片下线，创造了本集团光伏玻璃试生产的新纪录；咸阳一期项目于2012年3月开始窑炉冷修；咸阳三期项目及合肥项目工程建设进展顺利，考虑到行业及市场的实际情况，本集团合理调整工程建设进度及试生产计划。

本集团积极整合资源、降本增效、加强研发，增强太阳能光伏玻璃业务的综合竞争力。本集团对太阳能光伏玻璃咸阳一期、二期、三期及四期项目相关组织机构进行整合，提高资源利用率。本集团积极提升技术及管理，提高生产效率，降低采购成本，产品各项成本进一步降低。本集团积极推进镀膜玻璃及薄型玻璃研发和产业化，其中镀膜玻璃已实现小批量销售，薄型产品试制也取得一定进展。

2）发光材料业务

发光材料业务方面，报告期内，本集团继续提高产品质量，加强售后服务；践行节能降耗，加强成本费用控制；提升新产品研发能力，寻找新的业务增长点，发光材料业务综合竞争力不断提升。节能灯粉方面，受下游企业开工率不足、LED照明市场化进程加速等因素影响，销量与上年相比出现一定程度下降；CCFL粉方面，由于LED背光技术的替代效应，市场需求进一步减少，销量也相应下滑。另外，凭借积极的市场拓展和良好的产品质量，锂电池粉、电子银浆料等产品取得了较好发展，销量均较上年度有大幅增长，已成为本集团发光材料业务的主要细分产品。

3）TFT-LCD玻璃基板

报告期内，本集团液晶玻璃基板下游用户的产品认证和销售工作取得了双突破，0.5mm产品在中国大陆和台湾均通过主要用户认证，0.7mm认证也取得了较好成绩，目前客户数量已达到8家。本集团通过全力推进技术攻关和质量提升活动，陕西咸阳、江苏张家港、安徽合肥的三处玻璃基板生产基地各线体良品率及产品质量水平不断提升。陕西咸阳CX02生产线2012年6月通过验收，率先实现结转固定资产。

4）显示器件及液晶体产品贸易业务

报告期内彩管业务全部退出，本集团的业务已经全面转型。

液晶电视制造及销售业务方面，本集团通过强化生产管理降低成本，完善采购制度提高效率、建立新型营销队伍提升营销能力，产销量同比均取得进一步增长，收入同比增长约 18.52%。

（三）未来战略

未来，本集团将继续坚持转型发展的战略方向，坚持"调整优化、稳快求强"的经营方针，不断巩固和扩大转型成效。一是加快提升新兴业务规模，加速技术创新攻关进程，快速突破技术难题；二是加强降本增效，提高新产品成本竞争力；三是牢固树立市场导向观念，及时研发和生产出满足市场需求、满足客户个性化需要的产品。

太阳能光伏玻璃业务产销量快速提升，规模优势逐步显现，镀膜玻璃开始批量生产销售，产品市场竞争力增强。

发光材料业务方面，本集团在做好节能灯粉、电子银浆料、锂电池粉业务的同时，将积极拓展新型发光材料、电子材料、能源材料等领域的业务。

液晶玻璃基板业务将步入新的发展阶段，产品销售快速增长，规模效应和竞争优势不断显现及提升。

展望未来，本集团将通过全力推进太阳能光伏玻璃、发光材料、液晶玻璃基板等新产业的发展，在国内形成数个产业基地，将本集团打造成为中国电子信息产业光电子领域中最具成长性的企业。

（四）财务回顾

1. 业绩（见表2）

表 2　2008—2012 年损益数据

（单位：千元）

	2008 年	2009 年	2010 年	2011 年	2012 年
营业额	3 541 920	2 097 251	2 717 770	3 270 348	2 645 213
销售彩管及零部件	3 060 108	1 351 458	1 368 502	511 050	318 701
销售发光材料	375 977	289 503	463 014	1 088 734	520 064
销售液晶体产品	105 835	456 290	747 605	1 310 085	1 552 654
销售太阳能光伏玻璃	—	—	138 649	355 475	171 827
销售 TFT-LCD 玻璃基板及显示设备	—	—	—	5 004	81 967
销售成本	（2 913 300）	（2 188 395）	（2 311 974）	（3 164 459）	（2 744 232）
毛利（损）	628 620	（91 144）	405 796	105 889	（99 019）
经营开支					
管理费用	（368 698）	（422 267）	（244 762）	（325 703）	（522 193）
一般管理费用	（342 119）	（395 501）	（224 722）	（306 785）	（503 378）
研究与开发开支	（26 579）	（26 766）	（20 040）	（18 918）	（18 815）
销售及分销开支	（176 558）	（95 047）	（107 415）	（86 412）	（66 830）
其他经营开支	（11 501）	（17 743）	（18 592）	（6 776）	（8 883）
经营溢利（亏损）	158 068	（1 515 475）	132 745	（532 671）	（2 959 088）
融资费用	（59 046）	（39 690）	（64 530）	（79 736）	（180 632）
本公司拥有人应占溢利（亏损）	94 908	（1 113 014）	29 075	（253 038）	（1 662 002）

表 3　按产品类别之营业额

（单位：千元）

名　　称	2012 年	2011 年	增加（减少）	变动比例
彩管及零部件	318 701	511 050	（192 349）	–37.64%
发光材料	520 064	1 088 734	（568 670）	–52.23%
液晶体产品	1 552 654	1 310 085	242 569	18.52%
太阳能光伏玻璃	171 827	355 475	（183 648）	–51.66%
TFT-LCD 玻璃基板及显示设备	81 967	5 004	76 963	1538.03%
合计	2 645 213	3 270 348	（625 135）	–19.12%

2. 与上年同期变化情况及原因分析

1）销售额及毛利率

本集团 2012 年的销售额为 2 645 213 千元，与 2011 年同期相比减少 625 135 千元，下降 19.12%。其中，彩管及零部件销售额为 318 701 千元，与 2011 年同期相比减少 192 349 千元，下降 37.64%；发光材料销售额为人民币 520 064 千元，与 2011 年同期相比减少 568 670 千元，下降 52.23%；液晶体产品销售额为人民币 1 552 654 千元，与 2011 年同期相比增加 242 569 千元，增长 18.52%；太阳能光伏玻璃销售额为人民币 171 827 千元，与 2011 年同期相比减少 183 648 千元，下降 51.66%。本集团整体毛利率由 2011 年的 3.24%下降到 2012 年的毛亏 3.74%，主要由于：①光伏玻璃业务受市场总体供大于求影响，售价持续低位，出现毛损；②发光材料业务受全球经济及行业影响，盈利能力下滑。

2）管理费用

本集团2012年的管理费用为522 193千元，比2011年同期的325 703千元升高196 490千元，增长60.33%，管理费用升高的主要原因是：①彩管业务在报告期内全部关闭，预提富余人员安置费用增加；②由于部分生产线关闭，停工损失增加。

3）　融资费用

本集团2012年的损益化融资费用为180 632千元（已扣除资本化利息支出263 632千元）比2011年同期的79 736千元上升100 896千元，上升126.54%，融资费用上升的主要原因是为发展新产业，银行借款增加。

3. 流动资产及财务资源

截至2012年12月31日，本集团的现金及银行结余为1 278 852千元，相比于2011年12月31日的现金及银行结余2 080 334千元减少38.53%。截至2012年12月31日，本集团用于资本开支为2 063 333千元（2011年12月31日：3 449 220千元）。经营活动的现金动用净额为166 754千元（2011年12月31日：现金产生净额327 074千元），融资活动的现金产生净额为978 591千元（2011年12月31日：2 064 551千元），投资活动的现金动用净额为1 613 315千元（2011年12月31日：3 009 882千元）。截至2012年12月31日，本集团的借款总额为7 617 133千元，其中一年以内到期借款为人民币2 723 490千元，一年以上到期借款为4 893 643千元。截至2011年12月31日，借款总额为人民币5 777 233千元，其中一年以内到期借款为1 568 601千元，一年以上到期借款为4 208 632千元。

截至 2012 年 12 月 31 日，银行贷款约为 3 312 542 千元（2011 年 12 月 31 日：人民币 2 772 157 千元），以本集团若干物业、厂房及设备及土地使用权账面净值约为 1 113 822 千元（2011 年 12 月 31

日：2 007 041 千元）作抵押。截至 2012 年 12 月 31 日，由母公司担保之银行贷款约为 687 500 千元（2011 年 12 月 31 日：919 000 千元）。

4. 物业、厂房及设备减值

1）液晶玻璃基板方面

由于本公司附属公司彩虹显示器件股份有限公司（以下简称“A股公司”）液晶玻璃基板前期投资额巨大，虽然目前已投入运营的生产线体良品率及产品质量不断提升，下游用户的产品认证和销售工作取得了一定突破，但尚未达到预期目标，部分生产线试运行以来一直未能达到持续稳定的预计可使用状态，投资回收期较预期延长，部分生产线已经出现减值迹象。按照《企业会计准则》的相关规定，A股公司对可能出现减值的资产进行减值测试，并委托坤元资产评估有限公司对玻璃基板生产线项目及相关的资产进行了评估。

本次采用收益法对玻璃基板生产线进行评估，以该业务维持现状按预定的经营目标持续经营为前提，假设该业务在未来的经营期内，其营业和管理等各项期间费用不会在现有基础上发生大幅的变化，总体格局维持现状；该业务每一年度的营业收入、成本费用、改造等的支出，在年度内均匀发生；该业务处于相对稳定状态，企业的原材料、能源动力的供应价格无长期剧烈变化；该业务产品能全额销售，应收款项能正常回收，应付款项需正常支付。按照项目的可行性报告、历史运营情况、设备耐用年限以及关键设备的生产、改造周期，进行了收益期的预测。本次资产评估采用风险累加法确定折现率，无风险报酬率根据部分国债市场上剩余期在 5～10 年的国债交易情况确定，风险报酬率的确定主要运用综合评价法，即由产品风险、经营风险、市场风险、政策风险等之和确定。依据坤元资产评估有限公司出具的评估结果，对玻璃基板生产线计提计提物业、厂房及设备之减值损失 1 205 032 千元。

2）OLED方面

A股公司下属子公司彩虹（佛山）平板显示有限公司（以下简称“彩虹佛山公司”）OLED项目因市场原因，投资预期发生变化，在建生产线于本期出现减值迹象；因PMOLED生产线前期投入较大，后期改做触摸屏产品，进入行业未形成规模效应，生产线于本期出现减值迹象，同时彩虹OLED工程实验室及平板显示（OLED）材料认证应用实验平台项目与上述生产线技术关联程度较高。按照《企业会计准则》的相关规定，对已出现减值迹象的资产进行减值测试，并委托坤元资产评估有限公司对PM-OLED生产线项目、第3.5代中试线项目和AM-OLED第4.5代线项目的相关资产进行了评估。

本次采用收益法对生产线进行评估，假设 PM-OLED 生产线停止生产，后期改做生产触摸屏产品，AM-OLED 生产线项目停建；且该业务在未来的经营期内，其营业和管理等各项期间费用不会在现有基础上发生大幅的变化，总体格局维持现状；该业务市场处于相对稳定状态，企业的原材料、能源动力的供应价格无长期剧烈变化。根据企业对 PM-OLED 生产线项目的可行性报告、历史运营情况、设备耐用年限以及改造后的生产线运营情况，并结合触摸屏市场的发展前景的考虑确定收益年限，采用风险累加法确定折现率。依据坤元资产评估有限公司出具的评估结果，对 OLED、PMOLED 生产线计提减值计提物业、厂房及设备之减值损失 645 863 千元。

3）PDP用玻璃粉生产线及CRT彩粉生产线

由于受到LCD、OLED等产业的快速发展的影响，PDP产业寿命急速缩短，PDP用玻璃粉市场预期发生变化。根据《企业会计准则》的有关规定，本公司决定对PDP用玻璃粉生产线设备计提减值准备12 565千元。

由于彩管行业持续萎缩，本公司CRT用彩粉的产销量萎缩比预期加剧，根据《企业会计准则》的有关规定，本公司决定对CRT彩粉生产线计提减值2 093千元。

上述资产减值准备的计提是对本公司财务状况的客观反映。本次计提后，本公司财务指标中表现出资产负债率上升、每股净资产下降。本公司本次对相关资产的账务处理并未改变本公司现有业务的运营情况。

通过近几年积极推进业务转型，本公司在 2012 年已经彻底退出了传统的 CRT 业务，虽然太阳能光伏玻璃业务和液晶玻璃基板业务面临一定的困难和挑战，但本公司的业务转型依然取得了一定的成效和积极的进展。本公司将继续通过降低太阳能光伏玻璃的生产成本，提高竞争力；加快液晶基板玻璃技术突破和工艺水平提升等措施，逐步走出困境，迎来新的发展。

诚志股份有限公司 2012 年年度报告（摘要）

一、主要会计数据和财务指标（见表 1）

表 1　2010—2012 年主要会计数据

	2012 年	2011 年	本年比上年增减	2010 年
营业收入（元）	3 383 211 529.43	2 986 842 750.42	13.27%	3 140 178 131.27
归属于上市公司股东的净利润（元）	27 236 946.00	31 662 276.13	–13.98%	21 539 623.88
归属于上市公司股东的扣除非经常性损益的净利润（元）	9 041 780.17	–33 216 495.10	127.22%	15 307 300.55
经营活动产生的现金流量净额（元）	111 526 031.20	387 422 877.89	–71.21%	–70 949 966.93
基本每股收益（元/股）	0.092	0.107	–14.02%	0.073
稀释每股收益（元/股）	0.092	0.107	–14.02%	0.073
净资产收益率	1.70%	2%	–0.3%	1.3%
	2012 年末	2011 年末	本年末比上年末增减	2010 年末
总资产（元）	3 033 540 032.44	3 350 601 399.54	–9.46%	3 546 329 853.99
归属于上市公司股东的净资产（归属于上市公司股东的所有者权益）（元）	1 608 156 662.29	1 595 881 540.22	0.77%	1 567 508 032.81

二、公司与实际控制人之间的产权及控制关系（见图 1）

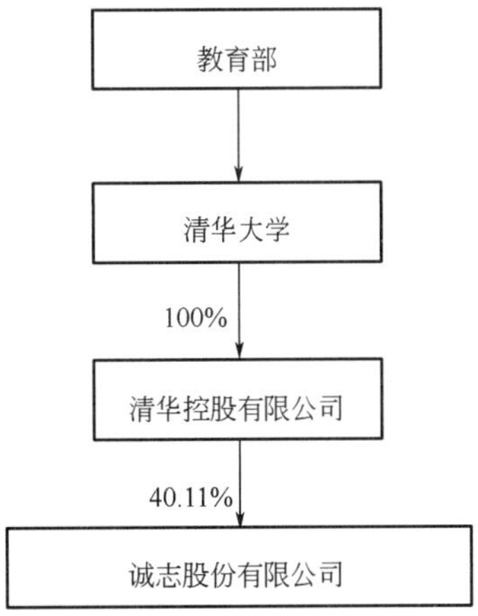

图 1　公司与实际控制人之间的产权及控制关系

三、董事会报告

（一）概述

2012年，世界经济持续低迷，欧债危机不断加剧，美国经济复苏乏力使国际金融市场各类风险明显增加，而与此同时，国内经济增速放缓，出口下滑给很多企业的经营和发展带来了严峻的考验。公司沉着应对企业外部环境变化和各种不利因素，紧紧围绕年初经营目标努力化压力为动力，化危机为机遇，积极开拓国内外市场，加强业务交流，促进产品销售，努力推动技术创新，加强企业内控体系建设，从而继续保持了良好的发展态势。报告期内，公司实现营业收入338 321.15万元，同比增长13.27%，实现归属于上市公司股东的净利润2 723.69万元，同比减少13.98%。净利润同比减少的主要原因是报告期内公司积极开拓国内外市场，扩大主营业务销售规模，导致期间费用尤其是销售费用、管理费用同比有较大幅度上升。

（二）主营业务分析

受国家宏观经济形势及下游客户开工率和需求不足影响，全球液晶显示产业呈现出低迷态势，尤其中低端市场竞争更趋同质化和白热化。但得益于长期坚持产品结构调整和成本控制，在稳抓低端市场份额的同时，努力开拓STN、VA、TFT、1_{st}等中高端液晶材料销售并且通过有效的价格策略来进一步控制市场，公司液晶材料产品销售收入较2011年同期有所增长。同时，公司还积极开展OLED材料、LCD用3D液晶材料等前沿性研究和技术攻关工作，进一步优化产品配方，完善生产工艺，强化质量管理，做好项目和专利申报工作，多次获得专项政府资金补助。此外，扩产TFT-LCD液晶显示材料项目仍然在建设中，但受天气影响以及供电供气等场外配套等原因，建设进度较原定计划有所延迟。截至本报告期末，提纯车间、合成车间、混配车间、化学品库、库房、宿舍楼等一期建筑部分基本封顶，设备安装正在进行中，预计2013年年内建成投产。

（三）主营业务构成情况（见表2）

表2　主营业务构成情况

（单位：元）

	营业收入	营业成本	毛利率	营业收入比上年	营业成本比上年	毛利率比上年
分产品						
化工产品	2 296 319 568.58	2 174 787 568.81	5.29%	15.55%	15.68%	–0.11%
生物医药产品	155 299 143.68	115 773 747.85	25.45%	72.74%	53.68%	9.25%
医疗服务	237 424 563.15	191 318 855.58	19.42%	5.1%	3.61%	1.15%
其他产品	693 059 546.95	628 079 010.60	9.38%	1.56%	1.34%	0.19%
分地区						
江西地区	383 108 819.60	323 501 176.65	15.56%	23%	17.14%	4.23%
北京地区	754 643 991.30	700 890 877.32	7.12%	2.9%	2.63%	0.25%
河北地区	168 088 490.90	94 296 088.45	43.9%	17.57%	24.73%	–3.22%
辽宁地区	231 811 762.56	188 962 076.80	18.48%	5.01%	3.6%	1.11%
广东地区	1 844 449 758.00	1 802 308 963.62	2.28%	16.96%	16.84%	0.1%

（四）核心竞争力分析

公司自行设计并积极开发用于中高端TFT混晶的新结构单晶，部分性能优良的单晶已广泛应用于产品配方中，从而有利于公司进一步突破国外技术垄断，提升TFT液晶材料品质。此外，公司“石家庄平板显示材料工程技术研究中心”通过验收，并被纳入石家庄市工程技术研究中心管理序列。该研究中心将以深入研究开发高性能液晶材料、电子化学品及其他新型显示材料为为主攻方向，有利于进一步提升公司的自主创新能力，促进面向未来的核心竞争优势加速产品化和产业化。报告期内，公司共递交专利申请34项，新增授权专利7项。

（五）主要子公司、参股公司（见表 3）

表 3 主要子公司、参股公司分析

（单位：万元）

公司名称	公司类型	所处行业	主要产品或服务	注册资本	总 资 产	净 资 产	营业收入	营业利润	净 利 润
石家庄诚志永华显示材料有限公司	子公司	精细化工	液晶显示材料	6 100	46 335.69	31 552.91	16 848.57	2 536.92	2 618.79
江西诚志生物工程有限公司	子公司	生物医药	D–核糖等医药中间体、氨基酸系列产品	15 361.10	27 013.42	21 731.70	25 787.57	461.78	518.19
北京诚志利华科技发展有限公司	子公司	技术开发	科技项目研发及成果转化、贸易、写字楼物业	30 000	61 471.65	38 769.70	74 507.16	1 992.13	1 792.07
江西诚志日化有限公司	子公司	日用化工	牙膏、家庭卫生用品、洗涤用品	1 000	7 930.49	2 835.53	5 011.43	−94.73	−67.97
丹东诚志医院投资管理有限公司	子公司	投资管理	医院投资、医院管理、医疗服务	4 250.63	32 013.17	2 923.47	23 181.18	−133.51	56.98
北京诚志瑞华医院投资管理有限公司	子公司	投资管理	医疗投资与管理	2 000	1 894.77	966.86	561.28	16.53	25.19
珠海诚志通发展有限公司	子公司	贸易	商业批发、零售	10 000	58 883.22	18 328.77	184 444.98	2 052.45	1 538.64
启迪（江西）发展有限公司	子公司	咨询服务	高新技术转让、咨询；物业管理；工程管理	7 094	4 658.19	3 832.83	393.58	−86.74	−240.20
北京金诚合利投资发展有限公司	子公司	投资管理	投资管理；资产管理；投资咨询	5 000	5 703.41	5 682.11	403.15	108.18	78.63
江西诚志永丰药业有限责任公司	子公司	医药制造	中成药制剂	2 222.20	10 580.98	3 175.47	3 188.82	189.82	143.75

（六）公司未来发展的展望

1. 行业竞争格局和发展趋势

LCD产业（液晶显示产业）是21世纪信息社会最为重要的产业领域之一。近年来，国家发改委、科技部和商务部等部委以及各级地方政府部门多次将液晶显示、高性能液晶材料列为高新技术产业化重点方向，对于产业发展有着明确的规划，在政策面和资金面上也给予大力支持。伴随着LCD产业的蓬勃发展以及LCD显示技术的日益成熟，作为上游关键配套产业之一的液晶材料产业其前景和应用空间更加广阔，尤其TFT-LCD液晶材料凭借其卓越的技术性能有望逐步成为产业新锐。与此同时，从全球范围来看，位于下游的面板产业正在酝酿和积极备战由LCD显示向OLED显示方式的转型，部分日韩面板巨头已经先行一步，OLED技术非常有潜力成为下一代平板显示的核心技术，因而很可能在未来引发和引领整个液晶显示产业包括上游配套产业的技术升级与变革。

2. 公司的发展战略

公司依托清华大学的科技和人才优势，在生命科技、化工、医疗健康领域凝聚核心竞争力，不断深入发展主营业务，依照“存量做强，增量做大”的发展模式，推动主营业务实现跨越式发展，努力将公司打造成为集生命科技与医药、显示材料与化工、医疗技术产品和服务、相关贸易为补充于一体的专业化、规模化、国际化的高科技企业。

3. 公司的经营计划和具体措施

2013年，公司将继续努力确保全球黑白液晶材料第一品牌的地位，并努力成为全球TFT液晶材料主力供应商以及OLED材料新锐供应商，进而成为国内行业的主导者，并适时介入其他显示材料市场。为达成上述经营目标，公司计划从生产、研发、销售三个方面入手：一是争取扩产TFT-LCD液晶显示材料生产基地一期项目于2013年年内建成投产，迅速提升TFT液晶材料产能；二是不仅要围绕“提升发展后劲，加强核心能力储备”做好现有产品尤其是TFT液晶材料的技术升级，同时也要积极开展前沿技术、前沿产品研究，完成对OLED材料等的研发、验证的技术积累和设备平台建设；三是在销售上争取进一步扩大中高端产品的市场占有率。

烟台万润精细化工股份有限公司 2012 年年度报告（摘要）

一、主要会计数据和财务指标（见表 1）

表 1　2010—2012 年主要会计数据

	2012 年	2011 年	本年比上年增减	2010 年
营业收入（元）	789 577 816.87	820 090 562.66	–3.72%	731 662 751.10
归属于上市公司股东的净利润（元）	109 249 088.89	120 241 105.22	–9.14%	99 802 365.34
归属于上市公司股东的扣除非经常性损益的净利润（元）	101 022 698.33	111 738 186.34	–9.59%	99 537 610.96
经营活动产生的现金流量净额（元）	66 414 783.80	189 079 188.53	–64.87%	156 068 852.72
基本每股收益（元/股）	0.79	1.16	–31.9%	0.97
稀释每股收益（元/股）	0.79	1.16	–31.9%	0.97
净资产收益率	9.05%	35%	–25.95%	36.42%
	2012 年末	2011 年末	本年末比上年末增减	2010 年末
总资产（元）	1 498 010 260.31	1 580 730 703.77	–5.23%	691 447 616.52
归属于上市公司股东的净资产（归属于上市公司股东的所有者权益）（元）	1 244 457 985.50	1 204 025 076.95	3.36%	316 586 996.66

二、公司与实际控制人之间的产权及控制关系（见图 1）

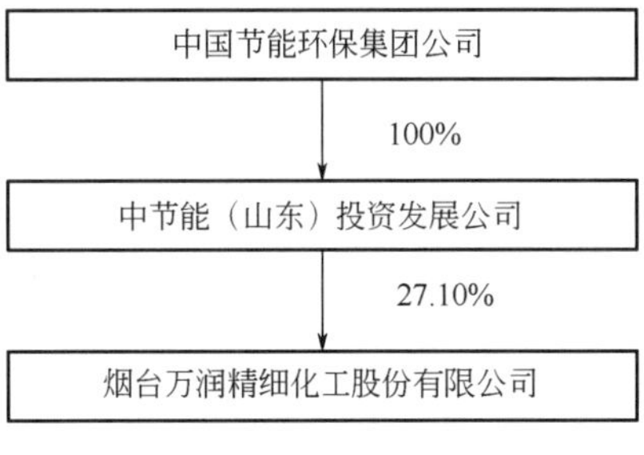

图 1　公司与实际控制人之间的产权及控制关系

三、董事会报告

（一）概述

报告期内，公司实现营业收入78 958万元，同比减少3 051万元，较上年降低3.72%；实现主营业务收入77 390万元，同比降低2 543万元，较上年降低3.18%；利润总额为12 683万元，较2011年同期减少1 357万元，下降9.66%；实现归属于母公司的净利润10 925万元，较2011年同期减少1 099万元，下降

9.14%。2012年，欧债危机持续，世界经济形势严峻，全球液晶市场整体增长速度放缓，导致本年度公司主营业务受到部分影响。为此，公司在业务、技术等各方面上继续巩固与深化已有战略客户的合作关系，在加大对重点客户培养力度的同时，积极开拓新产品领域的市场，寻求多支点盈利，实施内外销并举策略，现已取得一定的进展。报告期间内，除液晶产品外，公司的光电化学品领域已完成与相关下游厂商的接触，预计市场前景广阔；医药市场方面也与相关客户展开共同合作，积极开展深加工，并建立了良好的合作关系；特种化学品和医药产品销售额较2011年也有了较大幅度的提升。 2012年在销售模式上的创新，也为公司赢得了更多的机会。公司先后在业内多个专业网站上为公司品牌和产品进行大力宣传，又在具备较高影响力的专业展会上设立大型展台，针对公司的研发到生产的转化能力、特色反应类型、柔性反应装置、完善的品质管理、规范的体系管理进行重点推广。除此之外，完善的客户管理体系也为公司巩固客户和拓展市场奠定了坚实的基础。在建立的客户资信管理体系中，对客户资信进行了分级管理。对客户的重大信息建立了收集分析制度，这对于提前了解市场变化有很大的促进作用。完善了客户反馈体系，对于客户的反馈机制明确了具体流程。通过具体分析订单完成率、产品合格率等关键性指标，量化了客户满意度的测量，并以此作为提高客户服务的指标，指导公司整体管理水平的提高。

2012年，公司完善了未来发展规划，明确了在确保TFT单体液晶材料在全国乃至全球领先的同时，大力发展原料药及中间体、环保材料、OLED材料及器件、特种化学品等领域的业务，同时进一步开展环保应用领域产品的开拓工作；积累国际运营经验，提升公司的国际竞争力，致力于打造国际化的百年万润。

（二）主营业务分析

1. 概述

2012年是经济形势异常复杂的一年。从国际上看，世界经济增长放缓，国际贸易增速回落，国际金融市场剧烈动荡，各类风险明显增加，欧债危机不断加剧，美国经济复苏乏力。复杂多变的内外部环境使得我国经济下行风险加大，主要经济指标呈全面趋弱态势。面对诸多挑战和困难，公司紧紧围绕年度工作目标，积极应对各种不利因素，使公司保持了稳步发展。 报告期内，公司继续稳固国内外销售市场，出口订单情况相对稳定，实现主营业务收入773 903 551.89元，同比下降3.18%；实现利润126 827 721.45元，同比下降9.66%；其中归属于上市公司股东的净利润为109 249 088.89元，同比下降9.14%。 报告期内，公司在市场销售管理中，从新产品的研发和市场快速跟进、减少发货差错、提高产品质量和售后服务、与客户交流和沟通等方面加大工作力度。通过在信息捕捉、分析决断、抢抓机遇、客户沟通等环节正确应对，在信息沟通、售后服务、品质保障方面获得客户更多的信任，使得我们不仅扩大已有的市场份额，而且还赢得了更多新的机会。除液晶产品以外，特种化学品和医药类产品的市场开拓也有很大的进展。

报告期内，公司在技术优化方面，研究人员、工艺技术人员、车间技术人员紧密协作，进一步加大了对于工艺变更、偏差的管理力度。对于每一个偏差、变更进行全面的论证，保证了产品质量的稳定。 报告期内，公司在认真落实国家环保法律、法规、政策和行业规章的基础上，切实做好企业的环保工作，实现企业节能减排增效，基本达到环保目标管理要求。报告期内，公司除抓紧募投项目的建设外，还使用部分超募资金投资了“年产850t V-1产品项目”，本项目工艺技术先进、产品质量稳定、销售有保障；原材料、能源等使用方便；对环境无明显影响，具有较好的经济效益和社会效益。 报告期内，公司研发费用投入占主营业务收入为7.66%。

报告期内，公司积极推进募投项目的建设，业务开展按照招股说明书的发展规划进行。募投项目方面，600t液晶一期400t建设顺利进行中。市场开拓方面，公司在业务、技术等各维度上继续巩固与深化已有战略客户的合作关系，建立完善的客户管理体系，并积极拓展新产品领域的市场，在业内吸引潜在客户，实施内外销并举策略，现已取得显著效果。在技术开发方面，2012年研发投入5 932万元，许多产品通过中试，已转入生产，公司报告期内申请专利17项，已授权专利共2项，现公司共拥有专利12项。公司获得了山东省知名品牌、山东省专利明星企业称号等荣誉。在管理体系方面，公司通过了ISO9001质量管理体系、ISO14001环境管理体系、安全标准化管理体系、OHSAS18001职业健康管理体系认证，并开始引入TS16949管理体系。

2. 成本（见表2、表3）

表 2　按行业分类成本情况

（单位：元）

行业分类	项　目	2012 年		2011 年		同比增减
		金　额	占营业成本比重	金　额	占营业成本比重	
化学原料及化学制品制造业	原材料	338 294 278.16	65.34%	345 915 762.72	65.78%	−0.44%
化学原料及化学制品制造业	人工成本	44 754 285.85	8.64%	41 213 328.57	7.84%	0.80%
化学原料及化学制品制造业	燃料动力	12 081 128.98	2.33%	10 292 930.95	1.96%	0.37%
化学原料及化学制品制造业	制造费用	71 907 460.75	13.89%	67 251 795.40	12.79%	1.1%
化学原料及化学制品制造业	不退税成本	50 738 749.70	9.8%	61 137 017.47	11.63%	−1.83%
化学原料及化学制品制造业	合计	517 775 903.44	100%	525 810 835.11	100%	

表 3　公司前 5 名供应商资料

序　号	供应商名称	采购额（元）	占年度采购总额比例
1	烟台开发区华利化工有限公司	23 434 532.82	7.07%
2	烟台瑞达化工有限公司	18 992 632.70	5.73%
3	烟台亿鑫精细化工有限公司	14 324 949.31	4.32%
4	山东省阳信维斯顿商贸有限公司	13 470 061.55	4.06%
5	泸州大洲化工有限公司	10 299 145.41	3.11%
合　计		80 521 321.79	24.3%

3. 研发支出

公司在2012年项目主要以开发新产品为中心，改变以液晶为主、专项化学用品为辅的局面，将业务拓展到医药材料、OLED材料和器件、环保材料等领域。将研发方向分为液晶、医药、OLED、环保材料、专项化学用品等多个方面，期间承接了多个省级研究课题，并均按计划顺利实施。以上多角度科研工作，使得公司可以在液晶领域之外，继续开拓具有高附加值的新材料产品市场。2012年度公司研发支出总额为5 931.94万元，较2011年度增长17.14%。本年研发支出总额分别占经审计净资产、营业收入的4.77%和7.51%，较2011年度分别提高0.56个百分点和1.34个百分点。

（三）主营业务构成情况（见表4）

表4　主营业务构成情况

（单位：元）

	营业收入	营业成本	毛利率	营业收入比上年同期增减	营业成本比上年同期增减	毛利率比上年同期增减
分行业						
化学原料及化学制品制造业	773 903 551.89	517 775 903.44	33.1%	–3.18%	–1.53%	–1.12%
分产品						
液晶单体	485 415 038.06	292 872 892.17	39.67%	–25.36%	–27.99%	2.21%
液晶中间体	164 513 749.26	121 127 517.47	26.37%	38.29%	45.17%	–3.49%
其他化学品	123 974 764.57	103 775 493.80	16.29%	312.63%	191.15%	34.93%
分地区						
境外	679 761 800.86	439 305 767.90	35.37%	–12.54%	–12.38%	–0.12%
境内	94 141 751.03	78 470 135.54	16.65%	325.57%	221.25%	27.07%

（四）核心竞争力分析

1. 领先的研发和技术优势

1）强大的研发团队和自主创新能力

公司是高新技术企业，并于2010年荣获了“国家火炬计划重点高新技术企业”称号，公司先后开发或完成了2项国家火炬计划项目。 液晶材料行业是国家明确支持发展的高科技产业，本公司在十几年的液晶材料研发、生产过程中，开发了千余种产品。以资深专家和工作在研究所、技术部与各车间工艺室的专业技术人员为主组成的技术团队，将市场选题、研究开发、中试放大和生产有机结合，形成了技术创新及储备的可持续发展局面。强大的研发实力有效地优化了合成、纯化等生产工艺，降低了原料消耗，增加了经营效益，使公司能够以较低的成本生产高质量的产品，同时实现了安全生产、清洁生产及环境保护。

2）快速反应的研发能力及将研发成果迅速转化为生产能力的优势

经过多年的发展，公司形成了以管理层领头的专业技术研发团队。同时，公司从设立以来一直专注从事液晶材料的研发与生产，积累了丰富的经验，掌握了大量的各种类液晶材料制备工艺设计相关的数据、资料及核心技术，能够快速地根据客户的需要开发出其所需的产品。

3）技术优势

公司目前拥有发明专利12项，并拥有多项技术成果和工艺诀窍等公司多年来积累的非专利技术。公司依靠自主研发、自主创新，在资金有限和设备相对落后的条件下，逐步摸索开发出具有自身特色的专有技术并持续改进，并使产品始终保持较大的成本优势。公司的技术优势是产品质量保持稳定最可靠的保证。

2. 柔性生产装置，产品结构灵活调整的优势

本公司采用联合装置生产初级中间体、中间体及单体等液晶材料，产品工艺路线设计紧凑，科学合理。公司的生产线为柔性设计，大部分生产设备为通用设备，可根据市场需求情况灵活调整公司产品结构。

3. 主要客户稳定，与主要客户保持长期互信合作的优势

早在公司成立之初即陆续与下游三大客户开始合作，经过十几年的努力公司已经成为国内主要的液晶单体、液晶中间体供应商之一。目前公司已与主要客户签署了长期合作协议，使公司与客户的合作关系更具稳定性和法律保障。

4. 管理优势

公司十分注重企业文化建设，多年来培育出了一支忠诚、敬业、团结、创新的员工队伍，创造了良好的工作氛围，具有较强的企业凝聚力。

5. 产品质量和过程控制优势

公司在生产过程的控制方面有10多年的经验，公司根据自身的特点推行了6S现场管理实施方案，改善了生产环境，提高了产品质量和生产效率；公司不断规范生产操作流程，从研发开始对各环节严格把关，推行标准操作规程（SOP）；同时，公司在满足质量管理体系认证条件的基础上推行了适合本企业生产特征的统计过程控制（SPC）。

（五）投资状况分析

1. 募集资金使用情况（见表5）

表5 募集资金承诺项目情况

（单位：万元）

承诺投资项目和超募资金投向	是否已变更项目(含部分变更)	募集资金承诺投资总额	调整后投资总额（1）	本报告期投入金额	截至期末累计投入金额（2）	截至期末投资进度（3）＝（2）/（1）	项目达到预定可使用状态日期	本报告期实现的效益	是否达到预计效益	项目可行性是否发生重大变化
承诺投资项目										
年产600t液晶材料改扩建项目一期（400t）	否	35 924	35 924	20 934.17	20 934.17	58.27%	2013年12月31日			否
承诺投资项目小计	—	35 924	35 924	20 934.17	20 934.17	—	—	0	—	—
超募资金投向										
购买土地使用权与投入土地基础项目建设前期工作		3 500	3 500	2 893.45	2 893.45	82.67%	2013年12月31日			否
年产850t V-1产品项目		13 643	13 643	6 884.38	6 884.38	50.46%	2013年7月31日			否

续 表

承诺投资项目和超募资金投向	是否已变更项目（含部分变更）	募集资金承诺投资总额	调整后投资总额（1）	本报告期投入金额	截至期末累计投入金额（2）	截至期末投资进度（3）＝（2）/（1）	项目达到预定可使用状态日期	本报告期实现的效益	是否达到预计效益	项目可行性是否发生重大变化
归还银行贷款（如有）	—	11 676	11 676	11 676	11 676	100%	—	—	—	—
补充流动资金（如有）	—	15 600	15 600	10 600	10 600	67.95%	—	—	—	—
超募资金投向小计	—	44 419	44 419	32 053.83	32 053.83	—	—	0	—	—
合计	—	80 343	80 343	52 988	52 988	—	—	0	—	—
未达到计划进度或预计收益的情况和原因（分具体项目）	V-1 项目原计划于 2013 年 1 月 31 日完成，由于在中试过程中，项目工艺进行了优化，项目建设相应进行了调整，计划 2013 年 1 月 31 日前进行主要设备的调试和试产，但项目整体达到使用状态的时间预计为 2013 年 7 月 31 日									
项目可行性发生重大变化的情况说明	不适用									
超募资金的金额、用途及使用进展情况	适用									
公司本次募集资金净额为 804 310 428.47 元，其中超募资金为 445 070 428.47 元。根据 2012 年 2 月 8 日公司 2012 年第一次临时股东大会审议通过的《关于使用部分超募资金偿还银行贷款和使用闲置募集资金暂时补充流动资金的议案》，公司计划使用超募资金 11 676 万元偿还银行贷款，截至 2012 年 6 月 30 日，银行贷款已偿还；据 2012 年 4 月 20 日公司第二届董事会第七次会议审议通过的《关于使用部分超募资金购买土地使用权与投入土地基础项目建设前期工作的议案》，公司计划使用超募资金不超过 3 500 万元购买土地使用权与投入土地基础项目建设前期工作，截至 2012 年 12 月 31 日，已使用资金 2 893.45 万元；据 2012 年 5 月 28 日召开第二届董事会第八次会议审议通过的《关于使用部分超募资金投资“年产 850t V-1 产品项目”的议案》，公司计划使用不超过 13 643 万元用于投资“年产 850t V-1 产品项目”，截至 2012 年 12 月 31 日，已使用资金 6 884.38 万元。根据 2012 年 7 月 13 日召开第二届董事会第九次会议审议通过的《关于使用部分超募资金暂时性补充流动资金的议案》，公司计划使用超募资金 15 600 万元用于暂时性补充流动资金，使用期限自 2012 年 7 月 20 日起不超过 6 个月。截至 2012 年 12 月 31 日公司共使用闲置超募资金 10 600 万元暂时补充流动资金，截至 2013 年 1 月 18 日已全部归还并存入公司募集资金专用账户										
募集资金投资项目实施地点变更情况	不适用									
募集资金投资项目实施方式调整情况	不适用									
募集资金投资项目先期投入及置换情况	适用									

续　表

承诺投资项目和超募资金投向	是否已变更项目(含部分变更)	募集资金承诺投资总额	调整后投资总额（1）	本报告期投入金额	截至期末累计投入金额（2）	截至期末投资进度（3）＝（2）/（1）	项目达到预定可使用状态日期	本报告期实现的效益	是否达到预计效益	项目可行性是否发生重大变化
在募集资金到位前，公司以自筹资金实施了募集资金项目部分投资，共以自筹资金 98 459 568.27 元预先投入募集资金投资项目，经中瑞岳华会计师事务所（特殊普通合伙）审验，并出具了中瑞岳华专审字〔2011〕第 2664 号专项鉴证报告。根据 2012 年 1 月 17 日公司第二届董事会第五次会议审议通过的《关于使用募集资金置换预先投入募集资金投资项目的自筹资金的议案》，使用募集资金置换预先投入募集资金投资项目的自筹资金 98 459 568.27 元。本报告期投入金额 20 934.17 万元，包含先期投入本期置换的 98 459 568.27 元										
用闲置募集资金暂时补充流动资金情况	适用									
根据 2012 年 2 月 8 日公司 2012 年第一次临时股东大会审议通过的《关于使用部分超募资金偿还银行贷款和使用闲置募集资金暂时补充流动资金的议案》，同意公司使用闲置募集资金 9 000 万元暂时补充流动资金，使用期限自 2012 年 2 月 8 日起不超过六个月。截至 2012 年 8 月 2 日公司已将 9 000 万元临时性用于补充流动资金的募集资金全部归还并存入公司募集资金专用账户										
项目实施出现募集资金结余的金额及原因	不适用									
尚未使用的募集资金用途及去向	截至 2012 年 12 月 31 日，公司尚未使用的募集资金全部存放于公司募集资金专用账户内									
募集资金使用及披露中存在的问题或其他情况	无									

浙江永太科技股份有限公司2012年年度报告（摘要）

一、会计数据和财务指标摘要（见表1）

表1 2010—2012年主要会计数据

	2012年	2011年	本年比上年增减	2010年
营业收入（元）	838 874 861.48	725 759 212.26	15.59%	511 034 881.36
归属于上市公司股东的净利润（元）	64 345 318.05	63 709 360.33	1.00%	58 318 890.70
归属于上市公司股东的扣除非经常性损益的净利润（元）	55 966 779.48	55 908 693.17	0.10%	54 177 153.61
经营活动产生的现金流量净额（元）	99 803 863.26	−7 669 324.50	1 401.34%	−3 125 324.65
基本每股收益（元/股）	0.27	0.27		0.24
稀释每股收益（元/股）	0.27	0.27		0.24
净资产收益率	6.58%	6.97%	−0.39%	6.66%
	2012年末	2011年末	本年末比上年末增减	2010年末
总资产（元）	1 763 140 067.97	1 664 063 844.01	5.95%	1 235 535 473.99
归属于上市公司股东的净资产（归属于上市公司股东的所有者权益）（元）	1 009 786 094.84	945 368 447.90	6.81%	881 659 087.57

二、公司与实际控制人之间的产权及控制关系（见图1）

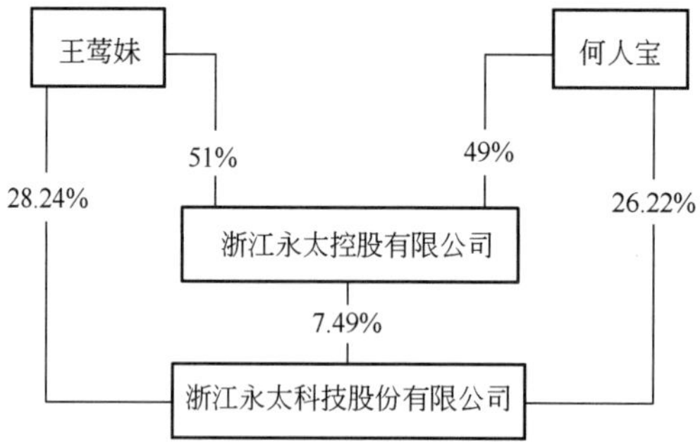

图1 公司与实际控制人之间的产权及控制关系

三、主营业务分析

（一）收入

报告期内，公司实现主营业务收入814 344 848.67元，同比增长17.98%，主要原因是公司客户稳定，新产品不断开发生产，募投项目顺利运行，销售增加。公司前五大客户情况如表 2 所示。

表 2　公司前五大客户资料

序　号	客户名称	销售额（元）	占年度销售总额比例
1	ASH-LONGCHEM CO. LTD	178 556 404.68	21.29%
2	BASF SE	103 076 628.66	12.29%
3	Merck KGaA-Germany	86 614 035.92	10.33%
4	SUMITOMO CHEMICAL CO. LTD	65 972 827.79	7.86%
5	杭州可菲克化学有限公司	32 451 601.14	3.87%
合计		466 671 498.19	55.64%

（二）成本（见表 3、表 4）

表 3　按产品分类成本情况

（单位：元）

产品分类	项　目	2012 年		2011 年		同比增减
		金　额	占营业成本比重	金　额	占营业成本比重	
液晶化学品		102 174 915.20	15.75%	81 194 394.87	14.62%	1.13%
液晶化学品	原材料	81 704 073.38	12.59%	68 196 952.66	12.27%	
液晶化学品	人工工资	2 394 192.45	0.37%	1 483 856.77	0.27%	
液晶化学品	折旧	3 844 101.07	0.59%	2 250 881.25	0.41%	
液晶化学品	能源	5 635 382.80	0.87%	4 104 883.62	0.74%	
液晶化学品	其他	8 597 165.50	1.33%	5 157 820.57	0.93%	
医药化学品		346 421 821.28	53.4%	304 837 892.02	54.85%	−1.45%
医药化学品	原材料	277 019 433.43	42.7%	256 027 036.88	46.07%	
医药化学品	人工工资	8 117 041.52	1.25%	5 572 505.49	1%	
医药化学品	折旧	13 032 673.29	2.01%	8 453 004.60	1.52%	
医药化学品	能源	19 105 663.86	2.95%	15 415 562.26	2.77%	
医药化学品	其他	29 147 009.18	4.49%	19 369 782.79	3.49%	
农药化学品		182 725 727.43	28.16%	148 604 427.27	26.74%	1.42%
农药化学品	原材料	146 122 488.23	22.52%	124 811 006.64	22.46%	
农药化学品	人工工资	4 280 976.80	0.66%	2 716 382.79	0.49%	
农药化学品	折旧	6 873 510.73	1.06%	4 120 515.68	0.74%	
农药化学品	能源	10 076 442.70	1.55%	7 514 495.62	1.35%	
农药化学品	其他	15 372 308.97	2.37%	9 442 026.54	1.7%	
其他化学品		2 635 846.30	0.4%	15 334 809.40	2.77%	−2.37%
其他化学品	原材料	2 101 492.45	0.32%	12 877 975.81	2.32%	
其他化学品	人工工资	62 496.01	0.01%	280 485.12	0.05%	
其他化学品	折旧	100 343.22	0.02%	425 471.46	0.08%	
其他化学品	能源	147 101.35	0.02%	775 923.12	0.14%	
其他化学品	其他	224 413.27	0.03%	974 953.89	0.18%	

续 表

产品分类	项　目	2012 年		2011 年		同比增减
		金　额	占营业成本比重	金　额	占营业成本比重	
萤石精粉		1 062 010.43	0.16%			0.16%
萤石精粉	原材料	448 400.02	0.07%			
萤石精粉	人工工资	95 258.11	0.01%			
萤石精粉	折旧	61 917.87	0.01%			
萤石精粉	能源	101 991.98	0.02%			
萤石精粉	其他	354 442.45	0.05%			
合计		635 020 320.64	97.87%	549 971 523.56	98.98%	

表 4　公司前 5 名供应商资料

序　号	供应商名称	采购额（元）	占年度采购总额比例
1	新乡市黄河精细化工有限公司	37 045 612.61	6.23%
2	Toray International Inc	22 021 092.94	3.70%
3	江苏维尤纳特精细化工有限公司	20 376 000.00	3.43%
4	台州市德泰化工有限公司	19 058 780.40	3.21%
5	江苏扬农化工集团有限公司	17 606 278.00	2.96%
合　计		116 107 763.95	19.53%

四、主营业务构成情况（见表 5）

表 5　主营业务构成情况

（单位：元）

	营业收入	营业成本	毛 利 率	营业收入比上年同期增减	营业成本比上年同期增减	毛利率比上年同期增减
分行业						
工业	814 344 848.67	635 020 320.64	22.02%	13.74%	15.46%	-1.17%
分产品						
液晶化学品	177 498 097.46	102 174 915.20	42.44%	27.7%	20.53%	0.85%
医药化学品	419 843 772.48	346 421 821.28	17.49%	10.55%	13.64%	-2.24%
农药化学品	211 647 209.97	182 725 727.43	13.66%	18.11%	22.96%	-3.41%
其他化学品	3 142 452.03	2 635 846.30	16.12%	-82.56%	-82.81%	1.22%
萤石精粉	2 213 316.73	1 062 010.43	52.02%			
分地区						
国内	182 029 771.25	146 902 919.33	19.3%	-18.73%	-10.86%	-26.95%
国外	632 315 077.42	488 117 401.31	22.8%	28.52%	26.73%	5.02%

五、核心竞争力分析

报告期内，公司核心竞争力未发生重大变化。

（一）系列齐、品种全的产品结构

公司是行业内产品链最完善，产能最大的苯系列氟精细化学品的生产商之一，经过多年发展，产品结构包含二氟、三氟、五氟、邻氟和对氟五大产品系列近百个产品，产品链上的品种绝大多数都可以单独作为产品销售，具有极强的市场应变能力和极大的产品结构调整升级空间。公司凭借所构建的综合性生产平台，能够提供多系列门类齐全的产品，产品质量具有较高的稳定性，有利于现有客户对所需的各类产品进行集中定购，同时齐全的产品结构也有利于吸引新客户的采购。

（二）同一起始原料生产各种产品，成本优势突出

与行业内其他企业以外购的中间化学品为原料进行生产不同，公司完善的产品链带来生产的一体化，生产从源头的基础原料开始，可以有效地降低生产成本，避免外购的中间产品因市场供应短缺或价格波动而产生的影响，保证产品质量的稳定。同时，生产的一体化使得互补型产品较多，公司可以依据市场需求状况灵活调整产品结构，规避风险，并实现公司利益最大化。凭借丰富的产品结构以及专有的联产技术和设备，本公司实现了“同一起始原料生产各种产品”的生产模式，能够将生产环节中产生的副产品综合利用，生产出具有更高经济价值的其他产品，降低了总体生产成本。

（三）关系稳定、贸易增长的客户群

公司的产品获得了众多国内外知名企业的认同，目前已经与美国默克、德国默克、巴斯夫、拜尔、日本住友化学等国际著名化工企业，以及国邦药业、京新药业等国内知名企业建立了稳定的合作关系。公司凭借突出的产品品质、良好的交货记录和雄厚的技术实力赢得合作伙伴的信任；依靠严格的环保、安全保证体系和质量保证体系，顺利通过合作伙伴的审核，保证了合作关系的稳定，增强了客户的信任。

六、投资状况分析

（一）募集资金承诺项目情况（见表 6）

表 6　募集资金承诺项目情况

（单位：万元）

承诺投资项目和超募资金投向	是否已变更项目（含部分变更）	募集资金承诺投资总额	调整后投资总额（1）	本报告期投入金额	截至期末累计投入金额（2）	截至期末投资进度（3）=（2）/（1）	项目达到预定可使用状态日期	本报告期实现的效益	是否达到预计效益	项目可行性是否发生重大变化
承诺投资项目										
TFT 液晶系列高技术产业化项目	否	25 648.83	38 551.9	5 969.01	39 639.16	102.21%	2011 年 12 月 31 日	944.32	是	否
西他列汀侧链高技术产业化项目	否	4 723.68	7 403.36	0	7 464.43	100.82%	2010 年 12 月 31 日	971.06	是	否
承诺投资项目小计	—	30 372.51	45 955.26	5 969.01	47 103.59	—	—	1915.38	—	—

续 表

承诺投资项目和超募资金投向	是否已变更项目（含部分变更）	募集资金承诺投资总额	调整后投资总额（1）	本报告期投入金额	截至期末累计投入金额（2）	截至期末投资进度（3）=（2）/（1）	项目达到预定可使用状态日期	本报告期实现的效益	是否达到预计效益	项目可行性是否发生重大变化
超募资金投向										
购买土地	否	2 000	2 000	0	2 000	100%	2011 年 12 月 31 日			否
108 车间技术改造	否	1 759	1 759	188.54	1 523.08	100%	2011 年 12 月 31 日			否
归还银行贷款（如有）	—	5 083	5 083	0	5 083	100%	—	—	—	—
补充流动资金（如有）	—	7 316.06	7 316.06	1 816.06	7 316.06	100%	—	—	—	—
超募资金投向小计	—	16 158.06	16 158.06	2 004.60	15 922.14	—	—		—	—
合计	—	46 530.57	62 113.32	7 973.61	63 025.73	—	—	1915.38	—	—
未达到计划进度或预计收益的情况和原因（分具体项目）	无									
项目可行性发生重大变化的情况说明	无									
超募资金的金额、用途及使用进展情况										

（1）2010 年 1 月 16 日，公司第一届董事会第十七次会议审议通过了《关于用募集资金超额部分归还银行借款的议案》，同意用部分超募资金偿还即将到期的银行借款 5 083.00 万元，其中 2 月 9 日归还中国建设银行股份有限公司临海分行借款 2 100 000.00 元，2 月 10 日归还中国农业银行股份有限公司杜桥支行借款 40 000 000.00 元，2 月 11 日归还中国银行股份有限公司临海支行借款 2 730 000.00 元，2 月 11 日归还临海市农村信用合作社银泰信用社借款 6 000 000.00 元。

（2）2010 年 4 月 17 日，公司第一届董事会第二十次会议审议通过了《关于使用部分超募资金补充流动资金的议案》，同意用 5 500.00 万元超募资金补充流动资金。

（3）2010 年 11 月 27 日，公司第二届董事会第三次会议审议通过了《关于使用募集资金购买土地资产的议案》，拟使用不超过 2 000.00 万元超募资金通过竞买方式购买临海市国土资源局挂牌出让的临海市东部区块南洋涂面 54 223m^2 的海域使用权。截至 2010 年 12 月 31 日，购买土地资产实际已使用超募资金金额为 1 096.00 万元。

（4）2011 年 5 月 6 日，公司第二届董事会第五次会议审议通过了《关于使用部分超募资用于 108 车间技术改造项目的议案》和《关于使用部分超募资金补充募投项目资金的议案》，同意用 1 759 万元超募资金用于 108 车间技术改造项目；同意用 15 582.75 万元超募资金补充募投项目资金，其中 TFT 液晶系列高技术产业化项目 12 903.07 万元，西他列汀侧链高技术产业化项目 2 679.68 万元。

（5）2012 年 9 月 28 日，公司第二届董事会第二十次会议审议通过了《关于将节余募集资金永久补充流动资金的议案》，同意将公司节余募集资金 18 136 739.91 元永久性补充公司流动资金

（二）主要子公司、参股公司分析（见表 7）

表 7　主要子公司、参股公司情况

公司名称	公司类型	所处行业	主要产品或服务	注册资本	总资产（元）	净资产（元）	营业收入（元）	营业利润（元）	净利润（元）
滨海永利	子公司	商业贸易	原料药中间体产品销售	5 000 000	19 915 131.81	20 058 123.80	0.00	−109.91	−109.91
滨海永太	子公司	制造业	中间体产品制造、销售	10 000 000	188 896 490.36	25 361 773.22	161 413 610.93	−10 485 271.55	−5 190 777.79
永太科技（美国）	子公司	服务	仿制药研发、销售	—	4 809 407.40	4 809 407.40	0.00	−4 010 290.10	−4 010 290.10
北京科迪	子公司	服务	科技开发、转让、服务	1 000 000	2 444 020.70	543 998.49	2 233 009.71	216 112.65	216 112.65
永太药业	子公司	医药	原料药生产项目筹建	10 000 000	9 617 506.73	9 617 506.73	0.00	−506 118.27	−382 493.27
山东永太	子公司	医药	医药中间体项目的投资、开发、建设服务	10 000 000	21 175 414.68	9 975 414.68	0.00	−24 585.32	−24 585.32
鑫辉矿业	参股公司	矿产采选	矿产品开采，浮选加工，采购销售	35 000 000	39 215 550.38	26 641 486.37	2 213 316.73	−543 359.56	−248 710.66
富祥药业	参股公司	医药	原料药产品制造、销售	54 000 000	472 489 634.10	184 603 903.76	360 320 580.26	40 900 321.69	40 079 432.57
永飞化工	参股公司	制造业	化工原料的制造、销售	45 000 000	302 140 456.14	137 151 674.54	361 503 061.12	10 836 836.68	12 130 648.10
农商行	参股公司	金融服务	存贷款等金融服务	458 453 200	14 175 805 139.67	1 288 389 373.23	1 003 387 742.06	304 825 228.75	230 218 351.98

七、公司未来发展的展望

（一）面临的困难和机遇

（1）受到国内外宏观经济的影响，国内经济形势依然存在着诸多不稳定性因素，国内经济增长可能会受国内外因素影响而放缓，但公司所处的电子化学品、医药、农药行业发展较为稳定。

（2）2012 年公司在美国设立永太科技（美国）从事特色仿制药研发、申报和销售，目前尚处于投入期，在 2013 年和 2014 年暂时无法产生收益，会影响公司当期损益。

（3）2012 年公司募投项目建设完成，募投项目所归集的在建工程科目将全部转为固定资产，会产生固定资产摊销折旧估计会影响公司当期损益。随着募投项目的投产，公司产能将得到稳定释放，公司生产瓶颈将缓解，销售收入有望持续增长，会有利于公司消化增长的摊销折旧，增加公司业绩。

（二）2013 年的工作计划

1. 主营业务方面

（1）液晶化学品，在保持现有液晶化学品稳定增长的条件下，实现单体液晶量产的突破，销售 30t 以上单体液晶产品。

（2）医药化学品，继续围绕核心优质客户加强高毛利和定制加工产品的市场开拓力度。

（3）农药化学品方面，保持高速增长，同时在优质客户长期合作方面取得突破。

（4）矿产方面，鑫辉矿业预计生产矿石 6 万吨，萤石精粉 2.5 万吨。

2. 研发方面

研发方面继续加大公司本部的研发投入，专注于主要业务产品开发和工艺路线改造保持公司制造成本优势。永太科技（美国）计划在 2013 年向 ANDA 申报 2 项药品申请。在上海浦东张江科技园区建立上海研发中心，利用上海人才聚集优势夯实研发基础。

3. 新业务方面

2013 年，公司拟在台州建设电子化学生产基地，主要从事平板显示用相关电子化学品方面。公司拟在上海建立贸易平台，利用公司现有的客户资源和行业优势为客户提供贸易服务。

深圳市纺织（集团）股份有限公司 2012 年年度报告（摘要）

一、会计数据和财务指标摘要（见表 1）

表 1 2010—2012 年主要会计数据

	2012 年	2011 年	本年比上年增减	2010 年
营业收入（元）	845 114 483.38	712 893 557.26	18.55%	637 801 565.40
归属于上市公司股东的净利润（元）	−80 988 887.59	48 915 594.47	−265.57%	40 709 271.22
归属于上市公司股东的扣除非经常性损益的净利润（元）	−90 003 071.80	28 195 007.31	−419.22%	22 279 756.15
经营活动产生的现金流量净额（元）	−155 151 561.96	27 750 962.45	−659.61%	56 893 780.45
基本每股收益（元/股）	−0.24	0.15	−260%	0.14
稀释每股收益（元/股）	−0.24	0.15	−260%	0.14
净资产收益率	−6.06%	3.6%	下降 9.66 个百分点	4.74%
	2012 年末	2011 年末	本年末比上年末增减	2010 年末
总资产（元）	1 880 660 667.21	1 808 226 905.67	4.01%	1 655 422 298.41
归属于上市公司股东的净资产（归属于上市公司股东的所有者权益）（元）	1 303 011 954.39	1 369 628 593.61	−4.86%	1 345 969 224.97

二、公司与实际控制人之间的产权及控制关系（见图 1）

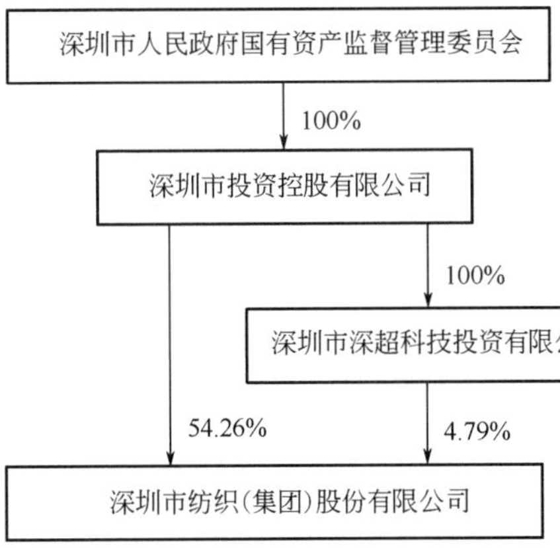

图 1 公司与实际控制人之间的产权及控制关系

三、董事会报告

（一）概述

2012年，面对复杂多变的经济形势和诸多挑战，公司积极应对，在经营层及全体员工的努力下，如期实现既定工作目标。一是“TFT-LCD用偏光片一期项目”顺利完成爬坡并进入量产阶段；二是非公开发行股票募集资金建设"TFT-LCD用偏光片二期项目"事项获得中国证监会无条件审核通过；三是公司在优化整合资源、剥离非主业资产、推进实现公司战略转型目标的同时，稳经营、控成本，全力抓好主营业务生产经营，努力开拓市场，实现了稳健经营与转型升级同步协调发展。报告期内，实现营业收入84 511.45万元，比上年同期增长18.55%，由于"TFT-LCD用偏光片一期项目"4号线爬坡期影响，公司实现利润总额−9 766万元，比上年同期下降259.91%；实现净利润−8 099万元，比上年同期下降265.53%。

（二）主营业务分析

1. 收入

报告期，公司实现营业收入84 511.45万元，其中制造业收入30 667.95万元，比上年同期下降0.46%，主要是子公司深圳市金兰装饰用品有限公司结束服装加工业务所致；偏光片收入比上年同期增长13.12%，主要是第四季度偏光片一期项目实现量产所致；公司贸易收入45 163.46万元，比上年同期增长40.32%，主要是出口贸易业务增长所致；物业经营管理收入8 185.08万元，比上年同期增长4.53%，主要是物业经营企业优化服务，提高租金单价所致。2011—2012年产销量情况如表2所示，公司前五大客户资料如表3所示。

表2　2011—2012 年产销量情况

行业分类	项　目	2012 年	2011 年	同比增减
偏光片（万平方米）	销售量	196.9	218.7	−9.97%
	生产量	205.2	227.3	−9.72%
	库存量	29.9	23.5	27.23%

表3　公司前五大客户资料

序　号	客户名称	销售额（元）	占年度销售总额比例
1	深圳市联亚纺织有限公司	444 263 527.49	52.57%
2	深圳市华星光电技术有限公司	47 363 077.68	5.6%
3	深圳市福海朋电子科技有限公司	24 626 302.39	2.91%
4	金斯泰投资发展有限公司	23 626 295.00	2.8%
5	江门亿都半导体有限公司	16 047 465.64	1.9%
合计		555 926 668.20	65.78%

2. 成本（见表4～表6）

表4　按行业分类成本情况

（单位：元）

行业分类	项　目	2012 年		2011 年		同比增减
		金　额	占营业成本比重	金　额	占营业成本比重	
国内外贸易		448 904 371.85	55.83%	320 752 156.30	54.67%	39.95%
制造业	偏光片、纺织品	331 474 025.69	41.22%	243 557 199.79	41.52%	36.1%
物业管理、租赁		23 745 635.87	2.95%	22 346 699.73	3.81%	6.26%
合计		804 124 033.41	100%	586 656 055.82	100%	37.07%

表 5　按产品分类成本情况

（单位：元）

产品分类	项　目	2012 年		2011 年		同比增减
		金　　额	占营业成本比重	金　　额	占营业成本比重	
物业管理		23 745 635.87	2.95%	22 346 699.73	3.81%	6.26%
纺织品		34 007 671.05	4.23%	62 605 852.97	10.67%	–45.68%
偏光片		297 466 354.64	36.99%	180 951 346.82	30.85%	64.39%
贸易		448 904 371.85	55.83%	320 752 156.30	54.67%	39.95%
合　　计		804 124 033.41	100%	586 656 055.82	100%	37.07%

主营业务成本本期较上期增加21 746.8万元，增长37.07%，主要是增加“TFT-LCD用偏光片一期项目”试量产成本和出口贸易业务量增长所增加销售成本所致，纺织品营业成本因子公司深圳市金兰装饰用品有限公司结束加工业务而减少。公司前5名供应商资料如表6所示。

表 6　公司前 5 名供应商资料

序　号	供应商名称	采购额（元）	占年度采购总额比例
1	江阴市康源印染有限公司	114 717 461.73	12.46%
2	富士胶片（中国）投资有限公司	66 545 936.57	7.23%
3	力特光电科技股份有限公司	52 838 738.74	5.73%
4	常州锦函纺织有限公司	49 530 778.94	5.38%
5	上海王港华纶印染有限公司	39 349 306.97	4.27%
合　　计		322 982 222.95	35.07%

3. 费用

管理费用较上期增加4 926.68万元，增长65.27%，主要是“TFT-LCD用偏光片一期项目”4号生产线试量产、研发费用及其他相关费用增加所致；财务费用较上期增加694.73万元，增长94.69%，主要是本期发生的长期借款费用在“TFT-LCD用偏光片一期项目”4号生产线投产后，计入当期损益所致；所得税费用较上期减少2 882.20万元，下降237.19%，主要为本期应纳税所得额减少和可抵减亏损确认递延所得税资产，减少所得税费用所致。

4. 研发支出

2012年，公司累计研发投入5 465.88万元，较2011年增长284.06%，占2012年偏光片营业收入的20.8%，占期末净资产的4.19%。公司研发重点投入方向包括监视器用、TV用偏光片产品、3D立体眼镜用偏光片、触摸屏用功能薄膜、AM-OLED等产品以及包括PVA胶粘剂、功能涂层TAC膜等生产相关的工艺改进和原材料应用开发。液晶监视器（Monitor）用TFT-TN型EWV广视角偏光板与TFT-TN厚型偏光板两款产品共计4种规格型号，已完成公司内部光学测试及信赖性测试工作。经内部技术评估，光学性能满足客户要求规格，并已达到国际一流偏光片厂商水准，信赖性测试达到客户要求规格，具备送样测试条件。

公司加大了新材料、新型产品、新生产工艺的研发力度，用于车载、高档家电PMVA显示产品开发并获得客户认可，实现批量市场订单；配合客户开发的用于高端银行卡的柔性LCD开发样品获得认可，实现批量供货；用于手机、平板电脑等智能终端的增亮型中小尺寸TFT偏光板产品已涵盖TN/IPS/MVA等多类型面板用偏光片，其中用于4.3英寸智能手机的TN增亮型偏光片已实现批量供应；3D立体眼镜家用产品的研发工作进入生产工艺开发改进阶段。

（三）主营业务构成情况（见表7）

表7　主营业务构成情况

（单位：元）

	营业收入	营业成本	毛利率	营业收入比上年同期增减	营业成本比上年同期增减	毛利率比上年同期增减
分行业						
国内外贸易	451 634 641.37	448 904 371.85	0.6%	40.32%	39.95%	73.93%
制造业	306 679 542.93	331 474 025.69	–8.08%	–0.46%	36.1%	–138.59%
物业管理、租赁	81 850 802.05	23 745 635.87	70.99%	4.53%	6.26%	–0.66%
分产品						
物业及租赁收入	81 850 802.05	23 745 635.87	70.99%	4.53%	6.26%	–0.66%
纺织品收入	43 865 136.66	34 007 671.05	22.47%	–42.1%	–45.68%	29.42%
偏光片收入	262 814 406.27	297 466 354.64	–13.18%	13.12%	64.39%	–159.61%
贸易收入	451 634 641.37	448 904 371.85	0.6%	40.32%	39.95%	73.93%
分地区						
国内	270 948 389.89	198 010 505.25	26.92%	–6.77%	–1.17%	–13.33%
国外	569 216 596.46	606 113 528.16	–6.48%	36.29%	56.9%	–186.36%

（四）核心竞争力分析

（1）公司拥有一支技术能力强、合作时间久、经验丰富的具有国际化视野的偏光片管理团队和高级技术人员团队，在国内偏光片业务领域建立和积累了品牌、技术、运营管理经验等先发优势，形成独有的、结合公司设备工艺特点的、针对各项产品的成套专有技术。

（2）公司拥有能够满足客户需求的偏光片生产专有技术和各种新产品的自主知识产权，现拥有发明专利8项、实用新型31项、国际专利2项，共计41项专利和专利申请，多项产品性能指标已达到国际同类产品水平。

（3）公司拥有深圳市偏光材料及技术工程实验室及市级研发中心，在LCD用偏光片的核心生产技术的研发及产业化，OLED用偏光片新产品的开发及产业化，以及偏光片生产用原材料的国产化等方面拥有专门的研发团队和研发仪器设备，并通过产、学、研的全方位合作，确保公司拥有持续、快速的研发创新能力，以适应偏光片快速更新的产业特点和公司规模化发展的需要。

（4）公司拥有国内、国外良好的市场客户群，能充分发挥本土化优势，采取“处方式”的客户开发策略，开展一对一的配套服务，联合开发个性化的产品，缩短供货期，提供快速优质售后服务，为客户提供具有竞争力的、高性价比的产品。

（5）盛波光电被首批列入享受政策的彩色滤光膜及偏光片企业名单，享有新型显示器件产业税收优惠政策，对进口国内不能生产的自用生产性原材料、消耗品享受免征进口关税政策，从而进一步降低生产成本，提高产品竞争力。

（6）盛波光电被国家发展和改革委员会认定为“TFT-LCD用偏光片产业化单位”，被国家科技部认定为“国家高技术研究发展计划（863计划）TFT-LCD用偏光片工程化技术开发课题实施单位”。

（五）投资状况分析

1. 募集资金使用情况

1）募集资金总体使用情况（见表8）

表 8 募集资金总体使用情况

（单位：万元）

募集资金总额	82 876.8
报告期投入募集资金总额	17 428.66
已累计投入募集资金总额	83 538.49
报告期内变更用途的募集资金总额	0
累计变更用途的募集资金总额	0
累计变更用途的募集资金总额比例	0%
募集资金总体使用情况说明	
2012 年度，公司用于投资 TFT-LCD 用偏光片一期项目的募集资金为 17 428.66 万元。截至 2012 年 12 月 31 日累计使用募集资金 83 538.49 万元（截至 2012 年 12 月 31 日募集资金专户累计利息收入为 1 323.21 万元）。截至 2012 年 12 月 31 日，募集资金余额为 661.52 万元，募集资金专户余额为 661.52 万元	

2）募集资金承诺项目情况（见表9）

表 9 募集资金承诺项目情况

（单位：万元）

承诺投资项目和超募资金投向	是否已变更项目（含部分变更）	募集资金承诺投资总额	调整后投资总额（1）	本报告期投入金额	截至期末累计投入金额（2）	截至期末投资进度（3）=（2）/（1）	项目达到预定可使用状态日期	本报告期实现的效益	是否达到预计效益	项目可行性是否发生重大变化
承诺投资项目										
TFT-LCD 用偏光片一期项目		82 876.8	82 876.8	17 428.66	83 538.49	100.8%	4 号线 2012 年 4 月；5 号线 2012 年 12 月	注 2	注 3	否
承诺投资项目小计	—	82 876.8	82 876.8	17 428.66	83 538.49	—	—		—	—
超募资金投向										
归还银行贷款（如有）	—	0	0	0	0	0	—	—	—	—
补充流动资金（如有）	—	0	0	0	0	0	—	—	—	—

续 表

承诺投资项目和超募资金投向	是否已变更项目（含部分变更）	募集资金承诺投资总额	调整后投资总额（1）	本报告期投入金额	截至期末累计投入金额（2）	截至期末投资进度（3）＝（2）/（1）	项目达到预定可使用状态日期	本报告期实现的效益	是否达到预计效益	项目可行性是否发生重大变化	
超募资金投向小计	—	0	0	0	0	—	—			—	—
合计	—	82 876.8	82 876.8	17 428.66	83 538.49	—	—			—	—
未达到计划进度或预计收益的情况和原因（分具体项目）	注 3										
项目可行性发生重大变化的情况说明	不适用										
超募资金的金额、用途及使用进展情况	不适用										
募集资金投资项目实施地点变更情况	不适用										
募集资金投资项目实施方式调整情况	不适用										
募集资金投资项目先期投入及置换情况	不适用										
用闲置募集资金暂时补充流动资金情况	不适用										
项目实施出现募集资金结余的金额及原因	不适用										
尚未使用的募集资金用途及去向	截至 2012 年 12 月 31 日，募集资金专户余额为 661.52 万元，将全部用于承诺投资项目										

续　表

承诺投资项目和超募资金投向	是否已变更项目(含部分变更)	募集资金承诺投资总额	调整后投资总额（1）	本报告期投入金额	截至期末累计投入金额（2）	截至期末投资进度（3）＝（2）/（1）	项目达到预定可使用状态日期	本报告期实现的效益	是否达到预计效益	项目可行性是否发生重大变化
募集资金使用及披露中存在的问题或其他情况	不存在									

注1：本次募集资金82 876.80万元全部用于投资TFT-LCD用偏光片一期项目，项目投资总额为84 937万元，调整后投资总额为92 640万元，差额部分由公司自筹资金解决。

注2：TFT-LCD用偏光片一期项目包括宽幅生产线（4号线）和窄幅生产线（5号线）。2012年，TFT-LCD用偏光片一期项目实现的销售毛利为–7 928万元。

注3：宽幅生产线（4号线）2012年4月达到预定可使用状态，项目投资回收期为7.74年（含2年建设期）；窄幅生产线（5号线）2012年12月达到预定可使用状态，项目投资回收期为8.53年（含2年建设期）。TFT-LCD用偏光片一期项目截至目前营运时间较短，因此难以在目前阶段确定所投资的项目是否达到整个项目营运期的预计收益。

（六）公司未来发展的展望

1. 公司发展战略

公司将集中优势资源，加快发展以偏光片为核心的主导产业，按照“总体规划、分期建设”的规划建设TFT-LCD用偏光片项目，将盛波光电建成具备与国外一流同类企业竞争实力的知名品牌企业，成为全球范围内的TFT-LCD用偏光片业务的主流供应商。

公司坚持改革和创新，建立健全激励和约束机制，培育长期而稳定的人才队伍，形成拥有自主知识产权的研发体系，实现公司在以偏光片为核心的主导产业及相关高科技产业的可持续发展。

2. 可能面对的风险

2013年，影响全球经济未来走向的变数依然较多，平板显示行业增速可能放缓。由于高世代面板线向大陆集聚转移，促使海外偏光片厂家在大陆设立后段加工企业的意愿增强，可能加剧国内偏光片市场的竞争。TFT-LCD用偏光片在制造过程中涉及精密机械、光学、高分子和化工等诸多门类学科，技术难度大，品质要求高，准入门槛高，随着行业的产品技术结构不断演化，对公司新产品和新技术的研发与制造水平提出了更高的要求。

对此，公司将夯实基础，打造软实力，向管理要效益，有效降低成本，提升产品的市场竞争优势，提高国际与国内大客户占有率，提升公司的盈利能力。加强技术储备和研发力度，着力发展技术升级与技术创新工作。通过调整管控模式，优化组织机构，完善经营机制，进一步建立健全管理体系，使公司管理水平与转型和发展相适应，促进企业健康、可持续发展。

苏州锦富新材料股份有限公司2012年年度报告（摘要）

一、会计数据和财务指标摘要（见表1）

表1 2010—2012年主要会计数据

	2012年	2011年	本年比上年增减	2010年
营业总收入（元）	1 963 213 021.89	1 193 721 712.93	64.46%	768 312 899.81
营业利润（元）	200 333 466.97	136 312 493.01	46.97%	114 588 621.86
利润总额（元）	201 985 470.90	137 041 121.41	47.39%	116 396 538.72
归属于上市公司股东的净利润（元）	144 151 541.25	100 129 664.68	43.96%	82 955 131.40
归属于上市公司股东的扣除非经常性损益的净利润（元）	142 790 950.82	99 397 159.27	43.66%	81 184 003.73
经营活动产生的现金流量净额（元）	–20 067 721.35	37 526 076.05	–153.48%	–45 740 484.80
	2012年末	2011年末	本年末比上年末增减	2010年末
资产总额（元）	1 975 485 726.36	1 586 072 617.06	24.55%	1 404 207 402.64
负债总额（元）	586 355 373.65	348 124 631.90	68.43%	250 155 726.34
归属于上市公司股东的所有者权益（元）	1 310 109 773.34	1 174 151 562.52	11.58%	1 114 533 385.29
期末总股本（股）	204 460 000.00	200 000 000.00	2.23%	100 000 000.00

二、公司与实际控制人之间的产权及控制关系（见图1）

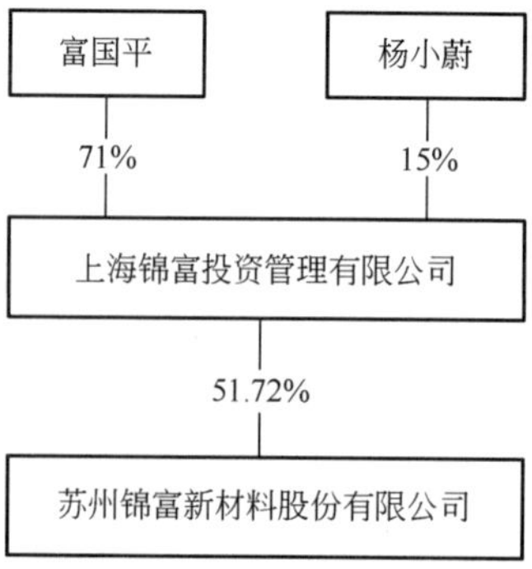

图1 公司与实际控制人之间的产权及控制关系

三、董事会报告

（一）管理层讨论与分析

2012年，尽管全球经济仍然处于复苏通道，但依然面临诸多不利因素，增长乏力，而内地经济在经历探底后逐步呈现弱复苏态势。就公司所处行业而言，2011年全球电视及PC市场出货量均出现小幅下滑，而移动终端市场出货量有较为显著的增加。为此，公司依据市场变化，通过调整市场及产品发展策略，把握机遇，实现了公司经营业绩的持续增长。

报告期内，公司实现营业总收入196 321.30万元，比2011年同期增长64.46%；营业利润20 033.35万元，比2011年同期增长46.97%；利润总额20 198.55万元，比2011年同期增长47.39%；归属于上市公司股东的净利润14 415.15万元，比2011年同期增长43.96%。上述业绩指标增长的主要原因系调整产品结构，加大移动终端及非背光模组领域产品的拓展力度；完善客户结构，在保持公司传统外资客户优势份额的同时，积极开拓内资客户。

报告期内，公司经营情况概述如下：

1. 把握市场热点，调整产品结构，加大对移动终端产品及非背光模组产品拓展力度

针对终端市场热点，报告期内，公司继续拓展移动终端市场业务，服务于“苹果”等强势品牌，实现移动终端相关光学薄膜器件销售收入39 875.73万元。报告期内，公司在进一步强化传统背光模组领域竞争优势的同时，积极培育及拓展非背光模组领域业务。截至报告期末，公司实现专用装备销售收入4 133.05万元，FPC（柔性线路板）周边产品销售收入10 121.44万元，并积极推进石墨散热膜及OCA胶重点客户认证及量产准备工作。

2. 积极拓展新客户，进一步强化公司在传统业务领域的竞争优势

报告期内，公司针对 PC 及电视市场变化，积极开拓新产品和新客户，已切入微软 surface 平板电脑配件供应链并实现销售；对内资客户销售增长明显，销售占主营业务收入的比重已提升至 30.70%。报告期内，公司实现 PC 相关光电显示薄膜器件销售收入 47 767.11 万元，实现液晶电视相关光电显示薄膜器件销售收入 90 592.70 万元。

报告期内，公司还通过收购苏州新硕特及吴江泰美部分股权，增资广州恩披特，调整苏州蓝思科技导光板项目，构建了更为合理的导光板加工产能布局及覆盖主要客户区域的业务平台。报告期内，公司实现导光板产品销售收入逾 21 815.57 万元。

3. 新装备、新工艺及新技术研发取得进展，增强企业发展后劲

报告期内，为满足客户新品加工需求，公司积极推进重点装备研制工作，并不断革新工艺，在满足公司提高新产品质量、生产效率及降低生产成本需求的同时，实现了主要装备产品销售大幅提升。

报告期内，公司新增 10 项实用新型专利，同时，公司还加强与合作方的协作，研制相关研究设备，推进蓝宝石衬底图形化纳米压印技术应用及一种新型柔性导电膜等科研项目进程。

（二）报告期内主要经营情况

1. 主营业务分析

1）收入

报告期内，公司实现主营业务收入 191 975.76 万元，同比增长 77.27%。

2012 年 6 月 30 日，公司完成对苏州新硕特光电有限公司的股权收购。自 6 月 30 日起，将苏州新硕特光电有限公司纳入合并报表。按照 2012 年合并报表范围，对 2011 年相关数据进行调整，调整后

的数据如表2所示。

表2 公司实现主营业务收入情况

（单位：元）

项 目	2012年	2011年	同比增减
一、光电显示薄膜器件	1 853 975 290.39	1 035 980 075.91	78.96%
二、其他产品	65 782 350.29	46 995 226.16	39.98%
1．精密模切设备	41 330 536.06	19 073 057.25	116.70%
2．隔热减震类制品	24 451 814.23	27 922 168.91	−12.43%
合 计	1 919 757 640.68	1 082 975 302.07	77.27%

2）成本（见表3）

表3 成本情况

（单位：元）

行业分类	项 目	2012年		2011年		同比增减
		金 额	占营业成本比重	金 额	占营业成本比重	
光学光电子元器件制造	材料成本	1 211 042 238.55	80.50%	616 557 664.79	76.45%	96.42%
	人工成本	130 166 849.26	8.65%	87 906 258.62	10.90%	48.07%
	制造费用	163 152 278.09	10.85%	101 984 125.75	12.65%	59.98%
光学光电子元器件制造营业成本小计		1 504 361 365.90	100.00%	806 448 049.16	100.00%	86.54%
通用设备制造	材料成本	20 129 064.09	91.31%	8 889 567.57	84.30%	126.43%
	人工成本	1 569 580.14	7.12%	1 333 433.84	12.65%	17.71%
	制造费用	345 949.84	1.57%	321 265.61	3.05%	7.68%
通用设备制造营业成本小计		22 044 594.07	100.00%	10 544 267.02	100.00%	109.07%
汽车等零配件制造	材料成本	12 672 527.71	64.42%	14 273 678.86	72.27%	−11.22%
	人工成本	4 194 863.11	21.32%	3 326 793.84	16.85%	26.09%
	制造费用	2 805 446.66	14.26%	2 148 586.16	10.88%	30.57%
汽车等零配件制造营业成本小计		19 672 837.48	100.00%	19 749 058.86	100.00%	−0.39%
主营业务成本合计		1 546 078 797.45		836 741 375.04		84.77%

3）研发投入

公司高度重视对新产品、新工艺和新技术的研发投入。报告期内，公司进一步加大研发费用，全年研发费用支出2 949.11万元，同比增长80.55%。2012年度，公司原始获得授权实用新型专利10项；通过申请受理实用新型专利5项，发明专利3项，软件著作权1项。

2. 主营业务分部报告（见表4）

3. 投资状况分析

1）募集资金承诺项目情况（见表5）

表 4　主营业务情况

（单位：元）

	营业收入	营业成本	毛 利 率	营业收入比上年同期增减	营业成本比上年同期增减	毛利率比上年同期增减
分行业						
光学光电子元器件制造	1 853 975 290.39	1 504 361 365.90	18.86%	78.96%	86.54%	–3.30%
通用设备制造	41 330 536.06	22 044 594.07	46.66%	116.7%	109.07%	1.94%
汽车等零配件制造	24 451 814.23	19 672 837.48	19.54%	–12.43%	–0.39%	–9.73%
小计	1 919 757 640.68	1 546 078 797.45	19.46%	77.27%	84.77%	–3.28%
分产品						
光电显示薄膜器件	1 853 975 290.39	1 504 361 365.90	18.86%	78.96%	86.54%	–3.30%
其他产品	65 782 350.29	41 717 431.55	36.58%	39.98%	37.71%	1.04%
小计	1 919 757 640.68	1 546 078 797.45	19.46%	77.27%	84.77%	–3.28%
分地区						
外销	1 330 386 614.88	1 077 992 092.69	18.97%	63.55%	68.49%	–2.38%
内销	589 371 025.80	468 086 704.76	20.58%	118.66%	137.67%	–6.35%
小计	1 919 757 640.68	1 546 078 797.45	19.46%	77.27%	84.77%	–3.28%

表 5　募集资金承诺项目情况

（单位：万元）

承诺投资项目和超募资金投向	是否已变更项目（含部分变更）	募集资金承诺投资总额	调整后投资总额（1）	本报告期投入金额	截至期末累计投入金额（2）	截至期末投资进度（3）＝（2）/（1）	项目达到预定可使用状态日期	本报告期实现的效益	是否达到预计效益	项目可行性是否发生重大变化
承诺投资项目										
苏州光电显示薄膜器件生产、研发基地建设项目	否	16 816.05	16 816.05	3 707.82	12 957.72	77.06%	2011 年 10 月 31 日	3 493.74	是	否
东莞光电显示薄膜器件生产基地建设项目	否	8 195.03	8 195.03	1 436.91	7 130.46	87.01%	2011 年 10 月 31 日	1 359.77	是	否
增资南京锦富用于新增年产 5000 万片棱镜片及其他光电显示薄膜器件产能项目	否	2 415.43	2 415.43	13.40	1 788.44	98.72%	2011 年 6 月 30 日	763.39	是	否

续 表

承诺投资项目和超募资金投向	是否已变更项目（含部分变更）	募集资金承诺投资总额	调整后投资总额（1）	本报告期投入金额	截至期末累计投入金额（2）	截至期末投资进度（3）＝（2）/（1）	项目达到预定可使用状态日期	本报告期实现的效益	是否达到预计效益	项目可行性是否发生重大变化
承诺投资项目										
增资厦门力富用于新增年产500万套液晶模组薄膜器件及相关产品产能项目	否	2 299.95	2 299.95	547.43	2 009.27	87.36%	2011年6月30日	569.59	是	否
承诺投资项目小计	—	29 122.60	29 122.60	5 705.56	23 885.89	—	—	6 186.49	—	—
超募资金投向										
收购苏州蓝思科技发展有限公司100%股权	否	6 200.00	6 200.00	300.00	6 200.00	100%	2011年3月31日	0	不适用（注）	否
苏州蓝思科技发展有限公司硬化膜等涂布产品项目	是	3 000.00	0	0	91.93	3.06%	2012年6月30日	0	不适用（注）	是
苏州蓝思科技发展有限公司导光板制品项目	是	3 500.00	0	50.13	546.24	15.61%	2012年6月30日	0	不适用（注）	是
归还银行贷款（如有）	—						—	—	—	—
补充流动资金（如有）	—	20 000.00	20 000.00	5 000.00	20 000.00	100.00%	—	—	—	—
超募资金投向小计	—	32 700.00	26 200.00	5 350.13	26 838.17	—	—		—	—
合计	—	61 822.60	55 322.60	11 055.69	50 724.06	—	—		—	—
未达到计划进度或预计收益的情况和原因（分具体项目）	因蓝思科技原投入硬化膜和导光板项目变更及自有资金投入新硕特项目尚未盈利，故截至报告期末公司以超募资金收购蓝思科技100%的股权项目尚未实现盈利									
项目可行性发生重大变化的情况说明	项目可行性发生重大变化。鉴于内地市场相关厂商硬化膜产能扩张较快，产品价格有较明显的降低趋势，为了控制公司超募资金投资项目的风险，蓝思科技终止了实施建设硬化膜等涂布产品项目。 基于蓝思科技已使用自有资金收购新硕特100%的股权并对其增资，开展导光板业务，蓝思科技为避免导光板制品项目的重复建设，终止其原使用部分超募资金建设的导光板制品项目									

2）募集资金变更项目情况（见表6）

表 6　募集资金变更项目情况

（单位：万元）

<table>
<tr><th>变更后的项目</th><th>对应的原承诺项目</th><th>变更后项目拟投入募集资金总额（1）</th><th>本报告期实际投入金额</th><th>截至期末实际累计投入金额（2）</th><th>截至期末投资进度（3）=（2）/（1）</th><th>项目达到预定可使用状态日期</th><th>本报告期实现的效益</th><th>是否达到预计效益</th><th>变更后的项目可行性是否发生重大变化</th></tr>
<tr><td>—</td><td>苏州蓝思科技发展有限公司硬化膜等涂布产品项目</td><td>—</td><td>0</td><td>91.93</td><td>3.06%</td><td>2012 年 6 月 30 日</td><td>—</td><td>—</td><td>—</td></tr>
<tr><td>—</td><td>苏州蓝思科技发展有限公司导光板制品项目</td><td>—</td><td>50.13</td><td>546.25</td><td>15.61%</td><td>2012 年 6 月 30 日</td><td>—</td><td>—</td><td>—</td></tr>
<tr><td colspan="3">变更原因、决策程序及信息披露情况说明（分具体项目）</td><td colspan="7">2012 年 8 月 7 日，公司 2012 年第一次（临时）股东大会审议通过了《关于同意蓝思科技终止导光板项目及硬化膜等涂布产品项目等超募资金投资项目的决议》，同意终止导光板制品项目及硬化膜等涂布产品项目。①蓝思科技终止硬化膜等涂布产品项目的原因。根据原可行性研究报告，蓝思科技硬化膜等涂布产品项目目标产能 550 万平方米，可实现销售额 22 000 万元。自项目实施，内地市场相关厂商硬化膜产能扩张较快，产品价格有较明显的降低趋势，若蓝思科技继续实施该项目，将面临较大的市场竞争压力，从而影响项目实施效益。 因此，为了控制公司超募资金投资项目的风险，蓝思科技拟终止实施建设硬化膜等涂布产品项目。②蓝思科技终止导光板制品项目的原因。为建立公司在导光板领域的新的客户渠道，2011 年 12 月 13 日经公司第二届董事会第八次（临时）会议决议，同意蓝思科技使用自有资金收购新硕特 100%的股权并对其增资，开展导光板业务。避免导光板制品项目的重复建设，蓝思科技终止其原使用部分超募资金建设的导光板制品项目。根据公司有关募集资金使用的规定，蓝思科技终止上述两个超募资金投资项目后，原拟投入上述项目的剩余募集资金将存于蓝思科技募集资金专户；其已经投入上述超募集资金项目资金所形成的资产中，与导光板制品项目有关的资产将转入新硕特，与硬化膜等涂布产品项目相关的资产将进行处置，所回收的资金亦将转入蓝思科技募集资金专户</td></tr>
<tr><td colspan="3">未达到计划进度或预计收益的情况和原因（分具体项目）</td><td colspan="7">募投项目已终止</td></tr>
</table>

3）非募集资金投资的重大项目情况（见表7）

表 7　非募集资金投资的重大项目情况

（单位：万元）

项目名称	投资总额	本年度投入金额	截至期末累计实际投入金额	项目进度	项目收益情况
吴江泰美导光板项目	3 000.00	2 336.84	3 000.00	报告期内，项目已达产	576.06
青岛锦富项目	1 500	540.00	900.00	报告期内，项目开始量产	404.14
广州恩披特项目	2 529.96	365.07	1 705.04	报告期内，基本达到量产条件	−998.33

续 表

项目名称	投资总额	本年度投入金额	截至期末累计实际投入金额	项目进度	项目收益情况
深圳锦富光电项目	1 500.00	0	975.00	报告期内，项目产能逐步释放	488.58
苏州久富项目	2 000.00	1 500.00	2 000.00	报告期内，项目开始量产	1 377.81
合计	10 529.96	4 741.91	8 580.04	—	—

4. 主要控股参股公司分析

1）子公司业务性质、主要产品或服务、经营情况及业绩分析

（1）南京锦富电子有限公司

南京锦富成立于2006年6月，注册资本380万美元，实收资本380万美元，公司住所地位于南京市江宁经济技术开发区秣陵工业园，经营范围：EMI导电材料、泡沫材料、绝缘材料、高分子复合材料及光电产品的生产，销售自产产品。公司直接持股比例75.00%。 截至2012年12月31日，南京锦富的主要财务数据如表8所示。

表8 南京锦富的主要财务数据

（单位：元）

项　目	2012年	2011年	本报告期比上年同期增减
营业收入	288 743 610.35	224 784 846.79	28.45%
营业利润	21 712 296.81	50 676 563.22	−57.16%
净利润	16 146 210.26	44 524 919.52	−63.74%
	2012年末	2012年末	本年末比上年末增减
总资产	206 808 801.66	153 458 997.23	34.76%
净资产	140 352 538.92	124 206 328.66	13.00%

（2）东莞锦富迪奇电子有限公司

东莞锦富成立于2007年10月，注册资本745万美元，实收资本745万美元，公司住所地位于东莞市寮步镇药勒村寮浮路，生产和销售TFT-LCD平板显示屏材料（背光模组的增光片、反射片、扩散片、遮光片）。公司直接持股比例97.65%。

截至2012年12月31日，东莞锦富主要财务数据如表9所示。

表9 东莞锦富主要财务数据

（单位：元）

项　目	2012年	2011年	本报告期比上年同期增减
营业收入	273 252 169.66	192 276 068.44	42.11%
营业利润	29 062 188.28	21 740 510.73	33.68%
净利润	21 501 727.39	16 325 156.61	31.71%
	2012年末	2011年末	本年末比上年末增减
总资产	257 176 898.95	155 403 994.28	65.49%
净资产	156 281 908.75	134 780 181.36	15.95%

（3）厦门力富电子有限公司

厦门力富成立于 2009 年 4 月，注册资本 2 400 万元，实收资本 2 400 万元，经营范围：加工、制造和销售平板显示屏材料、通信产品及电子产品配套材料。公司直接持股比例 100.00%。截至 2012 年 12 月 31 日，厦门力富的主要财务数据如表 10 所示。

表 10　厦门力富主要财务数据

（单位：元）

项　目	2012 年	2011 年	本报告期比上年同期增减
营业收入	203 897 234.02	88 096 889.05	131.45%
营业利润	8 256 729.32	2 608 491.24	216.53%
净利润	5 897 559.17	1 906 842.39	209.28%
	2012 年末	2011 年末	本年末比上年末增减
总资产	130 591 876.82	78 501 684.65	66.36%
净资产	32 393 619.11	26 496 059.94	22.26%

（4）吴江泰美电子有限公司

吴江泰美成立于 2010 年 12 月 29 日，注册资本 3 000 万元，实收资本 3 000 万元，经营范围：研发、生产光电显示器件导光板、扩散片及其他相关薄膜器件，本公司自产产品的销售。公司直接持有吴江泰美 77.89%的股权，通过全资子公司上海喜博间接持股比例为 22.11%。截至 2012 年 12 月 31 日，吴江泰美的主要财务数据如表 11 所示。

表 11　吴江泰美主要财务数据

（单位：元）

项　目	2012 年	2011 年	本报告期比上年同期增减
营业收入	212 493 202.25	72 535 562.64	192.95%
营业利润	7 866 398.06	–3 534 761.94	–322.54%
净利润	5 760 596.02	–2 767 986.15	–308.12%
	2012 年末	2011 年末	本年末比上年末增减
总资产	107 146 888.59	73 942 282.25	44.91%
净资产	32 813 192.39	3 684 176.37	790.65%

吴江泰美扭亏为盈的主要原因：2011 年同期吴江泰美导光板项目尚处于试生产阶段，本报告期导光板项目已实现规模化生产。

（5）青岛锦富光电有限公司

青岛锦富成立于 2011 年 2 月 17 日，注册资本 1 500 万元，实收资本 1 500 万元，经营范围为一般经营项目：光电显示薄膜器件及材料、高性能复合材料、高分子材料的研发、生产、加工、销售及其售后服务。公司直接持股比例 60.00%。截至 2012 年 12 月 31 日，青岛锦富的主要财务数据如表 12 所示。

（6）广州恩披特电子有限公司

广州恩披特成立于 2011 年 8 月 2 日，注册资本 400 万美元，实收资本 383 万美元，经营范围为研发、设计、生产光电显示器件导光板，销售公司自产产品。公司通过上海喜博间接持股 70%。

截至 2012 年 12 月 31 日，广州恩披特的主要财务数据如表 13 所示。

表 12 青岛锦富主要财务数据

（单位：元）

项 目	2012 年	2011 年	本报告期比上年同期增减
营业收入	110 922 389.31	4 682 772.17	2 268.73%
营业利润	5 559 620.00	–2 683 384.36	–307.19%
净利润	4 041 394.64	–2 292 647.63	–276.28%
	2012 年末	2011 年末	本年末比上年末增减
总资产	87 370 687.03	12 235 036.08	614.10%
净资产	16 748 747.01	3 707 352.37	351.77%

表 13 广州恩披特的主要财务数

（单位：元）

项 目	2012 年	2011 年	本报告期比上年同期增减
营业收入	5 928 046.06	—	—
营业利润	–13 155 218.19	–4 950 175.84	165.75%
净利润	–9 983 296.68	–3 761 555.59	165.40%
	2012 年末	2011 年末	本年末比上年末增减
总资产	35 831 861.88	24 230 590.11	47.88%
净资产	10 613 458.70	15 372 486.38	–30.96%

（7）深圳市锦富光电科技有限公司

深圳锦富成立于 2011 年 8 月 18 日，注册资本 1 500 万元，实收资本 1 500 万元，经营范围为光学膜片（反射片、扩散片、棱镜片）、胶粘类制品、绝缘类制品的技术开发、生产和销售。公司直接持股比例 65.00%。 截至 2012 年 12 月 31 日，深圳锦富的主要财务数据如表 14 所示。

表 14 深圳锦富的主要财务数据

（单位：元）

项 目	2012 年	2011 年	本报告期比上年同期增减
营业收入	90 134 821.44	5 641 618.48	1 497.68%
营业利润	6 571 809.11	–1 414 371.35	–564.65%
净利润	4 885 755.35	–1 062 572.03	–559.80%
	2012 年末	2011 年末	本年末比上年末增减
总资产	70 248 667.56	17 407 108.74	303.56%
净资产	18 823 183.32	13 937 427.97	35.05%

深圳锦富扭亏为盈的主要原因：2011 年同期深圳锦富尚处于试生产阶段，本报告期已实现规模化生产。

（8）苏州新硕特光电有限公司

苏州新硕特成立于 2011 年 3 月 3 日，注册资本 2 000 万元，实收资本 2 000 万元，经营范围为研发、设计、组装、生产导光板、显示屏，销售本公司生产产品并提供相关售后服务。公司直接持股比例 100.00%。

截至 2012 年 12 月 31 日，苏州新硕特的主要财务数据如表 15 所示。

表 15　苏州新硕特的主要财务数据

（单位：元）

项　目	2012 年	2011 年	本报告期比上年同期增减
营业收入	15 850 520.06	—	—
营业利润	–526 470.07	—	—
净利润	–441 809.71	—	—
	2012 年末	2011 年末	本年末比上年末增减
总资产	31 554 024.89	—	—
净资产	7 749 779.50	—	—

公司 2012 年收购苏州新硕特光电有限公司 100%股权，于 2012 年 6 月 30 日始，本公司将其纳入合并范围。

2）参股公司业务性质、主要产品或服务、经营情况及业绩分析

报告期内，公司共有 1 家参股公司，即昆山乐凯锦富光电有限公司。昆山乐凯锦富成立于 2010 年 11 月 268 日，注册资本 10 000 万元，实收资本 10 000 万元，经营范围为光电显示薄膜材料（包括光学膜片类产品、胶粘类产品、绝缘类产品）及相关产品的研发、生产、销售；货物及技术进出口业务。公司持股比例 40.00%。截至 2012 年 12 月 31 日，昆山乐凯的主要财务数据如表 16 所示。

表 16　昆山乐凯的主要财务数据

（单位：元）

项　目	2012 年	2011 年	本报告期比上年同期增减
营业收入	1 309 3630.38	—	—
营业利润	–9 888 916.54	–3 853 440.81	156.63%
净利润	–9 865 333.33	–3 846 670.31	156.46%
	2012 年末	2011 年末	本年末比上年末增减
总资产	113 760 333.35	104 528 404.22	8.83%
净资产	85 947 884.32	95 813 217.65	–10.30%

昆山乐凯亏损的主要原因：报告期内，项目开始量产，但产能尚未完全释放。

三、公司 2013 年度经营计划

2013年，公司传统主营业务将面临更为激烈的市场竞争，同时，新技术、新材料及新工艺的应用也将为公司带来更多的发展机遇。为此，公司将进一步加大移动终端领域新客户的开拓力度，积极拓展非背光模组新业务，推进控股子公司内部控制体系的建设进程，完善管理及改进绩效考核机制，积极引进各类紧缺专业人才，并进一步加强对现有员工的培训，力争实现销售收入26亿元。

1．把握市场热点，积极推进移动终端客户平台建设工作

鉴于移动终端领域未来良好发展前景，2013年，公司在加强苹果品牌供应链建设的同时，将进一步拓展与其他国际一线品牌在移动终端领域的合作，以期建立更为广泛的移动终端客户平台，进一步提升移动终端销售占比，完善公司产品销售结构。

2. 积极推进产业链建设工作，培育新的利润增长点

新的一年，公司将积极推进石墨烯材料制备及应用项目进程，建立新型胶带研发及生产基地；在推进无锡正先多种专用装备研制及产能提升工作的同时，研发、生产适用于光学玻璃加工装备。

3. 切实加强公司研发、革新工作，提升生产效率，增强企业发展后劲

2013年，公司将着重于生产自动化工艺及装备的革新与研制，提升生产效率及降低制造成本；推进“蓝宝石衬底图案化纳米压印”项目试产进程。

4. 在保持公司传统背光模组相关产品竞争优势的同时，积极推进非背光模组业务的发展

2013年，公司将顺应行业产能转移趋势，积极拓展内地中、西部市场，并建立新的生产基地；推进石墨散热膜、OCA 胶大客户认证及量产进程。

5. 整合资源，实现由专业厂商向综合配套厂商的转型

新的一年，公司将在积极拓展非背光模组相关产品业务的基础上，通过实施“斐讯移动终端”综合配套项目，为实现由光学薄膜器件专业加工厂商向集原材料制造、电子器件多部件加工及专用装备制造的综合厂商转型打下坚实基础。

北京康得新复合材料股份有限公司 2012 年年度报告（摘要）

一、主要会计数据和财务指标（见表 1）

表 1　2010—2012 年主要会计数据

	2012 年	2011 年		本年比上年增减	2010 年	
		调 整 前	调 整 后	调 整 后	调 整 前	调 整 后
营业收入（元）	2 234 623 152.	1 526 021 238.	1 526 021 238. 48	46.43%	524 201 146.48	524 201 146.48
归属于上市公司股东的净利润（元）	423 012 609.09	130 766 718.48	130 766 718.48	223.49%	70 092 451.55	70 092 451.55
归属于上市公司股东的扣除非经常性损益的净利润（元）	412 578 965.03	128 199 314.59	128 199 314.59	221.83%	66 413 477.05	66 413 477.05
经营活动产生的现金流量净额（元）	272 807 541.54	160 817 596.76	160 817 596.76	69.64%	109 095 509.63	109 095 509.63
基本每股收益（元/股）	0.73	0.40	0.25	192%	0.51	0.16
稀释每股收益（元/股）	0.73	0.40	0.25	192%	0.51	0.16
净资产收益率	19.61%	13.74%	13.74%	5.87%	13.08%	13.08%
	2012 年末	2011 年末		本年末比上年末增减	2010 年末	
		调 整 前	调 整 后	调 整 后	调 整 前	调 整 后
总资产（元）	5 790 941 905. 32	1 899 162 926. 27	1 899 162 926. 27	204.92%	1 145 134 177. 58	1 145 134 177. 58
归属于上市公司股东的净资产（归属于上市公司股东的所有者权益）（元）	3 044 271 192. 77	1 027 416 635. 55	1 027 416 635. 55	196.3%	889 980 728.89	889 980 728.89

二、主营业务分析

（一）概述

本年营业总收入2 234 623 152.98元，上年营业收入1 526 021 238.48元，营业收入较上期增长了46.43%，主要是由于本期新增了预涂膜生产线及光学膜生产线达产。本年营业成本1 515 737 569.8元，上年营业成本1 229 967 250.82元，上涨23.23%，上涨幅度小于收入幅度，主要是由于收入上涨的带动。本年研发投入23 822 004.09元，上年研发投入7 257 847.28元，上涨228.22%，主要是由于光学膜、预涂膜的研发力度加大。本年经营性现金流264 602 170.08，上年经营性现金流160 817 596.76，增长64.54%。

（二）光学膜

报告期内，公司已实现成为中国光学膜领军企业的战略目标，并为打造国际光学膜领导企业奠定了坚实的基础。

1. 光学膜示范线达产

年产4 000万平方米光学膜示范线于2012年3月达产，为公司光学膜市场开发、产品研制、团队培训、业绩提升起到关键作用。

报告期内，已成功开发国内100余家客户，并已向包括国内主要一线厂商在内的40余家客户量产供货，三星、友达等国际客户开发顺利进行，为年产2亿平方米光学膜产业集群项目达产打下坚实的市场基础。报告期内，公司成功开发五大系列40余种产品。申请光学膜方面专利45项，累计已获得11项专利，为公司成为全系列光学膜供应商创造了重要的保障。

2. 定向增发和发债取得成功

在国内资本市场低迷的困难环境下，为确保项目的按期建设投产，在公司与发行商的共同努力下，迎难而上，完成定向增发和发债，确保项目资金需求。

3. 2亿平方米光学膜产业集群建设

为了抢占光学膜进口替代的先机，公司管理层带领全体员工在江苏省、苏州市、张家港市各级领导的关心与支持下，发扬企业精神，奋力拼搏，开创了高效高速建造大规模工业项目建设的奇迹。项目于2013年3月陆续投产。

（1）基本建设。占地600亩、建筑面积22万平方米、45栋单体的厂房及研发楼建设，将于2013年3月开始陆续交竣。

（2）设备定购。经过周密调研，慎重选型，完成了170余台国际先进设备的定购，并自2012年10月开始陆续安装调试。

（3）团队建设。公司通过技术合作和人才引进的方式已经从日本、韩国、中国台湾地区、欧美引进100余名博士、专家，和国内工程师、技术人员组成800余人的产业化团队。以超精密模具加工、光学设计与检测、真空溅镀、精密涂布、共挤成型、UV固化成型、材料自主开发七大专有技术组成成型事业部、涂布事业部、挤出事业部、模具事业部、溅镀事业部、树脂事业部六大事业部，为2亿平方米项目全面投产提供强有力的人才保障。

（三）收入

本期预涂膜收入为1 007 213 281.98元、光学膜收入为942 075 970.31元，比上期大幅增长。主要是预涂膜4条生产线及张家港光学膜4 000m^2生产线投产，销售规模增长所致。

（四）成本（见表2、表3）

表2 按行业分类成本情况

（单位：元）

行业分类	项 目	2012年		2011年		同比增减
		金 额	占营业成本比重	金 额	占营业成本比重	
化学原料及化学制品制造业		1 490 582 476.97	98.34%	1 229 116 009.07	99.93%	21.27%

表 3　按产品分类成本情况

（单位：元）

行业分类	项目	2012 年		2011 年		同比增减
		金　额	占营业成本比重	金　额	占营业成本比重	
预涂膜		681 922 666.75	44.99%	455 517 102.38	37.03%	49.7%
光学膜		580 564 498.28	38.3%	25 309.55	0%	2 293 755.47%
覆膜机		32 879 023.58	2.17%	44 839 870.57	3.65%	−26.67%
BOPP 膜		195 216 288.36	12.88%	728 733 726.57	59.25%	−73.21%

说明：

（1）主要是由于本期预涂膜、光学膜生产规模增长所致。

（2）BOPP膜较2011年销量降低是由于山东泗水自建生产线新投入生产。

二、主营业务构成情况（见表 4）

表 4　主营业务构成情况

（单位：元）

	营业收入	营业成本	毛 利 率	营业收入比上年同期增减	营业成本比上年同期增减	毛利率比上年同期增减
分行业						
化学原料及化学制品制造业	2 201 167 109.73	1 490 582 476.97	32.28%	45.57%	21.27%	72.48%
分产品						
预涂膜	1 007 213 281.98	681 922 666.75	32.3%	52.91%	49.7%	4.71%
光学膜	942 075 970.31	580 564 498.28	38.37%	4 082 229.75%	2 293 755.47%	496.64%
覆膜机	48 203 293.42	32 879 023.58	31.79%	−37.04%	−26.67%	−23.26%
BOPP 膜	203 674 564.02	195 216 288.36	4.15%	−73.78%	−73.21%	−32.98%
分地区						
国内	1 695 609 568.99	1 166 731 770.03	31.19%	27.95%	7.22%	74.43%
国外	505 557 540.74	323 850 706.94	35.94%	170.39%	129.82%	45.91%

三、核心竞争力分析

公司在产业链规模、技术、团队、客户渠道、管理等方面占据较大优势。

（一）全产业链规模优势

报告期内，公司已成为全球生产规模最大、全产业链的预涂膜生产企业；随着2亿平方米光学膜生产线的全面达产，公司将形成全球的全产业链、高度集中且生产规模最大的光学膜产业集群，使公司具有规模产业链效应带来的巨大成本优势。

（二）技术团队优势

公司在高分子复合膜材料技术领域拥有挤出拉伸、挤出成型、挤出复合、涂覆、超精密涂布、真空溅镀、树脂合成，涂料制成、精密模具光学设计等全方位的专家团队，来自日本、韩国、中国台湾地区、欧美、大陆地区等具有国际一流水平的博士、专家组成近300人的研发团队和经十几年打造的一支具有丰富经验的近2000人的产业团队，在预涂膜领域已经成为世界领先，在光学膜领域正在从追赶走向领先。

（三）客户、渠道优势

公司拥有遍布世界和国内大部分地区的营销网络和客户渠道优势：预涂膜产品出口销售的国家和地区已达80余个，公司以技术创新、产品创新为突破口，不断拓展产品应用领域，在国内外加大市场开发力度，光学膜国内外市场开拓也迅速开展，国内客户开发已达100余个，三星、友达等国际大客户的开发也顺利进行。

（四）管理及其他优势

公司主要管理层均具备多年的国有大型工业企业或外资工业企业的管理经验和专业背景，从建厂之初开始，便着力打造完善的现代管理体系，持续引入QS、6S、TPM、ERP、6SIGMA等先进管理工具，经过多年的培育及引进国内外高端管理人才，同时注重培养技术团队、技工团队，不断提升企业管理层次，提高工作效率，使管理更加科学、合理，保证公司健康、稳定、持续发展；公司已在成本、品种、售后服务、现代企业管理等企业核心要素上，形成较强竞争优势。

四、投资状况分析

（一）募集资金使用情况

1. 募集资金总体使用情况（见表5）

表5　募集资金总体使用情况

（单位：万元）

募集资金总额	219 830.5
报告期投入募集资金总额	65 730.54
已累计投入募集资金总额	116 705.4
报告期内变更用途的募集资金总额	0
累计变更用途的募集资金总额	4 129.59
累计变更用途的募集资金总额比例（%）	1.88%
募集资金总体使用情况说明	
公司于2010年7月16日在深交所发行4 040万股新股57 368万元，2012年4月10日以证监许可〔2012〕498号文《关于核准北京康得新复合材料股份有限公司非公开发行股票的批复》核准非公开发行股票，实际募集资金为162 462元。2012年11月30日，根据“证监许可〔2012〕1618号”文，本公司向社会公开公司债券9亿元（“12康得债”），利率5.90% 期限5年，附第3年末发行人上调票面利率选择权和投资者回售选择权。	

2. 募集资金承诺项目情况（见表6）

表 6　募集资金承诺项目情况

（单位：万元）

资金投向	更项目（含部分变更）	承诺投资总额	资总额（1）	投入金额	累计投入金额（2）	投资进度（3）＝（2）/（1）	预定可使用状态日期	实现的效益	预计效益	性是否发生重大变化
承诺投资项目										
向全资子公司张家港康得菲尔增资，建设可容纳2条线的厂房和4条生产线	是	16 075.8	11 946.21	2 990.77	12 113.44	101.4%	2012 年 3 月 31 日	10 328.47	是	否
使用募集资金 4 129.59 万元用于北京建设美国生产线的规划			4 129.59	1 109.59	4 222.18	102.24%	2012 年 3 月 31 日	5 294.07	是	否
向子公司张家港光电增资，建设 2 亿平方米光学薄膜产业化集群项目	否	159 055.0 2		61 630.18	61 630.18	38.75%	2013 年 6 月 30 日		是	否
承诺投资项目小计	—	175 130.8 2	16 075.8	65 730.54	77 965.8	—	—	15 622.54	—	—
超募资金投向										
使用超募资金 18 000 万元增资山东泗水用于预涂膜基材建设项目	否		18 000		18 095.09	100.53%	2013 年 5 月 31 日		是	否
归还银行贷款（如有）	—				14 700		—	—	—	—
补充流动资金（如有）	—				5 944.51		—	—	—	—
超募资金投向小计	—		18 000		38 739.6	—	—		—	—

续 表

资金投向	更项目（含部分变更）	承诺投资总额	资总额（1）	投入金额	累计投入金额（2）	投资进度（3）=（2）/（1）	预定可使用状态日期	实现的效益	预计效益	性是否发生重大变化
合计	—	175 130.82	34 075.8	65 730.54	116 705.4	—	—	15 622.54	—	—
未达到计划进度或预计收益的情况和原因（分具体项目）	无									
项目可行性发生重大变化的情况说明	无									
超募资金的金额、用途及使用进展情况	适用									
	2010 年第一届董事会第十六次会议审议通过《使用部分超募资金偿还银行贷款》的议案，即以超额募集资金 7 200 万元提前偿还银行贷款；审议通过《使用部分超募资金增资张家港保税区康得菲尔实业有限公司，用于偿还其银行贷款》的议案，即以部分超募资金 7 500 万元增资张家港保税区康得菲尔实业有限公司偿还其银行贷款；审议通过《使用部分超募资金补充流动资金》的议案，以 5 000 万元超募资金补充经营所需流动资金。2010 年第二次临时股东大会审议通过《关于使用超募资金增资山东泗水康得新复合材料有限公司的议案》，使用超募资金 18 000 万元增资山东泗水康得新用于预涂膜基材建设项目，目前，此项目还在建设中。2011 年第一届董事会第三十七次会议审议通过《关于使用部分超额募集资金补充流动资金的议案》，即以超额募集资金 944.5052 万元补充经营所需流动资金									
募集资金投资项目实施地点变更情况	适用									
	以前年度发生									
	2010 年第一届董事会第二十一次会议审议通过《关于变更部分募投项目实施主体和实施地点的议案》和 2010 年第三次临时股东大会审议通过《关于变更部分募投项目实施主体和实施地点的议案》，同意部分调整张家港保税区康得菲尔实业有限公司“年产 1.8 万吨环保型印刷用预涂膜项目”的实施主体及实施地点及募集资金安排：张家港康得菲尔募投项目原购置美国产和我国台湾产生产线各两条，变更为购置 4 条美国生产线，同时将其中一条生产线的实施主体由张家港康得菲尔变更为北京康得新，实施地点由张家港变更为北京									
募集资金投资项目实	不适用									
施方式调整情况	无									
用闲置募集资金暂时	不适用									
补充流动资金情况	无									
项目实施出现募集资	不适用									
金结余的金额及原因	无									
尚未使用的募集资金用途及去向	首发的募集资金尚未使用金额为 16.64 万元，为募集资金利息收入，存放于募集资金账户。增发的募投项目后续资金支付将继续用于张家港光电建设 2 亿平方米光学薄膜产业化集群项目的建设									
募集资金使用及披露中存在的问题或其他情况	无									

3. 募集资金变更项目情况（见表7）

表 7　募集资金变更项目情况

（单位：万元）

变更后的项目	对应的原承诺项目	变更后项目拟投入募集资金总额（1）	本报告期实际投入金额	截至期末实际累计投入金额（2）	截至期末投资进度（3）=（2）/（1）	项目达到预定可使用状态日期	本报告期实现的效益	是否达到预计效益	变更后的项目可行性是否发生重大变化
使用募集资金 4 129.59 万元用于北京建设美国生产线的规划	向全资子公司张家港康得菲尔增资，建设可容纳 2 条线的厂房和 4 条生产线	4 129.59	1 109.59	4 222.18	102.24%	2012 年 3 月 31 日	5 294.07	是	否
合计	—	4 129.59	1 109.59	4 222.18	—	—	5 294.07	—	—
变更原因、决策程序及信息披露情况说明（分具体项目）			由于设备供货商制造技术的创新和提升，使产能有较大幅度增加，募投项目实施主体公司全资子公司张家港保税区康得菲尔实业有限公司（以下简称“张家港康得菲尔”）使用 3 条新生产线即可达到原募投项目的产能目标。同时，公司根据未来北方市场预涂膜增长需求，对国内南北区域产能和市场平衡统筹安排，并结合公司自身发展战略及实际经营情况做出如下调整：公司将张家港康得菲尔募投项目原购置美国产和我国台湾产生产线各两条，变更为购置 4 条美国生产线，同时将其中一条生产线的实施主体由张家港康得菲尔变更为公司，实施地点由张家港变更为北京；调整后公司在北京建设一条美国生产线，设备投资 4 129.59 万元。经第一届董事会第二十一次会议于 2010 年 11 月 24 日公告，2010 年 12 月 13 日 2010 年第三次临时股东大会决议批准						
未达到计划进度或预计收益的情况和原因（分具体项目）			不适用						
变更后的项目可行性发生重大变化的情况说明			不适用						

（二）主要子公司、参股公司分析

1. 主要子公司、参股公司情况（见表8）

表 8　主要子公司、参股公司情况

公司名称	公司类型	所处行业	主要产品或服务	注册资本	总资产（元）	净资产（元）	营业收入（元）	营业利润（元）	净利润（元）
张家港保税区康得菲尔实业有限公司	子公司	生产制造	开发生产环保用预涂膜	27 875.80 万元	1 397 098 736.66	645 275 427.50	1 342 704 323.22	383 648 149.00	325 552 196. 20

续 表

公司名称	公司类型	所处行业	主要产品或服务	注册资本	总资产（元）	净资产（元）	营业收入（元）	营业利润（元）	净利润（元）
山东泗水康得新复合材料有限公司	子公司	生产制造	双向拉伸聚丙烯薄膜	22 000.00 万元	562 597 866.70	216 610 392.60	219 287 010.91	1 598 541.15	−273 971.61
康得新美国有限公司	子公司	销售	环保预涂膜产品进出口，销售环保预涂膜产品	195.3943 万美元	68 621 618. 79	−13 200 009 .15	43 913 723. 19	−12 131 2 10.95	−12 131 210.9 5
康得新（北京）商贸有限公司	子公司	销售	销售文化用品、塑料制品、化工产品（不含危险化学品）、机械设备；配送服务	500.00 万元	7 297 376.2 3	4 955 127.9 0	10 452 600. 42	38 310.06	49 793.65
北京康得新光电材料有限公司	子公司	销售	销售化工产品（不含危险化学品）；投资；技术推广、技术服务	5 000.00 万元	50 714 818. 65	50 463 974. 40	60 870 085. 45	652 573.9 5	497 915.81
张家港康得新光电材料有限公司	子公司	生产制造	光学膜的研发、生产、销售；光电新材料的研发、光电新材料的销售；自营和代理各类商品及技术的进出口业务	194 055.02 万元	2 001 997 9 75.86	1 796 650 7 62.29	59 852 492. 00	8 758 144 .36	6 724 619.43
南通康得新精密模具有限公司	子公司	生产制造	模具的生产、加工、销售；自营和代理各类商品和技术的进出口业务	10 000.00 万元	100 255 38 4.78	99 855 384. 78	0.00	−144 615. 22	−144 615.22
杭州康得新机械有限公司	子公司	生产制造	制造；印刷包装机械	4 100.00 万元	60 634 682. 14	48 079 405. 39	40 459 825. 71	1 350 231 .92	954 441.09

2. 主要子公司、参股公司情况说明

（1）2012年9月25日，本公司之全资子公司张家港康得新光电材料有限公司独资设立了南通康得新精密模具有限公司，注册资本为10 000.00万元，实际出资额为10 000.00万元，持股比例为100.00%，本期纳入合并范围。

（2）张家港保税区康得菲尔实业有限公司净利润大幅上涨主要原因是光学膜放量所致。

五、公司未来发展的展望

1. 打造国际高分子复合材料领军企业

打造国际高分子复合膜材料领军企业，这是公司的愿景目标，公司将通过技术创新和产业整合，矢志不渝地为之奋斗。

2. 通过技术创新，扩展预涂技术应用领域和发展空间

预涂技术主要发展趋势为：发达国家需求稳定，发展中国家加速替代，数字化印刷、精美化、应用领域不断扩展，为预涂技术发展带来新的空间。

2013年公司将继续凭借全系列产品、全产业链的规模优势，面向中高端面客户，发展中高档、特种功能膜产品，以机-膜联销的方式拓展市场，巩固公司的市场和品牌地位。

同时重点加强技术创新力度，以预涂技术为中心，不断扩展应用领域，从以印刷包装纸塑复合为主体的产品转向铁塑、木塑、塑塑、布塑等更广阔的应用领域，拓展企业发展空间，保证企业持续健康发展。

3. 强化团队建设，不断提升产品质量，打造国际光学膜领军企业

中国已经发展成为全球显示产品最大的制造国和消费国，其配套的光学膜材料主要依靠进口。2012年全球显示产品行业转暖，伴随着大尺寸电视、超级本、智能手机的高速发展，为国内巨大的光学膜进口替代市场增添了新的增量空间，使公司2013年即将投产的2亿平方米光学膜产业集群定增项目恰逢其时。

速度、创新、团队、质量这是公司发展的指导方针，为抢占中国光学膜进口替代市场先机。2012年公司将速度放在指导方针的首位，伴随着2亿平方米光学膜产业集群投产，公司已抢得这一先发优势。

新的一年，公司管理层清醒地看到，要在一年的时间内实现顺利投产赶超国际先进水平的目标，将面临艰巨的挑战。公司将团队、质量放在光学膜产业发展的指导方针首位，通过一系列措施强化团队建设，提升产品质量，赶超国际先进水平。

公司将继续坚持以发展光学膜材料为产业方向，以光学膜技术之不变应市场应用之万变的发展宗旨，面向显示与非显示两大市场不断创新，实现打造国际光学膜领军企业的战略目标。

青岛海信电器股份有限公司2012年年度报告（摘要）

一、会计数据和财务指标摘要（见表1）

表1 2010—2012年主要会计数据

（单位：元）

主要会计数据	2012年	2011年	本年比上年增减	2010年
营业收入	25 251 980 431.00	23 523 723 550.20	7.35%	21 263 700 581.01
归属于上市公司股东的净利润	1 603 158 980.57	1 689 067 139.83	−5.09%	834 905 362.38
归属于上市公司股东的扣除非经常性损益的净利润	1 524 081 725.86	1 624 791 098.48	−6.20%	775 964 113.88
经营活动产生的现金流量净额	233 760 452.56	795 470 759.55	−70.61%	559 220 738.62
	2012年末	2011年末	本年末比上年末增减	2010年末
归属于上市公司股东的净资产	8 784 430 054.23	7 167 449 310.66	22.56%	5 673 171 811.32
总资产	18 251 357 297.88	16 144 614 819.33	13.05%	12 494 043 169.42

二、公司与实际控制人之间的产权及控制关系（见图1）

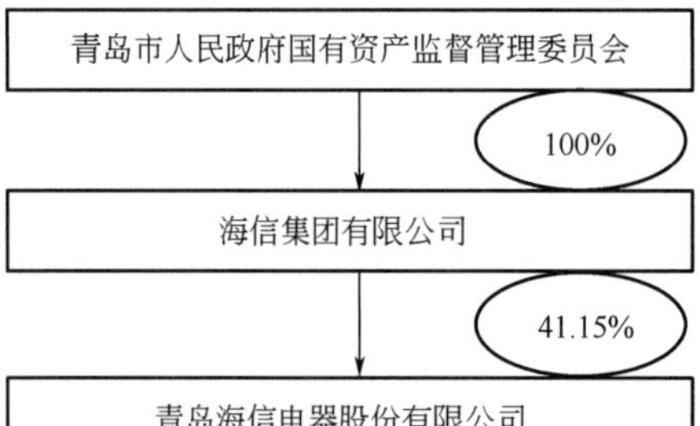

图1 公司与实际控制人之间的产权及控制关系

三、董事会报告

（一）综述

1. 经营情况

公司实现营业收入252.52亿元，同比增长7.35%。其中，电视业务实现收入223.08亿元，同比增长

4.53%；外销业务实现收入53.34亿元，同比增长25.74%。实现归属于上市公司股东的净利润16.03亿元，基本每股收益1.229元。2012年，根据中怡康统计，海信电视零售额市场占有率为14.84%，位居第一，比2011年提升0.85个百分点。

2. 产品情况

公司遵循“智能就是简单”的智能电视产品理念，以“用户体验”为核心，从用户界面、智能交互、智能操控、智能应用等多个方面打造智能电视“新标准”，并应用到海信智能产品上，开发出了具有行业标杆意义的智能电视产品。 海信XT880、K660、K610、K360等系列智能电视产品，由海信智能电视专家团队全新设计用户界面Vision（“远见”），同时配备海信全新的标准化、通用化的智能遥控器。其中，海信智能电视XT880系列的65英寸和50英寸为UHD超高清产品，分辨率是1080P全高清产品的4倍，加上支持多种格式的3D显示配置，成为高端产品的典范。由于在用户交互界面设计、内容应用等技术研发方面的创新业绩，以及智能电视产品开发和市场销售的突出表现，在中国电子视像行业协会主办的“2012年度中国彩电行业研究发布会”上，海信智能电视赢得了“中国彩电行业2012年度创新技术”大奖，海信XT880和K660系列智能电视分别获得“2012年度创新产品”和“2012年度优秀智能电视”大奖。公司坚持把“高画质显示”作为与“智能应用”并行的电视产品两大发展主题之一，研发推出了U-LED电视。它在LED背光液晶屏基础上，通过系统的软硬件优化，在高对比度、高色域、高清晰度和高响应速度等方面大幅度提高显示效果，其暗场表现、画质和色域均超越了海信以往的LED背光电视。U-LED电视的动态对比度可达到百万比一，是普通LED背光电视的10倍，色域范围也较普通LED背光电视提升15%以上。在美国CES展上，该产品赢得“2012年度显示技术创新奖”，这是中国企业首次获此大奖。

3. 研发情况

公司继续推进智能化战略，不断加强液晶电视模组等新型显示技术的研究开发。在智能电视云生态系统方面，海信推出了 Vision（“远见”）人机界面交互系统，并建立了智能电视云服务平台，完善了智能电视运营体系。在液晶电视模组方面，海信主持起草国际电工委员会（IEC）液晶电视背光模组总规范标准。公司在技术积累的过程中高度重视对专利等知识产权的申报与保护，并将研发创新成果快速转化成新产品，为促进产品的研发和及时上市，提供了强有力的技术支持和保障。 为落实智能化战略，进一步提高研发能力，2012 年 12 月，以多媒体产业技术为核心、功能齐全、设施先进的海信研发基地在青岛崂山区正式动工，海信将形成以青岛为核心、布局全球的研发格局，为产业链的延伸，以及产业规模的拓展创造条件。

（二）主营业务分行业、分产品情况（见表 2）

表 2　主营业务分行业、分产品情况

（单位：万元）

分 产 品	营业收入	营业成本	毛 利 率	营业收入比上年增减	营业成本比上年增减	毛利率比上年增减
电视	2 230 780.06	1 797 020.06	19.44%	4.53%	8.41%	减少 2.89 个百分点

（三）募集资金承诺项目使用情况（见表3）

表3　募集资金承诺项目使用情况

（单位：万元）

承诺项目名称	是否变更项目	募集资金拟投入金额	募集资金本年度投入金额	募集资金实际累计投入金额	是否符合计划进度	项目进度	预计收益	产生收益情况	是否符合预计收益
液晶电视模组与整机一体化设计制造及配套建设项目	是	84 589.76	4 932.53	68 887.54	是	81.44%	22 565.0	34 434.43	是
液晶电视模组与整机一体化设计制造及配套建设项目（广东）	是	37 408.00	22 398.55	32 532.55	是	86.97%		1 402.86	是
平板电视生产配套（贴片机、注塑机）项目	否	28 000.00	3 961.99	28 238.25	是	100.85%	3 952.9	2 837.47	否
合计	—	149 997.76	31 293.07	129 658.34	—	—	26 517.9	38 674.76	—

（四）募集资金变更项目情况（见表4）

表4　募集资金变更项目情况

（单位：万元）

变更投资项目资金总额					37 408				
变更后的项目名称	对应的原承诺项目	变更项目拟投入金额	本年度投入金额	累计实际 投入金额	是否符合计划进度	变更项目的预计收益	产生收益情况	项目进度	是否符合预计收益
液晶电视模组与整机一体化设计制造及配套建设项目	液晶电视模组与整机一体化设计制造及配套建设项目	84 589.76	4 932.53	68 887.54	是	22 565.0	34 434.43	81.44%	是

续　表

变更投资项目资金总额					37 408				
变更后的项目名称	对应的原承诺项目	变更项目拟投入金额	本年度投入金额	累计实际投入金额	是否符合计划进度	变更项目的预计收益	产生收益情况	项目进度	是否符合预计收益
液晶电视模组与整机一体化设计制造及配套建设项目（广东）	液晶电视模组与整机一体化设计制造及配套建设项目	37 408.00	22 398.55	32 532.55	是		1 402.86	86.97%	是
合计	—	121 997.76	27 331.08	101 420.09	—	22 565.0	35 837.29	—	—

（五）主要子公司、参股公司分析（见表 5）

表 5　主要子公司、参股公司分析

（单位：万元）

公司名称	主营业务	注册资本	总 资 产	净 资 产	净 利 润
广东海信电子有限公司	电视机生产销售	38 408.00	69 960.65	44 324.93	5 936.70
贵阳海信电子有限公司	电视机生产销售	15 750.91	88 911.61	38 623.07	6 008.59

康佳集团股份有限公司 2012 年年度报告（摘要）

一、会计数据和财务指标摘要（见表 1）

表 1　2010—2012 年主要会计数据

	2012 年	2011 年	本年比上年增减	2010 年
营业总收入（元）	18 337 861 657.29	16 217 619 883.23	13.07%	17 111 454 066.34
归属于上市公司股东的净利润（元）	45 829 234.02	24 972 838.12	83.52%	83 947 861.32
归属于上市公司股东的扣除非经常性损益的净利润（元）	–54 088 758.02	–111 552 447.73	51.51%	32 881 567.70
经营活动产生的现金流量净额（元）	–359 244 914.58	–1 370 486 165.70	73.79%	–432 799 347.02
基本每股收益（元 /股）	0.0381	0.0207	84.06%	0.0697
稀释每股收益（元 /股）	0.0381	0.0207	84.06%	0.0697
加权平均净资产收益率	1.14%	0.62%	0.52%	2.13%
	2012 年末	2011 年末	本年末比上年末增减	2010 年末
总资产（元）	16 562 917 198.06	16 906 453 313.31	–2.03%	16 466 895 565.00
归属于上市公司股东的所有者权益（元）	4 043 591 538.85	4 009 723 963.82	0.84%	3 998 647 232.73

二、主营业务分析

（一）概述

由于以下原因，报告期内，公司实现的营业总收入较2011年同期增长13.07%。

（1）公司彩电业务基于研产供销的一体化策略，坚持技术领先和产品激进的思路，以“抢份额，上规模”为指导，适时调整营销策略，加快发展新兴渠道，持续开展促销活动，取得了近几年来最大的业绩增长，创下了公司彩电经营业绩的历史新高，行业地位进一步提高。

（2）公司外销业务大力推进速度工程，抓住一体机上市的机会，积极开展客户拓展和维护工作，保证了整体销售收入的稳定性和销售结构的合理化。

（3）公司白电业务根据年初提出的健康家电战略，确定了以健康家电为核心的差异化产品策略，通过打造高效、稳定的内销、外销、代工三大业务平台，克服严重下滑的行业态势，充分发挥产能和销售网络的潜力，大力降低产品成本，全年产品销量创造历史新高。

（4）公司数网业务、视讯业务及生活电器业务等新兴业务也取得了较快的发展，经营业绩得到稳步提升。

由于以下原因，报告期内，公司实现的净利润较2011年同期有所增长，盈利能力有所提高。

（1）公司彩电业务在3D电视、智能电视、LED电视等领域大力推出差异化产品，产品结构大幅改善，使得报告期与2011年同期相比，经营效率稳步提升，盈利能力有所提高。

（2）外销业务大力推进速度工程，通过改善现有产品结构，使产品毛利率得到提升，盈利能力有所提高。

（3）白电业务降成本工作取得实效，营运效率得到提升，盈利能力有所提高。

（二）成本（见表 2、表 3）

表 2　按行业分类成本情况

（单位：元）

行业分类	项　目	2012 年		2011 年		同比增减
		金　　额	占营业成本比重	金　　额	占营业成本比重	
电子行业	原材料	14 348 909 508.79	96.09%	12 916 549 404.19	96.31%	–0.22%
	人工成本	527 599 977.96	3.53%	438 575 644.80	3.27%	0.26%
	折旧费	55 789 737.38	0.37%	56 974 180.28	0.42%	–0.05%

表 3　按产品分类成本情况

（单位：元）

产品分类	2012 年		2011 年		同比增减
	金　　额	占营业成本比重	金　　额	占营业成本比重	
彩电	11 811 816 367.63	79.10%	10 548 621 462.46	78.65%	0.45%
手机	1 217 298 414.04	8.15%	1 085 169 374.27	8.09%	0.06%
白电	1 031 814 437.98	6.91%	1 033 014 718.40	7.70%	–0.79%
其他	871 370 004.48	5.84%	745 293 674.14	5.56%	0.28%

（三）主营业务构成情况（见表 4）

表 4　主营业务构成情况

（单位：元）

	营业收入	营业成本	毛利率	营业收入比上年同期增减	营业成本比上年同期增减	毛利率比上年同期增减
分行业						
电子行业	18 189 759 356.68	14 932 299 224.13	17.91%	13.16%	11.33%	1.34%
分产品						
彩电业务	14 429 624 144.21	11 811 816 367.63	18.14%	13.5%	11.97%	1.11%
手机业务	1 397 315 544.60	1 217 298 414.04	12.88%	9.96%	12.18%	–1.72%
白电业务	1 280 831 893.05	1 031 814 437.98	19.44%	–0.85%	–0.12%	–0.59%
其他	1 081 987 774.82	871 370 004.48	19.47%	35.52%	16.92%	12.82%
分地区						
境内销售	14 383 077 390.26	11 374 679 033.33	20.92%	15.97%	11.7%	3.02%
境外销售	3 806 681 966.42	3 557 620 190.80	6.54%	3.67%	10.2%	–5.54%

三、主要子公司、参股公司分析（见表5）

表5　主要子公司、参股公司情况

公司名称	公司类型	所处行业	注册资本	主要产品或服务	总资产（元）	净资产（元）	营业收入（元）	营业利润（元）	净利润（元）
深圳康佳通信科技有限公司	全资子公司	制造业	12 000.00 万元	生产、销售移动通信产品、销售多媒体产品	1 074 923 968.73	–27 587 711.34	2 458 501 643.30	–64 365 002.51	–51 014 582.61
深圳市康佳视讯系统工程有限公司	控股子公司	制造业	1 500.00 万元	生产、销售 LED 显示屏、照明	171 167 356.52	2 485 693.86	97 606 591.77	–20 257 329.01	–16 749 341.66
深圳康佳精密模具制造有限公司	控股子公司	制造业	1 596.88 万元	生产、销售塑胶制品、模具	197 612 502.18	93 537 845.23	137 700 190.80	49 356 132.92	47 345 903.24
深圳康佳信息网络有限公司	全资子公司	制造业	3 000.00 万元	生产、销售数字网络产品	278 181 879.67	2 153 861.75	463 423 463.50	14 260 307.75	16 933 042.84
陕西康佳电子有限公司	控股子公司	制造业	6 950.00 万元	生产、销售多媒体产品	78 660 604.54	74 187 001.62	1 277 197.63	–9 838 885.19	–8 172 231.67
安徽康佳电子有限公司	控股子公司	制造业	14 000.00 万元	生产、销售多媒体产品	444 543 404.02	241 056 299.21	2 562 323 572.46	23 294 591.86	38 330 306.82
昆山康佳电子有限公司	全资子公司	制造业	35 000.00 万元	生产、销售液晶模组和多媒体产品	597 867 322.99	386 101 227.63	2 308 545 936.07	7 325 737.03	17 574 845.54
东莞康佳电子有限公司	全资子公司	制造业	26 667.00 万元	生产、销售多媒体产品	590 271 001.55	361 047 814.60	293 257 928.74	21 929 275.10	20 786 161.28
博罗康佳印制板有限公司	控股子公司	制造业	4 000.00 万元	生产、销售单、双面线路板电子产品	33 333 233.74	7 922 219.65	1 490 711.58	–3 857 966.44	–5 021 089.31
香港康佳有限公司	全资子公司	国际贸易	50.00 万港元	机电、电子产品进出口	1 532 682 080.40	95 238 229.25	2 722 190 273.75	–7 760 265.51	–6 140 663.21
康电投资发展有限公司	全资子公司	投资控股	50.00 万港元	投资	200 154 230.58	61 317 679.72	—	7 798 758.13	7 762 636.68
康电国际贸易有限公司	全资子公司	国际贸易	50.00 万港元	电子产品进出口	2 057 841 729.16	–36 977 279.74	5 009 093 645.62	–56 978 578.40	–56 978 324.79
东莞市旭通达模具塑胶有限公司	控股子公司	制造业	500.00 万元	生产、销售模具、塑胶制品	56 559 636.15	11 944 939.78	92 448 118.03	6 791 404.94	5 719 649.42
深圳市万凯达科技有限公司	全资子公司	软件开发	1 000.00 万元	开发、维护软件技术	148 665 712.77	138 493 412.51	80 115 972.20	29 364 407.09	39 290 412.37
昆山康盛投资发展有限公司	全资子公司	房地产业	35 000.00 万元	开发、经营、投资房地产	547 958 681.85	327 026 601.16	—	–16 528 979.96	–16 510 067.52
安徽康佳同创电器有限公司	全资子公司	制造业	18 000.00 万元	生产、销售电冰箱、洗衣机等家用电器	790 616 835.10	148 327 757.79	1 098 624 164.81	262 561.61	9 808 097.02

续　表

公司名称	公司类型	所处行业	注册资本	主要产品或服务	总资产（元）	净资产（元）	营业收入（元）	营业利润（元）	净利润（元）
深圳市瑞丰光电子股份有限公司	参股公司	制造业	10 700.00 万元	发光二极管产销	719 589 068.60	533 090 700.22	500 084 238.03		46 896 173.26
映瑞光电科技（上海）有限公司	参股公司	制造业	5 000.00 万美元	发光二极管产销	452 935 671.97	274 404 243.11	11 090 129.82		−23 908 481.31

四、公司未来发展的展望

（一）总体经营思路

公司2013年的总体经营思路是：在深入研究国家宏观经济趋势、准确把握政策导向的前提下，紧紧抓住产业调整的契机，围绕IT化、智能化、健康化的创新导向，大幅度缩小主营业务与标杆企业之间的差距，积极探索适合自身实际的新兴业务发展模式，实现市场规模、经营效益和业务布局的同步发展。

（二）业务增长方向

2013年，公司的各项业务将在一些重要环节上实现实质性的增长或突破，进而形成比较优势。

（1）彩电业务：将围绕“塑品牌、提规模、调结构、挖潜力”经营策略，同时深入研究UD超高清、OLED的消费趋势，着重抓好电商业务的倍增式增长、重点区域的业绩突破和智能、大板等高端产品的份额提升三个方面的主要工作，在产品力和营销力上形成自己的优势，更进一步提升康佳的市场地位和品牌形象。

（2）国际业务：一方面，将紧紧抓住市场机会，对全球市场进行细分和甄别，加大市场拓展和本土化经营力度，寻求业务规模的更大突破；另一方面，将以全局的思维来思考国际业务的战略定位和业务规划，探索出一条适合公司国际业务可持续发展之路。

（3）手机业务：将以互联网时代的思维方式对智能手机市场进行分析和研究，以确定适合自身的目标细分市场，同时，坚持渠道创新，全面推动地面渠道、运营商渠道和电商渠道的高度融合，在确保盈亏平衡的基础上实现手机业务在智能互联时代的成功转型。

（4）白电业务：将梳理出自己的发展思路，以“产品、价格、渠道、促销”四大营销组合策略为导向，找出自己的突破口，实现白电的迅速上规模。

（5）数网业务与生活电器：将在充分认识行业特性的基础上，探索出适合自身发展的商业模式，提升自身的盈利能力和经营水平。

（6）视讯业务：将抓住产业升级的机会，大力发展 LED 绿色照明，提升业务规模和行业影响力。

厦门华侨电子股份有限公司2012年年度报告（摘要）

一、会计数据和财务指标摘要（见表1）

表1 2010—2012年主要会计数据

（单位：元）

主要会计数据	2012年	2011年	本期比上年同期增减	2010年
营业收入	2 927 047 547.97	3 253 166 001.89	−10.02%	4 291 977 843.16
归属于上市公司股东的净利润	9 734 222.78	10 579 631.78	−7.99%	61 416 772.59
归属于上市公司股东的扣除非经常性损益的净利润	−52 986 289.67	−29 966 031.77	不适用	32 015 876.64
经营活动产生的现金流量净额	−206 174 180.02	482 218 954.79	−142.76%	−13 939 388.90
	2012年末	2011年末	本期末比上年同期末增减	2010年末
归属于上市公司股东的净资产	82 832 082.29	−878 460 772.83	不适用	−920 088 059.84
总资产	1 056 080 664.37	1 617 838 804.59	−34.72%	1 800 194 864.98

二、董事会报告

报告期内，公司坚持以利润为中心的经营总则，继续调整市场结构，优化盈利模式，提升研发能力和品质管理，强化降成本、降费用、严格控制库存，完善体系建设，夯实企业内功；坚持“盈利优先”与稳健经营相结合的原则，特别加强经营规模与效益、风险、成本的平衡问题，使公司得以健康、持续经营，并逐步进入良性的发展循环。报告期，公司实现营业收入292 704.75万元，较2011年同期下降10.02%，净利润1 320.56万元，较2011年同期下降8.91%。

报告期，2012年1月，厦华KS系列数字高清一体机被厦门市人民政府授予“2011年度厦门市优秀新产品奖一等奖”称号；2012年1月，厦华获国家质检总局“出入境检验检疫信用管理AA级企业”称号；2012年1月，厦华荣获厦门市人民政府授予“厦门市优秀新产品奖2011年度一等奖”殊荣；2012年3月，厦华获中共厦门市委、厦门市人民政府颁发的“厦门市和谐企业”称号；2012年9月，厦华被授予“福建省学习型组织先进单位”荣誉称号；2012年10月，厦华获2012 首届“中国上市公司环境责任信息披露奖”；2012年年底，厦华被中国质量协会、中华全国总工会、中华全国妇女联合会、中国科学技术协会联合命名为2012年“全国优秀质量管理小组”和“全国质量信得过班组”称号；2012年12月17日，厦华注册商标“PRIMA”获准延续认定为“福建省著名商标”；2012年12月，作为全省第一批入围企业，厦华被认定为“福建省战略性新兴产业骨干企业”。

1. 成本分析（见表2）

表 2　成本分析

（单位：元）

分产品情况						
分 产 品	成本构成项目	本期金额	本期占总成本比例	上年同期金额	上年同期占总成本比例	本期金额上年同期变动比例
彩电及配件销售	彩电及配件销售	2 540 658 202.61	97.49%	2 808 069 825.78	97.75%	−9.52%
车载监视器及配件销售	车载监视器及配件销售	57 436 593.50	2.20%	55 249 676.92	1.92%	3.96%
印制板销售	印制板销售	417 226.05	0.02%	3 275 933.57	0.11%	−87.26%
配件/材料销售	配件/材料销售	6 542 752.63	0.25%	5 458 004.13	0.19%	19.87%
房租和物业	房租和物业	75 600.00	0.00%	79 650.00	0.00%	−5.08%
维修费	维修费	45 150.00	0.00%	49 202.56	0.00%	−8.24%
其他	其他	863 796.01	0.03%	633 867.82	0.02%	36.27%
合计		2 606 039 320.80	100.00%	2 872 816 160.78	100.00%	−9.29%

2. 主营业务分行业、分产品情况（见表3）

表 3　主营业务分行业、分产品情况

（单位：元）

主营业务分产品情况						
分 产 品	营业收入	营业成本	毛利率	营业收入比上年增减	营业成本比上年增减	毛利率比上年增减
彩电及配件销售	2 834 181 490.02	2 540 658 202.61	11.55%	−10.12%	−9.52%	减少 0.74 个百分点
车载监视器	79 698 400.88	57 436 593.50	38.76%	0.66%	3.96%	减少 4.55 个百分点

三、董事会关于公司未来发展的讨论与分析

（一）行业竞争格局

1. 彩电产业正处于结构调整和重新洗牌的新格局

随着互联网技术的发展，三网融合已成为全球化趋势，互联网企业、内容提供商、应用平台开发商、电子产品制造商等都会进入电视行业，彩电产业正处于结构调整和重新洗牌的新格局。

企业竞争范围从以国内市场为目标，转变为向国际、国内两个市场同步发展，通过技术飞跃提升产品、品牌、渠道和成本方面的综合竞争优势，竞争焦点从产品质量、价格竞争上升到对品牌、核心技术和标准、内容运营的控制。

近几年，代工企业群生成，产业联盟出现，企业之间竞争与合作并存发展。

2. 对核心技术和原材料的掌控程度是体现竞争实力的重要因素

市场竞争最终体现为企业对核心技术掌握能力、核心产业资源控制能力的竞争。彩电产业的两大核心是音视频处理芯片和液晶模组，而面板又直接影响液晶模组在清晰度、亮度对比度、画质改善、功耗降低等方面重要指标的自主研发。这些核心技术和关键原材料又基本上掌握在外资企业手中，国内彩电企业生产经营所需上述产品主要是向外企竞争对手购买。

目前，电视面板主要被韩国、日本和我国台湾地区的企业所掌控。具有整机品牌优势的面板企业，掌握了面板的价格和资源分配，进而形成市场控制权。中国彩电业的发展和技术进步很大程度上受制于上游供应链的供需关系。

为了实现对产业链上游的掌控，国内大的品牌厂商开始对液晶电视产业链进行垂直整合，新建高世代液晶面板生产线，持续投入液晶模组关键技术研发，推进模组整机一体化设计与制造，从而降低对上游产业的依存度，提升国内品牌的竞争力。

3. 价格竞争激烈，研发实力和成本控制是关键

电视行业的竞争同时也是企业研发能力的竞争。研发实力强、对市场敏感度高的企业往往能感知到市场需求的变化，并迅速响应，在最短的时间内设计推出符合市场需求的差异化产品，从而占领市场先机。

除此之外，降价促销的策略也是企业常用的竞争手段。以往外资品牌长期占据着高端电视市场，以高品质、高价格著称，而国内品牌只能在中低端市场谋求发展。但随着国内产业结构的调整，生产制造能力的提升以及液晶显示技术的普及，国内电视厂商有足够的研发和制造能力向高端产品市场进军，而高端产品本身也开始逐渐平民化。

为了抢占市场份额，外资品牌更是主动发起价格战，各大品牌的价格竞争处于白热化状态。虽然这种促销手段能吸引更多的人购买产品，但却在很大程度上挤压了厂商的利润空间。此时，企业的成本控制能力就显得尤为关键了。

现阶段，国内外品牌厂商采取不同的方式进行成本控制。受到劳动力成本和技术升级等因素的影响，国外厂商自行生产成本较高，纷纷开始寻找我国台湾或大陆厂商进行代工，从而获得成本上的优势。由于液晶电视的核心技术和原材料都由外资企业所掌握，国内企业不得不向外资企业采购。为了降低采购成本，我国彩电厂商开始进行结构调整，向产业链上游进行延伸，实现液晶电视产业链的垂直整合，增强企业的竞争优势。

（二）发展趋势

（1）技术革新提升彩电产业附加值，为电视产业创造新的发展空间；
（2）主导权向新兴市场转移，全球彩电行业具有较大发展空间；
（3）盈利模式再造，国际品牌从自主生产转向代工；
（4）彩电委外代工产业正在向中国大陆转移。

第9章

大事记

光电器件专业分会和液晶分会大事记

（1987—2012 年）

1. 1987 年 7 月 19 日～23 日

在长春成立“光电器件行业协会”筹备组。

2. 1988 年 5 月

原电子部（88）础器字第 033 号文批准成立“光电器件行业协会”，该协会是“中国真空电子行业协会”下属的专业分会。

3. 1988 年 6 月 21 日

在苏州召开“光电器件行业协会”成立大会，选举朱野根为理事长，选举邵介圣、刘铁墉、张伟忠、田志仁为副理事长，聘请刘培正为秘书长，办公地点设在北京电子管厂，协会设两个信息中心，负责信息的收集、整理和传递。经济信息中心主任刘金铎，办公地点设在北京电子管厂；技术信息中心主任周进，办公地点设在南京第五十五研究所。

4. 1989 年 4 月 20 日～23 日

在苏州召开“光电器件行业协会”理事会，有 12 家理事单位参加，会议重点讨论经济、技术两个信息中心的工作。

5. 1989 年 9 月

根据行业管理的需要，1989 年 9 月机电部机微函字（1989）07 号文将“光电器件行业协会”中的液晶显示，固体、半导体光电器件专业划转到“中国光学行业协会”归口管理。

6. 1989 年 11 月

在长沙召开了 16 家企业单位参加的半导体光电器件专业分会筹备会。决定在原“光电器件行业协会”的基础上，进一步发展会员，尽快筹建“中国光学行业协会光电器件专业协会”。

7. 1989 年 11 月 1 日～7 日

在长沙召开 LED、LCD 国产化和“八五”规划会。

8. 1990 年 4 月 10 日～12 日

在北京召开光电器件专业部分成员会，有 18 家单位参加，会上审定了向机电部呈送成立“中国光学光电子行业协会光电器件专业协会”的申请报告及今后工作。

9. 1990 年 6 月

机电部机电改（1990）831 号文批准成立“中国光学行业协会光电器件专业分会”。

10. 1991 年 1 月 12 日

在厦门召开“光电器件专业协会”成立大会，参加会议的有 67 家单位的 96 位代表。选举 21 家单位为理事单位。在第一次理事会上，选举朱野根为理事长（苏州半导体总厂），常永久（770 厂）、周毛兴（746 厂）为副理事长，聘请刘培正为秘书长。会上决定成立经济、技术、市场三个信息中心。首届 LED 学术交流会同时召开。

11. 1991 年 5 月 21 日～23 日

“全国第一届平板显示器件及应用技术学术会议”在南京召开。会议由中国光学光电子行业协会光电子学分会主办，机电部南京第五十五研究所承办。会议收到论文 76 篇，会上宣读了论文 56 篇。到会代表 104 人，就平板显示的器件、材料和工艺等进行了广泛的交流。

12. 1991 年 9 月 23 日

在西安召开“光电器件专业分会”第一届第二次理事会，有 19 家理事单位参加。重点研究 1992 年工作和加强信息中心的工作，决定联合编辑出版《光电器件信息快报》。

13. 1991 年 12 月 8 日

部分会员单位在深圳召开“液晶工作座谈会和液晶学术”报告会。

14. 1992 年 6 月 9 日～12 日

“第一届全国平板显示会议”在长春召开。会议由中国物理学会发光分科分会、液晶分科学会联合主办，由中科院长春物理所承办。有 54 家单位的 110 多名代表参加，发表学术论文 86 篇。与会代表商定把平板显示会议变成系列性全国会议，由中国物理学会发光分会和中国光学光电子行业协会光电子学分会等共同主办，每两年召开一次，会议名称为“××全国平板显示会议”（××为召开年份）。

15. 1992 年 6 月 10 日～12 日

在南昌召开“光电器件专业分会”第一届第三次理事会和 LED 工作座谈会。参加的理事单位有 17 家。

16. 1993 年 4 月 15 日～17 日

在杭州召开第二届“光电器件专业分会”会员大会，会上选出 22 家理事单位，在第一次理事会上，选举苏州半导体总厂朱野根为理事长，选举 746 厂周毛兴、佛山光电器公司刘宝成、天马微电子公司汪斌、55 所薛文进、长春物理所卢景贵、774 厂张红飏为副理事长，聘请 774 厂刘培正为秘书长。同时召开第三届 LED 学术会议。

17. 1993 年 5 月 24 日～27 日

在北京召开 LCD 所需设备和部分材料技术研讨会，邀请日本 30 余家公司的 50 多位专家进行讲课、交流。

18. 1994 年 1 月 19 日

在苏州召开《光电器件信息快报》编委会。

19. 1994 年 5 月 30 日～6 月 1 日

在北京召开 LCD 集中封装和超扭曲液晶材料应用技术讲习会，日本派 30 余人参加讲课交流。

20. 1994 年 10 月 17 日～20 日

在苏州召开“光电器件专业分会”第二届第二次理事会和第四届发光二极管专业学术会，来自中国台湾地区、中国香港地区、美国等的 50 多家单位参加了会议，大会交流论文 41 篇，其中中国台湾地区 4 篇。

21. 1994 年 10 月 25 日～27 日

“1994 年全国平板显示学术会议”在南京召开，会议由中国光学光电子行业协会光电子学分会，中国物理学会发光分会、液晶分会等联合主办，由电子部南京第五十五研究所承办。有来自美国、日本、中国香港地区和中国大陆的 150 多名代表参加。发表学术论文 109 篇。

22. 1994 年 10 月 22 日～30 日

在电子部基础司的领导下，分会组织 5 位 LED 专家考察了 746 厂引进工程，提出了完善生产技术建设芯片基地的建议，签订了双边、多边合作协议。

23. 1995 年 5 月 18 日～22 日

在山东济宁召开“光电器件专业分会”第二届第三次理事会和第五届 LED 学术交流筹备会议，有 31 名代表参加了会议。

24. 1995 年 9 月 21 日～22 日

在北京召开液晶国产化和液晶行业座谈会，会上讨论了成立液晶专业分会事宜。

25. 1995 年 11 月 20 日～22 日

中国光学光电子行业协会第三届第三次理事会决定将 LCD 从“光电器件专业分会”分出并成立液晶专业分会筹备会。

26. 1996 年 5 月 13 日～5 月 15 日

光电器件专业分会理事会及第五届全国 LED 学术的筹备工作会议在广东省佛山市召开，有 18 家单位的 23 位代表参加了会议，中国台湾地区光咨会也派代表参与学术会议的筹组、论文评审工作，会议评审了 34 篇论文，组委会决定在包头市召开学术交流会，理事会就三届理事会的组成方案讨论了意见。

27．1996年5月14日

电子部电运（1996）025 号文批准成立“中国光学光电子行业协会液晶行业分会”。

28．1996年7月2日～4日

在北京召开中国光协液晶专业分会成立大会和技术交流会，出席会议的有60多家单位的82位代表，会上选出理事单位25个，在第一次理事会上，选举北京清华液晶技术工程研究中心的高鸿锦为理事长，天马微电子股份有限公司的董绪旺、电子部南京第五十五研究所国家平板显示工程研究中心的薛文进为副理事长，聘请北京电子管厂刘培正为秘书长。

29．1996年7月28日～8月1日

光电器件专业分会在内蒙古包头市召开全体会员大会及三届一次理事会，全国有96位代表参加了会议，选举了第三届理事会成员单位21家，理事会议选举朱野根先生为理事长（苏州半导体总厂），刘和初（南昌746厂）、布良基（佛山光电器材公司）、薛文进（南京第五十五研究所）、卢景贵（中科院长春物理所）为副理事长，聘请马坚铭为秘书长。

第五届全国LED学术会议同时召开，中国台湾地区、中国香港地区也派代表参加了会议，有些国外在华机构的代表也申请参加，大会交流论文37篇，其中中国台湾地区9篇，这些论文涉及光电材料、工艺结构、检测设备等各个方面。

30．1996年10月31日～11月3日

“1996年全国平板显示学术会议”在北京召开。本次会议由中国光学光电子行业协会液晶分会、中国光学光电子行业协会光电子学分会、中国物理学会发光分会等联合主办，由北京清华大学承办。有来自美国、日本、新加坡、中国台湾及香港地区和中国大陆的200多名代表参加，发表学术论文114篇。

31．1997年5月19日～22日

在宁波市召开三届二次理事扩大会议，有12家单位的代表参加了会议，会议就LED产业的形势，1998年第六届LED学术会议决定改在吉林长春市召开，并就组团访问中国台湾地区，建立行业规范等有关问题进行了重点讨论。

32．1997年9月

中国光协液晶专业分会第二次全体会员大会在桂林召开，120多名代表参加了会议，会议总结了液晶行业协会的发展过程，以及1996年至1997年中国液晶产业概况。1996年中国光协液晶专业分会有会员单位70家，全行业职工12 400人，液晶屏产量64万平方米，液晶产业（含材料）销售额21.5亿元，出口创汇1.6亿美元，ITO玻璃生产能力已达200万平方米，TN液晶材料生产能力已达10t。

33．1998年8月18日～20日

“1998年中国平板显示学术会议”在长春召开。会议由中国物理学会发光分科学会、液晶分科学会，中国光协液晶分会、光电子学分会等联合主办，由中科院长春物理所、北方液晶工程研究开发中心承办，吉林电子股份有限公司协办。有来自日本、德国、中国香港地区的90多家单位的210多名代表参加，发表学术论文145篇。

34．1998年12月1日～5日

在深圳召开了“98中国液晶行业年会”，91家单位的135名代表参加了会议，国家计委高技术产业发展司、信息产业部电子信息产品管理司、深圳市科技局等有关领导出席了会议，液晶分会理事长高鸿锦作了“中国液晶产业年度报告”，秘书长刘培正作了“1998年工作报告”。1998年有会员单位82家，其中LCD厂33家，其他单位49家，收到行业调查表30份，30家单位总投资3.5亿美元，其中16家LCD厂的总投资2.6亿美元，1997年收入为18亿元，其中LCD收入15.9亿元。

会议期间召开了第三次理事会，就1999年主要工作做了安排，主要有以下几点：①协助信息

产业部进行“通信用显示产品国产化调查”；②进行行业调查，编写行业名录；③召开“21世纪显示技术和产业发展研讨会”。

35. 1999年11月8日～10日

中国光协与中国真空电子行业协会联合在京召开了“DTI'99－显示技术与产业发展研讨会”，来自信息产业部、国家科技部及中国光协、中国真空电子行业协会、中国计算机行业协会、中国通信行业协会及其他单位的225名代表出席了大会，大会对21世纪显示技术的发展趋势及我国的发展战略进行了研讨。

会议期间召开了液晶分会第四次理事会，理事会决定由清华液晶中心万博泉同志接替刘培正同志担任分会秘书长的工作。

36. 2000年8月21日～24日

中国光学光电子行业协会液晶专业分会在南京召开了第二届会员大会，参加大会的共有54家会员单位，大会根据民政部的规定进行了理事会换届选举，大会通过会员单位无记名投票的形式，共选出理事单位30家。其中包括理事长单位一家，北京清华液晶技术工程研究中心当选；常务副理事长单位一家，深圳天马微电子股份有限公司当选；副理事长单位两家，分别是55所国家平板显示工程研究中心和深圳科技工业园；常务理事有11家单位当选，理事单位有15家单位当选。

同时，大会还选举理事长一人，由北京清华液晶技术工程研究中心主任高鸿锦担任，并由理事长提名，万博泉先生当选为秘书长，孙政民先生当选为副秘书长。

37. 2000年8月21日～24日

“2000年中国平板显示学术会议”在南京召开。由中国光学光电子行业协会液晶专业分会、中国电子学会量子电子学和光电子分会、中国电子学会显示技术委员会、中国真空电子行业协会真空光电器件分会和中国光学光电子行业协会联合主办，由信息产业部南京第五十五研究所、国家平板显示工程技术研究中心联合承办。共有来自180余家单位的320余名中外注册代表参加了会议，发表学术论文98篇，并有部、省、市领导出席了大会并代表各家单位向大会的召开表示了热烈的祝贺。共有70余篇技术论文在会上进行了交流，促进了平板显示领域同行的相互了解和合作。

38. 2001年10月26日～27日

中国光学光电子行业协会液晶专业分会于2001年10月26日～27日在上海光大会展中心召开了2001年液晶行业年会及常务理事会会议，并与中国电子器材总公司共同举办了“中国（上海）国际平板显示技术与产业发展论坛”。来自日本、韩国、中国台湾地区及中国大陆的160家中外企业、大专院校、研究所及商社的250名代表参加了会议。会议发表论文23篇，内容涉及LCD、LCOS、PDP、OLED等平板显示器件及相关材料、设备的技术和产业发展动态。

日本东北大学著名的平板显示专家内田龙男教授作了“FPD的最新发展动向”的报告，报告精辟分析了几种主要平板显示技术的现状及将来发展的趋势。韩国资深液晶专家郑琥相先生详细分析了韩国LCD工业发展的现状和展望。国内的专家学者也对平板显示技术的发展趋势及我国的现状进行了分析。

信息产业部电子信息产品管理司基础产品处季国平处长在会上作了“中国平板显示产业现状及发展战略”的报告。

理事长高鸿锦教授代表理事会在会上作了2001年年度报告，报告总结了一年来我国LCD行业器件、材料、LCD设备的发展情况。

常务理事会审议了秘书处的工作，讨论了明年的工作要点。增选豪威科技集团公司为常务理事，将海晶的常务理事换成上海广电液晶显示器有限公司，海晶改成理事单位。2002年的年会及平板显示学术会于2002年11月在深圳举行，举办单位为天马微电子股份有限公司，晶华、深辉、南玻、深圳莱宝、豪威科技等公司协办。

39. 2001年11月11日～20日

中国液晶行业协会赴韩考察团一行七人对韩国LCD及PDP产业进行了考察。考察团先后访问了LG-PHILIPS、LG-电子、SEC、ORION、三星康宁、三星电子、Hydis、UPD、三星SDI等公司，并与这些公司的高层负责人进行了交流，还参观了它们的 LCD、PDP、ITO 玻璃、手机、COG 设备生产线。通过这次访问和交流，使我们对韩国 LCD 及 PDP 产业的发展历史及现状有了一个比较详细的了解。韩国发展平板显示器件（FPD）的经验给了我们许多启发，值得认真研究和借鉴。

40．2002 年 7 月 25 日

“2002 年海峡两岸 LCD 产业发展研讨会”于 7 月 25 日在北京清华大学举行。以中国台湾平板显示联谊会会长兼碧悠电子总经理林文彬先生为首的 20 余名台湾产业界代表到会。大陆方面有包括液晶专业分会常务理事单位在内的 30 余家企业和研究机构的 60 余名代表参加了研讨。

液晶专业分会理事长高鸿锦教授在会上作了“中国大陆液晶产业现状”的报告。中国台湾地区林文彬会长作了题为“两岸 LCD 产业合作前景”的演讲。会上两岸的产业界与学术界的代表进行了气氛热烈的研讨，同时发布了一批最新的研究成果与产品。此次研讨会的召开，增进了两岸产业界的相互了解，提供了两岸企业的合作机会，为两岸的行业协会今后的进一步合作打下了良好的基础，达到了预期的目标，代表们反应良好。

在同期召开的液晶专业分会常务理事会上，秘书处对以下两项工作的进展情况向常务理事单位进行了通报。第一，根据 2002 年工作计划，开始筹备 2003 年国际平板显示展览会，与总会领导一起对入围的展览公司进行了评估与筛选。第二，关于行业协会网站的问题。另外，天马微电子的孙政民总工程师通报了 2002 年全国平板显示学术会议的筹备工作。经过讨论，展览会的提案获得了常务理事单位一致通过，并且希望办成每年一届的具有国际水准的专业盛会。在行业协会网站的问题上，比较集中的意见是要慎重，有条件尽量由协会自己办。

41．2002 年 12 月 4 日～6 日

“2002 中国平板显示学术会议”在深圳市银湖旅游中心举行。这次会议是由中国光学光电子行业协会液晶专业分会、中国电子学会量子电子学和光电子分会、中国电子学会显示技术委员会、中国真空行业协会真空光电器件分会、中国光学光电子行业协会、中国物理学会发光科学分会主办，由深圳天马微电子股份有限公司承办，由深圳晶华显示器材有限公司、深圳深辉技术有限公司、深圳南玻集团、深圳莱宝高科技股份有限公司和深圳豪威真空光电子股份有限公司协办。参加大会的共有 200 多家单位的 450 名中外代表，加上深圳周边地区企业、深圳市政府有关部门和新闻媒体，总人数超过 500 人。信息产业部和深圳市的领导都出席了大会，并向大会的召开表示热烈的祝贺。大会上共有 109 篇论文进行了宣读和交流，来自日本、美国、中国台湾地区和香港地区的专家在大会上作了精彩报告。这次会议集中地介绍了两年来我国平板显示产业所取得的进展，对同行之间的合作和交流起到了积极作用。

42．2002 年 12 月 3 日

在深圳银湖旅游中心召开了中国光学光电子行业协会液晶专业分会 2002 年年会，信息产业部电子信息产品管理司领导出席了会议。液晶专业分会理事长高鸿锦教授作了“2001 年中国液晶显示行业发展状况”的报告，秘书处作了“液晶分会工作报告”。国家环保总局清洗行业整体淘汰 ODS 特别工作组组长孙良欣对清洗行业淘汰 ODS 作了重要讲话，并要求各有关单位做好这项工作。

43．2003 年 3 月 5 日

在深圳市召开了中国光学光电子行业协会液晶分会二届四次常务理事会议，共有 18 家单位的 25 名代表出席了会议。常务理事会认为，为了适应液晶显示产业的蓬勃发展，进一步发挥行业协会的作用，调动企业参加行业协会活动的积极性，有必要增加理事单位、常务理事单位和副理事长单位的数目。经过代表的充分讨论和协商，决定理事单位由原来的 32 家增加到 41 家，常务理事单位由原来的 17 家增加到 20 家，副理事长单位由原来的 3 家增加到 8 家。会议决定由深圳天马微电子股份有限公司出任理事长单位，北京清华液晶技术工程研究中心为常务副理事长单位，副理事长单位为中国电子科技集团第五十五研究所国家平板显示工程研究中心、上海广电电子股份有限公司、河北冀雅电子有限公司、深圳晶华显

示器材有限公司、深圳南玻集团、深圳莱宝高科技股份有限公司、中国北方彩晶集团有限公司。新增补的常务理事单位有厦门高卓立液晶显示器有限公司、北京京东方科技集团股份有限公司、深圳清溢精密光电有限公司和北京维信诺科技有限公司。新增补的理事单位有长春联信光电子有限责任公司、苏州瑞红电子化学品有限公司、南京华日液晶显示技术有限公司、迈尔科特微电子（深圳）有限公司、中国电子科技集团公司第二研究所、常州东南液晶显示有限公司、蚌埠华益导电膜玻璃有限公司、显邦电子有限公司和江门亿都半导体有限公司。会议决定由深圳天马微电子股份有限公司总经理董绪旺先生担任理事长，高鸿锦先生担任名誉理事长，董友梅女士担任常务副理事长，孙政民先生担任秘书长，刘嘉先生担任副秘书长。

为了更好地开展协会工作，进一步健全协会组织，会议决定成立秘书处、培训处、信息统计处和对外联络处。

会议对2003年和2004年的工作进行了部署，对会刊、培训、网站、展览和对外交流等问题进行了讨论和研究，并作了相应的安排。

44．2003 年 10 月 16 日

由深圳市高新技术产业园区领导小组办公室和中国光学光电子行业协会液晶分会主办，深圳豪威真空光电子股份有限公司协办的“2003 年深圳平板显示行业发展研讨会”在深圳市高新技术产业园区举行。会议邀请了中国台湾地区和深圳市平板显示产业界的知名人士作特邀报告，共同探讨平板显示器的发展现状及趋势。

45．2003 年 11 月 20 日～21 日

在广东省珠海市珠海度假村酒店举行了中国光学光电子行业协会液晶分会 2003 年年会。出席会议的代表来自国内外 130 多家单位，共计 240 余人。大会通过了 2003 年 3 月 5 日在深圳召开的二届四次常务理事会议关于调整液晶分会的领导班子并增补常务理事单位和理事单位的决定，另外增补的常务理事单位还有深圳亚视通广告有限公司，增补的理事单位还有北京京城清达电子设备有限公司。信息产业部电子产品管理司季国平处长在大会上作了“新型显示器件的发展”的报告，液晶分会理事长董绪旺作了“2002 年中国液晶行业发展状况”的报告，液晶分会秘书长孙政民则对 2003 年分会所做的工作向大会作了汇报。大会邀请了中国台湾拓璞产业研究所和中华映管股份有限公司作专题报告。来自国内的大专院校、研究所和企业的专家、学者、工程技术人员以及日本、美国、德国和韩国的专家对平板显示及相关产业的最新进展作了介绍。

11 月 19 日晚召开了二届五次常务理事会议。中国光学光电子行业协会秘书长陈玉江先生和吕玉华女士出席了会议。国家民政部正式为液晶分会颁发了社会团体分支（代表）机构的登记证书及副本。

46．2004 年 6 月 17 日～18 日

由中国光学光电子行业协会液晶分会举办的“平板显示技术和产业发展战略研讨会”在深圳市举行。信息产业部季国平处长主持了会议。会议听取了专家就国内外平板显示技术和产业发展态势所作的报告，并就“十一五”期间我国平板显示的发展规划进行了认真和热烈的讨论。

47．2004 年 6 月 18 日

由深圳中国国际高新技术成果交易中心、中国光学光电子行业协会液晶分会和深圳市亚威广告有限公司共同组织承办的“第六届中国国际高新技术成果交易会光电子及平板显示技术与产品展”新闻发布会于下午在深圳市五洲宾馆举行。信息产业部和深圳市有关领导出席了新闻发布会。这次展览是高交会专业展的主要组成部分之一，为光电与平板显示领域内的企业、科研院所以及中介服务机构和投融资机构打造了一个展示、交流和交易的良好平台。

48．2004 年 6 月 30 日～7 月 2 日

在日本东京举行了第 14 届平板显示制造技术展览和研讨会，这次展览是全球平板显示制造设备和材料的一次大型展览。我国平板显示领域中的许多单位都派人参观了这次展览。在开幕式上，来自中国（包括香港地区）的 6 位人士作为剪彩嘉宾，格外引人注目。信息产业部季国平处

长和液晶分会常务副理事长董友梅应邀在大会上作了报告，介绍了我国平板显示产业的发展。

49．2004 年 8 月 13 日～15 日

中国光学光电子行业协会液晶分会二届六次常务理事会暨“2004 中国（蚌埠）平板显示技术和产业发展研讨会”在蚌埠华益导电膜玻璃有限公司综合会议室举行。出席会议的有信息产业部、安徽省信息产业厅和蚌埠市有关领导，液晶分会全体常务理事及国内 LCD 企业和相关产业的代表，以及安徽省华光集团和华益公司的工程技术人员和管理人员，共计近 200 人。来自日本、美国及国内的专家就平板显示各个领域的发展作了特邀报告。

二届六次常务理事会就 2004 年以来分会所做的工作进行了讨论，并对今后的工作做了安排。由于分会已指定中华液晶网为协会网站，为了报道和工作的方便，会议通过了中华液晶网的主办单位广州晶盟光电显示信息服务有限公司为理事的提案。

50．2004 年 8 月 23 日～27 日

第 24 届国际显示研究会议和第 4 届国际信息显示会议在韩国大邱市举行。应韩国信息显示学会的邀请，液晶分会秘书长孙政民参加了会议，并在“Special Evening Session ”上作了题为“中国平板显示产业发展”的报告，受到了与会者的关注。

51．2004 年 10 月 21 日

在上海召开了中国光学光电子行业协会液晶分会第三届会员大会。大会举行了理事会换届选举，经过民主协商选出了第三届理事会，共有 54 家理事单位。随后理事会又选举了理事长单位、副理事长单位和常务理事单位，共有 27 家单位。深圳天马微电子股份有限公司当选为理事长单位，北京清华液晶技术工程研究中心当选为常务副理事长单位，中国电子科技集团公司第五十五研究所等 8 家单位当选为副理事长单位，康惠（惠州）半导体有限公司等 17 家单位当选为常务理事单位。接着召开了三届一次常务理事会，会议决定由董绪旺出任理事长，高鸿锦为名誉理事长，季国平为顾问，董友梅为常务副理事长。另经理事长提名，常务理事会一致通过由孙政民出任秘书长，许生和杨君为副秘书长。

52．2004 年 10 月 12 日～17 日

在深圳市举办了第六届“中国国际高新技术成果交易会”（以下简称“高交会”）。在高交会上，液晶分会与深圳市中国国际高新技术成果交易中心和深圳市亚威广告公司共同承办了首届“光电子及平板显示技术与产品展”。在这次展览会上，共有来自美国、英国、德国、日本、意大利、瑞士等国和中国港台地区的 105 家专业机构参展。在展览的同时，液晶分会、中华液晶网和 AKT 公司还举办了两场报告会。

53．2004 年 10 月 20 日～22 日

在日本横滨举行了“FPD International 2004”展览及研讨会，这是日本在平板显示领域的两大展览之一（另一个是“Finetech Japan”）。为了反映中国近年来 FPD 的迅速发展，会议组织者特地安排了一场专门的报告会，邀请我国京东方、TCL、天马和维信诺等企业就中国发展 TFT-LCD、OLED、平板显示应用产品等方面进行了演讲。

54．2004 年 10 月 22 日～23 日

“2004 年中国平板显示学术会议”在上海召开。会议由中国光协液晶分会、中国光协光电子学分会、中国物理学会发光分会等联合主办，上海广电电子股份有限公司承办。信息产业部和上海市有关领导出席了会议。有来自美国、加拿大、日本、韩国、新加坡、中国台湾及香港地区和中国大陆的近 200 名代表参加。发表学术论文 82 篇，其中包括 TFT-LCD、STN-LCD、PDP、LCOS、OLED、FED 等新型平板显示器件在材料、制造、工艺、设备等技术和学术领域的研发成果。大会邀请了来自日本 NEC、松下、韩国三星、美国柯达等公司国际一流的平板显示专家作了专题报告。会议还制作了中国平板显示学术会议会旗。

55．2005 年 3 月 18 日

液晶分会三届二次常务理事会在海南省三亚市三亚湾假日酒店举行，共有 21 家单位的代表出

席了会议。在这次会议上，着重讨论了2005年年会的召开、高交会光电平板显示展览及论坛、举办平板显示培训班、网站和信息统计等工作。

56．2005年4月20日～22日

在日本举办“Display 2005”，即第十五届平板显示研究开发和制造技术展览会及研讨会。深圳天马微电子股份有限公司作为国内唯一的参展单位在会上展出了各种中小尺寸 TFT-LCD 和快速响应 STN-LCD（又称 SFD）产品。作为剪彩嘉宾，董绪旺理事长和孙政民秘书长分别代表行业协会和天马公司出席了开幕式。在本次大会上，会议组织者特别安排了一场“Special Session”报告会，邀请日本、韩国和中国的官员介绍各国发展 FPD 产业的状况。孙政民秘书长代表信息产业部季国平处长在会上作了题为“中国平板显示产业的发展”的报告。

57．2005年7月31日～8月1日

中国光学光电子行业协会液晶分会 2005 年年会在河北省承德市举办，共有来自国内外近 90 家单位的 200 余人参加了此次年会。本次年会由中小企业筹办，重点是为中小企业提供一个交流经验和促进行业发展的平台。会议由石家庄永生华清公司承办，冀雅、京城清达和二所协办。董绪旺理事长和孙政民秘书长分别作了“2004年中国液晶产业发展状况”和液晶分会的工作报告。京东方、天马、永生华清等国内 11 家企业和日本、美国的公司代表在大会上作了报告。

此前，7月29日液晶分会三届三次常务理事会在北京举行，会议总结了上一年的工作，并对今后工作进行了布置。

58．2005年10月12日～17日

在深圳市第 7 届高交会上，由液晶分会等单位第二次筹办了“光电子及平板显示技术与产品展”。此次展出面积达 7 500m^2，共有 6 个国家和地区的 150 余家企业参展，吸引了 3 万多名来自 40 多个国家和地区的专业买家和参观商。

59．2005年10月12日～14日

由中国国际高新技术成果交易中心、中国光学光电子行业协会、深圳市平板显示行业协会和深圳市科技专家委员会共同主办，深圳亚威资讯集团承办的“中国显示器大会（CDIC）2005”在深圳市举行。会议邀请了全球著名的分析机构（如 DisplaySearch 等）和知名 FPD 企业（如 Samsung、Hitachi、AKT 等）的高级管理人员及技术专家到会作了 30 多场报告，介绍了全世界平板显示发展的最新动向，会议期间还安排了一场高峰论坛，共有 1 000 多人次参加了这次国际研讨盛会。

60．2006年4月7日

中国光学光电子行业协会液晶分会三届四次常务理事会暨武汉平板显示报告会在武汉市科技会展中心举行。出席会议的有信息产业部和湖北省信息产业厅的有关领导，来自美国、日本、韩国和国内企业的专家作了 6 场特邀报告。

三届四次常务理事会就 2005 年以来分会所做的工作进行了讨论，并对以后的工作进行了安排。会议通过了康宁（中国）有限公司和广州进鼎光电显示信息服务有限公司为液晶分会理事单位的提案。

61．2006年4月

信息产业部电子信息产品管理司基础产品处王勃华处长应邀出席了在日本东京举办的第 16 届 Finetech Japan 和第 2 届 Display 2006 展览会，并作为 18 位剪彩嘉宾之一参加了开幕式的剪彩仪式。同时在展览会召开的特别演讲会上，王勃华处长作了题为“中国 FPD 产业的市场、现状与趋势”的演讲，向千余名与会人士介绍了我国平板显示技术的发展概况、相关上下游产业链的建设和未来的发展趋势，受到与会者的热烈欢迎。

62．2006年5月26日

在深圳市召开了由中国光学光电子行业协会液晶分会和深圳市平板显示行业协会联合主办的“深圳平板显示产业座谈会”。深圳市许宗衡市长、刘应力常务副市长、唐杰秘书长、信息产业部季国平助理巡视员，以及京东方总裁梁新清、创维董事局主席王殿甫、赛格集团总经理孙盛典和 30 家企业的总经理出席了会议。孙政民秘书长作了“关于加快深圳 TFT-LCD 产业发展的建议”的报告，创维、京东方、AKT、旭硝子、豪威、帝光等企业负责人纷纷发表各自建议，许宗衡市长在会上作了重要讲话，表示深圳市委和市政府将全力支持，打造深圳平板显示产业链。

63. 2006 年 9 月 20 日

2006年年会及三届五次常务理事会在北京召开。出席会议的代表有信息产业部基础产品管理司领导、中国光电子行业协会秘书长以及液晶分会各成员单位。

常务理事会同意董绪旺先生因年龄原因辞去液晶分会理事长职务的请求，并一致同意刘瑞林先生代表深天马接任液晶分会理事长职务。

64. 2006 年 9 月 21 日～22 日

“2006 年中国平板显示学术会议”在北京召开。会议由中国光协液晶分会、中国光学光电子协会、中国物理学会发光分会、中国物理学会等 6 家学会协会联合主办，京东方科技集团股份有限公司承办。会议邀请了来自中国大陆、中国台湾地区以及韩国、日本等国家和地区的院士、知名专家就全球显示技术和产业发展作了精彩的报告，信息产业部产品司丁文武副司长、北京市科委马林主任和超过 500 名中外代表参加了本次会议，发表学术论文 148 篇。会议期间还举办了 TFT-LCD 产业高峰论坛，信息产业部产品司肖华司长、国务院发展中心企业所陈小洪所长、京东科技集团公司王东升董事长、国家开发银行北京营业部赵洪贵副总经理、康宁显示科技部中国区卞强总裁、日立工业设备株式会社村山孝夫常务取缔役等业内众多的知名人士出席了本次高峰论坛。

65. 2007 年 3 月 9 日

三届六次常务理事会在云南丽江召开，信息产业部基础产品管理司领导、中国光电子行业协会秘书长以及液晶分会理事长、常务副理事长、副理事长、常务理事单位的代表 30 多人出席了本次会议。

本次常务理事会同意原秘书长孙政民请辞，并同意深圳天马微电子股份有限公司推荐的肖锦接任液晶分会秘书长职务。分会新任秘书长肖锦主持讨论了 2007 年工作计划。

常务理事会决定聘请信息产业部基础产品管理司王勃华处长担任液晶分会顾问、季国平担任名誉顾问、董绪旺担任名誉理事长。会议讨论通过增补两家常务副理事长单位，分别为京东方科技集团股份有限公司与上海广电（集团）有限公司，增补 6 家常务理事单位。会议确定上海天马微电子有限公司为“2008 年中国平板显示学术会议”及学会年会承办单位，由上海广电（集团）有限公司等协办。会议还决定成立工作小组起草本分会章程草案，交会员大会讨论通过，章程草案由理事长和常务副理事长单位的相关人员负责起草。

66. 2007 年 4 月

为了给液晶行业的各位同行提供一个更为广阔通畅的交流平台，实现信息共享，新一届液晶协会秘书处从2007年4月开始每月推出一次行业快讯。快讯分政策信息、行业动态、厂商动态、新品新知和协会信息 5 个版块，全面、详细地报道行业最新动态。

67. 2007 年 9 月 8 日

2007年液晶分会年会及三届七次常务理事会在山西太原召开。液晶分会理事长、常务副理事长、副理事长、常务理事单位及会员单位的代表共 153 人出席了年会，并听取了有关行业动态与新技术发展的专题报告。

本次常务理事会同意原秘书长肖锦请辞，并同意深圳天马微电子股份有限公司李曙新代液晶分会秘书长职务。会议听取了上海天马微电子有限公司为“2008 年中国平板显示学术会议”所做准备工作的汇报，以及协会秘书处关于本分会章程草案工作进展的汇报，并进行了相关讨论。

68. 2008 年 3 月 10 日

2008 年 3 月 10 日，中国光学光电子行业协会液晶分会年会在上海天马召开，会上表决通过了液晶分会章程。

69. 2008 年 3 月 11 日～12 日

2008 年 3 月 11 日～12 日，由中国光学光电子行业协会液晶分会主办，上海天马微电子有限公司承办，SEMI（国际半导体设备及材料协会）、上海广电（集团）有限公司等单位协办的“2008中国平板显示学术会议”在上海虹桥宾馆隆重召开。作为国内规模最大、水平最高的平板显示技术交流盛会，此次会议共有来自美国、韩国、日本、新加坡、意大利、捷克、中国台湾、中国香港和中国大陆的超过300家单位约660名中外学术界和产业界代表参加。国内外50多家媒体对本次盛会进行了跟踪报道。

70．2008年9月19日

2008年9月19日，中国光学光电子行业协会液晶分会三届八次常务理事会在湖北宜昌召开。工信部、总会领导及常务理事单位参加了此次会议，会议内容包括行业交流、协会工作交流与研讨。

71．2009年5月15日

2009年5月15日，中国光学光电子行业协会液晶分会2009年年会在武汉召开。液晶分会理事长、副理事长、常务理事单位及会员单位的代表共83人出席了年会，会上分会领导做了工作总结和计划，并听取了平板显示产业最新趋势和相关技术发展的专题报告。

72．2010年3月17日

2010年3月17日上午，中国光学光电子行业协会液晶分会三届九次常务理事会暨2010年会员大会在上海通茂大酒店举行。

常务理事大会一致通过了下届理事长单位由京东方科技集团股份有限公司担任。此外，当选常务副理事长单位的3家单位分别是：天马微电子股份有限公司、北京清华液晶技术工程研究中心、深圳莱宝高科技股份有限公司，当选副理事长单位的是中国电子科技集团公司第五十五研究所、河北冀雅电子有限公司、深圳晶华显示器材有限公司、南玻集团精细玻璃事业部，另外，深圳帝光电子有限公司等26家公司当选为常务理事 单位。

在常务理事大会之后的会员大会上，协会通报并一致通过了本届改选结果。

京东方科技集团股份有限公司提名京东方科技集团总裁王东升先生为新一任液晶分会理事长，王东升先生提名京东方科技集团副总裁董友梅女士为协会秘书长。王东升先生就协会下一步的工作安排进行了发言，将未来协会工作的思路概括为“1234”战略。

73．2010年7月22日～23日

中国光学光电子行业协会液晶分会（以下简称“液晶分会”）于2010年7月22日～23日在合肥召开了液晶分会第四届一次常务理事会。除特邀嘉宾外，出席本次常务理事会的有理事长、常务副理事长、副理事长以及常务理事共30家单位的43位代表。

此次会议通过的提案有：

通过液晶分会秘书长变更事宜。常务理事会同意原液晶分会秘书长董友梅因工作原因，辞去秘书长一职；同意由被提名的京东方集团副董事长梁新清担任本届液晶分会秘书长。

原则通过了秘书处2010年的工作计划，原则同意液晶分会拟于2010年12月在北京举行平板显示国际论坛。

通过液晶分会服务产品提案。会议同意液晶分会秘书处除定期编发会刊（《平板显示文摘》）外，还定期、不定期地提供行业数据收集、统计、行业研究报告、培训、网页管理、商务考察、专业展览、展示、专业论坛、学术会议等。

通过了液晶分会2010年财务预算提案；审议通过了液晶分会会费调整提案；通过了关于增补液晶分会常务理事单位的提案。

74．2010年11月18日

2010年11月18日，由合肥市政府主办，中国光学光电子行业协会液晶分会、合肥新站综合开发试验区管委会承办的“2010中国·合肥平板显示关键原材料及设备制造本土化高峰论坛”在合肥市新站开发区成功举办。此次高峰论坛主题为“合作与创新”。会议邀请到了工业和信息化部电子信息司丁文武副司长、合肥市吴存荣市长，以及爱发科、AKT、住友化学等众多材料与设备厂商及平板显示业内专家60余人参加。会议由中国光学光电子行业协会液晶分会秘书长、京东方

科技集团股份有限公司副董事长梁新清先生主持。与会者就“合作与创新，加强平板显示产业链本土化建设”进行了广泛、深入的研讨。

75. 2010 年 12 月 10 日

2010 年 12 月 10 日，由中国光学光电子行业协会液晶分会和日经 BP 社共同主办的“中国 •北京 2010 国际平板显示产业高峰论坛”在北京国家会议中心隆重举行。来自日本、韩国及中国大陆地区等海内外的平板显示产业的专家、学者、企业技术人员 600 余人到会。

国家工业和信息化部电子信息司肖华司长、国家发展和改革委员会高技术产业司李新副处长、北京市经济和信息化委员会阎冠和副主任等先后致辞，介绍了中国平板显示产业的发展现状以及政府决定大力促进中国平板显示产业发展的战略规划。

本次论坛的主题是“合作、创新与发展——中国 FPD 产业的机遇和挑战”。海内外众多知名大厂、高校的专家及学者深入剖析和探讨了中国平板显示产业的发展机遇和挑战，并充分共享了来自世界各地的平板显示行业最新管理和技术信息。

76. 液晶分会与韩国显示产业协会签署合作谅解备忘录

2011 年 3 月 16 日，液晶分会与韩国显示产业协会在上海签署了合作谅解备忘录。今后，液晶分会将和韩国行业协会共同探讨在商业、行业标准和环境问题等方面的信息交流与合作。

77. 液晶分会第四届二次常务理事会在南京召开

液晶分会第四届二次常务理事会于 2011 年 4 月 27 日～28 日在南京市召开。理事长王东升主持会议，秘书长梁新清作了“液晶分会 2011 年工作报告”。中国光学光电子行业协会的王琳秘书长，液晶分会名誉理事长高鸿锦、董旭旺，液晶分会顾问季国平等出席。来自 36 个常务理事单位的代表出席本次常务理事会。会议审议通过了《液晶分会 2011 年工作报告》、中国 • 北京国际平板显示产业高峰论坛方案、液晶分会网站方案以及 2012 年平板显示学术大会筹备方案等提案。

78. 液晶分会接待中国台湾显示器产业联合总会来访

液晶分会秘书处 2011 年 7 月 18 日接待中国台湾工业总会访问，并与来访的中国台湾显示器产业联合总会就两岸产业合作进行了深入沟通，双方正在洽谈两岸合作备忘录，为进一步合作奠定基础。

79. 2011 年液晶分会会员大会在京召开

2011 年液晶分会会员大会于 9 月 4 日在北京国家会议中心召开。工信部电子信息司彭红兵处长、中国光学光电子行业协会秘书长王琳、液晶分会名誉理事长高鸿锦、行业专家张百哲以及来自各会员单位的代表 70 余人参加了当天的会议。

京东方科技集团董事长、液晶分会理事长王东升在致辞中首先分析了液晶行业面临的形势，重申了他 2010 年对行业协会工作提出的“1234”的发展战略以及对行业发展的重要性，对协会新秘书处组建以来的工作给予了充分肯定，并对下一步工作提出了更高要求。

液晶分会秘书长梁新清围绕“1234”战略主题，从服务政府、服务会员、组织搭建各种桥梁与平台、对外交流与合作几方面向与会代表详细汇报了新一届秘书处组建以来所开展的各项工作。

王琳和彭红兵分别作了重要讲话。彭红兵指出，当下是“十二五”布局的关键期、敏感期，对平板显示产业一定要更科学、更合理地进行布局。他从现有技术升级、产业支撑、下一代显示技术三方面谈了我国面临的问题和应对策略，王琳和彭红兵都希望液晶分会能在“十二五”期间，对促进产业发展发挥更大的作用。

80. 2011 国际平板显示产业高峰论坛在京举行

2011 年 9 月 5 日～6 日，由液晶分会和日经 BP 社共同主办的“中国 • 北京 2011 国际平板显示产业高峰论坛”在北京国家会议中心隆重举行。

工业与信息化部总经济师周子学以及国家相关部委、北京市有关部门的领导出席了开幕式。

本次论坛的主题是“合作、创新与发展——携手推进中国平板显示产业发展”。来自三星、LG、台湾友达、京东方、中电熊猫、天马、日本先锋、长虹、彩虹、东电电子、应用材料等国内外行业巨头代表、科研院校的专家学者纷纷到场，大会盛况空前。

81. 液晶分会组织会员单位赴日本参加第十八届日本横滨展

2011 年 10 月 26 日～28 日，液晶分会组织会员单位赴日本参加第十八届日本横滨展（FPD International 2011）。会员代表单位石家庄诚志永华显示材料有限公司在展会上收获颇丰，在展会现场利用展位洽谈区域约见客户；10 月 27 日合肥新站综合开发试验区在日本横滨太平洋会展中心成功举办招商推介会。

82. 液晶分会组织会员单位访问韩国协会和企业

2011 年 11 月 28 日～12 月 2 日，液晶分会秘书处组织会员单位访问韩国协会和企业。互访中双方协会针对加入 WLICC 组织、韩国企业如何协助中小企业发展、产业人才问题等话题进行了深入交流。除行业协会之间的交流外，协会与会员单位代表一同拜访了 DMS、SONIC、KELON、LGD 等面板、设备、材料公司。韩国各个企业都派出了高层领导接待，介绍了企业的基本情况，与国内企业就材料、设备的发展情况进行了充分沟通。

83. 液晶分会接待韩国协会及会员来访

2011 年 12 月 9 日，韩国显示产业协会组织 DMS、东进化学、Inatech、K.C. TECH、OCI 材料、SNU Precision SUNGDO ENG、Sunic System 等 8 家公司来中国访问，并参观京东方。

84. 液晶分会组织专利方面工作

2012 年，液晶分会秘书处认识到知识产权在行业发展中的重要作用，通过编制了《液晶行业专利情况摘编》，给政府和企业提供有关知识产权的最新信息，还积极与国家知识产权局合作，在高峰论坛首次发布《2012 年液晶显示领域专利分析项目阶段性成果介绍》，得到与会者好评，在国内外引起强烈反响。秘书处还配合国家知识产权局组织了一期关于专利复审的培训交流活动。

85. 液晶分会组织会员单位参加第 22 届 Finetech Japan 展会

2012 年 4 月，邀请工业和信息化部电子信息司彭红兵副司长、OLED 联盟高宏玲副秘书长等，并组织会员单位赴日本参加第 22 届 Finetech Japan 展会。

86. 液晶分会推动两岸 FPD 产业交流与合作

自 2010 年 9 月 12 日 ECFA 正式生效后，两岸为执行 ECFA 后续工作，双方协商设置 6 个工作小组，其中产业合作工作小组负责推动两岸产业合作事项。为推进两岸 FPD 产业的交流与合作，由发改委、工业和信息化部、国务院台办以及视像协会和液晶分会共同组建了 TFT-LCD 产业中国大陆分组，负责与台湾相关机构进行沟通。这期间，液晶协会已代表国内液晶行业参加了 2 次正式会议，根据国内企业实际提出一些建议：两岸应在投资、产业链分工互补、新技术共同研发、知识产权、标准化、节能环保等领域加深合作。

87. 液晶分会组织会员单位参加 Touch Taiwan 2012

2012 年 8 月，组织 10 多家会员单位参加“台湾协会”主办的 Touch Taiwan 2012 海峡两岸显示器产业高峰论坛及展会。

88. 中国·北京 2012 国际平板显示产业高峰论坛在京举行

2012 年 9 月 18 日至 19 日，由中国光学光电子行业协会液晶分会和日经 BP 社共同主办的“中国·北京 2012 国际平板显示产业高峰论坛”在北京国家会议中心隆重举行。本届论坛邀请到 39 位国际知名演讲嘉宾；吸引了包括全球九大面板厂在内的国内外 52 家企业参与和支持，共有 1 200 人次参会。

同时，在原有高规格演讲的基础上，本届论坛还增加了工业和信息化部领导刁石京司长和王东升理事长的专题演讲，引起业界强烈反响。另外，本届论坛还在充分听取与会观众意见的基础上增加了许多创新内容，如加大展览面积、增设高峰对话互动环节、提供现场交流空间等。

89．液晶分会组织会员单位参加日本横滨FPDIC展

2012年10月31日到11月2日，协会再次组织会员单位参加了日本横滨的FPDIC展会，为方便会员单位与日本企业的合作交流，协会特别设立展台，提供宣传企业和产品的场地。

2012年中国平板显示行业十大新闻

《平板显示文摘》编辑部

在已经过去的2012年里，中国平板显示产业在全球经济低迷的大环境下，依然取得了不小的成就，两条第8.5代线成功满产，新项目建设如火如荼。

为了对2012年所发生的重大事件做一回顾，《平板显示文摘》组织业内专家及企业一线人员进行投票，评选出"2012年中国平板显示行业十大新闻"，以此来见证难忘的2012年。在此，感谢各位专家、热心读者一直以来对《平板显示文摘》工作的大力支持！

国家出台政策支持平板显示产业发展

1月4日，工业和信息化部组织制定下发了《新材料产业"十二五"发展规划》。

1月12日，工业和信息化部、科学技术部、财政部、国务院国有资产监督管理委员会对《重大技术装备自主创新指导目录（2009年版）》进行了修订，形成了《重大技术装备自主创新指导目录（2012年版）》。

7月9日，国务院下发《关于印发"十二五"国家战略性新兴产业发展规划的通知》。通知对平板显示产业的发展目标、重大行动、重大政策等也做出了详尽的说明。

8月21日，科技部下发《新型显示科技发展"十二五"专项规划》。

9月底，财政部、海关总署、国家税务总局联合发布《关于进一步扶持新型显示器件产业发展有关税收优惠政策的通知》。

11月6日，财政部、海关总署、国家税务总局联合下发《关于印发彩色滤光膜 偏光片生产企业进口物资范围及首批享受政策企业名单的通知》。

国内超大屏显示取得新进展

3月9日，由深圳华星光电研制成功的110英寸四倍全高清3D液晶显示屏"中华之星"在北京正式发布。110英寸"中华之星"具备4倍高清分辨率（4K×2K），超高亮度（800nits），超高色域（92%NTSC），节能环保等特点。所有性能指标都达到了业界领先水平，显示面积达3.34m^2。

第十四届中国国际高新技术成果交易会上，京东方展出全球首款110英寸ADSDS超高清显示屏。110英寸ADSDS超高清显示屏具有178度超宽视角、UHD（Ultra HD）超高清级别。同时展出的还有京东方的65英寸超高清氧化物显示屏。该屏是全球最大尺寸超高清氧化物显示屏，其分辨率高达3 840×2 160，清晰度达到UHD超高清级别。该款显示屏以京东方先进的氧化物TFT背板技术为基础，并采用京东方独有的ADSDS宽视角技术，具有宽视角（上下左右视角均达到170°）、高色域（72%）和高对比度（1200：1）等优势；其10bit色彩技术可呈现10.7亿色。

基板玻璃建设项目持续火热

3月19日，东旭集团玻璃基板生产线项目在辽宁（营口）沿海产业基地举行开工仪式。该项目总投资额90亿元，注册资金9亿元，将分两期建设9条第5～第6代TFT-LCD基板玻璃生产线，一期建设3条。全部投产后年销售收入将达到18亿～21亿元，年利润将达到5.8亿元。

4月10日，四川旭虹光电科技有限公司等离子基板玻璃生产线正式在四川绵阳竣工投产。该项目（一期）为一条八面取等离子基板玻璃生产线，总投资11亿元，于2010年5月在绵阳经开区内开工建设，包括一条浮法联合生产线、两条前后板精加工生产线、一条 ITO 镀膜生产线。项目年产 PDP 基板玻璃（42 英寸八面取）60 万套。

7 月 23 日，康宁公司全资子公司康宁新加坡控股有限公司、三星显示有限公司与无锡新区签订谅解备忘录，拟在无锡建立一家新的股权合资企业，生产 TFT-LCD 基板玻璃。新公司将投资多达 6 亿美元在无锡新建 LCD 基板玻璃工厂。该制造工厂将拥有第 8 代（2 200mm×2 500mm）玻璃的熔融和后段加工能力。

11 月 27 日，位于深圳新区高新技术产业园区的旭硝子显示玻璃（深圳）有限公司举行厂房落成暨项目投产仪式。旭硝子投产的为一条月产量 120K 第 8.5 代 TFT-LCD 玻璃基板（尺寸为 2 200mm×2 500mm）的精密研磨生产线。

两条第 8.5 代线成功实现满产

京东方北京第 8.5 代线 7 月底实现满产，达到月产能 9 万片玻璃基板，产品良品率已达 94%。京东方北京第 8.5 代线自量产以来，电视面板已向康佳、海信、创维、海尔、长虹、三星、LG 等国内外知名品牌厂商实现产品交付。

2012 年 10 月 13 日，深圳华星光电宣布第 8.5 代液晶面板项目提前 3 个月超越 10 万片的设计满载产能，9 月实现 10.8 万片，良品率达到 95%，标志着该项目取得阶段性成功，成为国际一流的、海峡两岸产能最大的第 8.5 代液晶面板线。

OLED 项目建设热度不减

3 月 16 日，清华大学与江苏省昆山市人民政府在人民大会堂签署了《AM-OLED 产业化战略合作框架协议》，双方针对维信诺公司在江苏省昆山市建设第 5.5 代 AM-OLED 大规模生产线，以及建设 AM-OLED 创新研发平台等多项议题达成一致。

4 月 19 日，河南激蓝科技有限公司 OLED 项目在河南省信阳市开工奠基。该第 4.5 代金属氧化物 OLED 项目，总投资 100 亿元。此次开工建设的是一期工程，投资额为 30 亿元，项目建成后将实现年产玻璃基板 36 万片。二期工程投资 70 亿元，预计 2014 年建成投产。

11 月 2 日，上海和辉光电新一代平板显示项目奠基。这条新建的第 4.5 代低温多晶硅 AM-OLED 生产线，拟建规模：阵列玻璃基板投片量 1.5 万片/月；彩膜玻璃基板投片量 0.75 万片/月；AM-OLED 投片量 1.5 万片/月；年产 AM-OLED 显示模组 1 059.2 万片。

多条高世代线正式开始启动建设

2 月 23 日，天亿显示科技（成都）有限公司第 6 代新型液晶显示器件项目正式启动。该项目总投资 220 亿元，产能为月投 6 万片，其中 3 万片为低温多晶硅液晶面板、3 万片为金属氧化物面板，预计建设期间为 3 年。

5 月 16 日，三星显示公司在苏州工业园区举行了三星苏州液晶面板第 8.5 代生产线（2 200mm×2 500mm）开工典礼。

5 月 22 日，韩国 LG 第 8.5 代液晶面板合资项目在广州开工。项目计划 2014 年上半年投产。

京东方 8 月 14 日与合肥市人民政府、巢湖城市建设投资有限公司签署了《合肥鑫晟光电科技有限公司薄膜晶体管液晶显示器件（TFT-LCD）第 8.5 代生产线项目投资框架协议》。根据协议，双方将在合肥市投资建设及生产经营第 8.5 代 TFT-LCD 生产线。项目投资总额为 285 亿元，计划于 2014 年第一季度正式投产。

12 月 21 日，京东方与重庆市人民政府签署了《重庆第 8.5 代新型半导体显示器件及系统项目投资框架协议》，双方确定在重庆市两江新区水土高新技术园投资建设第 8.5 代新型半导体显示器件及系统项目。项目总投资 328 亿元，计划 2013 年第二季度开工，2015 年第二季度投产。根据协议，投资建设的第 8.5 代新型半导体显示器件生产线，玻璃基板尺寸为 2 200mm×2 500mm，包括 9 万片/月玻璃基板投片量基于金属氧化物 IGZO 技术的新型半导体显示器件及 3 万片/月玻璃基板投片量的触摸屏生产线；建设液晶电视机生产线（设计产能为 200 万台/年）；并设立重庆研发中心。

中电熊猫第6代彩色滤光片项目开工

8月23日，中电熊猫第6代彩色滤光片（CF）项目在南京仙林液晶谷举行隆重开工仪式。该项目总投资35亿元，将分两期进行建设。一期建设目标为月产彩色滤光片 60K；一期建设完成并稳定运行后，启动二期的扩产工作，最终将彩色滤光片的月产能扩大到 90K，并实现与电容式触摸屏的兼容。一期项目将于 2013 年年底建成投产。

京东方推出大尺寸氧化物 OLED 显示屏

2012 年 10 月，京东方科技集团成功研发出 17 英寸 AM-OLED 彩色显示屏，这是全球首款融合了氧化物 TFT 背板技术和喷墨打印技术的大尺寸 AM-OLED 显示屏；同期，国内首款 17 英寸利用氧化物 TFT 和真空蒸镀技术制备的 AM-OLED 显示屏，也在京东方问世。

京东方荣获中国专利金奖

2012 年 11 月，由国家知识产权局与世界知识产权组织联合举办的第十四届中国专利奖评选活动在北京揭晓结果。京东方科技集团拥有的“薄膜晶体管液晶显示器的驱动装置”专利获得了“中国专利奖”的最高荣誉——中国专利金奖。此外，京东方另外两项发明专利“液晶显示装置高动态对比度的处理装置和处理方法”和“移位寄存器及液晶显示器栅极驱动装置”亦同时获得了中国专利优秀奖的殊荣。

龙腾光电蓝相液晶显示器研究取得进展

12 月 15 日，在龙腾光电举办的中国蓝相液晶显示研讨会上，龙腾光电现场点亮了国内首款 5.2 英寸蓝相液晶显示面板实验室产品。从试验结果来看，对比度达到 1 400∶1，透光率达到 18%，响应速度达到 1.1ms，比一般液晶显示器的 8ms 的响应速度提高了 8 倍，同时实现了全视角观看的效果。目前，龙腾光电已经在蓝相液晶显示材料研究方面申请了 6 个专利，发表相关论文 10 多篇。

2012 年平板显示行业大事件

《平板显示文摘》编辑部

1. 国家政策法规指导产业发展

（1）工业和信息化部《新材料产业“十二五”发展规划》发布

（2）四部委联合发布《重大技术装备自主创新指导目录》

（3）《电子信息制造业“十二五”发展规划》印发

（4）新型显示器件产业税收优惠政策发布

以上内容，详见本书“政策法规”一章。

2. 平板显示项目建设热度不减

成都第 6 代 LTPS 液晶显示器件项目启动

2 月 23 日，天亿显示科技（成都）有限公司第 6 代新型液晶显示器件项目正式启动。该项目建成后将成为全球第二条、国内第一条低温多晶硅第 6 代线。项目总投资 220 亿元，产能为月投 6 万片，其中 3 万片为低温多晶硅液晶面板、3 万片为金属氧化物面板，预计建设期间为 3 年。

河南激蓝科技 OLED 项目开工奠基

4 月 19 日，河南激蓝科技有限公司 OLED 项目在河南省信阳市开工奠基。

河南激蓝科技有限公司第 4.5 代金属氧化物 OLED 项目总投资 100 亿元。此次开工建设的是一期工程，投资额为 30 亿元，项目建成后将实现年产玻璃基板 36 万片，年产值超过 100 亿元。二期工程投资 70 亿元，预计 2014 年建成投产。

三星苏州第 8.5 代液晶面板生产线开工

5 月 16 日，三星显示公司在江苏省苏州工业园区举行了三星苏州液晶面板第 8.5 代生产线（2 200mm×2 500mm）开工典礼。

三星苏州液晶面板线是 2011 年 4 月由三星电子、苏州工业园区、TCL 合作设立的中国第一个外资液晶面板工厂。为了适应中国电视市场的需求，将起初的第 7.5 代生产线提升为第 8.5 代生产线。

LG 广州第 8.5 代液晶面板线开工

5 月 22 日，韩国 LG 液晶面板合资项目在广州开工，意味着一再推迟开工的第 8.5 代薄膜晶体管液晶显示面板项目终于落地。项目计划 2014 年上半年投产，该项目为韩国 LGD 公司、广东省政府及创维集团合资建设。

合肥鑫晟第 8.5 代 TFT-LCD 面板项目获批

安徽省发改委网站 5 月 23 日发布的消息显示，合肥鑫晟光电科技有限公司第 8.5 代薄膜晶体管液晶显示器件（TFT-LCD）项目获国家发改委批复核准。

鑫晟光电第 8.5 代 TFT-LCD 项目位于合肥新站区，规划建筑面积 66.5 万平方米，总投资 285 亿元，建设周期 22 个月，计划于 2013 年年底量产，建成达产后将形成月加工 9 万片玻璃基板的生产能力，加工玻璃基板尺寸为 2 200mm×2 500mm。拟建项目主要建设内容包括 1 栋阵列厂房、1 栋成盒/彩膜厂房、1 栋模块厂房，同时，建设化学品车间、综合动力站、废水处理站、特气车间、玻璃及成品仓库等。

工艺方面，9 万片/月的产能中，保留 3 万片/月采用 Al 制程，其余 6 万片/月由 Al 制程改为 Cu 制程。阵列工程采用 IGZO（氧化铟镓锡）替代 a-Si 的金属氧化物技术。

上海和辉光电第 4.5 代 OLED 生产线奠基

上海联和投资有限公司和上海金山工业区管理委员会 11 月 2 日联合主办了上海和辉光电新一代平板显示项目奠基典礼，来自台海两岸的业内相关人士现场出席了仪式。

据悉，这是一条新建的第 4.5 代低温多晶硅（LTPS）AM-OLED 生产线，具体位于上海金山工业区九工路的上海和辉光电有限公司项目地块。

资料显示，和辉光电 AM-OLED 生产线项目拟建规模：阵列玻璃基板投片量 1.5 万片/月；彩膜玻璃基板投片量 0.75 万片/月；AM-OLED 投片量 1.5 万片/月；年产 AM-OLED 显示模组 1 059.2 万片。

京东方第三条第 8.5 代线落户重庆

12 月 21 日，京东方科技集团股份有限公司与重庆市人民政府签署了《重庆第 8.5 代新型半导体显示器件及系统项目投资框架协议》，双方确定在重庆市两江新区水土高新技术园投资建设第 8.5 代新型半导体显示器件及系统项目。项目总投资 328 亿元，计划 2013 年第二季度开工，2015 年第二季度投产。

根据协议，投资建设的第 8.5 代新型半导体显示器件生产线，玻璃基板尺寸为 2 200mm×2 500mm，包括 9 万片/月玻璃基板投片量基于金属氧化物 IGZO 技术的新型半导体显示器件及 3 万片/月玻璃基板投片量的触摸屏生产线；建设液晶电视机生产线（设计产能为 200 万台/年）；并设立重庆研发中心。

3. 平板显示获得显著成果

京东方成功开发彩色透明液晶显示屏

2 月，京东方宣布成功开发出了 32 英寸彩色透明液晶显示屏。该屏采用京东方高世代线所生产的液晶面板，并应用了京东方独有的 ADS 宽视角技术，具有全高清、宽视角（上下左右视角均达到 178 度）、高色域（72%）和高对比度（1200∶1）等优势。此外，京东方另一款 17 英寸彩色透明液晶显示屏还可通过遥控开关控制，实现透明显示与正常显示的随意切换，具有很强的实用性和互动性，达到业内一流水平。

清华大学和维信诺 OLED 项目获殊荣

2 月 14 日，2011 年度国家科学技术奖励大会在北京人民大会堂隆重举行。党和国家领导人胡锦涛、温家宝、李长春、李克强等出席大会并为获奖代表颁奖。清华大学和维信诺公司共同申报的“有机发光显示 OLED 材料，器件与工艺集成技术和应用”项目荣获 2011 年度国家技术发明奖一等奖。胡锦涛总书记亲自为获奖代表、项目第一完成人、清华大学副校长和维信诺公司首席科学家邱勇教授颁奖。

中国氧化物 TFT 背板技术取得关键性突破

3 月初，中国大陆首块氧化物 TFT 液晶屏（18.5 英寸 HD Oxide TFT-LCD）及首块氧化物 AM-OLED 显示屏（4 英寸 WQVGA Oxide AM-OLED）在京东方研发成功，同时，相关工艺技术及设计开发也已完成。

华星光电 110 英寸 4K 3D 液晶屏在京亮相

3 月 9 日，由深圳华星光电研制成功的 110 英寸 4 倍全高清 3D 液晶显示屏“中华之星”在京正式发布。

110 英寸“中华之星”集成了华星自主知识产权的 HVA 技术，主动式 3D 技术，多点触控技术，智能动态背光技术等。产品具备 4 倍高清分辨率（4K×2K），超高亮度（800nits），超高色域（92%NTSC），节能环保等特点。所有性能指标都达到了业界领先水平，显示面积达 3.34m^2，为目前全球最大尺寸显示屏。

宁夏高纯钼靶材研制成功

3 月 20 日，宁夏回族自治区科技厅表示，宁夏高纯钼靶材的研制成功。高纯钼靶材广泛用于光伏、导电玻璃、平板显示器、光学玻璃、离子镀膜等行业。

2010 年 1 月，陕宁两省区签署科技合作框架协议期间，宁夏东方钽业股份有限公司与国内钼行业的龙头企业陕西金堆城钼业集团经协商，决定联合开发大尺寸光伏用钼靶材。2 年来，在双方科研人员的共同努力下，进行了多次试验，开发出用压力加工法代替粉末冶金法的生产工艺，解决了高纯钼锭制备、钼靶材锻造、轧制和热处理的技术关键。研制出的钼靶材样品化学成分、物理性能、微观组织等性能均达到国外同类产品水平，纯度大于 99.95%，相对密度大于 99%。

上海光刻设备技术跻身世界一流

经过长达十年的自主创新，上海光刻设备工程技术跻身世界一流，成功打破国际垄断。4 月 7 日，上海举办了光刻机十年成果汇报暨上海微电子装备有限公司十年回顾活动。

2002 年，国家科技部“十五”重大科技专项 100nm 高端光刻机的研制任务落址上海。科技部和上海市政府商定，按现代企业制度建立上海微电子装备有限公司（SMEE）承担这项国家任务，并同步建设国家光刻设备工程技术研究中心和产品化基地。

在承担国家项目过程中，上海微电子装备有限公司及时将所掌握的关键技术进行溢出，应用于集成电路后道先进封装、OLED 显示屏 TFT 电路制造、高精度温度控制系统、高精度激光干涉测量系统等领域。

京东方第 8.5 代线实现满产

京东方北京第 8.5 代线于 7 月底实现满产，达到月产能 9 万片玻璃基板，产品良品率已达 94%。

华星光电第 8.5 代线提前满产

10 月 13 日，深圳华星光电宣布第 8.5 代液晶面板项目提前 3 个月超越 10 万片的设计满载产能，9 月实现 10.8 万片，良品率达到 95%。

京东方推出大尺寸氧化物 OLED 显示屏

10 月，国内显示领域领军企业——京东方科技集团成功研发出 17 英寸 AM-OLED 彩色显示屏，这是全球首款融合了氧化物 TFT 背板技术和喷墨打印技术的大尺寸 AM-OLED 显示屏；同期，国内首款 17 英寸利用氧化物 TFT 和真空蒸镀技术制备的 AM-OLED 显示屏，也在京东方问世。

中国造 LED 芯片制造设备 MOCVD 下线

12 月 6 日，具有国际尖端技术水平的 MOCVD 在上海张江理想能源设备有限公司成功下线，并与台湾璨圆光电股份有限公司签约供货。

2010 年 9 月，理想能源正式启动 MOCVD 项目。在短短两年时间里，理想能源技术团队设计开发出了具有自主知识产权的 MOCVD 设备，并完成了第一代单腔体独立设备和高产出率的簇式生产系统的生产组装，成功地实现 GaN 基 LED 外延片的发光。经过设备原型机近一年的运行，证明其性能达到甚至超过预定指标，并于 2012 年 5 月通过上海市科委的验收。

中晟光电设备（上海）有限公司于 2012 年 12 月 12 号成功发运首台 MOCVD 设备。中晟公司仅用了 10 个月的时间于 2012 年 1 月 18 日成功实现了 MOCVD 生产机型的下线；随后又用了 10 个月时间，完成了工艺的开发和设备进一步的改进优化，完成了设备产业化生产必备条件与设施的建立。

龙腾光电点亮国内首款蓝相液晶显示屏

12 月 15 日，在龙腾光电举办的中国蓝相液晶显示研讨会上，龙腾光电现场点亮了国内首款 5.2 英寸蓝相液晶显示面板实验室产品。

从试验结果来看， 此款 5.2 英寸蓝相无源驱动显示屏对比度达到 1 400∶1，透光率达到 18%，响应速度达到 1.1ms，比一般液晶显示器的 8ms 的响应速度提高了 8 倍，同时实现了全视角观看的效果。

4．上下游配套项目如火如荼

南京新天时光学膜、夏普电子扩建项目等集中开工

1 月 30 日，南京经济技术开发区举行重大项目集中开工仪式。其中，新天时新型光学膜项目总投资 8 亿美元，将新建 20 条反射型偏光增亮膜生产线及研发中心，达产后可年产新型增亮膜 900 万平方米，实现年产值 60 亿元。夏普电子液晶电视模组整机扩建项目总投资 4 800 万美元，项目设计产能为年产 240 万台新型 LED 背光组件、

1 000 万台超大尺寸 TFT-LCD 模组及 400 万台电视机。

江苏省（苏州）纳米产业技术研究院揭牌

1 月 30 日，江苏省（苏州）纳米产业技术研究院在苏州工业园区隆重揭牌，并与南京工业大学（苏州）纳米材料产业研究院等 16 家入驻园区的重大产业项目企业一道举行联合开工仪式。

江苏省（苏州）纳米产业技术研究院由江苏省科技厅依托苏州工业园区与中科院苏州纳米所合作共建。规划总投入 4 亿元，江苏省先期拨款 400 万元，建设地点位于苏州工业园区苏州纳米城内，建筑面积 5 万平方米。

研究院以突破纳米产业发展瓶颈为核心，以“工程化”研发和成果快速“产业化”为目标，聚焦纳米机电制造、纳米光电制造和纳米柔性制造三大技术方向，面向 LED、光伏、平板显示、印刷电子、MEMS/NEMS 等重点领域。重点建设纳米机电制造、纳米光电制造、纳米柔性制造 3 条工程试验中心（中试线），建设纳米技术标准化中心、纳米产品与器件测试中心、纳米材料安全评价中心三大测试分析中心，力争实现产品共性技术创新研发、标准工艺技术研发、批量工程化等业务功能。

天津三星视界移动新建厂房竣工投用

2 月 17 日，天津三星视界移动有限公司举行新建厂房竣工仪式。新工厂竣工投产后，2012 年 OLED 产量将扩大至 5 700 万只，销售额将超过 180 亿元。此次新建厂房的投入使用，将继续巩固天津三星视界移动作为三星 SMD 株式会社最主要 OLED 显示屏生产基地的地位。三星 SMD 株式会社目前占全球 OLED 手机显示屏市场份额的 98%，其中 5 成产品由天津三星视界移动生产。

韩国可隆电子材料项目落户惠州

2 月底，广东省惠州市大亚湾区与韩国可隆工业株式会社电子材料项目签约。据介绍，该项目主要是研发、生产及销售平板显示器背光模组中的光学膜，总投资 8 000 万美元，建成后年工业产值将达到 5 亿元；首期投资 5 300 万美元，计划 2014 年投产，当年产值约 2 亿元。

西安彩晶液晶材料项目开工

3 月 6 日，总投资 732 亿元的西安市百个重点项目集中开工仪式在中国兵器工业集团西安兵器基地隆重举行。其中西安彩晶光电科技股份有限公司的 TFT 液晶材料项目，项目总投资 6.54 亿元，新征建设用地 331 亩，项目建成投产后，预计将年新增销售收入 16.5 亿元，年均新增利税 1.2 亿元。该项目建成后，将形成 TFT 彩色液晶显示材料从单体合成、纯化到混配技术的完整产业链。

双象欲投建 PMMA 光学级液晶材料项目

无锡双象超纤材料股份有限公司 3 月 9 日召开的临时股东大会审议通过了一项议案，同意公司使用部分超募资金与江苏双象集团有限公司、无锡双象新材料有限公司共同出资成立“苏州双象光学材料有限公司（暂定名）”，建设年产 8 万吨 PMMA 高性能光学级液晶材料项目。

该项目拟建于江苏张家港市扬子江国际化学工业园区，项目总投资规模约为 119 961 万元。项目分两期实施，第一期总投资约 44 552 万元，形成年产 3 万吨 PMMA 高性能光学级液晶材料的生产能力，2012 年开始建设，2013 年 9 月建成投产；第二期总投资约 75 409 万元，形成年产 5 万吨 PMMA 高性能光学级液晶材料的生产能力，2014 年开始建设，2015 年 12 月建成投产。

东电电子昆山工厂开业

全球领先的半导体制造设备、液晶面板制造设备供应商 TOKYO ELECTRON LIMITED （东电电子）于 3 月 19 日在江苏省昆山经济技术开发区举行了新工厂开业典礼。该新工厂于 2011 年 1 月起开始建设。

新工厂总建筑面积达 28 246m^2，共有厂房与办公楼两幢建筑。初期计划进行液晶面板制造设备定期交换零部件的维修业务、易耗品的制造业务以及液晶面板制造设备的设计与生产业务，之后将从日本派遣技术专家推进制造技术本土化，以及液晶面板制造设备的设计和生产。

中能柔性光电滁州公司中试基地揭牌

3 月 28 日，我国第一条以彩色柔性液晶显示器技术研发和产品开发为主要目标的中试生产线在安徽省滁州市举行了揭牌与启动仪式，该条中试生产线由中能柔性光电（滁州）有限公司出资建设。

国内首条等离子基板玻璃生产线正式投产

4 月 10 日，四川旭虹光电科技有限公司（简称旭虹光电）等离子基板玻璃生产线正式在四川绵阳竣工投产。

该项目（一期）为一条八面取等离子基板玻璃生产线，总投资 11 亿元，项目总占地面积 500 余亩，规划总建筑面积约 10 万平方米。项目于 2009 年 12 月 29 日举行合作签约仪式，2010 年 5 月在绵阳经开区内开工建设，包括一条浮法联合生产线、两条前后板精加工生产线、一条 ITO 镀膜生产线。年产 PDP 基板玻璃（42 英寸八面取）60 万套。

东旭集团营口基板玻璃项目开工

2011 年 4 月，五矿产业园分别与东旭集团就 90 亿元玻璃基板生产线项目达成合作意向并举行签约仪式，经过近一年的准备，3 月 19 日，东旭集团玻璃基板生产线项目在辽宁（营口）沿海产业基地举行开工仪式。

该项目总投资额 90 亿元，注册资金 9 亿元，将分两期建设 9 条第 5～第 6 代 TFT-LCD 基板玻璃生产线。

汇成光电 LCD 驱动芯片封测线投产

4 月 21 日，由上海汇旌投资有限公司和香港瑞成投资控股有限公司共同投资，多家台湾著名半导体企业作科技支撑的 LCD 驱动芯片封装测试生产线，在扬州邗江经济开发区投产。

新投产的汇成光电项目，总投资达 30 亿元，投产后将填补我国相关产业缺口，成为大陆地区首家可提供液晶显示器芯片凸块生产、封装、测试等一条龙服务的企业。

多稳态 LCD 显示项目落户桦甸

由山东澳能环保科技有限公司投资 3 亿元的多稳态 LCD 显示项目正式落户吉林省桦甸市，于 4 月 26 日正式开工建设。

该项目计划投资 3 亿元，占地面积 6 万平方米。项目投产后，主要生产 1.5～15 英寸多稳态屏和模块以及 1.5～10.2 英寸以下的笔记本电脑、平板电脑、车载显示等中小尺寸显示 TFT 模块、广告和电子价格标签多稳态显示等模块。制造、销售各类液晶显示器相关材料、设备以及其他电子产品。

康德新张家港项目开工

北京康得新复合材料股份有限公司于 4 月 26 日在张家港举行了“两亿平方米光学膜产业集群项目”建设开工典礼。

Manz 苏州新厂开业

5 月 15 日，高科技产业整合解决方案供应商 Manz 为其在苏州的新工厂举办了盛大的开幕仪式。Manz 的新工厂将用于制造光伏设备和平板显示器的生产设备以及印刷电路板（PCB）的生产设备。工厂生产区域占地 16 000m^2，办公楼占地 4 000m^2。

方兴科技 4 条导电膜生产线全部投产

方兴科技 5 月 16 日发布公告称，公司年产 130 万片电容式触摸屏用导电膜玻璃生产线项目 4 条生产线已陆续全部投产，经调试所有生产线均已达到设计指标并达产。方兴科技称，由于项目主体设备是华益公司自主研发、设计，设备造价比进口线降低近 40%，实际投资约为 1 亿元（项目尚未决算）。

福清一批重点项目“5・18”期间动工投产

5 月 18 日，福建省福清市一批重点项目动工投产，其中平板显示行业的项目有两个。

福建省捷创电子科技有限公司，总投资 5 亿元，占地 124.4 亩，总建筑面积 8.3 万平方米。主要从事 ITO 透明导电玻璃及延伸产品的研发和生产，产品主要应用于中小屏幕显示。该项目达产后，可年产 ITO 透明导电玻璃 1 080 万片，年产值可达 10 亿元。

诺希投资集团（福建）有限公司，总投资 3 亿元，占地 81 亩，总建筑面积 3.6 万平方米。主要从事靶材等新材料的研发与生产，产品主要应用于薄膜太阳能、LOE-E 节能玻璃、平板显示、半导体及微电子、记录媒体和光学镀膜六大行业。

莱宝高科研发中心及生产基地落户重庆

5 月 20 日，总投资 22.74 亿元的深圳莱宝高科技股份有限公司新型显示器件研发中心、新型电容式触摸屏生产基地，在重庆两江新区水土园区奠基动工。该投资开发项目占地 460 亩，项目建成投产后，将为英特尔等全球性 IT 企业提供配套，预计将实现年产值 26.82 亿元。

安徽康佳液晶电视模组生产线正式投产

5 月 21 日，康佳集团投资的安徽康佳液晶电视模组生产线在滁州正式投产。该生产线可年产模组屏 240 万片，日单班产量 3 000 台。据悉，3 年内，安徽康佳将投产建成 5 条模组一体化生产线，到 2014 年年底，安徽康佳将实现产销集团彩电 400 万台、外接彩电 100 万台，产值达到 100 亿元。

安彩电子屏超薄基板项目开工

ST 安彩 5 月 30 日公告，公司年产 1440 万平方米电子信息显示超薄玻璃基板项目于 5 月 26 日在安阳高新技术产业开发区正式开工建设，奠基仪式于同日举行。根据超薄基板项目的可行性分析报告，项目总投资 42 200 万元。

武汉激光新型显示产业园开工

5 月 28 日，新华光公司在武汉黄陂开工建设国内首个 LCOS 芯片暨激光新型显示产业园，据了解，该产业园总投资 20 亿元，生产销售 0.21～0.74 英寸多规格 LCOS 显示芯片，2013 年 10 月建成投产。

南京开发区一批项目集中开工

6 月 26 日，总投资近 73 亿元的 7 个光电显示和生物医药高端项目在南京经济技术开发区举行了集中开工仪式。

据介绍，此次集中开工的 7 个项目都属于江苏省百项重点技改项目。光电显示项目包括总投资 30 亿元的南京京晶光电科技有限公司高亮度 LED 生产项目，项目采用世界最新工艺技术，建成 20 万片 2 英寸、460 万片 4 英寸、40 万片 6 英寸蓝宝石衬底片的年生产能力；总投资 8 100 万美元的 LG 化学偏光板前工程项目，该项目建成后，LG 化学在南京开发区内将拥有完整的偏光板前后段生产工序；总投资 5 000 万美元的东光光电大尺寸液晶电视模组扩建项目，项目投产后将形成年产 60 英寸以上液晶电视模组 300 万台的生产能力。

30 亿元电子玻璃产业园项目落户驻马店

7 月 4 日，驻马店市产业集聚区管委会与河南省海川电子玻璃有限公司举行电子玻璃产业园项目签约仪式。项目总投资 30 亿元，占地约 900 亩，主要从事电子基板玻璃、仪器及仪表玻璃、医学玻璃等的研发、生产和销售。该项目计划分两期建设完成，一期工程投资 15 亿元，主要用于电子玻璃研发中心、特种电子玻璃建设；二期工程投资 15 亿元，主要完成高铝触摸屏电子玻璃、电膜玻璃和高铝触摸屏深加工生产线建设。据悉，一期工程将于 2012 年 9 月开工，2013 年 9 月建成，届时可实现年销售收入约 6 亿元，年创利税约 5 000 万元。

莱宝触摸屏项目落户浙江金华

7 月 21 日，莱宝高科发布公告称，其持有 43.50%股权的控股子公司——浙江金徕镀膜有限公司，拟对现有厂区进行搬迁，并将在建成后的新厂区拟投资建设电容式触摸屏模组项目。7 月 19 日，金华经济技术开发区管理委员会与金徕公司签署《电容式触摸屏模组项目投资合同》，但该合同生效的前提是须经本公司董事会、股东大会批准及金徕公司董事会审议通过。

该项目计划总投资 5 亿元，年产电容式触摸屏模组 2 400 万片以上（以 3.5 英寸计），项目达产后年销售收入 9.8 亿元以上，年交税款 5 000 万元以上。

康宁与三星将在无锡建基板玻璃厂

7 月 23 日，康宁公司全资子公司康宁新加坡控股有限公司、三星显示有限公司与无锡新区签订谅解备忘录，拟在无锡建立一家新的股权合资企业，生产 TFT-LCD 基板玻璃。

新公司将投资多达 6 亿美元在无锡新建 LCD 基板玻璃工厂。这一投资将在未来的几年中分几个阶段完成。该制造工厂将拥有第 8 代（2 200mm×2 500mm）玻璃的熔融和后段加工能力。

吉林奥来德新建成 OLED 材料升华纯化中心

吉林奥来德光电材料有限公司 8 月发布消息，公司新投资建成国内最大有机电致发光（OLED）材料升华纯化中心，引进韩国先进升华提纯设备 6 台，使升华仪器达到 30 多台，升华提纯能力大幅提高，日升华能力能达到 20kg。

平板显示超薄玻璃项目在邵阳奠基

8 月 15 日，湖南邵阳市平板显示超薄玻璃项目在邵阳市双清区境内的宝庆科技工业园奠基。该项目由邦盛集团与中南大学共同投资建设，共建设 6 条生产线，主要生产平板显示触摸屏和特种玻璃。项目分三期建设，一期投资 8 亿元，将建成工程技术研发中心、装备制造厂和 1 条生产线，预计 12 个月内建成投产，年产值达 10 亿元，年纳税 1 亿元；二期投资 42 亿元，建设 5 条生产线；三期投资 50 亿元，着力打造全国最大的触摸屏和盖板玻璃产业化生产基地。

中电熊猫第 6 代彩色滤光片项目开工

8 月 23 日，中电熊猫第 6 代彩色滤光片（CF）项目在南京仙林液晶谷举行隆重开工仪式。此次开工的第 6 代彩色滤光片项目总投资 35 亿元，是中电熊猫高世代液晶面板第 6 代线最重要的配套项目。

绿洲新能源 OLED 项目落户随州

9 月 8 日，绿洲新能源（中国）有限公司与湖北省随州市曾都区政府就年产 50 万平方米 OLED 项目正式签订合同。该项目落户曾都后，公司将投资 5 亿美元，采用全球最先进技术，年产 OLED 50 万平方米，年产值可达 7 亿美元。

长信科技电容式触摸屏 G5 线试产成功

长信科技 9 月 10 日发布公告称，公司参股企业上海昊信光电有限公司（简称“昊信光电”，公司占股比例 43%）的第 5 代电容式触摸屏生产线，于 7 月底安装完毕。昊信光电工程技术人员对生产线进行了为期一个月的调试、试运转，该生产线于 8 月底已经具备批量生产条件。9 月初，昊信光电即进行了小批量生产，经过公司品保部门的检验、测试，产品的良品率和各项性能指标均达到或超过预期目标。

据资料显示，昊信光电由长信科技与剑腾液晶显示（上海）有限公司、上海新蓝资产管理有限公司共同出资成立，合资公司对第 5 代 CF 生产线和净化车间进行相应改造和增添必要设备后，月产第 5 代（1 100mm×1 300mm）触摸屏 SENSOR 2 万片。

京东贝 LED 背光项目落户北京

9 月 25 日，台湾东贝光电集团投资 1 亿美元的 LED 光电器件生产项目在北京经济技术开发区举行开工仪式。

京东贝 LED 项目是北京数字电视产业的重要配套项目之一，主要为京东方液晶面板提供 LED 背光器件，该项目计划生产的 LED 产品也在照明、汽车尾灯等领域应用。

芜湖真空科技有限公司开工建设

总投资 6.07 亿元的芜湖真空科技有限公司，9 月在芜湖经济技术开发区奠基。该项目生产的真空镀膜装备，可以满足客户不同的高品质镀膜需求，可针对光电显示、工程玻璃、精密光学等行业提供专业化设备，提供一体化行业解决方案。预计项目建成后，年产高端真空镀膜装备 20 余套，实现销售收入 4.16 亿元。

信利光电 OGS 触摸屏生产线量产

10 月 12 日，信利光电 OGS 生产线量产启动仪式在广东汕尾举行。

信利光电 OGS 产线小片工艺当前月产能为 100 万片，最大量产尺寸为 7 英寸，主要集中供应智能手机及小尺寸平板电脑产品；目前大片工艺月产能为 50 万片，最大量产尺寸为 10 英寸，主要集中供应平板电脑产品，12 月将追加到月产能 150 万片。后续产能规划将重点发展小片工艺 OGS 产品，2012 年年底启动第二期投资项目，规划量产时间为 2013 年第三季度，届时月产能将达到 350 万片（以 4.3 英寸计算），总体产能将达到 600 万片。

两大液晶电视项目在呼和浩特投产

10 月 30 日，TCL 内蒙古液晶产业园落成及创维内蒙古液晶产业基地扩建投产仪式在呼和浩特市如意开发区举行。

TCL 内蒙古模组整机一体化项目总投资 12 亿元，在呼和浩特市鸿盛工业园设立的 TCL 内蒙古工业园液晶电视生产基地，总占地面积 13.33 万平方米。项目包含 6 条液晶电视生产线，4 条一体化整机背光模组线，主体包括中游背光模组至下游整机的一体化制造工厂，建设围绕液晶电视模组整机一体化生产线的生产厂房及配套设施，达到最大产能时可年产 18～65 英寸液晶电视 300 万台。

创维内蒙古模组一体化暨 300 万台整机扩建项目总投资 25 亿元，扩建项目将原有的 2 条 LCD 生产线升级为 4 条 LED 背光液晶电视生产线，新建的生产线可以生产 42～55 英寸的液晶电视。根据规划，到 2012 年年底，创维内蒙古公司自产产能将由原来的年 100 万台整机提升至 200 万台；到 2013 年年底，自产产能将提升到年 300 万台。

金指科技触摸屏项目投产

10 月 26 日，浙江金指科技有限公司电容式触摸屏制造供应基地在浙江长兴举行竣工投产仪式。本次投产的项目总投资 4 亿元，主要建设 3 条电容式触摸屏生产线，设计月产能为 250 万片，主要产品应用于智能手机和平板电脑等移动终端，预计项目达产后每年能为公司带来 5.5 亿元的销售收入。

电容式触摸屏项目落户南昌高新区

11 月 2 日，深圳市正星光电技术有限公司电容式触摸屏项目落户南昌高新区签约仪式举行。

据了解，深圳市正星光电技术公司专业生产电容式触摸屏 Sensor、触摸屏及新型显示器用 ITO 导电玻璃和钼铝钼（MoAlMo）镀膜、盖板等。根据合作协议，该公司将投资 6 亿元在南昌高新区建设电容式触摸屏导电玻璃、模组等产品研发与生产基地。

吉林 PLED 项目进入试运行阶段

据吉林日报 11 月 23 日报道，吉林环宇公司 PLED 项目第一条生产线进入试运行阶段。

该项目于 2005 年 12 月 3 日在长春正式签约。2006 年 7 月，长春高新技术产业发展总公司、吉林省信托投资有限责任公司和 PLED 香港公司三方共同出资成立吉林省环宇显示技术有限公司，注册资本金为 5 000 万美元，三方出资比例为 25%、20%和 55%。

项目总投资额为 10.25 亿元，占地面积 6 万平方米，建筑面积 3.15 万平方米，年产 PLED 显示模组 2 000 万套，建设时间为 2009 年 6 月—2011 年 12 月。

旭硝子深圳第 8.5 代玻璃项目落成投产

11 月 27 日，位于深圳新区高新技术产业园区科裕路的旭硝子显示玻璃（深圳）有限公司举行厂房落成暨项目投产仪式。

旭硝子显示玻璃（深圳）有限公司位于深圳光明新区高新技术产业园区，华星光电第 8.5 代液晶面板项目东侧，公司新建一条月产量为 120K 的第 8.5 代 TFT-LCD 玻璃基板（尺寸为 2 200mm×2 500mm）的精密研磨生产线。该公司注册资本为 75 亿日元，总投资 220 亿日元。旭硝子工厂建成后，年生产能力为 173 万片第 8.5 代 TFT-LCD 玻璃基片，折合后为 950.4 万平方米。

南京上马液晶材料生产线

南京日报 12 月 5 日报道，江苏和成显示科技股份有限公司在南京六合区上马 TFT-LCD 混合液晶材料生产线，液晶材料的自主产业化将为南京液晶谷建设提供强力配套。

该生产线位于六合区化学工业园新材料产业园内，占地 50 000 多平方米。目前投入生产的是该项目的一期工程，预计 2013 年年产量将达到 30t，以后还将逐年增加。项目一期的规模及生产能力仅占整个项目的 1/3，预计 2014 年项目全部完成后将达到“年产 100t”的设计生产能力。

南玻集团精细玻璃项目落户宜昌

12 月 10 日，南玻集团新的重大项目精细玻璃及超薄电子玻璃项目正式落户宜昌高新区。最快到 2014 年，宜昌也能生产出 iPhone 手机、intel 超极本的触摸屏。

精细玻璃项目选址高新区东山园区，计划 2013 年 2 月开工，2014 年全部建成达产后，将形成年产 3 000 万片的 3.5 英寸以上智能手机及平板电脑触控模组上下游一体化产业园。超薄电子玻璃项目选址在宜昌高新区深圳工业园，计划建设年产 35 000t、厚度为 1.1mm 以下的超薄电子玻璃，计划 2013 年年初开工，年底建成投产。

第10章

企业名录

LCD 器件

TCL 集团工业研究院

简介：主要研究领域包括 TFT-LCD 的运动图像模糊，CCFL 背光源的动态控制，LED 背光源，PDP 驱动技术，FED 驱动技术，OLED 器件的开发和 IC 设计等，取得了一系列重要成果，并转化到产品上实现量产。

电话：0755-33311306

网址：www.tcl.com

安德液晶显示技术（深圳）有限公司

简介：从事液晶显示器（LCD）及其模块（LCM）的设计、生产及经营的高科技外向型港资企业。

鞍山亚世光电显示有限公司

简介：是一家具有独立设计开发和生产经营 LCD 和 LCM 能力的专业化公司。

电话：0412-5211903

网址：www.yes-lcd.com

蚌埠方圆光电科技有限公司

简介：集 TFT 模块开发、生产、销售于一体的专业制造商，可生产 1～12 英寸 TFT、CSTN 等各种类型的液晶显示模块。

北方液晶工程研究开发中心

简介：中心承担 TFT-LCD、TN/STN/CSTN-LCD、 OLED-TFT、O-TFT、EL 等多项国家和吉林省科技发展计划项目，为集团公司的未来发展提供了技术支持和产品储备。

电话：0431-84666091/84627137

北京德彼克创新科技有限公司

简介：成功地将各类 LCD 产品推广到通信、交通、金融、工控、医疗等工业领域以及 PDA、车载 DVD 等消费类电子产品领域中，与各行业的知名企业建立了深入而持久的合作关系，为不同需求的客户和合作伙伴提供完善的解决方案。

北京迪特福科技有限责任公司

简介：核心产品有 TN、STN、FSTN 型液晶产品（SMT、COB、COG、TAB、COF），ColorSTN、TFT，OLED 等光电产品，触摸屏等高新技术产品。

北京东方蓝野科技有限公司

简介：研发、设计、销售各类液晶显示屏，液晶模组、模块，以及其他专用功能电子模组、模块的专业公司。

北京华田信科电子有限公司

简介：提供各种规格的 TN、HTN、STN、FSTN 液晶显示屏以及 COB、SMT、TAB、COG、COF 和 H/S 液晶显示模块。

北京集粹电子设备制造有限公司

简介：从事液晶显示器件的开发、生产和经营的高科技企业。从产品的形式上，公司目前可以生产 TN 型、HTN 型、STN 型和 FSTN 型等多种标准液晶显示屏和液晶显示模块。

北京技博科技有限公司

简介：以液晶显示及相关产品的研发、行销、服务为主的高新技术企业。致力于解决各种尺寸及各种规格的 TFT 液晶屏驱动方案的研发。

北京精电蓬远显示技术有限公司

简介：主要从事小型平板显示模组的设计、生产、销售和技术服务。

北京奇创彩晶科技发展有限公司

简介：是一家专业工业液晶显示器产品、液晶显示模块、提供技术咨询的高新技术类企业。

北京青兰石光电子有限公司

简介：主营业产品包括 TFT-LCD 液晶模组及数码手持终端产品，产品主要应用于手机、液晶显示器、数码手持终端、GPS 导航仪等。

北京青云创新科技发展有限公司

简介：专业从事单色和彩色 TN、STN、C-STN、TFT、OLED、LED、EL 等显示产品的设计、开发和生产，其中 TN、STN 液晶显示模块年生产能力在几百万只以上，其品种达上千种，在全国仪器仪表等行业占有较大的市场份额。

北京清华液晶技术工程研究中心

简介：中心十分关注并致力于我国液晶行业的人才培养，在专业人才培训上做了大量工作。采取在清华大学集中开课与为企业上门培训两种方式开展人才培训。中心十多年来一直承担编撰中国光学光电子行业协会液晶分会年鉴的工作。

电话：010-62771794/62795895

网址：www.tclc.com.cn

北京宇田信达科技有限公司

简介：主要产品有工业液晶显示器、常温或宽温液晶模块及相关驱动组件、液晶平板电脑、一体化液晶工作站、多媒体会议系统、GPRS 定位系统等。

贝纳化电子科技有限公司

简介：是一家专业生产液晶显示器和液晶显示模块的高科技企业。产品主要以 TN、STN、FSTN、CSTN 等类型为主。

比亚迪股份有限公司第四（LCD）事业部

简介：主要产品包括 LCD 屏板：TN、HTN、STN、CSTN；LCD 模组：TN、STN、CSTN、TFT、OLED 和 Camera。

博源科电子（深圳）有限公司

简介：主要产品有中/小尺寸液晶模组（TFT、STN、TN、COG、COG、TAB）。

长春聚尔科技有限公司

简介：生产 TN、HTN、STN、FSTN、C-STN 等液晶屏产品及 COB、Heat、Seal、TCP/TAP、COG 等多种连接方式的液晶模块产品，可用于手机、PDA、车载显示器等多个领域。

长春联诚仪器有限公司

简介：公司主营业务包括仪器仪表、光学器件、半导体器件、工业自动化设备、液晶显示器件和模块、计算机软/硬件的技术开发、生产和销售。

长春市芳冠电子科技有限公司

简介：年生产 LCD 屏 50 000m^2、LCD 模块 300 万块。主营产品或服务包括液晶材料、电子元器件的加工、进料加工、模块产品、三来一补、相关的进出口业务。

长沙太阳人电子有限公司

简介：拥有强大的 COB、TAB、COG、COF 液晶模块生产能力和完善的产品检测系统。同时专业研制、生产、销售各种石英晶体振荡器、小型无漂移铷原子钟等产品。

常州东南联发彩屏电子有限公司

简介：是一家集 TN、STN、FSTN、C-STN、TFT 等液晶显示屏及模块的研发、生产、销售服务于一体，拥有自营出口权的高新技术企业。

常州东南液晶显示有限公司

简介：是一家集液晶显示屏（LCD）和液晶显示模块（LCM）的研发、生产、销售服务于一体，拥有自营出口权的高新技术企业。

电话：0519-6568578

网址：www.dnlcd.com.cn

常州捷安生光电科技有限公司

简介：从事高端（TN、HTN、STN-LCD）液晶模块的研究、开发、生产和经营。

常州雅松光电科技有限公司

简介：生产各种液晶显示器（TN、HTN、STN 及 FSTN），是现今世界上唯一能研发和生产高对比度（1 200:1）硅片液晶显示器（L-COSLCD）、高对比度黑白液晶显示器（PWTN-LCD）及染料液晶显示器（DILCD）的综合型公司。

潮州市蓓蕾电子有限公司

简介：专业设计、制造液晶显示产品及配套部件。

电话：0768-6856261

川奇光电科技（扬州）有限公司

简介：专业研发、生产、代工、销售中小尺寸（10.4 寸以下）薄膜晶体管彩色液晶显示面板、LCM 的专业制造商和液晶模组代工厂商。

创维液晶器件（深圳）有限公司

简介：创维集团的下属公司，专业生产液晶模组的公司，集生产、研发于一体。

大连东方科脉电子有限公司

简介：从事中高档液晶显示器 LCD、液晶显示器模组 LCM（无源及有源 TFT）及 MCU 相关产品的生产。更专注于中高端 TN 和 STN 液晶显示器及特种无源液晶显示器的生产，重点研发垂直取向技术、超低温 TN 液晶、全彩色和双稳态等液晶显示器，自主研发了基于 VA 技术的新型 LCD 产品。

电话：0411-87407681

网址：www.dkelcd.com

大连东福彩色液晶显示器有限公司

简介：专业从事液晶显示器、液晶显示模块及相关电子产品生产、开发、应用的大型生产工厂。

大连东显电子有限公司

简介：是专业从事液晶显示器（LCD）及其模块（LCM）的设计、生产及经营的国内知名企业。可完成 SMT、COB、TAB、COG 模组工艺技术制作。现已为国内外客户设计和生产出段码式、字符点阵式、图形点阵式液晶显示器千余种。

电话：0411-39966556/0411-87615826

网址：www.ed-lcd.com

大连佳显电子有限公司

简介：专业从事中高档液晶显示器 LCD、液晶显示器模组 LCM（无源及有源 TFT）及相关产品的生产厂商。

大连益显达电子有限公司

简介：年生产能力为液晶显示屏 8 万平方米，液晶显示模组及相关电子组件 500 万件。

东莞华鼎电子有限公司

简介：专业生产 TN、STN、FSTN 和其他特殊类型的 LCD 以及 COG、TAB、COB 模组。

东莞劲佳光电股份有限公司

简介：主营产品为 LCD（TN、HTN、STN、FSTN、TFT）及 LCM。

东莞市创显科技有限公司

简介：生产各种标准及非标准 TN、HTN、STN、FSTN 型 LCD 及 SMT、COB、TAB、COG 封装的 LCM。

东莞市嘉源光电科技有限公司

简介：专业开发生产中高端液晶显示元件（LCD&LCM）。主要致力于 ColorSTN 和 TFT，以及 FSTN、STN、TN 产品的研究和生产制造。

东莞市拓达电子科技有限公司

简介：专业生产 TN、HTN、STN、FSTN、TFT 及 SMT、COB、TAB、COG 模块，产品涵盖断码型、标准字符型、图形点阵（点阵可达 640×480）和带字库液晶。

东莞通华液晶有限公司

简介：产品涵盖从 TN 到 FSTN 的各种档次的液晶显示器，COB/COG/TAB 等液晶显示器模块也有相当发展。

飞天科技有限公司

简介：专业生产液晶显示器和液晶显示模块及从事电仪用品的开发、销售、服务的高科技、外向型企业。

福建金视界液晶显示科技有限公司

简介：年产能力可达 300 万片 14 英寸×16 英寸 LCD 产品和 1 000 万片 LCM 产品。

福建莆田新威电子工业有限公司

简介：STN/FSTN/TN 系列液晶显示屏。
电话：0594-3791968/3793988
网址：www.sunway.com.cn

福建省健威液晶科技有限公司

简介：液晶显示器件（LCD/LCM）的专业化生产厂家。

福建省晋江市晶宝达液晶科技有限公司

简介：开发、设计、生产、销售 TN、HTN、STN 等各种档次 LCD 和 LCM，月生产能力 9 万对（14 英寸×16 英寸）。

福州宏裕液晶显示器有限公司

简介：专业研发、制造和销售液晶显示器件（LCD、LCM）的高新技术企业。

福州华映视讯有限公司

简介：主要生产 LCDMonitor 的重要零部件 B/L（背光模组）。

富相科技股份有限公司

简介：液晶显示屏（LCD）和液晶显示模块（LCM）的设计、生产、经营企业。

高华电子显示（深圳）有限公司

简介：成立于 1983 年，着力于液晶显示器及液晶显示屏的研发和制造。

高怡科技公司

简介：专业设计和生产液晶显示产品的公司，本公司可为客户提供各种液晶显示产品，包括液晶显示器、液晶电视、家用显示器、液晶显示终端。

光王电子贸易（上海）有限公司

简介：生产 LCD 液晶显示片（TN、STN、CSTN、TFT、OLED）。

广东风华高新科技股份有限公司

简介：目前在 STN-LCD、VFD 等领域已初具规模，PDP、TFT-LCD、OEL 等项目正在探讨研发阶段。

广西灵山天山微电子有限公司

简介：专业从事液晶显示产品的开发、生产和销售的高科技企业。

广州驰为电子科技有限公司

简介：专业生产液晶显示屏和液晶显示模组的厂家，产品涵盖 TN、HTN、STN、FSTN 液晶显示屏和 COG、TAB、COB、SMT 液晶显示模组；有笔段型、字符型、图形点阵型和中文图形等液晶显示模块。

广州龙宇电子有限公司

简介：产品涵盖 TN、HTN、STN、FSTN 等 LCD 面板产品，COG、COB、TAB 等 LCM 产品及其他应用 LCD/LCM 的 OEM 产品。可提供 1 000 万平方英寸/月的 LCD 面板，300K/月的 LCM 模块的生产能力。

广州市方舟电子有限公司

简介：提供性能稳定、品类齐全的系列 LCD 面板与 LCD 模块。

广州市龙宇电子有限公司

简介：产品涵盖 TN、HTN、STN、FSTN 等 LCD 面板产品，COG、COB、TAB 等 LCM 产品及其他应用 LCD/LCM 的 OEM 产品。

广州同华实业有限公司

简介：主要产品为 TN、STN、FSTN 型液晶显示屏及各种段码式、点阵字符型、点阵图形型液晶显示模块。

广州铜铧电子有限公司

简介：主要产品为 TN、STN、FSTN 型液晶显示屏（LCDPanel）及各种段码式、点阵字符型、点阵图形型液晶显示模块（LCM）。

广州亿圣（比纳科）电子有限公司

简介：生产 TN/HTNLCD、LCM 模块，还可以帮客户邦定 IC，也可根据客户的要求开发、生产非标准的 LCD 产品。

海德威科技股份有限公司

简介：专业于消费性电子产品的应用及开发设计，提供液晶屏驱动板、PDP 方案和 PMP（MP4）方案。

海南清华显示器科技开发有限公司

简介：生产能力为：LCD 60 000 对/月，COG 120 万/月，LCM 500 万/月。

杭州创凌电子有限公司

简介：专业开发、设计、生产 LCD 液晶显示屏、LCM 液晶模块等相关产品。

杭州夺盛电子科技有限公司

简介：专业于液晶显示器、液晶显示模块、背光源（LED）的生产。

杭州平望科技有限公司

简介：以市场为导向、致力于为用户提供液晶显示整体解决方案的公司，主要产品为 2.4～10.4 英寸真彩 TFT 液晶屏。

杭州清达光电技术有限公司

简介：专业开发、设计、生产及销售液晶显示屏 LCD（TN、HTN、STN、FSTN）、液晶显示模块 LCM（COB、SMT、COG、TAB、COF）、彩色液晶（STNCOLOR、TFT）、OLED、EL 及其他光电产品。

电话：0571-88256346

网址：www. tsingtek.com

杭州天硕信息技术有限公司

简介：显示器方面主要提供小尺寸 LCD、LCOS、OLED 显示器（SVGA）模组、LCOS 和 LCD、OLED 微型显示器模组及光学组件和驱动板，以及从事单目双目头带显示器（HMD）、电子寻像器（EVF）、近眼显示器（NTE）的开发、生产、销售。

杭州远见光电显示技术有限公司

简介：能够提供各类高品质 TN、HTN、STN、FSTN 类型的 LCD。

航天科技半导体有限公司

简介：生产液晶显示器（LCD）、液晶显示模块（LCM），包括 STN-LCD、COG-LCM、TAB-LCM、COB-LCM 和 COF-LCM。

合力泰微电子（深圳）有限公司

简介：产品涵盖 TN、HTN、STN、FSTN、CSTN 和 TFT 等模式的液晶显示屏，以及 COB、COG、COF、TAB 等类型的液晶模块。

和美光电科技（苏州）有限公司

简介：生产 TN-LCD、STN-LCD、CSTN-LCD、TFT-LCM 及各种 LCM。

电话：0512-68051029

河北冀雅电子有限公司

简介：提供各种规格的 TN、HTN、ETN、STN、FSTN、CSTN 和 TFT 液晶显示屏，以及 COB、SMT、TAB、COG、COF 液晶显示模块。

电话：0311-87757909

网址：www. jiyalcd.com

河源青雅电子科技有限公司

简介：专业生产液晶显示器、液晶电视机和 TFT 液晶显示模块。

湖南曙光电子集团有限公司液晶显示器厂

简介：专业生产液晶显示屏。

电话：0731-85559518/84177027

网址：www.shuguangelec.com

华东电子光电科技有限公司

简介：产品涵盖显像管、显示管、LCD、节能光源、晶体元器件、医疗电子设备、消防电子系统、微电子芯片、商用空调、GPS 网络服务、太阳能系列产品、多功能制水机、特种电子材料等二十多个门类的几百个品种。

华锐光电科技有限公司

简介：致力于中小尺寸 TFT-LCD 液晶模组的

研发、生产和销售。

华映视讯（吴江）有限公司

简介：主要生产TFT-LCD面板/模块。

惠科电子（深圳）有限公司液晶模组事业部

简介：产品涵盖等离子电视机、液晶电视、液晶显示器、CRT显示器、LED显示屏。

惠州市天兴光电显示科技有限公司

简介：从事开发、制造及销售液晶显示模块（LCM）和LED背光源的高新技术企业。

惠州市中显电子科技有限公司

简介：研发、生产液晶显示屏（LCD）和液晶显示模块（LCM），其中LCD类型包括TN、HTN、STN、FSTN、TFT或以上COB、COG、COF、TAB模块。

吉林北方彩晶数码电子有限公司

简介：设计、开发6.5英寸/8.2英寸液晶模块，以适应车载、消费类市场快速上升的需求。

吉林紫晶电子有限责任公司

简介：规模生产各种TN、STN液晶显示屏和液晶显示模块，还可为客户定制专用及特殊产品。

技博科技深圳有限公司

简介：专业从事于液晶及相关产品的开发、生产、营销的科技有限公司，公司提供各种尺寸的液晶屏，并提供完整的显示解决方案。

嘉源光电科技有限公司

简介：是一家台商独资的高新技术企业，专业开发生产中高端液晶显示器件（LCD&LCM）。主要致力于ColorSTN和TFT，以及FSTN、STN、TN液晶显示器件的研究开发和生产制造。

江门亿都半导体有限公司

简介：主要生产TN、HTN、STN及LCD元件（LCM）。

电话：0750-3866733

网址：www. yeebo.com.cn

江苏句容骏升显示技术有限公司

简介：主要生产液晶显示屏，其生产能力是7万平方米。现有80%产品远销中国香港地区、韩国。

电话：0511-7267802

江苏尚扬电子科技有限公司

简介：致力于高品质中小尺寸TFT-LCD模组的研发与制造。

江西合力泰微电子有限公司

简介：产品涵盖TN、HTN、STN、FSTN、CSTN和TFT等模式的液晶显示屏，以及COB、COG、COF、TAB等类型的液晶模块。

电话：0796-5376036

网址：www.szlcd.com

京东方科技集团股份有限公司

目前，京东方拥有一条月产能4.5万片玻璃基板的第4.5代TFT-LCD生产线、一条月产能10万片的第5代线、一条月产能10万片的第6代线、一条月产能9万片的第8.5代线，在建一条月产能9万片的第8.5代线和一条月产能5.4万片的第5.5代AM-OLED线。

电话：010-64318888

网址：www.boe.com.cn

京东方现代（北京）显示技术有限公司

简介：主要生产 TN、STN、CSTN 显示模块，产品类别有黑白、4 级灰度、4 000 色、6 500 色彩色 STN 模块和 TFT 模块，产品主要应用于移动终端（手机、PDA 等）、工业设备、商业设备等。年生产能力超过 1 400 万片。

晶蕾电子有限公司

简介：提供标准的 TN、HTN、STN、FSTN 型 LCD，以及 COF、TAB、COG 等模块。

晶星光电有限公司

简介：专业设计生产专用 TN、HTN、STN 液晶显示片，各种普通、八角、单色、彩色、激光，单色丝印，多色丝印的电子装液晶显示屏（片）。

精电（河源）电子有限公司

简介：主要产品有仪表液晶显示器、计时液晶显示器、游戏机液晶显示器及通信器材液晶显示器等。

精电显示技术（深圳）有限公司

简介：设计、开发、生产液晶显示产品、超扭曲液晶显示产品（STN）、新型显示器件及相关产品。

精士电子有限公司

简介：生产各种型号的 TN、STN、COLORSTN、FSTN 段式、点阵、图文 LCM。

久正光电股份有限公司

简介：产品先后获得 Motorola、西门子、HP、SANYO、3M、松下、波导、联想、南方高科、华冠等公司的认可。

巨浪光电（深圳）有限公司

简介：从事彩色移动电话显示器件，汽车应用显示器件，MP3、MP4、GPS 应用显示器件 FPC、手机主板、数码相框、MP3、MP4、摄像头等 SMT 贴片的加工。

康惠（惠州）半导体有限公司

简介：其生产能力为 14 英寸×16 英寸玻璃 18 万片/月。生产产品有 TN、HTN、STN、FSTN 液晶显示器和各类通用标准或专用的 COB、TAB、COG 模块。

电话：0752-2630199

网址：www.casilsemi.com

昆山凌达光电科技有限公司

简介：公司系 LCD&LCM 供应商，专业设计、生产和销售 LCD Panel（STN、FSTN、C-STN）和 LCMModule（STN、FSTN、C-STN、TFT）。

昆山龙腾电子有限公司

简介：液晶显示器、液晶显示屏、液晶显示器件及计算机等周边产品的开发、生产、销售并涵盖上述所有业务的技术服务。

昆山龙腾光电有限公司

简介：于 2005 年 7 月 12 日由昆山经济技术开发区资产经营有限公司与龙腾控股有限公司共同出资成立，是国内第三家第 5 代 TFT-LCD（薄膜晶体管液晶显示器）生产厂商，产品以台式显示器、笔记本电脑及液晶电视面板为主。

电话：0512-57278888

网址：www. ivo.com.cn

联建（苏州）科技有限公司

简介：主要从事ITO导电玻璃的生产，触控电板、导光板及TN、STN、CSTN、TFT的液晶显示器的研究开发、设计、制造、销售、维修。
电话：0512-62568178
网址：www.wintek.com.tw

梅县梅雁电子科技工业有限公司

简介：公司拥有全自动液晶显示器生产线，能生产6.4～47英寸的多媒体TFT彩色液晶显示器、大屏幕数字化液晶电视。

南京北方慧华光电有限公司

简介：从事开发、制造并且在国内和国际市场销售以SMD变压器、CCFL型背光电源等为代表的LCD产业链上游产品和其他光电产品。

南京电子器件研究所

简介：主要产品包括GaAs微波、单片集成电路及多芯片模块，微波器件及电路，微波器件，微波通信设备，电子材料及新型III-V族化合物半导体材料，声表面波器件；液晶、等离子体、电致发光等平板显示器件及组件；光电倍增管，特种真空摄像器件及整机；电子信息系统等。

南京国显电子公司

简介：产品涉及各类通用TN、HTN、STN和FSTN液晶显示屏及SMT、COB、TAB、COG液晶显示模块、非标准液晶显示模块；特种平板显示器及其组件；LED系列显示组件、LED背光源、EL冷光源及其各种附加产品（如消防应急灯）。

南京瀚宇彩欣科技有限责任公司

简介：专门生产薄膜电晶体液晶显示器面板，主要应用领域为膝上型电脑显示器及桌上型电脑监视器。

南京华日液晶显示技术有限公司

简介：是由南京华东电子信息科技股份有限公司、日本株式会社ITT和南京新港高科技股份有限公司合资组建的液晶显示器件专业制造公司。
电话：025-85803333
网址：www.huarilcd.com

南京瑞福达微电子技术有限公司

简介：外向型的高新科技企业，专业生产TN、STN、FSTN、CSTN、TFT和其他特殊类型的LCD，以及COF、SMT、TAB、COG模块等。

南京中电熊猫液晶显示科技有限公司

简介：其第6代液晶面板生产线导入了夏普10代线的UV^2A等最新技术，具有技术先进、专利有保障、投资节约、产业链垂直整合、技术再创新等优势。未来将投建更高世代液晶面板线。
电话：025-89617777

宁波高新区七鑫旗科技有限公司

简介：主要产品覆盖手机用TFT-LCD、中尺寸TFT模组，主要用于车载DVD、GPS、数码相框；另外还进行液晶电视的生产，主要产品线是15英寸、17英寸、19英寸的液晶电视。
电话：0574-87915560
网址：www.sevlag.com.cn

宁波经济技术开发区明信电子有限公司

简介：专业开发、设计、生产及销售液晶显示屏LCD（TN、STN、HTN、STN、FSN）、液晶模块、硅胶按键、导电条、斑马纸、LED背光。

宁波奇美电子有限公司

简介：专业生产模块（LCM），可广泛运用于 Notebook、Monitor、PDA、Mobilephone 及 LCDTV 等领域。

莆田市莆辉光电科技有限公司

简介：专业生产 TN、HTN 及 STN 液晶显示器及配套产品的公司，是原中国电子工业部“八五”规划重点项目之一，是福建省电子 20 家重点电子企业之一。

电话：0594-2281371

网址：www.ptvk.com

莆田市诺斯顿电子发展有限公司

简介：品种包括 TN、STN、HTN，拥有段码式、字符式及图形点阵三大系列。

青岛浩日鑫电子科技有限公司

简介：生产、销售液晶显示屏和液晶显模块（LCM）的高科技企业。主营各类 TN、HTN、STN、FSTN、CSTN 液晶显示屏和模块。

青岛莱科达微电子有限公司

简介：专业生产 TN、STN 液晶显示器、液晶显示模块和 LED。

铨晶科技开发（深圳）有限公司

简介：中小尺寸液晶屏生产、销售，液晶驱动板、VideoDecoder/T-conIC、MultimediaController 的专业设计以及相关产品解决方案的专业供货商。

群康科技（深圳）有限公司

简介：从事面板模块、成品组装与材料之研发、设计、生产销售及售后服务。

日立显示器件（苏州）有限公司

简介：日立显示器集团在中国设立的第一家专业从事液晶显示器件产品的设计、制造和销售的独资子公司。

山东蓝山液晶科技有限公司

简介：生产液晶显示器、笔记本电脑、液晶背投电视机以及光引擎的大型企业。

山东烟台特晶电子有限公司

简介：公司主要生产 640×480 点阵以下 TN、STN、FSTN 液晶显示模块，工艺包括 COB、COG、SMT、TAB 等。

汕头超声显示器（二厂）有限公司

简介：研制超声电子仪器、双面及多层印制电路板及液晶显示器。

汕头超声显示器有限公司

简介：生产能力达年产 14 万平方米液晶显示器及超 3 000 万套液晶显示模块。

电话：0754-88192283

网址：www. goworld-lcd.com

汕头锐科电子有限公司

简介：专业研发并生产电路板（PCB）、液晶显示器（LCD）和液晶模块（LCM）等产品。

汕头市众利电子科技有限公司

简介：研发、制造、销售液晶显示模组系列产品和微机液晶显示界面控制器的科技型企业。

上海翱博电子有限公司

简介：提供高标准、高品质的黑白和彩色 LCD、

LCM、TOUCHPANEL、BACKLIGHTMODULE 等液晶产品及相关产品。

上海常祥实业有限公司

简介：为 LCM 模组、LED、太阳能电池组件、触摸屏、无源器件、集成电路、表面贴装、电气绝缘等行业的高端客户提供产品和服务。

上海凡捷电子科技有限公司

简介：为客户专业提供 Video、VGA、TV、DVI 等接口的液晶显示器，车载电视，广告机，LCD 驱动板卡、LCD 连接线，Inverter 等并可为客户量身定做各种驱动方案。

上海恒方电子有限公司

简介：生产、销售的产品包括液晶显示模块、液晶显示屏、触摸屏、数显仪表、温湿度计、太阳能电池、光电器件、紫外线探测器、传感器、高科技环保仪器等。

上海宏光液晶显示技术有限公司

简介：专业研制、开发、生产液晶显示器和液晶显示模块的高新技术企业。

上海华嘉光电技术有限公司

简介：专业从事 LTPS-TFT-LCD 低温多晶硅薄膜晶体管液晶显示器的研发、设计、制造、销售和服务的高科技公司。

上海晶桥电子科技有限公司

简介：主要从事电子元器件、集成电路设计及制造、光电显示器件、电子专用设备及 OEM 来料加工等。光电显示器件是公司目前主要投资项目。

上海朗睿电子科技有限公司

简介：专业从事军工、工业液晶显示器开发、生产和服务的高科技公司。

上海乐臣光电科技有限公司

简介：专业从事液晶显示器及其模块的设计、生产经营企业。

上海立汉洲数字设备有限公司

简介：产品有 1.8～21 英寸及以上的液晶显示模块，提供可配套 7～21 英寸液晶的驱动板卡（A/D 板），包括 PC、AV、TV 等接口输入方式。

上海领先微电子有限公司

简介：主要经营产品包括电子产品设计开发、控制芯片（MCU）销售、液晶（LCD）设计销售、产品模块委托设计。

上海市九山电子科技有限公司

简介：专业开发、设计及销售液晶显示屏 LCD（TN、HTN、STN、FSTN、TFT）、液晶显示模块 LCM（COB、SMT、COG、TAB、COF）、触摸屏及其他光电产品的高新技术企业。

上海天马微电子有限公司

简介：在上海浦东新区建设国内第一条第 4.5 代 TFT-LCD 生产线，自主掌握 TFT-LCD 设计与制造等关键技术，形成自主知识产权和自主创新技术能力。项目一期设计产能为月加工 730mm×920mmTFT-LCD 玻璃基板 3.0 万张，目标市场定位于 10.4 英寸以下全球中小尺寸显示市场，于 2007 年第四季度试生产，2008 年第一季度量产。

上海欣为机电科技有限公司

简介：主要从事液晶显示屏和液晶显示模块产

品的研发、生产及销售，包括 TN 和 STN 两大类。

上海盈贸微电子有限公司

简介：是一家专业生产、经营高性能 TN、HTN、STN、FSTN 型液晶显示器及模块的中外合资企业。

上海彰峰电子科技有限公司

简介：主营产品包括液晶屏、触摸屏、驱动板卡、液晶显示器、触摸显示器、多媒体广告机、工业整机产品等。

上海中航光电子有限公司

简介：生产液晶显示器、笔记本电脑和液晶电视的液晶屏（TFT-LCD）及模块等。

上海中科联和显示技术有限公司

简介：专业从事 OTFT 平板显示技术与关键装备领域的技术开发、试验、中试及产业化推广工作。

电话：021-20325195

劭旭电子技术有限公司

简介：集 LCD、LCM、MP3 液晶模块等产品的设计、生产、销售于一体的专业性高新科技企业。

深超光电（深圳）有限公司

简介：致力于笔记本电脑、PC 显示器及液晶电视机等产品的 TFT-LCD 显示面板的设计、研发、测试及制造。

深圳奥创微电子有限公司

简介：专业生产液晶显示器（LCD）和液晶显示模块（LCM）的厂家。

深圳奥利莱电子科技有限公司

简介：主营 TN、STN、FSTN 等液晶显示器和设备。点阵字符、图形模组年生产能力大于 150 万件。

深圳超亮科技实业有限公司

简介：生产超高亮阳光下可视 TFT-LCD 液晶显示屏，可从–40℃到 70℃环境中使用的宽温显示屏，以及其他特殊用途液晶显示系统（如在阳光下的 TFT-LCD 液晶幕墙显示系统）等。

深圳晨旭阳光科技有限公司

简介：专业生产 TFT-LCD 彩色显示模块、彩色液晶监视器、液晶电视、汽车后视倒车雷达系统。

深圳创凯电子有限公司

简介：致力于小尺寸数字/模拟液晶屏方案模块的开发。公司还开发完成采用 GENESIS8125 支持的 20 英寸液晶的美国方案，以及适用于 32 英寸以上液晶/PDP 的大尺寸成熟方案。

深圳恩泽瑞显示科技有限公司

简介：专业生产 TN、STN、FSTN、CSTN 和其他特殊类型的 LCD，以及 COF、SMT、TAB、COG 模块等。

深圳富创电子有限公司

简介：专业从事液晶显示模块（LCM）的开发设计、生产及销售的高新技术企业。公司拥有 COB、SMT、COG、TAB 等生产工艺，可生产标准及客户定制图形点阵、字符点阵、字段式液晶模块。

深圳富鹏技术有限公司

简介：集生产、研发、销售于一体的专业液晶显示器（LCD）、液晶显示模块（LCM）的高科技企业。

深圳富士康群创光电科技股份有限公司

简介：产品线将从大小尺寸面板、大小尺寸模块到终端系统产品，各类产品组合完整。

深圳固利达微电子有限公司

简介：专业设计、制造各种类型通用、专用TN、STN 液晶显示器和显示模块。
电话：0755-83982322/27642742
网址：www.sanyoulcd.com

深圳合力顺电子公司

简介：生产 TN、HTN、STN、FSTH、BLACKMASK 型液晶显示器（LCD）及 SMT、COB、TAB、COG 等液晶显示模块（LCM）。

深圳华丰光电科技有限公司

简介：设计、生产各类通用、专用 TN、STN、HTN、FSTN、TFT 彩屏和各种类型的偏光片，以及礼品类的电子产品。

深圳华映显示科技有限公司

简介：深圳华映（SDT）是 CPT 在大陆地区投资的第五家公司，为 CPT 在深圳设立的前沿基地，SDT 是华南地区第一家投产液晶电视模组的公司。

深圳佳之讯电子有限公司

简介：液显产品包括段式、字符及图形液晶显示器和场致发光板，工控产品包括单板计算机、工业计算机机箱、工作站、工业平板电脑、PC/104、电源及底板等产品。

深圳晶华显示器材有限公司

简介：专业生产液晶显示器（LCD）和液晶显示模块（LCM）。
电话：0755-82442741/82055402
网址：www.china-lcd.com

深圳晶辉达电子有限公司

简介：从事高品质液晶显示器（LCD）、液晶显示模块（LCM）开发、生产的高新技术企业，主要产品有字符、字段、图形标准模块，并可按客户要求加工、定制各种液晶显示器。

深圳晶信光电科技有限公司

简介：生产各类通用、专用 TN、HTN、STN、FSTN 液晶显示器的专业制造商。

深圳久日光电子有限公司

简介：制造液晶显示面板（LCD）、液晶显示模块（LCM）的专业厂家。能够提供 TN、HTN、STN、FSTN 的液晶面板（LCD）及 COB、TAB、COG、COF 类型的液晶模块（LCM）。

深圳诺群电子有限公司

简介：专业生产 LCD、液晶显示产品及导电性连接片，以及将光能转化为电能的环保型太阳能电池，并于 2005 年投产 ITO 镀膜生产线。

深圳秋田微电子有限公司

简介：是一家集研发、制造、销售 COB、TAB、COG 液晶显示模组产品和微控制器（单片机）开发于一体的中外合资企业，同时参与 LCD、LED 和 PCB 的设计与生产。

深圳瑞特电子有限公司

简介：公司主要开发生产 TN、HTN、STN、FSTN、TFT 型液晶显示屏，并承接客户各种定制的产品。

深圳瑞通光电有限公司

简介：专业设计、生产、销售液晶显示器（LCD）及液晶显示器模组（LCM），并可承接 LCD 专用设备及净化工程设计的专业化公司。

深圳赛科显示器有限公司

简介：LCD 和 LCM 的生产厂家和销售商。

电话：0755-28172887

网址：www.santechdisplay.com

深圳市百视明显示技术有限公司

简介：专业设计、制造 TN/HTN/STN/FSTN 笔段式、点阵式液晶显示屏（LCD）、BLACKMASK 黑膜多色显示屏、液晶显示模块模组（LCM）。

深圳市宝盛电子技术有限公司

简介：产品类型包括 TN、HTN、STN、FSTN、黑模 LCD 及相配套的 COG、TAB、SMT 模组。

深圳市北帝科技有限公司

简介：专业生产和销售液晶显示器 LCD（TN、HTN、STN、FSTN、CSTN）和 LCM（COB、TAB、COG、TFT）模块等。

深圳市蓓蕾电子有限公司

简介：产品包括 LCD（TN、HTN、STN、FSTN）、单色显示 LCM（COB、TAB、COG）和彩色 TFTLCM。

深圳市奔马显示技术有限公司

简介：专业的 LCD/LCM 液晶显示器生产厂家，公司集设计、开发、生产、销售于一体。

深圳市长平兴科技有限公司

简介：专业从事开发、制造、营销各类 LCD（液晶显示器）和 LCM（液晶显示模块）的高新科技企业。

深圳市长晟科技有限公司

简介：专业研发、生产、经营各类 LCD 液晶显示器和 LCM 液晶显示模块的高科技企业。

深圳市潮丰实业有限公司

简介：产品涵盖了 TN、HTN、STN、FSTN 系列液晶面板产品，包括 COB、TAB、COG 等液晶显示模块产品，可提供 5 000 万片/月的 LCD 液晶屏和 10 万/月的 LCD 模块生产能力。

深圳市晨盛达电子有限公司

简介：开发、生产、销售 TN、STN、FSTN 型液晶显示模块，拥有段码式、字符式、图形点阵式 3 个系列 200 余种标准模块。

深圳市德龙电子有限公司

简介：专业从事设计、开发、生产及销售各种大、小尺寸的 LCD 液晶显示器、液晶电视，以及车载 DVD、VCD、CD、MP3 等汽车影音系统的高科技公司。

深圳市迪创电子科技有限公司

简介：提供 TN、STN、FSTN 等类型的 LCD，同时还提供 COB、COG、TAB、COF 等类型的 LCM 产品，点阵可达 640×480，点间距最小为 0.01mm。

深圳市帝晶实业有限公司

简介：集 LCM（COG、TAB、COF）、SMT 等产品研发、生产、销售于一体的高科技公司。

深圳市电光比龙显示科技有限公司

简介：是液晶显示器（LCD）、液晶显示模块（LCM）、背光源（LED）、TFT 及控制板的专业设计与制造企业。

深圳市尔泰科技有限公司

简介：专业开发、生产液晶显示屏（LCD Panel）和液晶显示模块（LCD Module）的高科技企业。

深圳市格物致电子有限公司

简介：大规模制造 TN、HTN、STN、FSTN 液晶显示屏和点阵类 LCD，月产量 LCD 可达到 15 000 m^2。

深圳市广源达电子有限公司

简介：①特殊定制各种 TN、STN 型液晶显示屏（LCD）；②批量生产多种段式、点阵式标准尺寸液晶显示模块（LCM）；③为客户设计、开发、生产非标准性液晶显示模块以及部分软件控制的电子产品；④销售液晶显示模组控制 IC。

深圳市国显科技有限公司

简介：从事 LCD 液晶模组的研发、生产与销售（生产产品有 1.8 英寸、2.0 英寸、2.4 英寸、3.5 英寸、4.3 英寸、5 英寸、7 英寸屏等），重点在 GPS、车载、移动电视等方面有较强的优势。

深圳市汉达威电子有限公司

简介：专业从事研发、生产液晶显示面板（LCD）、液晶显示模块（LCM）的厂家。

深圳市汉昇实业有限公司

简介：开发、制造、生产、销售各类 STN、FSTN、TAB、COG 型的液晶显示器模块的厂家。

深圳市汉通科技电子有限公司

简介：主导产品为车载 TFT-LCD 液晶显示器。

深圳市洪泰显示科技有限公司

简介：承接各种 LCD、LCM 的开发设计、开模定制、单片机开发及来料加工。产品主要包括 TN、HTN、STN、FSTN、TAB、COG、CSTN、TFT 等。

深圳市虹视实业有限公司

简介：致力于 LED、LCD 显示屏产品的研发、生产、销售、服务及国内外机场行业、轨道交通行业强、弱电系统集成项目的规划、设计、实施与服务。

深圳市华星光电技术有限公司

简介：其第 8.5 代 TFT-LCD 面板线的主要产品为 26 英寸、32 英寸、46 英寸及 55 英寸液晶面板，设计产能为每月 10 万张，年产约 1 400 万块。

电话：0755-86208876

网址：www.tcl.com

深圳市辉斯达电子有限公司

简介：拥有先进的 LCD、LCM 生产线和技术，拥有黑白、彩色液晶显示产品的强大供货能力，点阵可达 640×480，最小点可达 0.17mm，最小点距可达 0.015mm。

深圳市嘉诺鑫科技有限公司

简介：专业开发、生产与销售 LCD 液晶显示屏（TN、HTN、STN、FSTN）及液晶显示模组

LCM（COB、COG、SMT、TAB，包括段码、字符、图形点阵及 TFT）的生产厂家。

深圳市剑飞电子技术有限公司

简介：生产和销售 TN、HTN、STN、FSTN、TAB、COG 等类型的 LCD 及 E-ink 显示器，产品达 5 000 余种。

深圳市捷锐电子有限公司

简介：主要产品包括 LED 照明灯、RFID 标签、塑料壳、大功率 LED 灯珠、发光二极管、贴片 LED、射频卡、LCD 系列产品等。

深圳市晶惠迪电子有限公司

简介：产品涉及三大类型——笔段式、字符点阵、图形点阵，涵盖 TN、HTN、STN、FSTN 五种模式。

电话：0755-27364865

网址：www.jhd-lcd.com.cn

深圳市晶讯电子有限公司

简介：专业生产液晶显示器的高新技术企业。

电话：0755-84117379

网址：www.jenson-lcd.com

深圳市九立科技发展有限公司

简介：专业从事高品质 TN、HTN、STN、FSTN 液晶显示器及液晶显示模块开发、生产的高新技术企业。

深圳市骏显电子科技有限公司

简介：产品包括 TN、HTN、STN、FSTN 及 SMT、COB、TAB、COG 模块，产品涵盖段码型、标准字符型、图形点阵（点阵可达 640×480）和带字库液晶。

深圳市康乐德实业有限公司

简介：是军工/工业液晶显示产品专业生产厂家。

电话：0755-86228198

网址：www.goodlcd.com

深圳市康展科技有限公司

简介：产品涵盖 TN、HTN、STN、FSTN 等 LCD 面板产品，COG、COB、TAB 等 LCM 产品及其他应用 LCD/LCM 的 OEM 产品。

深圳市科春泰电子有限公司

简介：生产 TN/STN 字符型液晶模块、彩色 STN-LCD 面板、各种 CSTN/TFT 手机模块、PDP 模块。

深圳市科诺亚电子有限公司

简介：产品涵盖了 TN、HTN、STN、FSTN 系列液晶面板产品，COB、TAB、COG 等液晶显示模块产品，可提供 5 000 万片/月的 LCD 液晶屏和 8 万片/月的 LCD 模块生产能力。

深圳市蓝月亮科技有限公司

简介：液晶显示器 LCD、LCM 及 LED 背光板的专业制造和销售商。产品涵盖 TN、HTN、STN、FSTN 等 LCD 面板。

深圳市立德通讯器材有限公司

简介：设计、生产及销售 TFT-LCD、OLED、CSTN、STN 等液晶显示模块产品的高科技企业。

深圳市利鼎液晶科技有限公司

简介：专业的液晶显示器（LCD）液晶模组、背光源、冷光片、触摸屏设计、开发、生产及销售厂家。

深圳市龙邦达科技发展有限公司

简介：专业从事 TFT 液晶显示器、TFT 液晶模组，集生产、设计、研发、销售于一体的高新技术企业。

深圳市奈立科技有限公司

简介：产品包括 TN、HTN、STN 和 FSTN 等多种模式的液晶显示屏（LCD），以及 COB、TAB 和 COG 等结构形式的液晶显示模块（LCM）。

深圳市欧普迪科技开发有限公司

简介：主要产品涵盖 TN、HTN、STN、FSTN、BLACKMASK（黑膜）等各类液晶显示屏以及各类 COB、COG、TAB、SMT 的液晶显示模块；可按客户需求为客户量身定做、生产各种非标准的液晶显示屏、液晶模块。

深圳市鹏基光电有限公司

简介：设计、生产、销售 TFT 液晶显示模块的高科技企业。

电话：0755-26405702，82532486

网址：www.szpjgd.com

深圳市普瑞翔电子有限公司

简介：产品包括液晶屏和液晶模组。液晶屏有 TN、STN、HTN、FSTN 等类型，液晶模组有 SMT、COB、COF、COG、TAB 等封装形式，尤以 COG 为优势。

深圳市秋田视佳实业有限公司

简介：集研发、制造、销售 COB、TAB、COG 液晶显示模组产品和微控制器（单片机）开发的中外合资企业，同时参与 LCD、LED 和 PCB 的设计与生产。

深圳市瑞福达液晶显示技术股份有限公司

简介：是一家外向型的高科技企业，专业生产 TN、HTN、STN、FSTN 和其他特殊类的 LCD 以及 COB、SMT、TAB、COG 模块等。

电话：0755-27041286

网址：www.rifdalcd.com

深圳市瑞捷兴科技有限公司

简介：专业设计、制造各类通用、专用的 TN、HTN、STN 液晶显示器和显示模块。

深圳市赛维光电实业有限公司

简介：致力于液晶显示器（TFT-LCD）、控制板卡、触摸屏及相关产品的研发和应用推广，为用户提供专业、完美的液晶显示解决方案。

深圳市三索平板显示技术有限公司

简介：主要从事日用电子产品、企业信息产品的开发工作，是深圳第一家专业从事平板显示产品的开发、配套等技术服务的公司。

深圳市三元晶液晶显示科技有限公司

简介：主要产品有图形点阵、字符点阵、笔段式，涵盖 TN、HTN、STN、FSTN、CSTN 5 种模式；融合 COG、COF、TAB、COB、SMT 等各种工艺结构形式。

深圳市松山电子科技有限公司

简介：主要产品包括字符型模块、图形点阵模块、彩色 TFT 模块，在提供标准产品的同时也具备根据客户需要设计、开发、定制特殊用途和规格产品的能力。

深圳市拓普微科技开发有限公司

简介：产品主要包括液晶显示屏（LCD

Panel)、液晶显示模块（LCD Module）及液晶显示应用产品的系统设计。

深圳市显能实业有限公司

简介：拥有 TN-LCD、STN-LCD、SMT-LCM、COB-LCM、COG-LCM、COF-LCM、TAB-LCM 等液晶显示产品的强大供货能力，点阵可达 640×480，最小点间距为 0.01mm，最小线宽为 0.03mm。

深圳市新三维机电有限公司

简介：主要产品有 STN/CSTN/TFT-LCD 模组，1.5～7 英寸 TFT-LCD 彩色显示模组。

深圳市兴宇合电子有限公司

简介：制造液晶显示面板（LCD）、液晶显示模块（LCM）的专业厂家。主要产品有字符点阵、图形点阵、中文字库、段码等标准或非标准模块。

深圳市旭日东方科技有限公司

简介：专业生产 TN、STN 和 FSTN 液晶及其模块产品，是一家以液晶显示器件设计与生产为中心的公司。

深圳市溢洋科技开发有限公司

简介：产品主要包括 LED 普通侧背光、高亮度白光和 CCFL 背光源等。

电话：0755-26505538

网址：www.ebulent.com.cn

深圳市宇顺电子股份有限公司

简介：其产品涵盖了 TN、HTN、STN、FSTN、COB、TAB、COG、TFT、CSTN 等，广泛应用于通信、终端、家用电器、工业设备、仪器仪表和电子消费品等领域。

深圳市裕丰隆科技有限公司

简介：主要生产和销售的产品包括液晶显示模块、液晶显示器和液晶电视机等系列产品。

深圳市裕田电子有限公司

简介：主要提供 TN 型、HTN 型、STN 型、FSTN 型系列的液晶显示屏的定制业务，同时供应各种通用的液晶显示组件。

深圳市泽恩科技有限公司

简介：研发、生产、销售液晶显示模块以及液晶屏专用正负电源和 LED 背光等相关产品。

深圳市中显微电子有限公司

简介：产品涵盖 TN、HTN、STN、FSTN 等 LCD 面板产品，COB、TAB、COG 等 LCD 模块产品，TFT、CSTN 等彩色 LCD 显示产品。

电话：0755-25843700/25843710/25273830

网址：www.cdtlcd.com

深圳市卓立恩科技有限公司

简介：公司拥有 COB、SMT、COG 等生产工艺，主要产品为各种图形点阵、图形中文字库、字符点阵、字段式液晶显示模块及 TN、HTN、STN、FSTN 型液晶显示屏。

深圳数灵通电子有限公司

简介：从事电子产品的开发、生产和销售，主要产品有液晶显示模块、液晶遥控器及液晶显示相关的电子产品。

深圳松山电子科技有限公司

简介：主导产品包括点阵系列包括字符、图形，品种规格有 COB、SMT、TAB、COG，从 1601 到 640480 系列；非点阵类包括电话机系列、水、电、气表等。

深圳威科拓科技有限公司

简介：能生产 ITO 厚薄为 1.1mm、0.7mm、0.55mm、0.4mm 的 TN、HTN、STN 型的 LCD 及 COB、TAB、COG 模式的 LCM。

深圳新超亮特种显示设备有限公司

简介：其产品源自美国硅谷的光机电高科技公司提供部分技术转移与协作，是全新研制开发和专业化生产超高亮和超宽温严寒环境和强阳光下清晰可视液晶显示系列模组及特殊要求液晶显示设备的光机电高科技公司，是全球少有的能设计和制造系列尺寸规格的（面板尺寸从 3.5 英寸至 46 英寸）超高亮液晶模组专业化生产厂家之一。

深圳新晶电子科技有限公司

简介：生产中高档 TN、HTN 和 STN、FSTN 型 LCD 屏以及 LCM（COB、COG、TAB、COF），公司重点项目 OLED（有机发光体显示屏）已成功推出样品。

沈阳科希-硅技半导体技术第一有限公司

简介：主营产品或服务包括 SMD 各色 LED，LAMP 各色 LED，TFTLCD 显示屏，汽车仪表盘光源，CDMA 模块，手机键盘背光源，LCD，LCM，LCDModule。

石家庄电光电子有限公司

简介：以研发、设计、生产液晶显示屏和液晶显示模组为主的高科技中外合资企业。

电话：0311-87761324

网址：www.lcd-dgec.com

石家庄高新区远景科技有限公司

简介：主要生产 TN、HTN、STN、FSTN 液晶显示屏，段式模组，字符点阵至图形点阵模组的全系列液晶显示产品。

石家庄冠晶电子科技有限公司

简介：集 TN、STN-LCD、LCM 的研发、生产、设计、销售于一体的高科技企业。

石家庄光王电子有限公司

简介：产品包括液晶显示屏、液晶显示模块、液晶显示相关器件、字符模块、段式模块、图形字库模块、全点阵图形模块。

石家庄开发区天健电子有限公司

简介：专业生产液晶显示屏（LCD）、液晶显示模块（LCM）和 COB 加工的高科技外向型企业。

苏州光宝康电子有限公司

简介：致力于为彩色液晶模组厂商提供 OEM 服务，以及为客户提供高性价比的液晶模组产品。

苏州三星电子液晶显示科技有限公司

简介：该公司由韩国三星电子和苏州工业园区国控公司、TCL 集团共同成立，从事 TFT-LCD 面板研发、生产和销售。

电话：0512-67999241

天津市俊龙电子材料商贸有限公司

简介：专业从事液晶显示行业的研究、开发与销售的企业。主要产品包括 TFT、STN、EL 背光源、手机模块、丝网、络版等以及相关技术咨询服务。

天马微电子股份有限公司

简介：成立于 1983 年，1995 年在深交所上市（股票代码 000050），是专业生产、经营液晶显示器（LCD）及液晶显示模块（LCM）的高科技企业。经过二十多年的发展，现已发展成为一家集液晶显示器的研发、设计、生产、销售和服务于一体的大型公众上市公司。投资设立的企业包括深圳天马、上海天马、成都天马、武汉天马、欧洲天马、美国天马、韩国天马等。拥有 STN-LCD、CSTN-LCD、TFT-LCD 及 CF 生产线及模块工厂。

电话：0755-86225888

网址：www.tianma.cn

统宝光电（南京）有限公司

简介：生产 LTPS、TFT-LCD 模块，是中国大陆首家、全球第四家专业制造厂商。

微视显示器科技（深圳）有限公司

简介：主要生产 CSTN，点间距可做到 8μm。有 6 条 COG 模组生产线，8 条 TAB 生产线。

温州嘉恩电子科技有限公司

简介：开发、生产与销售液晶显示器（TN、HTN、STN、FSTN LCD）、显示模组（TFT、FSTN、STN、HTN、TNLCM）及各种液晶显示器背光源产品。

无锡阿尔法电子科技有限公司

简介：从事液晶显示屏、背光源、液晶模块及其触摸屏、LED 照明及液晶屏相关部件的设计、开发、制造和销售。

无锡威峰科技有限公司

简介：生产 TFT 液晶显示模组（10.4～32 英寸）和 EPD 电子纸显示屏体，提供 EPD 终端系统方案。

无锡夏普电子元器件有限公司

简介：生产液晶显示装置及其配套零部件，用于有线电视、卫星电视接收机、液晶电视、计算机的高科技调谐器及一般电子调谐器，射频调制器，激光拾音器及零部件，高性能电源；高频信号分配器，电子部件的贴片，新型电子元器件，数字照相机关键件；销售自产产品。

西安海晶光电科技有限公司

简介：专业设计、生产、销售高品质 TN、HTN、STN 液晶显示屏和液晶显示模块的一家高新技术企业。

厦门高卓立科技有限公司

简介：成立于 1992 年，是一家中外合资、专业生产液晶显示器（LCD）和液晶显示模块（LCM）及车载、电仪用品的高科技、外向型企业。

电话：0592-6026022

网址：www.lcdchina.com

厦门精显电子有限公司

简介：专业生产高品质液晶显示屏（LCD）、液晶显示模块（LCM）及其 LCD 生产设备、原材料的高科技企业。

电话：0592-5686622

网址：www.lcdproduct.com

厦门赛特勒电子有限公司

简介：致力于液晶显示产品的开发、生产和销售，产品运用 TN、HTN、STN、FSTN、TFT 等显示技术，包含笔段型、字符型、图形点阵等单色与彩色显示模式，并采用 COB、COG、COF、TAB 等封装方式组装。

电话：0592-2650988

网址：www.zettlercn.com

厦门维托克光电有限公司

简介：以液晶显示模块和液晶显示屏以及背光源的研发、制造、销售为中心的高新技术企业。

厦门信之恒电子有限公司

简介：专业生产高品质液晶显示模块及其LED背光源灯的高科技企业。

厦门易显电子有限公司

简介：主要产品为TN、HTN、STN、FSTN型液晶显示屏及各种段码式、点阵字符型、点阵图形型液晶显示模块。

电话：0592-2913376

网址：www.xmeasydisplay.com

显邦电子有限公司

简介：主要生产液晶显示器、液晶显示模块、鱼群探测器及其他应用液晶显示器的产品。

电话：0758-2873200

新辉开科技（深圳）有限公司

简介：专业研究、开发和制造液晶显示器、液晶显示模块的高新技术企业，拥有彩色液晶显示器制造分厂。

电话：0755-61266888

信利半导体有限公司

简介：主要产品有液晶显示屏（LCD）和液晶显示模块（LCM），类型包括TN、STN、FSTN、CSTN，COG、COF、TAB模块；OLED显示屏，包括单色、2色、3色及65 000色OLED；数字型和模拟型触摸屏。

电话：0660-3387016

网址：www.trulysemi.com

兴飞电子（深圳）有限公司

简介：生产包括TN、HTN、STN、FSTN、CSTN、T/P触摸屏和BlackMask在内的产品，以及装配包括COB、COF、COG、Tochplane等在内的部件。

徐州科洋光电技术有限公司

简介：主要生产TN、HTN、STN型液晶显示器及COB、COG、TAB液晶显示模组。

旭璟光电科技（惠州）有限公司

简介：主要产品包括标准品液晶显示器（TN、HTN、STN）、客制品液晶显示器（TN、HTN、STN）、标准品液晶显示模块、客制品液晶显示模块。

电话：0752-2361888

网址：www.sunview.cn

雅深电子（香港）有限公司

简介：公司专业设计生产各种标准或非标准TN、HTN、STN、FSTN液晶显示器和各种字段型、字符型和图形型液晶显示模块等产品。

扬州钜鼎（扬州）光电显示科技有限公司

简介：产品包括液晶显示器（TN、HTH、STN）、液晶显示模块等，其中液晶触摸显示器是获得国家专利的高科技产品。

依利安达（广州）显示器有限公司

简介：专业生产各种规格液晶显示器（LCD）及液晶显示器模组（LCM）的中外合资高新技术企业。

英联特希克斯电子（苏州）有限公司

简介：是专业的液晶显示模组研发、设计、制造厂及OEM电子成品组装、测试、制造厂。

永兴科技（惠州）有限公司

简介：自建8 192个16×16点的中文字型以及126个16×8点半宽的字母符号字型，另外绘图显示画面提供一个64×256点的绘图区域

（GDRAM），无须编码即可显示中文字。

友达光电（苏州）有限公司

简介：生产大、中、小各种尺寸的面板模组。
电话：0512-62588800
网址：www.auo.com

于都上晴电子有限公司

简介：从事液晶显示模块制造与研发的外商独资企业，可提供 SMT、COB、TAB、COG、COF 类型的液晶显示模块。

元太通讯科技有限公司

简介：致力于高品质 TFT-LCD 模块的研发与制造，并已顺利通过 ISO 9002 鉴定。

肇庆市金鹏科技有限公司

简介：以开发、生产和销售液晶显示模块（LCM）为主的高新科技企业。是国内首家生产中文字库液晶显示模块的厂家，产品涵盖标准字段型、字符型和图形点阵型等液晶显示产品。

肇庆市显达电子有限公司

简介：专业开发、生产、经营液晶显示器、液晶显示模块以及其他应用液晶显示技术的电子产品。

浙江凯信光电科技有限公司

简介：可年产 14 英寸×16 英寸的 LCD 液晶 660 000 对，并可生产路数为 1/240Duty、ITO 玻璃的最小厚度为 0.4mm、最小线宽线距为 10μm 的 LCD。

中电熊猫液晶显示科技有限公司

简介：项目于 2009 年 9 月中旬开工，生产线于 2010 年年底建成，2011 年实现量产。其液晶面板第 6 代线项目是南京“液晶谷”系列重点项目之一，也是“液晶谷”系列项目的开端，规划中的液晶面板第 8 代线项目和与夏普合作的液晶面板研究院也将先后展开，总投资将达到 500 亿元。

中国电子科技集团公司第 55 研究所

简介：从事微波毫米波半导体、平板显示器件、特种真空电子和 MEMS 4 个主要专业领域及信息系统工程的研究、开发、应用和生产的国家大型骨干性研究所。
电话：025-86858351
网址：www.nedi.cn

中山三晶光电科技有限公司

简介：生产 TN、HTN、STN、FSTN、CSTN 液晶显示屏及 COG、TAB、COF、SMT、LED 背光源等液晶显示模块。

重庆群壐电子有限公司

简介：主要产品包括各种 LCD 液晶显示屏系列（TN、HTN、STN、FSTN 显示屏，COG、TAB、COB、TFT 液晶显示模组、彩色模块）以及单色、双色、三色（全彩色）LED 点阵模块，异形发光条，侧光源板（导光板系列）等。

珠海亚晶电子显示技术有限公司

简介：具有国际先进水平的 LCD 制造设备和工艺技术，并拥有先进的 COG、TAB 模块生产线，可以大规模制造各种 TN、STN、黑膜（BALCKMASK）车载液晶显示屏和液晶显示模块。

卓盈微电子（昆山）有限公司

简介：设计、生产各种新型平板显示器件，各种光电子、电器件等电子元器件。

PDP

大连明则达光电科技制品厂

简介：主营产品或服务包括发光粉，钡粉，UV 光固油墨，A、B 胶，导电银浆，ITO 导电膜，生产设备，发光胸牌，EL 冷光片等。

德庆兴邦稀土新材料有限公司

简介：从事 PDP 等离子粉发光材料的技术开发。

辽宁享欧晶体材料有限公司

简介：生产 PDP 用氧化镁等。

辽宁中大超导材料有限公司

简介：主要研制、生产高纯氧化镁单晶体材料及高温超导材料，用于高温超导基片和 PDP 保护膜等。

洛阳裕辉光电材料有限公司

简介：主要产品包括电（场）致发光粉、红外（上转换）防伪粉、蓄能型（长余辉）夜光粉、电致柔性冷光线、场致（夜光）发光标牌、背投影（CRT）彩管粉、等离子体（PDP）彩色材料、各类灯用稀土三基色发光材料、LED 专用彩粉、优级纯（ZnS）硫化锌等。

南京华显高科有限公司

简介：2007 年 2 月，华显高科研制成功 42 英寸全彩色符合国家高清标准的荫罩式 PDP 样机（像素为 1 366×768），标志着南京华显高科在技术成果上又上一个台阶。

南京金视显科技有限公司

简介：主营 PDP 用光敏银浆。

上海科润光电子材料科技有限公司

简介：主要产品包括显示器发光材料、等离子体显示器（PDP）发光材料、场发射显示器（FED）发光材料、高亮度大屏幕彩色投影管发光材料等。

四川旭虹光电科技有限公司

简介：一期于 2010 年 5 月在绵阳经开区内建设一条八面取等离子玻璃基板生产线，包括一条浮法联合生产线、两条前后板精加工生产线、一条 ITO 镀膜生产线。

OLED

北京阿格蕾雅科技发展有限公司

简介：专注于新型有机发光材料（OLED）的研发及应用。

北京维信诺科技有限公司

简介：业务范围已经广泛涉及 OLED 显示产品、工业级以上显示产品、照明产品（OLED/LED）和液晶显示模块（LCM）及触摸屏的设计、开发、生产和销售，全方位、多角度地为客户提供专业、高效的服务和技术支持。

电话：010-58851122

网址：www.visionox.com

北京意莱特光电材料技术有限公司

简介：专门从事OLED有机电致发光材料开发与制备的高科技公司，总部设在加拿大温哥华。

彩虹（佛山）平板显示有限公司

简介：厂区总占地面积66 700m^2，建筑面积21 000m^2。项目建设期一年，建成后将成为国内领先并拥有国际一流的自主知识产权的OLED制造商，形成年产OLED显示屏（以2.2英寸产品计）1 200万片的生产规模。

东莞彩显有机发光科技有限公司

简介：生产OLED显示屏和OLED相关镀膜、封装设备。

东莞宏威数码机械有限公司

简介：OLED面板线将量产规格为370mm×470mm的OLED面板，预计日产量将达到150万片。

敦行国际（潍坊）光电科技有限公司

简介：主要生产OLED手机显示屏。

广东中显科技有限公司

简介：低温多晶硅TFTAMOLED生产企业。

吉林奥来德光电材料股份有限公司

简介：规模化生产以有机电致发光材料为主的光电功能材料。

昆山方圆光电材料科技有限公司

简介：主要产品包括：①中间体类，如PPV、PF、PT等PLED材料中间体、小分子黄光、红光、蓝光中间体等；②小分子蓝光、绿光、红光及黄光发光体；③高分子有机发光体，如PPV、PF、PT等；④传输材料等。

昆山维信诺科技有限公司

简介：公司于2001年成立，主要从事有机发光显示器OLED等新型显示产品的开发、生产和销售。

南京第壹有机光电有限公司

简介：以OLED照明面板及灯具产品研发、生产、销售为主的股份制民营企业。

宁波金腾化工有限公司

简介：从2002年起，金腾化工就启动了OLED及OPC功能材料的研发工作，现在已经拥有最常用的产品的全部量产。

四川虹视显示技术有限公司

简介：以OLED显示器件、模组及其相关应用电子产品的研发、制造、销售及服务为主的高科技公司。

四川宜宾盈泰光电有限公司

简介：产品涵盖单色OLED（黄色、蓝色、绿色）；全彩OLED、FSTN、CSTN液晶显示屏和触摸屏及COG、COB、COF、TAB等显示模块。

无锡虹彩科技发展有限公司

简介：致力于有机电致发光材料的研发和生产，公司专利产品波长转换材料WSM是一款新型的有机荧光材料。

西安近代化学研究所（204 研究所）

简介：主要研究内容包括：①单体液晶、MCRI 型混合液晶系列：用于各种数字显示的 LCD，包括电子表、游戏机、钟表、计算器及仪器仪表等；②液晶手性添加物 CN、CB15：混合液晶添加物，也是宾主液晶显示的关键材料；③彩色液晶显示材料开发：用于灌装高性能彩色液晶显示器；④有机电致发光材料开发：对有机物施加电压导入电流而发光的新型显示材料；⑤共轭聚合物薄膜太阳电池：以共轭聚合物为光电转化材料的新型太阳能电池。

电话：029-88291846

网址：www.mcri204.com.cn

西安瑞联近代电子材料有限责任公司

简介：公司的经营范围包括液晶材料、有机电致发光材料、医药中间体、光固化高分子材料、光记录材料。

电话：029-68669089

网址：www.xarlm.com

云南北方奥雷德光电科技股份有限公司

简介：公司以科研、设计、生产、销售“主动式 OLED 微型显示器”及相关产品为主。

LED 显示

爱迪森迅（北京）光电科技有限公司

简介：从事 LED 显示屏开发、生产、销售的高新技术企业。

巴可

简介：主要提供显示器、投影系统、多重投影系统、灯光产品、LED 显示解决方案、软件系统、影像处理、传感器及其处理系统、服务器与工作站等。

北京北方铭扬科技发展有限公司

简介：专业制造室内、外全彩色、双色、单色系列等各类 LED 产品。

北京海潮瑞德尔电子技术有限责任公司

简介：研制、开发、生产和销售 LED 显示屏的高科技企业。

北京华澳世显光电科技有限公司

简介：集 LED 显示屏和控制系统的研究、生产、销售、租赁、服务于一体的综合性高科技企业。

北京凯德光电公司

简介：致力于 LED 显示屏事业的发展，专业制造全彩色（单色、三色）室内、外系列大型显示屏、证券行情显示屏、体育场馆显示系统、车站（码头、机场）引导显示系统、计时记分显示系统等各种光电产品。

北京蓝星达数字科技有限公司

简介：专业的 LED 显示系统的研发和服务厂商，公司拥有先进、完全知识产权的 LED 显示屏生产技术和专业的 LED 设计和研发人员。

北京利亚德电子科技有限公司

简介：为客户提供视频及信息发布显示屏整体解决方案和 LED 灯光系统解决方案的专业公司。

北京利亚德金显科技有限公司

简介：集开发、生产、销售、服务于一体的 LED 显示屏的专业制造商。

北京联合佳光科技有限公司

简介：主要有LED全彩显示屏、发光二极管、数码管、点阵模块、SMDLAMP及其他LED应用产品。

北京南洋三越科技开发有限公司

简介：主要产品包括室内显示屏、室外显示屏、LED显示屏OEM、箱体、LED发光模组、LED护栏管。

北京神州彩虹科技发展有限公司

简介：从事LED电子显示屏及LCD高清液晶显示器研发、生产、销售的专业公司。

北京世纪华科电子科技有限公司

简介：主要提供室内全彩色、室内双基色、室内单基色、室外全彩色、室外双基色室外单基色显示屏。

北京世纪新云蓝通科技有限公司

简介：致力于LED显示屏的研制、开发以及DLP大屏幕、MPDP等离子、DID液晶屏四大显示设备的软件支持、营销、施工安装和售后服务的高新技术企业。

北京四通智能交通系统集成有限公司

简介：公司提供交通管理综合信息集成平台，面向公众的交通信息服务综合平台，智能化交通指挥调度系统，交通流动态信息采集、处理（分析）、发布系统，交通诱导信息室外显示系统，区域停车诱导系统。

北京银海通科技发展有限公司

简介：开发、设计、承接各类LED显示系统工程、多媒体视频会议系统和电视监视系统工程。

北京振远基业科技发展有限公司

简介：专业从事各种类别LED电子显示屏的设计开发、生产制造、销售安装及维护的新一代高科技企业。

北京中显信泰科技发展有限公司

简介：提供全彩色LED显示屏、双基色LED显示屏、LED舞台演出彩幕、LED网络显示屏、LED景观照明。

长春半导体股份有限公司

简介：主要产品包括LED芯片、LED及LED应用产品、LED显示屏、发光管、点阵、数码、LED灯饰照明。

长春希达电子技术有限公司

简介：新一代“全彩色LED集成三合一显示屏”经过了包括9位中国工程院院士和来自美国、日本、法国的专家在内的57位专家评审委员会的评审，荣获2007中国国际工业博览会铜奖。

大连路明光电工程有限公司

简介：提供户外单色显示屏、LED多媒体百叶屏、户内双基色视频屏、户外全彩显示屏。

东莞勤上光电股份有限公司

简介：示范工程包括国家大剧院照明工程、北京绿色奥运道路照明工程、上海F1赛车场照明工程、广东科学中心广场及周边道路照明工程、清华大学内奥运场馆道路照明工程以及中山、东莞等市区、镇区路灯全面改造工程等。

东莞市莱硕光电科技有限公司

简介：集中高档 LED 发光二极管、LED 显示屏专用 LED 灯、LED 灯饰、LED 照明设计、生产、销售和服务于一体的高新科技企业。

福建福日科光电子有限公司

简介：公司下设三个事业部：封装事业部、应用产品事业部和大功率事业部。拥有成套的自动化设备和先进的精密仪器，专精于各种高亮度发光二极管、大功率发光二极管、点阵模块、数码管的封装以及应用产品的设计、开发和制造，产品广泛应用在绿色照明、精细显示、生态农业等领域。

福建海峡彩亮光电科技有限公司

简介：生产加工 LED 室外全彩屏、LED 室内全彩屏、单元板、LED 室内裸板及 LED 室外显示屏箱体等。

广州市欣瑞电子有限公司

简介：主要产品系列包括排队叫号系统、LED 显示屏系统、酒店排队叫号系统、自助发卡系统、网络多媒体数字播放系统、电子回单柜管理系统、多互式触摸查询多媒体广告发布系统等。

电话：020-34259242

网址：www.gzxinrui.cn

南京汉德森科技股份有限公司

简介：提供高品质的信息发布显示系统、大功率半导体（LED）道路照明、隧道照明产品和半导体照明解决方案的专业厂家。

南京洛普股份有限公司

简介：公司起源于中国电子科技集团公司第十四研究所，是国内最早研制、生产大型 LED 显示屏的机构。

清投视讯（北京）科技有限公司

简介：主要提供大屏幕拼接设备，大屏幕拼接墙，大屏幕显示系统集成，大屏幕拼接工程，大屏幕背投拼接（含 DLP 背投拼接、LCD 背投拼接、LCOS 背投拼接、液晶拼接、LED 显示屏）。

山西省长治市路港科技有限公司

简介：公司提供双色、全彩色 LED 电子显示屏、LED 发光模块、LED 电子显示屏单元板批发、LED 户外显示屏及箱体生产销售；LED 护栏灯、LED 灯带、LED 数码管、LED 水底灯、LED 幕墙灯等。

汕头市科维光电科技有限公司

简介：提供高品质的信息发布显示系统、大功率 LED 应用产品和半导体照明的专业厂家。

上海大晨光电科技有限公司

简介：专业从事半导体 LED 芯片、LED 器件、LED 灯生产。

上海三思科技发展有限公司

简介：在 LED 显示、LED 照明产品应用方面积累和掌握了大量高科技核心技术，拥有多项自主产权专利技术，共申请国内外专利 150 余项，其中授权专利 90 余项，并先后通过 ISO 9001、ISO 14001 管理体系的认证。

上海信茂新技术有限公司

简介：专业从事 LED 显示技术研究、产品开发、市场推广和应用技术服务的高科技企业。

深圳博伦特光电科技有限公司

简介：主要提供户内全彩表贴三合一、表贴

三拼一及户内模块全彩显示屏，户外全彩显示屏、多媒体幕墙及各类 LED 照明产品等。

深圳蓝普科技有限公司

简介：以 LED 显示屏与配套产品的研发、设计、生产、销售及工程为主的高新技术企业。

深圳蓝通光电有限公司

简介：主要生产电子大屏幕、广告显示屏、LED 显示屏查询、LED 户外广告屏、广场大屏幕、利率汇率显示屏、LED 价格、LED 彩屏墙。

深圳雷曼光电科技有限公司

简介：中国领先的专业化、国际化、高品级的 LED 制造商。产品涵盖全彩色显示屏、景观照明、交通信号及信息显示三大领域。

深圳锐视全彩科技有限公司

简介：专业研发和生产各规格室内外全彩 LED 电子显示屏、单元板（箱）、LED 彩屏幕墙、LED 背景彩灯/屏，具有丰富的生产、施工经验和技术实力。

深圳三升高科技股份有限公司

简介：2008 年北京奥运会主会场国家体育场（“鸟巢”）和国家游泳馆（“水立方”）显示屏工程的承担者。

深圳市华尔威光电科技有限公司

简介：产品包括各种规格的点阵，各种规格的发光二极管，各种规格的背光源，各种规格的（户外、半户外）模块、模组，各种规格户外（单色、双色、全彩）箱体、显示屏及各种城市亮化照明工程所用的 LED 护栏灯、彩灯、背景墙、球泡灯、大功率 LED 照明灯泡等。

深圳市励研科技有限公司

简介：向 LED 显示屏制作公司提供室内、外双基色、全彩色 LED 电子显示屏控制系统，并承接室内、外双基色全彩色 LED 电子显示屏系统设计。

深圳市联创健和光电股份有限公司

简介：以 LED 显示和软件控制系统为核心技术，提供室内、外 LED 显示屏。

深圳市全彩科技有限公司

简介：以研究、开发、生产 LED 显示屏以及配套产品为主的专业化高科技企业。

深圳市易事达电子有限公司

简介：供应 LED 显示屏、LED 模组和 LED 显示屏箱体，所生产的 LED 显示屏远销全世界 150 多个国家和地区。

深圳市元亨光电股份有限公司

简介：从事 LED 数码显示屏、LED 室内显示屏、LED 户外显示屏的技术开发、生产、销售。

深圳市洲明科技有限公司

简介：是 LED 光电产业的高科技民营企业。作为中国顶级 LED 应用产品制造服务商，在同行业已率先通过国家级高新技术企业认定。

深圳同洲电子股份有限公司

简介：主要提供 LED 高速公路显示屏产品。

石家庄科航光电科技有限公司

简介：河北省第一家专业化承制 LED 显示屏的双软认证、高新技术企业。

石家庄伟志光电有限公司

简介：从事 LED 电子显示屏、LED 照明灯具的开发、生产、销售。

四川九洲光电科技有限责任公司

简介：产品包括 LEDLAMP、SMD 系列、点阵、数码，LED 显示模块系列和大功率 LED 路灯、城市景观亮化系列产品、T-5、T-8LED 日光灯、MR16LED 射灯、PA30 筒灯等室内、外照明产品。

四川科维实业有限责任公司

简介：专门从事 LED 显示屏、LED 交通信号灯、LED 照明光源制造和技术培训的高新技术企业。

太原卓越现代电子设备有限公司

简介：专业从事 LED 电子显示屏系列产品的开发和销售。

天津光电星球显示设备有限公司

简介：集 LED 显示屏开发、设计、生产、销售、服务和 LED 灯光系统解决方案于一体的专业高科技公司。

同辉佳视（北京）信息技术有限公司

简介：具备了成熟的多媒体网络信息发布、大屏幕拼接显示、触摸查询互动、高亮度室外应用等多个门类的解决方案。

西安百迅电子科技有限公司

简介：集 LED 电子显示屏、电子屏、LED 灯饰、触摸屏的生产、销售、售后服务及维修于一体。

西安青松科技股份有限公司

简介：致力于 LED 显示技术/产品开发、生产、销售和系统集成的高科技公司。

西安万显电子科技有限公司

简介：集半导体 LED 显示、灯饰的研发、生产、销售、安装、售后服务于一体的高科技公司。

西安新骊电子技术有限责任公司

简介：集 LED 显示屏研制、生产、销售于一体的高新技术企业。

厦门三安电子有限公司

简介：专业开发超高亮发光二极管、芯片的厂家，并且配置封装及应用生产线，产品有显示屏、交通灯及各种装饰灯系列。

郑州赛潮电子信息技术有限公司

简介：集 LED 电子显示屏、触控技术、多媒体技术及相关软件研发、生产、销售和服务于一体的高科技企业。

中电金蜂显示技术有限责任公司

简介：专业从事投影屏幕和 LED 屏幕生产，向用户提供投影显示系统集成、LED 显示系统集成、电视墙、等离子拼接、视频处理等。

中原显示技术有限公司

简介：产品包括大型彩色显示屏、车载式显示屏、双基色、单色信息显示屏和电视墙以及专用超大规模集成电路。

LCOS 显示

河南南方辉煌图像信息技术有限公司

简介：世界三大 LCOS 光学引擎生产商之一，专业制造 LCOS 光学引擎。

河南中光学集团有限公司

简介：目前公司已实现 LCOS、DLP 光机的批量生产。

齐威电子光显电视有限公司

简介：主导产品为 75 英寸 LCOS 光硅晶电视、70 英寸液晶电视、液晶拼接等。

武汉全真光电科技有限公司

简介：公司主营光电显示科技产品，组建了现代化生产 LCOS 光机及整机厂房，生产其他超大屏及超微型光电 HD 投影系统产品。

西安北方光电有限公司

简介：公司的光学元件主要用于投影电视（CRT、LCOS）、投影仪、DVD 等光学系统。

浙江海盛科技股份有限公司

简介：专业研发 LCOS 65 英寸以上超大屏高清数字电视。

VFD 显示

安徽省旌德富阳电子配件厂

简介：重点生产 VFD 荧光显示屏。

长沙曙光荧光显示器件有限公司

简介：是国内第一家自主研制荧光数码管的高新技术企业，具备生产各种用途真空荧光显示屏的能力。

慈溪市飞达电子实业公司

简介：生产的 VFD 荧光显示屏，采用国外进口材料和国内独家首创的高温振动老化台，产品具有低功耗、高亮度、耐振动、高可靠性、长寿命等特点。

富士电机产业（上海）有限公司

简介：主要生产 VFD 真空荧光显示屏。

上海三星真空电子器件有限公司

简介：主要开发、制造和销售薄膜真空荧光显示屏（VFD）。

上海中荧显示技术有限公司

简介：以民营资本为主体的真空荧光屏（VFD）的专业制造商。

深圳市和路元电子有限公司

简介：VFD 的开发、设计在国内处于领先地位，占国内市场的 45%。

双叶电子科技开发（北京）有限公司

简介：主要产品为汽车类产品 VFD 显示屏。

宿迁市创优电子有限公司

简介：主要产品为 VFD 显示屏、真空电子荧光屏系列、液晶显示屏系列、发光管显示产品。

浙江京东方显示技术股份有限公司

简介：专业生产真空荧光显示屏（VFD）的电子工业企业。

基板玻璃、导电玻璃

安彩集团

简介：生产彩色显像管玻壳、电子特种玻璃新产品及新型显示器等。

安徽方兴科技股份有限公司

简介：主导产品为 ITO 导电膜玻璃、CVD 在线镀膜玻璃，荣获省级高新技术产品称号，产销能力居全国领先地位；浮法玻璃和玻璃深加工制品被评为省名牌产品和中国公认名牌产品。

安徽省蚌埠华益导电膜玻璃有限公司

简介：生产和销售导电膜玻璃和显示器玻璃等。

电话：0552-4085988/3980008/3980005

网址：www.hy-ito.com

常州康龙电子有限公司

简介：可年产 TN 型和 STN 型各种规格 ITO 透明导电玻璃 840 万片。

电话：0519-85113788/85116628

成都中光电科技有限公司

简介：2009 年 6 月 8 日在成都高新区注册，公司在成都建设运营液晶玻璃基板、薄膜太阳能电池等光电、光伏产业项目。

电话：028-87956868

多纳勒烟台电子有限公司

简介：专业生产 ITO 透明导电玻璃的高新技术企业，公司产品 ITO 透明导电玻璃被广泛用于液晶显示器、电致发光、消静电膜、触摸屏等技术领域。

电话：0535-6377393

佛山市俊一明镜业玻璃有限公司

简介：主营业务包括 ITO 导电玻璃、特殊功能膜层。

电话：0757-22808628

网址：www.j-ym.com

邯郸华天真空电子有限公司

简介：年产 ITO 导电玻璃 180 万片。

华益导电膜玻璃有限公司

简介：生产和销售导电膜玻璃和显示器玻璃等。可年产 TN、STN、TOUCH-PANEL、COLORFILTER 等各种规格的 ITO 导电膜玻璃及 AR 玻璃 2 100 万片。

佳晶光电（厦门）有限公司

简介：主要生产、加工 LCD 特种导电基片玻璃。

金坛康达克光电科技有限公司

简介：是华东地区大规模生产 ITO（氧化铟锡）透明导电玻璃的专业生产厂家。具有年产 80 万平方米透明导电玻璃的生产能力。

康宁显示科技（中国）有限公司

简介：是有源矩阵液晶显示器（LCDs）大尺寸玻璃基板在开发、生产和供应方面的全球领导者。其 EAGLE XGR 玻璃是市场上首款不含砷、锑、钡以及卤化物的 LCD 玻璃基板。

电话：010-67873838

网址：www.corning.com

南玻集团精细玻璃事业部

简介：南玻集团主营业务为高档浮法玻璃原片、工程及建筑玻璃、精细玻璃、光伏科技绿色能源产品（高纯硅材料、太阳能超白玻璃、晶体硅太阳能电池、薄膜太阳能电池及其组件）、结构陶瓷等产品的研制、开发、生产经营及设备技术的咨询和服务，以及投资控股兴办实业等。

电话：0755-26030386

网址：www. csgholding.com

南京汇金锦元光电材料有限公司

简介：专业从事以触摸屏用 ITO 导电膜为主的各类光电薄膜材料产品的研发、生产与经营。

南京三友电子材料有限公司

简介：从事 ITO 用金属铟的专业生产厂家，现为日本和韩国的 ITO 生产商回收废弃 ITO 靶材中的金属铟。

普罗威光电科技（深圳）有限公司

简介：专业生产、销售 ITO 导电膜、OCA 光学胶、PC、PMMA。

陕西彩虹电子玻璃有限公司

简介：以生产 LCD 用玻璃基板为主业。

深圳昂志薄膜科技有限公司

简介：专业生产高品质柔性（菲林）透明导电膜（ITO 膜）产品，并从事薄膜技术及相关产品的开发、研究。所生产的 ITO 膜产品的品质已达到国际先进水平，可完全替代进口产品。

深圳豪威科技集团有限公司

简介：公司已切入触摸屏用导电基板、纳米太空膜、PC/PMMA 镀膜材料、PDP 光电玻璃、TFT 彩色滤光片、LCOS 用微显玻璃、OLED 等新型薄膜材料的研制、开发、生产、销售，产品广泛应用于显示、通信、汽车、建筑等行业。

电话：0755-86149000

网址：www.hivacgroup.com

深圳豪威真空光电子股份有限公司

简介：豪威科技（集团）有限公司始创于 1994 年 11 月，1997 年荣获深圳市高新技术企业认证，2001 年改制为股份制企业，是一家专业从事光电薄膜装置及光电薄膜材料生产的技术开发型高科技企业集团。

电话：0755-86149088

网址：www. hivac.cn

深圳精美特玻璃有限公司

简介：主要产品包括 2～19mm 厚度的强化玻璃、AR 减反射玻璃、AG 抗反射玻璃、半透镜面玻璃、防偷窥角度玻璃、TV 底座玻璃、太阳能高透玻璃、ITO 导电玻璃、纯平强化复印机玻璃、电子磅秤和家用电器配套玻璃等。

深圳莱宝高科技股份有限公司

简介：从事 ITO 导电玻璃及彩色滤光片研发

和生产的高科技企业，是深圳 ITO 导电玻璃及彩色滤光片最具实力的生产商。

电话：0755-26982490

网址：www. laibao.com

深圳力合光电传感技术有限公司

简介：目前从事研发和生产高性能的多点电容式触摸屏传感阵列器件（ITO SENSOR）及其模组，液晶显示行业用 STN、TN 型透明 ITO 导电玻璃和光学膜器件产品。

电话：0755-26995781

网址：www.leaguer-sz.com

深圳市三信达实业发展有限公司

简介：主要产品包括 ITO 导电玻璃（LCD、TP 用），ITO 导电膜（TP 用），电子玻璃等。

深圳市万家明电子有限公司

简介：已投入生产的产品包括场致发光浆料、场致发光粉专用调胶、ITO 透明导电薄膜、导电银浆、透明导电胶水、电极导电黏结胶等。

深圳市新济达光电科技有限公司

简介：专业研发触摸屏和生产 ITO 导电玻璃、减反射膜（AR 膜）和彩膜的企业。

深圳新南亚技术开发有限公司

简介：主要产品包括 TN-ITO 导电玻璃、STN-LCD 导电玻璃。

电话：0755-82266593/0755-82448248

网址：www.sznanya.com

石家庄豪威光电薄膜技术有限公司

简介：现有两条月产 25 万片的镀膜生产线，一条月产 50 万片的玻璃切割磨边生产线，公司的主营业务为 TN、STN 型和 ITO（氧化铟锡）导电玻璃系列等显示器件和材料。

石家庄旭新光电科技有限公司

简介：建设了 3 条液晶玻璃基板生产线，年生产 0.7mm 液晶玻璃基板 245 万平方米。

苏州板硝子电子有限公司

简介：主要生产液晶显示板用基板玻璃，办公机器用玻璃加工制品，办公机器及通信用光学系列玻璃材料（SLA），TN 型及 STN 型液晶显示玻璃的 ITO 镀膜基板玻璃（含彩色滤色层上 ITO 膜和反光膜）。

天津美泰真空技术有限公司

简介：主要产品有手机和 DVD 用的镀铝镀镍 PMMA/PC/PET 面板、背投电视和复印机等用的高反射镜、LCD 和触摸屏用的 ITO 导电玻璃、橱窗和镜框用的减反射 AR 玻璃。

无锡康力电子有限公司

简介：从事电子信息材料——ITO 透明导电玻璃的生产和销售，是无锡市首家生产 ITO 透明导电玻璃的厂家。

电话：0510-87289333/87280567

网址：www.kanglidz.com

芜湖长信科技股份有限公司

简介：专业从事平板显示器件中真空薄膜材料的研发、生产、销售和服务，产品包括液晶显示器（LCD）用 ITO 透明导电玻璃、触摸屏（Touch Panel）用 ITO 透明导电玻璃和其他平板显示器件中真空薄膜产品等平板显示行业上游的关键基础材料。

电话：0553-5961030/5846862

网址：www.token-ito.com

厦门爱特鸥光电实业有限公司

简介：公司拥有先进的 ITO（氧化铟锡）导电玻璃镀膜生产线、玻璃切割磨边生产线、抛光线，各种检测设备齐全。主营业务为生产销售 STN、TN 型多种规格 ITO（氧化铟锡）导电玻璃。

电话：0592-6518152

网址：www.xmito.cn

厦门万德宏光电科技有限公司

简介：主要生产 ITO 导电玻璃、显示器部件、液晶模组，产品可广泛应用于液晶显示器件、电致发光、触摸屏、OLED 和等离子显示器件等方面。

旭硝子（中国）投资有限公司

简介：旭硝子（AGC）在中国主要从事建筑玻璃、汽车玻璃、显示器用玻璃、化学品、环保、节能产品的生产。AGC 致力于成为以玻璃、氟化学等为核心技术的全球性供应商。

电话：010-65058029

网址：www.agc.com

旭硝子精细玻璃（深圳）有限公司

简介：公司主要加工用于触摸屏、液晶显示器（TN、STN）所需的 0.28～1.1mm 等精细浮法玻璃基片。产品主要用于电子仪器、通信等领域。

电话：0755-26826802

网址：www.agc.com

郑州泰克电子玻璃有限公司

简介：产品为 PDP 前挡保护屏玻璃，LCD 前挡保护屏玻璃，触摸屏前挡保护玻璃，扫描仪、复印机电子玻璃等。

郑州旭飞光电科技有限公司

简介：首期建设一条第 5 代 TFT-LCD 玻璃基板生产线，规格为 1 100mm×1 300mm，产量为 55 万片/年。

电话：0371-67395809

玻璃减薄

奥思睿德世浦电子科技有限公司

简介：根据客户要求进行设计、研发、生产定制系列化 LCD、LCM、LED 背光、高灵敏度 TP 以及 TFT 减薄产品等。

成都工投电子科技有限公司

简介：成立于 2009 年，是成都工投电子新材料有限公司与韩国 GAT 株式会社共同出资成立的一家高新技术企业。主要致力于 TFT-LCD 液晶面板玻璃减薄、玻璃化学镀膜等光电显示产品加工以及液晶显示配套材料技术方案提供。公司已成功为成都京东方、成都天马的第 4.5 代 TFT-LCD 面板玻璃进行薄化加工，根据客户需求薄化厚度至 0.6～0.4mm 不等。

电话：028-87805431

网址：www.cd-ist.com.cn

佛山鑫源玻璃科技有限公司（佛山凯杰玻璃科技有限公司）

简介：从事来料加工减薄、液晶玻璃减薄、削薄玻璃、减薄玻璃、LCD 玻璃减薄等业务。

广州盛诺电子科技有限公司

简介：专业生产销售高品质的 ITO 导电玻璃产品，同时还能大量接受 TFT 减薄加工以及薄化基板加工。拥有技术先进的基片抛光机、ITO 镀膜设备和 20 000m^{2}的生产车间。

湖北优尼科光电技术有限公司

简介：是一家从事玻璃薄化加工的高科技企业。一期投资 1 亿元，可达 6 亿片薄化面板的年加工生产能力。

江西沃格光电科技有限公司

简介：成立于 2009 年，专注于 TFT-LCD 玻璃减薄。公司拥有目前世界上最成熟的全自动玻璃减薄蚀刻生产线，可同时处理不同尺寸的产品。

满纳韩宏电子科技（南京）有限公司

简介：主要从事 TFT-LCD 液晶面板的减薄化加工，并研发减薄化工艺技术、生产设备及相关生产原料，半导体，LCD、太阳能电池生产设备并从事上述所列产品及部件的销售及相关进出口业务。

南京坤宝光电材料有限公司

简介：由我国台湾统宝光电公司与韩国 GD 公司共同投资设立，以液晶显示玻璃面板为原材料，通过薄化等工序将液晶显示玻璃面板进行薄化。

汕头市拓捷科技有限公司

简介：一直致力于高端光学玻璃、液晶面板、触控玻璃的刻蚀技术研究，先后申请了十多项针对蚀刻设备及蚀刻工艺的专利技术并已陆续通过国家专利局认证。

上海仪捷光电科技有限公司

简介：成立于 2008 年 3 月，是国内首家集 LCD 及光学玻璃封胶、薄化、研磨于一体的现代化公司。

烟台韩宏电子科技有限公司

简介：韩国独资企业，主要业务是手机屏的蚀刻工作，给 LG 做纳品。

扬州百德光电有限公司

简介：专业的面板薄化加工厂，从事 TFT 及强化玻璃的薄化设计与生产。运用高安全性及尖端的先进技术，针对制式标准规格的玻璃减薄至各种不同厚度的特殊需求，以满足高新 IT 产业前瞻设计的创新与开发要求。

彩色滤光片

湖南普照爱伯乐平板显示器件有限公司

简介：主要产品为液晶显示器用彩色滤光片。

上海仪电显示材料有限公司

简介：中国大陆首家也是唯一一家第 5 代线 TFT-LCD 用彩色滤光片生产厂商，总规划占地面积约 7.8 万平方米，拥有员工 500 余人，设计生产能力达 80K/月。

电话：021-64933072

网址：www.inesa-d.com

深圳莱宝高科技股份有限公司

简介：从事 ITO 导电玻璃及彩色滤光片研发和生产的高科技企业，是深圳 ITO 导电玻璃及彩色滤光片最具实力的生产商。

深圳南玻伟光导电膜有限公司

简介：主要生产 ITO 导电膜玻璃，彩色 STN-LCD 和第 2.5 代 TFT-LCD 用彩色滤光片，经多次扩建目前年产能已达到 110 万片，是中国大陆反射式、透射式、半透式 CF 玻璃的主要供货商之一。2007 年，公司继续加大相关投资，开始向电容式触摸屏等新兴产业进军。

偏振片

LG 化学中国投资有限公司

简介：主要产品包括偏光板、PDPFilter、荧光体、OLED、感光材。

电话：010-65632070

网址：www.lgchem.com.cn

迪吉泰光电（深圳）有限公司

简介：加工、生产导光板、模架、偏光片、双面胶、反射片、组装、生产单色、彩屏手机背光源，销售自产产品。

东莞艾斯光电科技有限公司

简介：是韩国 ACE 偏光片公司在中国的后段加工企业，于 2004 年 6 月成立于广东省东莞市莞城科技园，主要负责 ACE 偏光片在中国市场的销售和服务工作。

电话：0769-22667704

佛山纬达光电材料有限公司

简介：生产液晶显示器（LCD）用偏光片的专业生产厂商。

电话：0757-87320835

网址：www. winda.cn

广东福地日合偏光器件有限公司

简介：生产 TN 型液晶用偏光片。

合肥乐凯科技产业有限公司

简介：主要生产用于平板显示器材（FPD）的光学级聚酯薄膜及其涂层深加工产品。

乐金化学（南京）信息电子材料有限公司

简介：公司主要生产未来的尖端信息电子材料 TFT-LCD 用偏光片以及手机、手提电脑用二次充电电池。

电话：025-85603000

乐凯薄膜有限责任公司

简介：成立于 2001 年 4 月，生产线具有在线双面底层涂布的先进装置，可生产 65～200μm 厚度的双向拉伸聚酯薄膜和聚酯片基。产品主要应用于影像、光电、建材等领域。

莆田市奥奇偏振器件有限公司

简介：致力于自主研究、开发和生产偏振片，并为国内 LCD 厂商提供本土化优质服务和产品。

日东电工（苏州）有限公司

简介：制造柔性线路板（FPC）、液晶显示偏光膜、电子用胶带等 IT、电子关联材料的生产基地。

上海兰庆包装材料有限公司

简介：产品广泛应用于各行各业，如 LCD 行业（棱镜膜、偏光片、扩散片、反射片、背光模组）、精密注塑、薄膜开关、不锈钢冲压、真空镀膜等。

深圳市三利谱光电科技股份有限公司

简介：公司生产的 FSTN、CSTN（彩色 STN），以及中小尺寸的 TFT 偏光片广泛应用于电子词典、MP3、MP4、手机、电脑显示器等产品。

电话：0755-36676888

网址：www.sunnypol.com

深圳市深华港科技有限公司

简介：生产各类通用、专用 TN、STN、HTN、FSTN、TFT 彩屏和各种类型的偏光片，以及礼品类的电子产品。

深圳市晟华科技有限公司

简介：专业加工、销售偏光片。

深圳市盛波光电科技有限公司

简介：其产品覆盖 TN、HTN、STN-LCD 及偏光眼镜用偏光片等广泛领域。

电话：0755-83933850/83935914

网址：www.szsapo.com

深圳市吾盛微电子有限公司

简介：偏光片（偏振片）的代理及制造商，同时从事液晶玻璃及模块的生产。

温州市侨业经济开发有限公司

简介：年产 150 万平方米 LC 偏光片的供应商。现开发产品包括 TN 系列、FSTN 系列偏光片、彩色片。

电话：0755-86523999

网址：www.qiaoye.com

新乡市百合光电有限公司

简介：主要产品包括各种宽带增透膜、分光膜、透明导电膜、干涉截止滤光片、窄带滤光片、偏振膜、IR-CUT 滤光片、VCD 分光镜、各类激光膜、调色温膜、光纤头镀膜。

中国乐凯胶片集团公司

简介：主要产品包括聚酯薄膜类、聚酯片基类、功能薄膜类、TAC 片基、TAC 薄膜、PVB 中间膜、PVA 膜产品。

电话：0312-7922886

网址：www.luckyfilm.com

液晶材料

北京八亿时空液晶科技股份有限公司

简介：拥有并掌握单体液晶材料（Liquid Crystal Materials）、混合液晶材料以及液晶中间体的合成制备、分离纯化及混配技术，现已开发出多种具有国内领先水平的液晶材料。

电话：010-69762688

网址：www.81lcd.com

北京马氏精细化学品有限公司

简介：现有成熟品种 200 多个，包括有机化学试剂、有机中间体、液晶原材料及单体等。

北京世纪拓鑫精细化工有限公司

简介：从事液晶材料生产。

海泰新型电子材料有限责任公司

简介：主营业务为液晶显示材料、有机电致发光材料、绿色化学品、医药中间体的研发、生产和销售。

邯郸市水木阳光电子科技有限公司

简介：公司产品 PCO 是液晶 TFT 的重要中间体。

汉朗科技（北京）有限责任公司

简介：世界上最领先的多稳态液晶技术及其产品研发和生产制造商，也是世界上首个将多稳态液晶技术进行产业化的公司。

河北鹿泉新型电子材料有限公司

简介：主要从事液晶材料、中间体材料（含氟类中间体、医药中间体）、医药原料等精细化工产品的生产。其中，液晶产品包括 TN 型、HTN 型、STN 型，广泛应用于各种终端显示产品。

电话：0311-82279036

网址：www.heblc.com

河北迈尔斯通电子材料有限公司

简介：集研发、生产、销售于一体的高新技术企业，主导产品为中高档液晶材料和电致发光材料。

电话：0311-82715888

网址：www.china-milestone.cn

河北美星化工有限公司

简介：专业从事液晶中间体、液晶单体及医药化学品研发、生产、销售的中外合资高科技企业。

济南运嘉化工有限公司液晶材料公司

简介：主要生产液晶中间单体（液晶材料）。

江苏广域化学有限公司

简介：从事精细化学产品的开发和生产，品种涉及高性能液晶及中间体、农药中间体、医药中间体、新型电子化学品及中间体等多个领域。

江苏海翔化工有限公司

简介：主要从事电子化学品、医药中间体、农药中间体等精细化工产品的研发、生产和进出口业务。

江苏和成化学材料有限公司

简介：是一家专业从事液晶材料、OLED 发光材料及精细化学品的研究开发和生产销售的中外合资企业。

电话：025-58815588

网址：www.hcch.net.cn

晶美晟光电材料（南京）有限公司

简介：主要从事 TFT 液晶材料的研发和生产。由留美博士组成的研发团队具有多年的研发经验，已开发出具有自主知识产权的产品，生产工艺及测试方法。

电话：025-58535168

蓬莱市东海化工厂

简介：通过长期对液晶材料中间体的开发与研制，现已有单环环己烷甲酸、双环环己烷甲酸、环己醇 3 个系列的 12 个品种投放市场。

青岛迪爱生精细化学有限公司

简介：主要研究领域为有机合成及其相关产品、聚合物及其相关产品、工程塑料及其功能性复合材料。

青岛润兴光电材料有限公司

简介：以精细化工产品研究开发和国际贸易为主导方向，科研力量雄厚，技术设备先进，其研发产品主要以偶氮系列引发剂、彩色液晶中间体、光电材料为主。

山东潍坊奥德精细化工有限公司

简介：专业生产定制精细化工中间体及液晶中间体的化工企业，目前主导产品为高纯三苯基氧化膦。

山东淄博晶润精细化工有限公司

简介：主要产品为工业用液晶中间体。

上海康鹏化学有限公司

简介：主要从事电子材料和小分子化学药物的外包配套生产服务。

石家庄国大工业有限公司

简介：致力于液晶材料的开发、生产和销售，主要提供 STN、HTN、TN 等混合液晶。

石家庄诚志永华显示材料有限公司

简介：主要从事 TN、HTN、STN、TFT 型系列液晶材料的研发、生产和销售。

电话：0311-83831155

网址：www. slichem.com

石家庄科润显示材料有限公司

简介：主要从事混合液晶、液晶材料及其他精细化学品和医药原料药中间体的研发、生产和销售。

电话：0311-84951516

石家庄市京盛化工有限公司

简介：专业生产液晶中间体、医药中间体等精细化工产品。

烟台德润液晶材料有限公司

简介：主要生产烷基苯甲酸、烷基环己基甲酸、烷基环己基苯酚、烷基环己基溴苯等液晶中间体，以及腈类、酯类、醚类、醇类、烯类等单体和医药中间体等精细化学品。

烟台华奇化工有限公司

简介：现有主导产品包括液晶中间体、液晶单体等多个系列、多个品种。

烟台万润精细化工股份有限公司

简介：从事液晶材料和其他精细化工产品研究、开发、生产和销售的高新技术企业。

电话：0535-6385715

网址：www. valiant-cn.com

烟台显华化工科技有限公司

简介：公司前身为液晶中间体、单体的专业生产厂家，于 2002 年成立显华化工科技有限公司，专业从事混合液晶的生产与制造，在液晶材料领域取得了显著突破，相继推出了常温、宽温、低阈值、高阈值的 TN 型系列液晶产品及部分 HTN 和 STN 系列液晶产品，年产量超过 20t。

电话：0535-6934138

网址：www. xianhualc.com

扬州神舟新材料有限公司

简介：主营产品为胆甾相液晶材料。

枣庄昊润化工有限公司

简介：溴系列液晶、医药中间体中试生产基地。

浙江永太科技股份有限公司

简介：培育与发展领先和完善的氟精细化学品产业链条，产品被广泛应用于技术更新前沿的医药、农药、液晶材料等领域，产品品质在国内处于领先水平。

背光模块

安森美半导体

简介：提供广泛的产品系列，包括定制、电源管理、信号、逻辑和分立；提供的器件涵盖从简单的二极管及晶体管到复杂的数字信号处理器（DSP）及定制专用集成电路（ASIC）。

宝鸡市博信金属材料有限公司

简介：研发出新一代 LCD 背光源发光体新材料——钼板。

宝隆高科国际有限公司

简介：专业从事 LED/CCFL 背光源研发和销售的综合性高科技企业。

北京吉乐电子集团有限公司

简介：主要产品是侧发光 SMDLED、顶发光单晶/多晶 SMDLED，以及大功率 LED 等光电子器件，用于中小尺寸 LCD 背光源、室内全彩显示屏幕、灯饰照明、汽车照明、路灯、矿灯、高档 LED 手电筒、广告牌等。

电话：010-64354808

网址：www.jile-e.com.cn

北京京东方大和光电子有限公司

简介：主要产品为冷阴极平面荧光灯和冷阴极平面紫光灯，拥有先进的生产工艺、技术和先进的设备、设计能力。

北京康特荣宝电子有限公司

简介：主要从事液晶显示器 CCFL 背光源用 M/F 的模具设计、开发和 M/F 的注塑，液晶显示器 CCFL 背光源用导光板的制造，PCBA 线路板开发、生产及手机主板部件印刷线路板。

北京世元达电子技术有限公司

简介：专门研发、生产 TFT-LCD 背光源的公司。

电话：010-67855020

长春博益信息技术有限公司

简介：主营产品包括 LCD 视频板卡、MCU 驱动 TFTLCD 板卡、MCU 驱动 STNLCD 板卡、单灯逆变器、2 灯逆变器、4 灯逆变器、液晶显示屏、TTL 转 LVDS 转接板、LVDS 转 TTL 转接板。

常州丰盛光电科技股份有限公司

简介：从事光学电子材料在平面显示、新能源、传统家电等尖端领域的研究、开发、生产与销售，致力于为电子、家电、建材等各行业提供液晶显示用导光板、冰箱板、PC 阳光板、PC 耐力板、PMMA 建筑装饰板、PP、PE、EVA 工程板等产品。

电话：0519-85104883

网址：www.fsoptronics.com

大连路明发光科技股份有限公司

简介：主营产品包括发光颜料、发光油漆、丝网印刷油墨、硅橡胶、凹网印刷、玻璃专用发光粉、白光 LED 发光粉。

东莞山技光电科技有限公司

简介：专业从事背光源用各种膜片的生产和销售。产品主要包含增光片、扩散片、反射片和遮光片。

东莞市超越电子有限公司

简介：主要产品包括液晶显示屏引线、混合集成电路引线、通信类端子、各种贴装载带及金属插脚等精密端子类产品。

电话：0769-86320116

网址：www.chaoyuedz.com

东莞市奕东电子有限公司

简介：制造 LCD 端子、HIC 端子及各类通信类金属端子接插件和半导体引线框架；LCM 固定铁框和电脑及通信设备中所用的固定支架；光电显示中所需的导光板，背光源（LED 背光）及其他精密注塑件。

电话：0769-22204295

网址：www. yidong.com.cn

丰盈鑫光电科技有限公司

简介：主营产品或服务包括：①LCD 液晶显示屏；②LED 背光源；③其他根据客户要求定做的液晶显示及背光系列。

佛山市国星光电股份有限公司

简介：主营产品包括片式 LED、白光 LED 系列产品、LED 液晶显示背光源等。

福州日升光电科技有限公司

简介：开发生产冷阴极灯管、紫外线灯管、特种用途电光源以及相关配套组件。目前每月生产各式冷阴极系列灯管及紫外线系列灯管约 20 万支。

高治达科技股份有限公司

简介：大型 LCDTV、NB、Monitor、手机用 TFT 及背光模块使用光学材料，分为光学类与机构类。光学类包含直下式反射片 Reflector Film、直下式扩散板 Diffusor Plate、扩散片、V-cut 之银反射片、彩色手机之银反射片、遮光胶带。

冠虹电子有限公司

简介：从事 LED、CCFL 背光源开发、生产和经营的专业性公司。

冠鑫光电（苏州）有限公司

简介：专门生产背光模块、薄膜晶体液晶显示器、成品及相关零部件的外资企业。

广东佛山市顺德仙宇电子有限公司

简介：主营产品包括无光源背光板、带光源背光板（光源为 LED 或 CCFL）、带光学膜类和无光学膜类。

广东亚一照明科技有限公司

简介：产品包括 LED 背光源、照明、显示及发光器件等，能够充分满足 TV 和 NB 背光源、家用电器背光源、室内照明、景观照明、道路照明、汽车照明、标识及显示等领域的需求。

广州市鸿利光电子有限公司

简介：产品包括 HIGH POWER LEDs、SMD LEDs、LAMP LEDs、IR LEDs 等系列，产品广泛用于背光、汽车、照明等领域。

杭州福华光电科技有限公司

简介：是 SMDBOBBIN 的主要制造商，主要采用 LCP 材料与 PIN 针的埋入注塑等制程，生产的产品属于精密电子元组件，主要应用于 TF-LCD 背光 CCFL 部分的电子组件。

杭州瑞辉光电科技有限公司

简介：从事导光板、背光源、太阳能电子发光路名牌、薄型灯箱标牌的研发。“彩色液晶显示背光源项目”得到国家科学技术部中小企业创新基金立项。

电话：0571-86685762

网址：www.rh-china.com

杭州士兰微电子股份有限公司

简介：专业从事集成电路及半导体微电子相关产品的设计、生产与销售的高新技术企业。

宏荣精密塑胶钢模（昆山）有限公司

简介：主营产品为导光板。

鸿准精密模具深圳有限公司

简介：专业从事背光模组和背光源零件的制造厂商，产品包括小尺寸（彩屏手机用）及中尺寸（车载电视用、手提电脑用）背光源。

湖南长沙亚达电子显示器有限公司

简介：专业生产电致发光显示器件（ELD）的高科技企业。

吉安市嘉昱实业有限公司

简介：专业从事 LED 数码显示屏、背光源、面光源及 LED 应用智能系统开发生产的高新技术企业。

嘉兴成祥光电科技有限公司

简介：从事 LCD 背光模组用光扩散膜、反射膜的加工。

江苏博睿光电有限公司（苏博特）

简介：主营产品为白光 LED 荧光粉、发光油墨（涂料）、冷阴极荧光灯用三基色荧光粉、等离子显示屏用荧光粉。

江苏稳润光电有限公司

简介：近年来大力研发、生产大功率 LED、白光 LED、全彩 TOP LED 及 LED 照明产品，产品销往美国、德国、法国、日本、韩国、巴西、南非、伊朗等世界各地，是施耐德、三星、西门子、欧司朗等世界 500 强企业的全球优秀合作伙伴。

江西联创光电科技股份有限公司

简介：已经形成了 LED 外延、芯片、器件、背光源及半导体照明光源等较完整的产业链和规模化生产能力。

金坛市晨辉电子有限公司

简介：长期承接 LED、CCFL 背光源的来料加工业务及特殊规格的研发及定制业务。

金誉腾达照明技术（北京）有限公司

简介：集冷阴极荧光灯（CCFL）、半导体发光二极管（LED）等系列景观照明、商业照明产品的设计、开发、生产、销售和安装服务于一体的专业制造商。

凯鑫森（上海）功能性薄膜产业有限公司

简介：主营产品包括 TFT-LCD 背光源模组用光学膜、TFT-LCD 面板模组用偏光膜（片）、TFT-LCD 电路板及驱动模组用软性电路复合膜（片）。

科美胶粘应用材料（深圳）有限公司

简介：专业模切卫型 LCD、LED 光电背光模块光学膜片，电子电器等产品组装用双面胶带、单面胶带、PET 片、导热绝缘片等部材的加工厂商及 3M 工业胶水、工业胶带产品的特约经销商。

昆山定宏光电有限公司

简介：主要经营 CCFL、Inverter、背光模组、Ballast 高效能照明产品等光电相关产品。

利达光电股份有限公司

简介：主要经营反射膜、偏振膜、减反膜、分光膜、滤光膜、位相膜。

临安科技（苏州）有限公司

简介：以研发、设计、生产、制造 TFT-LCD 背光模块的关键零部件——光扩散片（Diffuser Sheet）及高精密无尘薄膜（Film）涂布为主。

龙科工业有限公司

简介：专业生产 LED、LCD、反射盖、数码显示板、背光板、CCFL 导光板、手机导光板等光电、五金、塑料配套产品，并从事五金、塑料模具开发、设计、制作。

南京磁海电子科技有限公司

简介：提供逆变电源、镍锌铁氧体粉料、电子变压器、电感、LCD 背光源产品。

南京冠鑫光电有限公司

简介：主要从事 PMMA 导光板及 PMMA 挤出板、复合材料挤出板，TFT-LCD 背光模组，LCD 电视用扩散片的生产、加工工作。

南京凯燕电子有限公司

简介：本公司于 2004 年 9 月与南京东南大学合作，建立了月产 150 万的 CCFL 冷阴极荧光灯管生产基地，产品质量得到广大LCD背光源厂商的认可。

南京兰埔成新材料有限公司

简介：主要从事聚酯薄膜（BOPET FILM）、聚酯切片（PET CHIP）的研发、生产和销售，以及塑料成型（双向拉伸）新技术、新设备的设计与制造三大主导产业。

电话：025-57902777

网址：www.nj-lpc.com

南京朗光电子股份有限公司

简介：专业生产液晶背光源用的高品质CCFL（冷阴极荧光灯管）。

宁波大亿科技有限公司

简介：主要从事大尺寸背光模块、液晶电视、液晶监视器及相关零部件的制造与销售。

宁波激智新材料科技有限公司

简介：集扩散膜、光学薄膜的研发、生产、技术服务于一体的高新科技企业。

普利亚斯光电科技有限公司

简介：主营产品或服务包括 LED 护栏管、LED 水底灯、LED 灯串、LED 彩虹管、LED 背光源、LED 发光字招牌、LED 数码屏。

钱塘光电（海宁）有限公司

简介：主要产品为用于彩屏手机、数码相机等显示器的各类中小尺寸 LED 背光源、CCFL 背光源。

瑞仪光电（苏州）有限公司

简介：产品类型主要以液晶显示器光电组件为主，如精密光电导光板（LGP）、背光板模组（B/L）、FILM（模片）、导光板裁切等产品，产品使用范围以液晶产业、LCD 等光电产品为主。

陕西彩虹荧光材料有限公司

简介：主营产品包括 CRT 荧光粉、高纯度硫化锌、三基色灯用荧光粉、新型荧光材料及其他材料。

山西宇皓新型光学材料有限公司

简介：公司目前主要生产面向于液晶显示及照明行业用的光学级挤压板、激光导光板等产品。

电话：0354-5809968

网址：www.sxunm.com

上海剑高电子有限公司

简介：是专业开发、设计、生产薄膜开关、薄膜面板、EL 冷光片（EL 背光源）及 EL 驱动器、CCFL 驱动器、LED（发光二极管）背光片和配套 EL 驱动 IC 的厂家。

上海科锐光电发展有限公司

简介：美国上市公司 CREE 的全资子公司，专业生产和销售半导体照明（LED）产品。其产品主要用于全彩色影像显示屏、信息显示板、汽车、消费品电子产品、液晶显示屏背光源、室内外照明及特殊照明。

上海蓝光科技有限公司

简介：从事氮化镓基 LED 外延片、芯片产业化生产。

上海派乐电气有限公司

简介：属中外合资企业，引进和吸收国外先进技术，研发、生产和销售液晶显示光源、背光源、冷阴极光源的专业性企业。

深圳帝光电子有限公司

简介：是一家专门从事 LED/CCFL 背光源、LED 照明、LED 显示模组的研发、生产和销售的高新技术企业。

电话：0755-26553152

网址：www.diguang.com

深圳鼎科实业有限公司

简介：业务包括 TFT 液晶显示控制板、液晶显示器、液晶电视等设计、制造、销售，以及代理相关液晶显示器件。

深圳格力浦电子有限公司

简介：专业生产混合集成电路端子、液晶显示屏端子、计算机和手机连接器端子、通信接插件等精密电子零件。

电话：0755-33662817

网址：www. szclip.com

深圳国冶星光电子有限公司

简介：专业生产发光二极管、数码管、点阵（室内、室外、半户外）模块、背光源、贴片 SMD、显示屏、城市景观照明、光电检测设备等光电系列化产品。

深圳宏志光普光电子有限公司

简介：专门从事 1.1～12 英寸 TFT-LED/ CCFL 背光源的研发、生产及经营。

深圳泓瑞实业有限公司

简介：主要产品包括：①LED 背光源和 CCFL 背光源；②屏蔽冲模材：导电布、铜箔、导电海绵等；③代理日本优泊“王子”光扩散膜、光反射膜。

深圳华龙科技实业有限公司

简介：主要研发、设计和制造 LED 背光源、CCFL 背光源、EL 背光源等背光源光电产品。

深圳劲拓光电有限公司

简介：设计、生产、销售 LCD 液晶屏及 LED、CCFL 背光源的专业厂商。

深圳聚信光电贸易有限公司

简介：主要产品包括各种创新的发光二极管驱动芯片，产品应用领域涵盖发光二极管显示屏应用、发光二极管照明应用、发光二极管背光应用及电源管理应用等。

深圳科显光电技术有限公司

简介：从事 LCD 显示驱动和 LCD 背光源驱动的研究、制造与销售。

深圳耐驰科技有限公司

简介：专注于 LED 导光板、CCFL 导光板、导光板超薄灯箱的研发制造，以满足电子电器产品业界的各种背光产品需求。

深圳三川光电有限公司

简介：集光电材料高精密模切、背光源产品配套模组的研发、生产、销售、工程、服务于一体综合性的高科技企业。

深圳三盟数码科技有限公司

简介：从事 LCD 逆变器(应用于 13 英寸、15～22 英寸、9～17 英寸或以上四灯液晶显示器、液晶电视、银行终端机等）的生产制造。

深圳市奥佳光电材料有限公司

简介：专注于光电产品扩散膜、反射膜的应用、推广及销售。

深圳市宝明光电子有限公司

简介：主要产品为 LED 背光源、CCFL 背光源等，目前已开发用于彩色 STN 和 TFT-LCD 的高效率背光源产品。

深圳市博瀚光电有限公司

简介：从事 LCD 背光技术的生产型企业，致力于 LCD 用背光板的设计和制造。

深圳市诚业电子有限公司

简介：主营产品包括 LCD 用 LED 背光源、TFT 用 CCFL 背光源及各种 LED 相关产品。

深圳市大帝电子有限公司

简介：从事 LED 背光源的研发、设计、生产和销售的厂商。公司产品主要包括 LED 光背光源和 CCFL 背光源。

深圳市帝显实业有限公司

简介：专门从事 LED、CCFL 背光源产品研发、生产和销售的企业。主要产品包括 LED 背光源、TFT 彩屏、CCFL 背光源、导光板及 LED Display 等光电系列产品。

深圳市飞鑫光电有限公司

简介：集 LED 背光源的中大尺寸 TFT 液晶屏研发、生产和销售于一体的综合性民营高新技术企业。

电话：0755-89370850

网址：www.fx-tftlcd.cn

深圳市福瑞尔光电子有限公司

简介：主要生产 LED 背光源、CCFL 背光源、彩屏背光源、硅胶、塑胶等系列产品。

深圳市高科光电有限公司

简介：主营产品包括普通 LED 侧部背光源、CCFL 背光源、彩屏背光源、大尺寸背光源。

深圳市宏佳科技有限公司

简介：公司在 TFT-LCD 背光电源领域有着专业的研制、开发和生产能力，产品主要应用于 LCD 显示器、LCD-TV、笔记本、手机、DVD 等电子产品。

深圳市虹天扬科技发展有限公司

简介：从事液晶显示器背光模组电源设计与生产的专业厂商，公司的逆变器产品广泛配套于液晶显示器、液晶彩电、车载液晶电视、工业控制 LCD 显示、平面灯显示、便携式液晶终端 PDA、DVD 等产品。

深圳市鸿富鑫精密工业有限公司

简介：集研发、生产、经营 CCFL、LED 背光源及其光电器件于一体的高新科技性质的专业生产厂家。

深圳市鸿升隆电子有限公司

简介：集开发、生产、销售于一体，专业致力于 LED 数码管、多彩屏、发光二极管、平面管、侧/底背光源的生产和服务。

深圳市鸿智电子技术有限公司

简介：产品主要包括 LED 背光源、CCFL 背光源。

深圳市明瑞达光电科技有限公司

简介：专门从事 LED、CCFL 背光源的研发、生产和经营的厂家。

深圳市锐信电子科技有限公司

简介：开发和生产 LED、CCFL 背光源的专业厂家。

深圳市锐臻科技有限公司

简介：以液晶显示技术及电源技术为依托，集 TFT-LCD 背光电源（Inverter 电源逆变器）、液晶电视驱动板的研发设计和生产销售于一体的高科技型企业。

深圳市瑞泰祺电子科技有限公司

简介：主营产品包括 EL 背光源、冷光片、EL 标志灯、触摸屏、LED 导光板。

深圳市深华龙科技实业有限公司

简介：专业的 TFT 液晶显示用 LED 背光和半导体照明的核心应用技术完整解决方案提供商与品牌商。

深圳市盛泰实业有限公司

简介：专业从事开关电源供应器、电源适配器、电池充电器等产品的研发、生产、销售及服务的工厂。

深圳市水源电子材料有限公司

简介：主营产品或服务包括反射膜、扩散膜、遮光铝膜、黑白双面胶、增光膜、双面胶、PORON、电子绝缘材料、手机导电泡棉。

深圳市万和达电子有限公司

简介：主营产品包括背光源、导光板。

深圳市威亮光电科技有限公司

简介：专业从事 LED 背光模组的生产制造。

深圳市威天光电科技有限公司

简介：从事 LED、CCFL 背光源研究、开发、设计、生产和销售的企业。

深圳市钰晟电子科技有限公司

简介：从事 LED、CCFL 背光源的研制、生产经营和销售。

深圳市越华晖实业有限公司

简介：专业生产 LED 背光源和液晶显示玻璃片。

深圳市兆利达有限公司

简介：LED、CCFL 背光源的专业生产厂家。

深圳市正光社电子有限责任公司

简介：每月可生产中小型液晶显示器用（CCFL）背光模组 10 万套。

盛宇光电子（北京）有限公司

简介：生产光电行业所需要的胶带、保护膜、扩散片、反射片、遮光片、增光片等光学薄膜、材料。

松下电器研究开发（苏州）有限公司

简介：主营产品包括普通照明用荧光灯、CCFL 等。
电话：0512-62581001
网址：www.panasonic.com

苏州璨宇光学有限公司

简介：主营产品包括 LCD 背光模组、光学零部件。

苏州京东方茶谷电子有限公司

简介：从事液晶显示器用 CCFL 背光源的设计、开发和制造。

苏州尚邦光电有限公司

简介：生产背光模组、液晶显示板、导光板、扩散板等。

苏州市三鑫塑业有限公司

简介：主营产品包括光学级 PMMA 片材、扩散板。

苏州迎辉光电有限公司

简介：主营产品包括 TFT 等专用聚光片、上扩散片。

天通控股股份有限公司

简介：专业从事软磁铁氧体材料和磁芯的研发、生产和销售。
电话：0573-80701391
网址：www.tdgcore.com

威友光电（苏州）有限公司

简介：由目前台湾第一大冷阴极灯管专业制

造商——威力盟电子于2003年5月登记成立。

伟志光电（深圳）有限公司

简介：为不同客户提供 LED 背光源、LED 照明灯、LED 显示屏等产品的最佳解决方案。

无锡芯朋微电子有限公司

简介：为客户提供高性价比，灵活多变，性能优异的电源、LED 驱动、显示控制驱动，产品广泛应用于个人电脑及周边产品、移动电话、个人数字终端、平板显示系统等。

吴江均龙电子科技有限公司

简介：以生产小点印刷式导光板、印刷式背光板模块、非印刷式导光板、非印刷式背光板模块为主。

武汉良师通明科技发展有限公司

简介：主要产品为聚酯薄膜，目前可生产 0.1～0.3mm 厚的 PET 包装膜、电器绝缘膜，以及光学膜和 LCD 反射膜。

电话：027-84469045

厦门京东方电子有限公司

简介：公司位于厦门翔安火炬园，厂房面积 5 000 m^2，主要生产液晶显示器件用背光源及相关部件、配套元器件。

厦门瑞发莱光电科技有限公司

简介：专业从事侧背光源、底背光源、CCFL 背光源的研发、设计、生产和销售。

厦门伟然科技有限公司

简介：专业从事背光源、LED 光学运用等系列产品（背光模组/背光源/导光板/护栏灯管（轮廓灯管）/光学镜头/光学透镜）的设计、开发、制造与销售。

厦门中佳光电科技有限公司

简介：主营产品包括 LED 背光源、背光源、CCFL 背光源、背光板、背光片、底部背光源、侧部背光源、LCD 背光源。

星磊电子（深圳）有限公司

简介：专门从事 LED、CCFL 背光源的研发、生产和销售的企业。主要生产用于 STN、CSTN 和 TFT-LCD 显示模组的中小型尺寸的 LED 背光源和 CCFL 背光源。

星源电子科技（深圳）有限公司

简介：主要产品系列包括 STN-TFT-LCD 背光源、LED 背光源、CCFL 背光源、手机彩屏背光源等。

宣茂光电（苏州）有限公司

简介：扩散片生产厂家，主要加工、生产背光模组等产品。

亚固光电科技（上海）有限公司

简介：主要生产（CCFL）液晶模块用发光光源、侧立式背光源及背光照明产品。

亚通光电科技（深圳）有限公司

简介：主营产品包括单屏背光源、双屏单彩背光源、胶框铁框一体化、双屏双彩背光源、三色背光源。

电话：0755-88862318

网址：www.atc-china.com

宜昌劲森光电科技股份有限公司

简介：生产 LCD 背光模组用冷阴极灯管。

有研稀土新材料股份有限公司

简介：主营产品包括金属卤化物灯用药丸、高品质稀土三基色荧光粉、高光效 LED 荧光粉、CCFL 荧光粉、PDP 荧光粉、高压汞灯粉、重氮粉、紫外粉、彩色装饰荧光粉等。

镇江金星电光源有限公司

简介：主营产品包括优质冷阴极荧光灯、应用于液晶显示器的背光源。

中电熊猫集团深圳市中联数源电子有限公司

简介：产品定位于全球市场，包括驱动管冷阴极灯管（CCFL）的逆变器、直流电转交流电（DC/AC）的逆变器、变压器、电感、磁蕊等产品系列。

中山市东升镇颖川光电研究所

简介：专业制造高科技的 TFT-LCD 背光模组。

中山市汉仁电子有限公司

简介：生产开关电源模块、CCFL 背光源驱动模块、CCFL 驱动变压器等。

中源科技（深圳）有限公司

简介：从事中小尺寸液晶显示模块、液晶背光源的专业制造，以及光电材料精密模切加工。

珠海钜晶电子科技有限公司

简介：集研发、生产、销售于一体的，国内最早从事 TFT-LCD 液晶显示器背光模组电源，即逆变器设计生产的专业厂商之一。

触摸屏

北京触点时代科技有限公司

简介：生产表面声波、红外线、四线电阻、五线电阻和电容感应触摸产品。

北京豪普曼世纪系统工程技术有限公司

简介：主营产品包括大屏幕互动银幕触摸屏、沙盘（模型）控制/多媒体查询机柜、绚丽多彩的多媒体查询应用软件、空中翻书/Generaltouch 表面声波触摸屏、G-touch 电阻屏、LCD 触摸显示器。

北京景华时尚科技有限公司

简介：多媒体触控技术研发、制作和服务的提供商。

北京欣科华科技有限公司

简介：从事工业液晶显示器、触摸屏、触控显示器、触摸一体机等产品的研发、生产、销售。

北京意力电路世界有限公司

简介：专营生产薄膜按键开关、ITO 透明触摸屏和柔性印制电路板三大专业产品。

宸鸿科技（厦门）有限公司

简介：主要从事触控显示器、触控系统、触控组件、触控屏幕、触控技术、应用软件、硬件、触控相关周边配件的研发、生产。

成都吉锐触摸电脑有限公司

简介：专业生产表面声波触摸屏，且所有产品都可提供防眩选项，LCD 触摸屏显示器有桌面型和 Panel/Rearmount 型系列产品。

成都市东骏博锐数据技术有限公司

简介：主营产品包括触摸屏、触摸屏显示器、点菜机、触摸屏触控查询一体机、排队机、多媒体触摸查询软件。

创为精密材料股份有限公司

简介：主营产品包括数字及模拟式触控屏幕。

点金光电（深圳）有限公司

简介：专业设计、生产触摸屏的外商独资企业。

东莞冠智电子有限公司

简介：主要以生产四线、五线、八线模拟电阻式触摸屏为主。

东莞市平波电子有限公司

简介：以生产触摸屏、EL 冷光片为主。

东莞市永泰电子有限公司

简介：主营产品包括触摸屏、数字式触摸屏、类比式触摸屏、手机触摸屏、纯平触摸屏等。

广州华意电路有限公司

简介：专业生产薄膜按键开关、ITO 透明触摸屏、印制电路板、柔性印制电路板和硅橡胶按键五大专业产品。

广州市富可欧科技有限公司

简介：从事 LCD 液晶屏推广及应用的科技型企业，在 LCD 的应用方面有扎实的专业技术，能为客户应用各类液晶显示屏提供专业完整的解决方案。

广州市键创电子科技有限公司

简介：目前生产的各类型的触摸屏成功销售到美洲、欧洲和澳洲等地，月产量达到 100 万片。

广州市雄州电子有限公司

简介：主营产品包括表面声波触摸屏系列产品和红外触摸屏。

广州市宇联电子科技有限公司

简介：生产、销售触摸屏、工业触摸显示器、触摸屏平板电脑及触摸屏 POS 终端、触摸屏查询一体机等触摸屏相关产品的专业化生产厂家。

广州市中触电子有限公司

简介：主营产品包括四线电阻式触摸屏、五线电阻式触摸屏、八线电阻式触摸屏、多点电阻式触摸屏、电容式触摸屏。

广州鑫顺光电科技有限公司

简介：产品包括 ITO 触控面板、触摸一体机、触摸电脑、薄膜开关等。

广州益图电子设备有限公司

简介：专业触摸屏及其他触控产品的制造商和供应商；触摸屏采用最先进的触摸感应技术，产品受到业内同行的一致认可和普遍欢迎。

广州永安伟业触摸电脑有限公司

简介：致力于触控产品研究生产与软件开发

的高科技公司。

杭州宏拓科技有限公司

简介：专业从事开发及销售嵌入式工控机、嵌入式主板、凌动工控主板、LCD 液晶屏、触摸屏、数据采集模块等产品的研发、生产、营销及服务。

杭州京杭电子有限公司

简介：专业生产 ITO 触摸屏、手机导电膜、薄膜开关、柔性电路、铭牌面板的企业。

洪毅触摸设备技术有限公司

简介：专注从事电阻式触摸屏的研制及生产，拥有大型自动印刷机及全自动蚀刻线。

湖南金雅触控公司

简介：是一家触控产品生产厂家，销售触控一体机、触控屏、查询软件、LED 电子显示屏、电梯与车载广告机等。

华屏电子科技有限公司

简介：专业生产触摸屏的生产厂商。

黄石瑞视光电技术股份有限公司

简介：主要从事电子触摸屏的生产制造，其产品应用于移动电话、手提电脑、汽车卫星导航系统等多个领域，目前市场上的好记星、步步高、诺亚舟学习机和 TCL、康佳等公司都是其客户。

江门同益科技有限公司

简介：具有年产 10 万平方米热压导电纸，5 万平方米触摸屏，5 万平方米电致发光片的生产能力。

捷蔚光电科技上海有限公司

简介：生产电容式触摸屏。

兰亭科技（北京）有限公司

简介：致力于模式识别技术、触摸屏技术的开发和销售。

牧东光电（苏州）有限公司

简介：一家专业生产触控产品的企业。

南京点面光电有限公司

简介：电阻式触摸屏的生产能力为 420 万片/月（以 2.8 英寸手机用触摸屏为标准），同时开发生产电容式等相关触摸屏产品。

南京华睿川电子科技有限公司

简介：从事触摸屏（TouchPanel）、电致发光片（EL）和柔性电路（FPC）等光电显示产品的研发、生产和销售。

电话：025-58843008

网址：www.wally-panel.com

南京亚旭电子科技有限公司

简介：专门从事多媒体系统集成及相关技术研发、制造、品牌营销的民营高科技企业公司，是专业的触摸屏和 LED 显示屏的供应商、系统集成商。

南通德立德电子有限公司

简介：是由韩国 TERADISPLAYCO.，LTD 和新加坡万德国际合力打造的公司，注册资本 300 万美元，主要从事触摸屏生产。

南阳首控光电有限公司

简介：主营产品包括 MD 高清数字电视、交互式电子白板、大屏幕拼接显示系统、投影机、视频会议机（触摸屏）。

青岛拓达科技有限公司

简介：对触摸一体机专业生产技术、触摸排队系统集成技术、多媒体软件开发技术及LED大屏显示技术都有着丰富的经验和完整、可行的整体方案。

陕西金雅触控科技有限公司

简介：主营产品包括触摸屏、触摸显示器、触摸查询一体机、触摸屏考勤打卡一体机、工业触摸平板显示器、工业触摸平板电脑、工业触摸一体化工作站、LED电子显示屏、排队叫号机。

上海碧辉电子有限公司

简介：目前国内触摸行业集研发、制造、品牌营销于一体的民营高科技企业公司，是专业的多媒体触控产品的供应商、系统集成商。

上海康泰克电子技术有限公司

简介：专业生产各类高品质、高性能的工业控制计算机和网络产品、I/O接口模板、工控软件包、LCD液晶平面显示器、LCD查询机等。

上海泰思电子有限公司

简介：在触控系统、显示拼接系统、软件开发、系统集成等各个领域为各类企业提供完善的一体化解决方案和专业的技术服务。

上海显威电子科技有限公司

简介：主营产品包括液晶网络电视、液晶广告机、液晶触摸显示器、液晶工业平板电脑等。

深圳凰泽光电技术有限公司

简介：生产广泛应用的平面电阻式触摸屏，特别是数字矩阵式和模拟电阻式触摸屏。

深圳欧菲光科技股份有限公司

简介：开发和生产数码摄像系统中的红外截止滤光片及组立件、触摸屏、光纤镀膜、低通滤波器等产品的精密光学光电子薄膜元器件。

深圳市北泰显示技术有限公司

简介：开发四线、五线、八线的控制器和驱动程序，并实现双膜手机触摸屏的开发及量产。

深圳市德普特光电显示技术有限公司

简介：专业生产触摸屏、LED背光源、触摸显示器。

深圳市高显光电技术有限公司

简介：专业设计、生产及销售电阻式触摸屏、场致发光（EL）背光源的高科技企业。

深圳市航泰光电有限公司

简介：专业从事触摸屏（Touch Panel）的研发、设计、生产与销售。

深圳市豪威薄膜技术有限公司

简介：以多层膜为主的科研、生产一体化的高新技术公司。

深圳市宏源触控技术有限公司

简介：设计开发1.5～21英寸的各式触摸屏产品。

深圳市华和兴科技有限公司

简介：研发、生产、销售各类电阻式、电容

式触摸屏与其他延伸产品。

深圳市江天公司实业有限公司

简介：自主开发设计了一系列拥有国家专利的软、硬件产品，是国内触摸屏产品的专业生产、制造、供应商。

深圳市明光利电子有限公司

简介：从事模拟式触摸屏、数字式触摸屏、LED 背光源的研发、生产及销售。

深圳市荣亨达科技有限公司

简介：专业从事触摸屏原材料及触摸屏成品的生产，是集加工和贸易于一体的公司。

深圳市深越光电技术有限公司

简介：主营产品包括四线电阻式触摸屏、五线电阻式触摸屏和表面声波式触摸屏。

深圳市昕辉科技有限公司

简介：专业生产薄膜开关、薄膜面板、触摸面板、标牌、EL/LED 背光源、LCD 液晶模块、LED 显示屏、触摸屏、PCB、FPC 的厂家。

深圳市业际光电有限公司

简介：致力于电阻式及电容式触摸屏开发、生产、销售的专业制造商。

深圳市致竑光电有限公司

简介：专业触摸屏制造公司，公司产品广泛用于 MP4、GPS、UMPC、POS 机、手机等。

深圳维纳新科光电有限公司

简介：从事电阻式及声波式触摸屏的研发、生产和销售。

首钢环星触摸电脑有限公司

简介：专门从事触摸屏、触摸一体机、系统集成、软件开发及相关产品的研发、生产和营销的公司。

苏州科奥智能科技有限公司

简介：硬件产品包括多媒体触摸屏查询机（KIOSK）、数字化信息发布终端（DSS）、生物识别考勤系统（KFP）、工业智能化控制系统、多媒体资讯播放机等。

天津市指点触摸电脑有限公司

简介：公司掌握先进水平的触摸屏控制卡技术、LED 电子屏控制技术、Internet 触摸浏览技术、公共电脑远程管理技术。

突破光电国际贸易（上海）有限公司

简介：产品包括触控面板、触控显示器、控制器及其芯片。

武汉至唯科技有限公司

简介：专业从事多媒体触控产品开发、制造及系统集成的高科技民营企业。

西安吉尔触控科技有限公司

简介：专业从事触控产品、多媒体查询软件及 LED 电子显示设备研发与生产的高科技企业。

盐城市中联发电子有限公司

简介：生产电阻模式触摸屏，目前已经完成

投资 4 000 多万元，建成一条可年产 60 万片手机触摸屏的生产线。在生产 24 英寸触摸屏的基础上，自主设计开发了 35 英寸触摸屏。

易控科技（香港）有限公司

简介：从事触摸屏原材料（导电银浆、绝缘油墨、耐酸油墨、保护胶、绝缘点胶等，ITOGlss、ITOFilm 等）、薄膜开关原材料（导电银浆、绝缘油墨）、生产设备（精密印刷机、脉冲压合机、线性测试机等）的销售，并可提供触摸屏生产全套技术。

应用光电科技有限公司

简介：电阻式触摸屏专业制造厂商。

浙江贝力生科技有限公司

简介：产品应用在移动电话、资讯家电、工控仪器、车载 GPS 终端、公共咨询系统、自动销售系统等领域。

浙江金指科技有限公司

简介：公司配置了国内外先进高端设备，集成能力强大的生产制造体系，年产电容式触摸屏 2 600 万片，主要面向全球提供全尺寸触控产品。

电话：0572-6210820

网址：chinagft.com

掩膜版

湖南电子信息产业集团有限公司

简介：从事高精度“零缺陷”匀胶铬版研发、生产与销售的专业厂家。

深圳清溢光电股份有限公司

简介：产品主要应用于液晶显示器（LCD）、有机电致发光显示器（OLED）等平板显示（FPD）行业、集成电路（IC）及其相关行业、印制电路板（PCB）行业及精细元器件行业。产品包括 TFT、彩色 STN、STN 和 TNLCD 铬版掩膜版；EL、OLED 铬版掩膜版；PDP、VFD 铬版掩膜版；IC 封装、HDI，包括 BGA、CSP、BUMPING 等铬版掩膜版和干版掩膜版；MEMS、SENSOR 和 ENCODZR 等精细电子元器件用铬版掩膜版；LCD 用固体凸版和液体凸版。

电话：0755-26712047/26638994

网址：www.supermask.com

深圳市科利德光电材料股份有限公司

简介：产品由最开始的 PI（聚酰亚胺）扩展为全系列的 LCD 掩膜版类（如凸版、铬版、菲林等）。

深圳市路维光电股份有限公司

简介：致力于平板显示（TFT、OLED、TP、LED 等）、高端线路板（PCB）和半导体集成电路（IC）封装等各类掩膜产品的专业生产、制作、销售。

深圳市美精微光电股份有限公司

简介：专为液晶生产厂家配套生产菲林掩膜版、PI 印刷版、铬版掩膜版等光刻掩膜版。

电话：0755-26610321/26610401

网址：www.photo-mask.com

烟台正海电子网板股份有限公司

简介：具备为客户提供质量优异的大尺寸、

超高精度干版掩模版的能力。产品主要用于 PDP 行业，中、低精度的 LCD 行业，高密度 PCB 行业，IC 载板和 IC 封装等行业。

电子材料

包头市金蒙稀土有限责任公司

简介：稀土分离企业，产品主要有稀土盐类，稀土氧化物，稀土金属。

电话：0472-5233978

宝鸡市欧凯溅射靶材科技有限公司

简介：主要生产平板显示器用靶材、镀膜玻璃工业（主要包括建筑玻璃、汽车玻璃、光学薄膜玻璃等）用靶材、薄膜太阳能工业用靶材、表面工程（装饰和工具）用靶材、电阻靶材、汽车车灯镀膜用靶材等。

宝鸡市深大华钛业有限公司

简介：集贸易原材料、钛工艺制品、靶材研发、生产、销售于一体的高科技企业。

北京艾特奥科技发展有限责任公司

简介：集 ITO 粉、ITO 靶材、研发、生产和销售于一体的高科技企业。

北京高德威金属科技开发有限责任公司

简介：专业生产贵金属靶材、高纯金属靶材、普通金属靶材、稀土靶材、各类合金靶材。

北京华镥托日靶材科技有限公司

简介：专业生产铬靶材、锡靶材、锌靶材、铝靶材、硅靶材、锌锡合金靶材等各种靶材。

北京蒙泰有研技术开发中心

简介：开发了 100 余种镀膜材料及靶材。

常州苏晶电子材料有限公司

简介：从事研发与生产大型平板显示器面板和薄膜太阳能换能制造过程中真空溅射薄膜材料（靶材）。

成都超纯应用材料有限责任公司

简介：生产透明、ITO 导电膜，提供各类溅射靶材。

东清电子（上海）有限公司

简介：从事背光源里用各种材料及胶带的冲切加工，以及手机、PDA 和 OA 机器用绝缘材料，电气功能材料的加工，以上相关产品的组装。

东莞桥头良泰线材塑料厂

简介：是专业的 LCD Cable 制造厂，为客户提供全系列 LCD 信号线，主要应用于液晶显示器、液晶电视、工业计算机、收银系统、可携式 DVD 播放器、专用电视、等离子电视等产品。

东莞市科特博电子有限公司

简介：专业开发及生产柔性扁平电缆、FFC/FPC 连接器、导电斑马纸、导电斑马条、柔性线路板，代理异方性导电薄膜。

东莞市欧莱溅射靶材有限公司

简介：生产溅射靶材和蒸发材料的专业公司。

东莞市欧旗电子有限公司

简介：产品包括铁氟龙膜及胶带、偏光片剥离胶带、破坏胶带、奈米胶带、KAPONT胶带、热电偶、富士滤光片等。

东莞市亚马电子有限公司

简介：产品包括LCD/LCM专用耗材及配件系列、LCD/LCM专用设备、EMI导电屏蔽胶带及材料、高温绝缘材料及胶粘制品系列。

东莞维盟电子绝缘材料有限公司

简介：产品包括光电件类、绝缘件类、橡胶件类、双面胶类、EMI屏蔽、缓冲材料类、非金属特殊材料等。

东营耐尔科技有限公司

简介：研发生产高纯材料，特别是应用于电子工业的高纯材料，为集成电路、平板显示器、光伏电池、制药、化工、科研等行业提供各种特种气体、湿化学品以及特种气体包装输送柜等产品及服务。

佛山市钜仕泰粉末冶金有限公司

简介：自主研发的钨-钛合金离子溅射镀膜靶材填补了国内市场的空白。

贵阳晶华电子材料有限公司

简介：从事封接玻璃、电子浆料、超细功能陶瓷粉体等电子材料的生产和开发。

汉高乐泰（中国）有限公司

简介：主营产品包括复合型胶黏剂、合成橡胶型胶黏剂、树脂型胶黏剂、其他合成胶黏剂、无机胶黏剂。

电话：021-28918000

合肥科晶材料技术有限公司

简介：主要产品包括高温超导薄膜基片，磁性铁电/压电外延薄膜基片，半导体基片，金属单晶/多晶基片，溅射靶材以及各种粉料、包装盒等。

江苏纳为新材料科技有限公司

简介：产品包括银纳米粒子、银纳米线、LED/OLED用导电银胶、PCB/FPC用导电油墨、薄膜开关导电浆料、RFID印刷导电油墨及各向异性导电胶、太阳能电池用导电浆料、电磁屏蔽用导电浆料等。

昆山市丰骅电子有限公司

简介：是我国专业生产导电橡胶条的最大的企业之一，其生产工艺和产品的技术指标均处于国内同类产品的领先地位，产品的关键技术参数达到国际同类产品的水平。

山东天诺光电材料有限公司

简介：生产防静电产品、作业防护、军需用品、电磁屏蔽室等。

上海大恒光学精密机械有限公司

简介：从事系列晶体材料生长和各种光学元器件、晶体材料及光学玻璃的定向、切割、研磨、抛光，为国内外各大高校及科研院所提供高质量、多品种的外延薄膜基片。

上海贺利氏工业技术材料有限公司

简介：生产导电胶、导热胶。

电话：021-33575688

网址：www.heraeus-hmts.com

上海金溢源国际贸易有限公司

简介：是一家工贸一体化的公司，在上海拥有聚合材料生产型企业，多年来从事聚酰亚胺6051的出口。公司除生产常用规格的聚酰亚胺薄膜外，开发的厚膜也已形成生产规模。

上海卓扬电子有限公司

简介：专业生产嵌入式计算机主板、液晶屏、LCD连接线及外围设备的高科技公司。

深圳固泰伟橡塑制品有限公司

简介：从事各类硅橡胶制品、绝缘导热新产品、光电膜材等新产品的研发、制造、销售。

深圳锦泰真空科技有限公司

简介：产品完整覆盖了真空镀膜设备、磁控溅射靶材、真空泵、真空负压系统、真空泵油、退膜剂和其他各类真空应用耗材等所有产品系列。

深圳市爱伦特科技有限公司

简介：生产二氧化硅靶、钼靶、铬靶、氧化铟锡靶等。

深圳市安品有机硅材料有限公司

简介：专注于有机硅领域的研究及有机硅产品的生产和经营。为各行各业的客户针对性地提供有机硅材料的解决方案。

深圳市飞世尔实业有限公司

简介：在平板显示器等微电子材料方面，成功开发出适用于LCD的紫外固化胶黏剂、环氧边框胶、聚酰亚胺树脂、电测机、黑膜（BM）材料，2011开发出CTP钼铝钼清洗液、显影液、蚀刻液、退膜液、液态OCA光学胶、LENS清洗液、返工液等。

电话：0755-29675975/29675966

网址：www.fisher-hk.com

深圳市杰德利科技有限公司

简介：产品分为六大类：绝缘材料、屏蔽材料、导热材料、胶黏材料、光电材料、橡胶泡棉。

深圳市科迈机电有限公司

简介：从事电磁屏蔽材料、导电泡棉、导电布、金属胶带、铍铜弹片等材料的生产制造。

深圳市联创力科技有限公司

简介：专业从事EMI屏蔽材料、LCD背光源用扩散片、保护膜、反射片、增光片及遮光片、黑白胶制品等的生产。

深圳市矽谷溅射靶材有限公司

简介：目前可提供近20种纯金属、合金靶材，并可根据客户的需要调整合金材料的成分比例，以满足镀膜工艺要求。

深圳市真毅成科技有限公司

简介：提供TP建厂整体解决方案。同时，公司在大亚湾经济技术开发区配套了平板显示FPD与印制电路PCB湿制程高品质、高纯度物料生产基地。

深圳先电科技有限公司

简介：主要从事多功能、多性能电子、光电用特种胶带和光学薄膜的研发和生产。

深圳鑫达电子实业有限公司

简介：致力于电脑及数码产品精密连接器、高性能连接线束、信号线的研发和生产。

四川新力光源有限公司

简介：专注于LED照明与稀土发光材料领域。

四川中物材料有限责任公司

简介：从事高性能聚合物复合材料研发、生产和销售的高新技术企业。

苏州金禾新材料股份有限公司

简介：主要生产硅胶片、缓冲材、TAPE、EMI遮蔽材料，并可以根据客户需求进行各种规格产品的设计生产。

电话：0512-66877345

网址：www.jhgd.com.cn

苏州金杰电子有限公司

简介：生产EMI电磁屏蔽材料（导电泡棉、导电布、铜铝箔）和绝缘材料（PC、PP、FR-PP、PVC、PET、KAPTON、FOMEX、醋酸布、矽胶）。

索尼凯美高电子（苏州）有限公司

简介：主要产品包括挠性印制线路板（FPC），扁平电缆（FFC）、异向性导电膜（ACF）及MOSAIC等。

太湖金张科技有限公司

简介：主要产品有各种平板显示器模组专用硅胶保护膜，锂离子电池专用胶带及LED封装胶带等，广泛用于平板显示器配套生产，新能源锂电及汽车专用动力锂电池组装，以及LED数码和点阵组件树脂封装等领域。

电话：0556-4298086

网址：www.jzt3.com

通泰胶粘制品有限公司

简介：生产LCD行业用偏光片剥离胶带、电子行业用离型膜、双面胶带。

厦门松德电子有限公司

简介：专业生产环保型有机硅橡胶按键、杂件和环保型 LCD 用高分子导电有机硅橡胶连接器，以及电子陶瓷材料。

株洲科能新材料有限责任公司

简介：拥有自营进出口权，主要经营稀有金属、小金属的深加工和进出口业务，在云南和湖南设有生产工厂，其产品主要有铟、铋、镓、碲、锑及其制品等。

电话：0731-22772173

网址：www.zzkeneng.com

化学品

陶氏化学（中国）有限公司

简介：以其领先的特种化学、高新材料、农业科学和塑料等业务，为全球160个国家和地区的客户提供种类繁多的产品及服务，应用于电子产品、水处理、能源、涂料和农业等高速发展的市场。

电话：021-38512712

网址：www.dow.com

3M中国有限公司

简介：主要产品为LCD光学膜、胶黏剂、研磨产品、投影仪产品、商用及家庭清洁用品等。

电话：020-32113769

网址：www.mmm.com

北京海斯迪克新材料有限公司

简介：专业于胶黏剂密封剂等功能性材料的开发与应用。

电话：010-68865588

网址：www.hystic.com

北京金翼新技术开发中心

简介：研究开发、生产销售微电子行业专业清洗剂、化学试剂标准液、工业黏合剂和代理石化设备及相关产品的高新技术企业。

电话：010-67100371

网址：www.goldenwing.com.cn

北京科华微电子材料有限公司

简介：已建成投产的燕山基地主要生产紫外负型光刻胶、G 线正胶和配套试剂等产品，已经建成的美国波士顿研发实验室现正在做 I-线与 TFT-液晶胶配方的完善工作和 248nm 深紫外胶的中试研发工作。

成都金桨高新材料公司

简介：开发、生产的 LCD 彩色过滤板用的 RGM 和 BM 颜料光刻胶，高温黏结剂和高温涂层高温印刷线路板材料，新型全芳香族高分子超化聚酰亚胺等。

大连保税区科利德化工科技开发有限公司

简介：生产各种高纯超净电子气体、高纯金属有机化合物、高纯金属醇盐、混合气等技术产品。

东莞市喜丽康硅胶材料有限公司

简介：产品包括 LCD 封口补强胶，LED 灌封胶、导热胶、导电胶，电路板专用三防胶，芯片底部填充胶，银粉导电、导热胶和银粉印刷油墨系列，芯片波峰阻焊胶系列等。

东莞市智高化学原料有限公司

简介：专业提供各制造行业专用清洗剂，并提供可靠、完整的清洗解决方案。

东莞依美电子制品有限公司

简介：提供导热介面材料、EMI 屏蔽材料、聚合物黏合剂材料、绝缘材料、电感元器件及热固性复合材料。

飞世尔（香港）科技股份公司

简介：生产的水基型、准水基型、溶剂型三大系列几十种型号的专业清洗剂，广泛适用于 ITO 玻璃、LCD 液晶屏、精密零件、印制电路板、光学镜片等诸多清洗领域；并开发成功适用于 TN、STN、FSTN 等的环氧边框胶 FER 系列和 UV 胶系列产品。

广东东莞市天润电子材料有限公司

简介：专业生产彩色电视机显像管和电脑显示管用导电涂料。

广州市回天精细化工有限公司

简介：公司在 UV 光固化胶、丙烯酸酯胶、环氧胶、硅橡胶方面的基础研究处于国内领先地位。

电话：020-36867996

网址：www.gz-huitian.com

杭州格林达化学有限公司

简介：主要产品为高纯电子化学品、季铵化合物和精细化学品、显影液 TMAH（电子级四甲基氢氧化铵）。

电话：0571-87774348

网址：www.greendachem.com

湖南先伟实业有限公司

简介：生产 TFT-LCD 用光刻胶剥离液。

化药化工（无锡）有限公司

简介：生产和销售特种环氧树脂、丙烯酸单体和丙烯酸齐聚体。

江苏奥瑟亚新材料科技有限公司

简介：是韩国化工和绿色能源公司奥瑟亚（OCI）根据市场需求及企业自身发展需要，投资 6 500 万美元，在镇江新区建设年产 1 500t 电子用高科技化学品三氟化氮。

电话：0511-81987701

江阴市润码电子材料有限公司

简介：生产适用于中大规模集成电路、半导体分立器件及硅材料等生产领域所需的高端微电子化学品，拥有年生产 2 500t 高纯化学试剂的能力。

空气化工产品（上海）有限公司

简介：专业提供瓶装气体、特种气体、液体和大宗气体、现场制气系统、化学品等。

林德电子特种气体（苏州）有限公司

简介：主要经营气体及叉车设备，生产用于半导体和光纤行业的电子特种气体。

眉山胜科电子化学有限公司

简介：攻破了电子级磷酸生产关键技术，拥有完全自主知识产权。液晶用和半导体用电子级磷酸产品，各项检测指标均优于国际半导体化学品委员会标准（SEMIC36-0301）。

美国三开化学公司上海代表处

简介：生产的 TMAH 是半导体电子工业和 TFT-LCD 平板显示器工业的上游产品，在其光刻电路后的清洗工艺过程中使用。

电话：021-52080330

网址：www. sacheminc.com

美利达颜料工业有限公司

简介：主要产品有铜酞菁、活性铜酞菁、C.I.颜料蓝 15、C.I.颜料蓝 79（氯铝酞菁、ClAlPc）和预分散颜料等十大系列九十多个专用品种。广泛应用于油墨、涂料、油漆、塑料、橡胶、色母粒、印花色浆、文教用品和液晶滤色片着色等工业领域。

绵阳艾萨斯电子材料有限公司

简介：专业生产 ITO 刻蚀液、BR 刻蚀液、显影液、剥离液、再生液、清洗液。

宁波综研化学有限公司

简介：主要生产各类工业用胶带，胶黏剂年生产能力为 1 000t，胶带的年生产能力为 1 000 万平方米。

帕卡国际贸易（上海）有限公司

简介：专业生产 FPD 清洗剂，为 TFT-LCD、OLED 等生产行业广泛应用。

青岛盖洛普商务有限公司

简介：是 3C 行业屏蔽漆、UV 涂布液、特殊油漆涂料及被动元器件的国外知名品牌代理商。

三键化工（上海）有限公司

简介：从事日本三键株式会社生产的液体压圈、液体环氧树脂、紫外线硬化树脂、导电胶等销售贸易活动。

电话：021-58207810

网址：www. threebond.com.cn

三井化学（上海）有限公司

简介：经营从石化、基础化学品到机能材料等多种产品，涉及各个行业，活跃在世界舞台的综合化学品制造商。

上海回天化工新材料有限公司

简介：专业生产免清洗锡膏、导电银胶、贴片胶 6406、邦定胶、灌封材料系列、粘接密封系列、导热硅脂阻尼膏系列、模具胶系列等。

上品综合工业股份有限公司

简介：生产半导体、液晶工业所需的氟碳树脂产品。

深圳艾克化工有限公司

简介：专业生产无泡清洗剂、中性清洗剂、酸刻液、环保液晶清洗剂等。

深圳科玺化工有限公司

简介：专业生产平板显示液晶清洗（含 TN、STN、TFT）系列产品。

深圳市道尔顿科技有限公司

简介：集 LCD 制造用高分子材料 PI 液、TOP 液的研发、生产和销售于一体。

深圳市华天河科技有限公司

简介：生产全系列单组分室温固化硅橡胶（RTV），单组分加成型加热固化硅橡胶（HTV），双组分液体灌封胶（LSR），涂敷胶、导电胶、UV 胶（紫外光固化胶或无影胶）、快干胶（瞬间胶）、厌氧胶和导热、散热硅脂，绝缘硅脂等产品。

深圳市纳微科技有限公司

简介：生产液晶显示器用的间隔物（SPACER）、扩散板（膜）中的光扩散剂和生物产品的分离纯化介质。

电话：0755-26737300

网址：www.nanomicrotech.com

深圳市容大电子材料有限公司

简介：生产应用于平板显示与半导体加工的光刻胶系列、应用于精密丝网印刷的丝网感光胶等。

深圳市佑达环保材料有限公司

简介：专业开发、生产、销售液晶清洗剂、消泡剂、金属表面除锈、除蜡、水性研磨防锈剂及各种环保精细化工产品。

电话：0755-27916992

网址：www.qz-yd.com

苏州瑞红电子化学品有限公司

简介：产品包括光刻胶、配套试剂、高纯化学试剂。

电话：0512-66035708

网址：www.szruihong.com

苏州市联创新材料有限公司

简介：生产各种蚀刻液、单酸、碱、无水乙醇 NMP、IPA、BC、TMAH 等。

电话：0512-65207088

网址：www.sz-jx.net

厦门映日液晶材料有限公司

简介：专业生产 PI 取向剂、PI 定向膜、液晶取向膜、聚酰亚胺取向剂，产品系列包括 STN-LCD 和 TN-LCD 取向剂。

电话：0592-2560111/2564511

烟台德邦科技有限公司

简介：专业研发、制造和销售工业、电子用胶黏剂、密封剂，用于汽车、电子、农业机械、工程机械、铁路车辆、电力、冶金、有色、油田建材等行业。

电话：0535-6375522

网址：www.darbond.com

液化空气上海有限公司

简介：专业从事工业用氮气、氧气、氢气、氦气及氩气等的生产与销售，其气体纯度范围可从 95%至 99.9999%，甚至 ppb 级。

电话：021-60903279

网址：www.airliquide.com

依美（上海）电子制品有限公司

简介：生产结构性及一般用途黏合剂，绝缘涂层、防潮及抗热黏合剂，邦定、晶片接著、碳油，灌封胶、UV 胶，快干胶及其他。

浙江衢州巨化昭和电子化学材料有限公司

简介：公司 500t/年的电子化学品生产装置现已建成投产。

中国船舶重工集团公司第七一八研究所

简介：主要从事高能化学、制氢及氢能源的开发、特种气体、精细化工、辐射探测、环境工程、气体分析、工控节能、核电安全、空气净化、医用制氧等方面的专业研究设计。

电话：0310-7182720

网址：www.peric.ac.cn

防静电、净化

东莞市东元新能源科技有限公司

简介：为广大用户提供了 500 多套纯水、超纯水、环保及资源综合利用的工程范例和全程优质服务。

电话：0769-85393088

网址：www.dongyuanwater.com

东莞市和生工业服装有限公司

简介：无尘防静电工衣清洗、销售、出租，防静电手套无尘清洗再生及其他超洁净防静电产品清洗等业务。

东莞市金领防静电有限公司

简介：生产防静电产品、无尘室消耗品、空气过滤器、除静电产品等。

东莞市威立雅水处理设备有限公司

简介：集纯水设备、RO 反渗透设备、EDI 超纯水设备、水处理设备、水处理环保设备、废气除尘、噪音治理等环保设备的研发、制造、安装、调试、运营管理、售后服务于一体的高新技术企业。

东莞市盈通净化科技有限公司

简介：从事现代化厂房改造、静电控制与防尘技术的专业化公司。

东莞扬帆净化技术有限公司

简介：承建 10～100 000 级空气净化空调工程的设计、制造、安装、调试、检测等综合性成套服务及专业生产净化设备。

汇杰集团

简介：为微电子、光磁技术、生物工程、医疗卫生、电子机械、精密仪器、航空航天、食品卫生、精细化工、科研教学等高新技术领域提供洁净环境和洁净技术服务。

昆山清阳净化系统工程有限公司

简介：致力于无尘室、内部空间设计、空调机电工程等领域，涵盖研发、技术、设计、施工管理、品质管理、采购、物流、人员储备和培训，以及售前、售后服务等各方面。

南京天惠利净化工程有限公司

简介：承建各种净化级别、工艺要求、平面布局的空调净化厂房。

山东招远金鹰科技有限公司

简介：防静电系列产品包括感应式静电消除毛刷、高压放电式静电消除器、无火花无冲击式静电消除器、除静电离子风机、离子风枪、离子风嘴。

上海恩硕电子科技有限公司

简介：致力于工业静电消除设备的研发、制造及销售的中外合作企业。

上海韩松电子有限公司

简介：集研发、生产、销售于一体的专业从事防静电产品、无尘室净化用品及设备的公司。

上海捷涌科技经贸发展有限公司

简介：IC、光电子、平面显示、汽车电子、航空航天等行业生产现场的微粒子控制与解决方案提供商。

深圳市宝森净化科技有限公司

简介：从事空气净化系统、纯水系统的研发、设计与销售，并承建空气净化系统工程、纯水系统处理工程的高科技企业。

电话：0755-27487316

网址：www.baosun.cn

深圳市碧海迪特洁净科技有限公司

简介：从事设计和安装空气净化、空气调节、工业除湿加湿系统的专业公司。

电话：0755-26452329

网址：www.puritop.com

深圳市兴业卓辉实业有限公司

简介：生产无尘布、无尘纸、SMT 自动钢网擦拭卷纸、净化棉签、防静电无尘服、无尘衣清洗、消毒产品系列、防静电产品、净化工程、仪器仪表产品。

深圳市永洁净化工程有限公司

简介：提供空气净化系统工程整体解决方案的大型承建商。

深圳市永盛旺实业有限公司

简介：主要产品包括风/货淋室、超净工作台、FFU、高效送风口、传递窗、洁净棚、无尘储物柜、生物安全柜、初/中/高效空气过滤器、离子风机、离子风枪等防静电设备。

深圳市兆和信洁净科技有限公司

简介：专业从事在无尘净化环境、防静电区域、防热阻燃防化场所等所使用到的一系列防护产品的生产和销售。

深圳市中建南方净化设备有限公司

简介：集研发、设计、制造、销售、服务及承接洁净工程的设计、施工安装、维护于一体的专业且较大规模的洁净企业。

深圳市中洁净化技术有限公司

简介：从事净化设备生产，净化工程设计、施工、调试及洁净技术服务的企业。

深圳兴成达净化技术有限公司

简介：专业生产无尘布（10 万级～10 级）、无尘纸、SMT 自动擦拭卷纸（MPM、DEK、SANYO 等）、防静电净化工衣、防静电工鞋、防静电屏蔽袋、防静电中空板箱（可定制加工）等。

天津楚天昊远防静电科技有限公司

简介：专业从事防静电产品及净化产品的研发、生产和销售的高新技术企业。

天津市洁风空气净化工程有限公司

简介：承揽大面积、高级别（十万级、万级、千级、百级、十级）超净厂房的设计、制造、安装、调试等工作。同时还生产各种规格的无隔板高效空气过滤器及高效、中效、粗效空气过滤器、风淋室、洁净工作台。

电话：022-27726982

网址：www.chaobiao.com

卫利国际科贸（上海）有限公司

简介：外商独资企业，制造和销售防静电、无尘净化、制药生化医疗方面用品的专业公司。

电话：022-23787898

网址：www.winifred-hk.com

厦门市康保无纺布制品有限公司

简介：生产超细纤维无尘布、无尘纸及乳胶手套等。

电话：0592-7253131

网址：www.xmkb.com

珠海飞鹏净化科技有限公司

简介：专业生产的风淋室、洁净工作台、FFU、传递窗、层流罩、送风口、散流罩、调节阀、铝合金送回风口完全达到国家及行业规定标准。

设　备

（北京）东旭投资集团有限公司

简介：代表产品有：电子装备生产线，包括显像管、玻壳设备；玻璃退火窑、退火炉；物流输送设备；冶金设备生产线。

NAKAN 株式会社

简介：创办于 1937 年，一直从事印刷机械的开发和生产。

电话：021-63188091

爱发科商贸（上海）有限公司

简介：本公司作为株式会社 ULVAC（爱发科）在中国的售后服务中心，参与了各种真空设备的安装调试，熟悉各类真空设备的性能和技术参数。在安装调试方面，由日本制造厂商提供雄厚的技术支持。

电话：021-61456815

网址：www.ulvac-shanghai.com

爱立发自动化设备（上海）有限公司

简介：研发、制造高端 IC 封装设备。

电话：021-64956756

网址：www.athlete-china.com

百德应用薄膜（上海）有限公司

简介：百德应用薄膜（上海）有限公司总部设在美国科罗拉多州，是全球大面积真空镀膜设备领导厂商。

宝鸡彩光电子设备科技有限公司

简介：专业制造线路板设备，并为 LCD、LED、PCB 行业提供各种光刻涂胶辊、湿膜涂胶机等。

北方微电子

简介：专注于为集成电路制造企业提供国际先进水平的干法刻蚀、薄膜生长设备及相关工艺技术。

北京北仪创新真空技术有限责任公司

简介：在真空测量技术、真空获得技术、光学多层全自动镀膜技术、通用磁控溅射及多靶磁控溅射技术（DC、MC、RF 溅射技术）以及 PECVD 技术等方面处于国内领先水平，并有多项科研成果获得国家专利。

北京国瑞升科技有限公司

简介：研制、开发超精密抛光膜（研磨纸）、研磨液、聚晶金刚石微粉和纳米金刚石粉。

北京航天高力通科技发展有限公司

简介：集光清洗技术和光清洗机的研究、设计、生产、销售于一体的高新技术企业。

北京航天宏达光电技术有限公司

简介：生产真空紫外光谱仪、光清洗机、特种光源电源、系列空气净化器和水处理产品。

电话：010-58894308

网址：www. uvcn.cn

北京华林嘉业科技有限公司

简介：从事太阳能电池片清洗刻蚀设备、微电子半导体清洗刻蚀设备、LCD 液晶玻璃基板清洗刻蚀设备、尾气处理设备、化学自动供液系统等设备的研发、制造。

北京金盛微纳科技有限公司

简介：从事半导体设备、微细加工设备的产品研制、设计开发、生产销售，并开展相关工艺的研究及应用。

北京京城清达电子设备有限公司

简介：主要从事开发、生产平板显示相关领域的液晶显示器（LCD）、PDP、OLED 及太阳能电池、半导体等生产线上所需专用设备和测量仪器。主要产品包括摩擦机、摩擦线等设备、全自动 ITO 图形短路检查仪、盒厚测试仪、全自动 COG 邦定设备等。

电话：010-87397649

网址：www.bjtstd.com.cn

北京堀场汇博隆精密仪器有限公司

简介：从事热式质量流量控制器和热式质量流量计的研制、开发、制造、销售及相关的服务。

电话：010-84929404

网址：www.metron.cn

北京七星华创电子股份有限公司

简介：生产半导体工艺设备、太阳能电池设备、工业炉设备、绿色环保电池设备、TFT-LCD 制造设备、气体质量流量计。

北京清大天达光电科技有限公司

简介：主要从事开发、生产平板显示相关领域的液晶显示器（LCD）、PDP、OLED 及太阳能电池、半导体等生产线上所需专用设备和测量仪器。主要产品包括摩擦机和摩擦线等设备、全自动 ITO 图形短路检查仪、盒厚测试仪、全自动 COG 邦定设备等。

电话：010-87397649

网址：www.bjtstd.com.cn

北京沃尔德超硬工具有限公司

简介：主营产品有三大类：①国内独家生产的 PCD 金刚石刀轮系列产品；②具有强竞争力的 PCD 金刚石刀具、PCBN 刀具及特种硬质合金刀具系列产品；③木业锯片、石膏板锯片、亚克力锯片、电路板锯片、有色金属锯片、电动工具锯片、保温棉板锯片、强化地板锯片等金属及非金属锯片。

电话：010-58411388

网址：www.worldiatools.com

北京希波尔科技发展有限公司

简介：拥有激光加工、多种电火花加工、超硬材料精密研磨及抛光、CVD 金刚石制备、钻石刀轮、超硬刀具、激光设备以及玻璃切割设备制造等方面的专业技术和日趋强大的生产能力。

北京兴伟自动化设备有限公司

简介：主要经营范围是 TFT-LCD 模组生产装备的研发、制造，包括清洗设备、偏光片贴附设备、TCP 压接设备、PCB 压接设备、模块组装设备、老化设备、包装设备等。

常州力达电子设备有限公司

简介：主要产品包括碱性蚀刻机、显影机、抗氧化、水平棕化生产线、显影、蚀刻、化学清洗机等。

常州市百杰精密机械有限公司

简介：是生产各类涂布机、淋膜机、复合机、分切机、印刷机等机械设备的专业化设备制造商。

成都工投电子设备有限公司

简介：主要进行半导体、平板显示、太阳能等行业专用设备的开发、设计和制造，以及设备技术改造、精密零件和模具加工。

电话：028-61620862

网址：www.gtise.com

成颂电子设备（上海）有限公司

简介：主要从事半导体及 LCD 生产专用设备制造。

创技电子机械（上海）有限公司

简介：制造、销售一系列高品质的平面研磨机、抛光机、半导体平坦化设备、超音波洗净机，并代理液晶面板等制程工艺设备。

电话：021-50462888

网址：www.speedfam.com

大连精亿德机电设备制造有限公司

简介：生产 COGIC 邦定机、ACF 预贴机、FPC/HS 邦定机等 LCD 专用生产设备。

迪恩士电子（上海）有限公司

简介：以生产、销售半导体设备（如硅片清洗机）、液晶显示设备为主的企业。

电话：021-58313033

网址：www.screen.co.jp

电计贸易（上海）有限公司

简介：在电子测量、环境测试、精密物理量测量、光学测试、科学分析及系统集成等广泛的领域内提供一站式采购综合服务。

电话：021-58205887

网址：www.c-denkei.cn

东电电子（上海）有限公司

简介：是全球领先的半导体集成电路、设备制造、液晶模块设备制造的跨国供应集团。

电话：021-38954800

网址：www. tel.com

东莞市大震网印器材有限公司

简介：制造、销售各种高精密度专用自动网印机。

东莞市得士威机械工业有限公司

简介：专业生产模切机、大尺寸模切机、全自动模切机、贴合机。

东莞市飞新达精密机械科技有限公司

简介：自行研发、自主创新设计出专业用于非金属材料冲型、贴合的多系列模切机，广泛应用于电子、IT、汽车等制造行业，如背光模组用光学膜片、胶黏制品、防尘材料、防震产品、绝缘材料、耐热隔热材料的冲型等。

电话：0769-83261000

网址：www.fxdcn.com

东莞市启天自动化设备有限公司

简介：设备广泛用于 LCD、LCM、LED、PCB、微电子、连接器、太阳能电池等行业。

东莞泰利测试设备有限公司

简介：主要产品包括无尘室温湿度环境实验室、可靠度恒温恒湿试验机系列及 IC 动态测试设备及 TFT-LCD、AGING、TEST、SYSTEM、BURN、IN 设备。

饭沼精密机械（苏州）有限公司

简介：日本 IINUMA GAUGEMFG CO.，LTD 在中国投资的一家主要从事设计、开发、制造液晶设备和冶金机械设备的公司。

福州洁特环境新技术有限公司

简介：从事环境设备新技术、新产品研制、开发。引进日本技术，开发线流型洁净室系统，生产空气净化设备。

富泰净化科技（昆山）有限公司

简介：引进最先进的洁净室设备设计/制造专业技术，生产高品质的洁净化与化学制程设备。

固伟电子（上海）有限公司

简介：生产示波器、频谱分析仪、函数发生器、电源供应器、数字万用表、安规测试仪器、频率计数器失真测试仪、交流毫伏表、抖动仪、品保段应用设备、环境试验机、恒温器 LCM 模组测试设备、电子负载、前段应用设备、IC 测试仪、LCR 测试器、功率计。

广州大恒自动化设备有限公司

简介：生产手动点胶机、LED 底胶点胶机、LED 白光点胶机、全自动配胶机、全自动沾胶机、全自动灌胶机，并开发固晶机、分光机等设备。

广州巨龙印制板设备有限公司

简介：产品包括 PCB 内层、外层、软板(FPC)、LCD 等湿制程设备，外观、性能均达到国内一流水平。

广州市统富机电设备有限公司

简介：研发、生产各款高精度光泽仪、漆膜划格器、铅笔硬度计、盐雾试验箱、高低温湿热箱等涂装及金属表面处理的检测仪器。

河南平原光电有限公司

简介：中国兵器工业集团公司所属的研制、生产光机电一体化产品的军工绿色企业。

湖南宇晶机器实业有限公司

简介：从事双面、单面研磨机，抛光机及相关设备的研制和生产。

济南力骜太敬自动化有限公司

简介：提供清洗线用传输轴、生产线用特殊传输轴、生产线用 SMSC 传输轴，FPD、半导体用传输滚轮，FPD、半导体用特殊滚轮，滚轮用特殊 O 型环，清洗线用铝合金传输轴等。

佳士自动化科技（建阳）有限公司

简介：以设计、制造环保型超声波清洗设备、表面处理设备、电镀设备、物料传送设备为主。产品广泛适用于航天航空、电脑制造、液晶显示、五金电镀、微电机、制药、光学、电子、半导体等工业领域。

嘉兴天日工业技术设备技术有限公司

简介：主要在无尘车间内装配和生产液晶显示屏专用的制造设备及搬送设备。

江苏苏净集团有限公司

简介：承建、提供空调净化厂房系统工程，空气净化设备及空气过滤器，气体分离及纯化设备，环保设备及水处理工程，组合式空调器及风机盘管，净化环保检测仪器等。

江苏有为光子科技有限公司

简介：提供各类高强度准分子单色紫外冷光源、高效准分子紫外光清洗机、新型光化学气相沉积（Photo-CVD）薄膜制备系统、高效紫外光表面改性和退火设备、快速高效 UV 冷式固化系统。

江西省赣州金鼎科技有限公司

简介：专业生产“WFR”系列 LCD 检测仪和 ACF 贴付机、TAB（脉冲、恒温）热压机系列、COG/COF（自动、手动）系列 IC 邦定设备、各种辅料。

江西省万载县迈凯利光电机械有限公司

简介：生产切割机/偏光片切片机、裂片机、摩擦机、灌晶机、单刀玻璃切割机、曝光机、涂胶机、全系列超声波清洗机、预烘炉等。

精泰电子（上海）有限公司

简介：提供集成电路制造的所有前道设备，如步进式光刻机、匀胶显影机、扩散炉、干法刻蚀机、湿法刻蚀机和 CVD 设备，也能提供各类探针测试台。

均华精密机械有限公司

简介：提供 IC 封装设备、LCD 制程、自动化及检测设备、工业用机器人、精密零部件、新品开发及清洗再生等设备。

均强机械（苏州）有限公司

简介：从事液晶显示器自动化设备及集成电路封装测试设备的制造。

科美仪器（昆山）研发有限公司

简介：在半导体、平板显示器、电子物质、生命科学和化学分析上，研发和提供了独特的、先进的解决方案。

电话：0512-57900888

网址：www.cn.kmac.to

科信园防静电设备东莞有限公司

简介：专业的高端静电消除设备及测试仪器制造商。

昆山庆声电子科技有限公司

简介：从事 LCM 恒温恒湿试验机、LCM 恒温恒湿试验机的生产、制造。

莱宝光学设备（北京）有限公司

简介：目前涉及的领域有：平板显示器（STN、TFT-CF、PDP-ITO 及触摸屏）、低辐射建筑玻璃、薄膜太阳能电池交钥匙方案、三维注塑件（如汽车车灯、笔记本电脑及手机外壳等）、光学应用（精密光学、光通信以及眼镜片等）、卷绕镀膜（电容和包装）以及特殊研发和生产设备系统。

电话：010-67803366

网址：www.leyboldoptics.com

兰州瑞德设备制造有限公司

简介：在光学光电子、ITO 导电玻璃、半导体、水晶玻璃、视窗行业、液晶显示、计算机（支架、磁盘等）、光学晶体、压电晶体、磁性材料、宝石、陶瓷、钼片以及金属加工等行业的研磨、抛光、切割、倒角等制备主要设备上已具有完全配套能力。

兰州瑞德实业集团有限公司

简介：提供用于 STN-LCD、TFT-LCD 液晶显示玻璃基材或其他平行平面玻璃材料的研磨、单面减薄与抛光类产品、玻璃精细抛光类产品的设备。

力高美电子机械有限公司

简介：产品有光电显示类制造设备，热压黏合、成型设备、测试机器及相关的配件、耗材等。

联得自动化机电设备有限公司

简介：从事 AB 构装设备、各种热压机、ACF 构装设备、ACF 贴片机、LCD 铁壳装配推脚机、LCD 铁壳装配推脚机、LCD 自动喷墨线、LCD 装配机架、半自动印刷机、各种 SMT 表面贴装设备的生产、制造。

电话：0755-33687810

网址：www.szliande.com

辽宁益盛达机电设备制造有限公司

简介：从事 LCM 全套设备及控制系统的研发、制造、销售及服务。

南京利生光学机械有限责任公司

简介：公司生产的JBP100型玻璃基板抛光机主要用于STN、TN、TFT等LCD液晶显示器玻璃基板的抛光。

南京远标精密机械有限公司

简介：主要产品包括精密机械设备、自动化传送线、精密模具、精密加工件、备品配件、无尘室用品、平板显示器。

宁波江北超晋达专用设备有限公司

简介：供应电镀生产线和超声波清洗机。

诺信中国

简介：提供行业领先、屡获奖项的下列产品：精密自动点胶系统、表面涂敷系统、点胶泵及点胶阀、辅助部件、配件及相关软件。

勤泰科技（香港）有限公司

简介：是专业设计及制造超声波表面清洗设备、工业用冷水机、纯水机以及自动流水线的港资企业。

然斯康波达机电设备（深圳）有限公司

简介：在原香港三和超声波工程有限公司及原深圳波达超声工程设备有限公司的基础上，由原波达公司外方股东——香港三和公司、新加坡然斯康机电有限公司以及日本富丽美株式会社出资组建。

日立（中国）有限公司

简介：提供PFC气体处理设备、冷热电三联供系统、水处理设备、变频器、空气压缩机、冷温水机。

电话：010-65399060

网址：www.hitachi.cn

日新意旺高科技（扬州）有限公司

简介：主要从事半导体晶元和液晶面板用离子注入机等半导体制造设备的生产、研发和销售。

电话：0514-87887757

瑞安丰日机械有限公司

简介：研制和开发高精度模切机、分切机、裁切机、贴合机（覆膜机）等机械设备。

三和国际集团

简介：主要产品包括油墨、丝印材料、丝印设备、精密网版、PCB。

电话：0755-88353384

网址：www.samwo.com

三井信息电子（上海）有限公司

简介：主要产品包括显示器（电视机、笔记本电脑、液晶显示器、投影仪、手机、PDA、汽车导航系统、工业设备用显示器）和半导体设备（圆片光刻设备、工艺设备、液晶光刻设备、FPD湿式清洗机、DNP光掩膜）。

山西风华信息装备股份有限公司

简介：生产玻璃自动分断机、高精度偏光片贴附机、LCD玻璃研磨机、多分断玻璃裂片机等。

汕头市灵迪机械设备有限公司

简介：生产搬送式热板预固化机、搬送式热板主固化机、IR/UV光清洗机、冷却机、基板自动上下料机、缓冲机、自动转角机、US清洗机、手动贴合机、玻璃热压机、自动裂片机、真空烘箱、灌晶机、高精度调盒机、偏光片贴片机、FOG热压机等。

上海安平静电科技有限公司

简介：公司生产多种规格的 AP&T 离子棒，离子风机，离子风枪，离子风嘴及离子风蛇，广泛应用于半导体、封装、光电、电子、通讯、喷涂、印刷、纺织、医药设备、建材、注塑等行业。

电话：021-64517177

网址：www.ap-static.cn

上海恒商精密仪器有限公司

简介：生产冷热台、高低温晶圆夹盘冷热平板、温控设备及附件、液晶检测仪器等。

上海华丽工程技术有限公司

简介：公司依托母公司在工程建设、产业机械与电子事业方面的雄厚实力，充分发挥技术团队的优势，为客户提供最新、最完善的工程、产业机械及电子领域的解决方案。

电话：021-52417700

网址：www.tek-china.com

上海晶岛液显设备材料有限公司

简介：目前产品主要有 PR 涂刷机、PI 涂刷机、摩擦机、喷粉机、固化炉、供料机、模块生产设备等。

上海科伟达超声波科技有限公司

简介：一家专业从事超声波焊接设备、超声波清洗设备、电镀设备并集研发、设计、制造、销售和服务的大型中外合作高新技术企业。

上海龙云精密机械有限公司

简介：生产、加工特殊包装带，半导体，液晶制造装置及配套运送装置，销售公司自产产品并提供相关产品的售后服务等。

电话：021-57633107

网址：www.sh-tazmo.com

上海通彩自动化设备有限公司

简介：从事冲压、汽车、钢铁、电子、体育、金融、包装、服装、办公等行业自动化设备的研发、制造，其中冲压行业连线机械手设备达到国际先进水平。

电话：021-64421632

网址：www.tonsail.com

上海微电子装备有限公司

简介：主要从事用于集成电路制造的中高端光刻机等关键设备的开发、制造和技术支持与服务。

电话：021-51315131

网址：www.smee.com.cn

上海新阳半导体材料有限公司

简介：有化学和设备两大类产品，主要应用于半导体前后制程、航空航天和电子零部件的表面处理等。

上海研德仪器有限公司

简介：专业开发、制造 LCM 背光自动测量台、LCD 全视角测量系统、LCD 响应时间测量系统、白平衡测试系统、CCFL 灯管辉度测量系统、背光模组手动测量台、OLEDI-V-L 测试系统、LCD 缺陷检测系统、字符检测系统、光学 AOI、机器视觉检测、VI 测试仪、环境试验机等。

深科达精密机械有限公司

简介：生产小尺寸热压设备、COG 邦定机、ACF 贴附机、脉冲热压机、恒温热压机、热熔机、大尺寸热压设备、TFT 热压机、PDP 热压机、偏光片设备、触摸屏专用热压设备。

深圳敖翔科技有限公司

简介：研发和制造的液晶显示周边生产设备

主要包括液晶贴片设备、偏光片切片机、玻璃自动摩擦机等，已经形成液晶显示设备专业化生产能力。

深圳和科达集团

简介：以生产超声波清洗设备、电镀设备、水处理设备而著名的高科技企业。

电话：0755-27048149/28175797

网址：www.szhekeda.com

深圳恒兴精密机械有限公司

简介：主要产品包括涂胶机、涂胶辊、磨边机、磨角机、切割刀头、PIN 治具、打条机等。

深圳科伟达超声波设备有限公司

简介：是一家超声波设备研制、生产、销售及开发各种高难度清洗技术的大型中外合作企业。

深圳来科成电子有限公司

简介：从事开路短路测试系统、全自动光学检测设备/锡膏检测设备、全自动铆钉机、点胶机、X-Ray 检测设备、扫描电子显微镜、能量散布光谱仪等半导体检测设备的设计及生产。

深圳日东电子设备有限公司

简介：生产物流设备、环保清洗设备、静电、喷涂/喷粉生产线等。

电话：0755-27393550

网址：www. suneast.com.cn

深圳润正实业有限公司

简介：已能提供 LCD 前段从前清洗机至电测机的整厂设备，还能提供 ITO 镀镆厂所用的 50 英寸大切割机、抛光机、磨边机等专用设备。

深圳时代超声设备有限公司

简介：生产与销售超声波清洗机设备、超音波设备、超声波震板、喷淋清洗机、塑料焊接机。

深圳市超纯环保股份有限公司

简介：主要生产、经营超滤系统（UF）、微滤系统（MF/CMF）、反渗透膜分离水处理系统（RO）、连续电去离子系统（EDI）、离子交换系统、膜生物反应器（MBR）、各种过滤设备及其相关水处理设备。

电话：0755-26755888

网址：www.upw.cn

深圳市超晋达表面处理科技有限公司

简介：提供全自动化学镀生产线、全自动滚镀生产线、全自动挂镀电镀生产线、金属线材连续电镀生产线、环型钓鱼式电镀生产线、环型垂直升降电镀生产线、电脑接插件 U 形电镀生产线、卷对卷连续电镀生产线、半自动滚镀生产线、贵金属电镀生产线、药水在线添加系统、电镀电源、化学药液过滤机、废气处理设备等。

深圳市大族激光科技股份有限公司

简介：提供一整套激光加工解决方案及相关配套设施，主要产品包括激光打标机系列、激光焊接机系列、激光切割机系列、绿激光演示系列、PCB 激光钻孔机系列、CTP 激光制版机系列、直线电机系列等多个系列 200 余种工业激光设备及其配套产品。

电话：0755-86161454

网址：www.hanslaser.com

深圳市福和达电子设备有限公司

简介：从事 TFT-LCD/LCM 液晶模组加工整套设备、脉冲/恒温热压系列设备以及其他精密自动化设备的定制设计、开发。

电话：755-86130698

网址：www.forahead.cn

深圳市航通科技有限公司

简介：产品涵盖了 TN、HTN、STN、FSTN 等 LCD 面板产品；COB、TAB、COG 等 LCD 模块产品。

深圳市和波达超声设备有限公司

简介：专业制造超声波清洗机及工业冷水机、塑胶焊接机等多种大型自动化清洗设备及其配套设施。

深圳市极而峰工业设备有限公司

简介：是一家生产及销售液晶产业生产专用设备、净化设备和除静电设备的民营企业，是专业无尘室建造专家。

深圳市晶向科技有限公司

简介：从事 LCD、TFT、触摸屏、VFD、EL、光学、镀膜行业的设备及非标设备的研发、生产。

深圳市凯利达科技有限公司

简介：生产 TFT 导电粒子压痕检测仪。

深圳市科伟达科技有限公司

简介：集超声波精密清洗设备、电镀设备、纯水设备、超声波塑焊机的研发、制造、营销及服务于一体的大型企业。

深圳市立磊科技有限公司

简介：提供光电产业（LCD Panel、LCD Module、LED、PCB、半导体）设备，包括 COG 热压机、点胶机、偏光片去泡机等，PHOTO MASK（铬板），液晶显示器面板（TN、STN、CSTN、TFT），部品（ACF、硅胶、偏光片、电阻、电容、电感）、耗材。

深圳市迈创利机电设备有限公司

简介：全自动金球焊线机、自动焊线机、固晶机、封胶机等半导体封装设备的主要生产商。

深圳市三力自动化设备有限公司

简介：专业从事 LCM 全套设备及控制系统的研发、制造、销售及服务。

深圳市蜀丰科技有限公司

简介：主要产品包括涂胶机、曝光机、PI 涂布机、洁净预烘机、摩擦机、喷粉机、对位贴合机、热压机、单刀玻璃切割机、多刀玻璃切割机、自动裂片机、全自动液晶灌注机、切片机、边角偏光片切片机、手机翻盖试验机、手机旋转试验机等。

深圳市添力自动化机电设备厂

简介：专业开发设计和生产制造各类电子厂自动化专用生产设备、各类工装、测试治具的厂家。

深圳市万仕诚电子设备材料经销部

简介：专业设计、生产、销售光电显示设备、光电显示行业专用工装夹具及设备耗材。

深圳市网印巨星机电设备有限公司

简介：从事丝网印刷机械及辅助设备设计、开发、生产和网印工艺技术培训，拥有独立的进出口经营权。

电话：0755-27390330/27312555

网址：www.screen-star.com

深圳市威正净化技术有限公司

简介：从事净化设备研发、生产，净化工程系统设计、施工、安装、调试、维护等综合性技术服务的高科技企业。

深圳市旭崇自动化设备有限公司

简介：已成功研发出恒温热压机、脉冲热压机、ACF 贴附机、偏光片除泡机、偏光片揭片机、偏光片贴片机、斑马纸热压机、大尺寸 TFT 热压机、等离子热压机、COG 对位设备、COG 本压设备、ITO 测试机、拉力测试机等光电平板专用设备。

深圳市怡和兴机械设备有限公司

简介：专业从事电子、家电、塑胶等各种工业生产流水线、流水线辅助专用设备、工业电炉、烤箱、塑料辅助机械的研制、开发、生产和销售。

深圳市友邦科技有限公司

简介：提供超声波铝丝压焊机系列、超声波金丝球焊机系列；漆包线电点焊机系列；半导体后道工序产品类；LED 电脑检测仪、点阵数码测试仪、扩张机、贴膜机和点胶机等半导体生产设备。

深圳市宇通精密机电设备

简介：提供邦定机系列产品：（邦定机）超声波金丝球焊机、超声波铝丝焊线机、扩晶机、背胶机、点胶机、显微镜座等半导体系列产品。

深圳市振宇达电子科技有限公司

简介：生产 LCD、TAB、COG、ACF、H/S、FPC 等生产工序焊接设备。

深圳市正阳工业清洗设备有限公司

简介：生产超声波清洗机、喷淋清洗机、LCD 清洗机、液晶清洗机、硅片/硅料清洗机、真空清洗机等。

深圳市中正仪器有限公司

简介：专业从事各种环境试验设备、品质检测设备、PCB 流程制造设备的制造与销售。

深圳亿洋光电设备厂

简介：从事 LED 及 COB 整厂设备的专业制造。

沈阳真空技术研究所

简介：是国内最早从事真空技术及真空成套设备研制与开发生产的唯一国家级研究所，原属于机械工业部，现隶属于中国机械工业集团。

圣仁电子科技（沈阳）有限公司

简介：生产 PROBE CARD（探针卡）、PROBE UNIT、LCD TEST UNIT（液晶检测单元）。

硕克网版科技有限公司

简介：生产平行光晒版机、高精密自动上膜机、刮胶研磨机、大型电动拉网机、高精密机械式拉网机。

四川南光真空科技有限公司

简介：生产真空计、光刻机、热处理炉、排气台、真空炉、氢气炉。

四川英杰电气股份有限公司

简介：现主要生产全数字直流电动机调速器，晶闸管调压、调功装置，交流电动机软启动装置，同步电机励磁装置等设备。

电话：0838-2900586

网址：www.injet.cn

苏州弗士达科学仪器有限公司

简介：研发并生产与LCD色度、亮度检测相配套的自动测量设备，包括LCD/LCM色度辉度自动测量系统，背光模组（BLU）辉度及均一性自动测量系统，CCFL辉度自动测量系统，LED检测仪等。

苏州工业园区高联科技有限公司

简介：致力于为LCD企业提供各种先进的制造、测试设备，产品包括TAB、ACF、COG及各种LCD、LCM生产辅料等。

苏州市和科达超声设备有限公司

简介：目前有18个系列100多种规格的品种齐全的标准系列产品，以及大型非标运用PLC、触摸屏及工控电脑控制屏幕显示的全自动超声波清洗机。

苏州苏大维格光电科技股份有限公司

简介：产品涉及定位激光转移材料、宽幅激光转移与烫金材料、证件视读薄膜、微纳结构衍射光学器件、平板显示材料及背光模组、亚微米激光直写与刻蚀设备、微纳米压印光刻设备等。

苏州怡信光电科技有限公司

简介：生产光栅数显、高精度测长仪、光学投影仪、刀具预调测量仪、影像测量仪、激光抄数机、三坐标测量机产品，广泛应用于机械、模具、电子、电器、航空、汽车、塑料、橡胶、钟表、齿轮、PCB线路板、菲林等行业。

太原风华信息装备股份有限公司

简介：从事新型电子片式元器件、LCD液晶显示器、薄膜电容器等机电一体化专用生产设备及技术装备的研制开发。

太原艺星科技有限公司

简介：在微电子组装设备、绕线设备、液晶显示器生产设备、真空焊接设备、清洗和表面处理设备以及立体仓储设备研发领域形成了优势和特色，可为用户提供工艺和设备的系统集成服务。

特迈科技（上海）有限公司

简介：生产脉冲式热压机、ACF预贴机、回流焊接机、半自动COG预压机/COG本压机、TAB热压机等。

腾新机械（上海）有限公司

简介：提供一些与液晶相关的制造、检查、修正设备及冷阴极灯管生产线。

电话：021-68775388

网址：www.systech-sh.com

天力精密系统（深圳）有限公司

简介：研发、设计各种LCM（液晶显示模组）、IC封装设备及系列精确检查装置。

天通吉成机器技术有限公司

简介：积极拓展液晶面板制造专用设备与搬送装置的制造，以及水处理环保设备的生产。

天准精密技术有限公司

简介：天准是中国精密测量领先品牌，致力于完成对物体的平面及三维几何尺寸的高精度、高效率测量，提供全方位的测量解决方案，帮助用户提高产品质量，推进整个制造业的品质提升。

电话：010-68940984

网址：www.tztek.com

万亿达电子设备有限公司

简介：生产多层板设备、挠性板设备、LCD设备、精密蚀刻设备共五大系列，近百个品种。

芜湖真空科技有限公司

简介：主要针对光电显示、工程玻璃、精密光学等行业客户的需求，定制符合客户要求的专业化设备，同时向高端企业客户提供全方位、一体化的行业整体解决方案。

武汉华工激光工程有限责任公司

简介：以工业激光器及数控激光加工成套装备、光通信器件及资讯、电子元器件、图像防伪及信息安全技术为主营业务。

电话：027-87180266

网址：www.hglaser.com

西北机器有限公司

简介：生产基板玻璃抛光系统、大尺寸平板显示器光电检测系统、电容器材料分切设备等。

厦门晟诺电子科技有限公司

简介：生产 LCD、TAB、FPC 等热压机，全自动滴胶机，自动封装蜂名片机，AGV 自动异引车，ACF 贴合机等。

咸阳华清设备科技有限公司

简介：致力于新型平板显示器件（PDP、LCD、OLED 等）制造设备的开发、制造和服务，同时从事新型平板显示器、大屏幕拼接显示技术开发、技术服务和代理业务。

芯硕半导体（中国）有限公司

简介：致力于芯片制造、掩膜版制造和 PCB 生产领域中的直写光刻和光学检测技术的研究、产品设计和开发，提供直写光刻系统（DWL）、直接成像系统（LDI）和自动光学检测系统等产品和相关技术解决方案。

旭东机械（昆山）有限公司

简介：主要产品有：点（涂）胶专用设备、激光雕刻专用设备、半导体专用设备、光通讯设备、单机自动化设备等。

电话：0512-57672699

网址：www.shuztung.com

应用材料（中国）有限公司

简介：主要经营半导体生产设备和液晶显示生产设备。

电话：021-38616000

网址：www.amat.com

约翰内斯·海德汉博士（中国）有限公司

简介：是世界上最早制造光刻产品和机床数控系统的公司，在光刻和数控系统制造领域拥有多项专利技术。

电话：010-80420079/80420000

网址：www.heidenhain.com.cn

肇庆科润真空设备有限公司

简介：生产 ITO 导电玻璃镀膜设备、ITO 导电玻璃镀膜设备、清洗设备、玻璃清洗设备。

肇庆市恒讯电子机械有限公司

简介：生产全自动 ACF 贴付机、脉冲式旋转热压机、脉冲式热压机 TAB、COG、FPC 等。

浙江大学三色仪器有限公司

简介：专业从事光谱、光度和色度测量仪器，电参数、力学和温度测量仪表的研究和生产。

芝浦机电上海有限公司

简介：提供液晶制造装置、半导体制造装置、半导体制造装置、真空成膜制造装置等。

志圣科技（广州）有限公司

简介：主要从事 PCB/IC/LCD 设备的研发、生产、制造，以及紫外线干燥机、精密烤箱、曝光机、压膜机、无尘烤箱的生产和销售。

中导光电设备有限公司

简介：研发和生产液晶显示屏及其他平板显示器相关工业检测设备。

电话：0758-2865881

网址：www.3i-systems.com.cn

中国电子科技集团公司第二研究所

简介：以微组装设备、液晶显示生产设备、真空焊接设备为代表的产品行业地位突出，影响力强，远销到日本、美国等国家和地区。

电话：0351-6522867

网址：www.ersuo.com

中微半导体设备（上海）有限公司

简介：致力于高真空半导体制程设备的研发、生产、销售及服务一体化的高科技创业公司。

涿州市蓝天特灯发展有限公司

简介：主要产品包括 UV 光固化灯，UV 光清洗灯，UV 晒版曝光灯，红外线 IR 灯，配套变压器，镇流器，触发器，反光罩（片）及石英隔热片等；UV 光纤点光源固化机及配套光纤导管，球形灯，防护眼镜。

电话：0312-3954595

网址：www.Lt-uv.com

高校、研究机构

安徽华东光电技术研究所

简介：目前已开发出各种单色/彩色 CRT 显示管、雷达指示管、液晶平板显示器件、投影显示管及立体显示器等各种显示技术产品，已形成系列产品。

北京大学微电子所

简介：下设三个研究所和两个实验室，分别为 ULSI 新器件及集成技术研究所，系统芯片（SoC）研究所，微电子机械系统（MEMS）研究所，ICCAE 实验室，工艺实验室。

北京科技大学材料科学与工程学院

简介：下设材料学系、材料加工与控制工程系、材料物理与化学系、无机非金属材料系、粉末冶金研究所、功能材料研究所、腐蚀与防护中心、实验测试中心四系两所两中心。

北京理工大学信息学院光电工程系

简介：主要产品包括 LCD 设计仿真软件，光学薄膜仿真软件及器件，光子晶体器件的仿真及制备，通信系统中的调制器件，平板显示器件。

电话：010-68913659

东南大学电子科学与工程学院显示技术研究中心

简介：中心在电子光学、电子束与离子束及显示技术方面的学术水平均为国内一流，在新型平板显示器 PDP、FED 的研究方面取得了一定的技术创新成果，在这些领域已跨入国际、国内先进行列，中心的研究成果受到国内外同行专家的关注与重视。

福州大学

简介：开展光电显示材料与技术、大屏幕平板显示器——场致发射显示器（FED）的研究。

电话：0591-87893299

复旦大学先进材料实验室平板显示工程研究中心

简介：开展 TFT 平板显示技术的综合性基础研究和前瞻性研究。

电话：021-51630349

河北工业大学应用物理系

简介：培养液晶物理与液晶器件物理专业本科、硕士人才，从事相关领域科研工作。

电话：022-60435662

华南理工大学高分子光电材料及器件研究所

简介：主要从事高分子发光显示屏技术研究、薄膜晶体管技术研究、太阳电池技术研究。

电话：020-87114535

华烁科技股份有限公司

简介：由湖北省化学研究院整体转改制而设立的股份制公司。主要从事化学新材料、化工新产品、化工新工艺的研究和开发、技术培训、技术服务及相关领域的工程设计与施工；光通信与电子信息材料、工业催化剂与净化剂、化工与医药中间体、建筑与建材化学品及精细化工产品的相关领域的设备、仪器、仪表的开发、生产、销售。

电话：027-87427927

网址：www.haiso.com.cn

清华大学微电子学研究所

简介：主要开展微纳电子器件研究及集成电路设计、制造、系统集成技术的开发，具有一条较为完备的集成电路开发与工业性试验线，是国家重点支持的信息科学与技术国家实验室及北方微电子研究开发基地的重要组成部分。

山东大学光电材料与器件研究所

简介：主要研究方向为：①光电子薄膜信息材料；②光电子器件；③半导体器件清洗工艺；④光电子薄膜材料的电子结构、电子输运过程及器件的物理机制。

山东大学晶体材料研究所

简介：主要研究领域包括新功能晶体的探索和研究，薄膜晶体材料的生长和研究，晶体生长基本过程的研究，以及相应产品的开发。

西安交通大学电子与信息工程学院

简介：拥有如下自主创新技术：①高对比度驱动波形设计技术；②基于人眼视觉效应的动态伽马校正技术；③暗场灰度反转校正技术；④白平衡和色温校正技术；⑤自适应亮度增强技术；⑥基于新型算法的自动功率控制技术；⑦基于直方图检测的自适应子场编码驱动技术；⑧高阻维持驱动技术；⑨逻辑控制电路设计与制作；⑩高压驱动波形发生电路设计与制作；11 存储控制电路设计与制作。

中科院长春应用化学研究所

简介：学科方向包括高分子科学、无机化学、分析化学、有机化学和物理化学。

中山大学物理科学与工程技术学院

简介：学院拥有光电材料与技术国家重点实验室、显示材料与技术广东省重点实验室、能源工程研究院太阳能系统研究所、激光与光谱学研究所、凝聚态物理研究所、纳米技术研究中心、专用集成电路 ASIC 设计中心等一批国家级、省级和校级科研机构。

电话：020-84110916

网址：spe.sysu.edu.cn/spe/index

贸　易

安信思拓（北京）科技有限公司

简介：主要负责日本 ASSIST 公司产品在中国区的销售，ASSIST 是从事电器光纤通信和触摸显示屏研发、设计、生产和销售的综合性公司。

安智光刻电子材料（上海）有限公司

简介：技术和产品的核心是防反射涂料、用于晶片凸块和封装的厚膜光刻胶、旋制介电材料及用于平板显示器的全部产品。

北京博曼科斯塔夫科技有限公司

简介：经营氟塑料制品的专业公司，是日本中兴化成（CHUKOH）株式会社的代理店，也是德国博曼（BOHME）公司的中国独家经销商，并同时与国内、外多家氟塑料制品公司密切合作。

北京恒融达经贸有限公司

简介：从事国外先进机电设备及产品代理的贸易公司，其业务之一涉及彩色显示器件领域的产品。

电话：010-65614068

北京吉平元科贸有限公司

简介：公司销售各种类型表面声波、红外、电阻、电容、液晶触摸屏，以及各种型号的触摸一体机。并提供相关的技术咨询，代理各大触控品牌产品。

北京嘉恒阳光科技有限公司

简介：以中韩贸易为主，主要销售韩国产 LED 芯片生产设备——镀膜机、蚀刻机（ICP）、E-beam、LED 背面全自动等、LED 大功率蓝光芯片、LED 蓝光绿光外延片、蓝膜等。

北京伟伯康科技发展有限公司

简介：代理产品包括张力控制系统、纠偏控制系统、高速分切系统、除尘系统、静电吸墨辅助系统、UV 固化系统、电晕系统等。

北京誉信佳业科技发展有限公司

简介：提供的产品包括：①点阵系列：包括字符以及图形，类型有 COB、TAB、COG 等；②非点阵系列：电话机系列、水、电、气表等。此外，还能根据用户需要，设计、开发定制特殊用途和规格的产品、微控制器（单片机）、触摸屏。

东莞市齐乐电子材料有限公司

简介：销售 LCD、背光源、触摸屏材料、化工材料。

东莞市上博电子有限公司

简介：专业代理及销售国外知名品牌厂商生产的增光膜、扩散膜、反射膜、防刮伤膜、PEN和PET音膜原材。

富时国际（香港）有限公司

简介：致力于TV Panel、Monitors Panel、Notebook Panel、手机屏等各种规格尺寸的液晶显示屏，DID液晶屏（DID拼接液晶屏）产品销售，以推动全球液晶电视、液晶显示器普及化为目标。

光好电子材料有限公司

简介：专业提供软性电路板、液晶显示屏、背光板等电子产品用的各种材料。

杭州云达贸易有限公司

简介：提供软包装材料、光电材料、彩屏手机LED背光专用材料、单色LED背光材料、CCFL背光材料、触摸屏材料等。

吉世科贸易（上海）有限公司

简介：提供的产品包括：①diX特种涂敷材料及设备，②化学药品、合成树脂及其他化学品原材料，③充退磁机装置及磁性材料，④电子、半导体、液晶等关联设备及材料。

上海安田化学品有限公司

简介：其经营产品涉及偏光板、双面胶、电子材料用黏合剂、PET/PE保护膜、PET隔离膜、PE保护膜、背光源、高机能剥离剂（洗净彩色滤光片）、显影液、清洗剂等。

上海长濑贸易有限公司

简介：从事LCD等显示器制造用的玻璃、偏光板、隔垫材料、液晶等材料及制造/检验设备及仪器的销售。

上海承永贸易有限公司

简介：专业代理FUJIKURA的全系列导电胶，广泛应用于硬性和柔性电路板、薄膜按键开关、液晶显示器、发光二极管、冷光片、触摸屏、谐振器等电子元器件行业。

上海迪爱生贸易有限公司

简介：主要经销DIC公司包括TN、STN、TFT在内的各种液晶材料产品，是集研发、设计、生产、销售和服务于一体的专业液晶材料供应商。

电话：021-62289911

网址：www. dic.com.cn

上海东紫环电子有限公司

简介：从事TFT-LCD液晶屏、液晶玻璃、方案、主要芯片及其他电子元器件的供应；是台湾友达光电（AUO）的大陆代理商，还是凌阳、华邦等元器件大厂的代理商。

上海法柏化工科技有限公司

简介：是法国FranklabS.A.在中国大陆地区的唯一销售机构，专业从事Franklab工业清洗用化学品的销售。FranklabS.A.总部于1976年成立于法国，是专业的洗剂研发和生产销售商。

上海和路元电子技术有限公司

简介：专业性的元器件代理和销售及提供优质技术服务的公司。

上海黑田贸易有限公司

简介：主要经营以电器产品为主的国际贸易及相关产品的技术服务，转口贸易。

电话：021-640793333

上海鸿鹏国际贸易有限公司

简介：主要从事新型平板显示器件，TFT-LCD、PDP、OLED 相关尖端电子产品的专用设备及相关材料的销售。

上海佳进电子有限公司

简介：集电子产品开发、设计、生产、贸易于一体的企业，是美国 PIXELWORKS 公司授权的代理商，经销美国 PIXELWORKS 公司的数字芯片，以及从事相关技术开发和配套业务。

上海旌众卓贸易有限公司

简介：专营 TFT-LCD 的高新技术企业，公司自成立至今，一直从事液晶显示设备的研发、销售及集成。

上海凯群贸易有限公司

简介：业务目前主要涉及台塑、台化、南亚、日本、美国、韩国等各世界大厂的塑胶原料代理，以及 PUNG、HAN 电源端子总代理和 JST、AMP 代理。

上海耐奥特有限公司

简介：韩国耐奥特（株）专业从事静电除尘器（CLEANING MACHINE-C/M）、板面清洁机、静电机、除尘机、整面机、滚纸机、导光板清洁机、珍珠纸除尘机及所需耗材的生产，本公司是其在中国的销售及售后服务公司。

上海荣立贸易有限公司

简介：从事涂料树脂（醇酸、丙烯酸等）及 STNLCD 用取向膜销售。

上海盛永国际贸易有限公司

简介：专业从事高科技电子产业所用的原材料、部品部件及生产设备的进出口贸易，同时介绍引进日本等先进国家的生产技术及工程项目。涉及平板显示、半导体集成电路、电光源、电池、货币识别等电子产业。

电话：021-68549640

网址：www.shanghai-sotec.com.cn

上海凸版国际贸易有限公司/凸版（上海）企业管理有限公司

简介：凸版（上海）企业管理有限公司为日本凸版印刷（株）在中国的地区总部。LCD 用彩色滤光膜（CF）为日本凸版印刷（株）电子事业本部的主要产品之一。

电话：021-52341300

网址：www.toppan.co.jp

上海拓米电子材料有限公司

简介：营业范围包括电子材料、化学材料等产品的贸易及与电子行业相关的项目投资策划、咨询、贸易服务及电子、净化工程专业行业的技术咨询服务等，呈多元化形式。

上海拓朴晶光电科技有限公司

简介：日立工业设备技术株式会社（HPT）在中国地区唯一的全权代理商，专业从事日立 TFT-LCD 生产设备、全自动搬送设备及自动仓库（硬件、软件）、SMT 生产用的网板印刷机的销售代理及售后服务。

电话：021-54450338

上海夏恒微电子科技有限公司

简介：是液晶生产设备（TN、STN、FSTN、C-STN、TFT、PDP 等）的供货商，可供应液晶生产设备和日本 Hugle 防静电设备。

上海怡康化工材料有限公司

简介：台湾华立集团在大陆的子公司，主要

从事国内外著名化工产品的一级代理，如伊士曼 PCTA/PETG、福聚 PP、阿科玛 PMMA、台湾奇美、南亚、帝人、旭化成等众多产品。

电话：021-52419090

网址：www.shanghaiyk.com

上海住友商事有限公司

简介：经营范围涉及电力电子、钢铁、有色金属、成套设备、机械、汽车、化学品。

电话：021-61461888

深圳安伯特科技开发有限公司

简介：致力于销售台湾友达光电（AUO）的全系列全新 A 级 TFT-LCD 液晶屏。

深圳崇胜科技有限公司

简介：从事 OLED 显示模块：128×64、96×64（双色、四色、全彩）的代理和销售。

深圳鸿远达电子有限公司市场部

简介：专业的半导体器件供应商及贸易商，经销欧、美、日、韩各国不同品牌的芯片，包括偏门、停产、断档、紧缺的 IC。主营 SHARP、JRC、TOSHIBA、SANYO、MITSUBSHI、SAMSUNG、PHILIPS、ST、MOTOROLA 等各品牌的芯片。

深圳锦华电子有限公司

简介：主要经销日本 SEIKO、台湾众福、微端、达威液晶显示模块和国产液晶显示屏；TDK、FSP、国产逆变器；负压芯片/模块等电子元器件。

深圳市富科尔电子科技有限公司

简介：专注于 LCD 液晶屏销售及应用的科技型企业。

深圳市惠乐光电有限公司

简介：广泛涉及液晶产品、液晶制造设备、液晶关联原材料、液晶行业情报的专业贸易公司。

电话：0755-89800161

网址：www.keiraku.cn

深圳市康迈电子有限公司

简介：专业代理销售液晶显示模块、提供技术咨询、开发相关配套产品的技术服务类企业。

深圳市群乔实业发展有限公司

简介：专业代理 FPM 平面显示器、背光模块、LCM 液晶模块、LCD-TV/DTV 等量测设备。

深圳市顺佳盛科技有限公司

简介：经营产品包括尾池 ITO 导电膜、日东双膜、卓韦导电膜、ITO 导电玻璃、PC 硬化板、PMMA 硬化板、PET 薄膜。

深圳市微普诺薄膜技术有限公司

简介：为 PVD 和 CVD 镀膜的生产研究提供核心部件和技术解决方案。公司主要代理产品和服务包括德国 Huettinger 电源，英国 Gencoa 磁控溅射阴极、阳极层离子源、反应溅射控制器，美国 SCI 旋转阴极及 PMI 靶材等。

深圳思得柯实业有限公司

简介：提供 LCD 液晶显示幕湿制程生产设备、PDP 显示屏幕生产设备等。

丸红信息技术（上海）有限公司

简介：从事 STN/TFT-LCD 模组和 SHARP TFT-LCD 模组的代理销售。

显导电子上海国际贸易有限公司

简介：从事 LCD（STN、TFT-LCD）全套设备的销售及服务，同时销售 STN、TFT-LCD Panel/Module 及 SMT 全套 PCB 组装及检测设备和半导体封装设备。

智索国际贸易（上海）有限公司

简介：是 ChissoCorporation 在中国的销售公司。向国内的液晶面板厂商供应 Chisso 公司的液晶、取向膜柱状 Spacer、OverCoat 等高品质产品。

电话：021-64661919

网址：www.chisso.com.cn

协会、资讯

《精细与专用化学品》杂志社

简介：专门供从事精细与专用化学品生产、开发、科研、教学、管理、贸易、建设和市场开拓的人员阅读。

《平板显示文摘》编辑部

简介：《平板显示文摘》是由北京迪斯泰信息咨询有限公司主办的、面向平板显示行业发行的文摘性报刊，双周发行；从 2005 年 7 月 1 日创刊以来，在业内外广大热心读者的关心与支持下得以迅速发展，逐步成为平板显示行业唯一的专业性报刊。

《液晶与显示》杂志

简介：征集有关液晶和各类显示材料及制备方法、液晶物理、生物液晶、液晶非线性光学、液晶显示、等离子体显示、阴极射线管显示、发光二极管显示、场发射显示、电致发光显示、真空荧光显示、电致变色显示及其他显示、各类显示器件物理和制作技术、各类显示新型模式和驱动技术、显示技术应用、显示材料和器件的测试方法与技术、各类显示器件的应用等研究论文。

SEMIChina 中国办公室

简介：SEMI China 是 SEMI 在中国的常驻机构，SEMI China 的宗旨是帮助全球会员公司服务中国市场，积极推动中国半导体、太阳能、平板显示产业的蓬勃发展。SEMI 在国内召开国际平板显示器件、设备材料及配套件展览会；同期举办的中国平板显示学术会议是 SEMI 与国内行业权威组织联手打造的技术交流平台。

电话：021-50270909

网址：www.semi.org.cn

《现代显示》

简介：会聚了液晶（LCD）、发光二极管（LED）、大屏幕和投影、数字电视、OLED、ELD、FED、VFD、PDP、微显示、CRT 等所有显示技术，同时囊括相关的驱动、芯片、集成电路、模块、各种配套器件等上游技术。

广东省电子行业协会

简介：协会现有团体会员中包括了电子信息产业大部分企业集团、各大门类的龙头企业和代表性的中小企业。

广州进鼎光电显示信息服务有限公司

简介：旗下包括中华液晶网、《平显时代》（月刊）和《手机资讯》（月刊）。

电话：020-85265586

网址：www.FPDisplay.com

南京经济技术开发区管委会/南京平板显示行业协会

简介：南京平板显示行业协会由南京市平板显示企业和相关科研院校（所）组成，是非官方、行业性、地方性、非营利性、自愿结成的社会组织。

电话：025-85800946

深圳市亚威会展有限公司

简介：公司集杂志、网站、展览、研讨会、培训等 FPD 专业服务于一体。

电话：0755-86149046

网址：www.chinafpd.net

中国电子材料行业协会

简介：是由从事电子材料的生产、研制、开发、经营、应用、教学的单位及其他相关的企、事业单位自愿结合组成的全国性的行业社会团体，不受部门、地区和所有制的限制。工作主要通过民主协商、协调，为本行业的共同利益服务。

中国电子材料行业协会覆铜板材料分会

简介：协会的宗旨是为中国覆铜板工业的发展服务，为会员服务，在企业与政府之间起桥梁沟通作用。本着这一宗旨，协会开展的工作有许多方面。

中国电子工业标准化技术协会

简介：开展与电子信息产业标准化有关的各项活动；加强国际交流，提高电子信息产业标准化的科学技术水平，促进电子信息产业标准化工作的健康发展，为振兴电子信息产业、实现社会主义现代化建设服务。

中国电子企业协会

简介：从 1984 年成立至今，始终致力于向电子信息企业和企业家、相关政府部门提供及时、完善的服务。经历二十余年的发展，积累了丰富的行业经验与资源。

中国电子器材总公司

简介：以电子元器件分销、通信业务、进出口贸易、会展等为主营业务，在全国设有 13 家全资子公司和 15 家控参股公司，形成了遍布全国的强大服务网络。

电话：010-51662329/68249403

中国电子视像行业协会

简介：是由从事视像行业及数字音/视频领域（电视机和大屏幕投影等各种显示终端、数字家庭、机顶盒、摄录编设备、数字电影、高清存储、IPTV 接收设备、音/视频编解码、超宽带无线传输、专用部件、视频监控等）生产、研发、运营、服务的企事业单位、大专院校、产业联盟相关单位和个人自愿组成，经国家民政部批准并合法登记，具有社团法人资格的全国性行业组织，业务主管单位是工业和信息化部。

中国电子学会

简介：中国电子学会的 44 个专业分会覆盖了半导体、计算机、通信、雷达、导航、微波、广播电视、电子测量、信号处理、电磁兼容、电子元件、电子材料等电子信息科学技术的所有领域。

中国电子元件行业协会

简介：下属分会包括电阻电位器分会、电容器分会、电子陶瓷及器件分会、磁性材料与器件分会、电子变压器分会、电感器件分会、压电晶体分会、混合集成电路分会、电接插元件分会、控制继电器分会、光电线缆分会、电声器件分会、微特电机与组件分会、敏感元器件与传感器分会。

中国电子专用设备工业协会

简介：协会的宗旨是为会员、用户、政府做好服务，维护整个行业和会员的合法权益及经济利益。协会在政府和行业内的企事业单位之间发挥了桥梁和纽带作用，推动了我国电子专用设备行业的发展。

中国电子装备技术开发协会

简介：以推进电子装备技术和管理现代化、提高电子产业装备自主研发、生产能力和经济效益为目标的非营利性、群众性、专业性的社会团体。

中国光学光电子行业协会

简介：按专业领域划分的分会有七个：激光分会、红外分会、光学元件和光学仪器分会、光电器件分会、光电二极管显示应用分会、液晶分会和激光全息分会。

中国真空学会

简介：学会的目的为：确保真空科学与技术的发展，加强真空科学与技术研究成果的普及和应用，促进真空科学与技术人才的成长，使真空科学与技术为中国的经济发展和现代化做出重要贡献。

液晶电视、液晶显示器

北京佳运通达工贸有限公司

简介：主要进行各类工控解决方案的优化设计及产品的集成。公司多年来专心致力于工业液晶显示器和工业平板电脑的开发、生产。

北京众维创通科技有限公司

简介：专业从事多媒体显示设备、液晶显示设备、触摸显示设备等 3C 产品制造，产品涉及数字标牌、教育白板、监视器、拼接屏等系列应用的高新技术企业。

电话：010-82893368

网址：www.bjzhongwei.com

创维光电科技（深圳）有限公司

简介：是创维集团的一个子公司，主要生产 CRT 背投电视、平板液晶电视及 LCD 背投电视。

东莞市恒星光电科技有限公司

简介：致力于视讯产品的研发与销售，主营 LCD 显示器、LCD 电视及其他便携式数码产品。

广州市杰威迅电子有限公司

简介：主营内藏式显示器、支架和头枕式显示器、吸顶式显示器、挡阳板显示器。

广州市索卡科技电子有限公司

简介：研发、生产、销售车载液晶显示器、电视机。

广州市拓普昇电子设备有限公司

简介：致力于工业液晶显示产品及其配套解决方案的设计和营销。

广州视景显示技术研发有限公司

简介：主要研究、开发、测试液晶显示技术、结构、装置，新型平板显示技术、结构、装置及液晶电视，提供技术转让、技术合作和技术咨询。

华腾科技（香港）有限公司

简介：主要产品包括数字多媒体播放器

（DMP&PMP）、多媒体广告机、车载多媒体播放系统、数字多媒体液晶电视、掌上移动多媒体中心、数码相框等。

华忆科技（深圳）有限公司

简介：生产经营车用多媒体及液晶显示器复合体、可携带式移动多媒体及车用液晶显示器、车用放像机及液晶显示器复合体、GAME 系列液晶显示器。

江苏赛博电子有限公司

简介：生产液晶电视、DLP 背投影电视。

捷星显示科技（福建）有限公司

简介：主营业务包括液晶平面电视、等离子电视、液晶显示器、平面彩色显示器。

金羚集团有限公司

简介：从事电脑用液晶显示器的生产制造。

麦道微电子有限公司

简介：从事 LCD 液晶显示器开发、SKD 产品及关键部件供应的公司。

南京夏普电子有限公司

简介：公司目前的主导产品为：具有全球领先水平的系列液晶电视机、液晶数据投影机、数字摄像机等。

电话：025-85573714

网址：www.sharp-nsec.com

深圳帝硕科技有限责任公司

简介：主要经营液晶 TFT-LCD 显示器、液晶 TFT-LCD 电视机，产品应用于车载 VCD、DVD、TV、影音系统、卫星导航系统、倒车后视系统等。

深圳富士电科技有限公司

简介：专业从事液晶显示器和液晶电视生产的高科技台资企业。

深圳翰林世界文化科技有限公司

简介：专注于液晶显示器及其相关产品的研发、生产和销售的新型高科技企业。

深圳华视新科技有限公司

简介：从事彩色液晶显示器、液晶模拟电视、液晶数字电视（DVB-T、ATSC）的研发与推广。

深圳汇博兴电子有限公司

简介：集研发、生产、销售于一体的民营科技企业，是显示终端设备的专业制造厂商。

深圳康冠科技集团有限公司

简介：是国内最早致力于显示终端产品制造的厂家之一。

深圳科特科技有限公司

简介：主要产品包括 CRT 显示器、液晶显示器、机箱、键盘、鼠标及显示器塑胶外壳等产品系列，同时承接模具制造、注塑加工、产品外形设计，并提供产品 OEM 生产服务。

深圳明辉行科技有限公司

简介：主要产品包括液晶显示器，液晶电视机，整机及套件、塑壳、主板、液晶屏等。

深圳世晶联实业有限公司

简介：从事液晶显示器、液晶电视、广告机、工业液晶显示器的开发与销售。

深圳市爱微视电子科技有限公司

简介：主要业务包括TFT液晶显示器、液晶电视、数码相框、画框电视、广告机、液晶显示控制板、高压条等相关液晶显示器SKD套件的设计、制造和销售。

深圳市飞尼特实业有限公司

简介：主要产品包括各种尺寸的车载电视、液晶显示器、液晶电视和DVD液晶电视一体机及相关的电子产品。

深圳市冠普电子科技有限公司

简介：先后研发了各种规格的液晶电视、多媒体液晶电视（带电视+DVD+读卡功能+USB+电脑显示器）、数字电视、数码相框等系列产品。

深圳市焌泰烽科技有限公司

简介：生产液晶显示器、液晶电视机、液晶（SKD）套件等。同时工厂承接OEM、ODM订单。

深圳市启悦光电有限公司

简介：集设计、研发、生产、销售液晶显示器、电视及相关产品的高新科技企业。

深圳市同方多媒体科技有限公司

简介：生产液晶电视、PC、手机等。

深圳顺达数码资讯有限公司

简介：主要生产液晶显示器、液晶电视、等离子电视、汽车车载、液晶屏维修等系列产品，产品远销欧洲、美洲、东南亚、澳大利亚、韩国、日本等国家。

沈阳同方多媒体科技有限公司

简介：拥有4条现代化大型生产线，一条辅助生产线，可生产从15～60英寸八大系列60多种不同型号规格的液晶电视、等离子电视，年生产能力为150万台，年生产总值可达20亿元。

天略科技（深圳）有限公司

简介：公司现有十几个产品类型，包括14～50英寸的电脑液晶显示器和液晶电视机。

厦门华侨电子股份有限公司

简介：主要产品包括彩色电视机、彩色显示器、数字式移动电话（GSM）、传真机、电话机、防盗保安工程电话、卫星接收机、车载视听系统。

现代电子（天津）多媒体有限公司

简介：主要生产电脑用液晶显示器（15英寸、17英寸电脑用液晶显示器）。

友利华（河南）高科技开发有限公司

简介：专业从事彩色液晶显示设备、全球卫星定位系统、计算机通信及其他相关产品的研制开发与生产，国内首台工业彩色液晶显示器就在本公司诞生。

浙江忆丰科技有限公司

简介：产品包括LCD电视、数码相框、网络广告机等。

中山市东升镇升宝彩色液晶显示器厂

简介：产品包括吸顶式、头枕式、挡阳板式

吊挂式等一系列多用途智能环保的车载液晶显示器、车载液晶电视和车辆后视配置系统。

电话：0760-86226930

大屏幕、拼接墙

GQY视讯股份有限公司

简介：是国内首家推出DLP大屏幕组合显示系统的大屏幕厂商，是国家级高新科学技术企业和国家级火炬计划项目实施单位，是大屏幕领域的行业翘楚。

北京博睿联创科技发展有限公司

简介：提供拼接控制器、融合控制器、液晶拼接幕墙、多画面处理器等。

北京彩讯科技股份有限公司

简介：提供大屏幕显示系统、大屏幕图像处理设备、大屏幕信号处理设备、大屏幕显示设备。

北京环宇蓝博科技有限公司

简介：专业从事视频信息化产品大屏幕显示技术与开发、生产制造、工程安装及维护的高科技企业。

北京启予高科科技有限公司

简介：提供全息投影屏、LCOS 拼接单元、大屏幕拼接融合软件。

北京市兰星光科技有限公司

简介：是LCD、DLP等大屏幕多媒体数字显示系统专业的技、工、贸三位一体企业。

北京亚视创业科技发展有限公司

简介：在单片式LCD投影显示设备运用技术及光引擎技术方面取得了重大成果并拥有多项技术专利，是一家拥有LCD液晶投影技术自主知识产权的公司。

北京真彩科创电子技术有限公司

简介：以LED、LCD、DLP显示技术生产及应用、视频会议技术开发及应用为发展方向的高新技术企业。

成都域虹科技有限责任公司

简介：主要致力于大屏幕显示元器件的研发与生产。

大连视佳显示技术有限公司

简介：主要致力于大屏幕显示技术的研发、生产、工程安装及维护。

广东威创视讯科技股份有限公司

简介：主要提供数字拼接墙。

广州艾恩光电技术有限公司

简介：致力于光学、电子学领域，掌握核心专利技术，提供大屏幕显示系统的解决方案给商业及专业用户。

杭州三花科特光电有限公司

简介：是专业从事高清晰度液晶背投影电视光学引擎、高分辨率超大屏幕商用液晶背投影显示器、DLP 光机、拼接单元和拼接墙、融合显示大屏、综合管理平台、生产调度通信、光电学科教学仪器等产品的开发、生产和销售的高科技企业。

深圳市博康多媒体显示技术有限公司

简介：提供各种型号和尺寸的 DLP 投影单元、LCD 平板显示单元、LCD 控制模块。

深圳市展视科技有限公司

简介：从事 DLP 大屏幕拼接墙、大屏幕显示系统的研发、生产及销售。

深圳市中电视讯有限公司

简介：推出了包括 DLP 大屏幕数字拼接墙、多屏图像控制器、DLP 数字光学背投、交互式数字显示平台等一系列高端数字光电系列产品，产品销往海内外。

深圳中电数码显示有限公司

简介：专业研发、制造和销售 DLP、LCD 等数码高清大屏幕显示技术产品的高科技企业。

IC

安泰半导体科技（苏州）有限公司

简介：主要提供半导体 IC 芯片的设计，IC、LCD 及相关行业全套生产线的引进和相关技术转移。

北京凡达讯科技有限公司

简介：专注于为应用电子纸显示新材料的系统提供专用集成电路设计、开发及解决方案。

北京海尔集成电路设计有限公司

简介：致力于发展数字电视及无线通信核心芯片及整机系统方案。

北京华虹集成电路设计有限责任公司

简介：从事大规模集成电路设计、模块及子系统的开发及应用的高新技术企业，是上海华虹（集团）有限公司下属子公司，是中国“909 工程”的重要组成部分。

彩优微电子（昆山）有限公司

简介：公司主要产品为平板显示驱动 IC，目前已是 TFT-LCD 驱动 IC 出货量最大的极少数国内设计公司之一。

电话：021-50275586

网址：www.viewsil.com

敦泰科技（深圳）有限公司

简介：专注于 TFT-LCD 平板显示驱动芯片和 LED 驱动芯片的设计、开发、制造及销售。

江苏汇成光电有限公司

简介：提供 LCD 和各类显示器专用驱动芯片的封装和测试生产。

电话：0514-85100968

网址：www.unionsemicon.com.cn

上海华虹 NEC 电子有限公司

简介：专注于嵌入式 NVM、LCD 驱动、模拟电源管理，射频技术和消费类电子领域，提供具有竞争力和先进的特种工艺平台。

上海龙晶微电子有限公司

简介：设计、研发、制造和销售数字电视信

源/信道解码芯片、先进的 SoC 产品、LCD 显示驱动产品、MCU 产品。

深圳市科特科技发展有限公司

简介：已研制出 15 英寸、17 英寸、19 英寸液晶显示器和 30 英寸液晶电视的驱动电路，并已投入批量生产，产品远销东南亚、北非、中东等地区。

苏州瀚瑞微电子有限公司

简介：专注于设计、开发、销售平板显示屏驱动芯片和触摸屏控制芯片，其业务涵盖集成电路设计的全部流程，包括集成电路设计、工艺开发、IC 封装技术、IC 测试、产品应用开发、产品验证、特性化测试及失效分析等。

天利半导体（深圳）有限公司

简介：专业生产 TCON、MSTN、TFTSource Driver、CSTN、OLED、TFT GATE Driver。

无锡中微爱芯电子有限公司

简介：专业从事集成电路设计、测试、应用、销售和服务的高新技术企业。

电话：0510-85572722

西安龙腾微电子科技发展有限公司

简介：生产彩屏手机用 TFT-LCD 驱动控制芯片、液晶电视用 TFT-LCD 驱动控制芯片、PWM/PFMDC-DC 稳压电源芯片、CMOS 图像传感器芯片、LED 背光源驱动芯片等。

新相微电子（上海）有限公司

简介：主要致力于提供领先的 TFT-LCD 驱动芯片及相关消费电子产品。

其　他

艾利和电子科技（中国）有限公司

简介：专业生产电子书。

安徽国风塑业股份有限公司

简介：形成了以塑料薄膜为主，塑料建材、木塑新材料、工程塑料、新型非金属材料为辅的产品多元化、支柱产品规模化格局。

电话：0551-5314872

网址：www.guofeng.com

安徽世龙电子技术有限公司

简介：自主开发的主要产品包括数字示波器系列产品、液晶显示控制板系列产品，数字示波器可用于教学、科研与生产。

北京华大九天软件有限公司

简介：致力于提供专业的 EDA 软件、IP 及设计服务，包括模拟/数模混合 IC 设计全流程解决方案、数字 SoC 设计优化解决方案、平板（FPD）设计优化解决方案、定制化顾问服务。

电话：010-84776800

网址：www.empyrean.com.cn

北京弘森创新真空镀膜技术有限公司

简介：是一家专业从事真空镀膜技术开发、产品制造的现代化高科技企业。

北京嘉乐斯乐科技开发有限公司

简介：集研发、生产、销售、服务于一体，专业制造工业加湿器，是目前国内加湿行业的旗舰企业。

北京明韩电子有限公司

简介：在韩国、上海、北京三地都有设厂，北京公司拥有 SMT 生产线 8 条，上海公司拥有 SMT 生产线 9 条。

北京三岭视通科技有限公司

简介：现有产品包括头盔显示器（头戴式显示器）、微光枪瞄显示器、红外枪用瞄准显示器、火炮光电瞄准显示器、机载告警显示器（模拟机）、机载平视显示器（模拟器）等军用显示器。

北京三一友泰科技有限公司

简介：提供显示系统、大屏幕系统、等离子显示器、液晶显示器、投影屏幕、背投屏幕、双面投影屏、会议系统。

北京万物青科技有限公司

简介：专业生产电子书。

北京易鹏物友新材料科技有限公司

简介：提供减反射玻璃。

北京中视中科光电技术有限公司

简介：致力于激光显示技术研发及产业化的公司，公司的核心业务是研发、生产激光显示光源模组产品并提供相应的激光显示整体解决方案。

长智光电（四川）有限公司

简介：经营范围包括液晶显示器、液晶电视及光电周边产品与相关零部件的生产、加工、组装及维修。

常州吉恩化工有限公司

简介：主导产品有叔丁醇钠、叔丁醇钾等碱金属盐、二碳酸二叔丁酯等氨基酸保护剂，以及保护氨基酸系列产品。

电话：0519-85720001

网址：www.genchem.cn

成都菲斯特科技有限公司

简介：提供高品质的光学背投屏幕（72～120 英寸专业幕、42～72 英寸电视幕）。

电话：028-66331999

网址：www.fscreen.com

成都工投电子新材料有限公司

简介：经营领域涉及进出口贸易、液晶面板减薄加工、太阳能设备制造、项目投资等。

电话：028-86679312

网址：www.cdgtdz.com

成都光明光电信息材料有限公司

简介：产品包括光学玻璃、光学电子玻璃、激光晶体、光学眼镜片毛坯、贵金属制品、特种耐火材料六大类 200 多个品种。

电话：028-84331612

网址：www.cdgmgd.com

大连大显股份有限公司

简介：涉及领域包括关键零部件、数字视听、通信网络等。

东泰（昆山）真空镀膜工程有限公司

简介：主要生产等离子电视滤光板，液晶显示器的减反增透膜层，LOW-E 玻璃及前反射镜（用于背投电视、扫描仪、复印机），高透光率的触摸屏用 ITO 导电玻璃及膜。

东莞市标奇广告有限公司

简介：拥有通过 ISO 9001 认证，占地 7 000 多平方米的专业标识、LCD 广告机制作工厂。另外，投资 3 000 万元、占地面积达 20 亩的新工厂即将投入使用。

电话：0769-23182112

网址：www.beautkey.com

东莞市中瑞电子有限公司

简介：专业从事研发、生产和销售 LED、LCD 数字面板表（数字表头）、电子电源产品的公司。

东莞永佑电子胶带有限公司

简介：专业生产特殊工业胶带，主要产品包括醋酸布胶带、玻璃布胶带、卡普顿胶带、双面胶带、LED 数码管用胶带、衣类用胶带等。

凡润电子（无锡）有限公司

简介：从事新型平板显示器件（LCD 液晶电脑金属部件）和新型电子元器件的开发、生产、销售。

佛山市华特气体有限公司

简介：产品覆盖普通气体、激光气体、电光源气体、电子工业用气体、超高纯气体、标准气体、医用气体、食品工业用气体等十几个系列共 200 多个品种。

福建省莆田德信电子有限公司

简介：主要产品包括德信牌、卡迪奥牌计算器、LCD、FPC、电话机、防水表、万年历、游戏机、验钞机、电子辞典等电子产品。

电话：0594-3681058/3689513

富维薄膜（山东）有限公司

简介：目前，公司正在建设第五条特种 BOPET 厚型膜生产线，设计产能 23 000t，产品厚度范围 38～200μm，可生产广泛应用于电子、电工绝缘和 TFT-LCD 等多种工业用途的聚酯薄膜产品。

格力浦电子（常熟）有限公司

简介：专业生产通信、手机计算机等各类精密连接器、液晶显示屏端子、光电子器件、混合集成电路端子和精密电子零部件。

固安迪诺普科技有限公司

简介：主要生产自行研制的微型球面结构光学型背投影屏幕。

光洋化学应用材料科技（昆山）有限公司

简介：产品包括：①薄膜应用材料：薄膜靶材、蒸镀材料（银靶、金靶、铜靶、铝靶及各种合金靶）；②贵金属化学品及材料：氰化银、氰化银钾、硝酸银、银板、银锭；③表面装饰（SDC）连续溅射镀膜设备；④抗电磁波（EMI）连续溅射镀膜设备；⑤FPD 自动点灯检测设备。

广州奥翼电子科技有限公司

简介：公司自主研发的赛伦纸技术，是一种世界领先的电子纸显示技术，该技术基于纳米电泳显示原理，具有适于阅读、轻薄柔韧、省电节能等特点。经过近几年的潜心钻研，目前公司已经成功将该技术转化为批量生产的“赛伦纸”产品，且陆续应用于多个领域和产品中。

电话：020-34887222

网址：www.oedtech.com

广东星河一网通通信有限公司

简介：代理国外 CAD 软件及设备的专业集成公司，主要提供图形输入/输出系统的集成和电脑设计、打样系统的集成和服务。主要产品包括 GRAPHTEC（日图）大幅面工程扫描仪、喷墨打印机、滚筒切割机、平板切割绘图仪、LED 高速绘图仪、3D 打印机、骏图扫描、输出软件、骏图全自动打版输入/输出系统等四大类 50 余种产品。

电话：020-39283032/33

网址：www.ritu.com.cn

广西铟泰科技有限公司

简介：主要产品包括 ITO 靶材、ITO 粉体、氧化铟、高纯铟。

广州赛西光电标准检测研究院有限公司

简介：专业从事光电技术与产品标准研究、标准符合性检测、试验验证、技术咨询和培训，并为政府提供良好技术支撑的高技术服务机构。

杭州东亿科技有限公司

简介：从事 TFT-LCD 平板显示驱动及应用系统方案开发。

杭州深达玻璃有限公司

简介：生产 DLP 屏幕玻璃，LCOS、LCD、PDP 电视防眩屏。

合肥会通中科材料有限公司

简介：提供发泡聚丙烯、抗静电包装、发泡聚丙烯珠粒、发泡聚丙烯片材、EPP 汽车材料、EPP 缓冲包装材料、EPP 航模材料、EPP 大板、发泡聚丙烯工艺品材料、EPP 产品。

电话：0551-5771627

网址：www.orinko.com.cn

合肥茂丰电子科技有限公司

简介：是合肥新站区重大项目——合肥鑫昊等离子显示器件有限公司的重要配套企业，生产平板显示器湿化学品。

电话：0551-5283390

河北东光兆鑫电子有限公司

简介：专业生产液晶显示器（LCM）配套用铁框。

河南三阳（3D）光电有限公司

简介：已形成以三维可视化技术为基础的光栅材料生产、裸眼 3D 显示产品制造、立体影视广告制作、立体产品定制加工生产体系，并提供裸眼 3D 广告传媒运行平台解决方案和裸眼 3D 片源制作与转换解决方案。

惠州三华工业有限公司

简介：主导产品为彩电和计算机用回扫变压器（FBT）、适配器、LCD 内置电源、二合一电源及 PDP 电源、逆变器、自动售货机用部品、LCD 背光电源等高科技含量的产品。

霍尼韦尔（中国）有限公司

简介：经营范围涉及化工、矿业、金属与冶金、石油与天然气、能源与电力、造纸、纸浆、印刷、铝箔、塑料、橡胶、无纺布（CWS）、石化与炼油。

昆山开发区光电产业园管理委员会

简介：以生产液晶显示面板（TFT-LCD）项目为核心，积极吸引国内外著名光电产业上下游配套厂商进驻区内，力争通过 3～5 年的开发建设，打造国内第一，全球一流的光电产业基地。

电话：0512-55188206

网址：www.chinakov.com

昆山铨铼科技有限公司

简介：生产光显示组件及光通信组件（精密成型产品）。

电话：0512-57358989

柳州华锡铟材料有限责任公司

简介：主要从事铟及铟高新技术材料的研究、生产和销售。

南京电子网板科技股份有限公司

简介：是国内第一家平板荫罩专业生产厂家，成立于 1989 年 12 月 8 日，2002 年 12 月整体变更为中外合资股份有限公司。

南京冠佳科技有限公司

简介：专业模切加工各种工业用胶黏性产品、光电产业用辅助材料。

电话：025-85657308

网址：www.njgrandeur.com

南京华东电子光电科技有限责任公司

简介：主要从事各类军用真空显示器件、光电器件和特种光源产品的研制开发与生产，产品在国防工程中得到广泛应用。

睿立宝莱光电科技有限公司

简介：经营项目涉及光学立体眼镜、电子快门立体眼镜、立体解决方案、立体播放系统、立体游戏系统、立体影像制作、立体电视光学原理及制作等技术运用领域。

陕西捷盈电子科技有限公司

简介：主要生产各种规格的 LCD 电视用部件，包括 INVERTER 高压板、电源板、LIPS 电源板。

陕西昱华电子科技有限公司

简介：专业从事大屏幕数字显像拼接系统工程（DLP、LCD、LED）、视频会议系统、电子会议室、智能控制、安防监控工程、监控产品、IT 产品、LED 系列电子屏的研发、生产、销售、服务的高新技术企业。

上达电子（深圳）有限公司

简介：专业于软性电路板的研发、生产、组装和技术服务，月生产能力达 30 000m^2。

上海贝岭股份有限公司

简介：生产 LED 背光/照明驱动电路等。

上海联能科技有限公司

简介：2002 年起开发了用于液晶显示器的压电陶瓷变压器系列产品，以及液晶背光驱动控制芯片，从而成为国内少数几家能生产该类产品的企业。

上海易狄欧电子科技有限公司

简介：专业研制、生产、经营手持电子阅读器（电子书）设备并提供书源资讯。

韶关西格玛技术有限公司

简介：为中外客户提供粒径细、分散性好、纯度高的铟锡氧化物（ITO）纳米粉、氧化铟（In_2O_3）纳米粉、氢氧化铟（In（OH）$_3$）纳米粉和高密度、高均匀性、低缺氧率的 ITO 靶等系列产品。

深圳九星印刷包装集团有限公司

简介：是印刷包装产品及技术服务的集成提供商，代理销售印刷包装设备及耗材，同时为客户提供专业化的技术支持服务。

电话：0755-83073339

网址：www.999graphics.com

深圳欧莱溅射靶材有限公司

简介：生产适用于 TN、STN、TFT、FED、PDP 和 OLED、CF（彩色滤光片）等各种显示器基础元件制造所需的靶材。

深圳市安杰五金制品有限公司

简介：生产 LCD、LED、LCM、光纤等 IT、光电行业及数码产品五金配件。

深圳市常新精细材料有限公司

简介：专业研发生产玻璃粉 Spacer（LCD 液晶显示屏）的高科技企业。

深圳市纯水一号水处理科技有限公司

简介：是一家集软化水、纯水、污水处理技术开发、制造、营销和服务于一体的高科技实体。

深圳市方显科技有限公司

简介：致力于四线/五线触摸屏控制器、LCD 控制卡、模拟屏 AV+MCU 控制板、四线/五线触摸屏、数/模 LCD 转换卡、触摸液晶显示器、真彩液晶屏、通用医疗控制器的研发、生产与销售等。

深圳市深超科技投资有限公司

简介：深超科技先后承担了方正微电子、华映显示、深超光电第 5 代 TFT-LCD 生产线、中芯国际（深圳）超大规模集成电路项目、华星光电第 8.5 代液晶面板生产线、盛波光电偏光片生产线等深圳市重大项目相关工作。

电话：0755-83516270

深圳市唯时信电子有限公司

简介：致力成为业内领先的大型电子元器件分销及增值服务提供商；目前公司主营夏普、京东方、龙腾、台湾奕力 TFT-LCD 系列产品线，为上下游产业提供良好资源配置，引领行业发展。

深圳市颖网科技有限公司

简介：是一家从事数字营销传播系统开发与服务提供商，致力于信息发布系统、互动触控技术、移动手持终端运用及相关智能显示设备的研究开发的公司，是我国最早从事这一领域的开发商之一，是中国数字营销传播系统开发服务的开创者与领导者。

电话：0755-25668333

网址：www.winonetech.com

深圳太盈科电子有限公司

简介：制作高精度 PCB/LCD 光绘菲林的专业公司。

沈阳新松机器人自动化有限公司

简介：致力于激光技术在工业领域的产业应用，主导产品涵盖激光焊接成套装备、激光拼焊生产线、激光热处理装备、激光再制造装备、远程激光焊接装备、激光复合焊接装备、激光钎焊装备、塑料焊接装备等。

石家庄宝石电子玻璃股份有限公司

简介：宝石集团主要产品年生产能力为：彩壳 1 440 万只、销钉阳极帽 2 亿只、高铅玻管 1.2 万吨、荧光灯玻管 1.25 万吨、大径塑管 7 000t、无极荧光灯 55 万只、彩枪芯柱 2 500 万只、电子枪 400 万支。

四川博源科技有限责任公司

简介：提供的产品有银行营销展示产品系列、ATM 机防护亭系列、网上银行体验产品系列、导视系统、展示系统、LED 模组、亚克力吸塑灯箱、黑白板发光门楣等。

电话：028-85583472

网址：www.by-creat.com

四川维优科技有限责任公司

简介：专业致力于 LCD 液晶投影机、LED 光源及 LED 投影机、DLP 投影机、投影幕布、等离子幕布的生产、研发和销售。

苏州达方电子有限公司

简介：主要产品包括笔记本电脑键盘、PDA 键盘及无线键盘、液晶背光模组转换器、电源模组、表面粘着型变压器。

电话：0512-88188800

网址：www.darfon.com.cn

苏州锦富新材料股份有限公司

简介：主要产品包括光学膜片、绝缘片、胶带等。

电话：0512-62825820

网址：www.jin-fu.cn

苏州巨像科技有限公司

简介：公司以全透明玻璃投影专利显示技术为核心，开发了单色视频激光投影机、DLP 视频投影机、DLP 全彩色视频投影机以及汽车全风挡玻璃显示系统，并致力于产品的技术创新和商业应用的运营。

台湾友诚自动化机械有限公司上海分公司

简介：主要生产 PCB 湿制程生产设备，自动化设备、半导体及 LED 生产设备，LCD、ITO、C/F 等玻璃板的抛光设备，TN、STN 玻璃切断磨边机，TFT 切割机及模块后切割机。

天津大东电子有限公司

简介：经营范围包括生产、加工、销售电子、电器零部件、手机护镜。

电话：022-88651241

天津津科电子有限公司

简介：主要从事“电子书”等移动信息平台、终端及各种应用软件的研制与开发。

天津三维显示技术有限公司

简介：从事立体成像技术的研究及相关产品的开发、生产和销售。

潍坊弘林电子科技有限公司

简介：从事研发、生产液晶显示屏、矩阵、电源、智能一卡通等系统和设备的专业厂家。

电话：0536-8827066

武汉精测电子技术有限公司

简介：是一家从事 TFT-LCD、PDP、OLED 显示信号测试技术的研究、开发、 生产与销售的高新技术企业，也是目前国内平面显示信号测试领域的龙头企业。

电话：027-87526905

网址：www.wuhanjingce.com

西安宝莱特光电科技有限公司

简介：基础研究与应用研究并重、具有较强技术研发实力、从事国际前沿高分子有机发光平面显示技术（PLED）研究的公司。

相干（北京）商业有限公司

简介：相干公司是世界第一大激光器及相关光电子产品生产商，产品服务于科研、医疗、工业加工等多个行业。

电话：010-82153600/82153618

网址：www.coherent.com.cn

亿思达显示科技有限公司

简介：专业从事 3D 显示技术、虚拟视觉显示技术产品及相关技术研发、生产、销售三位一体的高科技综合型企业。

浙江浦江中星（光电科技）有限公司

简介：从事新型 OLED 冷光源的研究、封装、应用、生产和销售服务的高新科技企业。

中国电子工程设计院

简介：具有国家认证的工程咨询、工程设计、工程承包、建设监理、造价咨询等甲级资质及电子工程专业承包（施工）一级资质，1992 年首批获对外经营资格。

电话：010-68207523/68207662

网址：www.ceedi.com.cn

第11章

附　录

中国光学光电子行业协会简介

一、概述

中国光学光电子行业协会（China Optics and Optoelectronics Manufactures Association ，COEMA）经国务院批准成立于 1987 年年初，是全国从事光学光电子科研、生产和教学的企、事业单位自愿组合的民政部批准法人资格的社会团体，是政府部门在光学光电子行业管理上的参谋和助手，由工业和信息化部归口管理，接受工业和信息化部的业务指导和民政部的监督管理。

中国光学光电子行业协会拥有注册团体会员 900 余个，按专业领域划分的分会有 7 个：激光分会、红外分会、光学元件和光学仪器分会、光电器件分会、发光二极管显示应用分会、液晶分会和激光全息分会。其中的大型会员单位包括北京京东方科技集团股份有限公司、上海广电电子股份有限公司、深圳天马微电子有限公司、上海尼赛拉传感器有限公司、中国大恒激光工程公司等国内一流高科技企业，还有如中国电子科技集团公司第十一研究所、中国电子科技集团公司第三十三研究所、北京清华液晶技术工程研究中心、中国航天工业总公司 8358 所、中科院福建物质结构研究所等国家级重点科研机构。

二、历史背景和现状分析

1987 年 1 月 23 日在北京成立中国光学光电子行业协会（原名中国光学行业协会）。原人大常委会副委员长严济慈致开幕词，原中国科协副主席光学专家王大珩作工作报告，原国家经委副主任朱镕基、原电子部部长谢高觉、原国务院科技领导小组办公室副主任钱振蒙到会并致贺词。大会推选严济慈为协会名誉理事长，推选王大珩为理事长。

1992 年 10 月 14 日由中国贸促会和中国光学光电子行业协会共同主办的“首届国际激光及光电子产品展览会”在北京国际展览中心举行，这是国内第一个国际光电展。协会理事长王大珩为展览会开幕剪彩，副理事长李国枢致开幕词。今天该展会已经成为具有非凡影响力、专业化极强的国际光电业界人士交流的舞台。

中国光学光电子行业协会是民政部管辖的 1 800 家一级协会之一，是中国工业经济联合会理事单位。

2005 年 2 月 28 日，中国光学光电子行业网（网址：http://www.coema.org.cn）及中国光学光电子行业论坛（网址：http://www.coema.org.cn/bbs）开通，并担负起为行业服务、为国际交流提供窗口的使命。

2004 年 11 月，中国光学光电子行业协会在中国厦门召开第六届会员代表大会第一次会议，大会听取了第五届秘书长陈玉江作的任期报告，并选举产生了新一届正副理事长、正副秘书长。华北光电技术研究所所长韩建忠同志兼任中国光学光电子行业协会理事长，两院院士王大珩、原电子部部长李国枢、原华北光电技术研究所所长张伟忠同志为名誉理事长；新一届理事会理事单位 47 家，其中常务理事单位 7 家。选举王琳同志为第六届中国光协秘书长，副秘书长 6 名；大会同时还聘请了包括 5 名院士在内的 9 人顾问团。2008 年 11 月召开第七届会员代表大会选举产生第七届理事会，王琳女士当选为第七届秘书长。

中国光学光电子行业协会是政府部门在光学光电子行业管理上的参谋和助手，在自愿的基础上，以全国从事光学、光电子科研、生产、教学、商贸等的企事业单位为主要会员，同时吸收国家有关部门工作人员，以及光学光电子行业界知名人士联合组成的非营利性社会组织。

中国光学光电子行业协会的主要工作是：开展本行业市场调查，向政府提出本行业发展规划的建议；进行市场预测，向政府和会员单位提供信息；举办国际、国内展览会、研讨会、学术讨论会，致力新产品、新技术的推广应用；出版刊物报纸和行业名录；组织会员单位开拓国际、国内市场，组织国际交流，开展国际合作，推动行业发展与进步。

为使中国光学光电子行业协会真正成为代表中国光学光电子行业企事业单位利益的行业组织，逐步与世界相应的组织接轨，新一届中国光协理事会及秘书长正致力于协会建设，积极加强国内、国际交流与合作，扩大中国光学光电子行业协会的影响，充分发挥本行业协会在市场经济当中应有的作用，为企业、政府服务。

中国光学光电子行业协会 7 个分会的详细联系方式

中国光学光电子行业协会按专业领域划分的分会有 7 个：激光分会、红外分会、光学元件和光学仪器分会、光电器件分会、发光二极管显示应用分会、液晶分会和激光全息分会。

总会位于北京，联系方式：

秘书长：王琳女士

E-mail：wl@coema.org.cn

副秘书长：所洪涛先生

E-mail：suohongtao@coema.org.cn

信息咨询：coema@coema.org.cn

7 个分会联系地址和联系人如下。

1．激光分会

理事长单位：北京光电技术研究所

秘书处设在：北京光电技术研究所

通信：北京 648 信箱

地址：北京市东皇城根北街甲 20 号

邮编：100010

E-mail：lijl9358@yahoo.com.cn

电话：（010）84024561

传真：（010）64016627

理事长：陈光

2．红外分会

理事长单位：华北光电技术研究所

秘书处设在：华北光电技术研究所

地址：北京 8511 信箱 49 分箱

邮编：100015

电话：010-84321499

传真：010-64347322

秘书长：所洪涛

理事长：杨定江

3．液晶分会

理事长单位：京东方科技集团股份有限公司

秘书处设在：京东方科技集团股份有限公司

地址：北京市朝阳区酒仙桥路 10 号 京东方科技集团股份有限公司

邮编：100015

电话：010-64318888 转 6365/ 6586
传真：010-64363965-5111
理事长：王东升
秘书长：梁新清
具体联络人：孙莹　付佳

4．光电器件（LED）分会

第六届理事长单位：中国电子科技集团公司第十三研究所
秘书处设在：中国电子科技集团公司第十三研究所
地址：河北省石家庄市新华区合作路 113 号
通信地址：河北省石家庄市 179 信箱 70 分箱
邮编：050051
电话：0311-87091253
传真：0311-87045695
联系人：牛晓青　刘育青
秘书长：安国雨
理事长：杨克武

5．LED 显示应用分会

理事长单位：北京四通智能交通系统集成有限公司
秘书处设在：上海汉德森光电科技有限公司
联络人：张璐
地址：上海市普陀区中江路 870 弄 1 号 403 室
电话：021-52703216
传真：021-52703216
邮编：200333
E-mail：hyxh@leds.org.cn
秘书长：陆荣庆
理事长：关积珍

6．激光全息分会

理事长单位：山东北方光学电子有限公司（5808 厂）
秘书处设在：山东北方光学电子有限公司（5808 厂）
地址：山东泰安市第四十号信箱
邮编：271000
电话：0538-6511022
传真：0538-6511011
秘书长：刁瑞雪
理事长：杜吉智

7．光学元件与光学仪器分会

理事长单位：河南中光学集团
秘书处设在：中国光协秘书处
地址：北京 8511 信箱中国光协
邮编：100015
电话：010-84321499
传真：010-64347322
秘书长：程慧云
理事长：王天洲

中国光学光电子行业协会液晶分会简介

中国光学光电子行业协会液晶分会是隶属于中国光学光电子行业协会的二级协会，接受主管部门工业和信息化部的领导。分会成立于1996年7月，截至2012年年底，有会员219个，分布在中国各地，主要包括大、中型液晶显示器生产企业，主、辅材料制造厂商，专用设备厂商，科研机构，高等院校等。

分会的最高权力机构是会员大会，领导机构为会员大会选举产生的理事会及常务理事会。常设机构为秘书处，秘书处办公地点暂设在理事长单位，负责处理分会的日常工作。

分会的主要职能是服务职能和沟通职能。

服务职能主要是做好“两个服务”，即通过服务于政府，服务于会员，一方面，积极向政府献言献策，分析报告行业发展状况和发展趋势，为政府制定产业政策、决策重大项目提供咨询和参考建议；另一方面，为会员单位提供权威行业资讯，为其决策提供全方位服务，维护广大会员的合理权益。

分会的沟通职能是指分会要搭建“三个桥梁”，即在政府和行业之间交流的桥梁、不同会员之间交流的桥梁、国内和国外交流的桥梁。通过致力于促进官、产、学、研、用全方面的沟通合作与交流，促进各方在技术、战略上的深度合作；集中政府、企业和社会的技术、专利、标准等资源，促进全行业共同发展；帮助国内企业了解、熟悉国际产业环境，搭建国际合作交流平台，协助企业参与国际产业竞争。

为成为平板显示领域最专业的协会组织，保证协会秘书处工作的专业化和长期性，秘书处暂设四个部门开展各项工作，具体分工如下：

（1）行业研究部：负责收集、统计业内国际范围内行业数据、最新技术、经营战略等；编写行业研究报告、会刊、行业年鉴；协助工业和信息化部等主管部门研讨行业发展规划、评估行业项目等。

（2）会员服务部：负责收集整理会员基本信息，发展新会员；了解会员需求，提供相应服务；组织年会、行业培训、对外宣传、会刊发放，以及分会日常事务。

（3）国际交流部：负责组织国内外液晶及其他平板显示产业的商务考察、交流活动。

（4）会展部：负责洽谈、招商、组织各类专业论坛和展会。

中国光学光电子行业协会液晶分会

顾　　问：王勃华
名誉顾问：季国平
名誉理事长：高鸿锦　董绪旺
理事长：王东升
常务副理事长：刘瑞林　李绍宗　李 军
副理事长：陈向真　贾英杰　李 超　柯汉奇
秘书处：京东方科技集团股份有限公司
秘书长：梁新清
联系人：孙莹　付佳
通信地址：北京朝阳区酒仙桥路 10 号
邮政编码：100015
联系电话：86-10-64318888 转 6365/ 6586
传　　真：86-10-64363965-5111
E-mail：lcb.coema@Gmail.com

中国光学光电子行业协会液晶分会章程

第一章 总 则

第一条 中国光学光电子行业协会液晶分会，是中国光学光电子行业协会下属分会，简称液晶分会（以下简称“本分会”）。英文简称 LCB COEMA，其中 COEMA 为中国光学光电子行业协会的英文简称，LCB 为 Liquid Crystal Branch 的简称。

第二条 本分会是由全国从事液晶显示和其他平板显示以及上下游相关产业的企业、事业单位自愿组成的非营利性社会团体，是跨地区、跨部门、跨所有制的行业组织，受中国光学光电子行业协会的领导，承认中国光学光电子行业协会的章程。

第三条 本分会的宗旨是遵守中华人民共和国宪法、法律、法规和有关政策，遵守社会道德风尚。为液晶及平板显示行业的共同利益服务，加强政府和企业、企业与企业、企业与社会之间的沟通，维护会员单位的合法权益。团结全国行业同仁，推动和加速我国液晶及平板显示技术的不断提高，促进产业的发展。

第二章 业务范围和任务

第四条 积极贯彻国家的方针政策，促进液晶及平板显示行业的发展与繁荣；提高本行业的科学技术水平，增强本行业的整体经济效益。在政府、企事业单位与用户之间起桥梁和纽带的作用并为其服务。

第五条 本分会具体工作任务

（一）开展对全国液晶及平板显示行业的生产、研发、市场销售、质量等基本情况的调查、搜集、分析和统计工作，定期向政府部门及本分会会员单位报送。

（二）向政府部门提出制定行业发展规划和重大技术改造项目的咨询建议。

（三）对涉及本行业发展的国家有关政策、法规的制定进行研讨并提出建议，协助政府部门监督、检查本行业对国家有关政策、法规的贯彻执行。

（四）接受政府部门委托，组织制定、修改本行业的国家标准和行业标准，并推进标准的贯彻实施。向本分会会员单位介绍有关国际标准的现状和发展情况。

（五）组织行业内及行业间的学术、产业、商务等交流活动，推动整个产业链的配套合作。

（六）参与行业性集体谈判，提出涉及会员和行业利益的意见和建议。

（七）在本行业内积极推动新技术、新工艺、新材料和科技新成果的开发应用。

（八）对本行业产品（包括进出口产品）价格、税收等情况进行调查分析，向政府部门提出上述有关产品的价格、税收的调整建议。

（九）创办行业刊物，建设协会网站，开展咨询服务，积极向行业提供国内外技术经济情报和市场信息，协助行业企业开拓国内外市场。

（十）根据需要，采取多种形式组织相关专业培训。

（十一）发展与中国港、澳、台地区及国外有关组织的联系，开展经济、技术等方面的合作与交流活动。在对外进出口、利用外资、引进技术方面，加强成员单位之间的信息交流与政策协调。

（十二）制定本行业的行规、行约并监督执行。

（十三）加强会员和行业自律，促进会员诚信经营，维护行业公平竞争。

（十四）开展本分会宗旨允许的其他业务和政府及其工作部门授权或者委托的其他事项。

第三章　会　员

第六条　申请加入本分会的会员，必须具备以下条件：

（一）从事液晶显示和其他平板显示以及上下游相关产业的研究、开发、设计、制造、测试、应用、投资、管理、中介、服务等各种所有制形式的企事业单位；

（二）有加入本分会的意愿，愿意参加本分会有关活动并按时缴纳会费；

（三）拥护并遵守中国光学光电子行业协会及本分会的章程。

第七条　会员入会的程序：

（一）提交入会申请书；

（二）经本分会秘书处审核、理事长批准通过；

（三）由本分会理事会或理事会授权的机构颁发会员证。

第八条　本分会会员享有以下权利：

（一）本分会的选举权、被选举权及表决权；

（二）参加本分会举办的各类活动优先权；

（三）优先享有本分会为会员单位提供的行业信息、科研成果、生产技术、人才培训和经营管理经验交流等服务；

（四）对本分会工作的提案权、建议权和监督权；

（五）退会自由。

第九条　本分会会员应履行以下义务：

（一）遵守本分会章程，执行本分会决议；

（二）维护本分会声誉和合法权益；

（三）积极完成本分会交办的各项工作；

（四）按规定时限和标准缴纳会费；

（五）向本分会如实提供经营情况及有关资料，以便行业统计工作；

（六）指派专人与本分会秘书处建立工作联系。

第十条　会员退会应书面通知本分会，并交回会员证。会员连续两年不缴纳会费，视为自动退会。

第十一条　会员单位如果破产倒闭，则其会员资格经常务理事会确认后取消；会员如有严重违反本分会章程的行为，经常务理事会表决通过，并予以除名。

第四章　组织架构和负责人的产生、罢免

第十二条　组织架构：本分会设理事长单位、常务副理事长单位、副理事长单位、常务理事单位、理事单位以及会员单位。

理事单位的产生：具有一定实力、积极参加本分会活动、按时缴纳会费的会员单位，由本单位申请，两家以上理事单位提名，经常务理事会审议通过，成为理事单位；

理事单位任满一年后，具有常务理事单位被选资格；

常务理事单位任满一年后，具有副理事长单位被选资格；

副理事长单位任满一年后，具有常务副理事长和理事长单位被选资格。

常务理事、副理事长、常务副理事长和理事长单位的产生：由两家常务理事以上单位提名，经常务理事会审议通过确定。

理事会成员由相关单位指定代表组成：理事长（1名）、常务副理事长（1～3名）、副理事长（2～6名）、秘书长（1名）、常务理事若干名、理事若干名。

常务理事与理事单位数量的设立原则为：常务理事单位不超过会员总数的20%，理事单位不超过会员总数的35%。

第十三条　本分会的最高权力机构是会员代表大会，会员代表大会每年召开一次。会员代表大会的职权是：

（一）批准本分会章程的制定和修改；

（二）听取和审议本分会的年度工作和年度财务报告；

（三）决定本分会的工作方针和任务；

（四）审议通过本分会常务理事会的任免；

（五）决定其他重大事项。

第十四条　会员代表大会须有1/2以上的会员单位出席方能召开，其决议须经到会会员单位2/3以上表决通过方可生效。

第十五条　常务理事会是会员代表大会的执行机构，在会员代表大会和理事会闭会期间领导本分会开展日常工作，对会员代表大会负责。

第十六条　常务理事会的职权是：

（一）执行会员代表大会的决议；

（二）选举和罢免理事长、常务副理事长、副理事长、常务理事、秘书长；

（三）召开会员代表大会；

（四）向会员代表大会作年度工作报告和年度财务报告；

（五）审议会员的吸收或除名；

（六）决定设立办事机构、分支机构、代表机构和实体机构；

（七）决定各机构主要负责人的聘任；

（八）领导本分会各机构开展工作；

（九）制定内部管理制度；

（十）决定其他重大事项。

第十七条　常务理事会须有2/3以上常务理事出席方能召开，其决议须经到会常务理事2/3以上表决通过方为有效。

第十八条　常务理事会每年至少召开一次会议。

第十九条　本分会的理事长、常务副理事长、副理事长、秘书长必须具备下列条件：

（一）在本分会业务领域内有较大影响；

（二）理事长、常务副理事长、副理事长、秘书长最高任职年龄不超过70周岁；

（三）身体健康，能坚持正常工作；

（四）未受过剥夺政治权利的刑事处罚；

（五）具有完全民事行为能力。

第二十条　本分会理事长、常务副理事长、副理事长、秘书长如超过最高任职年龄需继续任职的，须经常务理事会表决通过，报业务主管单位审查批准后，方可任职。

第二十一条　本分会理事长、常务副理事长、副理事长、秘书长任期4年。理事长单位原则上任期最长不得超过两届，因特殊情况需延长任期的，须经会员代表大会2/3以上会员表决通过，报业务主管单位审查批准后，方可任职。

第二十二条　本分会理事长行使下列职权：

（一）召集和主持常务理事会；

（二）检查会员代表大会、常务理事会决议的落实情况；

（三）代表本分会参加重要活动，签署有关文件；

（四）提名秘书长人选，交常务理事会决定。

第二十三条　本分会秘书长行使下列职权：

（一）在理事长单位设立本分会秘书处，处理日常事务；

（二）主持秘书处日常工作，组织实施年度工作计划；

（三）协调各分支机构、代表机构、实体机构开展工作；

（四）提名各办事机构、分支机构、代表机构和实体机构主要负责人及专职人员，提交常务理事会决定；

（五）处理其他日常事务。

第二十四条　经常务理事会讨论通过，对从事液晶及平板显示行业多年且成绩卓著，积极参与分会工作并做出过突出贡献的专家，根据情况授予名誉理事长、顾问等荣誉称号。

第五章　资产管理、使用原则

第二十五条　本分会经费来源：

（一）会费；

（二）捐赠；

（三）政府资助；

（四）服务收入；

（五）利息；

（六）其他合法收入。

第二十六条　本分会按照国家有关规定收取会员会费，具体标准为：

（一）理事长单位：5 000 元/年；

（二）常务副理事长、副理事长单位：4 000 元/年；

（三）常务理事单位：3 000 元/年；

（四）理事单位：2 000 元/年；

（五）会员单位：1 000 元/年。

第二十七条　本分会经费必须用于本章程规定的业务范围和事业的发展，不得在会员中分配。

第二十八条　本分会建立严格的财务管理制度，设立专门账户，保证会计资料合法、真实、准确、完整。

第二十九条　本分会配备具有专业资格的会计人员。会计不得兼任出纳。会计人员必须进行会计核算、实行会计监督。会计人员调动工作或离职时，必须与接管人员办清交接手续。

第三十条　本分会的资产管理必须执行国家规定的财务管理制度，接受会员大会和财政部门的监督。资产来源属于国家拨款或者社会捐赠、资助的，必须接受审计机关的监督，并将有关情况以适当方式公布。

第三十一条　本分会换届之前应接受主管单位组织的财务审计。

第三十二条　本分会的资产，任何单位、个人不得侵占、私分和挪用。

第三十三条　本分会如需设立专职工作人员，其专职工作人员的工资和保险、福利待遇，参照国家的有关规定执行，应由协会承担。协会一切活动费用由协会承担。如果协会在经济上尚无能力全部承担的，可与挂靠单位协商后，由挂靠单位承担一部分。

第六章　章程的修改程序

第三十四条　对本分会章程的修改，须经常务理事会表决通过后报会员大会审议。

第三十五条　修改后的章程，须在会员代表大会审议通过后，报业务主管单位审查批准后生效。

第七章　终止程序及终止后的财产处理

第三十六条　本分会完成宗旨或自行解散或由于分立、合并等原因需要注销的，由常务理事会提出终止动议。

第三十七条　本分会终止动议须经会员代表大会表决通过，并报业务主管单位审查同意。

第三十八条　本分会终止前，须在业务主管单位及有关机关的指导下成立清算组织，清理债权债务，处理善后事宜。清算期间，不开展清算以外的活动。

第三十九条　本分会经业务主管单位办理注销登记手续即为终止。

第四十条　本分会终止后的剩余财产，在业务主管单位的监督下，按照国家有关规定，用于发展与本分会宗旨相关的事业。

第八章　附　则

第四十一条　本章程经 2008 年 3 月 10 日会员代表大会表决通过。

第四十二条　本章程的解释权属于本分会常务理事会。

第四十三条　本章程自业务主管单位批准之日起生效。

中国光学光电子行业协会液晶分会
第四届一次常务理事会会议决议

中国光学光电子行业协会液晶分会（以下简称液晶分会）于2010年7月22日～23日在合肥召开了液晶分会第四届一次常务理事会。除特邀嘉宾外，出席本次常务理事会有理事长、常务副理事长、副理事长以及常务理事共30个单位的43位代表。会议由分会王东升理事长主持。现将有关决议记录如下：

一、会议通过液晶分会秘书长变更事宜。常务理事会同意原液晶分会秘书长董友梅因工作原因，辞去秘书长一职；同意由被提名的京东方集团副董事长梁新清担任本届液晶分会秘书长。

二、会议听取了梁新清秘书长代表秘书处所做的《液晶分会2010年工作报告》。该工作报告汇报了理事长单位换届交接工作情况以及秘书处的工作近况。会议原则通过了秘书处2010年的工作计划，原则同意液晶分会拟于2010年12月在北京举行一届平板显示国际论坛。会议原则通过了分会LOGO的设计构思。

三、会议听取并通过液晶分会服务产品提案。会议同意液晶分会秘书处除定期编发会刊（平板显示文摘）外，还定期、不定期地提供行业数据收集、统计、行业研究报告、培训、网页管理、商务考察、专业展览、展示、专业论坛、学术会议等产品。

四、会议听取并通过了液晶分会2010年财务预算提案；审议通过了液晶分会会费调整提案。新的收取标准如下表所示：

序 号	项 目	新会费标准（元/年）
1	会员单位	2 000
2	理事单位	6 000
3	常务理事单位	12 000
4	常务副理事长、副理事长单位	20 000
5	理事长单位	100 000

中国光学光电子行业协会液晶分会

二O一O年七月二十二日

中国光学光电子行业协会液晶分会成员名单

序　号	单位名称	职　位
1	京东方科技集团股份有限公司	理事长
2	天马微电子股份有限公司	常务副理事长
3	北京清华液晶技术工程研究中心	常务副理事长
4	深圳莱宝高科技股份有限公司	常务副理事长
5	深圳市华星光电技术有限公司	副理事长
6	中国电子科技集团公司第五十五研究所	副理事长
7	河北冀雅电子有限公司	副理事长
8	深圳晶华显示器材有限公司	副理事长
9	南玻集团精细玻璃事业部	副理事长
10	深圳帝光电子有限公司	常务理事
11	应用材料（中国）有限公司	常务理事
12	爱发科商贸上海有限公司	常务理事
13	东电电子（上海）有限公司	常务理事
14	SEMI	常务理事
15	NAKAN 株式会社	常务理事
16	康惠（惠州）半导体有限公司	常务理事
17	汕头超声显示器有限公司	常务理事
18	北方液晶工程研究开发中心	常务理事
19	深圳市中显微电子有限公司	常务理事
20	深圳豪威真空光电子股份有限公司	常务理事
21	厦门高卓立科技有限公司	常务理事
22	深圳清溢光电股份有限公司	常务理事
23	北京维信诺科技有限公司	常务理事
24	亚威资讯	常务理事
25	北京京东方光电科技有限公司	常务理事
26	TCL 集团工业研究院	常务理事
27	安徽省蚌埠华益导电膜玻璃有限公司	常务理事
28	石家庄诚志永华显示材料有限公司	常务理事
29	中国电子科技集团公司第二研究所	常务理事
30	北京清大天达光电科技公司	常务理事
31	北京京城清达电子设备有限公司	常务理事
32	莆田市莆辉方显光电子有限公司	常务理事
33	苏州瑞红电子化学品有限公司	常务理事
34	深圳格力浦电子有限公司	常务理事
35	常州东南液晶显示有限公司	常务理事
36	南京平板显示行业协会	常务理事
37	大连东显电子有限公司	理事
38	江苏句容骏升显示技术有限公司	理事

续　表

序　号	单位名称	职　位
39	鞍山亚世光电显示有限公司	理事
40	潮州市蓓蕾电子有限公司	理事
41	信利半导体（中国）有限公司	理事
42	深圳市盛波光电科技有限公司	理事
43	新辉开科技（深圳）有限公司	理事
44	南京华日液晶显示技术有限公司	理事
45	江门亿都半导体有限公司	理事
46	广州进鼎光电显示信息服务有限公司	理事
47	东莞市奕东电子有限公司	理事
48	南京华睿川电子科技有限公司	理事
49	中国电子工程设计院	理事
50	深圳新南亚技术开发有限公司	理事
51	康宁显示科技（中国）有限公司	理事
52	友达光电（苏州）有限公司	理事
53	北京吉乐电子集团有限公司	理事
54	北京八亿时空液晶科技股份有限公司	理事
55	深圳市三利谱光电科技股份有限公司	理事
56	昆山开发区光电产业园管理委员会	特别会员
57	合肥新站综合开发试验区管委会	特别会员
58	河北工业大学理学院应用物理系	会员
59	显邦电子有限公司	会员
60	多纳勒烟台电子有限公司	会员
61	电光电子有限公司	会员
62	中国乐凯胶片集团公司	会员
63	天津市超标净化设备有限公司	会员
64	烟台万润精细化工股份有限责任公司	会员
65	成都光明器材厂	会员
66	芜湖长信科技股份有限公司	会员
67	旭硝子精细玻璃（深圳）有限公司	会员
68	深圳市超纯环保股份有限公司	会员
69	上海盛永国际贸易有限公司	会员
70	深圳东显微电子有限公司	会员
71	曙光电子集团公司液晶显示器厂	会员
72	常州康龙电子有限公司	会员
73	涿州市蓝天特灯发展有限公司	会员
74	上海怡康化工材料有限公司	会员
75	上海迪爱生贸易有限公司	会员
76	东莞市超越电子有限公司	会员
77	深圳市飞世尔实业有限公司	会员
78	西安瑞联近代电子材料有限责任公司	会员
79	上海贺利氏工业技术材料有限公司	会员
80	福建省莆田德信电子有限公司	会员

续 表

序 号	单位名称	职 位
81	南京夏普电子有限公司	会员
82	三键化工（上海）有限公司	会员
83	深圳市美精微光电股份有限公司	会员
84	北京恒融达经贸有限公司	会员
85	深圳九恒印刷设备器材有限公司	会员
86	创技电子机械（上海）有限公司	会员
87	北京航天宏达光电技术有限公司	会员
88	深圳市瑞福达液晶显示技术股份有限公司	会员
89	无锡康力电子有限公司	会员
90	碧海永乐净化科技有限公司	会员
91	厦门爱特鸥光电实业有限公司	会员
92	凸版（上海）企业管理有限公司	会员
93	佛山纬达光电材料有限公司	会员
94	深圳市网印巨星机电设备有限公司	会员
95	上海拓朴晶光电科技有限公司	会员
96	北京金翼新技术开发中心	会员
97	杭州清达光电技术有限公司	会员
98	美国三开化学公司上海代表处	会员
99	深圳赛科显示器有限公司	会员
100	腾新机械（上海）有限公司	会员
101	莱宝光电设备（北京）有限公司	会员
102	深圳市惠乐光电有限公司	会员
103	上海住友商事有限公司	会员
104	石家庄科润显示材料有限公司	会员
105	鹿泉市新型电子材料有限公司	会员
106	天通控股股份有限公司	会员
107	三和国际集团	会员
108	天津大东电子有限公司	会员
109	旭璟光电科技（惠州）有限公司	会员
110	东莞艾斯光电科技有限公司	会员
111	华南理工大学	会员
112	LG 化学中国投资有限公司	会员
113	泉州市佑达化工材料有限公司	会员
114	复旦大学	会员
115	福州大学	会员
116	中山大学物理科学与工程技术学院	会员
117	福建莆田新威电子工业有限公司	会员
118	北京理工大学信息学院光电工程系	会员
119	湖北省化学研究所	会员
120	中山市东升镇升宝液晶显示器厂	会员
121	昆山铨铼科技有限公司	会员
122	温州市侨业经济开发有限公司	会员

续 表

序 号	单位名称	职 位
123	大立高分子工业股份有限公司	会员
124	和科达集团 LCD 事业部	会员
125	和美光电科技（苏州）有限公司	会员
126	中国电子器材总公司	会员
127	深圳市联得自动化机电设备有限公司	会员
128	深圳市晶讯电子有限公司	会员
129	北京世元达电子技术有限公司	会员
130	深圳溢洋科技开发有限公司	会员
131	中国兵器工业第二 O 四研究所	会员
132	深圳日东电子设备有限公司	会员
133	厦门精显电子有限公司	会员
134	亚通光电科技（深圳）有限公司	会员
135	江苏晶源电子科技有限公司	会员
136	深圳市宝森净化科技有限公司	会员
137	3M 中国有限公司	会员
138	深圳市力合薄膜科技有限公司	会员
139	石家庄国大工业有限公司	会员
140	苏州市联创新材料有限公司	会员
141	爱立发自动化设备（上海）有限公司	会员
142	日立（中国）有限公司	会员
143	深圳市纳微科技有限公司	会员
144	厦门映日液晶材料有限公司	会员
145	江苏宜兴经济开发区	会员
146	智索国际贸易（上海）有限公司	会员
147	厦门市康保无纺布制品有限公司	会员
148	杭州瑞辉光电科技有限公司	会员
149	深圳市福和达电子设备有限公司	会员
150	宁波高新区七鑫旗科技有限公司	会员
151	河北迈尔斯通电子材料有限公司	会员
152	广州市回天精细化工有限公司	会员
153	佛山市俊一明镜业玻璃有限公司	会员
154	厦门赛特勒电子有限公司	会员
155	松下电器研究开发（苏州）有限公司	会员
156	深圳市鹏基光电有限公司	会员
157	苏州锦富新材料股份有限公司	会员
158	东莞市东元新能源科技有限公司	会员
159	上海中科联和显示技术有限公司	会员
160	成都中光电科技有限公司	会员
161	约翰内斯·海德汉博士（中国）有限公司	会员
162	深圳市大族激光科技股份有限公司	会员
163	四川英杰电气股份有限公司	会员
164	天准精密技术有限公司	会员

续 表

序 号	单位名称	职 位
165	常州丰盛光电科技股份有限公司	会员
166	肇庆中导光电设备有限公司	会员
167	合肥茂丰电子科技有限公司	会员
168	烟台显华化工科技有限公司	会员
169	郑州旭飞光电科技有限公司	会员
170	杭州格林达化学有限公司	会员
171	常州吉恩化工有限公司	会员
172	亚德科超精密有限公司	会员
173	广东星河一网通通信有限公司	会员
174	合肥会通中科材料有限公司	会员
175	安徽国风塑业股份有限公司	会员
176	江苏和成化学材料有限公司	会员
177	东莞市飞新达精密机械科技有限公司	会员
178	厦门易显电子有限公司	会员
179	武汉良师通明科技发展有限公司	会员
180	卫利国际科贸（上海）有限公司	会员
181	陶氏化学（中国）有限公司	会员
182	相干（北京）商业有限公司	会员
183	烟台德邦科技有限公司	会员
184	无锡中微爱芯电子有限公司	会员
185	南京冠佳科技有限公司	会员
186	旭硝子（中国）投资有限公司	会员
187	东莞市标奇广告有限公司	会员
188	四川博源科技有限责任公司	会员
189	广州市欣瑞电子有限公司	会员
190	北京堀场汇博隆精密仪器有限公司	会员
191	联建（中国）科技有限公司	会员
192	深超光电（深圳）有限公司	会员
193	日新意旺高科技（扬州）有限公司	会员
194	武汉精测电子技术有限公司	会员
195	成都工投电子新材料有限公司	会员
196	科美仪器（昆山）研发有限公司	会员
197	上海通彩自动化设备有限公司	会员
198	浙江金指科技有限公司	会员
199	苏州金禾新材料股份有限公司	会员
200	深圳市飞鑫光电有限公司	会员
201	深圳市颖网科技有限公司	会员
202	南京中电熊猫液晶显示科技有限公司	会员
203	汉高乐泰（中国）有限公司	会员
204	武汉华工激光工程有限责任公司	会员
205	彩优微电子（昆山）有限公司	会员
206	太湖金张科技有限公司	会员

续 表

序 号	单位名称	职 位
207	成都菲斯特科技有限公司	会员
208	大连东方科脉电子有限公司	会员
209	北京众维创通科技有限公司	会员
210	上海仪电显示材料有限公司	会员
211	江苏奥瑟亚新材料科技有限公司	会员
212	成都工投电子设备有限公司	会员
213	昆山龙腾光电有限公司	会员
214	中导光电设备有限公司	会员
215	上海华丽工程技术有限公司	会员
216	山西宇皓新型光学材料有限公司	会员
217	江西合力泰微电子有限公司	会员
218	液化空气上海有限公司	会员
219	北京沃尔德超硬工具有限公司	会员

中国真空学会显示技术专业委员会章程

第一章 总 则

第一条 中国真空学会显示技术专业委员会是中国真空学会下属分会，中文名称“中国真空学会显示技术专业委员会”，简称“显示专业委员会”；英文名称“Beijing Chapter of the Society for Information Display”，简称“SID Beijing Chapter”。

第二条 中国真空学会显示技术专业委员会（以下简称“显示专业委员会”）是由中国显示科学技术工作者和从事显示技术科研、生产、教学、应用和经营的科技工作者和有关单位自愿组成，经民政部依法登记，具有社会团体法人资格的全国性、学术性和非营利性的科技社会团体，是中国科学技术协会（以下简称“中国科协”）的组成部分，是中国真空学会的一个专业委员会，是发展我国显示科技事业的重要社会力量。

第三条 显示专业委员会的宗旨是：团结和动员全国显示科学技术工作者和从事显示技术科研、生产、教学、应用和经营等的单位以经济建设为中心，坚持科学技术是第一生产力的思想，实施科教兴国和可持续发展战略，大力开展多种形式的科技服务，促进显示科学技术的繁荣和发展，促进显示科技成果的推广应用，积极开展学术交流，促进显示科技创新和促进显示科技人才的成长与提高，促进显示科学技术与经济的结合；广泛开展科普活动，促进全民族科学文化素质的提高，为社会主义物质文明和精神文明建设服务，为加速我国社会主义现代化做出贡献。

第四条 显示专业委员会贯彻国家发展科学技术工作基本方针，遵守宪法、法律、法规和国家政策，遵守社会道德，弘扬“尊重知识，尊重人才”的风尚，倡导“献身、创新、求实、协作”的精神。坚持独立自主、民主办会的原则和“百花齐放、百家争鸣”的方针，反映显示科技工作者的意见，维护显示科技工作者的合法权益，为显示科技工作者服务，充分发挥桥梁和纽带作用，努力办成显示科技工作者之家。

第五条 本显示专业委员会接受业务主管单位中国真空学会及中国科协和社团登记管理机关中华人民共和国民政部的业务指导和监督管理。

第六条 显示专业委员会住所设在北京市海淀区上地信息路 11 号彩虹大厦 1 层，邮政编码：100085。

第二章 业务范围

第七条 显示专业委员会的主要业务范围：

1．在显示科学技术与应用科学领域，开展国内外学术交流活动，活跃学术思想，促进显示科学技术的发展。

2．积极组织编辑出版显示技术领域科学论著和相关资料。

3．组织显示科技工作者发挥咨询和顾问作用，对我国显示科学技术的发展战略和政策、措施提出建议，促进显示科学技术与国民经济相结合；接受委托进行显示科技方面的项目评估、科技成果鉴定、技术职务资格评审，科技文献和标准的编审。

4．普及显示科学技术基础知识，开展显示科技的继续教育和培训工作，捍卫科学尊严、传播科学思想和方法、推广先进生产技术，开展青少年显示科技教育活动。

5. 举荐人才、表彰奖励在显示科学技术活动中取得优异成绩的会员和科技工作者。

6. 积极开展民间国际显示科学技术交流活动，促进民间国际科技合作。

7. 组织举办显示科技和新工艺、新技术、新产品交流展览会，发布显示科技发展和产品生产、市场信息，举办为会员服务的事业和活动。

8. 反映会员和显示科技工作者的意见和呼声，维护会员的合法权益。

9. 充分利用、发挥现代信息化手段，向国内外宣传本显示专业委员会工作、展示我国显示技术及产品水平、联络广大会员。

第三章 会 员

第八条 本会会员包括个人会员、外籍会员、团体会员、荣誉会员。个人会员又分为高级会员、普通会员、学生会员。凡拥护显示专业委员会章程，符合会员条件，有加入本会意愿者，可申请为本会会员。

第九条 会员条件：

1. 个人会员：

（1）具有讲师、助研、工程师以上技术职务或取得技术职务资格的显示科技人员，具有高级职称的可申请高级会员；

（2）显示科学技术相关专业高年级本科生、攻读硕士或博士学位的在校研究生可申请学生会员；

（3）高等学校本科以上毕业，在科研、教育、生产单位从事显示科学技术工作，并具有一定学术水平者，或虽非高等学校本科毕业但已具有实际工作经验相当于上述学术水平者；

（4）对显示技术革新和科学实验活动有一定的成就和贡献者；

（5）热心和积极支持本会工作并具有相应专业知识的管理工作者。

2. 外籍会员：

在学术上有较高成就，对我国友好，热心支持本会工作并愿同本会进行学术交流和合作的外籍显示科学技术专家、科学家。

3. 团体会员：

凡具有一定数量的科技人员从事显示科学技术及产品的教学、科研、生产和使用维护、经营工作，愿意参加显示专业委员会有关活动，积极支持显示专业委员会工作的企、事业单位或社团（含大专院校的系）。

第十条 入会程序：

1. 个人会员：由本人申请，本会会员介绍或经由单位申报，报显示专业委员会审查批准，可成为显示专业委员会个人会员。

2. 外籍会员：本人提出申请，两名会员介绍，报显示专业委员会，经常务委员会讨论批准，并报业务主管单位中国科协备案，可成为显示专业委员会外籍会员。

3. 团体会员：由单位提出书面申请，报经常务委员会讨论批准，可成为显示专业委员会团体会员。

4. 会员证统一由中国真空学会办公室颁发。

第十一条 会员的权利和义务

1. 会员的权利：

（1）个人会员：

① 有本显示专业委员会的选举权、被选举权和表决权；

② 对显示专业委员会工作有批评建议权、监督权；
③ 参加显示专业委员会的活动；
④ 取得显示专业委员会及SID的刊物和学术资料；
⑤ 有取得显示专业委员会服务的优先权；
⑥ 入会自愿，退会自由。
（2）外籍会员：
① 取得显示专业委员会及SID的刊物和学术资料；
② 可应邀参加显示专业委员会在国内主办的学术会议；
③ 可应邀参加显示专业委员会举办的国际性学术会议。
（3）团体会员
① 有本显示专业委员会的选举权、被选举权和表决权；
② 优先选派会员和科技人员参加显示专业委员会的有关活动；
③ 对显示专业委员会工作有批评建议权、监督权；
④ 取得显示专业委员会的刊物和学术资料；
⑤ 可优先要求显示专业委员会给予技术咨询及有关信息服务；
⑥ 可委托显示专业委员会举办技术培训和技术交流等活动。
2．会员的义务：
（1）遵守会章，按规定交纳会费；
（2）执行显示专业委员会的决议，维护显示专业委员会的合法权益，完成显示专业委员会所委托的工作；
（3）积极参加显示专业委员会举办的学术活动，撰写学术论文和科普文章；
（4）弘扬科学精神，遵守科学道德，不断更新知识；
（5）向显示专业委员会反映情况，提供有关资料；
（6）协助显示专业委员会发展会员。
第十二条 荣誉会员
荣誉会员是显示专业委员会授予会员的终身荣誉称号，年龄在60岁以上（对外籍荣誉会员不受会员与否和年龄限制）并具备下列条件之一者，经推荐由常务委员会或委员会讨论通过授予荣誉会员称号。
荣誉会员条件：
1．学术上有突出成就，在显示界有一定影响；
2．在显示科学技术或生产建设上有突出贡献；
3．在显示专业委员会工作上有特殊贡献。
第十三条 会员有退会的自由。会员退会应书面通知显示专业委员会并交回会员证。
会员如果一年未缴纳会费或不参加显示专业委员会活动的，在显示专业委员会向其提示后，在一年内仍不缴纳会费或不参加显示专业委员会活动的，视为自动退会。
第十四条 会员如有严重违反本会章程的行为，经委员会或常务委员会表决通过，将予以除名。

第四章 组织机构和负责人产生、罢免

第十五条 显示专业委员会的最高权力机构是全国会员代表大会，全国会员代表大会的职权是：
1．制定或修改显示专业委员会章程；

2．制定显示专业委员会的工作方针和任务；

3．选举和罢免委员；

4．审议委员会的工作报告和财务报告；

5．决定终止事宜；

6．决定其他重大事宜。

第十六条　会员代表大会原则上须有2/3以上的会员代表出席或者委托出席方能召开，其决议须经到会会员半数以上表决通过方能生效。

第十七条　委员会是全国会员代表大会的执行机构，在全国会员代表大会闭幕期间，领导开展日常工作，对全国会员代表大会负责。

第十八条　委员人选应是学术上有成就、学风正派、热心显示专业委员会工作的科学家、专家和科技工作者，以及热心和支持显示专业委员会工作并从事有关显示科技管理的管理工作者。

第十九条　委员会组成要老、中、青相结合。委员会委员应在充分酝酿、民主协商基础上按章程规定的民主程序选举产生。

第二十条　委员会的职权为：

1．执行全国会员代表大会的决议；

2．选举和罢免主任、副主任、秘书长；

3．筹备召开全国会员代表大会；

4．向全国会员代表大会报告工作和财务状况；

5．决定会员的吸收或除名；

6．决定设立办事机构、分支机构、代表机构和实体机构；

7．决定副秘书长、各机构的主要负责人的聘任；

8．领导显示专业委员会和工作机构开展工作；

9．制定内部管理制度；

10．聘请名誉主任和顾问；

11．决定其他重大事项。

第二十一条　委员会每届任期5年。因特殊情况需提前或延期换届的，须由委员会表决通过，报中国真空学会审查批准。但延期换届最长不超过1年。

第二十二条　委员会须有2/3以上的委员出席方能召开，其决议须经到会委员2/3以上通过方能生效。

第二十三条　委员会每年至少召开一次会议；情况特殊的，也可以通信形式召开。

第二十四条　本显示专业委员会设立常务委员会。常务委员会由委员会选举产生，在委员会闭幕期间行使第二十条中第1、3、5、6、7、8、9、10款的职权，对委员会负责。

第二十五条　常务委员会须有2/3以上的常务委员出席方能召开，其决议须经到会常务委员2/3以上表决方能生效。

第二十六条　常务委员会至少半年召开一次会议；情况特殊的，也可以通信形式召开。

第二十七条　显示专业委员会的主任、副主任和秘书长必须具备下列条件：

1．热爱祖国，坚持四项基本原则，具有良好的学风和道德品质，工作作风民主；

2．在本专业学科和业务领域内有一定影响的著名专家、学科带头人或有较大影响的人士；

3．主任、副主任任职最高年龄（届满时）不超过70周岁，秘书长任职最高年龄（届满时）不超过65周岁，主任不得兼任其他学会、协会的主任（会长）和法定代表人；

4．热心显示专业委员会工作，身体健康，能坚持正常工作；

5．未受过剥夺政治权利刑事处罚；

6．具有全民事行为权利。

第二十八条　显示专业委员会的主任、副主任和秘书长候选人超过最高任职年龄的，由委员会表决通过，报中国真空学会审查并经民政部批准同意后方可任职。

第二十九条　显示专业委员会的主任、副主任和秘书长最长任期不得超过两届。担任社团主任（会长）、副主任（副会长）、秘书长以上领导职务不得超过 2 个。因特殊情况需延长任期的，须经全国会员代表大会 2/3 以上会员代表表决通过，报中国真空学会审查并经民政部批准同意后方可任职。

第三十条　显示专业委员会的主任为显示专业委员会法定代表人，如因特殊情况需由副主任或秘书长担任法定代表人，需经常务委员会讨论通过，报中国真空学会审查批准后，方可任职。

第三十一条　显示专业委员会的主任行使下列职权：

1．召集和主持委员会及常务委员会；

2．检查全国会员代表大会、委员会及常务委员会决议的落实情况；

3．代表显示专业委员会签署有关重要文件。

第三十二条　显示专业委员会根据工作需要下设：

1．专业会刊；

2．网站；

3．培训中心；

4．显示专业委员会办公室。

第三十三条　显示专业委员会秘书长行使下列职权：

1．主持办事机构开展日常工作，组织实施年度工作计划：

2．提名副秘书长以及各办事机构、代表机构和实体机构主要负责人，交办委员会或常务委员会决定；

3．决定各办事机构、代表机构和实体机构专职工作人员的聘用；

4．处理其他日常事务。

第五章　领导关系

第三十四条　显示专业委员会经费来源：

1．会员缴纳的会费；

2．国内外单位、团体和个人的资助和捐赠，挂靠单位的资助；

3．政府资助；

4．在核准的业务范围内，显示专业委员会举办各种活动或服务的收入；

5．利息；

6．其他合法收入。

第三十五条　显示专业委员会按照国家有关规定收取会员会费。

第三十六条　显示专业委员会经费必须用于本章程规定的业务范围和事业的发展，不得在会员中分配。

第三十七条　显示专业委员会建立严格的财务管理制度，保证会计资料合法、真实、准确、完整。

第三十八条　显示专业委员会配备具有专业资格的会计人员。会计不得兼任出纳。会计人员必须进行会计核算，实行会计监督。会计人员调动工作或离职时，必须与接管人员办清交接手续。

第三十九条　显示专业委员会的资产管理必须执行国家规定的财务管理制度，接受全国会员代表大会和财政部门的监督。资产来源属于国家拨款或者社会捐赠、资助的，必须接受审计机关的监督，并将有关情况以适当方式向社会公布。

第四十条　显示专业委员会换届或更换法定代表人前必须接受社团登记管理机关和业务主管单位组织的财务审计。

第四十一条　显示专业委员会的资产，任何单位、个人不得侵占、私分和挪用。

第四十二条　显示专业委员会的专职工作人员的工资和保险、福利待遇，参照国家对事业单位的有关规定执行。

第六章　章程的修改程序

第四十三条　对显示专业委员会章程的修改，须经委员会表决后报全国会员代表大会审议。

第四十四条　显示专业委员会修改的章程，须在全国会员代表大会通过后 15 日内，报请中国真空学会审查同意后生效。

第七章　终止程序及终止后的财产处理

第四十五条　显示专业委员会完成宗旨或自行解散或由于分立、合并等原因需要注销的，由委员会或常务委员会提出终止动议。

第四十六条　显示专业委员会终止动议须经全国会员代表大会表决通过，并报请中国真空学会审查批准。

第四十七条　显示专业委员会终止前，须在中国真空学会及有关机关指导下成立清算组织，清理债权债务，处理善后事宜。清算期间，不开展清算以外的活动。

第四十八条　显示专业委员会经民政部办理注销登记手续后即为终止。

第四十九条　显示专业委员会终止后的剩余财产，在中国真空学会和民政部的监督下，按照国家有关规定，用于发展与显示专业委员会宗旨相关的事业。

第八章　附　则

第五十条　显示专业委员会章程经 2008 年 1 月第一届全国会员代表大会表决通过。

第五十一条　本章程的解释权属显示专业委员会。

第五十二条　本章程自社团登记管理机关核准之日起生效。

中国真空学会显示技术专业委员会委员名单

序　号	姓　名	所属单位	显示技术专业委员会职务
1	许宁生	中山大学教授	名誉理事长
2	欧阳钟灿	中科院理论物理所院士	资深顾问
3	曹　镛	华南理工大学院士	资深顾问
4	伍　浩	国家发改委处长	顾问
5	彭红兵	工业和信息化部处长	顾问
6	张新民	科技部副处长	顾问
7	卞曙光	科技部处长	顾问
8	王保平	东南大学教授	主任/理事长
9	邱　勇	清华大学教授	副主任/副理事长
10	巫英坚	长虹集团副总经理	副理事长
11	董友梅	北京京东方副总裁	副主任/副理事长
12	金　松	上海广电中央研究院院长（已离职）	副主任/副理事长
13	张少文	彩虹集团副总裁	副主任/副理事长
14	刘瑞林	深圳天马微电子董事长	副主任/常务理事
15	许　生	深圳豪威集团董事长	常务理事
16	阎晓林	TCL 中央研究院院长	常务理事
17	柯汉奇	深圳南玻集团副总裁	常务理事
18	王亚俊	深圳莱宝公司董事长	常务理事
19	陈向真	南京电子 55 所副总工	常务理事
20	刘卫东	海信研发中心副主任	理事
21	邓少芝	中山大学教授	理事
22	郭太良	福州大学教授	理事
23	汪　浩	中华液晶网总经理	理事
24	彭俊彪	华南理工大学教授	理事
25	刘纯亮	西安交通大学教授	理事
26	高鸿锦	清华液晶中心教授	理事
27	赵　勤	现代显示杂志社社长	理事
28	易治明	深圳亚威信息总经理	理事
29	雷　威	东南大学教授	理事/秘书长
30	万博泉	北京维信诺公司高工	理事/副秘书长

中国 OLED 产业联盟

中国 OLED 产业联盟成立于 2011 年 6 月 2 日，英文名称为 China OLED Industry Alliance（简称 OLED 联盟或 COIA），总部（即联盟秘书处所在地）设在中国北京。OLED 联盟是在工业和信息化部、国家发展和改革委员会的指导下，由积极投身于 OLED 产业，从事 OLED 产品及应用的研究、开发、制造、服务的企/事业单位及有关机构自愿组成的非营利性的社会组织。OLED 联盟的 19 家发起单位由中国 OLED 产业的精英组成，涵盖研发设计、生产制造、测试验证及产业配套等各关键环节，同时还包括产业研究机构和行业协会，具备广泛的行业代表性，代表着中国 OLED 产业界的骨干力量。联盟现有成员单位 25 家。

联盟致力于贯彻执行中国关于 OLED 产业发展的方针、政策、规划，协助政府提升产业整体的技术研发水平及制造水平，促进在中国建设完善的 OLED 产业链和成熟健康的市场，维护产业和成员单位的合法权益。

中国 OLED 产业联盟的业务范围包括：

（1）促进 OLED 产业内部及与其他产业在技术、经济、管理、知识产权等方面的合作，协调联盟成员之间的关系，建立并完善 OLED 产业链；

（2）推动制定 OLED 产业的行业、国家或国际标准，使其在本行业和其他相关行业中得到广泛的认可和推广，推动产品认证、质量检测等体系的建立和完善；

（3）开展对产业基础资料的调查、收集、统计、研究，向相关政府部门报告本产业发展情况及存在问题，反映成员的愿望和诉求，提出产业发展建议，为政府制定相关产业政策提供依据；

（4）组织联盟成员推动 OLED 市场发展，营造良好的产业环境和舆论氛围；

（5）搭建 OLED 产业共享信息、培训交流的平台，促进产业资源有效整合与利用，对外开展咨询服务和人才培训等活动；

（6）扩大与国内外相关组织、企业的联系和交流，开展多种形式的国际交流与合作，维护中国 OLED 产业的利益和形象；

（7）组织联盟成员防止产业不正当竞争行为，积极应对国际纠纷；

（8）开展有益于 OLED 产业发展的公益事业。

中国 OLED 产业联盟热忱欢迎全社会积极投身于 OLED 产业的业界同仁加入联盟。凡具有独立法人资格，从事或准备从事 OLED 产业的研发、制造、服务的企、事业单位及相关机构，承认 OLED 联盟章程，均可向联盟提出申请，经批准后成为联盟正式成员。联盟成员能够享受参加联盟组织的交流、培训、国际合作等活动，参加联盟各工作组的活动，获得联盟提供的有关技术等相关资料的服务。

联盟根据发展需要成立了 5 个工作组，分别为核心技术研发工作组、关键材料及设备研发工作组、知识产权和标准工作组、照明工作组以及应用市场开拓工作组。各工作组在联盟理事会及秘书长的统一协调下开展工作。

联盟成员

主席单位：彩虹集团
主席单位：京东方科技集团股份有限公司
主席单位：南京第壹有机光电有限公司
主席单位：四川虹视显示技术有限公司
主席单位：北京维信诺科技有限公司
主席单位：天马微电子有限公司
理事单位：北京阿格蕾雅科技发展有限公司
理事单位：河北东旭集团有限公司
理事单位：深圳清溢光电股份有限公司
理事单位：西安瑞联近代电子材料有限公司
理事单位：吉林奥来德光电材料股份有限公司
理事单位：深圳路维电子有限公司
理事单位：广东中显科技有限公司
理事单位：TCL 集团
理事单位：云南北方奥雷德光电科技股份有限公司
理事单位：东莞宏威数码机械有限公司
理事单位：上海微电子装备有限公司
理事单位：中国电子信息产业发展研究院
理事单位：昆山允升吉光电科技有限公司

中国 OLED 产业联盟
地址：中国北京市海淀区万寿路 27 号院电子大厦
邮编：100846
联系电话：010-68200509/83
邮箱：oledcn@163.com

2013 年电子信息百强：转型升级凸显新趋势

工业和信息化部运行监测协调局　工业和信息化部电子信息司

根据国家统计局批准的 2012 年全国电子信息产业统计年报数据，经地方主管部门核对，第 27 届电子信息百强企业名单现正式揭晓。华为技术有限公司已连续 5 届蝉联榜首，联想控股有限公司、中国电子信息产业集团有限公司分列第二、第三名。本届百强企业的发布，仍以企业规模、效益、研发投入等多项指标进行综合评价。

2012 年是我国全面落实“十二五”规划承上启下的关键一年，也是电子信息产业加快转型升级、深化与传统行业融合的重要一年。在国际国内政治经济形势复杂多变、电子信息产业整体增速放缓的背景下，百强企业积极发挥龙头与骨干作用，以科学发展观为指导，以增强核心竞争力为目标，加快落实创新驱动、集约高效、环境友好、惠及民生和内生动力的发展要求，继续在行业发展中保持领先地位，为增强我国电子信息产业整体实力、创建电子和信息强国做出了积极贡献。

一、规模实力再上新台阶

本届百强企业主营业务收入 19 565 亿元，比上届增长 11.1%，占行业总量接近 1/4；资产总额比上届增长 15%，平均资产规模增长是行业平均水平的 56 倍，收入规模是行业平均水平的 38 倍。其中，收入规模超过 100 亿元的企业有 36 家，超过 200 亿元的企业有 16 家，超过 1 000 亿元的企业有 4 家，后两者分别比上届增加 2 家和 1 家。

二、经营效益创出新水平

本届百强企业共实现利润总额 812 亿元，占行业总量比重达到 23.2%，销售利润率为 4.2%，高于行业平均水平 0.2 个百分点。其中，销售利润率超过 5%的企业有 48 家，超过 10%的有 12 家，分别占百强企业利润总额的 65%和 30%。其中，杭州海康威视数字技术股份有限公司的利润率超过 30%，名列百强之首。百强企业的运营周转能力、资金保障能力以及成本费用管控能力进一步增强，资产和库存的周转次数、资产负债率和利息保障倍数均好于行业平均水平。

三、国际发展迈上新层次

本届百强国际市场开拓能力进一步增强，市场地位日益巩固，联想集团自今年以来超越惠普已成为全球第一大 PC 供应商，华为、中兴的手机市场占有率已跻身全球前十强；企业由“产品”走出去向“工厂”和“服务”走出去转变态势明显，利用国际并购实现“资本”走出去步伐加快，本届百强有 1/10 以上的企业，通过收购或并购海外企业，提升本企业的国际影响力。

百强企业共完成出口交货值比上届增长 12.3%，增速高于行业水平 2 个百分点，占全行业比重超过 10%，是带动我国电子信息产品出口增长的重要力量。从出口规模看，华为、中国电子和中兴通讯的出口交货值居前三位，从主要产品看，计算机、彩电、手机、集成电路仍是出口的主要力量，同比分别增长 39.0%、16.9%、2.3%和 5.5%；占全行业出口比重均超过 50%以上。

四、研发创新取得新成果

本届百强企业研发投入比上届增长 14.5%，研发投入比重达到 5.1%，比上届提高 0.2 个百分点，高于全国工业平均水平 3 个百分点以上。其中，研发投入强度超过 5%的企业有 31 家，超过 10%的有 7 家，本届百强研发投入最高水平接近 30%。研发人员比上届增加 1.3 万人，占比达到 20.8%，比上届提高 1.2 个百分点。

截止到上年末，本届百强企业共拥有专利总量 13.3 万件，比上届增加 3.3 万件。其中，发明专利占比超过 50%。中兴公司以 3906 项专利申请在世界知识产权组织（WIPO）公布的 2012 年全球 PCT 申请排行中再次位居榜首；多家百强企业参与的多项关键技术及产业化应用等研究，荣获国家科学技术进步奖。

五、转型升级凸显新趋势

百强企业作为带动产业发展的排头兵，始终坚持创新引领、应用驱动和融合发展的指导思想，不断深化技术和产品应用，积极拓展国内需求，引导产业向价值链高端延伸，为提升产业核心竞争力做出了突出贡献。在产品和业务结构方面，积极推进集成化、平台化、融合化和多元化，“产品+应用+服务”一体化解决方案的运营模式迅速发展，行业领域的渗透性不断增强，服务平台的支撑作用日益突出；在市场结构方面，既加大巩固外需市场力度，又努力开拓内需市场。不断推出绿色产品、高附加值产品和贴近民生的电子信息产品。

在产业链延伸方面，通过产业链垂直整合和延伸，有效提升了企业的业务协同效益及整体竞争实力。中国电子以整机为龙头，垂直整合玻璃基板、驱动 IC 及面板等上下游环节；京东方积极与国内外上下游企业共同开展配套攻关；大唐电信业务向 4G 网络终端芯片领域拓展；华虹集团业务向集成电路芯片设计和系统应用领域延伸；晶龙集团打造从晶体生长到太阳能发电系统安装建设的完整链条等。

六、践行责任做出新贡献

本届百强企业全年上缴国家税金 978 亿元，同比增长 5.9%，占行业比重 60%以上；拉动就业 152 万人，比上届增加 11 万人，增速超过行业平均水平，占行业比重 15%以上，成为带动行业就业增长的核心力量。在积极承担经济责任、丰富人民物质生活的同时，积极参与环境保护、循环经济、消费者权益保护等公益事业，还利用多方资源和各种途径为社会的和谐发展做出贡献，获得公众广泛认可。

例如，许多企业设立了科学技术发展基金、健康发展基金、文化艺术发展基金等公益基金会，建立政企公众共同支持公益事业的长效机制。联想和中兴还在 2013 年中国本土企业社会责任 50 强中分列第二和第八名。

2012 年，面对复杂和挑战因素增多的外部环境，百强企业顺势而为，积极调整发展战略，提高科技创新水平，加大市场开拓力度，实现了规模水平与效益质量的同步提升，为促进电子信息产业平稳健康发展起到了极其重要的作用。

2013 年，国内外政治经济形势的变革持续深化，产业发展面临加快转型升级，构建现代产业体系，推进两化深度融合，机遇与挑战并存等趋势。希望新一届百强企业紧紧抓住机遇，继往开来，坚持创新引领，重视品牌塑造，全面提升竞争实力，在新的历史时期，实现新的跨越。

附表

2013年（第27届）电子信息百强榜单

名次	公司名称	名次	公司名称
1	华为技术有限公司	36	深圳市普联技术有限公司
2	联想控股有限公司	37	杭州海康威视数字技术股份有限公司
3	中国电子信息产业集团有限公司	38	共青城赛龙通信技术有限责任公司
4	海尔集团	39	浙江富春江通信集团有限公司
5	中兴通讯股份有限公司	40	广东无线电集团有限公司
6	海信集团有限公司	41	惠州市德赛集团有限公司
7	四川长虹电子集团有限公司	42	惠州市华阳集团有限公司
8	TCL集团股份有限公司	43	陕西电子信息集团公司
9	北大方正集团有限公司	44	株洲南车时代电气股份有限公司
10	比亚迪股份有限公司	45	福建省电子信息（集团）有限责任公司
11	浪潮集团有限公司	46	福州福大自动化科技有限公司
12	京东方科技集团股份有限公司	47	中芯国际集成电路制造（上海）有限公司
13	创维集团有限公司	48	东软集团股份有限公司
14	亨通集团有限公司	49	歌尔声学股份有限公司
15	同方股份有限公司	50	天康集团
16	南京南瑞集团公司	51	益阳科力远电池有限责任公司
17	康佳集团股份有限公司	52	大连辽无二电器有限公司
18	宝胜集团有限公司	53	大连环宇阳光集团
19	上海贝尔股份有限公司	54	沈阳先锋计算机工程有限公司
20	武汉邮电科学研究院	55	浙江大华技术股份有限公司
21	永鼎集团有限公司	56	中冶赛迪集团有限公司
22	晶龙实业有限公司	57	铜陵精达铜材（集团）有限责任公司
23	航天信息股份有限公司	58	紫光股份有限公司
24	通鼎集团有限公司	59	普天东方通信集团
25	许继集团有限公司	60	中国四联仪器仪表集团有限公司
26	四川九洲电器集团有限责任公司	61	震雄铜业集团有限公司
27	中天科技集团有限公司	62	中国华录集团有限公司
28	江苏宏图高科技股份有限公司	63	北京华胜天成科技股份有限公司
29	宇龙计算机通信科技（深圳）有限公司	64	上海华虹（集团）有限公司
30	骆驼集团股份有限公司	65	深圳市兆驰股份有限公司
31	河南森源集团有限公司	66	广东生益科技股份有限公司
32	富通集团有限公司	67	长飞光纤光缆有限公司
33	中利科技集团股份有限公司	68	江苏新潮科技集团有限公司
34	深圳华强集团有限公司	69	深圳市神舟电脑股份有限公司
35	天津中环电子信息集团有限公司	70	横店集团东磁有限公司

续 表

名次	公司名称	名次	公司名称
71	扬州曙光电缆股份有限公司	86	广东汕头超声电子股份有限公司
72	哈尔滨光宇集团股份有限公司	87	深圳市航盛电子股份有限公司
73	宜昌劲森光电科技股份有限公司	88	深圳市康冠技术有限公司
74	大唐电信科技股份有限公司	89	浙大网新科技股份有限公司
75	侨兴集团有限公司	90	大恒新纪元科技股份有限公司
76	深圳市共进电子股份有限公司	91	中航光电科技股份有限公司
77	河南环宇集团有限公司	92	南通华达微电子集团有限公司
78	双登集团股份有限公司	93	浙江晶科能源有限公司
79	宁波韵升股份有限公司	94	华润微电子有限公司
80	威海北洋电气集团股份有限公司	95	天津力神电池股份有限公司
81	国电南京自动化股份有限公司	96	天马微电子股份有限公司
82	风帆股份有限公司	97	浙江南都电源动力股份有限公司
83	浙江天乐集团有限公司	98	河南科隆集团有限公司
84	深圳欧菲光科技股份有限公司	99	海太半导体（无锡）有限公司
85	山东鲁鑫贵金属有限公司	100	江西省电子集团有限公司

电子元件百强分析：收入总额再现高增长

中国电子报

在上级主管部门的大力支持和中国电子元件行业各重点骨干企业的积极配合下，经过半年多的努力，由工业和信息化部运行监测协调局、中国电子元件行业协会联合开展的2013年（第26届）中国电子元件百强企业的核准工作终于告一段落。亨通集团有限公司等100家中国电子元件行业的优秀企业凭借在规模实力、财务状况、研发能力等方面高出行业整体平均水平的实力荣登新一届中国电子元件百强宝座。2012年中国电子元件行业的整体发展情况并不十分理想，但作为行业排头兵、领头羊的第26届中国电子元件百强企业依然交出了亮丽的答卷。

一、核准方法与时俱进

调整过后的核准方法比往年更为注重企业在电子元件领域的实际经营情况，提高了元件百强的含金量。

2013年度中国电子元件百强企业的核准方法在上一年的基础上进行了较大幅度的调整。调整的第一个方面体现在有新元素纳入核准指标。由于近年来跨行业经营的电子元件企业越来越多，单以企业的主营业务收入为核准指标无法准确衡量出企业在电子元件领域的真实规模实力。所以为了在鼓励企业多元化经营的同时，维护电子元件的主业地位，确保电子元件百强榜单名副其实，核准方法首次将企业的电子元件业务销售总额及其在企业主营业务收入中的比重纳入了核准的指标之中，尤其是企业的电子元件业务销售总额指标，成为影响企业在电子元件百强中排名最重要的两项指标之一。

调整的第二个方面是采用了分组排序的方法。首先，计算所有核准企业的电子元件业务销售总额和企业的利润总额两项指标的平均值。其次，以这两项平均值为基准，将所有核准企业进行分组，两项指标均高于平均值的企业编入第一组，只有一项指标高于平均值的企业编入第二组，其余企业编入第三组，三组企业再分别进行综合指标的排序。最后，将三组名次进行组合，成为最终排序。这一调整减少了因某项单一指标超高而使企业的综合排名畸高的情况，使排名更合理地体现出企业的综合实力。

调整的第三个方面是在综合排序阶段，增加了利润规模这一指标，以企业的营业利润来衡量。继企业的利润总额成为分组标准的两大指标之后，营业利润更深入地考察企业实际经营的赢利情况，主要靠政府补贴、房产租赁等营业外收入来获得利润的企业的名次受到较大影响。

调整过后的核准方法比往年更为注重企业在电子元件领域的实际经营情况，提高了元件百强的含金量。

二、亨通集团六连冠 潮州三环跻身十强

冠军宝座依然被亨通集团摘取，另外两家光电线缆企业——中天科技和富通集团位列第二名和第三名。

本年度中国电子元件百强企业的冠军宝座依然被亨通集团摘取，其远超群伦的主营业务收入和资产总额足以保证其实现六连冠。另外两家光电线缆企业——中天科技集团有限公司和富通集团有限公司，位列第二名和第三名。除了前三名之外，元件百强前十名中还有浙江富春江通信集团有限公司、长飞光纤光缆有限公司、永鼎集团有限公司三家光电线缆企业，分别位列第四、第七、第九名。十强

中占据六席，我国光电线缆行业的整体实力可见一斑。

我国微型电声器件行业的双雄——瑞声科技控股有限公司和歌尔声学股份有限公司位居第五、第六。得益于去年在智能手机、平板电脑等消费电子产品领域，这两家公司都实现了收入和利润的高速成长。

中国最大的印制线路板用覆铜板的生产企业——广东生益科技股份有限公司位居元件百强第八。该公司也是历届电子元件百强前十名的常客。

最值得一提的是首次跻身十强行列的潮州三环（集团）股份有限公司。该公司主营业务收入仅有20亿元左右，与其他十强企业相去甚远，即使放在整个元件百强榜单中也不起眼。但由于三环最主要的产品光通信器件用陶瓷插芯，其规模已经是全球第一，而我国正值光纤到户的发展高峰期，旺盛的市场需求使该公司2012年的赢利能力大幅增长，因此得以进入十强行列。

三、元件百强收入总额达到1 781亿元

第26届元件百强企业2012年度主营业务收入同比增长13.4%，远高于去年全行业7%左右的平均增速。

第26届元件百强企业2012年度主营业务收入总额达到1 781亿元，同比增长13.4%，远高于去年全行业7%左右的平均增速，凸显整个电子元件行业中优秀企业的实力。

在本届元件百强当中，有43家企业的主营业务收入超过10亿元，比上届增加1家。有10家企业的主营业务收入超过50亿元，比上届增加2家。亨通集团、中天科技集团、富通集团、富春江通信集团4家企业的主营业务收入超过百亿元。

四、元件百强主营业务收入增速明显放缓

主营业务收入的增长速度超过10%的企业仅有35家，比上届的65家几乎少了一半。

由于2012年国际政治经济形势复杂多变，欧元区经济持续衰退，美国经济复苏缓慢，国内经济发展面临的困难也不断增多，对中国电子元件行业的发展造成相当不利的影响。

本届元件百强中，主营业务收入的增长速度超过10%的企业仅有35家，比上届的65家几乎少了一半。仅有电声器件双雄——歌尔声学和瑞声科技两家公司的主营业务收入增长速度超过50%，增速分别达到76.4%和54.8%，而上届主营业务收入增速超过50%的企业数量达到7家之多。此外，有36家企业的主营业务收入出现不同程度的下滑，收入下滑的企业数几乎与受到国际金融危机打击时相当（2008年有40家元件百强企业的主营业务收入因国际金融危机而下滑），更有15家企业的主营业务下滑程度超过10%。

虽然本届元件百强共实现利润总额143.4亿元，同比增长8.3%，相对2012年全行业利润下滑的情况已经好上很多，但整体情况并不乐观。

在本届元件百强中，59家企业的2012年利润总额同比实现增长，比上届减少17家，增长率超过50%的企业仅13家，比上届减少2家。41家企业利润同比减少，其中29家企业的利润降幅超过10%，更有5家企业的利润下滑程度超过了50%。

在利润总额的排名当中，瑞声科技控股有限公司名列第一，中天科技集团有限公司、歌尔声学股份有限公司、潮州三环（集团）股份有限公司、长飞光纤光缆有限公司分列第二至第五名。

按照本届元件百强的核准规则，企业的赢利能力用销售毛利率和总资产贡献率两项指标来衡量，在综合考察之后，潮州三环（集团）股份有限公司成为本届元件百强企业中赢利能力最强的公司。

五、授权专利高于往届 研发投入仍较低

本届元件百强的平均研发投入比不足 4%，仅有 17 家企业的研发投入比超过 5%。

纵观本届元件百强，浙江天乐集团有限公司的研发费用占其主营业务收入的比例最高，该公司连同四川华丰企业集团有限公司、贵州航天电器股份有限公司、新疆众和股份有限公司一起成为本届元件百强中仅有的研发投入比超过 9%的企业。但是，本届元件百强的平均研发投入比不足 4%，仅有 17 家企业的研发投入比超过 5%。鉴于中国电子元件百强已经是行业中的顶尖企业，这足以证明我国整个电子元件行业的技术研发投入水平较低。

2012 年内，共有 85 家本届元件百强企业获得专利授权，高于上届的 81 家。获得授权的各类专利总数达到 2 067 项，其中发明专利 545 项，各项数据均大大超过往届。

在专利指标的排名中，中航光电科技股份有限公司以 67 项发明专利、187 项其他专利的成绩夺冠。瑞声科技股份有限公司名列第二，2012 年，该公司共获得 45 项发明专利和 212 项其他专利。贵州航天电器股份有限公司以 73 项发明专利和 73 项其他专利位列季军。但如果单看发明专利，贵州航天电器股份有限公司以 73 项发明专利名列第一。

六、元件百强出口创汇保持高速增长

本届元件百强企业中，96 家企业有出口业务，其中 55 家企业的出口获得不同程度的增长，有 19 家企业的出口额超过了 1 亿美元。

本届元件百强企业的出口创汇总额达到 77.6 亿美元，同比增长 11.8%，占主营业务收入总额的约 26%。

本届元件百强企业中，96 家企业有出口业务，其中 55 家企业的出口获得不同程度的增长，有 19 家企业的出口额超过了 1 亿美元。

新一届元件百强的地区分布格局与前几届相比并没有出现大的变化。100 家企业分布在我国 18 个省、市、自治区。广东、浙江、江苏三省仍然是元件百强企业最为集中的地方，企业数分别为 32 家、28 家和 12 家。三省元件百强总席位达到 72 家。

从本届元件百强企业所处城市来看（按企业总部所在地统计），深圳以 15 家企业成为拥有元件百强企业最多的城市，而杭州、东莞、宁波三个城市分别位列第二位、第三位和第四位。

德国管理大师赫尔曼·西蒙提出了“隐形的冠军”这一概念。“隐形”的意思是指这些企业几乎不为外界所关注；而“冠军”则是说，这些企业几乎完全主宰着各自所在的市场领域，占有着很高的市场份额，有着独特的竞争策略，往往在某一个细分的市场中进行着专心致志的耕耘。中国电子元件百强企业从某种程度上说正好符合这一称号。电子元件作为基础电子产品，深藏在各种各样的电子信息产品之中，虽然是无处不在，却往往被人们所忽视。而生产电子元件的企业，由于市场一般不面向普通消费者，相对于家电、消费电子等同处于电子信息行业的其他企业来说，也不被人们所关注。然而，虽然我国电子元件行业仍然存在着很多问题和困难，但包括中国电子元件百强在内的不少电子元件企业依然在其各自的专有领域做出了不小的成绩。

在国际经济形势持续低迷、不确定因素增多，国内经济转入低增速期的经济条件之下，中国电子元件行业正在进入转型升级的关键时期。中国电子元件百强企业的称号不单单是一种荣誉，更意味着要肩负起推动整个中国电子元件行业转型升级的巨大责任。中国电子元件百强企业要在自主创新、品牌塑造、标准建设、诚信经营、依法纳税、节能环保、社会责任等各方面都成为其他企业的榜样，成为全球电子元件行业中真正的巨人。

附表

2013年（第26届）中国电子元件百强企业

工业和信息化部运行监测协调局　中国电子元件行业协会发布

综合排名	企业名称	2012年主营业务收入（千元）	主营产品
1	亨通集团有限公司	16 033 750	光电线缆
2	中天科技集团有限公司	12 651 564	光电线缆
3	富通集团有限公司	12 030 120	光电线缆
4	浙江富春江通信集团有限公司	10 611 268	光电线缆
5	瑞声科技控股有限公司	6 282 946	电声器件
6	歌尔声学股份有限公司	7 053 834	电声器件
7	长飞光纤光缆有限公司	7 814 457	光电线缆
8	广东生益科技股份有限公司	6 005 389	覆铜板
9	永鼎集团有限公司	8 373 205	光电线缆
10	潮州三环（集团）股份有限公司	2 082 730	陶瓷插芯、基座、阻容元件、陶瓷材料
11	横店集团东磁有限公司	5 087 388	磁性材料
12	厦门宏发电声股份有限公司	2 931 626	继电器
13	中航光电科技股份有限公司	2 203 478	连接器
14	杭州富生电器股份有限公司	2 580 570	微特电机
15	江苏俊知技术有限公司	2 230 555	光电线缆
16	立讯精密工业股份有限公司	3 147 202	连接器
17	中山大洋电机股份有限公司	2 205 858	微特电机
18	宁波科宁达工业有限公司	1 704 479	磁性材料
19	南通江海电容器（集团）股份有限公司	1 687 500	铝电解电容器
20	汕头超声印制板公司	1 789 491	印制电路板
21	宁波云环电子集团有限公司	2 341 635	电接插件
22	浙江长城电子科技集团有限公司	3 134 610	电磁线
23	新疆众和股份有限公司	2 249 797	电极箔
24	四川九洲线缆有限责任公司	2 306 013	光电线缆
25	江苏中联科技集团有限公司	1 610 190	电极箔
26	厦门法拉电子股份有限公司	1 209 168	薄膜电容器
27	深圳市得润电子股份有限公司	1 553 937	连接器
28	东莞美维电路有限公司	1 546 684	印制电路板
29	贵州航天电器股份有限公司	1 068 849	连接器、继电器
30	国光电器股份有限公司	1 759 688	电声器件
31	深圳市崇达电路技术股份有限公司	1 076 842	印制电路板
32	上海京瓷电子有限公司	1 652 814	MLCC、基座、光器件
33	深圳新宙邦科技股份有限公司	661 194	电解液

续 表

综合排名	企业名称	2012 年主营业务收入（千元）	主营产品
34	广东风华高新科技股份有限公司	2 059 920	阻容感元件、电子材料等
35	浙江天乐集团有限公司	1 926 160	电声配件
36	开平依利安达电子有限公司	1 667 734	印制电路板
37	北京七星华电科技集团有限责任公司	1 514 320	电声器件、阻容元件、晶体器件等
38	湖南艾华集团股份有限公司	1 294 788	铝电解电容器
39	江苏华威世纪电子集团有限公司	1 269 944	铝电解电容器
40	安徽铜峰电子集团有限公司	1 197 094	薄膜电容器及薄膜、石英晶体器件
41	广东江粉磁材股份有限公司	1 063 491	磁性材料
42	东莞生益电子有限公司	1 095 411	印制电路板
43	江苏上骐集团有限公司	975 405	微特电机
44	浙江英洛华磁业有限公司	1 081 470	磁性材料
45	合兴集团有限公司	903 401	连接器
46	深圳顺络电子股份有限公司	744 934	电感器、LTCC 射频器件
47	东莞市大忠电子有限公司	682 610	电子变压器
48	天通控股股份有限公司	1 089 483	磁性材料
49	成都宏明电子股份有限公司	743 677	陶瓷电容器、电阻器等
50	中国振华（集团）新云电子元器件有限责任公司	739 788	钽电解电容器
51	东莞铭普光磁股份有限公司	746 496	电子变压器
52	丰宾电子（深圳）有限公司	745 573	铝电解电容器
53	浙江万马天屹通信线缆有限公司	655 090	光电线缆
54	苏州福田金属有限公司	758 600	电解铜箔
55	南通万宝实业有限公司	627 884	磁性材料
56	普天法尔胜光通信有限公司	627 733	光电线缆
57	绵阳开元磁性材料有限公司	640 106	磁性材料
58	深圳市金洋电子股份有限公司	652 300	连接器
59	东莞市三友联众电器有限公司	637 667	继电器
60	深圳市和宏实业股份有限公司	506 101	电接插件
61	深圳市京泉华科技股份有限公司	621 564	电子变压器
62	依利安达（广州）电子有限公司	662 608	印制电路板
63	珠海格力新元电子有限公司	508 530	铝电解电容器
64	杭州日月电器股份有限公司	498 663	电接插件
65	汇港控股集团有限公司	493 120	继电器
66	陕西华达科技股份有限公司（853 厂）	495 890	连接器
67	深圳可立克科技股份有限公司	690 696	电子变压器
68	和林电子（深圳）有限公司	537 685	连接器
69	宁波碧彩实业有限公司	502 850	薄膜电容器

续 表

综合排名	企业名称	2012 年主营业务收入（千元）	主营产品
70	四川华丰企业集团有限公司	482 751	连接器
71	新岱电子（深圳）有限公司	366 850	印制电路板
72	山东共达电声股份有限公司	421 549	电声器件
73	杭州微光电子股份有限公司	298 724	微特电机
74	深圳市宇阳科技发展有限公司	544 011	MLCC
75	浙江凯文磁钢有限公司	436 680	磁性材料
76	临安奥星电子有限公司	451 950	电容器铝壳
77	海宁联丰磁业股份有限公司	385 908	磁性材料
78	福建火炬电子科技股份有限公司	261 258	MLCC
79	金龙控股集团有限公司	390 644	微特电机
80	北京元六鸿远电子技术有限公司	289 462	MLCC
81	广东惠伦晶体科技股份有限公司	341 723	石英晶体器件
82	宁波福特继电器有限公司	325 340	继电器
83	扬州升达集团	440 669	电极箔
84	湖北泰晶电子科技股份有限公司	200 371	石英晶体器件
85	浙江永贵电器股份有限公司	157 906	连接器
86	汕头高新区松田实业有限公司	258 250	陶瓷电容器等
87	江苏江佳电子股份有限公司	270 478	陶瓷频率器件
88	深圳市海光电子有限公司	446 856	电子变压器
89	肇庆华锋电子铝箔股份有限公司	243 319	电极箔
90	江西联创宏声电子有限公司	313 666	电声器件
91	常州祥明电机有限公司	243 017	微特电机
92	浙江凯恩特种材料股份有限公司	452 709	电解纸
93	浙江东晶电子股份有限公司	281 615	石英晶体器件
94	浙江五峰电子有限公司	251 953	薄膜电容器
95	上海埃斯凯变压器有限公司	239 444	电子变压器
96	嘉兴佳利电子股份有限公司	192 661	微波介质器件
97	四川永星电子有限公司	162 883	电阻器
98	深圳市麦捷微电子科技股份有限公司	126 730	电感器、LTCC 射频器件
99	浙江嘉康电子股份有限公司	146 967	陶瓷频率器件
100	陕西华星电子集团有限公司	361 969	陶瓷电容器、压敏电阻器等

平板显示相关网站

政府部门及协会

国家工业和信息化部网站：http://www.miit.gov.cn
中国光学光电子行业协会：http://www.coema.org.cn
中国光学光电子行业协会液晶分会：http://www.coda.org.cn
中国物理学会：http://www.cps-net.org.cn
中国电子行业信息网：http://www.ceic.gov.cn
中国电子视像行业协会：http://www.cvianet.org.cn
中国 OLED 产业联盟：http://chinaoled.org.cn

媒体、研究机构

中国电子信息产业网：http://cena.com.cn
赛迪网：http://ccidnet.com
中华液晶网：http://cn.fpdisplay.com
平显资讯：http://www.fpdnews.com.cn
液晶与显示：http://www.yejingyuxianshi.org
现代显示：http://www.xdxs.net
中国电子资讯网：http://www.ithowwhy.com.cn
国际光电子产业资讯：http://www.optoelectro.com
中华显示网：http://www.chinafpd.net
国际液晶显示器组织网：http://www.lcdmonitor.org
中国触摸屏网：http://www.51touch.com
中国平板显示器网：http://www.lcdchina.net
中电网：http://www.chinaecnet.com
飞达光学网：http://www.33tt.com
液晶时代：http://www.lcdera.com
慧聪网：http://hc360.com
中国半导体照明网：http://www.china-led.net
国际 LED 网：http://www.ledchina.com.cn
中国产业经济信息网：http://www.cinic.org.cn.
上海情报服务平台：http://www.istis.sh.cn
半导体国际：http://www.sichinamag.com
中国电子信息行业网：http://www.cnii.com.cn
亚洲门户：http://www.asiaoutdoor.net
中华报告网：http://www.ccmnet.com
中国报告网：http://www.chinabgao.com
国家光电信息服务中心：http://www.oeinfo.cn

DisplaySearch：http://www.displaysearch.com.cn
Displaybank：http://www.displaybank.com
DigiTimes：http://www.digitimes.com.tw
WitsView：http://www.witsview.com
国家光电信息服务中心平台：http://www.oeinfo.cn
中国材料与投资网：http://www.matinvest.com.cn
灵通产业研究：http://www.ltmic.com
光机电一体化技术：http://omet.stlib.gd.cn
戴客网：http://www.imdaike.com
台湾工业技术研究院：http://newwww.itri.org.tw/chi
台湾科技政策研究与资讯中心：http://cdnet.stpi.org.tw
台湾科技产业资讯室：http://cdnet.stpi.org.tw/techroom.htm
UBIRESEARCH：http://www.ubiresearch.co.kr
KDIA：http://www.kdia.com

平板显示产品主要产商

京东方：http://www.boe.com.cn
天马：http://www.tianma.com.cn
龙腾光电：http://www.ivo.com.cn
诚志永华：http://www.slichem.com
长虹：http://cn.changhong.com
海信：http://www.hisense.com
彩虹：http://www.irico.com.cn
厦华：http://www.xoceco.com.cn
创维：http://www.skyworth.com
TCL：http://www.tcl.com
海尔：http://www.haier.com
虹欧：http://www.cocpdp.com
康佳：http://www.konka.com
冠捷：http://www.tpv.com.cn
优派：http://www.viewsonic.com.cn
德浩：http://www.det.com.cn

世界液晶研究小组、研究中心

（亚洲）

日本亚洲技术信息委员会：http: //www.atip.or.jp
日本秋田大学 Sato 实验室：http: //www.ee.akita-u.ac.jp/~sato-www/elab
日本北海道大学结构化学实验室：http: //barato.sci.hokudai.ac.jp/stchem/eng
日本 Kitasato 大学分子结构实验室：http: //jet.sci.kitasato-u.ac.jp/lms/index

日本九州大学 Kajiyama 实验室：http://www.cstf.kyushu-u.ac.jp/kajiyamalab/index.html
日本日本东京大学 Kato 实验室：http: //www.chembio.t.u-tokyo.ac.jp/chembio/lab
日本日本理科大学 Kondo 实验室：http: //kndo-www.ch.kagu.sut.ac.jp
韩国 Kyunghee 大学 TFT-LCD 研究中心：http: //www.tftlcd.kyunghee.ac.kr
香港科技大学显示研究中心：http: //www.ee.ust.hk/~cdr
印度 Raman 研究所：http: //www.202.54.37.67/lc/,http: //rri.ernet.in

（欧洲）
英国 Exeter 大学 Bruce 研究小组：
http: //www.ex.ac.uk/chemweb/Staff_research/dwb
http: //newton.ex.ac.uk/research/thinfilms/tfi.html
英国 Hull 研究小组：
http: //www.hull.ac.uk/prospectus/chem_ liquidcr
http: //www.hull.ac.uk/Hull/Chem_Web/computational_chemistry/ccc.html
英国 Manchester 研究小组：http: //esl.ph.man.ac.uk/lxtals/index.htm
英国伦敦 Imperial 学院 Seddon/Templer 研究小组：http: //www.ch.ic.ac.uk/liquid_crystal
英国 Oxford 研究小组：http: //prague.eng.ox.ac.uk/~flcse/lc_tech.htm
德国 Hamburg 大学 Volkmar Vill 液晶小组：http: /liqcryst.chemie.uni-hamburg.de
德国 Ch.Bahr 研究小组：http: //www.staff_ www.uni-marburg.de/~schlaufd/welc
德国 Halle 研究小组：http: //lcsl.mpglcs.uni-halle.de
德国柏林 Heppke 研究小组：http: //www.tu-berlin.de/~insi/agheppke.html
德国 Halle 大学 Tschierske 研究小组：http: //www.chemie.uni-halle.de/org/ak/tschiers
匈牙利 Budapest 研究小组：http: //www.kfki.hu/~szfkihp/fkrist.hmtl

（美国和加拿大）
美国 KENT 大学 ALCOM 液晶态光学材料科研中心：http: //alcom.kent.edu/ALCOM/ALCOM.html
美国美国肯特大学液晶研究所：http: //www.lci.kent.edu
美国 Colorado 大学 Clark 研究小组：http: //bly.colorado.edu/
美国 Brandeis 大学复杂流体研究小组：http: www.elsie.brandeis.edu/
美国 Cornell 大学蓝相研究小组：http: www.Lassp.cornell.edu/sethna/LiquidCrys
美国 Florida 州立大学液晶研究小组：http: //lcopt.physics.fsu.edu
美国 MIT 大学 Swager 研究小组：http: //web.mit.edu/tswager/www/home.html
加拿大 Queens 大学 Lemieux 研究小组：http: //www.chem.queensu.ca/faculty/lemieux/lem
加拿大 Simon Fraser 大学 John Bechhoefer 研究小组：http: //www.eeap.ogi.edu/~barbero/Flat/FPD.html
加拿大 Calgary 大学 James Gleeson 研究小组：http: //www.ucalgary.ca/~gleeson

世界液晶组织

国际信息显示协会：
http://www.sid.org/pub.html （文献索引）
http://www.sid.org/dic/patents/patents.html （专利）

国际液晶学会：http://www.ilcsoc.org/ILCS/
英国液晶学会：http: //friedel.dur.ac.uk/~dch0mrw/blcs/blcs.ht
日本液晶学会（JLCS）：http: //www.soc.nacsis.ac.jp/jlcs/index-e.html
日本液晶科学家联合会（JALCS）：http: //jalcs.c.u-tokyo.ac.jp/JALCS/JALCShome-e
意大利液晶学会：http: //bohp03.bo.infn.it/sicl/

与液晶显示有关的科学机构

ACS（Ameican Chemical Society 美国化学学会）：http: //www.acs.org
APS（Ameican Physical Society 美国物理学会）：http: //www.aps.org
IUPAC（International Union of Pure and Applied Chemistry 国际纯粹和应用化学联合会）：http: //www.chemistry.rec.org/rsc/iupac.htm
MRS（Materials Research Society 材料研究会）：http: //www.mrs.org
RSC（Royal Society of Chemistry 皇家化学学会）：http: //www.rsc.org
SID（Society for Information Display 信息显示学会）：http: //www.sid.org
SPIE（The International Society for Optical Engineering 国际光学工程学会）：http: //www.spie.org

世界著名平板显示行业公司

测试和模拟液晶显示器：http: //www.autronic-melchers.de
光阀和显示器的 Displaytech 公司：http: //www.displaytech.com
生产 LCD 检测设备：http: //www.instec.com
德国 Merck 液晶公司：http: //www.merck.de/
英国 Merck 液晶公司：http: //www.merck-ltd.co.uk/
3M：http: //www.3m.com
Sharp 公司：http://www.sharp.com
三星：http://www.samsung.com
三星 SDI：http://www.sdichina.com
LG Display：http://www.lgphilips-lcd.com
LG Electronic Worldwild：http://www.lge.com
松下：http://panasonic.cn
日立：http://www.hitachi.com.cn
东芝：http://www.toshiba.com
NEC：http://www.nec.com
富士通：http://cn.fujistsu.com
飞利浦：http://www.philips.com
三洋：http://www.sanyochina.com
友达光电：http://www.auo.com
奇美电子：http:// www.chimei-innolux.com
瀚宇彩晶：http://www.hannstar.com
中华映管：http://www.cptt.com.tw

和鑫光电：http://www.sintek.com.tw
胜华科技：http://www.wintek.com.tw
志圣工业：http://www.csun.com.tw
凸版印刷：http://www.toppan.co.jp
大日本印刷：http://www.dnp.co.jp
大日本网屏：http://www.screen.co.jp
Speedfam ：http://www.speedfam.com
东电电子：http://www.tel.com
爱发科：http://www.ulvac.co.jp
德国伊斯拉 ISRA VISION：http://www.israglassvision.com
TOKKI：http://www.tokki.co.jp
日本株式会社：http://www.evatech.co.jp
日本写真印刷：http://www.nissha.co.jp
英国剑桥显示器技术公司：http://www.cdtltd.co.uk
可乐丽：http://www.kuraray.com.cn

液晶研究现状

WTEC（World Technology Evaluation Center 世界技术评估中心）：

http: //itri.loyola.edu/displays/toc.htm（包括液晶显示、真空荧光显示、电致发光、场致发光等平板显示的有关材料和器件的详细介绍及俄罗斯的研究情况介绍。）

JTEC（Japanese Technology Evaluation Center 日本技术评估中心）：

http: //itri.loyala.edu/dsply_ip/toc.htm（包括平板显示的材料和器件的详细介绍及日本的研究情况介绍。）

免费专利及文献检索

SID 提供的专利检索：http: //www.sid.org/dic/patents/patents.html
SID 提供的文献检索：http: //www.sid.org/pub.html